Gottfried Kinkel

Mosaik zur Kunstgeschichte

Gottfried Kinkel

Mosaik zur Kunstgeschichte

ISBN/EAN: 9783743629356

Hergestellt in Europa, USA, Kanada, Australien, Japan

Cover: Foto ©ninafisch / pixelio.de

Weitere Bücher finden Sie auf **www.hansebooks.com**

Mosaik
zur
Kunstgeschichte.

Von

Dr. Gottfried Kinkel,
Professor der Archäologie und Kunstgeschichte am Eidgenössischen
Polytechnikum in Zürich.

Berlin,
Verlag von Robert Oppenheim.
1876.

Vorrede.

Als ich zuerst in das Lehrfach der Kunstgeschichte eintrat und dasselbe an der Universität Bonn gründete, schien es mir zweckmäßig, ein Lehrbuch zu schreiben, welches, weniger registermäßig als Kugler, weniger philosophisch und ausführlich als Schnaase, durch allgemein verständliche Sprache und gefällige Darstellung gebildete Deutsche auf historischem Wege zur Freude an der Kunst führen sollte. Der erste Band einer Geschichte der bildenden Künste bei den christlichen Völkern erschien 1845. Allein es haben seitdem schwere Lebensschicksale mich verhindert, jenen Gedanken zum Abschluß zu führen. Auch ist das heute nicht mehr nöthig. Ich wage nicht zu sagen, daß mein Freund Professor Lübke mein Schüler gewesen ist; aber die frische Begeisterung, mit der ich damals das noch junge Fach vortrug, hat ihn wie Andere in dieß Studium hineingerissen, und seine vortrefflichen Lehrbücher, welche mit jeder neuen Auflage an Präcision und Vollständigkeit gewinnen, haben ungefähr in dem Sinne, wie ich es damals vorhatte, die Aufgabe gelöst.

In meinem englischen Exil habe ich gleichwohl das Glück gehabt, mich forschend und lehrend immer mit Kunstgeschichte zu beschäftigen, und seit neun Jahren ist mir durch Berufung an das Eidgenössische Polytechnikum das Fach wieder zum Hauptstudium geworden.

Statt einer allgemeinen Darstellung biete ich also in diesem Buch einige Specialitäten über Sachen, in denen ich selber gesehen und selbstständig untersucht habe.

Das Meiste davon ist ganz neu; nur wenige Aufsätze, z. B. den über den Unterschied der antiken und der modernen Kunst, habe ich fast ganz unverändert stehen lassen, weil ich von den hier ausgesprochenen Ansichten nicht glaube etwas zurücknehmen zu müssen.

Für die obwohl nicht entscheidende Antwort auf die Frage, wer den farnesischen Stier ergänzt hat, wird vielleicht der Archäolog mir Dank wissen. Die andere Untersuchung über den Schleifer von Florenz ist sicher, Widerspruch zu finden, und dieser wird meiner Ansicht zum Siege helfen. Gleichgültig ist die Frage nicht, denn der modernen Kunst geschieht große Ehre, wenn ihr ein Werk wiedergegeben wird, das seit zweihundert Jahren von allen zünftigen Archäologen als ein antikes Stück von so hohem Werth bezeichnet worden ist, daß es mit der mediceischen Venus die Ehre der Tribuna in Florenz theilt. Auf alle Fälle wird man diese meine Arbeit nicht todtschweigen können.

Die Untersuchung über Stonehenge, wo besonnene englische Forscher übrigens auf meiner Seite stehen, versucht für dieß räthselhafte keltische Monument eine feste und zwar eine weit spätere Zeit zu bestimmen, als gemeinhin angenommen wird.

Die Zusammenstellung der Sagen, welche aus Kunstwerken entstanden sind, durchbricht den modischen Unfug der einseitig mythologischen Auffassung, nach welcher für jede noch so gleichgültige Sage Anknüpfungen in der tiefen heidnisch-germanischen Urzeit sollen gefunden werden. Ich trete damit ein für den Anspruch, daß unser Volk seine dichterische Phantasie niemals verloren hat und auch noch im reifen Alter poetisch fortschafft.

Drei dieser Aufsätze haben einen innern Zusammenhang: sie weisen auf, wie durch die Gerechtigkeitsbilder auf den Rathhäusern, durch die Möbelmalerei in Italien und durch die bemalten Tische Deutschlands zuerst weltliche Gegenstände massenweis in die Kunst eingeführt worden sind. Wer hier vollständig verfahren wollte, müßte freilich auch noch das Auftreten des Socialismus in den Genrebildern des Quinten Matsys, ferner die Tapeten des Mittelalters und die frühesten Glasgemälde, sofern sie zum Schmuck von weltlichen Gebäuden und Privatwohnungen bestimmt waren, durchmustern und zusammenstellen. Wenn man immer bloß meldet, wer gemalt hat und wie gemalt worden ist, so bleibt die Kunstgeschichte einseitig; ihr Zusammenhang mit dem Leben, ihr culturhistorischer Hintergrund kann nur dann aufgehellt werden, wenn wir auch zusehen, was gemalt worden ist, und zu welcher Zeit bestimmte neue Gegenstände in die Malerei eingedrungen sind.

Für die meisten Menschen, die sonst wirklich Freude an der Kunst haben, ist leider die Kupferstichkunde bis heute noch ein verschlossenes Gebiet; das beweist der auffallend schwache Besuch fast aller Kupferstichcabinete. Für den Liebhaber, welcher erst in eine begrenzte Gattung der Kunst sich hineinarbeiten soll, ist meist das erklärende Wort unerläßlich. Die Specialschriften, wie Bartsch und Passavant, welche hauptsächlich Kataloge über die Blätter eines jeden Meisters geben, dienen doch eigentlich nur dem Sammler, für das Publicum sind sie ungenießbar. Von Quandt's Entwurf einer Geschichte der Kupferstecherkunst trägt zu sehr die Spuren seiner Entstehung aus einer Gesellschaft an sich, welche zum Vorlegen von Stichen aus einem guten Privatcabinet für ein paar Abende sich versammelte. Die Merveilles de la Gravure von Duplessis sind in ihrer Art vortrefflich und haben wohlgewählte Illustrationen; aber da sie nach Ländern geordnet sind, und von jedem Lande die Geschichte dieser Kunst in Einem Zuge gegeben wird, so mangelt die Nachweisung, wie die einzelnen Epochen im Ganzen und Großen charakteristisch von einander verschieden sind. Das geistreiche Werk des verstorbenen Jules Renouvier ist in den Mittheilungen einer gelehrten Gesellschaft in Montpellier vergraben und längst im Buchhandel und selbst antiquarisch nicht mehr zu haben. In der mein Buch abschließenden Biographie Hollar's, welche einige Punkte seines Lebens schärfer als bisher in's Licht stellt, wollte ich an einem Beispiel versuchen, ob nicht das scheinbar so trockene Fach auch dem größern Publicum anziehend zu machen wäre.

Für Beschreibung zweier Gemälde im Museum zu Wiesbaden spreche ich meinem werthen Freunde, Herrn Professor J. Grimm daselbst, für Zusätze zu der Arbeit über bemalte Tische meinem Collegen von der Hochschule Zürich, Herrn Professor Vögelin, für mehrere Nachweisungen, wie auch für gefällige und treue Mithülfe bei der Correctur meinem Sohne und Collegen, Herrn Dr. Kinkel, Docenten an derselben Hochschule, den freundlichsten Dank aus.

Unterstraß bei Zürich, Herbst 1875.

G. Kinkel.

Inhalt.

Seite

Vorrede . . . . V—VIII

I. Ueber den verschiedenen Charakter der antiken
und der modernen Kunst . . . . 1—28
Antriebe im menschlichen Gemüth zur Erschaffung der Kunst:
Religion, Staat, Familie; kirchliche, politische und häusliche
Kunst, Seite 1—4. Abweichungen im Entwicklungsgang der
christlichen Kunst, 5—7. Unterschied hellenischer und christlicher Weltanschauung, 8—23, welcher Unterschied sich auch
noch in der modernen Kunst geltend macht, 13—17. Historischer Kern des Christenthums, 17. 18. Einfluß des Christenthums auf Ausbildung des Genre, 20; der Landschaft, 21;
des Humors und des phantastischen Elementes in der Kunst,
25. 26. Ziel der Kunst, die Auflösung jenes Gegensatzes, 27. 28.

II. Wer hat den farnesischen Stier ergänzt? . . . 29—48
Schilderung der Gruppe, 29. Ursprung aus der Antiope des
Euripides, 30. 31. Geschichte der Gruppe, 32. 33. Werth
der Restauration, 34. Battista Bianchi, neben ihm aber
auch Guglielmo della Porta als Ergänzer genannt, 35—37.
Warum Guglielmo unwahrscheinlich, 37. 38. Beweis daß
der Ergänzer Battista Bianchi hieß, 39—42. Wer dieser
Bianchi gewesen, 43—45. Ansprüche eines zweiten Bild-
hauers auf diese Restauration, 46 und folg.
Beilage: Der Stammbaum der lombardischen Künstler-
familie della Porta, 48—56, zu welcher der Erbauer der
Peterskuppel nicht gehört, 54—56.

III. Die Statue des Messerschleifers in Florenz, ein
Werk des sechzehnten Jahrhunderts . . . 57—107
Gefälschte Nachricht vom Fund der Statue, und Beweis der
Fälschung, 57—63. Die Statue wird mit der Schindung
des Marsyas in Verbindung gebracht, 63. Die Sage von
Marsyas erst Naturmythus, dann Waffe im Streit zweier
Stämme über Blas- und Saiteninstrument, endlich zum
Symbol der Auferstehung umgedeutet, 63—69. Woher der
Skythe in die antiken Darstellungen dieser Sage hinein-
kommt, 69—72. Der Schleifer kann mit Apollon und Mar-
syas keine antike Gruppe gebildet haben, 72—74. Motiv
seiner Bewegung und Ausdruck des Kopfes, 74—76. Kann
nicht aus der pergamenischen Sculpturschule sein, 77. 78. Aus
welchem Marmor ist er gemacht? 78—84. Die Form des

Messers, 84. 85. Die Einkratzung der Haare in's Fleisch, 85. 86. Die Profilirung der Basis, 86—88. Behandlung der Körperformen im Cinquecento, 88—93. Tradition, welche das Werk dem Michelangelo zuweist, 93—97. Was diesem entgegensteht, und was dafür spricht, 97—102. Vermuthung über den Meister der Statue und warum sie gearbeitet wurde, 102—107.

IV. **Das Mausoleum von Halikarnassos und die Reste seiner Bildwerke im britischen Museum** . . 108—160
Die Dynastie von Karien, 109—113. Die Erbauung des Mausoleums, 113—123. Der Verfall und die Zerstörung des Mausoleums, 123—130. Die neue Ausgrabung desselben, 130—151. Die Reste der Bildwerke im britischen Museum, 151—160.

V. **Sagen aus Kunstwerken entstanden** . . . . . 161—243
I. **Antike an Bildwerke angeschlossene Sagen**, 164 —167. Die Leäna der Akropolis. Die Todesart des Aeschylos. — II. **Sagen des Mittelalters an antike Bildwerke angeschlossen**, 167—178. Die Reiterstatue des Marc Aurel. Il gran villano. Colosse von Monte Cavallo. Bocca della Verità. Die navicella. Der Wolf von Aachen. Die Heinzelmännchen. — III. **Sagen durch Bildwerke an keltisches und germanisches Heidenthum geknüpft**, 178—185. Die drei Jungfrauen von Auw. Die Jungfrauen der Landskron. Matronae aus Luxemburg und im Aargau. Hackelberg's Grab. Die spinnende Magdalena von Genf. Die heilige Lufthildis. — IV. **Sagen aus Bauwerken und Stiftungen**, 185—194. Starke Verbreitung der Bausagen. Der Baumeister des Kölner Doms. Der Mönch von Stadt Ilm. Die Brücke von Sachsenhausen. Zwei Bauherren in Halle. Der Pfeiler des Lehrlings zu Roslyn. Meister und Lehrjunge zu Königslutter. Der Gesellenthurm zu Arnstedt. Der Neidkopf in Berlin. Das Teufelsgitter in Wismar. Werkmeister Gottschalk zu Zülpich. Die lachende Braut zu Naumburg. Der Baumeister zu Ahrweiler. Die streitenden Brüder zu Kranichsfeld. — V. **Symbolische Bildwerke durch Sagen erläutert**, 195—221. Die Bamberger Wage. Der Bäcker zu Eisenach. Der Engel mit der Wage zu Buttstädt. Die Stiftung der Johanniskirche zu Gmünd. Jungfer Lorenz von Tangermünde. Die Gründung von Kloster Schönthal. Der Reiter mit dem Kind an Kirchen im Poitou. Der heilige Martin von Wittnau. Die gekreuzigte Jungfrau. Das Glücksrad. Die Schatzgräber von S. Dionysien bei Erfurt. Das Wahrzeichen von Schloß Mansfeld. Der Kopf an der Jenaer Brücke. Der predigende Fuchs zu Brandenburg. Schlangen und Kröten in Nürnberg, Frankreich und auf Burg Lasarraz im Waadtland. Der Teufelshund von Nordstetten. Das Grabmal der Katharina von Saffenburg. Der Löwe der heil. Gertrud. Der Löwe zu Braunschweig. Der Drache von Havelberg. Die beiden Brüder von Arnshaugk. Der Drache zu Frankenstein bei Darmstadt. Der Drache zu Burgdorf. Der Drache von Luzern. Die Drachen zu Apolda. Das vierzigtägige Fasten. Aristo-

teles und Phyllis. Die Quelle der Lutter. Der genius loci zu Weimar. Uhland's Schenk von Limburg. — VI. Heraldische Sagen, 222—231. Das Wappen der Ebernburg. Der Schwertlimann zu Laufenburg. Das Wappen von Mädiswyl. Das Hündlein von Bretten. Die Butterjungfer von Zerbst. Die Rolandssäulen. Das Einhorn von Kloster Holzkirchen. Die Spinne im Kelche zu Constanz. Der Rabe von Merseburg. Verwandte Sagen aus Schweidnitz, Brandenburg und Prenzlau. — VII. Die Maleranekdote, 231—233. Horace Vernet und Rothschild. Quintin Matsys und die Bremse. — VIII. Die landschaftliche Vertheilung dieser Sagen, 233—237. In den deutschen Alpenländern. In der französischen Schweiz. In Frankreich. Am Rhein und in Nord-Deutschland. — IX. Die Quellen der Sage, 237—243. Welche Erzählungen von den Sagen auszuscheiden sind. Sagen aus Mythologie. Sagen aus Geschichte. Sagen aus einzelnen Naturgegenständen. Sagen aus Kunstwerken. Sagen aus Namenerklärung.

VI. **Stonehenge und die Zeit seiner Erbauung** . . 244—274
Ausflug von London nach Stonehenge, 244; erster Eindruck des Monumentes und der Umgegend, 245—250. Plan und Aufbau, 250—252. Alle Steine von entfernten Orten hergebracht, 253—255. Drei Ueberlieferungen über den Ursprung von Stonehenge: Volkssage, 256—260, Geoffroy von Monmouth, 260—263, das Schauspiel „die Geburt des Merlin", 263 Note. Alle drei setzen das Denkmal erst in die christliche Zeit. Kritik von Geoffroy's Erzählung, 264—267. Synkratismus und Toleranz in Britannien, nach Abzug der Römer, 268—273. Besuch von Old Sarum und Salisbury, 273. 274.

VII. **Die Sophienkirche von Constantinopel** . . . . 275—301
Lage der Kirche, 273. Der Name, der Anlaß des Baues, die Kuppelwölbung, 274—281. Justinian's Talent in Wahl der Werkzeuge seiner Herrschaft, 281—283. Beschreibung des Bauwerkes, 284—286. Die farbige Decoration des Innern, 286—294. Einfluß der Sophienkirche auf die Architektur und die Geschicke der östlichen Welt, 294—299. Architektonische Symbolik des griechischen Tempels, des Kuppelbaues, und des modernen Stils in Eisen und Glas, 299—301.

VIII. **Die Brüsseler Rathhausbilder des Rogier van der Weyden und deren Copien in den burgundischen Tapeten in Bern** . . . . 302—363
Leben des Rogier van der Weyden, 304—320. Hauptwerke desselben, 320—336. Die Brüsseler Rathhausbilder, 337 u. folg. Zusammenstellung von 7 Gerechtigkeitsbildern, 338—343. Technik und Gegenstände von Rogier's Bildern, 343—350. Die Tapeten in Bern, 350 u. folg. Ob sie wirklich nach Rogier's Originalen gemacht sind? 359, Note.
Beilage: Die Inschriften auf den Berner Tapeten nach Rogier, 363—367.

IX. **Anfänge weltlicher Malerei in Italien auf Möbeln** 368—401
Aufblühen von Luxus und Weltsinn in Florenz, 369—371.

Möbel und Geräthschaften, besonders die Brauttruhen, mit
Bildern geschmückt, Beispiele, 371—379. 27 Möbelbilder von
florentinischer und venezianischer Arbeit zusammengestellt,
mit Darstellungen aus Mythologie, griechischer Heldensage,
römischer Geschichte, italienischen Novellen und wirklichem
Leben, 379—395. Die Darstellung durchaus noch nicht nach
antikem Vorbild, 396. Lorenzo von Medici gründet durch
zahlreiche Bestellungen die moderne mythologische Malerei,
397—401.

X. **Bemalte Tischplatten** . . . . 402—417
Der Fund der bemalten Tischplatte von Holbein auf der
Stadtbibliothek zu Zürich, 402—405. 9 bemalte Tische von
deutscher Herkunft, in Paris (2), Wien, Zürich, Berlin (3),
Wiesbaden, Cassel, 405—414. Bestimmung dieser Tische, 415.
Gegend, wo sie gemalt worden sind, 415. 416. Mit ihnen
beginnt die Genremalerei, 416. 417.

Zu diesem Aufsatz vgl. die eben (1875) erschienene Schrift
von Adolf Rosenberg über die beiden Beham, S. 19 und
S. 50. 51.

XI. **Wenceslaus Hollar der Kupferstecher** . . . . 418—447
Werke von Vertue und Parthey über sein Leben und seine
Kupferstiche, 418. 419. Biographische Notiz, von Hollar selbst
herrührend, 419. 420. Jugendgeschichte: war kein böhmischer
Rebell gegen Habsburg, 421. 422. Lernt und arbeitet in
Deutschland, 423. 424. Graf Arundel nimmt ihn nach England mit, 425. Die Frauencostüme und die Portraits, 427.
428. Verhältniß zu Van Dyck, 429. Hat nicht für die Stuarts
gefochten, 430—32. Geht nach Antwerpen und arbeitet Vieles
nach Niederländern, 432—434. Rückkehr nach England, 434.
Reise nach Tanger, 435. 436. Verarmung und Tod, 436—438.
Seine äußere Erscheinung, 438. Fleiß und Technik, 438—
443. Meister, nach denen er stach, und Gegenstände, 444—
446. Ursachen, warum er nicht nach Verdienst Erfolg hatte,
446. 447.

Beilage: Meister, nach denen Hollar gestochen hat,
sammt Angabe der einzelnen Gegenstände, 448—467.

I.

Ueber den verschiedenen Charakter der antiken und der modernen Kunst.

Die Griechen haben in seelenvollen und tiefpoetischen Märchen die Entstehung der einzelnen Künste und Kunstformen auszusprechen versucht. Sie gingen dabei von dem Gedanken aus, daß alle bildende Kunst eine Nachahmung der Natur sei. Ein liebendes Mädchen sucht den scheidenden Geliebten im Bilde festzuhalten: sie zeichnet seinen Schattenriß auf die Wand, und der Töpfer, ihr Vater, brennt nach diesen Zügen im Ofen das erste Menschengebild. Oder es stirbt ein Mädchen in Korinth so jugendlich, daß es die Lebensfreude des jungfräulichen Alters noch nicht genossen hat. Die Amme stellt ihm ein Körbchen mit seinen liebsten Spielsachen gefüllt aufs Grab und deckt dasselbe etwa mit einer Marmorplatte zu. Eine Akanthospflanze schießt aus dem Boden hervor und umgrünt das Körbchen mit ihren zierlichen gezackten Blättern, da geht Kallimachos vorüber und trägt das reizende Gebild in Marmor über. So entstand das korinthische Capitell, das zierlichste aller zierlichen Bauglieder.

Diese Kunstmärchen sind zu poetisch um wahr zu sein, und die ganze Ansicht über die Entstehung der Künste, die ihnen zu Grunde liegt, wird durch nichts so widerlegt als gerade durch die allerältesten Kunstwerke. Abgesehen davon, daß manche Künste, wie die Musik, wie die Architektur in ihren Hauptgliedern, gar kein Vorbild in der Natur aufweisen können, so finden wir auch die wirklich nachahmenden Künste in ihren Anfängen sehr weit von Naturwahrheit entfernt. Sie sehen von den Formen der umgebenden Wirklichkeit fast ganz ab und begnügen sich mit Andeutungen für den Geist. Nur die Aegypter haben gleich mit dem Portrait angefangen, und zwar mit dem Portrait noch lebender Menschen, in treuer Naturwahrheit. Bei den übrigen alten Völkern des Ostens treten Götzengebilde auf, die mit vollem Bewußtsein von der Natur abweichen. Der indische Ganesa trägt den Elephantenkopf, um seine Weisheit, der Ischora die Vielzahl der Arme, um seine Macht zu bezeichnen, und die uralte Naturgöttin Vorderasiens, die Artemis von Ephesos, drückt durch eine der weiblichen Form und dem ästhetischen Gefühl gleich sehr widersprechende Häufung der Brüste die unermeßliche Kraftfülle der gebärenden und ernährenden Natur aus. Dieß Vorwalten des symbolischen Elements eben in den ältesten Kunstwerken liefert den klarsten Beweis für die Grundlage aller Kunst im Gedanken, und vernichtet jene scheinbar naive, in der That höchst prosaische Vermuthung, daß der Kunsttrieb im Menschen eigentlich der Affentrieb sei.

Der erste schöpferische Gedanke nun, der in den Völkern nach der Befriedigung der rohesten Naturbedürfnisse erwacht, ist der religiöse: der natürliche Ausgangspunkt der Kunst liegt demnach im Gottesdienst. Die älteste Poesie ist der Mythos, das älteste Bauwerk von künstlerischer Weihe der Tempel, die älteste Statue der Gott oder die Göttin.

Durch die Religion wird aber das Volk vereinigt und zu höherer Kraftäußerung begeistert. In der ganzen Geschichte des Orients läßt es sich nachweisen, daß sämmtliche Staaten, deren geschichtliches Entstehen nicht im Nebel der Urzeit verschwindet, erst aus religiösen Schöpfungen oder Erschütterungen sich entwickelten. Moses und Muhamed haben aus locker verbundenen Stämmen durch das Einheitsband der Religion Nationen geschaffen: religiöse Reformen gingen der Gründung sowohl des alt- als des neupersischen Reiches vorher. Indem nun ein begabtes Volk diesen Riesenschritt macht, der durch die Gründung seines Staatslebens beurkundet wird, erringt es zugleich eine neue Form der Kunst, die man die **historische** oder schärfer die **politisch-nationale**

Kunstform nennen dürfte. Die religiöse Kunst versinnbildet Etwas, das als ein Ewiges geglaubt wird, jetzt aber gilt es vielmehr ein Vergangenes, Entschwindendes durch die Kunst zu verewigen. Es ist dem Volke wichtig, die Erinnerung großer Menschen und großer Thaten auf die Enkelsöhne zu retten, und aus diesem Streben entsteht das Denkmal, die Geburtsstätte aller weltlichen Kunst. Es scheint mir beachtenswerth, weil es die weltgeschichtliche Bedeutung unseres germanischen Stammes vorausahnen läßt, daß die heidnischen Deutschen ohne Vermittlung der religiösen Kunst gleich an die monumentale gegangen sind. Tempel und Götterbilder hatten sie nicht: aber ihre Helden begruben sie im Hünengrab und pflanzten den Bautastein zum Andenken darüber. Wie nun diesen rohen Anfängen, diesen formlosen Todtenhügeln mit Nothwendigkeit die Entwicklung aller Künste sich anschließen mußte, ist leicht sich vorzustellen. Und ist nun in äußern und innern Kämpfen der Staat gereift, hat er die ihm naturgemäße Verfassung erschaffen, dann prägt er diesen seinen Geist in mächtigen Werken aus, die nicht so sehr Erinnerung als Ausdruck beabsichtigen. Auch diese Gestalt der Kunst ist noch großer Ideen voll. Die dunkeln Königspaläste von Ninive, die heitern von schlanken Säulen zeltartig emporgehobenen Prunkgemächer von Persepolis drücken ebenso vollkommen den Geist des monarchischen Staates aus, als die weiten und luftigen, dem Volksverkehr geöffneten Portiken, Leschen, Basiliken und Theater die demokratische Freiheit des souverainen Volks in Jonien und Rom wiederspiegeln. In ähnlicher Art schildert der Meißel in Persepolis die heiligen Siege des Königs über die symbolischen Thiere, während die Poikile Athens sich mit den marathonischen Großthaten der Zeitgenossen erfüllte. So hat denn die Kunst am Cultus und am Staat ihre frühesten und zugleich heiligsten Bestimmungsgründe. So lange sie auf diese noch mit Ernst eingeht, bleibt sie erfüllt von großen und schwungreichen Ideen; dieß sind die Gebiete, wo sie überhaupt ihre großartigsten Schöpfungen ausbreitet.

Und nun erst tritt im Leben der Völker der Zeitpunkt der Ruhe und des Genießens ein. Die große gemeinsame Arbeit der Nation ist vollendet; der Einzelne, gleichviel ob er religiös und politisch eine Bedeutung hat, hält sich und seine Gegenwart der Beachtung werth und möchte sich in allen seinen Umgebungen genießen. Die Kunst tritt in den Sold des Privatmanns, der sie unter den Gesichtspunkt eines geistreichen Luxus stellt. Die Kunst der Wirklichkeit beginnt: statt der heiligen und der ernsten Form der Baukunst, statt des Tempels und Palastes, tritt die zierliche, das glänzende Wohnhaus, hervor; statt des Epos erwacht der Roman, statt des höhern Dramas die Komödie, beide als Schilderungen der Gegenwart. Sein Portrait läßt Jeder malen oder meißeln ohne allen Gedanken daran, ob außer ihm und den Seinigen Jemand darauf einen Werth lege. Das Genrebild fängt an Individuen zu schildern, die nicht durch die Größe historischer Charaktere über ihre Classe hinausragen, sondern vielmehr diese ganze Classe und ihr Geschick in sich zum vollen Ausdruck bringen. Je mehr sich die Civilisation vom frischen Naturleben abwendet, desto eifriger wird die Kunst, einen Ersatz zu bieten durch getreue Abspiegelung der Natur. Das Thier= und Viehstück entsteht; die zum Sinnengenuß des Menschen schon zubereitete Natur wird im Stillleben, als Blumen= und Fruchtstück, als Frühstücksbild oder todtes Wild anlockend geschildert, oder die Kunst sucht ins enge Zimmer den Reiz der weiten Landschaft und ihrer Nebenformen, des Architekturstücks, des Eislaufs und der Marine zu retten. Erst hier ist Nachahmung das Ziel der Kunst geworden; die täuschendste, sauberste Technik ersetzt auf dieser Stufe den Reiz der stets mehr entschwindenden Idee. Hier angelangt steht die Kunst am Schlusse ihres völkerbeglückenden Kreislaufs: hier kehrt sie ins Handwerk zurück, aus dem sie in ihren ersten rohen Schöpfungen sich herauswand. Die blos decorative Kunst, welche ohne allen Gedankengehalt nur durch gefälliges Spiel mit Tönen, Linien und Farben den Reiz des geselligen Lebens zu erhöhen sich bemüht, ist schon aus der heiligen Kunstschranke herausgetreten.

Es ergeben sich somit drei Gattungen aller Kunst, den drei Gesellschaftsformen entsprechend, in denen der Fortschritt der Nationen zur Bildung sich bewegt: Kirche, Staat, Familie. Es giebt eine **religiöse**, eine **politische** und eine **häusliche Kunst**.

Der bisherige Entwicklungsgang läßt sich mehr oder minder

deutlich bei allen Culturvölkern der alten Welt verfolgen. In der neuern Kunst erscheint er dagegen einigermaßen gestört, und diese Beobachtung führt uns sogleich ins Innere unserer Darstellung hinein.

Auch die neuere Kunst beginnt auf religiösem Gebiet. Die moderne Culturwelt diesseits des Indus hat sich entwickelt unter dem Einfluß zweier neugestifteten Religionen, des Christenthums und des Islam. Der letztere vermochte kraft seiner innersten abstracten Natur nicht in allen Künsten eine Blüthe zu erzeugen, und die wenigen, die er ausbildete, nur auf eine mäßige Höhe zu erheben, entsprechend der mäßigen und obenein nicht dauernden Blüthe der sittlichen und wissenschaftlichen Bildung, die er den ihm anhängenden Völkern verlieh. Eine Zeitlang schienen diese sogar in dem europäischen Culturfortschritt die Spitze zu nehmen: dann wurden sie rasch von den christlichen Nachbarn überflügelt. Und selbst in dem Wenigen von Kunst, was der Islam geschaffen hat, stellt ihn die neuere Forschung immer mehr in Abhängigkeit von antiker, byzantinischer, persischer und hindostanischer Ueberlieferung. Dieß vorausgesetzt, wird man es wohl getrost aussprechen dürfen, daß die Blüthe moderner Bildung und Kunst doch nur bei den christlichen Völkern voll aufgegangen ist.

Das Christenthum nun tritt als ein ganz neuer Anfang in die Welt, und hatte alsbald das Glück, statt der entkräfteten und lebensmüden Völker des Alterthums neue Stämme, Kelten, Germanen, zuletzt Slaven zu erobern und auf die Bühne der Weltgeschichte zu führen. Die geringen heidnischen Anfänge der bildenden Künste bei diesen Nationen wurden getilgt, die neue Religion schuf eine neue Kunst. Die Anfänge der modernen Culturgestaltung sind also denen der alten Welt höchst ähnlich. Nun aber hätte aus der religiösen Kunst naturgemäß eine nationalpolitische werden sollen — und hier auf einmal wich der Bildungsgang ab. Die Religion zeigte sich so stark, daß sie das Volksthum in den Hintergrund drängte: die Kirche überwältigte den Staat. Das Christenthum stellte die Menschheitsidee höher als die Nationalität. „Nur Einen Staat erkennen wir an," sagt Tertullian. Der Heide würde augenblicklich und ohne Besinnen hinzugesetzt haben: „den römischen." „Die Welt!" sagt der Christ.*) Die in dem päpstlichen Rom centralisirte Kirche schuf unter allen diesen verschiedenen Menschenstämmen eine Cultureinheit, die wir wunderbar und großartig nennen müssen im Vergleich mit dem religiös so zerstückelten Alterthum, die aber einer nationalen Politik nicht günstig war. Während eines kurzen Zeitraums versuchte Eins dieser Völker sich zu nationalisiren, die Germanen nämlich unter Karl dem Großen — und augenblicklich (so mächtig sind die Krystallisationsgesetze der Kunst!) trat auch historische Kunst unter ihnen hervor. Der monumentale Riesenbau des Aachener Palastes, die Wandbilder aus Karls spanischem Feldzug, womit dieser Palast geziert war, und die Scenen aus allen Weltreichen an der Decke des Reichssaales zu Ingelheim gehören dahin. Aber hundert Jahre später starb diese Kunstrichtung mit dem Wandbild der Ungarschlacht am Keuschberge aus, welches den Palast des Finklers in Merseburg belebte. Statt der großartig gedachten karlingischen Monarchie faßte das Mittelalter die Staaten unter einer starken Hierarchie zusammen, und der Staat begeisterte nicht zur Kunst. Von jenem Merseburger Bild verläuft fast ein halbes Jahrtausend, in dem man schwerlich viele Bilder aus der Profangeschichte aufweisen kann. In der Architektur überwiegt die Kirche unendlich die Pracht der Reichspfalz. Der Palast des Barbarossa bei Gelnhausen war berühmt — und wie schwinden seine Trümmer gegen die prächtige, ungefähr gleichzeitige Stadtkirche! Wie die Veste zu Nürnberg mit ihren Räumen, so klein, daß ein begüterter Bürger unserer Tage in ihnen keine Gesellschaft versammeln würde, gegen die stattliche Sebald= oder Lorenzkirche, auf welche sie herabschaut!

Erst am Schlusse des Mittelalters wurde diese Ausschließlichkeit religiöser Kunst durch die Anerkennung zurückgedrängt, daß auch das Weltliche zu seinem Rechte kommen müsse. Die Staaten warfen sich in eine Opposition zum Klerus, und hatten sie früher sich ähnlich gesehen, so entwickelten sie sich nunmehr aus dem alten Lehnsystem in neue, unter sich sehr verschiedene und lebhaft anregende Formen. Die Kunst konnte jetzt auf den historischen Boden

---

*) „Unam omnium rem publicam agnoscimus, mundum."

herübertreten. Aber der Zeitpunkt war einmal verfehlt: die Reformation brachte den Geist der Subjectivität zum Sieg; statt der äußern Erlösung durch die Heilsmittel der Kirche wurde die innerliche Erlösung durch den persönlichen Glauben des Individuums gepredigt. Die dritte Gattung der Kunst, die ja auf dieser subjectiven Stimmung ruht, brach herein, bevor wir die zweite gehabt hatten. Eine Architektur des Privatluxus gestaltete sich aus der neuen Anwendung des prachtvollen römischen Baustils; die Cabinetmalerei der protestantischen Holländer überlebte die Versuche der katholischen Fläminge, einen großen Stil zu retten. Vereinzelt und nicht erfreulich stehen Arbeiten wie die Bilder des Rubens aus dem Leben der Maria von Medici da, und auch diese sind nicht national, sondern dynastisch, nicht historisch, sondern allegorisch zu nennen. Die Idee des nationalen Staates, aus welcher die ächte historische Kunst hervorgeht und die sie in ihren Werken zur Anschauung zu bringen strebt — diese Idee ist überhaupt erst seit dem achtzehnten Jahrhundert zum Leben gekommen und dringt erst seit der französischen Revolution in die bildende Kunst ein. So liegt noch eine große Zukunft der Kunst vor uns ausgebreitet, welche in dem Maße heranrücken muß, als die geschichtliche Kunde der Vergangenheit in der Menschheit fortschreitet und die einzelnen Völker wieder zur frischen That erwachen.

Bis das eintritt, müssen wir leider zugeben, daß uns bis jetzt noch in der neuern Kunst (so nenne ich sie schon von Christus an) jene ganze große, männliche und für das Vaterland entflammende Seite des Schaffens fast völlig abgeht, die dem hellenischen Bürgerleben so viel Weihe gab. Trotz diesem Mangel aber hat sich schon in ihren bisherigen Leistungen die Kunst der christlichen Völker auf eine solche Höhe geschwungen, daß sie der heidnischen ästhetisch sich vergleichen darf und in vielen Punkten selbst vorgezogen werden muß, während sie wieder in andern Leistungen zurücksteht. Es ist zweckmäßig, auch hier von den religiösen Gegenständen auszugehen, denn in der heiligen Kunst des Hellenen und des christlichen Germanen tritt am schärfsten der Unterschied ihres Kunstprincipes hervor, der uns tief in das Wesen beider Religionen selbst zurückleitet. Beide Principe führten auf ganz verschiedenen Wegen zur

Schönheit; aber beide kamen wirklich bei der Schönheit an. Es ist dieß der Gegensatz, den man wohl, nicht eben passend und noch weniger deutlich, als den Widerstreit des **classischen** und des **romantischen** Kunstprincips bezeichnet hat.

Das hellenische Heidenthum faßt den Geist noch in seiner Einheit mit der Natur auf. Die Götter selbst sind nicht transcendental; nicht einmal in der Mythe, die sie ja an bestimmte Schauplätze bindet; sie wohnen auf dem Olymp, schauen vom Ida herab und verkehren mit den Töchtern der Erde. Aber auch nicht dem Wesen nach; denn ursprünglich sind sie selber ja nichts als Natur. Der von jenem römischen Religionsphilosophen richtig aufgefundene Unterschied zwischen Naturgöttern und Individualgöttern*) stellt sich offenbar so, daß jene, die personificirten Naturkräfte, die ältesten, diese, die vergötterten Menschen, die spätern Götter sind. Die Einsicht in die indischen Vedas läßt uns gegenwärtig den geistigen Proceß der Götterschöpfung klarer als alle früher benutzten Quellenschriften der menschlichen Urgeschichte erkennen, indem sie uns eine Stufe des religiösen Gedankens erschließt, wo die Naturkraft noch nicht persönlich geworden, wo der Mythos noch unmittelbar an das Naturphänomen selber angeschlossen ist. Wie sein Gott so der Mensch; auch der Menschengeist auf dem polytheistischen Standpunkt bleibt in der Natur stehen; sie frei und fröhlich genießen, ist seine Aufgabe. Kein äußeres Sittengesetz beschränkt diesen Genuß, sondern nur ein inneres frei bewahrtes Maaß; der homerische Held betrachtet es als etwas von selbst sich Verstehendes, daß die geraubte Königstochter sein Bett theilt; Odysseus sehnt sich nach der Gattin in Kirke's Armen, aber er verschmäht darum diese schönen Arme nicht. Der Kampf der Entsagung, damit der Geist die Natur überwinden lerne, ist dem classischen Alterthum unbekannt; man mag sich wohl keinen reinern Gegensatz denken, als das hellenische Wesen und das Mönchthum. Selbst die Kyniker, so sehr sie die Formen der gesellschaftlichen Welt abwerfen, brechen keineswegs mit dem Genusse der Welt; erst die letzten Philosophen des Alterthums, die Neuplatoniker,

---

*) Dii naturales und dii animales.

lehren Entsagung auf Ehe, Fleisch, Wein; sie aber sind nicht mehr
Kinder hellenischen Geistes, sondern orientalischen Asketengeistes voll,
wie ja auch die Schule selbst Ein Heimatland hat mit dem jüdi=
schen und mit dem christlichen Mönchthum. Hierin nun, in der
unbeschränkten Freiheit des Genusses, liegt die Klarheit und Freudig=
keit der bessern hellenischen Zeiten begründet, hierin die Heiterkeit
und die frische, unbefangene Sinnlichkeit ihrer Kunst; der Zwie=
spalt schnitt noch nicht durch den innern Menschen hindurch. Aber
hier war auch die Achillesferse des Alterthums. Jener Natur=
genuß forderte ein starkes geistiges Gegengewicht; es gehörte die
ganze Kraftanstrengung der heroischen, die mächtige Spannung
des Bürgergefühls in den republikanischen Zeiten dazu, ihm die
Wage zu halten. Sobald die mächtigen Ideen, das Vaterland,
die Verfassung, die Thätigkeit für Verwaltung und Gericht nicht
mehr vorhielten, konnte man auch im Genusse nicht länger Maß
halten. Aphrodite legte den Gürtel der Charis ab, Luxus und
unnatürlich gesteigerter Genuß riefen eine sittliche Frivolität her=
vor, die mit völliger, auch physischer Schwächung der Race endigte.
Die Helden von Marathon, die römischen Weltbezwinger sanken
so, daß sie gegen die Räuber Illyriens und Isauriens nicht ein=
mal ihre Nationalheiligthümer zu schützen vermochten. Schon in
der ersten Kaiserzeit zählten die rebellischen Gallier darauf, daß die
Italioten allzumal nicht waffenfähig seien; im dritten Jahrhundert
retteten Bauern auf dem Kaiserthron, Barbaren in den Legionen
das Reich, und zuletzt wurde doch zur Auffrischung der südlichen
Länder das gesunde Blut des Germanen und die gerade ihm eigene
physische Zeugungskraft unentbehrlich.

Anders das Christenthum. Ausgehend von dem transcenden=
talen Gotte des Hebraismus stellte es einen wollenden, persön=
lichen Geist über die Natur, und rief die nach dessen Bilde ge=
schaffenen Menschengeister auf, durch die Herrschaft über den Körper
ihres Triumphes über die Natur sich bewußt zu werden. Der
Schmerz der Spaltung zwischen Leib und Geist trat ein, und das
erste kirchliche Christenthum erschien, wie es zahlreiche Zeugnisse
darthun, den gleichzeitigen Heiden als die betrübteste und freuden=
loseste aller Glaubensformen. Wenn wir überhaupt noch mit

Sicherheit sagen könnten, was Christus gewollt und gelehrt hat, so möchten wir finden, daß vor seinem reinen und großen Geiste jener Zwiespalt schon als ein der künftigen Lösung entgegenstrebender dastand. Er sah bereits die Natur dem Geiste unterthan; er erkannte in sich die Offenbarung der Gottheit, obwohl er sich vorzugsweise gern als den Menschensohn bezeichnete, und Zurückgezogenheit von der Welt liegt seinem ganzen Wesen fern, wie er dieß selbst im Vergleich mit dem Prediger der Wüste von sich aussagt. Aber schon die früheste Kirche bildete im Gegensatz zu dem Naturgenusse des Heidenthums jene Weltflucht aus, welche der Charakter des Christenthums geblieben ist, so lange aus ihm eine große religiöse Kunst hervorging. Im Klosterleben erhält diese Weltflucht ihren höchsten und reinsten Ausdruck; genährt wird sie anfangs durch die Verfolgungen von Seiten des Heidenthums, später durch den Kampf der Kirche theils mit den Völkern des Islam, theils mit der sich emporringenden Idee des Staates, welcher seinerseits die höchste Form des weltlichen Lebens in sich darstellt.

Indem nun so die Außenwelt abgeschlossen, die Erde nur als Vorschule des Himmels angeschaut wird, zieht sich der Geist in sich zurück und baut sich eine Welt der Innerlichkeit auf. Diesen Charakter prägt die zumeist symbolische unter den bildenden Künsten, die Architektur, bereits in den ältesten Kirchengebäuden aus. Es ist schon oft gesagt worden, daß der hellenische Tempel Außenbau war, durch glänzende Säulenreihen, durch den Goldschmuck des Gebälkes und die farbenhell abgehobenen Statuen und Reliefs der Giebelfelder und des Frieses nach außen ein schimmerndes Gebild; innen ohne reiches Detail, oft ohne Licht sogar. Die altchristliche Basilika ist genau der umgekehrte, gleichsam nach innen gewandte Tempel; außen scheunenartige, oft nicht einmal mit Gesims bekrönte Mauern, während im Innern die prachtvolle Perspective der spiegelhellen Säulen, die reichen Mosaikfriese unter den Fenstern, die vergoldete Decke und die steinbunte oder goldschimmernde Altarnische mit schwerer Pracht sich übereinander schieben. Als das Christenthum aber seine Kunst zur vollen Selbstständigkeit erhoben hatte, da schoß zwar im gothischen Dom das innere Leben auch außen hervor und durchbrang wie ein Trieb organischen

Wachsthums jedes der tausend decorativen Außenglieder. Aber die Innerlichkeit trat nur desto bestimmter hervor, indem dieß prachtvolle Aeußere doch wie weggehoben erschien von dem Boden, auf dem es stand. Breit und gestreckt, mit einer Linie abgeschlossen, die der Erdoberfläche entspricht, und durch diese Linie wie verbunden mit ihr, so legt sich der antike Tempel auf die reizenden Höhepunkte des Landes hin, wie ein schönster Abschluß, wie eine letzte Verklärung des irdischen Seins. Aber im gothischen Dom berührt uns das Leben der Pflanze, die aus dem Boden sehnsüchtig hinausstrebt nach dem Licht. Die irdische Horizontallinie wird in jedem Bautheil spielend zerbrochen von der kühnen aufstrebenden Linie; ruhende Last findet sich hier gar nicht, sondern Alles ist emportragende Stütze geworden; die Phantasie der Inbrunst, welche an diesen rasch hinaufschießenden Gewölbgräten, an diesen mit Kreuzblumen ins Himmelslicht verblühenden Thürmchen sich emporrankt, wird nirgend durch ein Gefühl von Schwere zaghaft zurückgeschreckt. Die Architektur, die sonst genug gethan hat, wenn es ihr gelang, das heilige Naturgesetz der Schwere im schönen Gleichgewicht von Stütze und Last auszusprechen, sie überwindet hier den Gedanken an die Last vollständig und reißt die Seele im leichtesten, spielenden Wechsel der Bildungen unwiderstehlich über die Erde empor.

Die christliche Innerlichkeit tritt für den feiner Empfindenden ebenso fühlbar auch in den beiden nachahmenden Schwesterkünsten der Architektur hervor. In der Bildung der Menschengestalt wurde das Naturelement der Kunst, die vollendete Schönheit der Form, jetzt minder wichtig gegenüber der Seele und den ethischen Motiven. Das Alterthum wollte den ganzen Menschen, es freute sich an dem durchgeisteten vollen Organismus und duldete um dieser Freude willen die Nacktheit im Leben. Die Kirche ertödtete diese Freude; den wundervollen anatomischen Bau des menschlichen Körpers weiß Arnobius nur unter den Gesichtspunkt zu stellen, daß er ihn etwas Garstiges nennt.*) Die Nacktheit im Leben wurde streng verboten, und sie starb gänzlich ab, als die Kirche in nordische Klimate

---

*) Arnob. adv. gentes III. (ed. Lugdun. 1651. pag. 108) „foeditates".

fortrückte. Die älteste Kunst wich lieber von der Natur und sogar der Ueberlieferung als von der Sittenstrenge ab, und schilderte selbst Christus als Kind auf dem Schooß der Mutter und denselben am Kreuz bekleidet; noch in der spätern byzantinischen Kunst wird man nicht leicht ein Marienbild mit säugend entblößtem Busen antreffen. So wurde die Naturseite der darzustellenden Gestalten durch Gewandung verhüllt; die Sculptur, die eben mit dieser Naturseite vor Allem, mit dem ganzen in Geist und Leib vollständigen Menschen sich zu befassen hat, verlor ihre Bedeutung oder wurde in der freudigen Lust ihres Schaffens beschränkt, so daß sie, um von neuem zu blühen, eine wieder mehr heidnische Zeitrichtung abwarten mußte, die denn erst gegen das Ende des Mittelalters sich geltend machte. Uebrig blieb aller schildernden Kunst nur das Antlitz der Gestalten, und da es nun galt hierher den kräftigsten und verständlichsten Ausdruck zu legen, so mußte die Farbe zur Linie hinzutreten; die Malerei überflügelte die Sculptur. Vergleichen wir die Anfänge beider Kunstperioden: in dem Troerkampf von Aegina haben die erzürnt Streitenden, die Gefallenen, die schmerzhaft Verwundeten allesammt im Angesicht ein und dasselbe starre, fast vollkommen ausdruckslose Lächeln, während die Glieder schon herrlich ausgeführt sind. Und treten wir nun vor einen Altkölner: die Leiber so verzeichnet, daß man ordentlich die Beine zu den Rümpfen zusammensuchen muß, die Hände mager, schlank, ohne Gefühl — und wie göttlich schön, wie hinreißend, wie seelenvoll die Köpfe! Hier besitzt die christliche Malerei schon in ihren Incunabeln Etwas, dem die hellenische erst am Schluß ihrer großen Zeit nahe kommt, nämlich den Ausdruck: diesen, sagt Plinius, hat Aristides gefunden, nachdem also die Polygnotos, Parrhasios, Zeuxis schon vorüber waren.*)

In der That ist nun dieser Ausdruck auch das Wichtigste für die christliche Kunst, denn in ihm spricht sich das Innerliche, was diese Kunst eben sucht, spricht sich die volle Seele aus. Die Gestalt dient nur zum Träger dieses Ausdrucks, ihre eigenste Be-

---

*) Plinius Nat. hist. XXXV, 36, 19: Is omnium primus animum pinxit et sensus hominis expressit . . . . item perturbationes.

rechtigung, die ihr als der höchsten und herrlichsten Form des Naturlebens zukommt, wird wenigstens im Mittelalter selten anerkannt; sie hat ihre Bedeutung nur, sofern in ihr ein Anderes, Tieferes, Inneres sich ausprägt, und die Zeichnung geht daher z. B. in der Hagerkeit byzantinischer Heiligen oder in der Schlankheit der Jungfrauenfiguren germanischen Stils soweit in den symbolischen Ausdruck des Gedankens hinein, daß sie diesem zu Liebe ganz unnatürlich wird. Und in der That wird auch durch diese mangelnde Durchbildung der Formen eine Wirkung auf den Beschauer erreicht. Wir empfinden, daß in diesen Menschen unendlich mehr Seele liegt als die Gestalt wiedergeben kann, und dieß gibt uns den gleichen hinreißenden Eindruck von Inbrunst und Sehnsucht, den auch der gothische Dom hervorbringt.

Wir sind hier, so scheint mir, bei dem geheimsten Unterschied des heidnischen und christlichen Gebildes angelangt. Hier löst sich das Romantische vom Classischen, beide Begriffe haben wenigstens für die bildende Kunst nur dann einen greifbaren Sinn, wenn man sie auf das Verhältniß von Stoff und Form bezieht. Classisch ist das Kunstwerk, in welchem der Gedanke wie eine wohlgewogene Erzspeise genau die Form erfüllt, so daß kein Tropfen der glühenden Fluth überbleibt. Im romantischen Gebild aber soll die Form noch ein Mehr von Geist und Seele zu errathen, eine höhere Bedeutung zu ahnen geben, als sie durch sich selbst vernehmbar auszusprechen vermag. Der antike Bildner schuf mit geistreichem, aber klarem und scharf maßhaltendem Verstand und mit einer Phantasie, die sich an den Erscheinungen der Sinnenwelt gebildet hatte; das christliche Werk entspringt im Gemüthe, und die schöpferische Einbildung des Künstlers geht auf das Transcendentale, Innerliche, nur der Ahnung Verständliche aus.

Mit Leichtigkeit läßt sich dieser Unterschied auf dem eigentlich kirchlichen Kunstboden verfolgen; zwischen einer antiken Isis und einer Maria des Mittelalters wird ihn auch das ungeübte Auge wahrnehmen. Aber läßt er sich auch in weltlichen Stoffen, läßt er sich im Vergleich der letzten vier Jahrhunderte mit dem Alterthum gleichfalls durchführen? Die Kunst dieses uns zunächstliegenden Zeitraumes ist doch ihrem vorherrschenden Theile nach nicht mehr kirchliche Kunst, vielmehr mächtig erregt durch die heidnischen Grundanschauungen, die seit der Mitte des fünfzehnten Jahrhunderts bis heute die gebildete Welt beherrschen. Die Architektur hat zum classischen Stil zurückgelenkt, mythologische und zum Theil heidnisch-frivole Stoffe beherrschen die Plastik und Malerei im siebzehnten und in der größern Hälfte des achtzehnten Jahrhunderts. Auch in den devoten Bildern aus der Zeit der Gegenreformation bemerken wir die mittelaltrige Magerkeit nicht mehr; bei Rubens wie bei Guercino wird vielmehr die Devotion gerade dadurch ausgesprochen, daß diese Meister herculische Leiber wie geschmolzen erscheinen lassen von der inwendigen Andachtsgluth. Im Allgemeinen aber hat die kirchliche Kunst, was Energie und Tiefe betrifft, vor der weltlichen sich zurückziehen müssen, muß es noch heute. Auch in der Poesie errang Goethe die glänzendsten Triumphe der Vollendung, wenn er antike Stoffe, wie die Iphigenia, aufgriff, oder doch moderne Stoffe in antiker Form behandelte, wie Hermann und Dorothea. Ist nun in diesen Werken der Einfluß jener Religion erloschen, die doch unserer ganzen Culturgestalt zum Grunde liegt? Aber wenn man nun einmal Goethe's Iphigenia mit der des Euripides vergleicht, sieht man auch hier bald den Unterschied.

Ich wies oben auf, daß die hellenische Religion den Zwiespalt nicht gekannt hat: sie entbehrte daher des Schmerzes. Wohl gab es ernste, dunkle Mythen, aber sie knüpften sich nicht an die obersten Götter; Niobe, Laokoon, Marsyas, Prometheus blieben untergeordnete Persönlichkeiten, ihre Leiden treten in den Hintergrund vor dem feierlichen Rausch der Dionysosmysterien, vor der frohen Mythologie der Aphrodite. Die Feste waren Freude, Tanz und Gesang, Schmaus, freier Verkehr der Geschlechter auf der sonnigen Tempelhöhe des Vorgebirges, die weit übers Meer schaute, oder in der frischen Lebensluft der vom immergrünen Waldkranz umsäumten Bergeshalde. Den Tod, diesen ernsten Hintergrund des Lebens, der ihm erst den tiefen, Alles ins Licht hebenden Schatten leiht, vermied man zu denken, und noch das ergreiste Alterthum umwand den Sarkophag mit den Arabeskenranken des unsterblichen Weinlaubs. Es gab daher im hellenischen Leben bestimmte Saiten die nie angeschlagen wurden, es kamen gerade die Gefühle nicht zur Reife, die erst der Schmerz in der Seele zeitigt. So das Mitleid. Wie schauderhaft erscheint unserem Gefühl die Rache des Peliden, der den erlegten Leib des edelsten Gegners vor den Augen der Eltern noch der menschlichen Schönheit beraubt, der dieß übers Herz bringt nicht mit dem heißen Blut des Kämpfers allein, sondern zum zweitenmal noch nach schlaflos verwachter Nacht! Wie hart ist in Hellas das Loos der Sklaven, wie grimmig der Sinn gegen besiegte Feinde, wie wenig wird in dem Barbaren der Mensch geachtet! Die Stellung der Frauen, mindestens bei den ionischen Stämmen, dürfte man dabei nicht vergessen: gönnt doch ein Sokrates seinem Weibe nicht, den Schmerz an seinem Todtenbette auszuweinen! Dieß ist nun ganz anders im Christenthum. Ein gestorbener Gott, im höchsten Grade leidensfähig; alles religiöse Innenleben beginnend im Mitgefühl mit seinem Schmerze; in der Lehre die gleiche Weichheit: ein Liebesbund wird verheißen, der über die Schranken des Völkerthums weit hinausgreifend die gesammte Menschheit umfassen soll; Vergebung, Feindesliebe, Selbstverleugnung treten als oberste Forderung auf; das Verhältniß von Mann und Weib in Liebe und Ehe wird aus dem Naturboden und aus dem Boden des starren bürgerlichen Rechts in den tiefern Grund des Gemüthes verpflanzt, das Weib dem bloßen Genuß oder dem egoistischen Behagen des Mannes nicht mehr geopfert. Es ist unermeßlich und ganz unberechenbar, wie sehr durch diese Einflüsse das Christenthum die Gefühle der Menschheit gereinigt, gesteigert, vermannigfacht hat; die ganze weibliche Seite des innern Lebens ist erst durch seine Einwirkung aufgegangen. Die Minne, die zarte Ehre, der Enthusiasmus für die allgemeinen und unveräußerlichen Menschenrechte, vor Allem auch die Fähigkeit, in fremde Nationalitäten, in ihr Formgefühl und ihre Poesie uns zu versetzen — das Alles stammt wesentlich aus jener Quelle. Dieß ist der Hauptgrund, warum wir zwar in der Sculptur, als der Kunst der reinen Linie und vollendetsten Form, zurückstehen, in zwei andern Künsten aber das Alterthum unter dem Fuß haben: in Musik und Malerei. Ihre Elemente haben nämlich einen tiefen Bezug zum Gefühlsleben; Ton und Farbe sind, wie die menschlichen Empfindungen und Seelenstimmungen, des Verschmelzens, der Brechung, der feinsten Nuancirung fähig. Diese Fähigkeit aber zu entdecken, mußte die Menschheit zuvor in sich die Töne und Schattirungen erfahren, die sie dann als Seele in jenen Künsten wiederfand. Unleugbar bringt nun diese Ausbildung der Gefühle viel Arges mit sich; nur bei uns ist die Ausartung möglich, die mit Verleugnung der starken, männlichen Gefühle einzig die weiblichen werthhält und ausbildet, und die uns in der modernen Kunst tausendfach bald mehr lächerlich als Schwächlichkeit, bald verächtlich als Sentimentalität gegenübertritt. Aber von der andern Seite gleicht das Gefühl doch auch dem Magnet: je mehr man ihm zu tragen giebt, desto stärker wächst seine wunderbare Kraft. Die Vertiefung der Gefühle durchs Christenthum brachte zugleich eine mächtigere Spannung der Leidenschaft hervor; brechen wir los, so kennen wir das Maßhalten der Alten nicht: denn bei diesen tritt die innere Regung gleich beim Entstehen, und darum minder vulkanisch, aus der Brust in die That heraus; bei uns wird sie durch die Sitte, durch den innern Widerstreit der Gefühle und durch die einem geistigern Empfinden stets eigene Verschämtheit lange eingedämmt, bis sie zuletzt mit zurückgehaltener unwiderstehlicher Gluth hervorbricht. In der Leidenschaft vermögen wir deßwegen entsetzlicher zu handeln als die antike Welt; bei kaltem Blut werden wir viel milder sein als sie.

Dieses nun ist die Seite, wo auch das modernste Kunstwerk noch heute seinen ersten Ursprung aus einer Gefühlsreligion kundgiebt. Die Neuern haben erst das Feuer in die Kunst gebracht; die Antike, auch die stark bewegte, macht uns den Eindruck von Ruhe, und verglichen mit einem Rubens'schen Bacchanal oder mit der ungeheuren Liebeswuth der Carracci'schen Aurora im Farnesischen Palast erscheint die Alexanderschlacht, obwohl sie vielleicht die ausdrucksvollste Composition der ganzen alten Kunst ist, noch immer wie ein Werk voll Besonnenheit, voll künstlerischen Rückhalts. Es ist überhaupt die bewegte Seele auf der ganzen Stufenleiter ihrer Empfindungen, was in moderner Kunst die Hauptsache ausmacht, und selbst da, wo diese mit der antiken auf deren eigenem Boden ringt, hat sie vor ihr in diesem Stücke Etwas voraus. Die üppigen Scenen auf den dionysischen Reliefs sind uns widerlich, weil hier die reine bare Sinnlichkeit triumphirt. Correggio's Jo und selbst Tizian's Danae sind es nicht, weil hier die Hingabe des Weibes durch den seelenvollen Ausdruck des Kopfes geadelt wird, weil der Geist hier nicht untergeht im Naturtrieb. In dem herrlichen Hirtenroman des Longus ist nur die Eine Stelle, wo Daphnis, von der Lykainion verführt, aus Liebe zur Chloe der Chloe untreu wird, ein sittlicher Fleck; aber in Gottfried's Tristan bewundern wir Brangänens Hingabe, denn dort ist der Sinn allein waltend ohne tiefere Minne der beiden Personen; hier aber ist die That getragen von sittlicher Treue gegen die Herrin. Und so mag es an dieser Stelle erlaubt sein nochmals Euripides und Goethe neben einander zu stellen. Bei jenem ist in Iphigenia's Seele nur Ein Motiv: die Liebe zur Familie, zur Heimat. Das Götterbild raubt sie treulos dem Volke, das ihr Gnade angethan hat, und nicht um zu lösen, sondern um durchzuhauen muß am Schlusse eine Göttin bemüht werden. Der moderne Dichter geht vom Gewissen der edlen Jungfrau aus: nicht das Motiv des Blutes allein, sondern das innere der Ehre und der Wahrhaftigkeit durchzittern ihr reines Herz, und durch einen großen sittlichen Entschluß führt sie die Handlung einem wehmüthigen, aber friedlichen und selbst wohlthuenden Ausgange zu. Bei welchem Dichter die wärmere Schilderung der Seele sei, wird wohl nicht in Zweifel kommen.

Im Bisherigen haben wir den innersten Charakterunterschied beider Kunstrichtungen betrachtet, wie er auch noch in den modernen Schöpfungen fühlbar bleibt. Es ergeben sich noch einige Einzelnheiten als Folgerungen.

Als der Hauptmangel, dem bisher noch die Kunst bei den christlichen Völkern unterliegt, ist uns eben das Fehlen der nationalgeschichtlichen Stoffe hervorgetreten. Allerdings ersetzt sich dieß einigermaßen durch ein Element der Religion, das der antiken abgeht. Das Christenthum ist nicht wie diese eine Natur-, sondern eine historische Religion; es ist von einem bestimmten Manne in einer bestimmten geschichtlichen Zeit gestiftet worden. Wie über alle Geburtsstätten des Großen, Weltbewegenden, lagert sich auch über die Wiege des Christenthums der verschleiernde Morgenduft, aus

welchem so gern der Mythos hervorwächst; aber die Person selbst
ist nicht mythisch. Hierdurch entsteht der eigenthümliche Zug, daß
Religion und Geschichte im Christenthum sich unaufhörlich ver=
binden; Christus am Kreuze ist ebensosehr Gegenstand der Ver=
ehrung als Denkmal des größten, die Geschichte in ihre zwei
Hälften spaltenden Weltaugenblicks. Das Christusbild ist sehr
vom Zeus=Ideal verschieden; ein Porträttypus ist aus sehr alter
Ueberlieferung auf uns vererbt, und es hat dem Künstler nie ge=
frommt, von diesem völlig abzuweichen. Dieser Porträtkopf macht
mehr als antike Statuen den Eindruck von Lebenswärme, weil er
gleich individueller ist, denn wir erkennen in ihm sogar die orien=
talische Race. Schon dieß giebt der christlichen Kunst einen kräf=
tigen Zug aufs Realistische, indem sogleich ihr höchstes Ideal, das
Christusbild, ein Reales hinstellt. Jener historische Kern der Reli=
gion nun, wie er durch den Mythos umgeformt worden ist, bietet
unbestreitbar Vieles, was auch an äußerer Schönheit dem heid=
nischen Olymp nahe steht. Zwar die gewaltige Sinnlichkeit der
antiken Mythe waltet hier nicht, aber das Herz wird tiefer bewegt.
Die wunderbare, durch das Dogma von ihrer ewigen Jungfräu=
lichkeit ausgesprochene Reinheit der Maria, das Kind auf ihrem
Schooß mit den Raffael'schen Welterlöseraugen, sind reizende und
rührende Stoffe; und Christus am Kreuz darf geradezu als ein
hoher Gegenstand bezeichnet werden, mag man ihn nun wie Van
Dyck in der Tiefe menschlich erliegenden Leidens oder wie Rubens
als den starken Bezwinger des Todes fassen. Dieser Tod ist
ästhetisch, weil kein Glied gewaltsam vom Rumpfe gelöst wird;
ein Mann gerade auf der Höhe der Manneskraft giebt dem Künstler
unverhüllte Formen zu schildern und jenes höchste Meisterstück zu
vollenden,

„wie sich im Schmerz ein schöner Leib verhält."

Neben diese Hauptscenen und Hauptpersonen treten dann zahlreiche
Nebenfiguren mit scharf abgestuftem Altersverhältniß und in ihrer
Weise religiöser Empfindung unter einander sehr verschieden. Rück=
wärts dehnt sich ins alte Testament, vorwärts in die Legende,
Kirchengeschichte und apokalyptische Weissagung der Kreis dieser
religiösen Historie aus; die Siftinadecke und die Loggien des Vati=

cans beweisen, was dort, die Stanzen, was hier für großgesinnte Meister zu gewinnen war. Stoffarm ist gewiß diese Kunst nicht; aber dieß Alles zugestanden, wird man doch nicht behaupten dürfen, daß durch heilige Geschichte die nationale völlig ersetzt werden könne. Denn es mangelt jener zwar nicht die That, aber die Handlung, und diese ist nach des Dichters Worte der Kunst wie der Welt „allmächtiger Puls". Die Siege der Kirche werden meist im Unterliegen gewonnen, durchs Dulden; das Dulden aber ist nicht der höchste Vorwurf der Kunst, und ästhetisch betrachtet bleiben denn doch Prometheus und Laokoon größere Stoffe als der Crucifixus, weil sie kämpfend untergehn. Am übelsten wird dieß Element des Duldens bei untergeordneten Heiligen: Hieronymus in der Wüste, die Brust vom Stein zerschlagen, Christen auf spitze Pfähle herabgeschleudert, der Rubens'sche Livinus in Brüssel, dessen ausgerissene Zunge der Henker mit der Zange dem schnappenden Hunde hinhält, die Marter des Erasmus von Poussin im Vatican, wo dem frommen Mann die Gedärme aus dem Leibe gehaspelt werden, diese und so manches andere Bild, das schon Goethen in Italien so empörte, würden bei der hellenischen Geistesrichtung nicht möglich geworden sein. In den schönen Scenen aber finden wir doch auch viel Monotonie. Gewisse Hauptbilder mußten unzähligemal wiederkehren, weil die reizende bunte Mannigfaltigkeit des Mythos fehlte, die uns in unerschöpfter Fülle aus den antiken Vasenbildern entgegensprudelt; und so kamen die christlichen Künstler theils in Schulnachbetung vernutzter Motive, theils durch das Streben neu zu sein in Stillosigkeit oder gezwungene Originalität herein. Die Palmen unserer gegenwärtigen Kunst, die bisher unberührten, wachsen auf dem Felde der zukünftigen Volksgeschichte; das Wühlen und der Geisterkampf dieser Tage müssen in die That sich ausbrausen: dann büßt auch unsere Kunst die alte Lücke.

Haben wir hier eine Schwäche der neueren Kunst zugegeben, so fordern wir dafür nach andern Seiten unermeßliche Zugeständnisse zu ihren Gunsten. Es giebt gegenwärtig in allen drei bildenden Künsten, vor allem aber in der Malerei, eine Masse von Stoffen und entsprechenden Auffassungsweisen, die dem Alterthume unbedingt verschlossen gewesen sind. Ich glaube, man kann das auf drei Punkten nachweisen.

Das Christenthum lehrt die Bedeutung des Individuums begreifen. Der einzelne Mensch in seiner Berechtigung auf das Heil und auch auf die Güter des Lebens kommt in ihm zu Ehren; das Individuelle in Leben, Sitte und Kunst wird freigegeben. Gewiß, die drei griechischen Säulenordnungen stellen das Feinste und Genialste von Last und Stütze dar, was man erfinden kann; aber an sie ist nun auch mit kleinen und nicht wesentlichen Modificationen die Architektur gebunden, und bei jedem Bau kehren mit strengem Gleichmaß dieselben Formen an jeder Säule wieder. Wahrhaft majestätisch ist dagegen die Freiheit der Erfindung an mittelaltrigen Bauten. Hier ist es der leitende Grundsatz, die Säulenköpfe und so auch alle andern architektonischen Glieder erst recht zu variiren, um dann durch Auflösung dieses Mannigfachen in Ein Grundgefühl desto mächtiger und triumphirender die Harmonie einschreiten zu lassen. Aehnlich frei stellt sich der Grundriß des christlichen Bauwerks heraus, als Quadrat, gestrecktes Rechteck, Kreuz, Kleeblatt, Doppelkreuz, Rund- und Polygonbau, während der antike Tempel über Rechteck und Kreisrund nicht hinauskommt; von der verschiedenen und wieder die größte Mannigfaltigkeit entwickelnden Stellung der Thürme im Grundplan schweige ich ganz. Aber auch in die übrigen Künste ist dieser Sinn des Individuellen eingedrungen. Alles Menschentreiben, auch das kleinliche, hat für uns Moderne eine gemüthliche Wichtigkeit (die Philisterei kommt einzig daher), und dieß giebt unserer Kunst eine starke Richtung auf Auffassung der Wirklichkeit, der nicht gehobenen, sondern eben gewöhnlichen Zustände. Hieraus entsteht das moderne Genrebild. Ein Wilkie'sches Spiel von Mädchen und jungen Burschen, eine Robert'sche Schnitterfamilie, ein Familienbild wie Flüggen's Mesalliance — wo hätte denn in den kleinlichen Werkstätten, Bäckerstuben und Küchen, die man wohl in Pompeji gemalt findet, das Alterthum etwas auch nur entfernt Aehnliches? Gewiß, hier hat schon der Stifter des Christenthums den Anstoß gegeben in dem Stück seiner Lehre, das uns, weil es Erzählung giebt, sicher am reinsten überliefert worden ist, in den Gleichnissen. Die Geschichte des verlorenen Sohns giebt eine Reihe kleiner Genrebilder; in dem Weibe, das den verlorenen Groschen wieder findet und sein Glück ausposaunen geht, stecken sogar schon humoristische Züge, und bei dem ungerechten Haushalter, der sich mit den Schuldnern zum Betruge verbündet, hat der Kunstfreund wohl unwillkürlich die betrügerischen Wechsler des Matsys in Windsor vor Augen. Wie sich hier bei Christus selber eine edle Lehre mit gemüthlich-poetischer Form umgiebt, gerade so sehen wir auch das Genrebild anfangs, wie etwa bei Masaccio und den Eycks, nur als zuschauende Gruppe gewöhnlicher Leute zur heiligen Handlung hinzutreten, bis es sich endlich als selbstständige Gattung ablöst. Hinzu kommt denn der durchs Christenthum verstärkte Sinn für die Ehe und das Familienleben, aus denen das Genre sein innigstes und gemüthvollstes Leben entleiht.

Ein fernerer Hauptvorzug der modernen Kunst ist das Naturbild, und hier wieder vor Allem die Landschaft, welche ihr wie zum Ersatz für die Historie verliehen scheint. Bei den Alten ist die Landschaft die schwächste Gattung der ganzen Malerei geblieben. Die handwerklichen Arbeiten der Art in Pompeji stehen an Kunstwerth etwa den chinesischen Sachen gleich, denen sie auch an Unbedeutendheit der geschnörkelten Bauformen auffallend ähnlich sehen. Die Vasenbilder sowohl wie die erhaltenen größern Gemälde sind fast ohne allen Hintergrund. Die Malerei des classischen Alterthums war wesentlich Handlung und somit Figurenbild. Man darf daraus schließen, daß der Sinn für die außer uns liegende Natur in der modernen Welt stärker entwickelt ist. Zum Theil liegt das im Grundcharakter der Germanen, die denn doch das meiste Blut und das kräftigste zu den heutigen Culturvölkern hergegeben haben, zum Theil ist es Wirkung des Christenthums.

Der Germane hat von allem Anfang an ein inniges Verhältniß zur herben Natur seiner Heimat, weil sie ihm seine Freiheit sichert. Schon in der Urzeit verehrte man die Götter nicht in einer Architektur, sondern im hochwipfligen Hain, an dem waldumsäumten schauerlichen See. Im Mittelalter wohnte der Ritter mit den Seinen auf der Burg, von der Welt abgeschieden, in voller Natureinsamkeit; auch der Benedictiner gründete (eine Ordensregel schrieb es ausdrücklich vor) seine Ansiedlung in der Einöde. Und nun haben wir in Deutschland eine großartige Natur, viel großartiger als die hellenische. Alles ist massenhafter, Alles überwältigt den Geist mehr, die Ebenen, die Seen, die unermeßlichen Wälder. Was sind jene Winterflüßchen von Hellas, die im Sommer ihr steiniges Ravin trocken lassen, gegen den stets mit vollen Borden strömenden Rhein, gegen die im Strudel hinschießende Donau? Und unsere Meeresausblicke, so weit, so ahnungsvoll, so erregend durch den wundervoll geheimen Odemzug der Tiefe, durch Fluth und Ebbe — in Hellas sieht man ein meist stilles Meer, und fast überall wird die Unendlichkeit der Aussicht wieder durch Fest- oder Eiland durchbrochen. Dazu dann der bei uns so viel stärkere Gegensatz von Sommer und Winter, der so viele Sympathien mit der sterbenden und neu sich belebenden Natur im menschlichen Gemüthe weckt! Ueberhaupt hat der Norden Europa's die mächtiger ergreifende Natur; wie denn in der Landschaftsmalerei auch die modernen Südländer es unsern Diesseitigen doch nie gleich gethan haben. In Hellas tritt die Beobachtung der Natur in ihrer Einwirkung auf das Gemüth eigentlich erst in einem der letzten, aber auch reizendsten Gebilde der antiken Poesie, im Schäferroman des Longus, hervor, wo denn allerdings meisterlich (obwohl mehr nur von der sinnlichen Seite) der Einfluß des Lenzes auf die Seele gezeichnet wird. Wir Deutsche dagegen haben schon in unserer ersten Literaturperiode den Minnesang, der recht eigentlich Naturgesang ist, Frühlingslust und Winterklage so oft wiederholt; und noch früher zeugt von dem frohen und scharfblickenden Leben der Menschen in und mit dem Walde jene eigenthümlichste aller unserer poetischen Volksschöpfungen, in der kein anderes Volk mit uns wetteifert: ich meine das Thierepos, dessen Spuren sich denn auch alsbald in der bildenden Kunst nachweisen lassen. Das uralte Grundgefühl von der Beseelung der Natur verräth sich endlich in der Bereitwilligkeit, mit der wir die Lehre von den Elementargeistern aus antikem, keltischem, altnordischem und morgenländischem Naturglauben beibehielten und christlich umbildeten.

Zum großen Theile liegt dieß Gefühl für das Leben der

Schöpfung aber auch im Christenthum begründet. Das Verständniß der Natur wird überhaupt erst möglich, wenn sich der Geist aus ihr herausgelöst, mit Bewußtsein über sie hinaus gestellt hat. So begegnen wir schon früher bei den Hebräern, denen ihr Monotheismus jene Befreiung des Geistes aus dem Naturleben garantirt, einem landschaftlichen Sinne, den auch die großen hellenischen Dichter vermissen lassen. Gleich mit bestimmter Bezeichnung einer Umgebung, des Paradiesgartens, fängt der hebräische Mythos der Menschheitsgeschichte an. Abraham's Leben als Wüsten-Emir und Hirtenkönig, die Scenen am Nil, das reizende Idyll von Ruth, ein Wüstenbild so mächtig wie Hagar's mütterliche Verzweiflung bei dem verschmachtenden Sohn — wo haben wir denn bei Homer eine Stelle, wo die Landschaft so wesentlich, so mithandelnd ins Leben der Figuren eingreift, ihre Stimmung und Handlungsweise bedingt? Die zarten Begegnungen von Mann und Weib werden an den im Orient so wichtigen Brunnen angeknüpft; Moses schaut von den Höhen des Ostjordanlandes die Pracht Kanaan's, unter sich den Palmenhain Jericho's, die schwarzen Felskuppen von Judäa, weiterhin aber die blauen Schluchten des Ephraimwaldes und im Norden den Einen schimmerndweißen Punkt, den ewigen Schnee des Hermon, — eben die Landschaft ist hier das Bedeutendste, ist das Ergreifendste in der ganzen Scene; der stärkste Nerv in der Situation liegt darauf, daß der Sterbende sie noch sehen, nicht betreten soll. Kennt doch Jesaja sogar schon den gespenstigen Spuk der Wüste, dessen Ahnung die Karawanen heute wie damals im Dämmerlicht des sinkenden Abends überfällt! In noch bestimmterer Weise nähert sich der Monotheist der Natur als betrachtender Mensch, indem sie ihm als Werk und als Preis ihres Schöpfers erscheint. Werke wie der 103. und 104. Psalm, wie die energischen Schilderungen der Riesenthiere und die glänzenden der meteorologischen Phänomene am Schlusse des Hiob, kennt das classische Alterthum gar nicht. Dieses bleibt vielmehr in einer atomistischen Naturbetrachtung gefangen. Jede einzelne Naturseite hat ihren besondern Gott, dem sie als Wohnung dient, der sie aber nicht geschaffen noch wahrhaft mit seinem Lebensodem durchdrungen hat. In der bildenden Kunst stellt man daher zur Bezeichnung der

Scene einfach den Gott hin, der diese bestimmte Umgebung beherrscht, z. B. um einen Fluß zu bezeichnen den Flußgott mit der Urne oder die Najas. Man blieb also in der Andeutung, im Symbolischen stecken; ein wirkliches Wiedergeben der Naturumgebung erschien unnöthig.*) Die monotheistische Weltanschauung entfernt diese einzelnen Göttererscheinungen aus der Natur, aber sie verleiht der Natur dafür ein höheres Leben, weil sie dieselbe als Abdruck des göttlich schaffenden Geistes ansieht. Und doch bringt es der starre Monotheismus noch nicht zu einer landschaftlichen Malerei, das haben Juden und Moslemim bewiesen. Ein pantheistisches Element muß hinzukommen — jenes Element, das dem indischen Volke unter allen Sterblichen den heißesten zugleich und zartesten Natursinn verliehen hat. Das Christenthum hat dieß pantheistische Element vor dem Mosaismus voraus, und in dem Maße als dasselbe in ihm zum Siege kommt, steigert sich auch das Naturgefühl. Wir ahnen in der Natur eine der unsrigen verwandte Seele, eben weil wir sie als durchgeistet erkennen; wir theilen mit ihr den Schmerz des Herbstes und die muthige Freude

---

*) Höchstens drückte man einen Zug dieser Umgebung aus. Als Nealkes ein Schiffstreffen auf dem Nil malte, vermochte er den doch so eigenthümlichen Charakter der Deltalandschaft nicht wiederzugeben, aber argumento declaravit quod arte non poterat: er malte einen Esel am Ufer trinkend, dem ein Krokodil auflauerte. Plin. Nat. Hist. XXXV, 40, 142. Man wolle gegen die hier verfochtene Meinung nicht den Philostratus anführen. Zwar nennt er einige Landschaften mit größtem Lobe, aber er staffirt sie so überreich, daß auch nach Welcker's Anordnung kein Maler wagen könnte, auf Einer Tafel, wie es doch bei dem Bilde I, 12, 13 gefordert wird, mehrere große, in lebhafter und detaillirter Handlung begriffene Gruppen auf beiden, mehr als Rheinesbreite von einander getrennten Ufern des Bosporus zu schildern und dabei irgend eine Einheit in die Composition zu bringen. Wenigstens ein Landschaftsbild würde man bei dieser Figurenfülle nicht übrig behalten. Aehnlich ist es bei den „Sümpfen" (I, 9), und noch mehr bei den „Inseln" (II, 17). — Dasselbe findet auch auf die von ihm geschilderten Genrebilder, z. B. die berühmte Schweinsjagd, Anwendung, wo dieselben Personen in so verschiedener Handlung vorkommen, daß eine klare, ruhige und einheitliche Composition nach Art eines modernen Genrestücks sich gar nicht ergeben will. Haben denn diese namenlosen, nicht datirten Bilder in Neapel jemals wirklich existirt?

des Frühlings; wir vermögen überhaupt eine Stimmung in die Landschaft zu legen und sie so in einseitigem aber desto kraftvollerem Lichte aufzufassen.

Es ist endlich noch eine letzte Seite hervorzuheben, welche die Neuzeit vor der alten voraus hat. Die alte Welt hat die Komik, die moderne den Humor, zumal die germanische Welt; denn dem Romanen gelingt kraft des classischen Tropfens in seinem Blute der Spott besser, während der Engländer und Deutsche in Literatur sowohl wie in Kunst den Spaß vorzieht. Der Kern der wunderlichen Charaktermaske, die wir, auch wieder wunderlich, Humor nennen, ist eine sehr ernste, ja überspannt ideelle Lebensbetrachtung, und hier hängt auch ihr Ursprung mit dem Christenthum zusammen. In der alten Welt herrschen einfache, verstandesmäßige, vor Allem erfüllbare Sittengesetze. Einem Aristipp gehorchen muß sehr anmuthig sein, und selbst Stoiker zu werden ist für gewisse Organismen keine schwere Aufgabe. Wurden daher diese leichten Gesetze trotzdem irgend vom Individuum überschritten, so entstand sogleich eine sittliche Carrikatur, welche zu ihrer Vernichtung die Komik herausforderte. Im Christenthum regiert eine ganz unerreichbare, idealistische Moral, wenn man es nämlich nimmt wie es im Evangelium steht, und nicht wie die Kirchen es ihren Bekennern commod gemacht haben; den Rock wegzugeben, wenn man von uns den Mantel verlangt, dazu ist unser Klima nicht angethan, und zur Heiligung aller Gedanken haben wir Modernen etwas zu viel Feuer. Dem Ideal entspricht also Niemand; je höher es ist, desto häufiger seine Ueberschreitungen, desto weniger verletzend aber auch für das natürlich-einfache Sittengefühl. Die gekränkte Harmonie macht sich daher nicht sowohl als spottende Komik wie als Spaß geltend, weil jeder recht wohl weiß, daß er jenem gespannten Moralgesetz ebenso wenig genügt. Und wie nun jener Idealismus nach der Seite des Urtheils hin den Humor, so schafft er in der Richtung auf die Einbildung das Phantastische, indem er die Formen der Wirklichkeit und alle organischen Möglichkeiten spielend durchbricht und aus dem Wesenlosen neue Bilder erzeugt. Die eigentlich mythologischen Theile der Kirchenlehre, Wunder, Engel, Teufel und Weltende, gaben diesem Sinne Nahrung, und die

Meinung von der compacten individuellen Fortdauer nach dem Tode förderte den Gespensterglauben. Die Alten waren selten oder nie phantastisch, sie schufen die Wirklichkeit nach und begnügten sich diese zum Ideal zu steigern; das Wesenlose, das was Niemand sich sinnlich, plastisch vorzustellen wüßte, kommt nicht vor. Aber gleich das erste poetische Werk des jungen Christenthums, die Apokalypse, wimmelt von Gestalten, die plastisch vollkommen ungreifbar sind. Denke man sich z. B. jene dort geschilderte Theophanie: ein Mann mit schneeweißer Haarwolle, Augen wie Feuerflammen in einem Sonnenantlitz, Füße wie ein glühender Ofen, sieben Sterne in Einer Hand und ein zweischneidiges Schwert im Munde — führe man gar diese Gestalt in wirklicher Plastik aus, und man wird ein Bild zu Stande bringen, gegen welches indische Götter nüchtern sind. In noch riesenmäßigerem Maßstab tritt dieses phantastische Element in den frühen gnostischen Systemen hervor. Auch die Kunst des romantischen Stils schwelgt so recht darin mit jenen fabelhaft erfundenen und componirten Thier-, Pflanzen- und Menschengestalten, die sie an Capitell und Portal zu verschwenden liebt. Die großen christlichen Poeten des Mittelalters, Wolfram von Eschenbach und Dante, sind wieder stark davon durchdrungen, und als der Protestantismus aufs neue an das Ursprüngliche anzuknüpfen sucht, da tritt augenblick in Dürer, in den Todtentänzen, in den Teufeleien des Jeronymus Bos die Phantasterei wieder hervor, und erlebt (um von Rembrandt's innerlichst phantastischer Natur zu schweigen) in den gottlos komischen Versuchungsscenen eines Höllenbrueghel, Teniers, Martin de Vos den gloriösesten Triumph, an den sich als endloser Schweif der Zug der Gespenster- und Schauerromane, Callot, der Teufels-Hoffmann und Tieck's Runenberg anschließt. Die Engländer von der Fairy Queen bis auf Byron's Manfred weisen wenigstens in der Poesie dasselbe Phänomen auf. Es ist bequem und vornehm, diese flatternden, fast contourlos zarten Wunderblumen der modernen Welt gering zu schätzen gegen die plastische Festigkeit jeder Gestalt im pentelischen Marmor und im tragischen Trimeter — aber Shakspere's Sommernachtstraum wiegt doch mindestens eine praxitelische Statue auf!

Ziehen wir ein Resultat. Fast überall in moderner Kunst, und zwar gerade bei den Schöpfungen, in welchen sie am eigenthümlichsten sich zeigt, erkennen wir einen doppelten Einfluß, der aber stets nach Einer und derselben Richtung hinwirkt: den des Germanismus nämlich und den des Christenthums. In beiden liegt ein Sinn für die Tiefe, für das Innige, dem zu Liebe die äußere Form leicht zu sehr zurückgestellt wird, der aber dafür eine in alter Kunst ungeahnte Mannigfaltigkeit der Gefühle und Anschauungen, somit auch der Richtungen hervorruft. Wenn wir kraft dieser Eigenschaften dem Germanen seine Stelle dicht unter dem Griechen geben müssen (denn der Indier bildete sein gewaltiges Talent nicht verständig genug durch), so werden wir auch das Christenthum nächst dem hellenischen Götterglauben als die kunstfähigste Religion betrachten dürfen. Denn die römische ist ganz stumpf für die Kunst, weil sie wohl Götter, aber keine Kosmogonie noch wahre Mythologie kennt; daher dieß Volk erst von Etruskern, dann von Hellenen die Kunst als Ueberlieferung empfing. Judenthum aber und Islam stellen das Göttliche in allzu scharfem Unterschied vom Menschlichen hin und verbieten deshalb, Jenes in Diesem darzustellen; auch sie entliehen daher für ihre kurze Blüthezeit die Architekturformen (denn nur dieser waren sie benöthigt) bei den Nachbarn. In Aegypten wird eine großgesinnte Kunst dennoch durch Priestersatzung im Symbolischen gebunden gehalten, das ihr den Charakter eines falsch Idealistischen aufdrückt. Die Assyrer endlich sind bei aller Beobachtung des Lebens in Mensch und Thier über die nackte Realität nicht hinausgekommen. So bleiben dem betrachtenden Geiste, bei aller Bewunderung für die Schöpferkraft der ältesten Culturvölker, als die eigentlichen Pole der bildenden Kunst doch nur das Hellenenthum und der christliche Germanismus übrig. In ihrer reinen Gestalt, wie jenes zur Zeit des Phidias, dieser etwa im Kölner Dom auftritt, bilden sie einen klaren vollkommenen Gegensatz. Aber dieser Gegensatz braucht kein ewiger zu sein; zahlreiche und glückliche Beispiele zeigen, daß vielmehr seine Ausgleichung das Ziel der Kunst ist. Schon das absinkende Alterthum kam in manchen Werken der Empfindungsweise der modernen Welt auffallend nahe; diese letztere vermag bei ihrer

Gefühlsweise die Antike zu schätzen und zum Vorbild zu nehmen. Es scheint beachtenswerth, daß ein Volk, in welchem sich aufs innigste antikes Blut mit germanischem, classische Nachwirkung mit christlichem Gefühl vermählt, ich meine das italienische, in der Malerei unbezweifelt das Größte geleistet hat, wie man denn bei Raffael wohl schwerlich wird sagen können, welches von jenen beiden scheinbar so widerstreitenden Elementen in ihm das vorherrschende war. Goethe's formvollendetste Werke, Hermann und Dorothea nämlich und Iphigenia, beweisen, daß auch dem Sohn des Nordens Beides zugänglich ist.

Die Vollendung der Kunst wird die Wahrheit der schönen Fabel sein, die gerade damals auftauchte, als Heidenthum und Christenthum feindlich sich schieden. Die junge, innige christliche Psyche hielt in einem verblendeten Augenblick den schönen sinnlichen Eros der antiken Kunst für ein Ungethüm. Zornig stieß er sie dafür von sich: lange dunkle Jahrhunderte hindurch ging sie einsam und vergeblich die Salbe der höchsten Schönheit suchen; am Ziel der Irrfahrt fand sie den Jugendgeliebten wieder, und alle Götter warten der Unsterblichen, um ihre Vermählung zu feiern.

II.

Wer hat den farnesischen Stier ergänzt?

Unter den wenigen im Aufbau zusammengeschlossenen Gruppen des Alterthums, die aus mehr als zwei Figuren bestehen, ist nächst dem Laokoon die berühmteste der farnesische Stier im königlichen Museum zu Neapel. Zwei kraftvoll gebildete Heldenjünglinge, auf einen Marmorberg mit weit auseinander gestellten Beinen aufgestemmt, binden eine blühende Frau an die Hörner eines sich bäumenden jungen Stiers: der eine hält das Thier an dem Horn und greift ihm mit der andern Hand in die Nüstern, der zweite hat ihm ein Seil um die Hörner geschlungen und zieht dasselbe fest an, um jetzt an das andere Ende die junge Frau zu binden, welche vor dem Stier halb sitzt, halb liegt. Die Frau wendet den Oberkörper rückwärts und sucht mit der aufgehobenen rechten Hand den Huf des stürzenden Stiers von sich abzuwenden, während die linke Hand, bittflehend oder um sich anzuklammern, die Wade des rechts stehenden Jünglings umfaßt. Seitwärts von dem Stier nach hinten zu steht eine bekleidete Frau mit einem Speer, ohne an der Handlung Theil zu nehmen. Der Moment ist vortrefflich gewählt, die Jünglinge halten den Stier nur mit größter Anstrengung zurück. Nur noch ein Moment, bis das grausame Werk vollendet ist, dann werden sie zurückspringend das bäumende Thier loslassen, dasselbe wird vorwärts stürzen und die Frau über den zackigen Felsgrund hinabreißen.

Die gewaltige Gruppe, die auch dadurch übermächtig wirkt, daß sie viel colossaler als der Laokoon ist, war schon im Alter=

thum bekannt und bewundert. Plinius sah sie in Rom, berichtet über den Ort ihrer Entstehung und nennt uns den Gegenstand.*) Antiope, Königstochter von Theben, gebar dem Zeus Zwillinge, den Amphion und Zethos. Mit Lykos, König von Theben, vermählt, reizte sie die Eifersucht von dessen erster oder zweiter Gemalin Dirke und wurde auf deren Anreizung eingekerkert und im Gefängniß mißhandelt. Ihre auf dem Kithäron gebornen und dort ausgesetzten Söhne übernahmen die Rache, tödteten den Lykos und ließen die Dirke durch einen wilden Stier zu Tode schleppen. Dieß ist der gewählte Gegenstand; der nackte Jüngling links vom Beschauer ist Zethos, der andere hat eine Leier von einer Schildtrötenschale an den Baumstamm gelehnt, der ihm als Stütze beigegeben ist, und wird hierdurch als Amphion, der große Sänger, bezeichnet; die Leier erhielt er von Hermes geschenkt, und durch ihren Ton zwang er die Felsen, sich zur Stadtmauer von Theben zusammenzufügen. Die Frau im Hintergrunde ist unzweifelhaft Antiope, die zwar an der wilden That nicht selbst Antheil nimmt, aber schon durch ihren bloßen Anblick die Söhne zur Rache befeuert.

Heyne hat das Verdienst, das Einzelne der Gruppe erläutert zu haben, indem er sie an ein Schriftwerk des Alterthums anknüpfte. Euripides hat eine Tragödie Antiope geschrieben, welche nur in wenigen Fragmenten erhalten ist; die Fabel derselben scheint aber Hygin aufbewahrt zu haben. Antiope entflieht aus dem Gefängniß und kommt auf den Kithäron zu ihren Söhnen, ohne daß sie gegenseitig sich erkennen. Dirke schweift mit andern Frauen durch dasselbe Gebirge, um das Dionysosfest bacchantisch zu begehen. Vielleicht hofft sie dabei, was auch eintraf: sie findet die in den Wäldern versteckte Antiope und fordert sie von Zethos als eine entlaufene Sklavin zurück. Aber bei diesem Anlaß entdeckt es sich, daß Antiope die Mutter der beiden Brüder ist. „Die Absicht der Dirke," sagt Heyne, „scheint gewesen zu sein, daß Antiope von den Bacchanten in der Wuth zerrissen werden sollte, wie vorhin ein Gleiches dem Pentheus widerfahren war. Um

---

*) Plin. Nat. Hist. XXXVI, 4, 34. Zethus et Amphion et Dirce et taurus vinculumque ex eodem lapide, a Rhodo advecta opera Apollonii et Taurisci.

ihr dieses zu vergelten, und in Rücksicht ihres Anschlages, lassen die Brüder die Dirke durch einen wilden Stier zerreißen." Aus dieser glücklichen Zusammenstellung mit der euripideischen Tragödie erklären sich nun die Details der Gruppe. Der Marmorberg mit seinen Unebenheiten und Felsvorsprüngen bedeutet den rauhen Kithäron, und dieser wird auch durch den Hirten angezeigt, der ganz vorn, ein Thierfell um die Schultern, unter einer Felsenzacke sitzt, während sein Hund die wildbewegten Gestalten anbellt. Hirt und Hund sind aber als Nebenfiguren kleiner gehalten, nicht halb so groß als die Heldensöhne. Das Hochgebirg zu bezeichnen, dient dann auch die zahlreiche, aber ebenfalls klein gebildete Thierwelt, die den Felsen rings auf allen vier Seiten umgiebt. Ein Löwe würgt ein Pferd, wie es denn in den griechischen Waldgebirgen des Nordens thatsächlich bis zum Xerxeszuge Löwen gegeben hat; auf dem heerdenreichen Kithäron werden sie jedenfalls im Heroenzeitalter nicht gefehlt haben. Ein Adler würgt eine Schlange; ein paar Eber, wie in einer Höhle liegend, zeigen nur ihre Köpfe. Selbst die Behandlung der Gewänder deutet die Localität an; auch bei der Antiope, die doch ohne bewegtes Handeln dasteht, flattert das Gewand, das hier ächt ist, weil auf den Höhen immer der Wind spielt.*) Eben so deutlich wie der Schauplatz der Begebenheit ist aber auch der Moment des Bacchosfestes angegeben: der kleine Hirt ist bekränzt, hat ein Fruchtgewinde um die Brust und hielt in der aufgehobenen rechten Hand ursprünglich wohl einen Thyrsos. Dirke als Mänas ist nur halb bekleidet, und seitwärts, links von ihr, liegt die ihr abgerissene Blätterguirlande; rechts von ihr aber steht ein aus Weiden geflochtener Deckelkorb, ein Geräth, das als cista mystica bei Bacchosfesten vorkam. Das Tuch darüber ist schwerlich ein Stück vom Kleid der Dirke, sondern die das Heiligthum verhüllende Decke, und die große Schlange unter dem Stier könnte die heilige Schlange des Gottes sein, welche über dem Tumult aus der cista herausgekrochen wäre. Auch ein zerbrochener Thyrsos neben der Dirke zeigt, daß sie als Mänas dargestellt war.

---

*) Welcker, Alte Denkmäler, I, 362.

Aus den Anlagen des Asinius Pollio, wo Plinius die Gruppe aufgestellt sah, muß sie beim Bau der Thermen des Caracalla in dieses Prachtgebäude übergeführt und unter der ungeheuern Masse von Statuen aufgestellt worden sein, die man für die Verzierung der Säle dorthin theils zusammenschleppte, theils neu anfertigen ließ. In diesen Trümmern wurde nämlich das Werk bei den großen Ausgrabungen unter Papst Paul III. im Jahr 1546 oder 47 aufgefunden; man zeigt dem Besucher der Ruinen noch die Stelle im Centrum des mächtigen Hauptsaals, wo es aufgestellt war, während in zwei Wandnischen die colossalen Gestalten des Hercules Farnese und der Flora Farnese sich gegenüber standen. Auf die Stelle des Plinius noch nicht aufmerksam geworden, miß= verstand man bei der Ausgrabung die stark zerbrochene Gruppe und hielt sie für einen Hercules, der den marathonischen Stier bändigt. Diese Erklärung findet sich zuerst bei dem Ulysses Al= droandi, und zwar schon in der ersten Ausgabe seiner Beschrei= bung der zu seiner Zeit in Rom befindlichen Statuen und anderer Alterthümer, welche Ausgabe 1556 in Venedig erschienen ist. Im Garten des damals neu erbauten Palazzo Farnese fand er in einer besondern Hütte alle Fünde zusammengestellt, die aus den Ausgrabungen der Farnesen in den Caracallathermen herstammten. Der Hercules Farnese war bereits restaurirt, die Figuren des farnesischen Stiers war man eben beschäftigt auf die colossale an= tike Basis wieder aufzusetzen, und damals galt das Werk für die Bändigung des marathonischen Stiers durch den Hercules.*) Den

---

*) Aldroandi, di tutte le statue antiche, che per tutta Roma in di- verse luoghi, e case particolari si veggono, I. Ausg. p. 162 sq.: „Sono an- cho in questa stanza molti altri fragmenti antichi, e fra gli altri quelli di Hercole, e del toro Maratonio, che egli ammazzò su quel di Athene: ma perche l'accomodarono sopra la basi sua, che si vede fra questa stanza, c'l palagio nuovo di Farnese, il descriveremo intieramente insieme. Egli è un grandissimo monte di marmo bianco, sul quale Her- cole combattendo col toro, il tiene con una mano per lo corno, con un altra gli stringe, e torce la bocca: Sul piano del monte è un gran serpe, che s'asconde in un buco; e vi è la clava di Hercole pendente." Jetzt folgt eine Aufzählung all der Thiere, welche die Basis umgeben, auch des Hirten mit der aufgehängten Rohrpfeife. Und zum Schluß: „Fu questo bel pezzo ritrovato ne le Therme Antoniane."

Zethos nahm man für einen Kampfgenossen des Hercules, der ihm Hülfe leistete, Dirke und Antiope wurden für Nymphen angesehen. So beschreibt das Werk auch noch Vasari im Leben des Michelangelo. Michelangelo, welcher damals den Bau des Palazzo Farnese in Rom fortführte, erkannte an dem durch den ganzen Felsenberg hindurchgehenden Bohrloch, daß die Gruppe ursprünglich als Brunnen gedient hatte, und machte den Vorschlag, sie nach dem zweiten Hof des Palastes zu bringen, um sie dort restaurirt wieder für einen Brunnen zu verwenden. Im Jahr 1567, als Vasari den Text seiner zweiten Ausgabe abschloß, war dieses der Stand der Dinge. Aus Aldroandi ersehen wir, daß man die mit dem Hauptstück gefundenen Fragmente, die in einem andern Raume des Palastes aufbewahrt wurden, schon im Jahr 1556 auf die Basis wieder aufzusetzen anfing. Daß aber eine Restauration in dem Sinne, wie wir sie jetzt vollzogen vor uns haben, damals noch nicht stattgehabt hatte, beweist eben der Umstand, daß sowohl Aldroandi als Vasari den stierbändigenden Helden noch für einen Hercules hielten. Wenn also zur Zeit, da Vasari schrieb, überhaupt neuergänzte Stücke schon da waren, so kann diese Restauration nur eine andere als die gegenwärtige gewesen sein.

Bald darauf muß indeß Jemand entweder durch die Stelle im Plinius oder durch eine Münze, deren mehrere die Gruppe darstellen, auf den wirklichen Sinn des Werkes geführt worden sein. Ich werde gleich den Beweis führen, daß im Jahr 1579 die richtige Restauration, und zwar beinahe ganz so, wie wir sie jetzt vor uns sehen, bis auf ein kleines Stück fertig war. In diese zwölf Jahre zwischen 1567 und 1579 muß demnach unsere Ergänzung fallen.

Unbedingt ist diese Ergänzung ein sehr bedeutendes Werk. Es ist über die Ausführung derselben sehr verschieden geurtheilt worden. Am härtesten sprechen sich Heyne und Flaxman darüber aus. Flaxman als Bildhauer tadelt die Arbeit im Ganzen*);

---

*) Lectures on Sculpture, p. 95: „The restaurations of this group are so bad, that they only become tolerable by something like an assimilation of spirit in their union with the ancient and venerable fragment." Eine verzweifelt unklare Phrase!

Heyne hält sich besonders an die kleinen Thierfiguren der Felsenbasis, an den bellenden Hund und an die Antiope, welche er für eine überflüssige Figur erklärt. Allein gerade diese Figuren, obwohl der Hund fast ganz und die Antiope zum Theil ergänzt ist, gehören ganz unzweifelhaft der ursprünglichen antiken Composition an. In neuerer Zeit ist das Urtheil gerechter geworden, und daß die Restauration wenigstens dem Stil und Gefühl des antiken Werkes sich gewissenhaft anschließt, beweist schon der Umstand, daß in einem Gypsabguß die ergänzten Theile auch von einem kundigen Auge sich nur sehr schwer von den ursprünglichen unterscheiden lassen. Abgüsse des Werkes sind wegen der Größe und Kostspieligkeit selten: ich aber kann Vorstehendes bezeugen, da ich Gelegenheit hatte, einen guten Abguß im Krystallpalast bei London häufig zu untersuchen.*) Ueber die hinten stehende Figur der Antiope ist man sogar bis heut noch im Zweifel, ob sie dem Original oder der Restauration angehört.**) Was in der Restauration sich angreifen ließe, scheint mir eigentlich nur der Speer in der Hand der Antiope, für welchen bei dieser Figur keine Veranlassung sich denken läßt; dann aber, und das ist die Hauptsache, der Umstand, daß die Dirke noch nicht von dem Seil umschlungen ist, also eigentlich nicht gehindert wäre, noch die Flucht zu versuchen. Der ganze Oberkörper der Dirke und das Seil von den Hörnern des Stieres an sind neu, und hier darf man vermuthen, daß die Figur im Original gewaltsamer mit der Gruppe verbunden war. Auch der Ausdruck in ihrem modernen Kopf ist für die Situation nicht leidenschaftlich genug. Auf jeden Fall bleibt die Ergänzung eine umfangreiche Arbeit, die einen geübten Künstler, auch wenn er so rasch und geschickt arbeitete, wie dieß im Cinquecento der Fall war, immerhin einige Jahre mag beschäftigt haben.***)

---

*) Das Original habe ich 1837 noch im Freien zu Neapel auf der Chiaja aufgestellt gesehen.

**) Friederichs, Bausteine, zu Nr. 571, bezweifelt die Antiope noch.

***) Die Hauptergänzungen, von kleinern Stücken ganz abgesehen, sind an dem Amphion Kopf, Arme und große Stücke der untern Extremitäten. An der Dirke der Oberleib bis zur Draperie, beide Füße, und ein großes Stück

Wir kommen nun zu der Frage, die zu beantworten wir uns hauptsächlich vorgesetzt haben: Welcher Meister des Cinquecento hat die Ergänzung gemacht? Hierüber schwanken die Meinungen, und in keinem Buch jener Zeit findet sich darüber eine Angabe.

Da ist es nun zunächst merkwürdig, daß Winckelmann in der Kunstgeschichte behauptet, der Restaurator sei ein Battista Bianchi aus Mailand. Woher er das weiß, sagt er nicht, und einen Meister dieses Namens aus jener Zeit, zwischen 1567 und 1579, kannte bisher die Kunstgeschichte nicht.

Wir treten hier auf den Boden einer ungeheuern Confusion von Namen und Zeiten; ich bitte den Leser für einen Augenblick um scharfe Aufmerksamkeit auf die Jahreszahlen.

Es giebt nämlich in ganz Oberitalien gegen den Anfang des folgenden Jahrhunderts, also seit 1600, eine verwirrende Zahl von Künstlern des Namens Bianchi, und von diesen hat Einer auch Giovan Battista geheißen. Er war aus Genua und soll dort und in Mailand plastische Werke hinterlassen haben. Nach Soprani's Lebensbeschreibungen genuesischer Künstler wäre er 1657 an der Pest gestorben. Nagler im Künstlerlexikon, der auch irgendwo von einem Battista Bianchi als Ergänzer des farnesischen Stiers gehört hat, dachte ohne Zweifel:

> Einen Battista Bianchi muß ich haben,
> und sollt' ich ihn mir aus der Erde graben,

fügt daher seinem Artikel über den Genueser in seiner gemüthlichen Weise bei: „Er ergänzte auch den berühmten farnesischen Stier zu Rom, den Rossi in Kupfer gestochen." Nun war der farnesische Stier, wie ich beweisen werde, im Jahr 1579 fertig restaurirt. Angenommen, der Ergänzer wäre damals erst 30 Jahre alt gewesen, so hätte dieser Bianchi, als er 1657 in Genua starb, ein

---

des Gewandes. Am Zethos der Kopf und das meiste an allen vier Extremitäten. Die Antiope hat den Kopf und fast ganz die Arme, mit dem Speer, ergänzt. Der Hirt war gut erhalten, weil die Felsenzacke ihn schützte, unter der er sitzt, der Hund aber, dessen Stellung nur noch an den vier Pfoten sich erkennen ließ, ist ganz neu. An der Basis endlich ist die gewaltige obere Platte alt und besteht heute noch aus Einem Stück; nur der untere Theil des Felsenbergs ist aus Werkstücken zusammengesetzt.

Alter von 110 Jahren erreicht! Aber das wäre bei diesem Naglerschen Bianchi noch lange nicht das Wunderbarste. Nagler sagt, es sei derselbe der Sohn eines Baccio Bianchi gewesen, eines Florentiners und Schülers des Galilei, der ein berühmter Baumeister war und in Genua das große Jesuitencollegium errichtete. Dieser Baccio ist nach den Localschriftstellern 1656 im 52. Jahr entweder in Spanien oder in Genua verstorben. Wenn also jener Genueser Giovan Battista sein Sohn war, und dieser starb 1657, so muß Baccio einen Sohn gezeugt haben, der, als der Vater geboren wurde, schon seine vier und fünfzig Jahre auf dem Rücken hatte, der also wenigstens 74 Jahre vor seiner eigenen Geburt den Toro Farnese restaurirte. Und solche Dinge finden sich bei Nagler in zwei Artikeln, die gleich nacheinander folgen!

Bei dem Stande der Forschung vor hundert Jahren war es also für Heyne, als er 1779 seine antiquarischen Aufsätze herausgab, ein Leichtes, Winckelmann eines Irrthums zu bezichtigen. Man wußte, daß damals im Dienst der Farnesen, in deren Palast das Werk stand, ein berühmter Schüler des Michelangelo als Bildhauer und Restaurator arbeitete, dem Papst Paul der Dritte, selbst ein Farnese, ausdrücklich zu dem Zweck ein einträgliches Kirchenamt gegeben hatte, daß er ihm ein prächtiges Grabmal errichten sollte. Es lag nahe, auf diesen zu schließen, und so behauptete Heyne, wiederum ohne irgend ein Zeugniß anzuführen, es habe Guglielmo della Porta den farnesischen Stier ergänzt. Diese Meinung ist seitdem die herrschende geblieben, und auch Welcker in seinen „Alten Denkmälern" schließt sich derselben ohne weitere Prüfung an. Nur unser kindlicher Nagler kann sich nicht entscheiden und giebt mit gewohnter Gemüthlichkeit ruhig beide Meister, den Bianchi und den Guglielmo, als Urheber der Restauration an. Oben citirte ich, daß er dem Bianchi den farnesischen Stier zu restauriren giebt; im Artikel über Guglielmo aber sagt er wörtlich: „Er ergänzte auch die Marmorgruppe von Amphion und Zethus, ein Werk des Apollonius und Tauriskus." Es ist klar, der Vortreffliche hat nicht gewußt, daß Amphion und Zethus mit dem farnesischen Stier Ein und dasselbe Werk sind.

Dieß ist die Art, wie man bisher die Künstlerlexika verfaßt

hat. Es war, denke ich, Zeit, daß Kunstgelehrte aller Länder zusammentraten, um mit vereinigten Kräften das neue colossale Unternehmen des Engelmann'schen Lexikons ins Leben zu rufen. Ein Einzelner ist dem überhaupt nicht gewachsen, ein ernster Forscher hätte es gar nicht unternommen; insofern muß man Nagler immer dankbar sein, daß er es that. Nur verbitten wir es uns, wenn unwissende Liebhaber und Sammler in Dingen, wo wir selbst geforscht haben, so impertinent den Nagler uns noch als Autorität entgegenhalten.

Wie also die Dinge soweit stehen, würde Heyne gegen Winckelmann Recht behalten, und wir dürften uns in dem Glauben beruhigen: Guglielmo della Porta, der in jüngern Jahren für das Haus Farnese notorisch den Glykonischen Hercules und vermuthlich die Flora ergänzt hat, hat für dasselbe hohe Haus im spätern Alter den farnesischen Stier ergänzt.

Allein hiegegen erheben sich denn doch wieder gewichtige Bedenken von einer andern Seite her.

Vasari war in den römischen Künstlerverhältnissen seiner Zeit schon durch seinen vertrauten Verkehr mit Michelangelo ganz zu Hause und kannte den Guglielmo della Porta persönlich. Wir werden daher hier wenigstens seinen Angaben vertrauen dürfen. Die Portas werden als Mailänder bezeichnet. Sie sollen, was Vasari nicht sagt, aus Porlezza, nördlich von Como, am See von Lugano stammen. Als Baumeister des Doms zu Mailand war schon vor 1531 Giovan Giacomo della Porta angestellt, der daneben auch Bildhauer gewesen ist. Als dessen Neffen bezeichnet Vasari den Guglielmo della Porta, der erst mit dem Oheim viel in Genua arbeitete, dann nach Rom kam und dort Michelangelo's Stil annahm. Michelangelo empfahl ihn dem Papst Paul III. für Restauration von Statuen, und er machte die Beine des farnesischen Hercules so gut, daß, als die ächten Beine nachträglich aufgefunden wurden, Michelangelo rieth, die des Porta nicht abzunehmen, weil die modernen den Vorzug verdienten. Nun aber starb 1547 der berühmte Venezianer Maler Sebastiano, der das Amt des Siegels bekleidete, welches die Päpste vorzüglichen Künstlern als Versorgung zu geben pflegten, und von welchem Sebastian in der Kunstgeschichte den Titel Fra Sebastiano del Piombo trägt. Es war aber ein geistliches Amt, das also Ehelosigkeit voraussetzte. Auf Michelangelo's Empfehlung bekam jetzt Guglielmo dieses Amt. Zwei Jahre später, 1549, starb Paul III., und nun erhielt Guglielmo von dem Nipoten, dem Cardinal Farnese, in Erinnerung an seine übernommene Verpflichtung den Auftrag, das prachtvolle Grabmal des verstorbenen Papstes zu arbeiten, das man jetzt noch in der Peterskirche als das schönste aller dortigen Papstgräber sieht. An diesem höchst ausführlichen Werk arbeitete er noch 18 Jahre später, 1567, als Vasari seine Lebensbeschreibungen schloß. Bis dahin hatte er den farnesischen Stier nicht ergänzt, denn Vasari hielt diesen noch für einen Hercules. Aber auch das Papstgrab war damals nicht fertig, doch war die herrliche Bronzestatue des Papstes bereits gegossen. Den Grund dieser Zögerung giebt Vasari (im Leben des Leone Leoni) an: „Dieser Künstler (Guglielmo della Porta) hat viele Gelegenheit gehabt, sich zu zeigen und Werke zu unternehmen, indem das Amt des Piombo genugsam Einkommen bietet, daß man studiren und sich um des Ruhmes willen anstrengen kann, wie Der nicht vermag, dem es an solcher Bequemlichkeit fehlt. Dennoch hat Fra Guglielmo von 1547 bis zu dem jetzt laufenden Jahr 1567 kein Werk zum Schluß gebracht, denn wer dieß Amt hat, der wird faul und nachlässig."

Wir sehen also, der Frate hatte in den letzten 10 Jahren seines Lebens (er ist 1577 gestorben) die Hände mit einer großen eignen Schöpfung voll und vollendete diese nur langsam. Darf man annehmen, daß er das Werk seines Lebens hätte liegen lassen, um eine Restauration von solchem Umfang vorzunehmen? Diese Umstände erwägend, wird man, glaube ich, sagen müssen, es ist nicht wahrscheinlich, daß Guglielmo den Stier restaurirt hat, und da kein positives Zeugniß ihn als Ergänzer nennt, dürfen wir auch nicht, wie bisher immer geschehen ist, bloß aus Vermuthung auf ihn schließen.

Und nun bleibt doch Eins immer merkwürdig. Woher kommt es denn, daß Winckelmann, freilich ohne Angabe einer Quelle, so bestimmt einen Mailänder Battista Bianchi als Ergänzer nennt?

II. Wer hat den farnesischen Stier ergänzt?

Aus Vermuthung? Nein, denn einen Battista Bianchi kennt ja bisher in jener Zeit Niemand. Und Nagler, der schwerlich dem Winckelmann folgt, nennt doch auch einen Battista Bianchi als Ergänzer, obgleich er ihn mit einem gleichnamigen Künstler verwechselt, der mehr als ein Menschenalter später lebte. Es scheint klar, sowohl Winckelmann als Nagler müssen, wenn auch mittelbar, aus einer Quelle geschöpft haben, zu der seitdem Niemand mehr vorgedrungen ist.

Solch eine Quelle existirt, und ich führe den Leser heut zu derselben. Der alte Winckelmann hat Recht gehabt, der farnesische Stier ist von einem Giovan Battista Bianchi restaurirt, und dieser Bianchi war ein Mailänder.

Schon vor mehreren Jahren stieß ich in der Sammlung des Senators Bernhard Keller in Schaffhausen auf einen Kupferstich, der mir augenblicklich die Entscheidung der Frage an die Hand gab. Der Stich scheint selten zu sein; doch fand ich in der Baseler Sammlung sogar zwei Abdrücke, beide fast gleich gut; einer stammt aus dem alten Besitz dieser unvergleichlichen Sammlung, der andere aus dem Vermächtniß des Kunsthändlers Birmann. Auf der Auction der oben erwähnten Sammlung Keller's (im Jahr 1871) habe ich inzwischen das angeführte vortreffliche Exemplar für die Kupferstichsammlung des Schweizer Polytechnikums erworben, wo es in Mappe 11 liegt.

Der Kupferstecher dieses Blattes ist bekannt; es ist Robertus von Civitella, geboren zu Borgo San Sepolcro, daher er sich als Biturigiensis bezeichnet. Der volle Name scheint Julius Cäsar Robertus gewesen zu sein. Auf unserm Blatt nennt er sich Julius Robertus de Burgo S. Sepulchri, führt aber auf andern Stichen die Buchstaben C. R. F. (fecit), welche ebenfalls auf unserm Stich vorkommen. Der Stich ist auch für die Zeitbestimmung seines Urhebers wichtig; Nagler sagt fälschlich, er sei um 1590 geboren, hier aber sehen wir, daß er schon 1579 unser Blatt stach.*)

---

*) Passavant im 6. Band des Peintre-Graveur wirft diesen Robertus mit dem bekannten Reverdino zusammen und führt dieß Blatt des farnesischen Stiers bei Reverdino unter Nr. 31 an. Er kann dasselbe und die Unterschrift nicht selber gesehen haben. Reverdino's Vorname war vermuth=

II. Wer hat den farnesischen Stier ergänzt?

Die lateinische Unterschrift des Kupferstiches lautet auf Deutsch: „Zethos und Amphion, die Söhne des thebanischen Königs Lykos und seiner Gemalin Antiope, haben, um ihre Mutter zu rächen, die Dirke, auf deren Antrieb diese von dem König ins Gefängniß geworfen worden, mit ihrem Haar an die Hörner eines Stieres gebunden, der sie in eine Quelle schleppte, wie Apollodoros in dem Buch vom Ursprung der Götter erzählt und Propertius es mit den Worten erwähnt:

> Da banden die Knaben
> Dirke, daß er sie schleppe, dem wilden Stier an die Hörner.

Diese Geschichte haben so, wie man hier im Bilde sie sieht, Apollonios und Tauriskos ausgemeißelt, und Plinius berichtet, daß sie von Rhodos nach Rom gebracht und unter den Bildwerken des Asinius Pollio sei aufbewahrt worden. Dieß Werk wurde an vielen Stellen zerbrochen in den Antoninsthermen gefunden und von Papst Paul III. in seinen Palast versetzt, alsdann aber auf Befehl des Erlauchten und Hochwürdigsten Cardinals Farnese, des Nepoten desselbigen, von Giovanni Batista Blancus aus Mailand restaurirt. Und es ist fürwahr vor allen andern Bildwerken bewundernswürdig, einmal wegen der Größe des Steins, als welcher vierzehn Palmen lang und breit und achtzehn Palmen hoch ist, dann aber auch wegen der wunderbar künstlichen Arbeit, da alle Figuren aus Einem Block und doch so groß sind, daß sie in den Verhältnissen die Natur ungefähr nachahmen. Dem Erlauchten und Hochwürdigsten Cardinal Alexander Farnese, Bischof von Portus Romanus und Vicekanzler der Rota Ecclesiastica, widmet dieses Blatt Julius Robertus von Borgo San Sepolcro im Jahr des Herrn 1579. Gezeichnet von Eugenius Blancus aus Piacenza. Gestochen von C(äsar) R(obertus)".*)

---

lich Georg (vergl. Sotzmann: Georg Reperdius, in Eggers' Kunstbl. Jahrg. I. 1850, S. 123), und seine Stiche beginnen mit dem Datum 1531. 1538 lebte er in Lyon als berühmter Künstler. Schwerlich hätte er 1579 noch eine so umfangreiche Arbeit wie diesen Stich geliefert.

*) Zetus, et Amphion, Lyci Thebanorum Regis ex Antiopa uxore nati, matrem ulcisci volentes; Dircem cuius causa ipsorum genitrix à Rege in vincula coniecta fuerat, ad Tauri cornua crinibus alligatam in fontem

Der in dieser Unterschrift als Auftraggeber der Restauration genannte Cardinal Alessandro Farnese war einer der einflußreichsten Männer der Zeit. Als sein Großvater Paul III. den päpstlichen Thron bestieg, wurde er und sein Bruder Ranuzio, beide sehr jung, zu Cardinälen gemacht. Der letztere, der im Palazzo Farnese mehrere Gemächer erbaut hat, starb bereits 1565. Alessandro begünstigte heimlich das Unternehmen seines zweiten Bruders Ottavio, sich gegen den Willen des Großvaters gewaltsam in Parma und Piacenza zu behaupten. Es kam darüber zwischen Paul III. und ihm zu einer Auseinandersetzung, welche den achtzigjährigen Papst so angriff, daß der Aerger ihn tödtete. Mit dessen Tod aber sank Alessandro's Einfluß nicht. Er bewog 1550 den folgenden Papst, Julius III., dem Ottavio das Herzogthum Parma wirklich zurückzugeben, und vertrat in Rom fortwährend mit Glanz die Macht und den Reichthum seines Hauses. Den Palazzo Farnese hat er vollendet, hat durch die Zuccheri in dem durch Vignola neuerbauten Caprarola alle farnesischen Glorien

---

proiecerunt, ut Apollodorus de Deorum origine scriptum reliquit, et Propertius meminit his verbis, puerique trahendam vinxerunt Dircem sub trucis ora, bovis; quam historiam veluti hic delineatam aspicis, Apollonius, et Tauriscus sculpserunt; et Romae a Rhodo advectam, inter monumenta Asinii Pollionis, seruatam asserit, Plinius quod opus in Thermis Antonianis repertum multis in locis fractum, a Paulo III. Pont; Max. in suo Palatio translatum; tum iussu Illustriss: ac Reverendiss: Card: Farnesii eius nepoti (sic!) à Io. Baptista Blanco Mediolanensi instauratum. Et profectò prae aliis omnibus sculpturis est admirabilis, tùm ob lapidis magnitudinem: quatuordecim enim palmorum longitudinis, totidemque latitudinis continet; altitudinis vero decem et octo, cum ob admirabile artificium, et plurium in uno lapide figurarum tantae magnitudinis, ut sint in proportione quasi emolia (aemula?) ad naturales. Illustriss: et Reverendiss: Card: Ampliss: Alexandro Farnesio Portuensi Ep: sanctae què R(otae). E(cclesiasticae). Vicecancello Julius Robertus de Burgo Sti. Sepulchri D. D. MDLXXIX.

Unten links steht:
Eugenius Blancus Placentⁱ disegnavit
C. R. F.

aus der Geschichte in Wandbildern verewigt, und war für Künstler aller Art ein brillanter Mäcen.*)

Die Unterschrift des Kupferstiches paßt vollkommen in die Verhältnisse. Der Cardinal Nipote, in dessen Familienbesitz und Palast die Gruppe sich befindet, hat dem Künstler befohlen sie zu restauriren, und ihm widmet der Kupferstecher sein Werk. Die Restauration ist vollendet, vollendet so wie wir sie heut noch auf der Photographie sehen. Es fehlt nur noch ein flatternder Zipfel am Gewand des Amphion, dieser ist aber zwei Jahre später, 1581, auf dem Stich der Diana Ghisi ebenfalls fertig. An der Beglaubigung des Künstlers, der die Restauration gemacht, ist also nicht zu zweifeln.

Nur Einen Unterschied zeigt die Gruppe jetzt von den Kupferstichen des Robertus und der Diana. Auf letzteren legt Dirke ihre rechte Hand unter das rechte Vorderbein des Stieres, als wollte sie gegen dessen Vorstürzen sich schützen. Dieß ist jetzt abgeändert, sie streckt vielmehr die rechte Hand frei gegen den Amphion heraus, offenbar um die Intention ihrer linken Hand zu unterstützen, die sich bittflehend an die Wade des Jünglings anklammert. Dieß ist schöner als das Doppelmotiv der ersten Ergänzung, und es erklärt diese Eine Aenderung vielleicht die schwankende Angabe, die Gruppe sei in Neapel nochmals restaurirt worden.

So weit war ich mit dieser kleinen Untersuchung schon vor einigen Jahren gelangt, ich mochte aber damit nicht heraustreten, weil ich wartete, ob denn dieser „Joannes Baptista Blancus" sich nicht sonst woher enthüllen möchte. War es denkbar, daß von einem doch immerhin bedeutenden Künstler, dem man solch ein Werk anvertraute, aus jenem in der Künstlerbiographie so schreibseligen Jahrhundert gar kein Laut zu uns gedrungen wäre? Ich glaube nun den Schlußstein einfügen zu können.

Der italienische Localpatriotismus hat uns mit einer Zahl werthvoller Monographien über die Künstler der einzelnen Städte beschenkt. Unter diesen ist eine der wichtigsten das Buch des Cava-

---

*) „(Fù) grandissimo Mecenate de' Virtuosi." Baglione (im Leben des Giulio Clovio), p. 14. Auch Clovio, die Zuccheri und Spranger traten in den Dienst des Cardinals.

liere Giovanni Baglione von Rom, der gewissermaßen den Vasari fortsetzt. Ein Fremder unterhält sich mit einem superlativ höflichen Gentiluomo Romano, und dieser erzählt ihm von den Architekten, Bildhauern, Malern und Kupferstechern, die von Gregor XIII. (1572) bis Urban VIII. (1642) in Rom gearbeitet haben.*) Das Buch ist bekannt, aber von der landläufigen Kunstgeschichte noch keineswegs ausgebeutet, da es jene römischen Manieristen und Schnellmaler behandelt, die jetzt unter allen italienischen Schulen und Manieren am meisten verachtet werden.**) Uebrigens war Baglione selbst ein berühmter Maler, und sein Bild in S. Maria degli Angeli zu Rom, wie Petrus die Tabitha erweckt, ist gewiß eins der bestgezeichneten und farbenkräftigsten unter den großen Decorationsstücken dieser Kirche.

Dieser Schriftsteller giebt nun auf S. 70 die Lebensbeschreibung eines Bildhauers Giovanni Battista della Porta, der zu Rom einige Werke für Kirchen und später auch in Loreto arbeitete. Er war, sagt Baglione, ein „parente" des oben besprochenen Guglielmo della Porta und hatte bei ihm die Bildhauerei gelernt. Er war in Bildnissen ausgezeichnet, und die Köpfe der zwölf ersten römischen Kaiser verschafften ihm durch Verwendung des Cardinals Alessandro Farnese, der uns hier wieder entgegentritt, den Orden vom goldenen Sporn, daher er den Titel Cavaliere führt. Er besaß selber eine stattliche Sammlung von Alterthümern und trieb auch Kunsthandel mit Austausch antiker Statuen. Gestorben ist er 55 Jahr alt zu Rom im Jahre 1597, war also 1542 geboren und bei Vollendung des Toro Farnese 37 Jahr alt. Aller Zweifel verschwindet, wenn wir bei Baglione lesen, daß er nach dem Tod des Fra Guglielmo (1577) von dem Cardinal Alessandro Farnese, den unser Kupferstich ausdrücklich als Auftraggeber nennt, und von dessen Familie in Dienst genommen wurde, um für alle Bildhauerarbeiten die Leitung zu übernehmen, „sowohl was

---

*) Gio. Baglione, le vite de' pittori scultori architetti del pontificato di Gregorio XIII. 1572 fino al 1642. Roma 1642. Spätere Ausgabe Napoli 1733, mit Beigabe eines Lebens des Salvatore Rosa.
**) Herman Grimm, zehn ausgewählte Essays, S. 118.

neue Statuen als Restauration von Antiken betraf."*) Daß der Kupferstich ihn einen Mailänder nennt, ist natürlich, alle die Portas bezeichneten sich so, weil Porlezza im Herzogthum Mailand lag. Obgleich er wohl sicher in Rom geboren war, nennt ihn auch Baglione wegen der ursprünglichen Heimat seiner Familie noch ausdrücklich einen „Lombardo". Und so bleibt nur noch Eins zu lösen übrig: warum nennt der Kupferstich ihn nicht della Porta, sondern Bianchi?

Hierüber habe ich eine Vermuthung, die sich beinah' zur Gewißheit erheben läßt.

Nagler sagt nicht wie Baglione, dieser Giovanni Battista della Porta sei „parente" des Fra Guglielmo, sondern er sei dessen Sohn gewesen. Dem Nagler hier seine Quelle nachzugraben, ist mir noch nicht gelungen, und Nagler ist im Behaupten stark, im Anführen von Quellen faul. Es steht aber fest, daß Guglielmo noch einen andern Sohn Namens Teodoro hatte, von dem wir aus einer verstohlenen Randnotiz des in der Bibliothek Corsini vorhandenen Exemplars des Vasari wissen, daß er Ritter eines Ordens war und noch 1637 lebte.**) Endlich hatte unser Giovanni Battista della Porta noch einen Bruder, Tommaso, der ebenfalls ein tüchtiger Bildhauer war. Von diesem sagt verblümt, aber sehr deutlich Baglione, nachdem er zuerst von dem berühmten Guglielmo geredet, Tommaso sei „diesem großen Blute und dieser großen Schule entstammt"***).

Diese drei Söhne, neben welchen sogar noch ein vierter erwähnt wird, scheinen unehelich gewesen zu sein. Guglielmo war vermuthlich stets unbeweibt; seit 1547 bekleidete er das Amt des Piombo, und da dieß ein geistliches Amt war, konnte er damals sicher keine anerkannte Frau haben. Zwei Jahre vor Uebertragung

---

*) Baglione p. 70: in tutte le occorrenze di statue egli fu soprantendente sì di ristaurare le antiche, come farne delle nuove.

**) Bottari in seiner Ausgabe des Vasari, im Leben des Lione Lioni, ausgezogen in Förster's deutschem Vasari, VI, S. 137, Note 16.

***) Baglione pag. 143: „Di questo gran sangue (des Guglielmo), e di questa grande scuola fu Tommaso della Porta, fratello del Cavalier Gio. Batista."

dieser Stelle war ihm unser Giovanni Battista geboren worden. Unter dem lebenslustigen Paul III., der ganz anerkannt einen Sohn Pierluigi hatte und diesen wie seinen Enkel Ottavio offenkundig in italienische Fürstenthümer, zwei andere Enkel aber in die Cardinalswürde einsetzte, hatte es kein Bedenken, einem bedeutenden Künstler trotz unehelicher Kinder das Piombo zu verleihen. Aber zwei Jahre nach des Guglielmo della Porta Anstellung starb Paul III. (Dec. 1549), und nun änderten die Dinge in Rom sich sehr rasch. Paul IV. Caraffa (seit 1555) begann gegen den Schluß seiner Regierung selbst ohne Nipoten die Geschäfte zu führen; überall trat eine strengere Disciplin ein; bei Besetzung geistlicher Aemter hörte der Verkauf auf, man sah bei den Bewerbern auf Sittenstrenge und kirchliche Gesinnung. Anstößige Bilder wurden aus den Kirchen entfernt, und Guglielmo's nackte Statue der Gerechtigkeit in S. Pietro, für welche unter Paul III. dessen üppig schöne Schwägerin Giulia als Modell gesessen, konnte dem neuen Papst den Bildhauer sicher nicht empfehlen. Schwerlich möchte man damals in einem geistlichen Amt Jemanden geduldet haben, der offenkundig uneheliche Kinder hatte, und Guglielmo in seinem bequem gewordenen Alter mochte gegründete Angst haben, seine reiche Sinecure zu verlieren, wenn die Söhne, die in seinem Atelier arbeiteten, offen den Namen della Porta führten. Jedenfalls würde es gegen die damalige Etikette gewesen sein, wenn man dem Sohn zwei Jahre nach dem Tode des Vaters auf einem Kupferstich, der einem Cardinal dedicirt wurde, den Familiennamen gegeben hätte. Siebzig Jahre nachher, als Baglione schrieb, brauchte man sich weniger zu geniren; daher giebt dieser dem Künstler den Namen della Porta, weicht aber der Anerkennung der Sohnschaft doch noch aus, indem er ihn nun seinerseits bloß „parente" des Guglielmo nennt. Vermuthlich hat also bei jenem Umschwung der Disciplin am päpstlichen Hof der Sohn, in des Vaters Werkstatt und unter seinen Augen lebend, den Namen Bianchi angenommen, der damals in der ursprünglichen Heimat der Familie, in der Lombardei, so häufig war, als hätte er bei uns sich Meyer oder Müller genannt.

———

Nachdem wir im Vorstehenden diese Frage nach dem Ergänzer des farnesischen Stiers auf einen Punkt gebracht, welcher der Gewißheit sich sehr zu nähern scheint, meldet sich plötzlich ein neuer Bewerber.

Ganz gelegentlich und wieder an einer Stelle, wo man diese Notiz nicht suchen würde, nämlich im Leben des Malers Avanzino von Città di Castello, sagt Baglione, eine Marmorgruppe in der Kirche S. Agostino zu Rom, Christus dem Petrus die Schlüssel überreichend, sei von Giovanni Batista Casignola; dieser habe auch den Toro Farnese restaurirt und in dieser Gruppe die Statue der Dirke gemacht.*)

Die erste dieser Notizen, über die Gruppe von Christus und Petrus, ist in die Tradition der Reisehandbücher übergegangen, aber ihre Quelle ist längst vergessen und der Name gefälscht. Platner in der Beschreibung Roms sagt, die Gruppe sei von Gio. Battista Cotignola. Von einem Bildhauer Casignola mit dem Vornamen Gio. Battista hat er nichts gewußt, also fabricirt er (oder der Autor den er abschreibt) mit voller Seelenruhe einen Giovan Battista Cotignola, obwohl die beiden Cotignola Maler waren und keiner Gio. Battista hieß. Und solch eine Tradition wird dann constant und unwandelbar wie die der römischen Kirche; ein so fleißiger Arbeiter wie Dr. Gsell-Fels schreibt das doch wieder unbesehen dem Platner nach. Sic nascuntur sculptores.

Die zweite Notiz, die über den farnesischen Stier, hat aber seit den 233 Jahren, daß Baglione's erste Ausgabe erschien, kein Archäolog mehr gelesen, sonst hätte man sicher nach dem Ergänzer des Stiers nicht so herumgerathen, sondern diesen Casignola ohne weitere Prüfung in die Tradition gesetzt.

Bei der Methode, wie man jetzt die archäologischen Studien betreibt, ist das gar kein Wunder. Wenn Jemand irgend ein Wischchen ungelesen läßt, das ein jugendlicher Kön. preußischer Capitolsstipendist aus Rom in den Druck schickt, so wird er von der Clique mit Achselzucken für ungründlich erklärt; die alten

---

*) Baglione, Ausgabe von 1733, p. 189: in S. Agostino stehe an einem Pfeiler auf der Seite nach dem Schiffe zu „il Cristo di marmo, che dà le chiavi a S. Pietro, opera di Gio. Batista Casignola, il quale anche ristorò il Toro di Farnese, e vi fece la Statua di Dirce."

Bücher aber, welche für Fundort und Restauration der Antiken Quellen sind, hat Niemand gelesen. In meinem speciellern Fach, der Kunstgeschichte, steht es nicht besser. Es lebt sicher in Deutschland nicht ein Dutzend Kunsthistoriker, welche den Vasari, den Sandrart, den Van Mander ganz von Einem Ende bis zum andern durchgelesen haben, von secundären Schriftstellern wie Aldroandi, Borghini, Baglione, van Gole ganz zu schweigen.

Dieser Casignola ist in der Kunstgeschichte vollständig unbekannt. Es gab in Rom allerdings eine Künstlerfamilie dieses Namens; Pius V. ließ das Grabmal seines Vorgängers Paul IV. Carafja in der Carafja-Capelle der Kirche Sta. Maria sopra Minerva aus buntem Marmor verfertigen durch zwei Bildhauer Jacopo und Tommaso Casignuola*). Gleichzeitig mit diesen müßte, den Daten der oben beschriebenen Kupferstiche gemäß, auch jener Giovan Battista gelebt haben. Von ihm aber habe ich außer jener Notiz bei Baglione nie eine Erwähnung gefunden.

Baglione, dessen erste Ausgabe 1642 erschien, war über die Meister seiner Lebenszeit und ihre in Rom vorhandenen Werke sehr wohl unterrichtet. Gegen das Zeugniß des Kupferstichs aber, wonach der Ergänzer des farnesischen Stiers unzweifelhaft sich Bianchi nannte, vermag sein über sechzig Jahr späteres Zeugniß nicht aufzukommen. Allein da der Vorname Giovan Battista mit dem Vornamen des auf dem Kupferstich genannten Ergänzers stimmt, so bleibt zweifelhaft, ob dieser Bianchi wirklich, wie ich vermuthe, jener Porta gewesen, oder ob ein andrer uns sonst ganz unbekannter Bildhauer neben dem Namen Bianchi etwa von seinem Geburtsort (obwohl gegenwärtig kein Ort Casignola aufzufinden) oder von dem Meister, in dessen Atelier er gelernt, sich den Beinamen Casignola beigelegt habe.

Wäre etwa anzunehmen, daß von diesem Casignola nur die **zweite Restauration** herrührt, bei welcher, wie ich oben erwähnte, der Arm der Dirke eine ganz veränderte Stellung und damit die Figur eine andere Gebärde erhielt, so daß Baglione eben nur von dieser zweiten Restauration spräche? Es scheint das nicht undenkbar, denn auffallend bleibt doch, daß dieser Schrift-

---

*) Vasari, deutsch, VI. 139.

steller so ausdrücklich gerade die Dirke als von Casignola neu gemacht angiebt.

Bis wir aber über die Lebenszeit dieses mysteriösen Casignola etwas Sicheres erfahren und die Daten dieser Lebenszeit mit dem Datum des Kupferstichs von Cäsar Robertus vergleichen können, läßt sich, fürchte ich, die ganze Frage nicht als entschieden betrachten.

Beilage.

Der Stammbaum der Künstlerfamilie della Porta.

Die Bildhauerfamilie della Porta tritt im 16. und noch bis ins 17. Jahrhundert in so vielen Mitgliedern auf, daß die Nachrichten über sie in den Handbüchern der Kunst- und Künstlergeschichte ganz verworren sind. Es ist daher zweckmäßig, ihren Stammbaum aufzustellen und die Nachrichten über die einzelnen Namen zu sondern.

Giovan Jacomo della Porta, Baumeister am Mailänder Dom, geht 1531 nach Genua.	Ein nicht genannter Bruder des Giovan Jacomo.
Tommaso della Porta, vielleicht Sohn des Giovan Jacomo? ausgezeichneter Antikenfälscher, † in Rom 1567.	Guglielmo della Porta, der berühmte Schüler des Michelangelo, wird Fra del Piombo 1547, stirbt in Rom 1577.

Uneheliche Söhne desselben.

Giovan Battista della Porta, auch Bianchi genannt, Cavaliere, restaurirt den farnesischen Stier, geb. in Rom? 1542—43, † daselbst 1597.	Tommaso della Porta, Bildhauer, † in Rom als Verrückter 1618.	Giovan Paolo della Porta, „Cortigiano."	Teodoro della Porta, Cavaliere, Mitglied der Akademie von S. Luca in Rom, lebte noch 1637.

(Giacomo della Porta, der berühmte Architekt, welcher die Peterskuppel einwölbte, gehört nicht in den Stammbaum dieser Familie.)

II. Wer hat den farnesischen Stier ergänzt?

Der Stifter ist der Mailänder

Giovan Jacomo della Porta.

Er war als Bildhauer ein Schüler des Cristofano Solari, genannt il Gobbo di Milano. War aber auch Baumeister des Doms zu Mailand. Im Jahr 1531 wird er nach Genua berufen, um die Capelle Johannis des Täufers im Dom daselbst zu errichten. (Diese, von Filippo Doria bestellt, wird 1532 erbaut, die Kuppel und den Altar hat dieser della Porta entworfen. Gsell-Fels, Oberitalien, S. 701).

Nach Genua nimmt er seinen Neffen Guglielmo mit, der am Altar jener Capelle die Reliefs ausführt. Dieser verläßt ihn, um 1537 nach Rom zu gehen. Von da verschwindet Giovan Jacomo, bleibt wahrscheinlich ganz in Genua, von welcher Stadt die Künstlergeschichte in der ersten Hälfte des 16. Jahrh. sehr im Dunkeln liegt. Vasari VI, 132 ff.

„Er hat viele schöne Dinge für die Certosa von Pavia, vornehmlich zum Grabmal des Grafen von Virtù und für die Façade der Kirche zur Ausführung gebracht." Vasari.

Dagegen Lübke, Kunstgeschichte II, 134: „Noch von (Antonio) Amadeo, unter Beistand des Giacomo Porta, wurde das prachtvolle Denkmal Giovan Galeazzo Visconti's begonnen, welches die Mönche (der Certosa) dem Stifter dieses Prachtbaues im r. Querschiff der Kirche errichteten."

Baglione (p. 143, Leben des Tommaso della Porta) kennt ihn als „Gio. Giacomo della Porta, Milanese" und als Oheim (oder Onkel?) des Fra Guglielmo.

Nach Füßli und Nagler stammt die Familie aus Porlezza im Mailänder Gebiet. Woher haben sie das?

Guglielmo della Porta,

Neffe und Schüler des Vorigen, mit dem er 1521 nach Genua geht, nachdem er in Mailand viel nach Lionardo gezeichnet. Arbeitete dort Vieles, was Vasari angiebt. 1537 geht er mit einem Empfehlungsbrief des Oheims an Sebastiano del Piombo nach Rom. Dieser führt ihn bei Michelangelo ein. Er hilft demselben am Grabmal des Bischofs de Solis und restaurirt im Palazzo Farnese zahlreiche Antiken. Vasari VI, 132 ff. (Hierher gehört die bekannte Notiz, deren Quelle Baglione (p. 143) ist, über die Beine des farnesischen Hercules. Diese Restauration war fertig im Jahr 1556, als Aldroandi seine erste Auflage drucken ließ.) Als Sebastiano 1547 stirbt, empfiehlt ihn Michelangelo zum Fra del Piombo. Wirklich erhält er dieß einträgliche Kirchenamt, führt hinfort den Titel Frate und wird als „Mönch" bezeichnet (Vasari V, 365).

Die Uebersiedelung nach Rom hat noch einen andern Anlaß gehabt. In Genua übte Guglielmo sich mit Eifer im Zeichnen unter Perin del Vaga (Vasari). Dieser ging nach Rom, um zum zweiten Male in Trinità de' Monti zu malen, und nahm wahrscheinlich G. mit, der ihm dort bei den Stuckverzierungen geholfen hat. Vasari weiß, daß Perin ihm sein einziges junges Töchterchen Lavina zur Ehe antrug, die er nicht scheint gewollt zu haben, denn sie hat einen Andern geheiratet. (In ächtem Künstlerlexicons-confusionsdusel läßt daher Füßli der Jüngere den Vaga eine Tochter des Guglielmo heiraten!) Vasari III, 473; der Name der Tochter in del Vaga's Grabschrift, III, 483. Lavina war 1526 geboren; Guglielmo mag in Rom bald auf ein Amt speculirt haben, das ihn zum Cölibat zwang, und so schlug er die Tochter des berühmten Malers aus. Dafür entschädigte er sich in einer wilden Ehe.

Außer Marmorbüsten (Vasari VI, 137), Mithülfe bei Festzügen, 14 Compositionen aus dem neuen Test., für die Erzthüren von St. Peter bestimmt (welche nie gegossen worden), und 4 Colossalstatuen in Stuck für die Pfeiler dieser Kirche (welche nicht mehr vorhanden?) machte er nur das Hauptwerk seines Lebens fertig: das prachtvolle Grabmal des Papstes Paul III. für den Chor der Peterskirche; der sitzende Papst Bronze, auf dem Piedestal vier allegorische Frauengestalten, von denen zwei aber in den Palast Farnese wandern mußten.

Der „Mönch" haßte den M. Angelo und den Vasari, weil sie nicht billigten, daß dieses Denkmal frei in die Kirche gestellt wurde, wodurch sie ihm den Grundgedanken verstümmelten. Im Urtheil Vasari's über ihn verräth sich daher auch Gereiztheit. Baglione führt mit großem Lob noch vier andere Grabmäler in

Rom von ihm an, welche Vasari verschweigt. Eins derselben wird noch vorhanden sein: es war die liegende Effigies eines Bischofs, der Paul's III. Schatzmeister gewesen, in Marmor und stand im linken Querschiff der Madonna del Popolo. Baglione erwähnt es noch einmal pag. 71, die neueren Handbücher über Rom sprechen nicht mehr davon.

Nagler: „Baglione läßt diesen Künstler 1577 zu Rom sterben." Als Vasari die zweite Auflage machte (1567), lebte er noch und vollendete langsam das große Papstgrab. Die Notiz Baglione's: „F. Guglielmo della Porta, che già morì di Febbrajo nel 1577" steht an einem Ort, wo Niemand sie suchen würde: im Leben des Bastiano Torrisani und seiner Verwandten, p. 211.

Giovanni Battista della Porta, Cavaliere.

Im Leben desselben nennt Baglione (p. 70) ihn einen „Lombardo", und fügt schonend hinzu: „parente" des Guglielmo. Das wahre Sachverhältniß dieser Verwandtschaft aber tritt deutlich hervor im Leben seines Bruders Tommaso, p. 144: di questo gran sangue (des Guglielmo), e di questa grande scuola fu Tommaso della Porta, fratello del Cav. Gio. Batista.

Nagler, wie immer ohne Quelle, aber hier einmal richtig, sagt, Giovanni Battista sei ein Sohn des Guglielmo gewesen. Die Schule Guglielmo's setzten für Sculptur in Marmor seine Söhne fort. Sein großes Geschick als Erzgießer aber ging auf eine andere Familie über, deren Haupt sein Schüler Bastiano Torrisani von Bologna gewesen ist. Die zahlreichen Ergüsse dieser Familie verzeichnet Baglione im Leben dieses Torrisani, pag. 211 u. folg.

Giovanni Battista della Porta (bei Vasari nicht erwähnt) lernt die Kunst von seinem Vater. Nach dessen Tod giebt ihm Card. Alessandro Farnese die Verwaltung über die Statuen seines Palastes und erwirkt ihm den Orden vom Goldenen Sporn (daher Cavaliere). In dieser Stellung ergänzt er gegen das Jahr 1579 den farnesischen Stier. Er machte mit besonderer Virtuosität Cäsarenköpfe.*)

---

*) Der Restaurator „scheint in dem Kopf des Zethus sich das Porträt des Caracalla zum Vorbild genommen zu haben." Friederichs, Bausteine, I, S. 318.

Seine Werke in Rom hat Baglione verzeichnet. Viel arbeitete er nicht, denn er sammelte lieber Antiken, worunter Ausgezeichnetes soll gewesen sein, und trieb damit einen sehr einträglichen Handel, so daß er ein glänzendes Leben führen konnte.

Später arbeitete er in der Santa Casa zu Loreto, und dieß klärt, glaube ich, einen Irrthum Lübke's auf, Kunstgesch. II, S. 169: Giacomo della Porta habe in der Santa Casa den Moses und die sämmtlichen Sibyllen „in manieristischer Nachahmung Michelangelo's" gemacht. Wie hätte Battista's Großonkel, der Mailänder, zu M. Angelo's Stil kommen sollen, er der wahrscheinlich Rom und Florenz nie betreten hat?

Giovan Battista starb 1597, 55 Jahr alt, in Rom und wurde in der Madonna del Popolo begraben; er war also 1542—43 geboren, als sein Vater schon in Rom lebte, aber noch nicht Frate del Piombo geworden war. Kinder hatte er nicht, denn er hinterließ seine Habe „seinen Brüdern", die wie er „Antiquarj" waren.

Tommaso della Porta.

Zwei Personen dieses Namens sind scharf zu scheiden.

Ein „Tommaso Porta" in Mailand wird von Vasari erwähnt (VI, 138). Er machte wundervolle Copien antiker Köpfe in Marmor, die für ächt verkauft wurden. „Kein Nachahmer der Antiken hat ihn übertroffen." Papst Julius III. giebt ihm ein Amt bei der Segnatura, das jährlich 100 Scudi einbringt. Nach Vasari starb er 1567.

Offenbar siedelt dieser Mann von Mailand nach Rom über und hat dort ein Atelier. In Antikenfälschung schließt er sich der andern Sippschaft der Portas an. Er muß aber älter gewesen sein als die Söhne des Guglielmo. Aldroandi besucht sein Atelier und findet dort einzig zwei schöne Köpfe der Faustina, „als sie noch schön und jung war." Zwei schöne Faustinen auf Ein Mal, beide von der jugendlichen Kaiserin, und sonst keine Antike! Wenn von denen ja Eine ächt war, war die andere gewiß Copie.

Aldroandi I. Ausg. p. 259: In casa di Maestro Thomaso scultore, presso à S. Macuto. Qui si veggono due belle teste di Faustina, allhora che ella era giovane bella.

Also 1556 hat er ein Atelier in Rom, scheint also ein ältrer

Seitenverwandter aus derselben Mailänder Familie. Möglich also Sohn von Giovan Giacomo dem Baumeister, folglich Cousin des großen Guglielmo.

Diesen Tommaso muß man also ganz sicher scheiden von dem zweiten Sohn des Guglielmo, dessen Leben Baglione p. 143 ff. ausführlich beschreibt. Er hieß ebenfalls Tommaso della Porta, beerbte mit einem dritten Bruder, Giovanni Paolo, den Cavaliere Battista, als dieser 1597 starb, und setzte das Sammeln von Antiken und den Handel mit denselben fort.

Er hat unter Sixtus V. (1585—90) die Bronzestatuen der beiden Hauptapostel modellirt, welche noch heute auf den Säulen des Trajan und des Antonin stehen. Noch andere Werke verzeichnet Baglione.

Jene beiden Colossalfiguren des Petrus und Paulus, welche vergoldet wurden, goß nach Tommaso's Modellen Bastiano Torrisani, ein anderer Schüler des großen Guglielmo. Baglione p. 211.

Tommaso scheint verrückt geworden zu sein. Er schätzte seine Antiken auf 60000 Scudi und vergabte demnach in seinem Testament eine noch größere Summe als Legate an verschiedene Kirchen und Seminarien. Er starb 1618, unter Papst Paul V. Nach seinem Tode löst jener mitbesitzende Bruder aus der Sammlung mit Mühe 6000 Scudi, „e il gran testamento andossene in fumo." Er starb an einer zu starken Salbe, womit er sich den ganzen Leib statt bloß die Pulse bestrich, und wurde wie sein Bruder Battista in der Madonna del Popolo begraben.

Aus diesen Jahreszahlen ergiebt sich, daß dieser Tommaso mit dem Mailänder des Vasari nicht identisch ist; allenfalls könnte dieser sein Taufpathe gewesen sein und ihm daher den Namen gegeben haben.

Merkwürdig ist also, daß Vasari, so gern er auch sonst wohl jüngerer, erst angehender Künstler gedenkt, keinen der Söhne des Guglielmo Fra del Piombo erwähnt, obwohl wenigstens Battista 1567 schon 25 Jahr alt war. Geschah dieß aus Rancune, oder geschah es, was seit Paul IV. Caraffa sehr nöthig war, aus Rücksicht auf die Stellung ihres geistlichen Vaters? Es ist immerhin bezeichnend, daß weder Caraffa († 1559) noch Pius V.

Ghislieri († 1572), diese beiden strengen Päpste, bei dem berühmten Guglielmo ihre Grabmäler bestellten. Caraffa nahm für seins in der Minerva lieber zwei unbedeutende Künstler an (Vasari VI, 139).

Giovanni Paolo della Porta.

Der dritte Sohn des Guglielmo. Er verstand nichts von der Bildhauerei, sondern „professava il cortigiano", d. h. er hing sich als höfischer Beamter an irgend ein hohes Haus in Rom.

Dieser kam am schlimmsten weg. Miterbe Tommaso's am Eigenthum und den Antiken des ältesten Bruders, überließ er diesem die ganze Verwaltung und fand bei dessen Tod nur eine arme Erbschaft.

Daß in Rom, wo im Anfang des 17. Jahrh. der Antikenhandel brillant ging, Niemand für diese Sammlung etwas Rechtes bezahlen wollte, scheint zu beweisen, daß man zu der Aechtheit der Sachen wenig Vertrauen hatte.

Teodoro della Porta, Cavaliere.

Der geistliche Herr hatte endlich noch einen vierten Sohn, dessen sonst unbekannte Existenz Bottari ermittelt hat. „In einer Randglosse des in der Bibliothek Corsini vorhandenen Exemplars (des Vasari) liest man: „Guglielmo, der Neffe des Giov. Giacomo, ist der Vater des Cavaliere Teodoro della Porta..., der im Jahr 1637 lebte." Vasari, Note zu S. 137.

Hier schenkt uns ein Namenloser, der in sein Exemplar ganz im Stillen eine Note macht, endlich reinen Wein ein und bricht durch den Rückhalt der gedruckten Bücher hindurch, um uns über die wahre Verwandtschaft des geistlichen Herrn zu jenen vier Brüdern aufzuklären.

Teodoro machte die Zeichnung zu einem schönen Grabmal der Tomacella Herzogin von Pagliano für die Capelle Colonna in der Laterankirche, welches Grabmal Giacomo Laurenziano in Bronze goß. Baglione im Leben des Bastiano Torrisani und seiner Verwandten, p. 212. Auch hier wird Teodoro als Cavaliere betitelt.

———

Wir kommen nun noch zu einem letzten della Porta, über welchen zwar nicht bei den gleichzeitigen Schriftstellern, aber wohl in der neuesten Kunstgeschichte eine gewaltige Confusion herrscht.

II. Wer hat den farnesischen Stier ergänzt?

Es ist Giacomo della Porta, der berühmte Architekt, der die Peterskuppel schloß, das Capitol ausbaute, und nach Michelangelo's Tode, fast als Erbe von dessen großer Stellung, im Dienst sowohl der Päpste als des römischen Municipio den Charakter Roms als der Hauptstadt des Barockstils, obwohl immer mit großartigem Wurf, entschieden hat.

Die Verwirrung ist dadurch entstanden, daß Füßli, Nagler, die Biographie universelle von Firmin Didot, und soviel ich sehe alle Neuern ihn ganz ruhig mit dem Mailänder Baumeister und Bildhauer verwechseln, den wir oben als Oheim des Guglielmo Fra del Piombo an die Spitze des Stammbaums der della Porta gestellt haben. Auch Lübke ist sich hier nicht klar, denn er nennt den Baumeister der Peterskuppel noch einen Mailänder.

Das Leben dieses großen Architekten liegt bei Baglione (p. 76 und folg.) doch so ausführlich und klar vor uns!

Erstens heißt er gar nicht, wie jener alte Mailänder, Giovan Giacomo, sondern wird constant bloß Giacomo genannt.

Dann bezeichnet Baglione ihn mehr als einmal sehr ausdrücklich als di Patria, e di virtu Romano, während er den Cavaliere Giovan Battista, Sohn des Guglielmo, noch bestimmt einen „Lombardo" nennt (p. 70). Wo er (p. 76) den meisterlichen Ausbau der Peterskuppel beschreibt, sagt er mit ächt römischem Stolz, als wollte er ihn recht ausdrücklich von dem Mailänder Namensvetter scheiden: „nè questo si gran vanto d'altro ingegno esser poteva che di Romano."

Nach M. Angelo's Tode (18. Febr. 1564) schiebt Papst Pius IV. seinen Baumeister, den Neapolitaner Pirro Ligorio in die Bauführung der Peterskirche ein, der aber wegen vorwitzigen Abgehens von dem Modell des großen Todten weichen muß. Vignola tritt ein, und diesem, als sein Schüler, folgend, wölbt unser Giacomo della Porta unter Sixtus V. 1590 die Kuppel ein. Bei dieser Arbeit wird er, weil schon die Schwäche des Alters ihn drückt, von Domenico Fontana unterstützt. Carlo Fontana, Templum Vaticanum, p. 250.

Daneben entwickelt er eine rastlose Erfindung an Kirchen, Palästen, an der Sapienza, an Villen und Brunnen. So lebt er in riesiger Thätigkeit bis unter Clemens VIII. (1592—1605). Unter diesem Papst ist della Porta gestorben, das sagt Baglione ganz bestimmt (vgl. die Bitte des Forestiere im Gespräch mit dem römischen Gentiluomo, p. 58). Für die Familie dieses Papstes, die Aldobrandini, hat er aber noch Vieles gebaut, z. B. die Fassade von S. Pietro in carcere, und in der Minerva die nach der Familie benannte Capelle. Dem Nipoten, Card. Pietro Aldobrandini, legte er die herrliche Villa dieses Namens mit der prachtvollen umbüschten Cascade in Frascati an, und starb, mit diesem einmal nach Rom zurückfahrend, an der Porta San Giovanni, weil er sich genirte wegen eines Bedürfnisses aus der Kutsche zu steigen. Er muß daher dieser Bauten wegen noch über die Wende des Jahrhunderts gelebt haben, und wenn Nagler sein Todesjahr, wie immer ohne Quelle und Beweis, auf 1604 angiebt, und alle Neuern ihm wie immer ohne Prüfung nachschreiben, so kann dieß Datum richtig sein. Er war bei seinem Tode nach Baglione 65 Jahr alt, nach jenem Datum also 1539 geboren. Die Verwechselung mit jenem Mailänder war demnach ganz unverantwortlich, indem dieser, als er 1531 nach Genua berufen wurde, bereits als Architekt des Mailänder Doms ein sehr namhafter Künstler sein mußte.

Rom ist arm an großen Meistern, welche dort geboren sind — lassen wir ihm diesen! Seltsam, daß von seiner Herkunft Niemand etwas zu wissen scheint. Aus dem zwar nicht von der Kirche, aber sehr von der Natur gesegneten Bett des großen Bildhauers ist er gewiß nicht entsprungen. Er mag ein armes Kind, vielleicht doch ebenfalls ein uneheliches Kind eines Geistlichen gewesen sein. Sicher hat nicht eine hohe Abstammung, sondern sein Genie und die großartige Kühnheit seiner Erfindung ihn auf die Stufe gehoben, wo er seiner Mutter Rom einen, solang sie leben wird, nie zu verwischenden monumentalen Ausdruck verliehen hat.

III.

Die Statue des Messerschleifers in Florenz, ein Werk des sechszehnten Jahrhunderts.

In die vormals mediceische Sculpturen-Gallerie zu Florenz wurde im Jahr 1677 aus den Gärten der Villa Medici in Rom die berühmte Statue des Messerschleifers versetzt, den die Italiener den Rotatore oder Arrotino, die Franzosen den Espion oder Rémouleur nennen. Sie hat jetzt mit vier andern Marmorwerken in der Tribuna der Ufficien ihre Stelle und ist dadurch als eins der Hauptwerke der Sammlung hervorgehoben.

In den mediceischen Gärten zu Rom hat sie sich jedenfalls vor ihrer Versetzung nach Florenz befunden. Im Jahr 1682 redigirte der bekannte Kupferstecher nach Antiken, Pietro Sante Bartoli, ein Verzeichniß von Statuen, die, wie er behauptet, zu seiner Zeit seien ausgegraben worden*). Von unserer Statue will er wissen, daß sie beim Bau des Palastes der Familie Minghanelli, am Fuß von Trinità de' Monti, gefunden sei; die Minghanelli hätten sie dann den Medici verehrt, und sie habe zu Rom in den Gärten der letzteren gestanden. Dem Baustil nach ist der Palast Minghanelli, in dessen Untergeschoß sich jetzt das Spaccio normale für Verkauf ausländischer Cigarren befindet, allerdings aus der zweiten Hälfte des siebzehnten Jahrhunderts, also aus Sante

---

*) Clarac Musée de Sculpture, III, p. CCXXVIII, nach Carlo Fea's Miscellanea. In Clarac's Verzeichniß der bei den ältern Berichterstattern erwähnten Statuen kommt der Arrotino nochmals als in Sante Bartoli's Verzeichniß enthalten vor, Clarac III, p. CCXXXVI.

Bartoli's Zeit.*) Er nimmt einen Theil der antiken Gärten des Lucullus am Abhang des Monte Pincio ein, in denen auch sonst einige ausgezeichnete Antiken, z. B. die Venus vom Capitol, sind ausgegraben worden.

Die Fundnotiz aber ist unbedingt falsch, ja sie scheint eine absichtliche Fälschung. Niemand kann dem Sante Bartoli auf Treu und Glauben gesagt haben, daß die Statue zu seiner Zeit sei aufgegraben und den Medici verehrt worden, denn sie befand sich, als er seine Notizen redigirte, schon seit wenigstens 44 Jahren eben in den Gärten der Medici bei ihrer wohlbekannten Villa in Rom.

Dieß wird aus einem doppelten Zeugniß erwiesen.

Erstens hatte Joachim von Sandrart, als er unter Papst Urban VIII. (regierte von 1623—44) in Rom lebte und die Herausgabe der Statuen der Gallerie Giustiniani vorbereitete, auch diese Statue gezeichnet.**) Nach Deutschland zurückgekehrt ließ er die Zeichnung durch den geschickten Carl Gustav Amling stechen und fügte diesen Stich zuerst seiner Teutschen Akademie vom Jahr 1679, dann seinem Werk über antike Statuen vom Jahr 1680 bei.***) Er sagt ausdrücklich, zur Zeit seines römischen Aufenthaltes habe der Schleifer in den Gärten der Medici zu Rom gestanden, er sei aber vor einem Jahr nach Florenz versetzt worden. Noch zwingender ist für diese Zeitbestimmung das Zeugniß des François Perrier, nach seiner Vaterstadt Macon Burgundus genannt, der eins der frühsten Sammelwerke mit 100 römischen Antiken herausgegeben hat. Nach dem beigegebenen Text ist das Werk 1638 in Rom erschienen. Auch er giebt an, daß der Schleifer damals zu Rom in den Gärten der Medici sich befand. Nach)

---

*) Eine Aufnahme (Durchschnitt) des Palastes Minghanelli findet man bei Letarouilly, les edifices modernes de Rome, Tafel 53, Text S. 193.

**) Sandrart war 1626 noch in Rom, aber 1628 in London. Teutsche Akademie Band I, Theil II, S. 360, im Leben des Robert van Voerst.

***) Teutsche Akademie, Tafel q des 2. Bandes. Sculpturae veteris Admiranda, sive delineatio vera perfectissimarum eminentissimarumque statuarum etc., a Joachimo de Sandrart in Stockau, Norimb. 1680; der Schleifer auf Tafel 9*.

dem Titel sollte man glauben, er habe nur Antiken aufgenommen, es kommt aber auch der Moses des Michelangelo vor.*)

Diese beiden, die des Perrier und die des Sandrart, scheinen die frühsten noch bekannten Zeichnungen gewesen zu sein, welche von dem Schleifer gemacht worden sind.

Die Statue selbst aber läßt sich noch darüber hinaus bis gegen die Mitte des 16. Jahrhunderts verfolgen.

Ulysses Aldroandi, der berühmte Naturforscher von Bologna, geboren 1527, der auch in seinen naturhistorischen Abhandlungen auf Kunstwerke mehrmals Rücksicht nimmt, hat auf mehreren Studienreisen in Rom alle Winkel nach Statuen, Büsten, Torsen und Reliefs durchkrochen und selbst die Privathäuser gemustert, wo nur ganz vereinzelte Anticaglien sich vorfanden. Er verfaßte von diesen einen Katalog, dessen erste Ausgabe 1556 erschien. Eine vierte, um einige wenige Nummern vollständigere, kam 1562 ebenfalls bei Giordano Zlletti in Venedig heraus. Neben antiken Sachen führt er aber auch viele moderne Bildwerke, wenn sie schön sind, auf, z. B. einen Kopf in Casa Dandini, der für ein Bildniß Carl's des Großen galt (p. 143), einen modernen Hadrian in der Engelsburg (p. 143), bei Bindo Altoviti eine Danae in Relief und ein anderes modernes Relief (p. 145. 46); ausführlich beschreibt er den Moses des Michelangelo und giebt auch die meisten andern damals noch in Rom befindlichen Bildwerke desselben an.**)

---

*) Robert-Dumesnil, le peintre-graveur français VI, Nr. 41—141. In diesem Verzeichniß der Perrier'schen Statuen kommt der Schleifer unter Nr. 17, der Moses des M. Angelo unter Nr. 61 vor.

**) Clarac hätte nie bezweifeln sollen, daß der Verfasser dieses Buches derselbe ist mit dem Bologneser Professor der Naturgeschichte, der mehrere naturhistorische Werke verfaßt hat, denn in diesen Werken nimmt er an einigen Stellen auf römische Antiken Bezug, z. B. bei Gelegenheit der Schlangen auf den Apollo vom Belvedere und den Laokoon. Sämmtliche Ausgaben des Büchelchens über die römischen Antiken sind selten; es versteckt sich aber auch in Bibliothekkatalogen leicht, weil es einen Anhang zu dem Werk des Lucio Mauro über römische Topographie und die antiken Bauwerke Roms bildet. Alle Ausgaben scheinen in Venedig gedruckt. Der Titel der ersten lautet: Le Antichita de la Citta di Roma. Brevissimamente raccolte da chiunque

III. Die Statue des Messerschleifers in Florenz.

Schon Fea hatte in seinen Miscellanea erwähnt, daß der Schleifer in der letzten Ausgabe von 1562 vorkomme. Ich habe beide Ausgaben vor mir, die erste und diese vierte, und finde, daß die Stelle über den Schleifer ebenso schon in der ersten vorkommt, welche ihre Vorrede datirt Di Venetia. Il di XV. di Febraro MDLVI. Beide Ausgaben bezeugen, daß die Statue damals im Hause eines sonst, soviel ich weiß, unbekannten Nicolo Guisa stand, welches auf dem rechten Tiberufer lag, und in welchem damals der Herzog von Melfi wohnte. In diesem Hause befand sich nur diese Eine Statue, und man nannte sie dem Aldroanbi bereits als den Aguzza coltelli, d. h. den Messerschleifer. Die Beschreibung ist so klar und vollständig, daß man an der Identität mit dem Arrotino in Florenz nicht zweifeln kann*). Sollte nun

---

ne ha scritto, ò antico ò moderno; per Lucio Mauro, che ha voluto particularmente tutti questi luoghi vedere; onde ha corretti di molti errori, che ne gli altri scrittori di queste antichità sì leggono. Et insieme ancho Di tutte le statue antiche, che per tutte ROMA in diversi luoghi, e case particolari si veggono, raccolte e descritte, per M. Ulisse Aldroandi, opera non fatta piu mai da scrittore alcuno. Con Privilegio. In Venetia, MDLVI. Appresso Giordano Ziletti, all' insegna della Stella. Die 4. Ausgabe (von 1562) enthält nur einige Zusätze, die keine wichtigen Denkmäler betreffen, ist jedoch sonst ganz gedankenlos der ersten nachgedruckt, so daß sie für das Jahr ihres Erscheinens den Bestand der römischen Sammlungen vielleicht nicht mehr ganz richtig angiebt. Das Buch muß sehr gegangen sein, da es von 1556—62 vier Auflagen erlebte. Die 2. und 3. Ausgabe waren bisher unfindbar, ich glaubte daher, daß die Angabe einer vierten auf dem Titel von 1562 ein Buchhändler-Humbug sei; mein Sohn und College Dr. Kinkel hat aber eine zweite Auflage von 1558, 2 Jahr nach der ersten, auf der Münchener Bibliothek gefunden, und es ist also wahrscheinlich, daß auch eine dritte Auflage wirklich erschienen ist, obwohl ich davon noch kein Exemplar kenne.

*) Der Text der I. Ausgabe, pag. 166, von dem die IV. nur orthographisch abweicht: „In casa di M. Nicolo Guisa, dove hora sta il S. Duca di Melphi (IV. Ausg. Melfi), di là dal Tevere.

„Si ritrova ne la sala tosto che s'entra, à man manca sopra una gran basi una statua di huomo ignuda chinata giù col pie dritto, e con la parte manca del corpo siede: si tiene le braccia sopra i ginocchi, e ha volto il viso verso il cielo; sopra la spalla manca ha un panno ravolto. E una opra assai bella; et perche si vede un coltello giacere sopra la basi, chiamano questa statua Aguzza coltelli."

die von Sante Bartoli erwähnte Statue, welche erst mehr als ein Jahrhundert später von den Minghanelli an die Medici gekommen wäre, etwa ein zweites Exemplar sein? Dieß ist undenkbar. Ein zweites Exemplar, ebenfalls den Medici gehörig, wäre aus deren Sammlungen sicher nicht entschwunden.

Zwar befinden sich in Florenz jetzt zwei Wiederholungen, aber beide sind ohne Zweifel moderne Copien. Eine, in Erzguß, soll in dem frühern Finanzministerium, Via Cavour, stehen; eine zweite aus dunkelm Kalkstein, den man in Toscana pietra serena nennt, und in welchem von Donatello bis Giovanni da Bologna dort viele Bildwerke sind ausgeführt worden, steht, dem Publicum nicht sichtbar, in einem Magazin des Museo nazionale im Bargello zu Florenz. In dieser Wiederholung geht das Gewand so weit herab, daß es die Scham bedeckt, und von den Fingern der linken Hand drückt sich der Zeigefinger wirklich auf das Messer an, was bei dem Original in der Tribuna ursprünglich nicht der Fall war.

Es ist nicht zu glauben, daß Sante Bartoli, der selbst sein ganzes Leben lang mit Zeichnen und Stechen von Antiken beschäftigt war, das Werk des François Perrier nicht sollte gekannt, auch nicht sollte gewußt haben, daß, als er seine Notizen redigirte, der Schleifer schon wenigstens seit 44 Jahren in den mediceischen Gärten zu Rom stand, welche Gärten allen Künstlern zugänglich waren. Seine Angabe, die Statue sei zu seinen Lebzeiten beim Bau des Palazzo Minghanelli gefunden, ist also nicht bloß der Sache nach unzweifelhaft falsch, sondern sieht einer bewußten Lüge ähnlich. Drei Jahre vorher war ein Buch erschienen, welches, wie wir unten sehen werden, die Statue unbefangen für nicht antik erklärte; vier Jahre vorher war sie nach Florenz versetzt worden, wo man früher von ihr wenig gewußt haben wird. Sieht das nun nicht gerade so aus, als habe Sante Bartoli kurzweg jeden Zweifel an dem antiken Ursprung des berühmten Werkes dadurch curiren wollen, daß er einfach erlog, sie sei in Rom da und dort wirklich aus der Erde gegraben worden?

Daß Sante Bartoli aber auch auf einem andern Punkt gelogen hat, kann ich abermals beweisen.

III. Die Statue des Messerschleifers in Florenz.

Wenn das wahr wäre, daß die Minghanelli die Statue gefunden und den Medici geschenkt hätten, so würde wahrscheinlich Gori das wissen, der von 1733—66 das wichtige Kupferwerk über die mediceischen Marmore veröffentlicht hat.*) Dieser aber weiß den Fundort nicht. Er sagt S. XIII: „Romae inventam fuisse hanc statuam certum est, locus vero incompertus." Dann habe Niccolo Guisa sie gekauft (dieß hat er aus Aldroandi, den er mißversteht), dann habe sie um schweres Geld erworben Ferdinand von Medici (Großherzog von 1587—1608). Sie war also mediceischer Besitz fast ein Jahrhundert vor Sante Bartoli's Zeit.

Gleich am Anfang unserer Betrachtung fällt also die Statue unter eine bedenkliche Zweideutigkeit.

Wie dem aber sei, derjenige Schleifer, welchen Sandrart in Rom gegen 1620 abbildete, ist die jetzt in der Tribuna stehende Statue, denn er erzählt ausdrücklich nicht nur deren Versetzung nach Florenz, sondern meldet auch, daß sie sowohl als die mediceische Venus bei diesem Transport Schaden genommen haben.**)

Aus dem Vorstehenden ergiebt sich Folgendes:

Von einem Fundort der Statue wissen wir nichts. Sie befindet sich 1556 in Rom, aber, so scheint es, noch nicht im medi-

---

*) Museum Florentinum, wo der Schleifer in zwei Ansichten (tav. 95. 96) von C. Gregori, nach Zeichnung von Giov. Domenico Campiglia, recht gut gestochen ist.

**) Sandrart, Teutsche Akademie, II. Haupttheils II. Theil S. 86: „Es hat sich im vorigen Jahre begeben, daß eben dieser Rotator, sammt dem Welt-berühmten Venus-Bild, welches Phidias in Griechischen Marmel gehauen (er meint die Venus von Medici), von Rom, aus des Gros-Herzogen Pallast, de Medices genannt, abgefodert worden; beede in desselben Kunst-Saal zu Florenz aufzurichten: Allein da diejenigen Statuen angekommen, befand sich, daß die Venus in neun, der Rotator in vier, oder fünf, Stücke zerbrochen und zerfallen waren." Sandrart's Buch erschien 1679, die Venus von Medici und der Schleifer sind also nicht 1680 (George Scharf im Katalog der Gypsgüsse des Krystallpalastes, zu Nr. 198), noch weniger 1770 (Friedrichs, Bausteine, zu Nr. 587) nach Florenz versetzt worden. Gori, der dieß wohl urkundlich wissen konnte, sagt, mit Erlaubniß von Papst Innozenz XI. (1676—89) sei es 1677 geschehen, und das stimmt mit Sandrart, der also die Handschrift seines Buches 1678 vollendet hat.

III. Die Statue des Messerschleifers in Florenz.

ceischen Besitz. Auch noch 1562 (letzte Ausgabe des Aldroandi) steht sie in demselben Hause des Niccolo Guisa. Guisa soll sie gekauft haben, wo, wann, von wem erfahren wir nicht. Guisa verkauft sie an Großherzog Ferdinand (um 1600), und in den Gärten der Villa Medici in Rom wird sie dann bald darauf zwei Mal von nordischen Künstlern gezeichnet.

Durch Winckelmann, der aber schon auf die Vermuthung eines Florentiner Kunstfreundes, des Lionardo Agostino,*) hinweist, ist der Schleifer von Florenz für einen Skythen erklärt worden, den Apollon bei der Strafe des Marsyas als Henker verwendet habe, um dem Ueberwundenen die Haut abzuziehen.**) Diese Erklärung wird jetzt von den deutschen Archäologen allgemein angenommen, während die Italiener sich vorsichtiger aussprechen. Man hat sie dahin erweitert, daß unsre Figur mit dem an einen Baum gebundenen Marsyas, der in mehreren Sammlungen vorkommt, und mit einem stehenden oder sitzenden Apollon eine Gruppe von drei Figuren werde gebildet haben.

Die Sage von Marsyas gehört nach Phrygien, und auf den zahlreichen antiken Darstellungen seines Wettkampfs mit Apollon oder seiner Bestrafung auf Vasen- und andern Gemälden, so wie auf Sarkophagen, tritt daher der Vollzieher der Schindung meistens als Phrygier auf, mit der bekannten phrygischen Mütze, kurzem Rock und Strumpfhosen. Auch wo mehrere Henker abgebildet sind, tragen sie diese Kleidung. Wie also ein Skythe, der nach Phrygien nicht gehört, auf antiken Werken an die Stelle des Phrygiers treten konnte, scheint auf den ersten Blick räthselhaft.

Die Marsyassage hat im Alterthum drei Stadien durchlaufen. In dem ersten tritt sie ganz als Naturmythos auf, und zwar als Localsage der phrygischen Stadt Kelänä, welche nahe bei den

---

*) Bei Gronovius, Thes. Ant. Graec. T. II. zu tab. 86. Sein voller Name in Latein ist Leonardus Augustinius, italienisch also wohl Agostini? Er war ein Gemmensammler, dessen Collection durch Cardinal Leopold Medici nach Florenz kam. Gori, Museum Florentinum I. praef. pag. XIII.

**) Winckelmann, Monumenti inediti I. tav. 42, bei Erklärung eines Sarkophags aus Villa Borghese, der sich jetzt im Louvre befindet.

Quellen des Mäander unfern der Stelle lag, wo später unter dem syrischen Antiochos Soter die Stadt Apamea entstanden ist. Zehn Miglien von der Stadt liegt in einem Gebirgsthal ein See, der treffliches Schilfrohr zu Flöten liefert und daher im Alterthum den Namen Aulokrenä (die Flötenquellen) führte. Aus diesem See entspringen, wie das Alterthum glaubte, zwei Flüsse. Diese laufen aber nicht unmittelbar aus dem See aus, sondern verbergen sich erst unter die Erde, um in der Entfernung weniger Miglien als Quellen wieder hervorzubrechen. Der eine dieser Flüsse ist der Mäander, der andere der Marsyas. Letzterer kommt in einer Felsenhöhle wieder ans Licht, die hoch am Burgfelsen von Kelänä über dem Marktplatz der Stadt sich öffnete, und stürzt als Wasserfall, daher Herodot ihn katarrhaktes nennt, hinab, um gleich in einer Breite von 25 Fuß durch die Stadt zu fließen und dann im raschen Lauf, Fruchtbarkeit verbreitend, dem Mäander zuzueilen. Der Gott des Flusses war also den Umwohnenden ein wohlthätiger Quellgeist, und Marsyas wird von Herodot zu den Silenen, d. h. den Dämonen der Flüsse und befruchtenden Brunnquellen gerechnet. In diesem Sinne eines wohlthätigen Schutzgottes faßten die Heiden der Umgegend noch bis in die christlichen Jahrhunderte hinein sein Wesen auf. Pausanias, selbst aus dem nahen Lydien gebürtig, läßt sich in Kelänä erzählen, Marsyas, welcher das Flötenspiel (oder die Tanzweise) zum Dienst der Göttermutter, der phrygischen Kybele, erfunden, habe beim Einbruch der Gallier, die das übrige Kleinasien verwüsteten, den Einwohnern seiner Stadt durch das Spiel seiner Flöten und die Fluth seiner Strömung gegen die grausamen Feinde beigestanden.

Reiner Naturmythos ist dann auch, im ersten Ansatz, des Marsyas Kampf mit Apollon. Xenophon, der den Ort selbst besuchte, berichtet, der Silen habe mit Apollon „über die Weisheit" gestritten, und der Sieger habe in der Höhle, wo die Quellen frisch hervorbrechen, dessen Schlauch ($\dot{\alpha}\sigma\varkappa\acute{o}\varsigma$) aufgehängt*). Das ist

---

*) Xenophon Anab. I, 2. 8. $\pi\epsilon\varrho\grave{\iota}\ \sigma o\varphi\acute{\iota}\alpha\varsigma$; über Mantik, da die Silene, wie die deutschen Stromgeister, die Gabe der Weissagung besitzen; möglicher Weise aber auch „über das Können", so daß der musikalische Wettstreit schon darin läge.

III. Die Statue des Messerschleifers in Florenz.

wohl die anfängliche Localsage, und der Schlauch ist hier noch gar nicht die menschliche Haut, sondern, wie ähnlich die Urne, das Attribut des Flußgottes, aus dem er seine Quellen spendet, so wie der Schlauch auch später, nur für Wein bestimmt, das Zeichen der Silene bleibt. Der Gott hat im Kampf um Weisheit gesiegt und dem Quellgott seinen Schlauch, das Emblem seiner Fruchtbarkeit, geraubt, aber nur, um ihm in jener Höhle, wo der Fluß wieder durchbricht, denselben wieder zuzustellen. Erst aus dem Mißverständniß jenes dort wirklich vorhandenen und aufgehangenen Schlauchs möchte die Sage von der Schindung des Marsyas entstanden sein, indem man den Schlauch für dessen eigene Haut erklärte. Der Naturgrund des Mythos schimmert hier deutlich herauf; Apollon, der Gott der Sommerhitze, besiegt den Fluß und zwingt ihn, aus dem Rohr unter die Erde zu kriechen, er bekommt aber in der Grotte seinen Schlauch wieder zurück und lebt als Fluß wieder fort. Einen Schritt weiter thut dann die Sage, indem sie dem Marsyas die Haut abziehen und erst aus seinem Blut den gleichnamigen Strom sich bilden läßt.

Dieser reine Kampf zweier Naturkräfte verwandelt sich nun auf zweiter Stufe in einen nationalen Wettkampf, nämlich in den Streit über die Musik.

Auf dem Boden des eigentlichen Griechenlands wiederholte sich ein uralter Gegensatz des Saiten= und des Blasinstruments. Wie die asiatischen Culte des Dionysos und der Kybele die aufregende Musik der Flöte liebten, während der hellenische Apollocultus die Cither pflegte, so trat dieser Gegensatz auch zwischen griechischen Stämmen selber auf. Die Böotier behielten für ihre Dionysos= feste die Flöte bei; in Athen kam eine Zeit, wo man anfing dieß Instrument zu verachten. Der Thebaner Pindar erzählt im 12. pythischen Hymnus, in einem heiligen Bezirk in Böotien habe die große Erfinderin Athene das erste Rohr zu Flöten geschnitten. Die Athener gaben das zu, stellten dieser Sage aber einen launigen Zusatz entgegen, der ihr alle Beweiskraft nahm. Athene habe am Spott anderer Göttinnen erfahren, was sie nachher im Spiegel einer Quelle bestätigt fand, daß das Blasen der Flöten das Antlitz entstelle; da habe sie die Flöten weggeworfen und Jedem Unglück gewünscht, welcher sie aufhebe. Marsyas aber habe sie aufgehoben und sei dann durch sie auch in sein bekanntes Unglück gekommen. Der Bildhauer Myron, noch Pindar's obwohl viel jüngerer Zeitgenosse, der mitten in dem Streit stand (er arbeitete in Athen, stammte aber aus dem böotischen Eleutherä, das sich freiwillig an Athen angeschlossen), hatte diese Begebenheit in einer Gruppe der Athene mit dem Marsyas dargestellt. Hatten früher auch die jungen Athener die Flöte zu erlernen gepflegt, so wurde die Abneigung gegen das Instrument zur Modesache, seit der junge Alkibiades das Ueben aufgab mit den Worten: „Laßt die Leutchen von Theben ihre Flöte blasen, weil sie nicht im Stande sind eine Conversation zu führen; wir Athenienser aber, so sagen unsere Väter, haben zur Stammmutter die Athene, und den Apollon zum Schutzgott, und von denen hat Jene die Flöten fortgeworfen, und der Andere gar dem Flötenbläser das Fell über die Ohren gezogen." Seitdem, erzählt sein Biograph weiter, wollten die jungen Leute in Athen nicht mehr die Flöte lernen.*) Auch die Poesie bemächtigte sich des Sieges des Apollon über Marsyas, und so erkennen wir die Ursache, warum gerade in Athen die Sage ihre breiteste Ausbildung gewann.**)

Ein Naturmythos war zu einer Tendenz-Sage umgebildet, welche eine nationale Culturfrage entscheiden sollte. Steigen wir ein paar Jahrhunderte tiefer hinab, in die römische Welt hinein, so fällt uns die weite Verbreitung dieser Sage und ihre Popularität unter den Römern auf. Machte man doch Puppen zum Spielzeug für Kinder, welche den am Baum zum Schinden aufgehängten Marsyas vorstellten.***) Der Silen, welcher mit seinem

---

*) Plutarch, Alcib. c. 2.

**) Auf die Ursache, warum gerade in Athen die Marsyasfabel populär wurde, hat zuerst hingewiesen Böttiger in seinem Aufsatz: Minerva Musica und Apollon als Marsyastödter, Kleine Schriften Band I. Bis hierher bin ich in Darstellung der Marsyassage der erschöpfenden Abhandlung von Professor Michaelis gefolgt: Apolline e Marsia, im Jahrg. 1858 der Annali dell' Instituto S. 298—347, wo man alle Citate aus den im Text erwähnten Schriftstellern finden wird.

***) Achilles Tatius, bei Michaelis a. a. O., S. 324.

Schlauch auf den Foren von Rom und andern latinischen Städten stand und dem Roland auf den Märkten mittelaltriger Städte entsprach, wurde geradezu der Marsyas genannt. Ein musikalisches Interesse war dabei in Rom nicht mehr, wo bei allgemeiner Toleranz neben der Flöte des staatlich autorisirten Kybeledienstes friedlich die Cither der griechischen Göttercult herging.

Außer andern Reliefs kommen aber Scenen aus des Marsyas Wettstreit mit Apollon besonders auf Sarkophagen vor, welcher Art bis jetzt neun bekannt sind. Auch die frühsten derselben fallen eben als Sarkophage erst in die römische Kaiserzeit; an den meisten aber zeigt die rohe Arbeit, daß sie Jahrhunderte tief in die christlich werdende Welt herabgehen.*)

Ich glaube nicht zu irren, wenn ich in diesen Sarkophagbildern eine dritte Umgestaltung der Marsyassage im Gemüth der Menschen erkenne, die man eine religiös-moralische nennen könnte. Das sinkende Heidenthum im Römerreich neigte sich in der Sehnsucht nach persönlicher Unsterblichkeit und leiblicher Auferstehung der aufstrebenden Kirche entgegen, und Christus hat deßhalb im Herzen der europäischen Menschheit gesiegt, weil der Glaube an seine Auferstehung, mit der Autorität einer Offenbarung auftretend, dieser Sehnsucht Gewähr leistete. Zahlreich wurden in diesem Sinne heidnische Mythen umgedeutet und von Heiden selber zu

---

*) Die 9 bis jetzt bekannten Sarkophage mit Gegenständen aus der Marsyassage sind zusammengestellt und ihre Abbildungen, soweit deren vorhanden, aufgezählt bei Michaelis a. a. O., S. 325 ff., wozu S. 340 f. noch einige andere Reliefdarstellungen und Gemälde, auch ein gravirter Spiegel und eine Kupfermünze aus Alexandria folgen. Der hier unter Litera II erwähnte Sarkophag aus Ostia, welchen Michaelis selbst noch nicht gesehen hatte, ist seitdem abgebildet und beschrieben durch Dr. A. Trendelenburg, due sarcofaghi con rappresentanza delle Muse, Annali von 1871, S. 27—39 und Tavola d' aggiunta D. E. Die Darstellungen der Marsyassage auf 5 Vasen und 3 antiken Wandgemälden findet man zusammengestellt bei Stephani, Compte-rendu de la commission Impériale archéologique in St. Petersburg für 1862, Text S. 82 ff. zu Tafel VI, eine Vase aus Augi darstellend, die mit der Sammlung Pizzati nach St. Petersburg gekommen. Michaelis in einem zweiten Aufsatz: Die Verurtheilung des M. auf einer Vase aus Ruvo, Greifsw. 1864, vervollständigt wiederum die Arbeit von Stephani.

tröstlichen Vorstellungen an Särgen verwendet. Die Bereitung des Weins durch Genien deutet auf das bacchische Mysterium, daß das zerstampfte Traubenkorn zu neuem Geiste kommt, der Raub der Proserpina auf die Auferstehung des Saatkorns im grünen Gefild. Diana beglückt den schlafenden Endymion; Bacchos weckt die träumende Ariadne zur Götterlust. Nereiden tragen den gefallenen Heros zu den Inseln der Seligen. In der so oft innerhalb dieses Kreises wiederkehrenden Fabel von Eros und Psyche ist das Schicksal der Menschenseele und dessen beglückte Lösung durch die göttliche Liebe verschleiert. Protesilaos und Alkestis kehren aus der Unterwelt zurück, um die übergebliebenen Gatten noch einmal zu umarmen, und wenn Prometheus, aber dießmal in Gegenwart und mit dem Beifall aller Olympier, den neuen Menschenleib bildet, so setzt ihm die himmlische Liebe selber als Eros die Seele auf die Brust, und die erste Schöpfung wird Symbol der zweiten Geburt für ein ewiges Leben.

Unter dem in Rom so mächtigen Einfluß des phrygischen Kybeledienstes, der ja als ein Staatscult gesetzlich garantirt war, konnte die ursprüngliche Auffassung des Marsyas als eines gütigen Geistes sich in eine Auferstehungssage umbilden. Der Fluß, seines Lebens unter der Erde beraubt, bricht nach meilenlangem Lauf als mächtiger brausender Quell wieder hervor, Segen und Fruchtbarkeit spendend.

In solchen Umdeutungen durften selbst die Christen heidnische Mythen an den Särgen ihrer Geliebten verwenden. Das ist auch geschehen; auf dem berühmten Sarkophag im Capitol treten Eros und Psyche, Prometheus, Herakles, und neben ihnen Adam und Eva unter dem Paradiesesbaum, zusammen auf.*)

Auch der Marsyas scheint geradezu an Einem Sarg abgebildet, den wir für christlich halten dürfen. Es ist der große Sarkophag im Kreuzgang von San Paolo fuori le mura bei Rom, von später und schlechter Arbeit, welchen man im Mittelalter zum zweiten Mal verwendete zur Bestattung des Pierleone, eines getauften Juden, dessen Enkel unter dem Namen Anaklet II. 1130

---

*) Lübke, Gesch. der Plastik, zweite Ausg., S. 291 ff.

als Gegenpapst den römischen Stuhl bestieg. Hier sind drei Seiten mit der Geschichte des Marsyas gefüllt, die Rückseite aber, die man jetzt nicht sehen kann, enthält eine Seefahrt von mehreren Schiffen und ist nach Zoega's Zeugniß christlich.

Auf einem zu Szekszard in Ungarn gefundenen Sarkophag (bei Michaelis Litera F), der jetzt im Museum zu Pesth steht, kommt Marsyas mit Amor und Psyche einerseits, und auf der andern Schmalseite mit einem Gefäß voll Weinreben verbunden vor. Diese Zusammenstellung deutet mit voller Sicherheit auf jene neue religiöse Umformung der Marsyassage, wenn auch bei diesem Sarge das Christenthum selber vielleicht nicht eingewirkt hat.

Kehren wir noch einen Augenblick in die heidnische Zeit zurück.

Preller und Michaelis haben es sehr wahrscheinlich gemacht, daß in Athen Marsyas auf die Bühne gebracht worden sei, und zwar in komischer Weise, nämlich in einem Satyrspiel. Zu diesem Zweck wurde der Silen, der weise Quellgott, selber in einen Satyr verwandelt, was nahe lag, da wenigstens das späte Alterthum zwischen Silenen und Satyrn nicht scharf mehr unterschied.*) Den Chor gaben die andern Satyrn her, die über den Unsieg ihres Genossen klagten, den sie so oft auf der Flöte bewundert hatten. In einer der Fabeln des Hygin (Nr. 165), der auch sonst Theaterstücke in kurzem Auszug als Erzählungen wiedergiebt, glaubt man den Inhalt und Gang jenes Stückes noch vor sich zu haben. Minerva erfindet die Flöten, wird von Juno und Venus verlacht, weil sie beim Blasen die Backen aufbläst, und findet, daß sie Recht haben, als sie sich selbst „am Ida" im Spiegel einer Quelle erblickt. Sie wirft die Flöten unter Verwünschungen weg. Ein Satyr Marsyas, der dort seine Heerde weidet, findet sie, übt fleißig und fordert den Apollo zum Wettkampf mit der Leier heraus. Die Musen werden zu Schiedsrichterinnen gewählt. Marsyas scheint zuerst Sieger, da dreht Apollo die Leier herum und spielt

---

*) Die oft citirte Stelle bei Pausanias I, 23. 5: τοὺς γὰρ ἡλικίᾳ τῶν Σατύρων προήκοντας ὀνομάζουσι Σιληνούς, „bejahrte Satyrn nennt man Silene." Mittels einer scharfsinnigen Combination hat Michaelis (Apolline e Marsia S. 310 f.) es annehmbar gemacht, daß der Dichter solch eines Satyrspiels von Marsyas kein Geringerer als Euripides sei.

auf dem verkehrten Instrument weiter, was dem Marsyas mit der Flöte unmöglich ist. Apollo übergiebt ihn an den Baum gebunden einem „Skythen", der ihm die Glieder abhaut. Den übrigen Leib erhält sein Schüler Olympos zum Begraben, und aus dem Blut entsteht der Fluß Marsyas.

Hier also haben wir den Skythen, und aus der Bühnendarstellung wird' er in die bildende Kunst gekommen sein. Von der Bühne stammt auch auf den Vasenbildern die Gestalt des Marsyas als Satyr, mit zottigem Fell und Ziegenschwanz, die dem weisen Silen nicht zukäme. Das Umdrehen der Leier, mit dem Virtuosenstückchen, daß der Schauspieler doch noch fortspielen konnte, während das einfältige Blasinstrument dabei Bankerott machte, war sehr geeignet, komisch zu wirken. Ja ein solcher den Zuhörer überraschender Witz konnte allein es möglich machen, daß überhaupt die Musen als Preisrichterinnen für Apollon entschieden, da ja der Vorzug der Saite über das Blasinstrument aus ernsthaften Gründen sich nicht beweisen läßt. Es ist erwiesen, daß man den Staatssklaven zu Athen, welche zu öffentlichen Arbeiten verwendet wurden, unter andern Namen auch den Namen Skythen gab.*) Sie brauchten darum keine geborenen Skythen zu sein, es waren Barbaren, aus irgend fremden Ländern durch Kriegsgefangenschaft oder Menschenhandel erworben. Weil aber ein Skythe, der nach griechischem Glauben Menschen schund, kochte und fraß, für den crassesten aller Barbaren galt, nannte man die Polizeiknechte eben Skythen, wie etwa wir von Polizei-Kaffern reden. Die öffentliche Polizei hat zu allen Zeiten in der Volksposse, wie im Kölner Henneschen und in der Londoner „Pantomime", als komische Person herhalten müssen; in einem Satyrspiel zu Athen wird der Effect nicht gefehlt haben, als plötzlich unter die Göttergestalten der ordinäre Polizeisoldat von der Gasse hereintrat und auf einem Schleifstein sein Messer zu wetzen anfing, um das uralte mythologische Urtheil zu vollstrecken.

---

*) Etym. Magnum ed. Sylburg, s. v. τοξόται: „οἱ δημόσιοι ὑπηρέται. τοὺς δὲ αὐτοὺς καὶ σκύθας ἔλεγον καὶ Σπουσίμους (zu lesen Σπουσινίους). Und s. v. τοξόται heißt es ausdrücklich, daß zu Athen man die Staatssklaven Skythen nennt.

III. Die Statue des Messerschleifers in Florenz.

Auf zahlreichen Vasenbildern, Münzen und Reliefs mit der Strafe des M. erscheint nun ein Mann, der zu diesem Zweck sein Messer aus der Scheide zieht, prüft oder auch schleift. Sehr vorwiegend ist er, wie schon oben gesagt, ein Phrygier und als solcher vollständig bekleidet; in drei Fällen aber, auf einer römischen Kaisermünze aus Alexandria und auf zwei Sarkophagen, erscheint er, zweimal neben dabei stehenden Phrygiern, einmal allein, als ein nackter Mann, allenfalls mit Andeutung eines Schultermantels, der von seinem Geschäft aufblickt — also ungefähr in der Stellung der Statue in Florenz. Diese Figur möchte also wirklich vom Theater in die bildende Kunst übernommen sein.

Die beiden hierher fallenden Sarkophage sind auf den Tafeln des Archäologischen Institutes abgebildet.*) Beide sind Funde jüngeren Datums. Der eine (bei Michaelis unter Litera D angeführt), 1853 in den Maremmen von Toscana entdeckt, war noch 1858 im Museo Campana. Hier tritt der Skythe in die ganze auf der Vorderseite mit vielen Figuren sich ausbreitende Gruppe hinein. Er hockt ganz nackt vor dem bereits am Baume hangenden Marsyas, welcher die Composition nach rechts abschließt, und blickt nach diesem zu.

Der zweite Sarkophag kommt aus den Ausgrabungen des Cardinal Pacca bei Ostia, wo er 1831 gefunden wurde, und steht jetzt in dessen Villa zwei Miglien von Rom vor der Porta Cavaleggieri. Auf der vordern Langseite sieht man die Musen, auf den schmalen Seiten zwei Scenen mit Marsyas, nämlich den Wettkampf und die Bestrafung. Marsyas hängt im Profil an einem dürren Baum; der Skythe, unter einem andern dürren Baum, bartlos und wie es scheint ganz nackt, kniet auf dem rechten Knie und sieht mit dem sehr hoch in den Nacken gelegten Kopf sein Opfer an. Schleifstein, Messer und Hände sind zerstört. Die Arbeit ist sehr roh, und so möchte auch im Original von Ausdruck in den Köpfen wenig die Rede sein.

---

*) Der aus dem Museo Campana zu dem Aufsatz von Michaelis, Monumenti VI, tav. 18; der aus Ostia in den tavole d'aggiunta zu den Annali dell' Instituto, Jahrgang 1871, tav. D E, zu dem Aufsatz von Trendelenburg, S. 27 desselben Bandes.

Zum dritten Mal erscheint dann der Skythe auf der Münze aus Alexandria, welche auf der Vorderseite den Kopf des Antoninus Pius trägt. Auf der Rückseite hängt Marsyas rechts am Baum, ihm gegenüber sitzt Apollon auf dem Felsen, und zwischen ihnen kniet der Mann auf dem linken Knie, nackt, nur mit Andeutung eines flatternden Schultermantels, und scheint ein Messer zu schleifen; doch hat an dieser Stelle das Gepräge gelitten. Der Kopf ist hier nicht aufwärts gerichtet.*)

Diese drei Denkmale, welche Winckelmann noch nicht kannte, scheinen auf den ersten Blick seine Deutung des Schleifers in Florenz sehr zu unterstützen. Die Statue wäre zu einer ähnlichen Gruppe verbunden zu denken mit der bekannten am Baum hangenden Marsyasstatue und einem Apollon, von welchem allerdings eine Wiederholung noch nicht nachgewiesen ist.

Allein hiergegen erheben sich doch sofort große Bedenken.

Zuerst ist gar nicht so gewiß, daß der Schleifer von Florenz überhaupt für eine Gruppe bestimmt war. Bei einer antiken Gruppe läßt sich fast immer, auch wenn die Figuren einzeln und getrennt gearbeitet sind, Eine Hauptansicht finden, für welche jede Figur berechnet ist. Man erinnere sich z. B. der Niobiden. Um eine so künstliche Gruppe, wie der farnesische Stier, kann man allerdings herum gehen und findet überall schöne Linien. Bei einer Marsyasgruppe wäre das schon deßwegen nicht gegangen, weil jedenfalls der hangende Satyr nicht vom Rücken durfte angesehen werden, wo der dicke Baumstamm ihn verdeckte. Eine solche Gruppe mußte also für Eine, und zwar für die Vorderansicht, gedacht sein. Von dem Schleifer aber kann man nicht sagen, daß er eine Hauptansicht habe. Blickt man auf die linke Seite seines Körpers, so stellt sich der Kopf in die volle Vorderansicht und wirkt mit ganzer Kraft; blickt man auf seine rechte Seite, so geht der Kopf ins Profil, und dessen kraftvolle, stark herausgearbeitete Linie kommt zur vollsten Wirkung; auch verschwindet da dem Auge die lästige Stütze unter dem Sitzfleisch.

---

*) Abgebildet Annali, Jahrg. 1858, Tavola d'aggiunta N, fig. 5, zu dem Aufsatz von Michaelis.

III. Die Statue des Messerschleifers in Florenz.

Wiederum ganz von vorn wirkt die Bewegung, mit dem gebogenen Halse, am besten, und doch ist auch wieder der nackte Theil am Rücken virtuos gearbeitet. Wer nicht für die Gruppenaufstellung im Voraus eingenommen wäre, würde gewiß für diese Figur eine solche eben so sehr bezweifeln, als man es mit Recht für den sogenannten Fechter des Agasias thut.

Aber hiervon ganz abgesehen, wo in der Gruppe soll unsre Statue denn gedacht werden?

Nach der gewöhnlichen Auffassung würde er so gestellt gewesen sein, daß er den Blick auf sein Opfer richtet. So war es in dem Gemälde, welches der jüngere Philostrat irgendwo will gesehen haben und nach seiner rhetorischen Weise mit Bewunderung beschreibt. Dort ist der Ausdruck im Gesicht des Barbaren auch so charakterisirt, wie wir es in der gegebenen Situation erwarten dürfen. Eben so steht der Messerschleifer auf den beiden erwähnten Sarkophagen, aber auf der Münze richtet er den Kopf auf Apollon zu, ohne ihn gleichwohl anzublicken.

Nehmen wir nun beim Schleifer von Florenz an, er habe dem Marsyas ins Angesicht geblickt, so geht die Gruppe uns zu keiner wohlaufgebauten Composition zusammen. Marsyas muß dann auf Eine Seite, Apollon auf die andere gedacht werden, der Schleifer also kommt in die Mitte. Eine Gruppe von runden Statuen, wo die niedrigste Figur das Centrum bildet, scheint im Alterthum undenkbar. Auch paßt dafür der Ausdruck im Gesicht der Florentiner Statue nicht. Man hat in diesen Kopf viel hineinphantasirt. Ein so feiner Mensch, wie der verstorbene Friederichs, wollte finden, daß der Barbar „mit grinsendem Blick sein Opfer betrachte".*) Ich appellire an jeden Künstler, ob in diesem ernsten Kopf, dessen ehrliche Züge einzig zum höchsten Aufmerken angespannt sind, eine leiseste Andeutung von Grinsen liege!

Allenfalls ließe der merkwürdige Ausdruck dieses Kopfes sich erklären, wenn er mit starker Spannung auf Apollon blickte, etwa den Befehl zur Execution noch erwartend. Alsdann wären die drei Figuren anders zu ordnen. Der am Baumstamm hangende

---

*) Friederichs, Bausteine, I. Nr. 660.

Marsyas, dessen vier Hauptwiederholungen in den noch vorhandenen runden Statuen ohnehin alle auf die Vorderansicht berechnet sind, kommt nothwendig in die Mitte und bildet mit den Händen hoch über dem Kopf naturgemäß die höchste der Figuren. Der Schleifer kommt dann entweder links oder rechts vom Beschauer zu stehen, da er von beiden Seiten ungefähr gleich gut sich ausnimmt. Ihm gegenüber würde ein sitzender Apollon die Gruppe schließen, welche also vom Centrum rechts und links kunstmäßig abfiele.

Nimmt man dieß an, so muß man sofort sagen: die Figur stimmt nun in ihrer Aufstellung nicht mehr mit den drei Relief-Monumenten, auf welchen man ihre Gruppe wiederfinden möchte. Denn auf der Münze kniet der nackte Mann zwischen den beiden andern Figuren, auf den beiden Sarkophagen aber blickt er den Marsyas an.

Aber auch diese Aufstellung genügt noch lange nicht, um die Spannung in Haltung und Blick des Schleifers zu erklären. Worauf wäre er denn so scharf gespannt? Die Musen als Preisgericht haben ja ihr Urtheil gesprochen, der Mann ist zur Execution commandirt, sein Instrument bereit; wie könnte er noch zweifeln, noch abwarten, ob der unfehlbare Apollon etwa sein Wort zurücknähme?

In dieser Hinsicht ist die Statue noch nicht scharf genug betrachtet worden.

Zuerst weicht die Stellung in ihrem Motiv doch sehr von den Figuren jener Reliefs ab. Diese knien, der Schleifer aber kniet nicht, sondern vielmehr, er hockt in einer Stellung, welche nur die allerhöchste Anspannung des Gemüthes, und dann nur für eine ganz kurze Zeit möglich macht. Er hat gekniet mit dem rechten Bein, aber er hebt jetzt das Knie vom Boden auf, um sich zu lupfen und ängstlich vorwärts zu spähen. Versuche man doch die Stellung, und man wird finden, man hält sie keine fünf Minuten aus.*)

---

*) Sage man nicht etwa, er sitzt; denn die Stütze unter dem Sitzfleisch ist nichts als ein tronc, das sieht man aus der Art, wie sie ganz genau den Curven des Fleisches sich anschließt. Diese Stütze dient für den Marmor, nicht für die als lebend gedachte Gestalt.

III. Die Statue des Messerschleifers in Florenz.

Dann aber schleift der Mann keineswegs, sondern er hat aufgehört zu schleifen. Dieß ist leicht zu beweisen. Die zwei auf die Klinge des Messers aufgedrückten Finger der linken Hand sammt dem Daumen und einem (jetzt wieder fehlenden) Stück des vierten Fingers sind ergänzt, und die Ergänzung ist schlecht, indem diese Finger über einen halben Zoll zu lang gemacht sind. Im Original (nicht im Gyps) sieht man auf der Klinge noch eine kleine Erhöhung, wo der eine dieser aufgehobenen Finger mit einer Stütze aufgesetzt war. Der Skythe hat also freilich geschliffen, aber es hat ihn im Schleifen etwas gestört, was ihn unendlich mehr interessirt.

Und nun betrachte man den Kopf! Er ist leise gehoben und aufwärts gerichtet, dabei aber etwas nach links gewendet, wie wir bei gespanntem Lauschen in die Ferne auf eine nicht wohl vernehmliche Rede thun. Dieses angespannte, peinliche, ja ängstliche Lauschen drückt sich aber am schärfsten in den Augenbrauen aus, welche sich so gewaltsam zurückziehen, daß die Stirnhaut sich geradezu in Runzeln faltet. Die Statue ist ein wahres Wunder von Kunst gerade darin, daß sie nicht die gleichgültige Handlung des Schleifens darstellt, sondern eine Gemüthsbewegung, die eben zum unwillkürlichen Einstellen dieser Handlung führt. Die Italiener, welche ich in solchen Dingen dem gelehrtesten Nordländer vorziehe, haben diese, und nur diese, Seite der Statue aufgegriffen und gesagt: Das ist ein Mensch, der eine Verschwörung belauscht. „Statue eines Schleifers, der das Messer auf dem Wetzstein festhaltend sich anzuspannen scheint, um Sachen von höchster Wichtigkeit zu hören" — so bezeichnet ihn die italienische Unterschrift noch in dem Statuenwerk des Domenico be' Rossi von 1724, und treffender könnte man es nicht ausdrücken.*) Wie käme in

---

*) Raccolta di Statue antiche e moderne, tav. XLI. Franc. Aquila delin. et Sculp. Den Text zu dieser Sammlung hat Maffei gemacht, und von ihm wird daher auch die Unterschrift der Tafel herrühren: „Statua d'un Arrotino, che tenendo fermo il ferro sù la cote, sembra d'hauer attenzione ad udire cose d'alto rilievo. Fù in Roma negl' horti Medicei, hoggi (1724) in Firenze nella Galleria del Gran Duca." Ebenso Gori in den Monumenti: „Vir flexis genibus insidens cultrum supra cotem exacuit; quod dum facit

antiker Kunst ein Barbar, der gewerbsmäßig sein Henkeramt vollzieht, zu dieser Spannung in Körper und Angesicht! Nein! Wie die Florentiner Statue konnte kein antiker Mensch den athenienfischen Polizeisklaven darstellen, der bereit ist, einen Schlächteract vorzunehmen.

Naturgemäß sucht die Kunstgeschichte nach der Schule, aus der ein solches Werk hätte hervorgehen können.

Zunächst hat noch Niemand bezweifelt, daß die Statue ein Original ist. Neuere Entdeckungen haben freilich den Beweis geliefert, daß das erste Jahrhundert der römischen Kaiserzeit noch Statuen wie den Apollo vom Belvedere hervorbringen konnte, die eben doch als Copien erwiesen sind. Massenweis sind damals sogar solche Copien, und zwar vortreffliche, ausgeführt worden. Aber die Römer zogen, vielleicht im Gegensatz zu ihrem eignen Realismus, gerade die idealen Bildungen der griechischen Blüthezeit von Myron bis Lysipp zum Copiren vor, und unter diesen noch wieder mehr die Werke der zweiten attischen Schule, des Skopas, des Praxiteles, weil sie durch ihre allgemeingültige Gefälligkeit zu reizenden Decorationen sich eigneten.*) Auch von nicht eigentlich idealen Statuen des Alterthums, wie dem Diskobolos des Myron, dem Doryphoros des Polyklet, dem Apoxyomenos des Lysipp, läßt sich denken, daß Copien beliebt waren, weil diese Statuen einmal des höchsten Ruhmes genossen. Hier aber, bei unserm Stythen, wo die Menschheit in einer nicht schönen, nur sehr charaktervollen Erscheinung als ein Barbar in seinem Racentypus auftritt, wurde der Sinn für das Anmuthige nicht gereizt, und nur wenn sie sehr berühmt gewesen wäre, hätten sich etwa Bestellungen zum Copiren gefunden. Sehr berühmt war sie aber nicht, denn kein Schriftsteller des Alterthums führt sie an, und sie hatte hier dasselbe Schicksal wie der sterbende Gallier im Capitol und die Gruppe

oculis, ac mente haerere videtur, timore pressus ne ab aliquo vel audiatur, vel conspiciatur: quare paullisper inflexo capite, auribus, ac sensibus aliquid explorare cupienti similis, mira felicitate expressus est... Nos Exploratorem diximus, habita eius gestus, ac motus ratione."

*) Vgl. Overbeck, Gesch. der griech. Plastik, II, 285.

des Galliers, der sein Weib getödtet hat, in der Villa Ludovisi. Auch bei diesen beiden Werken zweifelt ja Niemand daran, daß sie Originale sind, und wir bewundern sie als Meisterstücke der Charakteristik. Doch fehlt Erwähnung bei alten Schriftstellern, und fehlen demgemäß auch Copien. Dazu kommt bei dem Schleifer eine so vollkommene Uebereinstimmung des Technischen mit dem geistigen Gehalt, daß sehr starke Gründe müßten vorgebracht werden, ehe man glauben dürfte, der Schöpfer der Idee habe nicht auch selber die Ausführung gemacht.

Es lag nun gewiß nahe, eben mit jenen beiden antiken Werken unsere Statue zusammenzustellen. Der sterbende und der sein Weib tödtende Gallier sind Barbaren wie der Schleifer, auch in ihnen ist ein Racentypus virtuos durchgebildet und in seiner Art zu einem Ideal erhoben. Im Besondern mit dem Gallier im Capitol ist der Schleifer in der Formengebung verwandt; dieselben derben und breiten Hände, die stärkere Zeichnung von Haut und Muskeln als von Knochen, und, was schon sonst bemerkt worden ist,*) das schärfere Heraustreten der Hautfalten über den Knöcheln der Hände.

Hiernach hat Professor Bursian die Statue in die pergamenische Schule versetzt, der man jetzt allgemein die beiden genannten Werke zuschreibt.**) Dieser Meinung ist jetzt auch Professor Brunn beigetreten: „Die Statue des Skythen, in dessen Schädelbildung Blumenbach den Kosakentypus genau wiedergegeben fand, zeigt nicht nur eine den Galliern durchaus verwandte Auffassung der Barbarenbildung, sondern auch die Behandlung der Formen, der Oberfläche des Marmors, ja das Material verrathen durchweg eine solche Uebereinstimmung, daß, wer namentlich den sterbenden Fechter genau studirt hat, an der engsten Schulverwandtschaft der Urheber beider Werke nicht zweifeln kann." ***)

Ich trete dieser Ansicht, nur mit Rückhalt eines einzigen Wenn, bei. Wenn die Statue des Schleifers in eine antike

---

*) Friederichs, Bausteine, I. S. 385.

**) Geschichte der griechischen Kunst, in Ersch und Gruber's Encyclopädie, Band LXXXII, S. 482f.

***) Meyer's Künstlerlexikon, Artikel Antigonos, Band II, S. 108.

Sculpturschule eingereiht werden soll, so kann das nur die Schule von Pergamos sein.

Allein es erhebt sich dagegen doch wieder ein schwer abweisliches Bedenken.

Wir sahen oben, daß die Anwesenheit eines Skythen bei der Strafe des Marsyas sich nur daraus erklärt, daß auf dem athenienischen Theater, und in einem komischen Stück, der Henker als Skythe konnte dargestellt werden, weil dort die Staatssklaven den Spitznamen Skythen trugen. Es mußte komisch wirken, wenn zwischen die mythologischen Figuren auf einmal die athenienische Polizei hereintrat. Die handwerklichen Bildhauer römischer Sarkophage mochten denn ungenirt den halbnackten Wilden von irgend einem Original-Bildwerk beibehalten, das unter dem Einfluß jenes Satyrspiels entstanden war, wie sie ja überhaupt mit älteren Motiven sich so gern behalfen. Aber die lebensgroße Gruppe, der der hangende Marsyas und dieser Skythe angehören sollen, hatte nichts Komisches. In allen vier Hauptwiederholungen, zwei zu Florenz, eine in Villa Albani, eine in Berlin, ist der Marsyas durchaus edel und in griechischen Formen gebildet, und unser Skythe selbst zeigt im Ausdruck den tiefsten Ernst. Wie hätte überhaupt ein Künstler der pergamenischen Schule, im fernen Mysien, vom athenienischen Theater den Polizeiknecht entnehmen sollen? Hatte er doch Phrygien ganz nahe liegen, die wirkliche Scene des Vorgangs, wo Marsyas noch als populärer und wohlwollender Gott im Herzen der Menschen fortlebte, und wenn er einen Barbarentypus so fein durchbilden wollte, warum hätte er nicht ebenso gut als Henker einen Phrygier annehmen können, wie dieß ja alle antike Gemälde dieser Scene und auch die große Mehrzahl der Sarkophage wirklich thun? Gerade in Pergamos bleibt uns daher der Skythe undenkbar.

Wie Professor Brunn behauptet, ist Ein und dieselbe Art Marmor an dem sterbenden Gallier vom Capitol und an der Galliergruppe der Villa Ludovisi verwendet,*) und aus demselben Marmor sei auch der Schleifer von Florenz gemacht.

---

*) Am angeführten Ort, S. 105. Ebenso Overbeck, Gesch. der griechischen Plastik, II, S. 191.

III. Die Statue des Messerschleifers in Florenz.

Was für ein Marmor ist das denn?

Hierüber hat noch Niemand eine Meinung zu äußern gewagt. Von allen Theilen der Archäologie liegt keiner so im Argen, als die Unterscheidung der verschiedenen Marmorbrüche, aus denen Griechen und Römer ihr Material für Statuen geholt haben. Von einigen der berühmtesten Statuen ist die Herkunft des Blocks vollständig unermittelt. Das Urtheil ist in den meisten Fällen sehr leicht, in vielen Fällen aber fast bis zur Unmöglichkeit schwer. Die Gypsgießer lassen auf vielen Statuen Fett und Schmutz zurück, welche so dick sind, daß man das Korn des Marmors darunter nicht mehr sehen kann. Andre Marmore verlieren in der Politur das Charakteristische, und wieder giebt Ein und derselbe Bruch früher und später Blöcke, die in der Menge krystallinischer, glimmeriger oder aschiger dem Kalkstein eingesprengter Theilchen so von einander abweichen, daß man sie gar nicht leicht als Einem Bruch entstammt anerkennt. Gewiß hat der Bildhauer Emil Wolff in Rom Recht, wenn er in seinem kleinen Führer durch die römischen Sammlungen als nöthige Vermehrung unserer archäologischen Apparate eine Collection von Marmortafeln aus möglichst verschiedenen antiken Brüchen empfiehlt. Denn oft möchte die Kenntniß des Bruchs, aus dem der Block einer Statue stammt, schon ausreichen, um die Schule local festzustellen, wo sie gearbeitet worden ist.

Besonders die italienischen Sammlungskataloge wimmeln von Fehlern in Angabe der Marmorarten. So wirft z. B. der Katalog der Villa Albani, auf dessen Titel doch Fea und Visconti genannt sind, aufs Tollste mit Marmor von Luni, d. h. carrarischem Marmor, um sich. Der dortige Marsyas (Nr. 641), die colossale Venus (Nr. 733), der Faun (Nr. 908), der colossale Jupiter (Nr. 1019), und wie viel Anderes, sollen alle Luni sein und sind unzweifelhaft Paros. Auch die archaistische Pallas (Nr. 970) ist ein griechischer Marmor und nicht Carrara. Bei dem schönen Relief in der Gallerie des Palastes daselbst, mit Dädalos und Ikaros (Nr. 1009), sieht die Sache freilich täuschend aus, bis man erfährt, daß Cavaceppi die Restauration gemacht hat. Sieht man nun schärfer zu, so ist das ganze Relief, durch und durch, moderne Ergänzung aus Carrara, nur der Ikaros und der rechte Fuß des Dädalos. sind ächt, und sind von pentelischem Marmor. Auch trifft man in einem andern Raum der Villa das Werk, worauf Cavaceppi's Restauration beruht; es ist ein kleines Relief von Rosso Antico (Nr. 164), das ebenfalls Dädalos und Ikaros darstellt.

Bei der großen Schwierigkeit des Urtheils über den Marmor einzelner Arbeiten wird es mir verziehen werden, wenn im Folgenden ich mich irren sollte.

Die Galliergruppe in Villa Ludovisi und den Gallier im Capitol habe ich mit Professor Sigel von Athen gesehen, der in dieser Frage wohl für die zuverlässigste Autorität gilt; denn erstens ist er selbst Bildhauer, zweitens führt er Marmor aus seinen eigenen Brüchen am Taygetos und auf Tenos nach Rom ein, und drittens hat er die Hauptbrüche in Hellas, Kleinasien und auf den Inseln besucht und geprüft. Besonders bei der Gruppe Ludovisi sprach er als wahrscheinlich aus, daß sie aus Marmor von Furni sei. Die kleine Insel Furni (Φούρνη) liegt zwischen Samos und Ikaria. Es sind dort große antike Marmorbrüche, und in diesen findet man Hämmer und andere griechische Bildhauerwerkzeuge eingemeißelt. Auch ist ein colossaler Herakles daselbst in den Stein vorgezeichnet, um ihn aus dem Bruch zu hauen. Dieser Marmor hat das dem Sago ähnliche, im Stein dunkelhell glänzende Korn des parischen Marmors nicht.

Am sterbenden Gallier vom Capitol bemerkt man auf dem linken Schenkel schwärzliche Wolken; diese, sagt Herr Sigel, kommen oft vor bei den Marmorn von Thasos, Furni und Cavallo (in Thracien), während im parischen die schwarzen Flecken mehr in geraden Streifen gehen. Die linke Kniescheibe ist von demselben Marmor eingesetzt: für diese kleine Restauration gab die alte Basis, als man diese stark ergänzte, schon ein Stückchen her. Nirgendwo aber hätte man von dieser Basis ein Stück nehmen können, das groß genug war, um den ganzen rechten Arm mit der Hand zu ergänzen. Da dieser nun unzweifelhaft von demselben Marmor ist, so muß er alt und nur wieder angesetzt sein. Dies sieht man auch an dem etwas erhöhten und ebenfalls ächten Stück des Bodens,

III. Die Statue des Messerschleifers in Florenz.

in welches diese rechte Hand hineingreift, nur ist dies Stück mit modernem Zahneisen übergangen. Ebenfalls ein Stück des Schildes, wozu dessen Nabel gehört, ist alt und ächt. Neu, und von carrarischem Marmor, ist das Schwert und die Basis bis an den Schildrand. Es ist also nicht richtig, was Einer immer dem Andern nachschreibt, daß der rechte Arm mit der Hand modern und zwar von Michelangelo restaurirt sei.

Als Professor Sigel seine Vermuthung über den Furni=Marmor aussprach, hatte er davon noch keine Kenntniß, daß diese beiden Werke jetzt der pergamenischen Schule zugezählt werden. Bestätigt sich seine Bestimmung des Bruchs, so ist das locale Zusammentreffen wichtig genug; denn Furni lag den Pergamenern ganz zur Hand, es ist von der Stadt Pergamos nur so weit als ungefähr Paros von Athen entfernt. Auch wird Furni in solchen Momenten, als das pergamenische Reich fast das ganze westliche Kleinasien umfaßte und eine Seemacht unterhielt, ohne Zweifel mit zu diesem Reich gehört haben. Wenn nun ferner wahr wäre, was Brunn im Künstler=Lexikon behauptet, daß der Schleifer in Florenz aus demselben Bruch mit den Galliern des Capitols und der Villa Ludovisi stammt, so würde, unter diesen Umständen, noch zwingender erwiesen sein, daß er gleichfalls der pergamenischen Schule zugehört und etwa 200 Jahr vor Christus gemacht ist.

Hier nun muß ich von Brunn abweichen.

Ich habe den Schleifer oft, genau und in allen Theilen seiner Oberfläche untersucht. Leicht ist die Entscheidung nicht, und in neuerer Zeit hat Niemand fest und entschieden zu sagen gewagt, aus was für Marmor er denn eigentlich gemacht ist. Gori in seinem Text zum Museum Florentinum sagt zwei Mal ganz keck, die Statue sei Paros, und an dieser blöden Tradition halten noch heute die florentinischen Bildhauer wie an einem Evangelium fest. Ganz undenkbar! Das Sagokorn des parischen Steins kann sich über einen großen Theil einer Statue hinweg verstecken, einmal aber trifft man sicher auf eine Stelle, wo es sichtbar wird. So kann z. B. die colossale Pallasbüste aus der Villa Hadrian's im untern Belvedere zu Wien (Nr. 166) Einen lange täuschen, weil es ein sehr weißer homogener Stein mit wenig Krystallen ist.

Zuletzt findet man aber auf dem Halse und auf der einen Wange das parische Sagokorn deutlich genug. (Das Bruststück ist neu, und Carrara.) Am Messerschleifer tritt dieß Korn nirgendwo hervor, an keiner einzigen Stelle. Auch Brunn erkennt die Statue als nicht parisch, denn er bezeichnet ja den Marmor als einen eigenen, den der Schleifer mit den Galliern theile. Ich kann nun aber nicht finden, daß es jener Furni=Marmor wäre, sondern, um es gerade heraus zu sagen: ich halte den Schleifer einfach für Carrara.

Dem Archäologen wird die Tragweite dieser Behauptung für die Zeitbestimmung der Statue sofort einleuchten: sie fiele damit in die römische Kaiserzeit. Aber wenn man schärfer zusieht, so reicht die ominöse Bedeutung der Thatsache noch bedeutend weiter.

Landläufig ist die Vorstellung, der Marmor von Luna, also der carrarische, sei auch für Statuen in Gebrauch gekommen seit Augustus. Hiefür liegt bei Schriftstellern kein Beweis vor. Die bekannten Stellen bei Strabo und Plinius reden nur von Verwendung lunensischen Marmors für Wandbekleidung und Säulen, nicht für Sculptur, und vor Hadrian läßt sich der Gebrauch carrarischen Marmors vielleicht für Ornamente, möglicher Weise auch, obwohl sehr vereinzelt, für Büsten, aber für Statuen und Gruppen nicht nachweisen.

Als Augustus das aus Backstein erbaute Rom in eine Marmorstadt umwandelte, mußte man freilich daran denken, italienische Brüche statt der griechischen zu öffnen. Aber selbst als Baumaterial kommt der Carrara so ganz häufig in dem kaiserlichen Rom nicht vor. Der Tempel des Mars Ultor am Forum des Nerva soll aus ihm bestehen, behauptet Platner, und der Bildhauer Emil Wolff sagte mir dasselbe. Dagegen fand ich in Roma Vecchia eine große Platte Bekleidungsmarmor, ganz funkelnd von Krystallen, wie der griechische sogenannte Salino, und der Tempel des Jupiter·Latiaris auf dem albanischen Berge, von dessen schwachen Resten ein Stückchen weißer Marmor mir vorliegt, war sicher nicht aus einem carrarischen Bruch.

In der Sculptur sind die frühsten mit Sicherheit zu datirenden Werke aus carrarischem Marmor die beiden über=lebensgroßen

Hermen mit Büsten der Tragödie und der Komödie, in der Villa Hadrian's zu Tivoli gefunden und jetzt in der Sala Rotonda des Vaticans aufgestellt. Nach ihrer feinen und eleganten Technik, welche ihnen eine Art moderner Gefälligkeit giebt, gehören sie auch wirklich in Hadrian's Zeit. Eben diese Absicht der Eleganz wird zur Wahl des Materials geführt haben. Das weiche seidige Haar, das herrlich genau gearbeitete Detail der Trauben und Blätter im Kranz der Komödie ließ sich in den gewöhnlichen griechischen Marmorn nicht so zart ausführen. Hadrian's Zeit suchte überhaupt nach neuem Material, um bestimmte Gegenstände zu charakterisiren. Dahin gehört der Rosso antico für den Antinous in der Münchener Glyptothek, da die Aegypter männliche Statuen aus hellem Kalkstein roth färbten; ferner die verschiedenen Kentauren und Faune aus demselben röthlichen Stein, unter denen der berühmte im Palazzo Doria zu Rom, mit rothem Mannskörper, das Roß schwarz, dessen Schweif aber wieder roth, ebenfalls in Hadrian's Zeit gesetzt wird. In dieselbe Zeit gehören auch die beiden Kentauren des Papias und Aristeas auf dem Capitol, wo die thierische Derbheit durch den schwärzlichen marmo bigio charakterisirt werden soll.

Uebrigens sind selbst noch in Hadrian's Zeit die Statuen aus carrarischem Marmor sehr vereinzelt. Von dem berühmten Antinous-Relief in Villa Albani steht der Marmor nicht fest; der colossale Antinous in der Sala Rotonda, mit ebenfalls fein ausgeführtem Kranz von Laub und Weinbeeren, ist vom schönsten Paros, und zwar aus dessen edelstem Bruch, aus der Pansgrotte.

Die großen römischen Sammlungen durchwandernd, habe ich vor Hadrian's Zeit kein beglaubigtes Werk finden können, welches von carrarischem Marmor wäre. Den Apoll von Belvedere wolle man nicht länger anführen, er ist bestimmt nicht carrarisch. Andres ist moderne Arbeit, z. B. in Villa Ludovisi die weibliche Figur Nr. 30 und der Hadrianskopf Nr. 40, welcher auf ein antikes Bruststück von griechischem Marmor aufgesetzt ist. Die einzige Ausnahme scheint die berühmte kleine Büste des jugendlichen Augustus im Museo Chiaramonti des Vatican, welche moderne Menschen so sehr interessirt, weil der Kopf dem ersten

Napoleon so ähnlich ist (Nr. 416). Diese ist unbezweifelt carrarisch. Aber sind etwa Büsten der ersten Cäsaren nach ihren Lebzeiten nicht mehr gemacht worden? Werden nicht Literaten und Politiker noch bis in späte Zeiten des Heidenthums Bildnisse des Kaisers bestellt haben, unter welchem das goldene Zeitalter der römischen Literatur geblüht hatte, und die neue Ordnung der Dinge ins Leben getreten war?

Was ich hier über die erst späte Anwendung des carrarischen Marmors sagte, steht eigentlich schon fest, es muß nur einmal scharf ausgesprochen werden. In der letzten Ausgabe seines Katalogs der Münchener Glyptothek erklärt Brunn, außer römischen Portraits der spätern Kaiserzeit, nur neun Stücke für carrarisch. Einige derselben sondert er selber als moderne Fälschungen aus, und von keinem der übrigen kann bewiesen werden, daß es vor Hadrian entstanden sei. Von der Mehrzahl der römischen Kaiserköpfe sagt er bescheiden, sie seien weißer Marmor.

Bezüglich des Schleifers unterwerfe ich mich dem Urtheil von Sachverständigen. Das Fehlen jedes sanftleuchtenden Sagokorns, während die feinen blitzenden Glimmerblättchen des Carrara vorhanden sind, die seifenähnliche Erscheinung der nicht mit Schmutz bedeckten Stellen und die Uebereinstimmung mit den ergänzten, bestimmt aus Carrara gemachten Stücken (obwohl diese mehr Glimmerfünkchen haben), daneben überhaupt der Gesammteindruck der Oberflächen lassen mich vor der Hand diese Meinung festhalten.*)

Eine sehr bedenkliche Thatsache, welche seltsamer Weise auch noch Niemand hat beachten wollen, ist die Form des Messers, welches der Skythe von Florenz auf dem Wetzstein schleift. Auf den übrigen antiken Darstellungen der Strafe des Marsyas, wo das Messer sich erkennen läßt, hat es zwar verschiedene Formen, immer aber geht die Klinge zu einer Spitze zu und ist von mäßiger Größe, wie ein Messer sein muß, das man zum Aufschneiden der

---

*) Für einen wirklichen Kenner der Marmorarten möchte Folgendes den sichersten Anhalt geben: Die zweite Zehe des linken Fußes hat einen schwarzen Fleck, der wie mit kleinen dunklen Quarz-Krystallen gefüllt erscheint.

Haut braucht. Das Messer der Florentiner Statue ist hierfür absolut unbrauchbar. Es hat einen langen Stiel, die Klinge aber ist breit und am Rücken 4 Linien dick. Vorne geht die Schneide, mit einer nach außen gewölbten Curve, in eine stumpfe Spitze aus. Zum Schneiden taugt es überhaupt nicht, sondern nur zum Hacken. Es ist eben ein Gartenmesser, zum Abhauen von Zweigen passend, was man in der Schweiz einen Gertel nennt. Wie stimmt solch ein Instrument zu der Sage von der Schindung des Marsyas?

Hier gäbe es doch vielleicht eine Aushülfe. In später römischer Zeit treten mehrere abweichende Versionen über die Strafe auf, welche an Marsyas vollzogen wurde. Einmal hat Apollo ihn selber bestraft, indem er mit Ruthen ihn zu Tode hieb. Ein ander Mal bindet er ihn an einen Baum und hext ihm einen Sauschwanz an. Daneben tritt dann die Variation auf, er habe den Besiegten einem Skythen übergeben, um ihm die Gliedmaßen abzuhacken; den Rest des Körpers habe dann des Marsyas Schüler Olympos zur Bestattung erhalten. So erzählt Hygin in der oben schon mitgetheilten Fabel die Sache, und zum Abhacken von Hand und Fuß könnte dies schwere und breite Messer schon hinreichen.*)

Aber wann hat der Mann geschrieben, dessen Fabeln unter Hygin's Namen gehen? Nach dem Stil setzt man ihn unter die Antonine, ja bis zu Theodosius herab. Wenn also ein antiker Bildhauer dieser späten Fassung gefolgt ist, so möchte selbst Hadrian's Zeitalter für ihn noch zu früh sein.

Hiervon aber auch abgesehen, rückt die Statue noch aus einem andern Grunde gewiß in eine Zeit diesseits Hadrian herab. Untersucht man den schwachen Bart des Mannes und die Augenbrauen, so sind diese mit einem technischen Verfahren ausgeführt, welches in griechischen Werken der guten Perioden nicht vorkommt. Es sind nämlich einzelne Haare dadurch angedeutet, daß man sie ver-

---

*) Hygin, Fab. 165, am Schluß: Itaque Apollo victum Marsyam ad arborem relegatum Scythae tradidit, qui eum membratim separavit. Reliquum corpus discipulo Olympo sepulturae tradidit, a cuius sanguine flumen Marsyas est appellatum. Die andern Strafarten erzählen die vaticanischen Mythographen, beide citirt bei Stephani, a. a. O., S. 108, Note 3.

tieft in das Fleisch hineinkratzte. Dies, glaube ich, kommt erst bei römischen Büsten, und zwar abwärts von Hadrian vor. Es war ein beliebtes Abkürzungsmittel der Arbeit, und besonders vom dritten Jahrhundert an gelangt es in allgemeinen Gebrauch. Hernach haben die Florentiner Bildhauer von Donatello an diese Technik wieder aufgenommen, da sie ja zum Studium gewiß auch diese späteren römischen Büsten benutzten.

Demnach glitte die Statue uns unter den Händen ins dritte Jahrhundert nach Christi Geburt herab, und da kein Kunstverständiger wagen wird zu behaupten, daß man nach Commodus in Rom oder wo sonst in der Welt eine solche Figur erschaffen konnte, da ferner die Statue auch keine Copie ist und auch selbst als Copie in dieser späten Zeit nicht mehr gemacht werden konnte, so hat der Schleifer nirgendwo im Alterthum einen Boden, aus dem er könnte gewachsen sein.

Ist er aber nicht antik, so muß er eben modern sein, und dann kann er nur dem sechzehnten Jahrhundert in Italien angehören. Und dahin gehört er auch.

Ein scheinbar kleiner, aber gewiß nicht unwichtiger Grund, die Statue überhaupt nicht für antik zu halten, liegt in der Basis, von der sie getragen wird. Diese gehört von allem Anfang zu ihr, die Figur ist nie von der Basis abgebrochen gewesen. Hierüber wird Niemand im Zweifel sein, der mit dem Original in Florenz sich vertraut gemacht hat. Nun sind wohl schon die vier scharfen rechten Winkel derselben bei einer Einzelfigur des Alterthums auffallend, da die erhaltenen Basen, wo sie nicht gleich als hohe Piedestale erscheinen sollen, meist rundlich und oval gehalten sind. Viel entscheidender ist aber die Profilirung dieser Basis in dieser außerordentlichen Genauigkeit und Gradlinigkeit, womit das Profil den ganzen Rand, und zwar gleichmäßig auf allen vier Seiten, umläuft. Eine so gründliche und constante Profilirung ist mir bei keiner einzigen ächten Basis einer antiken Statue oder Gruppe bekannt.

Allerdings, es kommen Profile bei Statuenbasen vor, welche an die Profile anspielen, die man den Säulenfüßen zu geben pflegte. Auch zeigen diese Basen bei zwei römischen Werken in

III. Die Statue des Messerschleifers in Florenz.

der Mitte des Profils, wie die des Schleifers, eine Hohlkehle, nämlich bei dem colossalen Antinous in der Sala Rotonda des Vaticans (Nr. 540), und bei der Portraitstatue des freigelassenen Polytimus, der einen Hasen emporhält, im großen Salone des Museo Capitolino (Nr. 33); aber beim Polytimus ist doch nur Eine Seite profilirt, und am Antinous hat das Profil eine andere Linienführung. Dagegen scheinen andere griechische Werke für Basen mehr an die Profilirung der Piedestale zu denken, die man noch unter die Säulenfüße setzte, um die Säulen höher ansteigen zu lassen, ohne ihnen dickere Schäfte zu geben. Demgemäß haben solche Statuenbasen zwischen den oben und unten vortretenden Streifen, statt der Hohlkehle beim Schleifer, eine gerade Fläche, welche z. B. bei den beiden berühmten Kentauren vom Capitol dazu dient, die Namensinschriften der beiden Künstler, des Papias und des Aristeas, aufzunehmen. Besonders wichtig ist die Vergleichung mit der Basis der Galliergruppe in Villa Ludovisi, denn auch diese hat ein Profil, während an dem sterbenden Gallier vom Capitol die Basis ohne Gliederung ganz senkrecht ansteigt und nur oben am Rand eine Abschrägung hat. An der Ludovisi-Gruppe aber läuft dieß Profil auch nur Eine Seite der Basis entlang und hat eine ganz schwache Ausladung: oben eine Plinthe, dann eine Welle, dann einen flachen Streifen, und zu unterst, ganz unorganisch, wieder eine Plinthe. Die Linien dieser Gliederungen sind aber alle zitterig geführt, keine läuft gerade, und von der kraftvollen, dabei höchst regelmäßig nach der Schnur um die ganze Basis geführten Profilirung am Schleifer ist gar keine Rede.

Von den Basen der zwei Kentauren im Capitol (großer Salone Nr. 2 und 4) ist die eine ächt, und zwar die, wo die Inschrift nur Eine Seite einnimmt. Sie gleicht der an der Ludovisi-Gruppe, hat wie diese von oben nach unten eine Plinthe, dann eine Welle, dann den flachen Streifen für die Inschrift; nun aber folgt erst nochmals eine Welle, und dann die unterste Plinthe. Auch hier sind alle Linien zitterig geführt, und die vier Ecken abgerundet, so daß der Grundriß der Basis an ein Oval anspielt. Die zweite Basis dagegen ist modern, und die alte Inschrift ist in diese nur hineingesetzt. Die Anfügung aber ist mit einzigem

Geschick gemacht, indem die Fuge fast unsichtbar durch einen Buchstaben der alten Inschrift hindurchgeht, und dahinter das Schluß=C (Sigma) erneuert ist. Vergleicht man nun die zwei Basen, so ist die neue zwar der alten in der Profilirung nachgebildet, aber es sind hier alle Linien fest und schnurgerad gehalten, und die vier Ecken in scharfe rechte Winkel geschnitten, genau wie das auch an der Basis des Schleifers der Fall ist. Eine Basis also, die im Schnitt des Profils und in mathematisch genauer Durchführung der Linien der an dem Schleifer gliche, muß bei einem antiken Werk erst nachgewiesen werden, ehe man die Florentiner Statue antik nennen will.

Man erkennt hier die moderne Arbeitstheilung zwischen Künstler und Handwerker. Dieses peinlich genaue Profil hat offenbar der Meister der Statue nicht selber gemacht, sondern einem Steinmetzen überlassen, der es correcter arbeiten konnte als er selbst. Die gleiche moderne Präcision des Technischen tritt aber auch an dem Wetzstein hervor, dessen drei herausspringende Seiten offenbar mit der Marmorsäge so glatt gearbeitet sind, wie sie an antiken Sesseln und andern Flächen von Mobilien niemals erscheinen, obwohl auch diese manchmal mit der Säge hergestellt worden sind.

———

Die Anordnung und Stellung unserer Statue sowohl als die Durchbildung der körperlichen Form weisen das Werk in die Schule Michelangelo's.

Wer sich des Moses des Meisters in San Pietro in Vincoli erinnert, dem muß sofort das Gewand desselben auffallen, dessen Falten nicht die eines gewobenen Zeuges sind, sondern sich wie Wellen heben und den Stoff genau wie Leder erscheinen lassen. Es schließt sich nicht, wie bei griechischen Arbeiten, dem Körper so dienstbar an, daß es dessen Bewegungen nachmacht und verstehen läßt, sondern es ist, als wäre es dem nackten Marmor nachträglich umgelegt. Auch beim Schleifer spricht Friederichs (Bausteine I, S. 384) von dem „lederartigen Gewand", und trifft damit, ohne es zu ahnen, einen gefährlichen Punkt; auch beim Schleifer ist das Gewand ganz äußerlich angefügt. Ein langer Rand seiner

III. Die Statue des Messerschleifers in Florenz.   89

dicken Masse tritt über dem Rücken des Mannes wie ein Kragen umgeschlagen hervor, und zwischen Knie und Schenkel ist dieß Gewand wohl einen halben Zoll dick. Professor Burckhardt (im Cicerone) hat vollkommen Recht, wenn er sagt, solch ein Gewand sei im ganzen Alterthum nicht zu finden. Ueberall dagegen springt es bei Michelangelo, bei Guglielmo della Porta und dieser ganzen Schule in die Augen.*)

Professor W. Henke hat 1871 in Rostock einen Vortrag gehalten und veröffentlicht, betitelt: Die Menschen des Michelangelo im Vergleich mit der Antike, den ich erst kennen lernte, als meine Ansicht über den Schleifer schon feststand. Der Verfasser ist Lehrer der Anatomie und besitzt daneben, bei liebevollem Verständniß der Kunst, ein klares Urtheil über ihre Schöpfungen. Daran, daß der Schleifer auch als michelangelesk unter seine Betrachtung fallen könne, hat er nicht gedacht; um so unbefangener ist in dieser Frage seine Angabe der Unterschiede in der Formgebung zwischen Michelangelo und den Griechen.

Henke hebt vor Allem das als Hauptsache hervor, daß die Griechen die menschliche Form an dem bewegten nackten Körper studirten, während die modernen Künstler sie in der Anatomie wie eine fremde Sprache nach grammatischen Regeln zu lernen haben. Michelangelo war von seinen Jugendstudien in Florenz her ein eminenter Anatom und setzte auch in Rom noch Sectionen

---

*) Sehr richtig hat das schon der alte Carel von Mander gesehen. Er sagt in seinem Buch (das kein Mensch mehr liest), den Grondt der Edel vry Schilder-const, wo er im 10. Capitel über die Draperie seine Anweisung giebt (Fol. 18a): „Michelangelo giebt Falten, wenn er malt, gefällig; aber Einiges, was er in Stein ausgeführt, sollte uns, meine ich, um der harten Falten willen nicht behagen, die auf hervorspringenden Theilen (des Körpers) nicht so heraustreten dürfen, wie namentlich auf dem Schooß seines Moses." Im Original:

    Den Bonarot in zyn verwe ghelycklyck,
    Maer sommigh dat hy gemaeckt heeft in steenen,
    En soud' ons niet gelycken, soud' ick meenen
    Om de herde vouwen, die niet betamen
    Op den dagh te comen op yet verhevens,
    Ghelyck op den schoot zyns Moysi met namen.

an Menschen und Thieren bis in sein hohes Alter fort. Auch als Bildhauer verfuhr er wie ein Anatom. „Mit der Haut," sagt Henke (S. 7), „entfernen wir zugleich die ihr zunächst anhängenden Fettlagen, welche uns die eckigen scharfen Grenzen zwischen den Knochen und Muskeln ausfüllend verdecken. Wir decken uns sogleich die charakteristischen Gestalten selbst auf, von denen wir am lebenden Körper nur die abgeschwächte Spur durchschimmern sehen. Und eben deshalb hat wohl auch Michelangelo gern an der Leiche studirt, weil er es vorzog, statt jene abgeschwächte Spur der von Haut überzogenen Gestalten zu errathen, lieber gleich ihre volle unvermittelte Anschauung zu gewinnen. Er prägte sie sich so in ihrer deutlichen Sonderung, ihrer scharfgezeichneten Abgrenzung ein, und wenn er sie dann doch wieder wie von Haut bekleidet darstellte, hatte er diese gleichsam nur wie einen ledernen Handschuh ohne alle Fütterung in Gedanken wieder darüber gezogen; oder wenn er dann auch hinterher wieder nach dem Leben gearbeitet haben mag, wird er doch unwillkürlich, was er unverhüllt kennen gelernt hatte, mehr auch durch die Haut durchzusehen gemeint und also sichtbar dargestellt haben, als ein unbefangener Beobachter der unversehrten Oberfläche ohne dies sehen und darstellen würde." Dazu kommt dann noch, daß der anatomische Künstler die Muskeln an der Leiche schlaff sieht. „Um nun aus dieser erschlafften Form, wie sie das todte Muskelpräparat zeigt, doch ein Bild ihrer natürlichen Gestalt, wie sie im Leben gewesen ist, zu erhalten, müssen wir uns die schlaffen Muskeln wieder belebt, mit der Fähigkeit sich in sich zusammenzuziehen und dabei anzuschwellen begabt denken — und mit diesem Denken thut man dann leicht des Guten etwas zu viel."

Ich habe diese Stelle nur auszuschreiben brauchen: den Commentar giebt bei dem Schleifer vor Allem der linke Oberarm, wo der starke anziehende Muskel, der Biceps, obwohl der Arm ja ruht, an seiner starken Wölbung oben und unten in tiefe Gruben ausläuft, die man am lebendigen Körper nicht finden wird.

Zumal aber das rechte Bein kann nur an der Leiche studirt sein; eine solche Stellung, wo mehr als das halbe Körpergewicht, also ein voller Centner Last, auf die stark gebeugten Knöchel des einen Fußes zu liegen kommt, hielte ja ein lebendes Modell nicht fünf Minuten aus. Eine Leiche aber konnte wie der Schleifer aufrecht gesetzt werden, wenn man ihre linke Seite an eine Wand anlehnte, und die erschlafften Wadenmuskeln würden bei ihr so verschwinden wie es hier der Fall ist, wo geradezu eine leblose ganz gerade Horizontallinie zwischen Schenkel und Wade entsteht. Das Unlebendige dieser unschönen Linie haben die älteren Zeichner der Statue eingesehen und verbessern wollen: auf dem Kupferstich bei Sandrart sind die Muskeln des Unterbeins vollkommen anders angegeben, als wir sie bei der Statue erblicken oder vielmehr nicht erblicken. „Michelangelo," sagt Henke (S. 15), „hat ohne Zweifel Leichen auf Tischen herumgeworfen und versucht, wie sich ihre Glieder alle verschränken lassen." Und wo er von der Lage spricht, welche an den Grabmälern der Medici in Florenz die Gestalt der Nacht hat, findet er es möglich (S. 21), eine Leiche in dieser Stellung hinzusetzen, ohne daß sie umfallen würde.

„Die Beweglichkeit jedes einzelnen Gelenkes nach der einen oder andern Seite hin wird bei den Griechen fast nie oder doch nur bei Darstellung ganz gewaltsamer Anstrengungen, wie in den Reliefs von Amazonen- und Kentaurenkämpfen, bis zur äußersten Grenze des Möglichen in Anspruch genommen, während wir bei Michelangelo selbst in ruhenden Figuren bald die Hüfte bald das Knie vollkommen bis zum Extrem gebogen sehen. Die Griechen mochten die Maschine des Skelets gleichsam nicht so stark angreifen, daß man nun merken mußte: es geht nicht weiter ohne zu biegen oder zu brechen; Michelangelo im Gegentheil gefällt sich, so scheint es, darin uns an jeder Stelle zu zeigen: bis hierher und nicht weiter." Und ferner: „die Griechen nehmen, um mit der Bewegung eines Gliedes in irgend einer Richtung doch beträchtlich ausgreifen zu können, die verschiedenen Gelenke desselben in eben dieser Richtung übereinstimmend in Anspruch; Michelangelo dagegen bewegt oft das eine Gelenk nach der einen, das folgende wieder nach der entgegengesetzten Richtung." Hierher entstehen seine starken Biegungen und Reckungen, wo die einzelnen Abschnitte der Glieder „im Zickzack gegen einander abwechseln".

Auch zu dieser Beobachtung des Anatomen giebt der Schleifer

sofort den Commentar in dem ganz scharf abgesetzten Zickzack des rechten Beins. Das Knie krümmt sich bis zum Brechen, der Fuß stemmt sich in entgegengesetzter Richtung auf und biegt sich dabei so stark, weil die Last des schweren Körpers meist auf diesem Bein muß getragen werden. Ein Vergleich mit knienden antiken Statuen zeigt den Unterschied: der Ilioneus biegt Knie, Fuß und Zehen in ähnlicher Weise, aber wie viel ruhiger ist hier der Fluß der Linien! Und dann: der Ilioneus kniet eben wirklich, der leichte Körper wird vorherrschend von den Knochen und Bändern getragen, und die flache Abspannung der Wadenmuskeln ist hier eben so natürlich, als bei dem stark belasteten rechten Bein des Schleifers sie undenkbar bleibt für den Leib eines Lebendigen.

Von seiner gewaltigen Kenntniß der Anatomie aus bringt Michelangelo überhaupt Menschen gern in künstliche Stellungen, welche sie nur auf kurze Zeit festhalten können. Die Art, wie auf den Medici-Gräbern die berühmten allegorischen Figuren schlafen, ist dafür das schlagendste Beispiel. Die Madonna in derselben Grabkapelle neigt sich so stark seitwärts zu dem Kinde hinüber, daß die Sehnen ohne Schmerz die Bewegung nur auf Secunden durchführen könnten. Aber auch die kletternden Gestalten, welche an der Decke der Sistina über den Propheten sich in den Dreieckfeldern mit Anstemmung ihrer Extremitäten balanciren, würden, wenn sie lebten, ihre Stellungen schnell ändern müssen, sonst erschlaffen sicher ihre Muskeln, und sie gleiten abwärts. Der Schleifer zeigt genau eine solche künstliche Stellung; die Spannung, mit der er lauscht, läßt ihn das rechte Knie vom Boden heben, aber die Last, die er so frei in der Luft balancirt, würden die Fußknöchel nur einen Augenblick zu tragen vermögen. Dergleichen künstliche Stellungen, wo der Leib im Dienste des Geistes Verrichtungen übernimmt, die seinem Organismus nicht natürlich sind, kommen im ganzen Alterthum nicht vor.

Und dieß führt uns endlich zu dem **Verhältniß von Leib und Geist bei der Antike und bei Michelangelo.**

Die körperliche Handlung geht bei den Alten stets aus unmittelbarem Antrieb des Geistes hervor, drückt genau das aus, was in diesem Augenblick der Geist will, auch wenn dieß Wollen ein unbedachtes, aus einem Antrieb des Gemüthes unwillkürlich entsprungenes ist. Darin malt sich die herrliche Harmonie der Kräfte, welche den Griechen eigen war, und die uns in jedem ihrer Werke mit der Frische eines jugendlichen Weltalters durchdringt. Bei Michelangelo giebt es Spannungen der Seele, denen der Leib mit keiner Bewegung folgt, wie die Gestalt Giuliano's von Medici (nach Grimm benannt), welche daher il pensiero heißt. Aber es kommt auch vor, daß der Leib ein Thun, eine Beschäftigung hat, von der die Seele weit abschweift. Einige der Propheten in der Sistina halten Bücher, Federn, aber sie lesen, sie schreiben nicht, denn sie denken. Genau so ist hier das Motiv des Schleifens angewendet. Der Körper bleibt im Allgemeinen in der hockenden Haltung, welche diese Handwerksthätigkeit allein möglich macht; aber die Handlung selbst hat aufgehört, der Mann schleift nicht mehr, der rechte Arm, welcher zum Drehen des Messers auf dem Wetzstein ja freies Spiel brauchte, liegt thatlos auf dem rechten Knie, und die angstvolle Spannung, womit er aufhorcht, läßt ihn das Knie vom Boden heben und lupft den ganzen Körper auf einen Moment dem Kopfe nach, der durch die aufgezogenen Augenbrauen in gleicher Weise auch die geistige Spannung verräth.

Fassen wir also unsere Betrachtung in einige Schlüsse zusammen.

Von dem Schleifer in Florenz ist uns ein Fundort nicht bekannt; vielmehr ist es verdächtig, daß uns ein ganz bestimmt falscher Fundort angegeben wird.

Antik kann er nicht sein, weil er nach seiner Technik und seinem Material in die Zeit des Alterthums nicht paßt, die ihn allein seinem Geiste nach hätte hervorbringen können.

Dagegen trägt er, technisch wie geistig, alle Züge der Schule Michelangelo's an sich.

Dieß Resultat stützt sich vorzüglich auf innere Gründe, und von diesen aus hat bereits Professor Burckhardt im Cicerone die Statue als antik bezweifelt. Wir stehen aber mit dieser Ansicht durchaus nicht allein, sondern es giebt ein sehr vollständiges, ein sehr positives Zeugniß, siebzig Jahre nach dem ersten Auftreten der Statue, wonach in einem großen Kreise in Rom kein Mensch daran zweifelte, daß sie modern, und daß sie eine Arbeit des Michelangelo sei.

Joachim von Sandrart, der in den zwanziger Jahren des siebzehnten Jahrhunderts, unter Urban VIII., in Rom anlangte (er soll 1635 nach Deutschland zurückgekehrt sein), erzählt in seiner Teutschen Akademie (Andern Hauptteils zweiter Theil, S. 8 und folg.) die Entstehung des Florentiner Schleifers wie folgt:

„Rotator.

„Als Cosmus Medices, der berühmte Gros-Hertzog zu Florentz, die schöne Stadt Siena in Toscania belagerte, vor derselben aber dreyerley Nationen Völcker, als Teutsche, Frantzosen, und Italiäner, gebrauchte, hat er unter andern auch, bey Musterung der Armee, Seine Gemahlin die Groß-Hertzogin mitgenommen, und ihr dieselbe gewiesen. Weil nun die Frantzosen und Italiäner, durch ihre Höflichkeit und bescheidene Manier, sich sehr angenehm bey ihr gemacht, die Teutsche hingegen, als sie vorbey fuhre, aus großen Weingläsern tapffer herum getruncken, theils auch da und dort ziemlich bezecht auf dem Felde herum gekugelt: hat gedachte Groß-Hertzogin sich sehr darüber entrüstet, und an ihren Herrn begehrt, daß er doch diese Schweine abschaffen und von sich lassen möchte. Weil aber dem Groß-Hertzog der Teutschen Tapferkeit wol bekandt gewesen, als hat er in dieses ihr Begehren nicht einwilligen wollen. Wie es nun nachmals, als es bey dieser Belagerung ziemlich scharff und hart daher gegangen, und die Burger der Stadt bereits zween Stürme der Frantzosen und Italiäner glücklich abgeschlagen hatten, auch solches nach Hof berichtet worden: kame bald darauf der dritte Currier, welcher mitgebracht, daß die Teutschen den Wall erstiegen, solchen behauptet, und die Stadt einbekommen hätten. Wie sehr nun Cosmus Medices durch die erste Post erschrecket worden, so sehr ward er durch die andere erfreuet; und weil eben damals die Gemahlin bei ihm in der Carosse gesessen, hat er, aus Eiffer und Liebe gegen seinen Teutschen, derselben, wegen jüngst ausgestoßener Schmähworte, eine Ohrfeige gegeben. Um dieser Ursache willen, sollen, wie man sagt, von der Stunde an, beyde Großhertzogliche Personen von Florentz, bis auf diesen Tag, nicht mehr bey einander in einer Kutsche fahren. Zu obbenannter Eroberung aber, hat nicht wenig geholffen, gegenwärtiger Rotator oder Garten=Messerschleiffer, sonsten Knecht genannt: welcher in einem Garten der Stadt, als ein Gärtner sich befunden, allwo einige vornehme Rathsherren zusammen gekommen, und von Noht und Anligen ihrer Belagerung mit einander offenhertzig und vertraulich sich unterredet. Wie nun dieser Rotator oder Garten=Messerschleiffer alles sehr wol zu Ohren gefasset, hat er des andern Tags ins Läger sich verfüget, und die gehörte discursen angezeiget. Worauf dann erfolget, daß dieser letzte Sturm von den Teutschen vorgenommen, und solcher gestalt durch ihre Tapfferkeit die Stadt Siena erobert worden. Der Groß-Hertzog ließe nachmals, durch Michael Angelo Buonarotti, diese Figur in weiß Marmor verfertigen, welche eines starcken Mannes Leib, samt dem effect des Messerschleiffens vorstellet, und zu Rom im Palatio derer von Medices zu sehen gewesen, hernachmals aber nacher Florentz gebracht, und im selben Pallast aufgericht worden."

Diese Erzählung ist positiv genug und giebt so genaue Nebenumstände, daß es gewiß auffallen muß, wie alle Archäologen sie ganz unbeachtet gelassen, obwohl sie in einem so bekannten und verbreiteten Werk steht. Es scheint sie eben Niemand gefunden zu haben, denn auf sie eingehen hätte man doch müssen, war es auch nur um sie zu widerlegen.*)

So fest ist die von Sandrart mitgetheilte Tradition, daß sie sogar den Namen des Dargestellten angiebt. Sie erklärt vollkommen die Form des Messers, das der Mann schleift, indem sie sagt, es sei ein Gartenmesser; für solch eine Bestimmung, zum

---

*) Die einzigen Kunstschriftsteller, welche offenbar die Erzählung kennen, sind J. E. Wessely und Wilh. Engelmann, im Artikel Amling in Meyer's Künstlerlexikon. Sie wurden auf die Stelle eben durch den Umstand geführt, daß Amling den Schleifer für Sandrart gestochen hat, und so sagen sie denn, als ob die Sache ganz fest stünde: Amling habe gestochen „nach der Statue des M. Angelo in Florenz."

Abhacken von Aesten, Zustutzen von Hecken eignet es sich vollkommen. Ebenfalls erklärt sie den ungemein starken Ausdruck von besorgter, ja ängstlicher Aufmerksamkeit in den Zügen des Mannes, und warum er mitten in seiner Arbeit inne hält. Endlich trifft sie mit der Zeit und Schule genau zusammen, der wir oben die Statue aus innern Gründen zuwiesen, indem sie dieselbe geradezu dem Michelangelo zuschreibt.

Auch die Charaktere, wie sie dem Großherzog und seiner Gemalin beigelegt werden, sind trotz des Unerhörten, daß ein italienischer Fürst seiner Frau eine Ohrfeige giebt, mit der geschichtlichen Anschauung dieser Persönlichkeiten wohl in Einklang. Cosmus, erster Großherzog von Toscana, war trotz der Protection, die er als ein Medici, also nach alter Familientradition, den einheimischen Künstlern zuwendete, ein innerlich roher Mensch. Auf die Eroberung von Siena legte er besondern Nachdruck, das beweist die Unterschrift seiner Reiterstatue auf dem Platz der Signoria, die Johann von Bologna ausgeführt hat. Bei den meisten seiner Portraits, in Plastik wie in Farbe, hat er sich in voller Rüstung abbilden lassen. Mit wie wechselnden Launen er renommirte Künstler behandelte, möge man im vierten Buch von Benvenuto Cellini's Leben nachlesen. In seiner Heftigkeit, wie dort im achten Capitel erzählt wird, konnte er wirklich die Hände nicht an sich halten; einem Agenten, dem Bernardone, der mit der Großherzogin wegen eines Ankaufs von Perlen gegen ihn intriguirt hatte, gab er „ein paar tüchtige Maulschellen, und zwar ein bischen derber als er pflegte."

Die Fürstin ihrerseits forderte zu Zeiten ihren reizbaren Gemal stark heraus. Ihr Name war Leonora von Toledo, sie war Spanierin und stammte aus Neapel. Wir haben mehrere Portraits von ihr, besonders von Justus Sutermans, welcher Hofmaler zu Florenz war und Portraits fürstlicher Personen in einem großen Stil malte, so daß er seinen Modellen sicher nichts vergab. Aber auch er so wenig, als der einheimische Bronzino, hat ihre Züge anmuthig aufzufassen vermocht; selbst für die Toilette scheint sie zwar Eitelkeit aber keinen Geschmack gehabt zu haben. Gegen Cellini zeigte sie womöglich noch größere Launenhaftigkeit

III. Die Statue des Messerschleifers in Florenz.

als gegen den Gemal, besonders seit Jener sie einmal auf dem Nachtstuhl gesehen hatte. Daß sie als Spanierin die Deutschen haßte, war schon im sechszehnten Jahrhundert natürlich.

Wie gerne möchte man also Sandrart's Erzählung und mit ihr die Erklärung der Statue annehmen, welche mit Allem, was wir vorher bemerkt haben, so wunderbar zusammenstimmt!

Aber es ist, als ob dieser Schleifer bestimmt wäre, dem nach Aufschluß Suchenden stetsfort neue Räthsel aufzugeben.

Mit dem Anlaß, aus welchem nach Sandrart sie entstanden sei, hat es doch schlimme Bedenken.

Als Siena erobert wurde (1555), war Michelangelo achtzig Jahre alt, lebte längst in Rom, und hatte zu wiederholten Malen die Anerbietungen des Herzogs Cosmus abgelehnt, der ihn wieder nach Florenz haben wollte. Michelangelo war mit dem Grabmal Julius II. und mit der Leitung des Baues der Peterskirche beschäftigt und kam nicht. Cellini, der selbst bei ihm einen jener Versuche machte, deutet an, daß Michelangelo's Bedenken den Zuständen in Florenz oder dem launischen Wesen des Herzogs galten.*) Er hatte die Republik gegen dessen Vorfahren als Ingenieur vertheidigt, hatte den Fall der Freiheit, wie das bekannte Sonett zeigt, tief empfunden, und noch vierzehn Jahr nach der Niederwerfung von Florenz Franz dem Ersten von Frankreich durch einen Florentiner Patrioten sagen lassen: wenn er komme und seine Vaterstadt befreie, so wolle er ihm auf der Piazza daselbst auf eigne Kosten eine Reiterstatue errichten.**) Und hier sollte er eine Statue angenommen haben, die an den Fall einer zweiten Republik durch Verrath und fürstliche Waffen erinnerte? Wenn er in seinem hohen Alter in Rom, bei andern großen Bestellungen, dazu Zeit fand, würde gerade diese Aufgabe ihm so viel Freude gemacht haben, sie überhaupt zu übernehmen? Sagt doch Vasari ausdrücklich, daß Michelangelo, außer einem großen Carton mit dem Bildniß seines jungen römischen Freundes, des Tommaso de'

---

*) Vasari, deutsch, V. S. 413 Note. Er fragte den Cellini lächelnd: „Wie gefällt es denn Euch in Florenz?"
**) Grimm, Michelangelo, III. S. 196.

Cavalieri, nie ein Portrait gemalt habe, „da es ihm ein Gräuel war, etwas nach dem Leben zu machen, wenn es nicht von höchster Schönheit war." Einen groben Gärtnersknecht also wohl am allerletzten!

Siena fiel im April 1555, und schon Anfangs 1556 erwähnt, wie wir oben sahen, Aldroandi die Statue als in Rom befindlich. Daß sie noch nicht in den Gärten der Villa Medici stand, beweist freilich nichts, denn die Villa Medici ist erst gegen 1580 gebaut worden. Sie stand im Hause eines Mannes, der gar keine andern Sculpturen besaß als diese. Bis man erweisen könnte, daß dieser sonst ganz unbekannte Niccolo Guisa etwa Agent der Medici gewesen oder daß mit diesen der Herzog von Melfi, der das Haus bewohnte, in irgend einer Verbindung gestanden, müssen wir wohl dem Gori glauben, daß erst gegen 1600 die Medici die Statue erwarben. Damit wird aber sofort Sandrart's Erzählung erschüttert, wenn er sagt, im Auftrag des Herzogs Cosmus, also doch auch wohl sicher für ihn, habe Michelangelo das Werk gearbeitet.

Unter diesen Umständen zerrinnt uns Sandrart's Bericht, so überraschend er anfangs ist, doch unter den Händen wieder zu Sand, auf welchen sich nichts bauen läßt. Nur die Eine Thatsache bleibt: Sechzig Jahr nach Michelangelo's Tode, als die Tradition seiner großen Epoche noch nicht vergessen war, stand es in den deutschen Künstlerkreisen Roms fest, der Messerschleifer sei keine Antike, sondern ein Werk Michelangelo's. Die Anekdote aber von der Auszeichnung der Deutschen mag zum Lobe deutscher Tüchtigkeit in der lustigen „Schilderbent" zu Rom ausgeheckt worden sein, wo es unter flandrischen und deutschen Künstlern zu Sandrart's Zeit sehr flott herging, und die Moral, worauf die Geschichte erfunden wurde, war wohl keine andere, als die, welche Sandrart selbst in der Randbeischrift seiner Erzählung beisetzt: „Die Teutsche wissen zu sauffen — und auch zu siegen."

Merkwürdiger Weise führt nun aber auch noch eine andere Spur auf eine Verbindung Michelangelo's mit unserer Statue.

Michelangelo hat sich jedenfalls mit der Bestrafung des Marsyas beschäftigt; der Gegenstand mußte ihn anlocken, weil er an

III. Die Statue des Messerschleifers in Florenz.

dem hangenden Körper seine Meisterschaft in der Anatomie zeigen konnte. Noch vor hundert Jahren besaß der Bildhauer Cavaceppi von ihm „eine erhabene Arbeit in Marmor, welche den Apollo vorstellet, wie er den Marsyas schindet." Ohne Zweifel war Marsyas schon halb geschunden, und es bot sich also ein anatomisches Studium dar, welches eben so wahr und vielleicht eben so abscheulich aussah, wie der geschundene Bartholomäus des Marco Agrati im Dom zu Mailand. Winckelmann, der das Relief bei Cavaceppi sah, urtheilt daher, „dieses Werk sei das Gegentheil von allem guten Geschmacke."*)

Anders steht es mit einem kleinen Werk Michelangelo's, das direct dem Schleifer in Florenz entspricht. Gori, wo er die Statue bespricht, sagt, die Bildhauer bemerken an diesem sonst ausgezeichneten Werk einige Proportionsfehler. Nun habe er kürzlich bei dem Florentiner Stempelschneider Lorenz Weber ein **Thonmodell Michelangelo's gesehen, wo er diese Fehler zu verbessern unternommen habe.****)

An den Werken des Alterthums zu kleinmeistern und durch ein winziges Thonmodell zeigen zu wollen, daß man sie besser machen könne, lag schwerlich in Michelangelo's Wesen. Er schätzte die Kunst seiner Zeit; wir haben Zeugnisse dafür, daß er in bestimmten Fällen moderne Arbeiten besser fand als antike Arbeiten. Sollte er aber eine vortreffliche Antike (wenn er den Schleifer für eine Antike hielt) zu verbessern gesucht haben?

Wenn also Gori ein Modell Michelangelo's kannte, das von der Statue etwas abwich, so wird es kein Modell nach der

---

*) Winckelmann, Anmerkungen über die Gesch. der Kunst des Alterthums, erste Auflage (Dresden 1767), S. 63.

**) Gori, Museum Florentinum, am Schluß: „Quanquam peritissimi Sculptores aliqua errata notent in partium proportionibus huius insignis Statuae; quae errata in parvo quodam signo ex argilla ad huiusce archetypi similitudinem (quod nuper observavi apud egregium Florentinum Sculptorem, Flaturarium, ac Sigillarium Laurentium Weber, itemque Florentiae monetae Sculptorem primarium) emendare feliciter conatus est Michael Angelus Bonarrotius; tanta tamen arte, tantoque studio, et diligentia expressa est, ut maiori cum voluptate eius opificium observetur."

7*

Statue, sondern viel eher ein Modell für die Statue gewesen sein.

Michelangelo's fruchtbarer Geist schuf Entwürfe mit wunderbarer Leichtigkeit; erst bei der Ausführung kam er dann leicht ins Stocken, weil er sich selber so schwer genügte. Zahllos sind die Cartons und Zeichnungen, die er Andern für kleine und große Arbeiten geliefert hat, und selbst einem armen Teufel half er mit dem Modell eines Crucifixus, welches dieser einfach abformte und auf dem Lande damit hausiren ging.*) Hatte er einmal etwa auf einem Spazierritt eine Figur durchdacht, so wird bei seinem colossalen Verständniß der menschlichen Körperform ein Thonmodellchen dieser Art ihm kaum eine Nebenstunde von Arbeitskraft gekostet haben.

Denken wir uns nun, daß er jenes eigenhändige Modell für einen seiner besten Schüler gemacht hätte, der dann nur soweit von demselben abwich, als man bei lebensgroßer Ausführung stets von einem kleinen ersten Entwurf abweichen muß, so wäre einmal die nahe Verwandtschaft des Werks mit der Manier Michelangelo's erklärt, und wir könnten wohl auch begreifen, wie die Tradition in den römischen Künstlerkreisen mit dem Schleifer den Namen des großen Meisters verband. In den zehn Monaten, die zwischen der Eroberung von Siena und dem Druck von Aldroandi's Buch liegen, konnte wohl nicht der vielbeschäftigte achtzigjährige Greis, konnte aber sehr wohl ein geschickter Künstler in voller Manneskraft das Werk vollenden.

In dieser Weise einem jüngern Freunde zu helfen, davon hätte den Michelangelo, selbst wenn der Gegenstand ihm nicht gefiel, doch wohl kein politischer oder künstlerischer Rigorismus abgehalten. Die Opposition gegen die Medici war bei ihm, den damals religiöse Fragen mehr bewegten als politische, keine radicale mehr. Sicher ist, daß er einmal sehr ernst vorhatte, trotz Allem nach Florenz heimzukehren.**) Für die Bauten der Medici in Florenz hielt er mit gutem Rath niemals zurück, und wenn

---

*) Vasari, deutsch, V. S. 434.
**) Sein Brief an Frau Cornelia, die Witwe seines Dieners Urbino, bei Grimm, M. Angelo, III. S. 200, spricht das ganz unzweifelhaft aus.

der Großherzog oder der Thronfolger nach Rom kamen, verfehlte er nicht ihnen seine Aufwartung zu machen. Die Annexion Siena's war die Grundlage geworden zur Constituirung eines stattlichen Staates, des Großherzogthums Toscana, das auf die Politik Italiens, ja Europa's, bedeutend einzuwirken begann; sie mochte dem Stolz des gebornen Florentiners vielleicht gar nicht mißfallen. Eine Eroberung erschien sie ohnehin den Mitlebenden weniger, als vielmehr ein Bruch des französischen Einflusses, eine Herstellung italienischer Nationalinteressen. Eins ist sicher, daß Michelangelo sich nicht für zu gut hielt, diese Annexion in der Person eines ihrer Gründer zu feiern. Denn merkwürdig bleibt es doch, daß nach Vasari's ausdrücklichem Zeugniß er sich dazu hergab, auf Befehl Papst Paul IV. für den Bildhauer Lione Lioni eine Zeichnung zu dem Grabmal von des Papstes Bruder zu fertigen, das man jetzt in Bronze gegossen im Dom zu Mailand sieht. Es war aber dieser Bruder jener verwegene Parteigänger, der Marchese von Marignano, der gerade bei der Belagerung von Siena das kaiserliche Heer anführte und durch seine Grausamkeit viel zur Eroberung beitrug.*)

Ob er dabei an eine Figur aus dem Alterthum dachte, das Motiv von einem jener nackten Skythen hernahm, die auf Marsyas-Sarkophagen vorkommen? Undenkbar wäre das nicht, denn Michelangelo, wie sein von einem Faun unterstützter Bacchus in den Uffizi beweist, hat antike Motive zu benutzen gewußt. Allerdings sind die drei antiken Denkmäler, worauf der nackte Skythe vorkommt, erst in neuerer Zeit und lange nach Michelangelo aufgefunden worden. Aber daraus darf man nicht folgern, daß irgend eine andere antike Wiederholung damals nicht habe existiren können. Gerade Sarkophagplatten waren sehr der Zerstörung ausgesetzt. Es war in Italien Mode, geringe Reliefs als Decorationen in die Wände von Palästen und Casinos einfach einzumauern, und wie viele derselben mögen durch Brand und bauliche Veränderungen untergegangen oder beim Abbruch eines solchen Baues als alter Marmor verkauft und zu neuen Arbeiten verwendet sein!

---

*) Vasari, deutsch, V. S. 403. Vgl. Ranke, Päpste, II. S. 319 f.

Zufällig kann ich nun aber den Beweis führen, daß in Rom ein antikes Relief mit einem Messerschleifer vorhanden, und daß es auch dem Michelangelo bekannt war.

Im Jahr 1521 stellte dieser seinen berühmten stehenden Christus in der Kirche Sta. Maria sopra Minerva auf. Einmal hatte er selber die Statue angefangen, aber wegen einer schwarzen Ader, die gerade über das Gesicht ging, unvollendet gelassen. Er schenkte sie einem römischen Freunde, dem Metello Varo de' Porcari. Dieser gab ihm jetzt den Auftrag, dieselbe für die Kirche zu wiederholen, in welcher die Familie Porcari eine eigene Capelle hatte,*) und dabei half ihm ein sonst unbekannter Florentiner Federigo Frizzi, der das Werk vollendete. Unter ihr stand eine Inschrift, nach welcher dieser Porcaro und ein andres Mitglied der Pfarrgemeinde zur Minerva sie hatten machen lassen. Die erste unvollendete Statue, die jetzt verschollen ist, sah Aldroandi noch 1556 im Hof des Hauses nahe der Kirche, welches diesem Metello Porcaro gehörte. An dem daneben liegenden Hause eines andern Porcaro aber, welcher mit Vornamen Giulio hieß, waren außen im Thorweg sechs antike Reliefs eingemauert, von denen eins einen Messerschleifer vorstellte. Michelangelo konnte mit der Familie nicht vertraulich verkehren und für sie arbeiten, ohne dieses Relief zu sehen.**)

Ueber die Entstehung der Statue in Michelangelo's Atmosphäre liegen nun zwei Vermuthungen nahe, die ich wenigstens kurz aussprechen will.

Entweder ist die Statue am Ende doch, wofür Sandrart sie ausgiebt, das Portrait jenes historischen Gärtnerknechts, und vielleicht führt uns eine verlorne Spur einmal zu der Lösung des Räthsels, warum sie zuerst im Hause jenes sonst unbekannten

---

*) Baglione, im Leben des Marcello Venusti, pag. 20.
**) Aldroandi I. Ausgabe p. 242: „Nel detto muro (in casa di M. Giulio Porcaro: presso à la Minerva) si veggono cinque altre tavolette di marmo, nelle quali sono iscolpiti uno aguzza coltelli etc."

Niccolo Guisa stand, ehe die Medici sich die berühmte Villa auf Monte Pincio erbauten und die Statue dorthin in die Gärten versetzten. Sie konnte daher immerhin in einem fremden Hause stehen und doch von Anfang den Medici gehören.

In diesem Fall kann sie nach einem Modell Michelangelo's, aber nicht von seiner eignen Hand gemacht sein.

Oder die Statue soll wirklich den Henker des Marsyas vorstellen, und ist dann zu einem bestimmten Zweck in Rom gemacht worden.

Auf den Gedanken, es möchten die in Rom damals nicht seltenen Exemplare eines hängenden Marsyas mit andern Statuen eine Gruppe gebildet haben, waren die Antiquare schon im sechszehnten Jahrhundert gekommen. Man bezeichnete einen nackten Apollo in einer Privatsammlung als die Figur, die mit einem solchen Marsyas einer andern Sammlung zusammengehöre.*) Ebenso hat man ein Menschenalter später eine Apollostatue im Palast Giustiniani mit dem Messer in der einen, der Haut in der andern Hand zum Marsyastödter restaurirt. Es fehlte aber eine dritte Figur, da nach der ächten alten Sage Apollon nicht selber den Gegner geschunden hatte.

Die Medici waren schon im fünfzehnten Jahrhundert im Besitz von zwei ächt antiken und sehr schönen Statuen des am Baum hängenden Marsyas. Eine derselben war mit andern Anticaglien in des Lorenzo Magnifico Gärten in Florenz, wo nebst andern jungen Bildhauern auch Michelangelo seine frühsten Studien machte. Die zweite befand sich in Rom: jetzt sind beide zusammen in den Uffizj. Eine dieser Statuen hatten die Medici angeblich durch Donatello, die andre durch Verocchio restauriren lassen. Michelangelo mußte beide sehr genau kennen; die in Florenz hatte ihm die ersten Eindrücke classischer Sculptur vermittelt, die andere

---

*) Aldroandi, I. Ausg., p. 181, im Hause des Francesco Lisca: „Dentro un ritratto scoperto si trova uno Apollo ignudo in piè, con capelli lunghi appoggiato in un tronco del marmo istesso, nel quale è un serpe avvolto: e vogliono, che fosse insieme con Marsia, che egli vinse à cantare, e si lo scorticò; come si vede il Marsia legato in casa di M. Camillo Capranica."

stand ihm in Rom vor Augen. Fiel ihm nun, vielleicht ganz zu=
fällig, jenes Relief am Hause Giulio Porcaro ins Auge, wo wahr=
scheinlich vor einem Marsyas ein nackter Messerschleifer saß, so
konnte ihm der Gedanke kommen, die Gruppe auch in runden
Figuren vollständig zu machen, indem man einen solchen nackten
Schleifer mit einem jener Marsyas verbände. Suchte er dann
nach einer antiken Quelle der Sage, so lag es nahe auf den Hygin
zu verfallen, dessen Fabeln, in dem allen gebildeten Künstlern
damals verständlichen Latein geschrieben, in Italien gewiß rasch
ein populäres Buch geworden sind. Die erste Ausgabe dieser
Fabeln ist schon 1535 bei Jacob Micyllus in Basel erschienen,
sie konnten also dem Michelangelo sehr wohl bekannt sein. Nun
weiß ja gerade Hygin von der Schindung nichts, sondern be=
hauptet, Apoll habe durch einen Knecht dem Marsyas die Glieder
abhacken lassen. So mußte das Instrument der Strafe statt
eines Schneidmessers in ein Messer zum Hauen verwandelt werden.
Was im griechischen Alterthum, unter dem Einfluß einer lebendig
fortströmenden Tradition, uns undenkbar erschien, ergab sich einem
Künstler der Renaissance, wenn er gerade aus Hygin die Marsyas=
fabel schöpfte, als das Allernatürlichste.

In diesem Fall, wo wir an kein Jahr gebunden sind, kann
Michelangelo die Statue selber gemacht haben, als er noch in
jüngern Jahren stand. Immer aber bleibt dann ein Räthsel, daß
man dem Aldroandi, der sonst alle Werke des Meisters in Rom
unter dessen Namen anführt, bei dieser Statue den Namen des
Michelangelo nicht genannt hätte, denn verschwiegen hätte er ihn
dann sicher nicht.

Und so bliebe noch zu fragen: Wenn Michelangelo die Statue
nicht selbst ausgeführt hat, wer in seinem Kreise hatte wohl das
Zeug dazu?

Ich glaube, da hat es an Capacitäten der Art gar nicht ge=
fehlt. Im sechszehnten Jahrhundert begann in Rom fast jeder
angehende Bildhauer mit Restauriren von Antiken, und dabei
arbeitete man sich in ein lebendiges Gefühl auch für die antike
Technik und Formenauffassung hinein. Michelangelo's antike Stu=
dien schlossen sich in Rom an den Torso im Belvedere, an den

Laokoon, und dann an den sterbenden Gallier vom Capitol an; den letztern soll er ja selbst ergänzt haben, und für den Laokoon hat er die Ergänzung des rechten Armes vorgeschlagen. Daß in seiner Schule also der Gallier sehr einwirkte, ist sehr einfach zu begreifen, und die Uebereinstimmung des Schleifers mit ihm in der Formgebung kann uns nicht verwundern.

Speciell giebt es eine Gruppe von Bildhauern, welche das Studium und die Nachahmung der Antike auf einen sehr hohen Grad brachten. Es sind die geistigen Enkel Michelangelo's, welche um seinen besten Schüler, den Guglielmo della Porta, sich reihen, und zum Theil uneheliche Söhne desselben gewesen sind. Porta war es, der die Beine des farnesischen Hercules so schön restaurirte, daß Michelangelo sie den später aufgefundenen ächten Beinen vorzog. Tommaso, wahrscheinlich sein Seitenverwandter, ahmte antike Köpfe so gut in Marmor nach, daß sie für ächt verkauft wurden. Eine von ihm in Marmor ausgeführte Maske im Hause des Vasari zu Arezzo wurde von Jedermann für eine Antike gehalten. Er machte auch die Köpfe der zwölf ersten Kaiser in natürlicher Größe, welche der Kunsthandel nach Spanien ausführte. Ihn hat, sagt Vasari, kein Nachahmer der Antike übertroffen. Guglielmo's ältester Sohn Giovanni Battista, der den farnesischen Stier so meisterhaft restaurirte, daß im Gyps ohne das glattere Aussehen Niemand die neuen Stücke an den zwei männlichen Figuren herausfinden würde, erwarb sich durch zwölf Kaiserköpfe die Gunst des Cardinals Alessandro Farnese, der ihm dafür den Orden vom goldenen Sporn verschaffte. Damals, wo Rom voll von Werkstätten großer oder doch geschickter Bildhauer der Renaissancezeit war, mußten Leute, die selbst Künstler waren, sich besser als wir auf den Unterschied zwischen antiken und neuen Arbeiten verstehen, und doch kamen fortwährend Verkäufe von modernen Fälschungen vor. Die genannte Sippschaft des Guglielmo della Porta trieb zugleich einen Antikenhandel und machte damit, wie man unter diesen Umständen begreifen wird, gute Geschäfte.*)

---

*) Alle diese Notizen sind aus Vasari (Leben des Lione Lioni, Nr. CLVI) und aus Baglione, Leben des Giovan Battista und Leben des Tommaso della Porta, entnommen.

Kein Wunder also, wenn zahlreiche Büsten der ersten Kaiser von carrarischem Marmor in unsern Sammlungen auftreten! Man trieb das aber noch weiter, man verschaffte sich für die Fälschungen antike Marmorstücke, die gewiß damals, wo jeder Vignenbesitzer mit Erfolg auf seinem Gut nachgrub, noch besser als heut in Rom zu haben waren. Die Vitelliusbüste der Münchner Glyptothek (Nr. 238) und eine zweite im Louvre sind aus geädertem hymettischem Marmor und dennoch beide Cinquecento. Im Atelier des Guglielmo an den Botteghe oscure fand Aldroandi eine sehr schöne Antinousbüste mit nackter Brust, sie war aber modern.*) An einem Antinous hätte schwerlich damals Jemand Interesse genommen, wenn er nicht für antik ausgegeben wurde — und in welchem Galleriekatalog mag wohl diese Büste jetzt als ächte Antike figuriren?

Die Söhne des Guglielmo sind allerdings zu jung gewesen, um den Schleifer zu machen; im Jahr 1556 waren sie noch kleine Jungen.**) Sucht man aber für die Statue einen bestimmten Meister, so ist wohl am nächsten an Guglielmo selber zu denken. Er hatte in Mailand durch seinen Oheim den Einfluß des Cristofano Solari (des Gobbo) erfahren, der von allen Milanesen am Anfang des sechszehnten Jahrhunderts am meisten der Antike folgte. 1537 von Genua nach Rom gekommen, trat er in Michelangelo's Schule und half ihm bei einem großen Grabmal. Dieser empfahl ihn auch 1547 zu dem einträglichen Amt des Piombo, und dafür übernahm er das Prachtgrab Papst Paul III. zu machen, das man jetzt in der Peterskirche sieht, während zwei weibliche Statuen, die dazu gehörten, im Palast Farnese sich befinden. In den fünf großen Statuen, welche die Gesammtcomposition umfaßt, zeigt er sich zuvörderst als einen ganz außerordentlichen Techniker, sowohl in Erzguß als in Marmor. Die breite Behandlung der Formen, die starke Hervorhebung der Adern und der Knöchel an den Extremitäten, sowie der Hautfalten über den Fingergelenken,

---

*) Aldroandi, erste Ausg. p. 232.
**) Vgl. oben den Stammbaum der della Porta, hinter meinem Aufsatz über den farnesischen Stier.

die glatte Politur entsprechen dem Schleifer. Die beiden Frauen im Palast Farnese, die ich genau untersuchen konnte, haben mit demselben besonders einen technischen Punkt gemein: die Augenbrauen sind als Erhöhung in Einer Masse gemacht, aber dann durch eingehauene schmale Striche als Haar charakterisirt. Sehr bezeichnend sind dann auch hier wieder die in schweren Falten geführten, ganz dem Leder ähnlichen Gewänder. Die erschreckende Wahrheit, womit an den Körpern der beiden alten Frauen die Nacktheit wiedergegeben ist, zeigt denselben Sinn für das Charakteristische, auf Gefahr die ideale Schönheit aufzugeben, welche Michelangelo noch stets im Auge behielt.

Wenn nun solch ein Meister einen Schleifer machte und vor der Hand gar nicht davon reden ließ, daß er modern sei und wer ihn gemacht habe, wenn hernach ein Medici von solch einer Statue hörte, durch welche er eine berühmte Antike seines Familienbesitzes zu einer lebendigen Gruppe abrunden und das Ganze als eine wirksame Parkdecoration benutzen konnte, wenn endlich ein geschickter Italiener als Agent die Sache leitete, so war es nicht schwer, einen großen Herrn mit einem modernen Werk zu betrügen, das, wie es scheint, bis heute ja die gelehrtesten Archäologen betrogen hat und vielleicht noch eine Zeit lang betrügen wird.

Ich habe mich mit dieser Statue jetzt lang genug beschäftigt, denn meine Zweifel haben mich manches Jahr gequält. Es freut mich, endlich die ganze Frage dem öffentlichen Urtheil anheim zu stellen. Wenn eine Sache erst einmal zur Discussion kommt, so mag es geschehen, daß ein Anderer etwas findet, was das letzte Nebelwölkchen zerstreut, das auch mir über der Bedeutung und dem Ursprung der Statue noch immer schwebt. Und so bitte ich die Archäologen und besonders auch die Künstler durchaus nicht um eine wohlwollende, aber sehr um eine ehrliche Prüfung.

IV.

Das Mausoleum von Halikarnassos und die Reste seiner Bildwerke im britischen Museum.

Vor allen Sammlungen der Welt zeichnet sich das britische Museum dadurch als Quelle antiker Kunstgeschichte aus, daß es datirte Werke besitzt, entnommen von Gebäuden, deren Periode uns genau bekannt ist; Werke, oft schon im Alterthum berühmt und von Schriftstellern besprochen, über deren Schule kein Zweifel entstehen kann, und welche daher als feste Meilenzeiger den Fortschritt antiker Kunst nachweisen. Wer die berühmte Sammlung als Laie zum erstenmal besucht, empfindet leicht Enttäuschung, denn diese monumentalen Werke, Jahrtausende hindurch unter freiem Himmel der Seeluft des Mittelmeers ausgesetzt, von türkischem Fanatismus zertrümmert, aus Festungswällen herausgebrochen, in welche das Mittelalter sie vermauert hatte — sie sind nicht glatt und complet wie die zierlichen Nachbildungen römischer Zeit, die, für den Luxus gearbeitet, in Privathäusern verwahrt wurden bis zum Sturz des Heidenthums und dann, in rascher Zerstörung unter sichre Erde gebettet, ihrer Auferstehung bis auf unsre Tage harrten. Aber wer lange mit ihnen verkehrt, wem endlich durch die Zertrümmerung hindurch die alte Schönheit in der Phantasie lebendig geworden ist, dem werden jene monumentalen Statuen und Reliefs vom Parthenon, von Phigalia und Xanthos lieber sein als die bewundertsten und besterhaltenen Einzelstatuen späterer Jahrhunderte.

IV. Das Mausoleum von Halikarnassos.

Zu diesen unschätzbaren Sammlungen ist nun im Jahr 1858 eine neue hinzugekommen, welche an historischem Interesse keiner der andern nachsteht. Das Mausoleum ist von Herrn Charles Newton, englischem Viceconsul von Mitylene, aufgegraben worden, und die zahlreichen aufgefundenen Reste von Säulen und Bildwerken wurden in einer provisorisch mit Glas geschlossenen Gallerie hinter den Säulen der Fassade des britischen Museums aufgestellt.

I. Die Dynastie von Karien.

Um die Zeit, als die Perser die griechischen Colonien an der asiatischen Küste sich unterwarfen, suchten sie ihre Herrschaft daselbst auf monarchischer Grundlage zu befestigen. Die großen griechischen Handelsrepubliken, die freie See zur Seite, hätten das fremde Joch nicht so lange getragen, wäre nicht in ihrem Innern eine Gewalt entstanden, deren Interesse fest mit der Erhaltung der Perserherrschaft zusammenhing. Es waren die Tyrannen, oder Dynasten, wie sie selber sich nannten: Griechen von Geblüt, wohlhabende Familien, aus dem Schooß des Bürgerthums heraufgestiegen wie die Medici zu Florenz und gleich diesen zur Erblichkeit der Herrschaft, doch immer als persische Vasallen, sich emporschwingend. Den Titel König nahmen sie nicht leicht an, denn nach asiatischer Etikette gebührte dieser nur dem Großkönig von Susa; auch brachen sie nicht immer die demokratischen Elemente der Verfassung nieder; aber so lange sie existirten, vermochte diese Küste, reicher und schöner als selbst das Mutterland, nie ihr volles Gewicht in die Wagschale der griechischen Freiheit zu werfen.

In dem südlichsten Theil dieser Küste, in Karien, wo zahlreiche dorische Einwanderer in der Morgenfrühe von Hellas mit den einheimischen Barbaren sich gemischt, gewann Lygdamis auf diese Weise die Herrschaft. Seine Tochter, die ältere Artemisia, erbte seinen Einfluß und kämpfte, selbst Griechin, bei Salamis mit Auszeichnung auf der persischen Flotte gegen ihr Volk. Eine persische Galeere mit rascher Kriegslist zerstörend, rächte sie sich an einem persönlichen Feinde und errettete ihr eigenes Schiff.

Xerxes vertraute ihr seine Kinder, um sie nach Asien hinüber zu flüchten, und das gelang ihr, obwohl die Athener einen Preis auf die Wegnahme ihres Schiffes setzten. Als Vormünderin ihrer eigenen Kinder regierte sie kräftig und weise; aber schon in vorgerücktem Alter soll sie im Wahnsinn der Liebe zu dem schönen Dardanus von Abydos ihren Tod im Sprung von dem leukadischen Felsen gesucht haben. Von diesem Stamme kam Mausolus, der älteste Sohn des Hekatomnus; seine Regierung fiel in die Tage, als Griechenland von innerm Kriege matt, Persien durch Satrapenempörung und Abfall Aegyptens geschwächt war. Die Zeit für ein Mittelreich zwischen Europa und Asien schien gekommen: die ionischen und dorischen Städte im Archipelagos und an der asiatischen Küste, fast immer vom Kriege verschont, concentrirten den Handel zwischen Griechenland, Aegypten und dem ungeheuern Innern des Perserreichs in Asien. Kos und Gnidos waren im Stande, Werke des Praxiteles für ihre Tempel zu kaufen, Rhodos stieg mit langsamer Sicherheit zur ersten Meeresstadt dieser Gestade heran, und in Priene, Milet, Ephesos erhoben sich neue Prachttempel. Wem es gelang, diese Macht, diesen Reichthum in eine Hand zusammenzufassen, der mochte, da Alexander's Unternehmen noch im Schooße der Zeit lag, wohl von einem neuen welthistorischen Reiche träumen.

Mit kaltem, geizigem Gemüth, aber staatsklug und tapfer in der Schlacht, ergriff Mausolus diesen Gedanken; die Gründung einer selbständigen See= und Handelsmacht ist das Ziel seiner vierundzwanzigjährigen Regierung gewesen. Er achtete keine Rechte seiner Unterthanen; ein Zeitgenosse, Pseudo=Aristoteles, erzählt uns die Kniffe, wodurch er und sein Vicekönig Kondalos sich Geld verschafften. Von seinem Geburtsort Mylasa erpreßte er eine Summe, vorgeblich für Befestigung dieser Stadt; dann erklärte er, die Gottheit habe ihm den Bau verboten, aber das Geld gab er nicht zurück. Hohe Zölle und Abgaben, die er auf ganz Karien legte, füllten seinen Schatz; auch das benachbarte Lykien zollte ihm. In dem Kriege der Bundesgenossen Chios, Kos, Rhodos gegen Athen (357—355 v. Chr.) unterstützte er jene, und wohl bei diesem Anlaß wurde das mächtige Rhodos ihm dienstbar. Ja er wagte es sogar, in eine Beamtenverschwörung gegen Artaxerxes sich einzulassen, und es scheint, daß der Großkönig zur Züchtigung des Vasallen zu schwach war. Lukian in den „Gesprächen der abgeschiedenen Geister" (Dialog 24) bringt ihn mit dem Diogenes von Sinope in eine Conversation. „Warum," fragt der Philosoph der Armuth, „denkst Du so groß von Dir und hältst Dich besser als andere Schatten?" „Wegen meiner Königswürde," sagt Mausolus. „Ich habe über ganz Karien regiert und auch über einige der Lydier, und manche Inseln habe ich unterworfen, und bis Milet bin ich gekommen, nachdem ich große Stücke von Ionien erobert hatte. Und schön war ich und hochgebaut, und in Schlachten stark."

Aber die Vollendung seines Werkes war die Verlegung des Reichssitzes von dem im Lande liegenden Mylasa an die prächtige Bucht von Halikarnassos, auf jener felsigen Halbinsel, die sich als äußerste Warte des Festlandes von Kleinasien in die Inselwelt des Archipelagos hinausstreckt. Nur durch diesen Schritt konnte das karische Reich eine Seemacht werden. Von Alters als dorische Colonie und Geburtsstadt des Herodot berühmt, scheint diese Stadt doch damals in Verfall gewesen zu sein. Mausolus umgab sie mit Festungswerken, legte mehrere Castelle auf den Höhen des Felsenkranzes an, schloß den dem Südwest offenen Hafen mit Molen ein, grub an dessen Seite einen kleinen, ganz landumschlossenen Kriegshafen aus und baute zwischen beide, hart am Meeresufer, für sich selbst einen prachtvollen Palast. Vitruv fand dieses zu seiner Zeit schon dreihundert Jahre alte Gebäude so merkwürdig, daß er von seiner Construction eine Andeutung giebt, und Plinius bemerkt über dasselbe, daß es seines Wissens das früheste Gebäude sei, wo man Verkleidung von Ziegelmauern mit feinzersägten Marmorplatten zur Anwendung gebracht habe.

In diesem Palaste starb Mausolus, vermuthlich im Jahr 353, nach einer Regierung von vierundzwanzig Jahren, etwa zwanzig Jahre bevor Alexander's Angriff alle diese Spinnweben der Herrschsucht zerriß.

Ihm folgte Artemisia, seine Schwester und Gemalin; solche Heiraten und die weibliche Thronfolge erlaubte das Gesetz des

Landes. Eine antike sehr schöne Silbermünze mit ihrem Kopfe (bei Guichard in den Funerailles), deren Echtheit aber nicht verbürgt ist, zeigt uns ein festes, kräftiges Gesicht mit einem das Hinterhaar verhüllenden Schleier, den Vorderkopf von dem junonischen Kronenreif umschlungen. Ihre Trauer um den Bruder und Gemal ist bekannt; die Anekdotensammler des Alterthums erzählen, wie sie die Asche seines Scheiterhaufens mit Wasser mischte und trank. Sie beschloß, ihm ein Denkmal zu errichten, so groß und so schön ausgeführt (sagt Lukian) wie kein andrer Sterblicher es hätte. Auch seine Politik setzte sie fort. Die Rhodier, empört darüber, daß eine Frau alle Städte Kariens beherrschte, rüsteten eine Kriegsflotte gegen Halikarnaß. Artemisia versteckte ihre Galeeren in dem kleinen Dock beim Palast, und befahl den Bürgern, die feindliche Flotte mit Jubel zu bewillkommnen und die Uebergabe der Stadt anzubieten. Die Rhodier landeten; da brach Artemisia aus dem Dock vor, besetzte die feindliche Flotte und nahm die Mannschaft auf dem großen Marktplatze, dicht am Hafen, zwischen zwei Feinde. Die Rhodier wurden erschlagen, Artemisia segelte mit deren Schiffen, alle Krieger lorbergekrönt, gradeswegs nach Rhodos. Das Volk daselbst, über den raschen Sieg der Ihrigen (wie sie meinten) jubelnd, ließ die Flotte in den Hafen ein, und die Stadt fiel. Artemisia errichtete als Triumphzeichen zwei eherne Bildsäulen, die eine die Stadt Rhodos, die andere sie selbst, welche der Stadt das Sclavenzeichen aufdrückte; und selbst als Rhodos nachher wieder frei ward, wagte man aus Furcht vor den Göttern nicht, diese geweihten Bilder zu vernichten, sondern umbaute nur den Platz, so daß man sie dem Blick entzog.

Artemisia starb zwei Jahre nach dem Gemal, und wenige Striche nach den dürftigen Jahrbüchern des Diodor von Sicilien vollenden das Schicksal der Familie. Ein zweiter Bruder, Idrieus, mit einer zweiten Schwester, Ada, vermählt, bestieg den Thron, in dessen Besitz er Mausolus schon bei dessen Lebzeiten beunruhigt hatte. Nach sieben Jahren folgte ihm Ada, welche von dem jüngsten der Brüder, Pixodarus, vertrieben, ihr Recht bei Alexander suchte. Das Volk im Lande liebte sie, aber da Pixodarus, damals schon todt, seine Tochter einem Perser vermählt hatte, so hielt dieser jetzt für den Großkönig die starke Festung Halikarnassos besetzt. Dorthin warfen sich nach dem Falle von Milet die tapfersten Perser, geführt von dem heldenmüthigen Memnon, und erst nach schwerer, blutiger Belagerung wurde Alexander ihrer Herr. Ada, welche sogar den Alexander als ihren Sohn adoptirte, wurde wieder eingesetzt, aber sie war Kariens letzte Königin. Seitdem verschwindet das Geschlecht des Lygdamis im Kampf der großen Diadochenreiche. Makedonien, Syrien und Rom gegenüber, gab es für das altgriechische System der Kleinstaaten auf der Weltkarte keinen Raum mehr.

II. Die Erbauung des Mausoleums.

Halikarnassos war die Schöpfung eines Geistes, eines Menschenalters, und der Plan der Stadt darum großartig und harmonisch. Vom Hafen, dessen schöne Krümmung zwei Drittel eines Kreises einschließt, stiegen die Bauten stufenförmig den Bergkranz hinan. Künstliche Terrassen, aus dem lebendigen Felsen gemeißelt und, wo der Fels fehlt, mit starken Grundmauern ausgefüllt, sind noch heute sichtbar, wie denn der Terrassenbau ein Grundgedanke asiatischer Prachtarchitektur gewesen ist. Er muß die Seestädte sehr malerisch gemacht haben, was man noch zu Gnidos sieht; außerdem hielt er das Abwaschen des Bodens auf und beförderte den Baumwuchs. In Halikarnassos trug die erste Terrasse über dem Hafen das Mausoleum, die folgende den Tempel des Mars, und zu beiden Seiten des letztern, nach Ost und West, schlossen zwei vulkanische Hügel mit Befestigungen die Stadt gegen Norden ab: der westliche hat 520 Fuß über der See. Ueber beide Hügel, sie verbindend, lief die Stadtmauer und senkte sich dann zu beiden Seiten des Hafens an's Meeresufer hinab; sie steht mit ihren antiken Stadtthoren noch zum größten Theil aufrecht. „Die Lage," sagt Vitruvius (I, 8), „ist dem Bogen eines Theaters ähnlich. So liegt unten, dicht beim Hafen, der Markt; durch die mittlere Krümmung der Höhe aber geht eine Plattform (platea, vielleicht eine Straße) von schöner Weite, in deren Mitte das Mausoleum von so ausgezeichneter Arbeit erbaut ist, daß man es unter die sieben Schauwerke zählt. Mitten auf der höchsten Verschanzung steht der Marstempel mit einer Colossalstatue, einem Akrolithen (d. h. woran nur die Extremitäten von Stein sind), den die edle Hand des Leochares gemacht hat, obwohl Andere sie dem Timotheus zuschreiben. Auf der Spitze des rechten Horns ist der Tempel der Venus und des Mercur, nahe bei der Quelle der Salmakis. Grade so liegt auf der linken Spitze der Königspalast, den Mausolus nach seinem eigenen Entwurf baute. Denn von diesem sieht man nach rechts den Markt, den Hafen und den ganzen Mauerring; nach links liegt ein von Bergen (oder nach andrer Vermuthung „Mauern") gedeckter Hafen versteckt, so daß kein Mensch sehen oder wissen kann, was dort vorgeht; die Absicht war, daß der König selbst von seiner Wohnung aus ohne Jemandes Wissen den Ruderern und Soldaten die nöthigen Befehle ertheile." Diese Concentration der Militärgewalt zeigte sich auch zweckmäßig; von hier aus brach Artemisia vor, um die auf der Rhede geankerte Flotte von Rhodos ungewarnt zu besetzen.

Zu dieser Zeit stand griechische Kunst und Cultur sehr hoch. In Asien war die ionische Bauschule in schönster Blüthe; der gelehrte Architekt Pytheus war nicht nur beschäftigt, den noch erhaltenen Athenetempel zu Priene zu errichten, sondern hat ihn auch in einem eigenen wissenschaftlichen Werke beschrieben, in welchem er zu behaupten wagte, daß ein Architekt in allen Künsten und Wissenschaften mehr müsse ausrichten können, als selbst die berühmtesten Fachmeister. Andere Prachttempel erhoben sich fast gleichzeitig zu Milet, Teos, Magnesia und Ephesos. Auch hatte damals in Kleinasien eine einheimische Schule von Bildhauern geistvolle Talentproben an dem berühmten Harpagosmonument in Xanthos abgelegt; die tanzenden oder fliehenden Nereiden von dort, jetzt ebenfalls im britischen Museum, obwohl in Stil und Ausführung von den Werken des europäischen Griechenlands abweichend, sind durch Grazie und lebendige Bewegung hinreißend. Auch werden wir unten eine Probe finden von einem Werke dieser Schule, das sich nach Halikarnaß verirrt hatte, um dort sehr unwürdig behandelt zu werden. Aber die Geschichte der Kunst zeigt, daß damals die athenische Schule überall, auch in Kleinasien, Mode war. Gnidos, Kos und Alexandria am Latmos bestellten ihre Tempelstatuen bei Praxiteles; auch für die Verzierung des Mausoleums wurden vier große Künstler von Athen verschrieben. Die Beisetzung der Leiche fand mit allen Ehren statt, zu denen auch die Literatur beitrug: eine Tragödie Mausolos wurde von Theodektes verfaßt, und im Wettkampfe der Beredsamkeit wurde der große Isokrates von seinem Schüler Theopompos geschlagen. Vielleicht war auch die Vertheilung der Arbeit an dem Monumente grade so das Resultat eines Wettkampfes, wie man in neuerer Zeit Bildhauerarbeiten zu vergeben pflegt. So kam es, daß nur durch die Macht des Geldes, ohne inneren Adel oder nationales Verdienst, ein orientalischer Dynast sein Grab von den edelsten Händen gebaut und geschmückt erhielt; denn große Künstler sind so ziemlich zu allen Zeiten käuflich gewesen. Daß die Kunst nach Brot geht, wollten wir ihr nicht verdenken, wenn sie nur nicht so fanatisch nach dem Golde gehen möchte. Aber das Schicksal hat doch wieder Gerechtigkeit geübt in seiner Weise. Die Monumente großer Freiheitstriumphe, der Tempel von Aegina, der Theseus- und Pallastempel zu Athen, sie stehen heut noch als Zeugen für den Tapfern aufrecht; das Mausoleum ist bis auf seine unterste Fundamentschicht abgetragen, und der alte Kyniker Diogenes, bei Lukianos, hat doch Recht behalten, wenn er im Gespräch mit dem Schatten des Mausolus sich rühmt, daß er in den Herzen der Menschen ein besseres und dauerhafteres Mal hinterlasse als der karische Dynast.

Ueber die Namen der Künstler, welche am Mausoleum arbeiteten, waltet noch einiger Zweifel. Hören wir darüber zwei Zeugen des Alterthums, die wir ohnehin vernehmen müssen, um den ganzen Wunderbau vor unsrer Phantasie noch einmal aufwachsen zu lassen.

Der erste ist Plinius (36, 5): „Skopas hatte gleichaltrige Nebenbuhler an Bryaxis, Timotheos und Leochares, die man zusammen nennen muß, weil sie zugleich für den Mausolus, Dynasten von Karien, Bildhauerarbeit machten, welcher im zweiten Jahr der 107. Olympiade starb. Daß dieses Werk unter die sieben Wunder kam, haben besonders diese Künstler bewirkt. Es erstreckt sich an der Nord- und Südseite 63 Fuß weit, kürzer an den Schmalseiten, im ganzen Umfang 411 Fuß; es erhebt sich zu einer Höhe von 25 Ellen; es ist von 36 Säulen umstellt. Dies hat man das Pteron genannt. Auf der Ostseite meißelte Skopas, auf der Nordseite Bryaxis, südlich Timotheos, westlich Leochares. Ehe sie fertig waren, starb die Königin Artemisia, welche zu Ehren ihres Gemals das Werk errichten ließ. Und doch hörten sie nicht auf, bis es vollendet war, da sie es für ein Denkmal ihrer eigenen Glorie und Kunst ansahen; und heut noch wetteifern ihre Hände. Noch ein fünfter Künstler trat hinzu. Denn über dem Pteron erhob sich eine Pyramide gleich der untern Höhe, die mit 24 Stufen sich verjüngt zu der Spitze einer Meta (Säule, um welche die Rennpferde am Ende einer Rennbahn herumlenken). Auf ihrer Spitze steht ein marmornes Viergespann, welches Pythis gemacht hat. Fügt man dieses hinzu, so schließt es das Werk mit einer Höhe von 140 Fuß ab."

Unser zweiter Gewährsmann ist Vitruvius; er sagt in der Einleitung seines siebenten Buches der Architektur, da wo er die frühere Literatur seines Faches bespricht: „Ein Buch über das Mausoleum haben Satyros und Pytheos veröffentlicht, denen das Glück selbst das höchste und größte Geschenk entgegenbrachte. Denn Männer, deren Kunst wohl für alle Zeiten die schönsten und unverwelklichsten Kränze tragen wird, haben ihrem Plane auch eine herrliche Ausführung gegeben. An den einzelnen Seiten nämlich haben einzelne Künstler wetteifernd ihren Theil zum Ausschmücken und Verherrlichen sich gewählt, Leochares, Bryaxis, Skopas, Praxiteles und, wie Einige glauben, auch Timotheos, deren ausgezeichnetes Kunstgeschick den Ruf dieses Werkes zu dem eines der sieben Schaustücke erhob."

Von Satyros, dem ersten der beiden Baumeister, wissen wir nichts; aber der zweite, obwohl der Name in den Handschriften schwankt, ist wohl sicher derselbe gelehrte Architekt, welcher, wie wir oben erzählten, den Tempel der Athene in dem benachbarten Priene gebaut und über denselben ein Werk verfaßt hatte. Daß er auch über sein Mausoleum ein Buch schrieb, bestätigt die Identität, und was am stärksten dafür spricht, ist der Umstand, daß die Fragmente der höchst zierlichen Bauglieder vom Mausoleum, z. B. die Säulenköpfe und ihre Ornamente, welche jetzt im britischen Museum sind, auf's Genaueste mit dem noch vorhandenen Tempel von Priene übereinstimmen. Auch die Zeit ist dieselbe, denn der Tempel von Priene war eben fertig, als Alexander in diese Gegenden kam, und Alexander weihete ihn ein.

Fragen wir nun nach den Bildhauern, so gehören vier von den sechs Namen, welche beide Schriftsteller nennen, nach Athen; von den zwei andern, Pythis und Timotheos, ist das Vaterland unbekannt. Leochares hatte schon als junger Mann einen berühmten Namen, und Plato, laut einem Briefe an den jüngern Dionysios, kaufte einen Apollo von diesem „jungen und tüchtigen Künstler". Sein Hauptwerk jedoch war der zartempfundene Ganymed, von dem das Alterthum rühmte, daß Jupiter in Adlergestalt ihn so umkrallt hielt, daß man sah, er wolle den Liebling nicht verwunden. Außer den Reliefs vom Mausoleum arbeitete er auch die Kolossalstatue des Mars in dessen Tempel auf dem Felsen über dem Mausoleum. Alt war er auch damals noch nicht, denn hernach finden wir ihn noch Alexander überlebend. Bryaxis war ebenfalls von Athen, ebenfalls noch jung, denn er hat gleichfalls nachher makedonische Portraits ausgeführt. Sehr alt war Skopas, als er am Mausoleum arbeitete, denn seine Blüthe fällt nach Plinius bedeutend früher. Jedenfalls ist er der interessanteste von allen; ein Meister, den das Alterthum unter die allerhöchsten stellte, und von welchem dennoch bisher kein beglaubigtes Werk existirte.

Wir können seine Mänade, welche das Viertel eines geschlachteten Rehes in der einen, das Opfermesser in der andern Hand hält, auf mehreren Reliefs in Nachbildung wiederfinden; seine Niobegruppe haben wir nicht im Original, aber in würdiger Copie, und von der Venus von Milo, der schönsten erhaltenen Frauenstatue des Alterthums, von der es so viele antike Nachbildungen giebt, ist es zwar ganz außer Zweifel, daß sie ein Original ist; aber leider können wir (mit Waagen) bloß vermuthen, nicht beweisen, daß Skopas der Meister derselben sei. Es wäre unschätzbar, wenn der Schutt des Mausoleums unzweifelhafte Originale von seiner Hand uns gerettet hätte.

Von Pythis, dem Bildhauer des kolossalen Viergespanns auf der Spitze der Pyramide, war der Kunstgeschichte nichts weiter bekannt: er aber tritt nunmehr kraft der unzweifelhaften Werke seiner Hand mit einem Male unter die Sterne erster Größe.

Endlich Praxiteles. Hat er am Mausoleum gearbeitet oder nicht? Es ist sehr verhängnißvoll für ihn, daß Plinius ihn nicht nennt, und fast ebenso verdächtig, daß Vitruvius nach ihm, obwohl als zweifelhaft, noch einen fünften Künstler, den Timotheos, nennt, der bei Plinius ganz bestimmt an der Stelle des Praxiteles steht. Nun aber sagen doch beide Schriftsteller, daß von den vier Seiten des Gebäudes je ein Künstler eine übernahm; was sollte der fünfte? Man muß daher wohl glauben, daß Praxiteles in der spätern Römerzeit ein so berühmter Name gewesen ist, daß man sich ihn bei solch einem ihm gleichzeitigen Hauptwerk wie das Mausoleum nicht unbeschäftigt denken konnte: grade so wie mehrere ausgezeichnete Werke in Rom, so namentlich die Niobegruppe, ihm ebenfalls von Manchen zugeschrieben wurden, während andere Kenner sie dem Skopas gaben.

In der That, die Sculpturen des Mausoleums passen wenig in den Kreis der Aufgaben, welche Praxiteles sich so gerne stellte: und bei seinem früherlangten Ruf hatte er Bestellungen vollauf, um alles ihm nicht Wahlverwandte ablehnen zu können. Seine Satyrn, Aphroditen, Eroten und Apollo's sind reizende Einzelfiguren gewesen, von höchster Vollendung und Grazie in Darstellung individueller Menschheit; sie hielten sich auch im Maß der menschlichen Größe, oft unter derselben; das Kolossale mied er. Ebenfalls lag ihm Kampf, wilde Bewegung, dramatischer Effect fern, Athleten hat er nie dargestellt, und von den kämpfenden Göttern nur einmal gelegentlich den Herkules. Seine Sphäre war die beglückte Ruhe der jugendlichen, sinnlich schönen, im Genuß lächelnden oder dem Genuß entgegenträumenden Menschheit. Solchem Sinne sagte keine der Aufgaben am Mausoleum zu: weder die zehn Fuß hohen Portraitstatuen noch der Fries mit den wilden, fast rohen Amazonenkämpfen in zorniger Thatkraft und mächtiger Bewegung; und selbst die Höhe, in welcher diese Bildwerke dem Auge sich zeigten, mußte einen Künstler abschrecken, der sich die feinste Vollendung zum Ziel gesetzt hatte, dessen Werke von Nahem gesehen sein wollen, dessen Venus von Gnidos in einer Capelle stand, wo man sie erst von vorn bestaunte und dann von der Priesterin sich auf die Rückseite führen ließ, um auch des unvergleichlichen Rückens sich zu erfreuen. Ja, wir dürfen technisch noch mehr sagen. Die Schule, welche die Bildwerke am Mausoleum arbeitete, neigt, wenigstens in den Reliefs, schon stark zu der spätern Mode, die Glieder sehr zu strecken, die Extremitäten schlank und klein zu nehmen und besonders den Kopf zu vermindern. Für den Effect in Gruppen ist das nicht zu verwerfen, aber sehr ist es dem Geist des Praxiteles zuwider, dem das feinste Studium der menschlichen Form, die getreuste Nachbildung der wirklichen Proportionen des Körpers im Umgang mit seiner Phryne und Kratina zur andern Natur geworden war.

Hinsichtlich der Bildwerke also, welche das Mausoleum unterhalb der Pyramide, also den Theil, welchen Plinius das Pteron nennt, schmückten, halten wir an Plinius fest und sagen, daß Skopas (und zwar dieser an der Ostseite), Leochares, Bryaxis und Timotheos hier gearbeitet haben.

Wenden wir uns nun zu dem Schwersten unsrer ganzen Betrachtung, zu der Construction des Gebäudes selbst, so fällt uns, wenn wir an die griechische Tempelform gewöhnt sind, sofort die oben Alles abschließende Spitze, und diese wiederum in der seltsamen Form der Stufenpyramide, auf. Und in der That, in allen Aufrissen, die man vom Mausoleum bisher theils nach den alten Schriftstellern, theils nach den wirklichen Resten gemacht hat, bleibt diese Pyramide auf einem viereckigen Unterbau dem abendländischen Gefühl widerstrebend: sie ist, um es kurz zu sagen, barbarisch, asiatisch, primitiv. Aber sie paßt zum Geist jenes Landes. Kleinasien war an der Küste griechisch, im Inlande blieb es national: semitisch, phrygisch, lydisch, karisch oder lykisch. Im Osten aber, außerhalb des Griechenthums, ist die Pyramide eine uralt heilige Form; von Aegypten bis nach Babylon, von den Pagoden Indiens bis zu den lydischen Königsgräbern beherrscht sie die asiatische Architektur. Durch ganz Phrygien sind Grabmäler dieser Art vertheilt; der hohe Tumulus, den König Gyges seiner Geliebten baute und den man von jedem Punkte Lydiens erblickte, hatte diese Form; nahe bei Halikarnassos, in des Mausolus erster Residenzstadt Mylasa, finden wir an einem freilich kleinlichen Denkmal eine Stufenpyramide keck, ohne weiteres Untergestell, auf zwölf griechische Säulen gestützt; und als zweihundert Jahre später Simon Makkabäus nach dem glücklich vollbrachten Freiheitskampfe der Juden gegen Syrien seinen Eltern und Heldenbrüdern ein Monument in ihrer Vaterstadt Modein errichtete, da fiel er wieder auf die Pyramidenform. Denn, wie das erste Makkabäerbuch und Josephus es erzählen, er baute ein Grab, von Monolith-Säulen umgeben und mit polirtem Marmor bekleidet, darauf standen sieben Pyramiden, eine gegenüber der andern: ein Werk, das seinen Grundplan vielleicht gradezu vom Mausoleum erborgt hat. Ja, an diese Form wurde zuletzt auch das abendländische Auge gewöhnt. Als Hadrian, der in seinen Bauten alle orientalischen Formen nachahmte, für sich ein Grabmonument entwarf, da fiel er natürlich auf das glänzendste Vorbild, und die Engelsburg in Rom bewahrt noch in ihrem Umriß das Untergestell dieser kaiserlichen Pyramide. Der Unterschied ist eigentlich nur, daß Hadrian statt eines viereckten Tempels einen Cylinder mit Säulen umstellte und auf diesen statt einer vierseitigen Pyramide einen Kegel aufsetzte. Sonst war Alles wie in Halikarnassos: das viereckte Untergestell, mit Statuen besetzt, hierauf ein Tempel von Säulen umgeben, dann der Kegel, vielleicht auch ein Viergespann mit der Statue des Kaisers auf dem Wagen stehend. Ein Blick auf die Restauration dieses Bauwerkes (z. B. in Guhl und Caspar's Denkmälern der Kunst I. Taf. 28) wird Jeden überzeugen, wieviel der römische Architekt dem griechischen Muster schuldig geworden ist. Gewissermaßen drückte auch der Name dieses aus; schon die Alten bemerkten, daß von dem Urtypus in Halikarnaß alle prachtvollen Grabmonumente den Namen der Mausoleen empfangen hätten.

Am auffallendsten sind die Zahlen bei Plinius, welche die Verhältnisse der einzelnen Theile des Bauwerkes ausdrücken. Der

Theil, welchen er das Pteron nennt, hatte nach ihm 25 Ellen, das sind 37½ Fuß; denn der Cubitus der Alten ist die Länge vom Ellbogen bis zur Spitze des ausgestreckten Mittelfingers. Die Pyramide, eingeschlossen das marmorne Viergespann, hatte dieselbe Höhe wie das Pteron: das macht zusammen 75 Fuß. Nun aber sagt derselbe Schriftsteller, daß die ganze Höhe des Mausoleums 140 Fuß gewesen sei; also ist es klar, daß er eine dritte Dimension und folglich einen dritten Theil des Gebäudes unerwähnt gelassen hat. Aus Plinius allein ließ sich also das Gebäude nicht restauriren, und alle nur auf seiner Angabe ruhenden Versuche älterer und neuerer Zeit, dasselbe zu zeichnen, mußten fehlschlagen. Es wäre aber sehr interessant, wenn die wirklich aufgefundenen Trümmer des Gebäudes dennoch mit den Maßen des Plinius übereinstimmten und zugleich die fehlende dritte Dimension uns errathen ließen.

Noch verwirrender erscheinen bei Plinius die Längen- und Breitenmaße. Das Pteron soll an der Nord- und Südseite 63 Fuß lang gewesen sein; die West- und Ostseite waren, dies wird ausdrücklich gesagt, kürzer. Nehmen wir aber auch alle vier Seiten auf 63 Fuß an, so ist der ganze Umfang immer nur 252 Fuß. Nun aber sagt derselbe Plinius, daß der ganze Umfang vielmehr 411 Fuß sei. Indessen liegt hier die Vermuthung nahe, daß die kleineren Maße sich nur auf den innern viereckigen Mauerkern oder auf das beziehen, was man bei einem Tempel die Cella nennen würde. Um diesen standen, wie wir wissen, 36 Säulen, und der Gesammtumfang von 411 Fuß kann sich auf diese Säulenhalle beziehen. Es würde dann zwischen der Cella und den Säulen ein Gang von etwa 25 Fuß Weite übrig bleiben, was mit den Verhältnissen anderer Bauwerke in Griechenland sehr wohl übereinstimmt.

Wie dem sei, die Construction des ganzen Bauwerks muß ungemein solid gewesen sein; denn wir können den Beweis führen, daß wenigstens 1500 Jahre lang das Gebäude ein Gegenstand der Bewunderung geblieben ist. Vier Jahrhunderte nach seiner Entstehung schrieben Vitruvius und Plinius über dasselbe. 150 Jahre nach Christus erwähnt Lukian in der oben angeführten

Stelle aus den Gesprächen der Abgeschiednen die Pferde und Männer, auf's Genauste der Natur nachgeahmt und vom schönsten Stein, wie man kaum einen Tempel finden würde. Zu derselben Zeit spricht der Reisende Pausanias von demselben: die Römer, sagt er, bewunderten es so sehr, daß sie alle ähnlichen Gebäude Mausoleen nannten, und eben damals war schon in Rom, in Hadrian's Grabmal, eine prachtvolle Nachahmung entstanden. Im vierten Jahrhundert nach Christus erwähnt der Kirchenvater Gregorius von Nazianz des Mausoleums. Im zehnten Constantin Porphyrogennetos, dessen Worte beweisen, daß es damals noch aufrecht stand; im elften Eudokia, welche jedoch erwähnt, daß es in einem Teiche liege; und im zwölften Jahrhundert Eustathios, welcher die bezeichnenden Worte braucht: Es war und ist noch jetzt ein Wunderwerk.

Grade auf dieser Küste von Kleinasien ist die Erhaltung eines hochgethürmten und künstlich construirten Bauwerks durch einen Zeitraum von fünfzehn Jahrhunderten schon an und für sich selbst ein Wunder, wenn wir an die entsetzlichen Erdbeben denken, denen grade dieser Strich ausgesetzt ist. In Rhodos stürzte der große Sonnenkoloß auf der Hafenspitze, der doch erst nach dem Mausoleum erstanden ist, bekanntlich schon nach 53 Jahren. Abermals wurde Rhodos 1481 von einer Reihe schrecklicher Erdbeben zwischen März und December heimgesucht; mehrere Male stieg das Meer plötzlich zehn Fuß über seine gewöhnliche Höhe und wich dann um eben soviel unter dieselbe, so daß Schiffe im Hafen versanken. Jetzt, nach der abermaligen Katastrophe von 1856, ist die Insel, wie ein neuerer Reisender sagt, „in jeder Beziehung eine Ruine, ein Herd für Erdbeben, und die wenigen schönen Bauwerke, die noch stehen, sind voller Risse."*) Nördlich von Halikarnaß, in Broussa, sind die Moscheen der ersten türkischen Sultane, erst 600 Jahre alt, durch das letzte Erdbeben vom Jahr 1856 bereits niedergebrochen.

Allein auch hier giebt eine interessante Stelle bei einem alten Schriftsteller die Lösung an die Hand. Wie es in den südameri=

---

*) Albert Berg, die Stadt Rhodus. (Deutsche Monatshefte, März 1858.)

kanischen Anden die sogenannten Brücken giebt, Stellen, die in der Mitte von zwei Erschütterungskreisen doch selber von Erdbeben verschont sind, so scheint auch diese karische Halbinsel vielleicht Jahrtausende lang eine Brücke zwischen den Erschütterungskreisen von Rhodos und Bithynien geblieben zu sein: denn Tacitus (Annalen 4, 55) erwähnt die Lage von Halikarnaß als geschützt vor Erdbeben. Die Bewohner der Stadt rühmten sich nämlich in der Zeit des Tiberius (als elf Städte Kleinasiens sich um die Ehre eines neu zu erbauenden Tempels stritten), daß in ihrer Stadt ein Tempel schon 1200 Jahre auf lebendigem Felsboden stehe, ohne je durch einen Erdstoß gelitten zu haben. Auch die Lage des Mausoleums auf einer aus dem naturwüchsigen Felsen herausgehauenen Platte gab ihm größere Sicherheit: nach Klöden (Erdkunde 1, 181) sind die Wirkungen der Erdbeben auf die auf festem Felsgrunde stehenden Häuser stets weniger furchtbar als auf solche, die auf lockerem Boden stehen.

III. Der Verfall und die Zerstörung des Mausoleums.

Und doch kam auch für diesen Platz einmal die Katastrophe. Wenn wirklich zur Zeit des Eustathios (1170) das Mausoleum in allen seinen Theilen, das oberste Viergespann eingeschlossen, noch gestanden hat, so muß in den folgenden zwei Jahrhunderten das Erdbeben Statt gehabt haben, durch welches die Natur mit wohlthätiger Grausamkeit die Statue des Mausolus zertrümmerte, um sie der zerstörenden Barbarenfaust des Kriegshandwerks zu entziehen und für uns zu retten.

Denn nun, vom Anfang des fünfzehnten Jahrhunderts an, beginnen in diesen Gegenden die Kämpfe der Rhodiserritter mit den Türken, Halikarnassos wird eine Ordensfeste, und der Krieg, dem alle Mittel recht sind, zerschlägt die Werke des Geistes.

„Bei dem Verfall des römischen Reiches," sagt Claude Guichard im Jahr 1581, „nachdem durch die Einfälle der Muhamedaner und Perser so viele mächtige, reiche und wohlbevölkerte Städte geplündert und zerstört waren, wurde auch die prächtige alte Stadt Halikarnassos gebrochen und in ein kleines Dorf oder Weiler verwandelt, das nur von der Gnade der Corsaren oder Seeräuber lebte und noch besteht unter dem Namen Mesy. Als die Ritter des heiligen Johannes von Jerusalem nach Rhodos sich zurückzogen, fanden sie diesen Ort, der sich zuerst zeigt, wenn man von der Insel gradeswegs zum Festlande segelt, seiner Natur nach gut zu vertheidigen und sehr bequem, um Asien zu beherrschen, Proviant aus allen jenen Ländern zu ziehen und die Einfälle der Piraten von der Türkei und von Aegypten her zu verhindern. Also bauten sie auf der rechten (d. h. westlichen) Spitze des Hafens, wo vorzeit der Tempel der Venus und des Mercur gestanden hatte, ein Schloß, das man noch heute dort sieht, welches sie befestigten und Tour St. Pierre nannten: angelockt, wie ich glaube, zum Bau der Festung an dieser Seite (obwohl die andere Spitze eine festere Position barbot) durch den Vorzug der schönen und krystallhellen Quelle Salmakis, welche an diesem Orte floß."

Auch den Urheber und die Zeit dieses Bauwerkes, sowie leider auch das Material, aus dem er baute, kennen wir vollkommen genau. Die barbarische Hand, die zuerst das Mausoleum abtrug, war eine deutsche.

Nach dem Verlust von Cypern besetzten die Johanniter im Jahre 1309 die Insel Rhodos, die letzte Eroberung der Kreuzzüge. Ihre Macht wurde bald durch die großen über alle christlichen Länder vertheilten Güter vermehrt, welche ihnen aus dem Nachlaß der Tempelherren zufielen. Unter den sogenannten Zungen des Ordens nahm die deutsche stets einen ehrenvollen Rang ein; die Annalen der letzten Belagerung vom Jahre 1522 verweilen auf ihren Heldenthaten. Eine der kriegerischen Großwürden des Ordens fiel ihnen zu; wie der sogenannte Türkendrescher (Turcomastix), d. h. der General der Reiterei, stets aus der englischen Zunge gewählt wurde, so war der Bailli des Ordens immer ein Deutscher. Der Bailli hatte die Aufsicht über die Festungswerke, also war es natürlich, daß der Bau des neuen Schlosses von Sanct Peter, am Hafen von Halikarnassos, einem deutschen Ritter zufiel.

Auch der Geschichtschreiber der letzten Belagerung, der als

Augenzeuge sie mit erlebt hatte, war, wo nicht in unserm Sinne ein Deutscher, jedenfalls in den damaligen Grenzen des deutschen Reichs geboren. Jacob Fontanus, Rechtsgelehrter aus Brügge, der sich selbst den Titel Appellationsrichter des heiligen und abligen Ordens von Jerusalem und des Volks von Rhodos beilegt, verfaßte sofort nach der Landung der Ritter in Europa sein Werk von dem rhodischen Kriege. Es erschien zwei Jahr nach den Begebenheiten, 1524, zu Rom, dem Papst Clemens VII. dedicirt. Von einem angesehenen Manne verfaßt, lebendig und mit genauer Sachkunde geschrieben, wurde das Buch, so lange das romantische Interesse an diesem heldenmüthigen Kampfe fortdauerte, in ganz Europa viel gelesen und in mehrere Sprachen übersetzt.

„Als bei der Belagerung," sagt Fontanus, „in der Stadt Männer und Kriegsvorräthe zu mangeln anfingen, brachten Schiffer Hülfstruppen und Proviant von den umliegenden Inseln und aus den Festungen Lindus, Manolitum, Feraclum und Petrea, welche letztere aus den Ruinen von Halikarnaß und den Pyramiden des Mausolus-Grabmals, das unter den sieben Weltwundern sehr berühmt war, Heinrich Schlegelholt, ein deutscher Ritter, zu bauen anfing, als Tamerlan Asien angriff und den Sultan der Türken, Bajazeth, welcher zuvor in der berühmten Schlacht von Nikopolis die Ungarn und den Herzog Johann von Burgund geschlagen hatte, in Ketten legte." Die Schlacht bei Ankyra, wo Tamerlan den Bajazeth besiegte, fand 1402 statt; der Bau der Petersfeste fällt somit in die ersten Jahre des fünfzehnten Jahrhunderts.*)

Die Familie der Schlegelholt muß auch sonst mit dem Orden enge verbunden gewesen sein: der achtzehnte Großprior von Deutsch-

---

*) Ex arcibus Lindo, Mauolito, Feraclo, Petrea (quam ex ruinis Halicarnassi, piramidibusque Mausoli sepulchri, inter septem Orbis miracula nominatissimi, struere coepit Henricus Scleghelholt eques Germanus, dum Tamberlanus invaderet Asiam, coniiceretque in vincula Baraxetum Turcarum regem, qui prius Pannonios et Ioannem Burgundiae ducem insigni apud Nicopolim praelio profligaverat), praeterea ex insulis Co, Lero, Calymnia, Nisero. In der Ausgabe hinter dem Werke des Chaltotondylas, Basel, heißt er Schlegelholt. Italienische Uebersetzung des Sansovino, Venedig 1545: Sclegelolth.

land, der dies Amt von 1459 bis 1466 bekleidete (Falkenstein, Geschichte des Johanniterordens II, 132) hieß Johann von Schlegelholz. Aus welchem Theil von Deutschland sie stammten, habe ich nicht ermitteln können. Der Name Petrea, oder vielmehr Arx petrea, ist nichts als eine lateinische Form für das italienische Torre di San Pietro, und man vermuthet, daß aus der türkischen Entstellung des Wortes der Name Budrum hervorgegangen ist, mit welchem die Einwohner jetzt die Festung und die umliegende neue Stadt bezeichnen. Der mittelalterliche Name Mesy scheint gänzlich verschwunden zu sein.

Noch in demselben Jahrhundert, wo dies Schloß gebaut war, machte der venetianische Admiral Peter Mocenigo einen Kriegszug gegen die Türken, welcher von 1472 bis 1474 dauerte. Diesem Zuge hatte sich ein Dalmatier, Coriolano Cepio, angeschlossen, ein aufmerksamer und classisch gebildeter Beobachter, welcher später diese Begebenheiten in einem kleinen lateinischen Buch beschrieb. Die venetianische Armee kam auch nach Halikarnassos und bestand vor den Mauern des Ortes ein Gefecht mit den umwohnenden türkischen Hirten. Cepio erwähnt das Mausoleum, dessen Reste er unter den Trümmern der antiken Stadt noch erkennbar fand. Das Castell des heiligen Petrus, damals eine starke Festung, war der einzige Platz, den die Christen noch auf dem Festlande von Kleinasien behaupteten. Aus den umliegenden türkischen Gebieten flüchteten daher zahlreiche Christensclaven dorthin. Cepio erzählt, daß die Einwohner jede Nacht über fünfzig Hunde vor den Stadtthoren herumlaufen ließen und rühmt, wie gescheidt diese Bestien gewesen seien. Kam ein Feind, so zerrissen sie ihn; einen flüchtigen Christen aber empfingen sie freundlich und führten ihn, sagt Cepio, mit lautem Beifall (cum applausu) an das nächste Stadtthor. Ich hätte es darauf nicht riskiren mögen. In der Stadt hatte man besonders Mangel an Holz, da Feinde rings herum wohnten. Die Leute auf den Dörfern waren faul und trieben nur Viehzucht; nur die Frauen arbeiteten und woben (wie noch heut) so viele Teppiche, daß über den eigenen Verbrauch hinaus sie ihre Waaren verkauften.

Und nun nähern wir uns der Zeit, wo die heranrückende

letzte Belagerung von Rhodos dem Orden alle Kräfte anzuspannen gebot. Das Jahr 1522 sah Beides, den Abbruch des Mausoleums und den Fall des Ordens.

Claude Guichard, Doctor der Rechte aus Lyon, verfaßte um 1570 ein gelehrtes Buch unter dem Titel: Funerailles et diverses manières d'ensevelir des Romains, Grecs et autres nations, tant anciennes que modernes, Lyon 1581, und in diesem giebt er, außer der oben schon ausgezogenen Stelle, einen so graphischen Bericht von der Aufdeckung der Grabkammer, daß ich ihn in wörtlicher Uebersetzung mittheilen will.

„Im Jahr 1522, als Sultan Soliman sich zum Angriff auf Rhodos rüstete, da der Großmeister die Wichtigkeit dieses Platzes (Halikarnassos) kannte, und daß der Türke nicht verfehlen würde, ihn wo möglich sofort beim ersten Anlauf zu besetzen, schickte er etliche Ritter dahin, ihn zu repariren und Alles in Ordnung zu bringen, was man den Feind abzuschlagen gebrauchte: unter welchen Rittern der Commandeur de la Tourette von Lyon war, welcher sich nachher bei der Einnahme von Rhodos befand und nach Frankreich kam, wo er von Dem, was ich nunmehr sagen will, dem Herrn d'Alechamps (einem französischen Philologen) einen Bericht gab: einem Herrn, durch seine gelehrten Schriften genugsam bekannt, und den ich hier nur nenne, damit man wisse, woher ich eine so merkwürdige Geschichte habe. Als die Ritter in Mesy angekommen waren, gaben sie sich ohne Verzug daran, das Schloß befestigen zu lassen; und da sie in der Nachbarschaft keine bessern Steine, noch an einem gelegenern Platze, zum Kalk= brennen fanden, als gewisse Stufen von weißem Marmor, welche sich treppenförmig mitten auf einem Acker, nahe beim Hafen, er= hoben, da wo einst der Hauptplatz von Halikarnassos war: so ließen sie dieselben abbrechen und für diesen Zweck verwenden. Da man den Stein gut fand und das wenige Gemäuer über der Erde zu Ende war, ließen sie tiefer graben, in der Hoffnung, mehr zu finden. Damit ging es ihnen sehr glücklich, denn sie fanden bald, daß je tiefer man grub, desto breiter nach unten das Ge= bäude wurde, welches ihnen hernach nicht nur zum Kalkbrennen, sondern auch zum Bauen die Steine lieferte. Nach vier oder fünf

Tagen, nachdem sie viel abgedeckt hatten, sahen sie eines Nachmittags eine Oeffnung, als sollte man in eine Höhle hinabsteigen: sie nahmen Kerzen und stiegen hinein, wo sie einen schönen viereckigen Saal fanden, der ringsumher mit Marmorsäulen verziert war, die Basen, Capitelle, Architrave, Friese und Gesimse in Halbrelief ausgehauen und geschnitzt. Die Zwischenräume der Säulen waren verkleidet mit Streifen, Lissenen oder „plattes bandes" von buntfarbigem Marmor, mit Ornament und Sculptur geschnitzt, in Uebereinstimmung mit dem übrigen Werk und schön abgehoben von dem weißen Grund der Mauer, woselbst man lauter gemeißelte Figurenstücke (histoires) und allerlei Schlachten in Halbrelief sah. Als sie dieses zuerst angestaunt und in ihrer Phantasie die Merkwürdigkeit der Arbeit erwogen hatten, zerbrachen und zerstörten sie es, um es zu gebrauchen, wie sie das Uebrige gebraucht hatten. Außer diesem Gemach fanden sie nachher eine sehr niedrige Pforte, welche in ein anderes wie in eine Antichambre führte, wo ein Grabmal war, mit seiner Vase und seinem Wappen (? tymbre), von weißem Marmor, sehr schön und wunderbar schimmernd, welches sie, da sie keine Zeit hatten und das Zeichen zur Retraite schon war gegeben worden, nicht aufdeckten. Als sie am folgenden Morgen wiederkamen, fanden sie das Grab aufgewühlt und die Erde rund herum überstreut mit einer Menge kleiner Fetzen von Goldbrokat (drap d'or) und Goldplättchen (paillettes, kleine durchbohrte und kreisrunde Plättchen, zum Sticken gebraucht), daher sie vermutheten, daß die Corsaren, welche damals diese ganze Küste entlang kreuzten, nachdem sie Wind von dieser Entdeckung bekommen, in der Nacht sich herbeigemacht und den Deckel abgehoben hätten, und man glaubt, daß sie daselbst große Reichthümer und Schätze gefunden haben. Also ist dieses prächtige Grabmal, das für eines der sieben Weltwunder galt, nachdem es der Wuth der Barbaren entgangen und 2247 Jahre (die Zahl ist falsch, es sind 1875 Jahre) aufrecht, oder doch in den Ruinen der Stadt Halikarnassos verborgen gestanden, entdeckt und zur Reparatur des Schlosses Sanct Peter zerstört worden durch die Kreuzritter von Rhodos, welche aber bald darauf von da und allgemach aus ganz Asien von den Türken sind vertrieben worden."

IV. Das Mausoleum von Halikarnassos.

Einmal, nach fast neunzehn Jahrhunderten, sahen Menschenaugen diese Pracht — sie beschauten sie eine müßige Viertelstunde hindurch, und dann wurde sie Kalk!

Die Menschheit ist unendlich reich in ihren Strebungen, aber die Einzelnen sind beschränkt durch ihre einseitigen Energien. Diese Ritter hatten ein Ziel: den Türken zu jagen; auch dieses Ziel war tapfrer Männer würdig, und sie haben es als Helden verfolgt. Was galt ihnen Mausolus und die alte Heidenpracht?

So vandalisch aber auch diese Zerstörung war, so blieb in der Brust der Ritter doch ein Wunsch übrig, so viel zu retten, als die Eile des Augenblicks und die eigene Sicherheit erlaubte. Wahrscheinlich schon damals (doch kann es möglicherweise schon beim ersten Bau durch Ritter Schlegelholt geschehen sein) wurden nämlich einzelne Tafeln des Frieses als eine Art Trophäe oder Verzierung in die Mauern des Schlosses eingefügt. Nicht Tafeln aus einem innern Gemach; denn die erhaltenen Friesplatten sind ihrem ganzen Stile nach auf Verzierung einer Außenseite berechnet. Die meisten dieser Spolien schmückten den innern Schloßhof des Peterscastells; zwei Tafeln aber wurden an der Außenseite des Hauptthurms, welcher sich kühn aus dem Meer erhebt, eingemauert. Dasselbe geschah mit mehreren gleichfalls aus den Ruinen herstammenden Löwenbüsten. In diesem Zustande gingen die Sculpturen mit dem Schlosse des h. Petrus und dem ganzen Territorium des Ordens am 1. Januar 1523 in die Hände der Türken über. Es wurde den Reisenden in neuerer Zeit schwer, zu den Sculpturen im innern Hofe des Castells vorzudringen, da die Türken den Eintritt ungern gewährten. Die Sculpturen an der Außenseite des Thurms aber sah Professor Ludwig Roß aus Athen noch im Jahre 1844, auf seiner Reise nach den griechischen Inseln, auf ihrer Stelle. Er mußte sich zu diesem Zwecke in einem Boote an den Fuß des Thurmes rudern lassen. Hier sah er vier Friesplatten in ansehnlicher Höhe eingemauert; über ihnen zwei sehr schöne Löwenbüsten, die ihn an die Löwenköpfe der lykischen Sarkophage erinnerten; von einer andern Seite des Thurmes blickten noch zwei andere Löwenköpfe auf die See hinaus. Roß schlug damals der preußischen Regierung vor, in Constantinopel

Schritte zur Erwerbung dieser Kunstwerke zu thun, allein sie waren bereits in englischen Besitz übergegangen. Sir Stratford Canning (später Lord Stratford de Redcliffe), englischer Gesandter bei der Pforte, erhielt die Sculpturen von dem Sultan zum Geschenk. Er gab sie seinerseits der englischen Nation, und im Jahre 1846 wurden die elf zu Budrum eingemauerten Friesplatten losgebrochen und nach London in's britische Museum gebracht. Sie hatten, wie sich denken läßt, sehr gelitten; namentlich fehlen die Köpfe der Figuren fast gänzlich.

Bei dem lebhaften Verkehr, welcher zur Zeit des Ordens zwischen jenen Gegenden und Italien bestand, wo man im sechzehnten Jahrhundert alles Antike wohl zu schätzen wußte, ist es nicht zu verwundern, daß eine vereinzelte Tafel des Frieses sich nach Genua verirrte, wo sie lange Zeit im Pavillon der Villa Negroni aufbewahrt wurde. Das Sammler-Auge unsrer Landsmännin, der Frau Mertens-Schaaffhausen von Bonn, erkannte den Zusammenhang dieser Tafel mit den übrigen jetzt in London aufgestellten. Ein Gypsabguß der Negronischen Tafel im britischen Museum ergab unzweifelhaft durch Größe wie durch Stil die Zusammengehörigkeit mit den Platten aus dem Peterscastell, und das Museum hat seitdem die Platte bei Negroni erworben und mit den übrigen Platten wieder vereinigt.*)

IV. Die neue Ausgrabung des Mausoleums.

Die Stelle des Mausoleums selbst war indessen seit der Zerstörung der Grabkammer im Jahre 1522 nicht mehr aufgegraben worden, ja, es herrschten sogar Zweifel über den Platz, wo man die Trümmer zu suchen hätte. Budrum ist jetzt eine Türkenstadt; den ganzen Raum zwischen dem Hafen und den vulcanischen Höhen im Norden desselben nehmen moderne Häuser ein, die von großen Gärten umgeben sind. Sowohl die Häuser als die Trennungsmauern der Gärten enthalten zahlreiche Marmorblöcke, die Gärten sind meistens mit Feigen bepflanzt. Außerdem ist die Oberfläche

---

*) Vgl. Friedländer, Schicksale antiker Kunstwerke, Deutsche Monatshefte, Febr. 1858. S. 544.

des Bodens durch Natureinflüsse vielfach verändert worden: der Regen hat große Massen von Dammerde von den nördlichen Höhen heruntergeschwemmt und die tiefern Gegenden der alten Stadt damit ausgefüllt. Die großen Terrassen, auf welchen die antiken Hauptgebäude standen, erheben sich mit ihren natürlichen Felsenmauern oder künstlichen Quaderconstructionen an einigen Stellen nur noch ein paar Fuß über den neuen Alluvialboden. An einer Stelle haben die Nachgrabungen erst nach Bewältigung einer zwanzig Fuß tiefen Schicht Dammerde auf das antike Straßenpflaster geführt.

Ueber die Lage des Mausoleums herrschten daher noch vor wenigen Jahren die verschiedensten Ansichten. Ein englischer Schiffscapitän, Herr Spratt, der in den vierziger Jahren sich vielfach mit Untersuchung des Platzes beschäftigte, verlegte das Mausoleum auf eine Erhöhung grade nördlich vom Castell San Pietro, ein wenig östlich vom Hafen. Roß dagegen entschied sich bei seinem Besuch in Budrum vom Jahre 1844 für eine mehr nordwestlich, dicht unter den vulcanischen Hügeln gelegene Plattform, wo sich unzweifelhafte Fundamente eines großen Bauwerks, und sogar auf der Oberfläche ionische Säulentrümmer zeigten. Beide hatten sich getäuscht. Das Mausoleum lag auf einer niedrigeren Stelle, grade unter dem südlichen Abfall der letzterwähnten Plattform. Auf diese Stelle konnte so leicht Niemand verfallen, weil grade sie durch Anschwemmung rings herum so ausgefüllt war, daß sie dem Auge nicht mehr als eine Terrasse erschien.

Seit vielen Jahren hatte Herr Charles Newton sich mit Untersuchungen über das Mausoleum beschäftigt: sein Aufsatz im Classical Museum vom Jahre 1848, von welchem Gerhard dem gelehrten deutschen Publicum einen Auszug gab, ist ein Meisterstück vollständiger und besonnener Forschung; auch giebt er zum erstenmal die wirkliche Lage des Mausoleums richtig an. Gewiß war Niemand besser als Newton befähigt, das große Werk der Ausgrabung zu leiten, welches er endlich als britischer Vice-Consul von Mitylene im Jahr 1856 begann, und dessen glänzende Resultate jetzt vorliegen in den 1858 aufgestellten Sculpturen, und in Newton's großem illustrirten Werke, welches 1862 u. d. T.

A history of discoveries at Halicarnassus, Cnidus and Branchidae in zwei Bänden erschienen ist.

Die englische Regierung hat ihren Beamten mit der dort landesüblichen großartigen Liberalität unterstützt. Sie stellte zu der Unternehmung zwei kleine Kriegsschiffe, die Gorgo und die Dampfcorvette Desperate, endlich noch ein drittes Schiff, die Supply, um Provisionen zu bringen und die Fragmente zu verladen; die Mannschaften arbeiteten beim Ausgraben mit. Die Kosten waren sehr bedeutend: viele türkische Häuser mußten angekauft und abgetragen werden; wo das nicht anging, führte man Minen unter fremdem Eigenthum hin. Anfangs hatte man auch noch die Vorurtheile der moslemischen Bevölkerung zu besiegen; später jedoch trat zwischen den Seeleuten, welche die Ausgrabungen vorzüglich bewerkstelligten, und den Türken von Budrum ein freundliches Verhältniß ein.

Um eine Idee von dem Reichthum des kleinasiatischen Bodens als Fundgrube von Antiquitäten zu geben, wollen wir zuerst diejenigen Funde aussondern, die mit dem Mausoleum nichts zu schaffen haben.

Zunächst zwei Gegenstände aus der spätern römischen Periode. Nordwestlich von der Stelle, wo man nachher das Mausoleum entdeckte, fanden sich unglaubliche Massen kleiner Figuren, jede fünf bis acht Zoll hoch, von gebrannter Erde. Manche derselben waren ganz übereins, so daß sie in einer Form gepreßt erschienen. Nahe dabei lagen ganze Ladungen unglasirter römischer Lampen. Die Thonfigürchen waren sortirt, so daß die gleichen Nummern immer zusammen lagen, wie in einer Fabrik oder in einem Verkaufsladen; übrigens sind sie handwerksmäßig gearbeitet und nur durch ihre große Zahl merkwürdig. Mehr als 200 derselben sind in's britische Museum abgesandt worden. Lampen und Figürchen scheinen der Periode zwischen August und Hadrian anzugehören.

In einem Garten westlich vom Mausoleum untersuchte man die Trümmer eines noch über der Erde sichtbaren Gebäudes in spätem und schlechtem dorischem Stil, das sich durch seine reichen Mosaikfußböden sofort als eine römische Villa erwies. Diese Villa ist hernach ganz ausgegraben worden; alles was sich von

Mosaiken zu sehr zerstört fand, erhielt man wenigstens in colorirten Photographien; die besten Stücke aber wurden abgesägt und kamen nach England: ein ganzes Zimmer, vierzig Fuß lang und zwölf Fuß breit, ist, in einzelne Kisten gepackt, in's britische Museum gelangt. Im Ganzen bedeckten diese Mosaiken, die sich über eine Menge von Zimmern verbreiten, eine Fläche, deren Länge von Osten nach Westen hundertundachtzehn Fuß, die Breite von Norden nach Süden neunundachtzig Fuß betrug. Dem Stil nach sind diese Mosaiken nicht älter als Hadrian, und ergehen sich in den gewöhnlichen römischen Mustern, mit einer Menge von bildlichen Darstellungen der verschiedensten Gegenstände zwischen den Einfassungen. Sehr merkwürdig ist jedoch, daß einzelne Räume ganz abweichende, und zwar griechische Muster hatten; es scheint daher, daß die römische Villa theilweise auf den Grundmauern eines ältern Gebäudes errichtet worden ist, und man die noch gut erhaltenen Mosaiken beibehalten hat.

Unter diesem römischen Fußboden machte man einen sehr interessanten Fund. An einer Stelle war er eingesunken, und hier lag in einem Loche eine in zwei Stücke gebrochene weibliche Figur. Sie hatte dem römischen Baumeister nebst einer Menge andern Schuttes nur zur Ausfüllung unter dem Mosaikboden gedient: also ein Stück antiken Vandalismus. Diese Figur ist jetzt auch im Museum. Ihr Stil ist von allen Sculpturen des Mausoleums durchaus verschieden. Sie hat nur die natürliche Größe; die rasche, ja heftige Bewegung, das fliegende Gewand, die überschlanken und jugendlichen Formen erinnern vielmehr an die berühmten (jedoch feinern) Nereiden oder Tänzerinnen von dem Harpagusmonument aus Xanthos; eine Verwandtschaft, die auch Newton sofort erkannte. Auch diese Figur tanzt. Das Obergewand ist so geschnitten, daß es, wie jetzt noch in Ostindien, grade den Busen frei läßt, welcher dann mit einem ganz dünnen Gewande bedeckt ist. Beide Arme sind vom Leibe weggestreckt, der rechte Fuß tritt vor, der andere folgt schwebend, das Gewand flattert, unten in einer Masse schlecht verstandener, unrein gezeichneter Falten nach. Blickt man von diesem übelproportionirten, schlecht drapirten Mädchen hinüber zu der danebenstehenden weiblichen Colossalstatue vom edelsten Faltenwurf, so begreift man, daß diese einheimische Schule, wie sie sich im benachbarten Lykien ausgebildet hatte, vor den glänzenden Werken der fremden Athenienser rasch in Verachtung fiel.

Nunmehr nahm Newton diejenige Terrasse vor, welche, nordöstlich und landeinwärts vom Hafen gelegen, von Capitän Spratt als die Stelle des Mausoleums angenommen war.

Am 1. December 1856 begann er hier die Nachgrabung. Nördlich auf dieser Plattform lagen große Säulenstücke offen zu Tage. Man fand bald schöne griechische Mosaikfußböden; die einzelnen Stückchen des Mosaiks staken in einem Mörtel von zerstoßenem Marmor, darunter lag ein gemeineres Cement, von zerstoßenen Ziegeln und Kalk. Man fand hier auch viel bemalten Stuck und dünne Marmortafeln, welche zum Verkleiden der Wände gedient hatten. Das Ganze schien ein Palast gewesen zu sein, und da Plinius bemerkt, daß Ziegelwände mit Marmor verkleidet zuerst im Palast des Mausolus vorgekommen sind, so läge der Gedanke nahe, hier jenes berühmte Gebäude anzusetzen. Allein der Palast des Mausolus lag dicht am Meer auf der östlichen Hafenspitze, und wir müssen uns daher bescheiden, über jenes Gebäude auf Spratt's Plattform nichts weiter bestimmen zu können. Wissen wir doch aus Inschriften, daß in Halikarnassos noch lange nach seinen glänzenden Tagen und zu einer Zeit, wo es einmal mit dem ägyptischen Ptolemäer-Reiche verbunden war, verschiedene glänzende Gebäude für öffentliche Zwecke errichtet worden sind.

Jetzt hätte die nördlichste Terrasse, wo Roß das Mausoleum vermuthete, in Angriff sollen genommen werden, allein der Zufall wollte, daß die dort wohnenden Türken zuviel für ihre Häuser forderten. Erst später ergab sich, daß hier nicht das Grabmal, wohl aber der Marstempel gestanden hatte. So begann Newton im Januar 1857 am südlichen Fuße dieser Terrasse zu graben, an einer Stelle, wo der englische Architekt Donaldson, später Professor der Architektur an der Londoner Universität, schon vor mehreren Jahren die Trümmer eines prachtvollen ionischen Gebäudes gefunden hatte; auch waren die Haus- und Gartenmauern hier ganz mit Fragmenten eines feinen parischen Marmors durchbaut. Es entschied sich rasch, daß man hier auf der rechten Stelle sei. Man entdeckte Fragmente desselben Frieses, der längst in London war, man fand einen colossalen Arm und Stücke eines der Löwen grade so wie die im Castell. Die Oberflächen waren überall besser erhalten als auf dem Londoner Fries. Die Säulen zeigten an der Basis einen Durchmesser von drei Fuß neun Zoll, am obern Ende drei Fuß einen Zoll, und waren den Säulen vom Tempel zu Priene auffallend ähnlich, den der Baumeister des Mausoleums errichtet hatte. Die architektonischen Ornamente zeigten noch vielfache Spuren von Bemalung, Zinnober und Ultramarin, oder Farben von gleicher Intensität.

Hier kam denn auch bald der erste große Fund zu Tage, eine große colossale Reiterstatue von weißem Marmor, außerordentlich schön. Das Pferd muß im Bäumen gewesen sein: ein Vorderhuf hat nie auf einem Fußgestell gestanden, während ein Hinterhuf sich fest an eine Platte drückt. Der Rumpf des Pferdes ist vollständig erhalten; unter dem Bauche ist ein großer Marmorblock weggebrochen, welcher der colossalen Masse offenbar ebenso als Unterstützung diente, wie die altarähnlichen Untergestelle es den gleichfalls bäumenden Pferdecolossen vom Monte Cavallo thun. Der Kopf des Pferdes und der ganze Obertheil des Reiters fehlt. Die Beine sind mit den morgenländischen Anaxyrides oder persischen Hosen bekleidet. Aber die Figur ist keine Amazone, denn die linke Hand, welche, fest zur Faust geballt, das Pferd kraftvoll zurückreißt und so zum Bäumen bringt, ist keine Frauenhand. Dunkel bleibt das Motiv des rechten Armes, da Kopf und Oberkörper fehlen: man möchte glauben, daß die Gestalt Mausolus sei, der mit seinem Speer einen am Boden liegenden Feind durchbohrt. Trotz der starken Beschädigung athmet diese Gruppe, wie sie jetzt wieder im Museum in der Stellung des bäumenden Pferdes aufgestellt ist, das höchste Leben. Sie muß unter Dach gestanden haben, denn man sieht keine Verwitterung, vielmehr ist auf der Brust des Pferdes noch jeder Meißelschlag deutlich zu unterscheiden. Auf der Croupe des Thieres soll der griechische Buchstabe S (Σ) stehen.

Bald ergaben sich auch Aufschlüsse über das Fundament des

Mausoleums. Der Fels erschien zu einer regelmäßigen Platte ausgehauen, als ein Bette, um die Grundmauern zu legen. Auf diese Weise war ein mächtiges Viereck in den lebendigen Felsen eingetieft, welches jetzt zwei bis sechzehn Fuß unter der Oberfläche der umliegenden Felder liegt. Wo an den Rändern der Fels versagte, da ist der Einschnitt als eine Mauer von mächtigen länglichen Blöcken fortgesetzt. Indessen bot der Fels für diesen gewaltigen Raum nicht überall eine gleiche Höhe. Einzelne Stellen sind daher tiefer ausgehauen, aber so, daß die Oberfläche jeder einzelnen Plattform immer ganz wagerecht liegt. Dann aber sind die tiefern Plattformen mit einem Pflaster von großen flachen Blöcken desselben Steines ausgefüllt, welches an den tiefsten Stellen mehrere Lagen hat. Alle Platten dieses Pflasters sind einen Fuß dick; manche sind abgeräumt, denn die Rhodiser nahmen für den Bau des Castells außer dem Marmor auch diese Steine des Pflasters. Wo aber die letztern noch festliegen, da erscheinen sie noch jetzt durch eiserne Klammern zusammen gehalten. Das Gestein, aus welchem das Pflaster und der ganze dem Mausoleum unterliegende Fels besteht, bezeichnet Newton als einen groben grünen Stein; ob er aber damit einen Kalkstein oder den vulcanischen sogenannten Grünstein, eine Art Basalt, meint, geht aus seinen Berichten nicht hervor. Unter dem gewaltigen Pflaster ist der Fels von einer Menge unregelmäßig gehauener, enger Gänge durchzogen, in denen man brunnenähnliche Vertiefungen gefunden hat: vermuthlich Abzugsröhren für den Regen. Ueber dem Pflaster endlich liegt eine Masse von Schutt, und in diesem haben sich die meisten Sculpturfragmente gefunden. Schon am 3. April 1857 war man so weit, die ausgetiefte Plattform völlig berechnen zu können, denn mit Ausnahme des nordöstlichen Winkels war sie damals abgeräumt. Die westliche Seite hatte 110, die südliche 126 Fuß; der ganze Umfang also 472 Fuß.

An der westlichen Seite des Fundamentbettes findet sich eine Treppe von zwölf Stufen, in den lebendigen Fels gehauen, welche vom Abhang des Theaterhügels zu dem Mausoleum herabführte. Die ganze Treppe lag unter einer Masse Erde, von den nordwestlichen Hügeln herabgeschwemmt, welche auf der untersten Stufe zwanzig Fuß tief war. Zwischen dem Fuß der Treppe und der Westseite des Vierecks fand man viele Alabasterkrüge von bedeutender Größe und Schönheit, wie man sie im Alterthum unter dem Namen Alabastra für Narden und köstliche Salben gebrauchte. Ebenfalls Figürchen von gebrannter Erde und Ochsenknochen, vielleicht, wie jene Krüge, mit Todtenopfern zu Ehren des Mausolus zusammenhängend. Die Felsentreppe wird also gedient haben, die Leiche, vielleicht in feierlichem Zuge, den Theaterhügel hinab in ihre Gruft zu tragen, denn an dieser Stelle war der Hauptzugang zur Grabkammer. Hier fand sich ein Stein von ungeheurer Schwere höchst planvoll und unerschütterlich in die Mauer befestigt. Newton veranschlagt den Stein auf zehn Tonnen oder zweihundert Centner. Er hat Rinnen an den Seiten, in welche Falze oder Leisten der Nachbarsteine schließen, und muß auf seinem Platze mit Maschinerie eingesenkt worden sein wie ein Fallgatter. Einmal auf seiner Stelle, ist er dann mit ehernen Riegeln befestigt worden. Diese Riegel sitzen in ehernen Löchern, welche in Marmorblöcke eingelassen sind. Aehnliche Erfindungen, um die letzte Wohnung der Todten gegen Raub zu sichern, findet man in ägyptischen Pyramiden. Die Sorgfalt dieser Vorrichtung läßt wohl keinen Zweifel, daß hinter diesem Steine, also unmittelbar über der Plattform, die Grabkammer des Königs gewesen ist. Wenn also die Ritter von Rhodos im Jahre 1522 von oben in diese Grabkammer eindrangen, so muß das durch einen innern Gang geschehen sein, der, ursprünglich nur Wenigen bekannt, dazu gedient haben mag, die prächtige Todtenkammer zu besuchen, nachdem sie durch die Senkung des großen Steines von der Außenwelt abgeschlossen war.

Manches bestätigt diese Ansicht über die Lage der Grabkammer im untersten Geschoß des Gebäudes. Lag die Grabkammer unten, so mußte man sie vor durchsickerndem Regen schützen. Nun aber kommt grade unter dem großen Stein hervor ein Seitencanal, der sich durch ein Gitter von Erz in den großen Wasserabzug ergoß, welcher das ganze Gebäude umlief. Dieses Gitter fand man noch auf seinem Platze, und es ist jetzt im britischen Museum: eine Bronzeplatte, welche eine von kleinen Löchern, wie eine Seihe, durchbrochene Vertiefung hat. Noch überzeugender wird dieses durch den Umstand, daß unmittelbar hinter dem großen Steine die schönste und merkwürdigste der sämmtlichen Alabastervasen, nur in wenige Stücke zerbrochen, sich gefunden hat. Diese Vase hat nämlich eine doppelte Inschrift: die eine in Hieroglyphen, eingeschlossen in jenen ungefähr ovalen Rahmen, der überall in ägyptischer Kunst einen Pharaonennamen umschließt; die andere ist vorderasiatische Keilschrift in drei Zeilen, sehr fein eingeritzt, und diese wird von Sir Henry Rawlinson als Khshayarscha naga wazarka, d. h. „Xerxes der Großkönig" gelesen. Wie kommt eine Vase aus des Xerxes Zeit, also damals 130 Jahre alt, in das Grab des karischen Königs? Müssen wir nicht annehmen, daß sie ein altes heilig gehaltenes Andenken der Familie war, vielleicht ein Geschenk jenes Xerxes an die erste Artemisia, die ihm die Kinder gerettet hatte nach der fürchterlichen Meeresschlacht? Wie aber hätte sich von einem solchen Schatze die Wittwe des Mausolus getrennt, wäre es nicht zum Zwecke gewesen, dem geliebten Todten grabe das Allerwerthvollste als Mitgabe in die Gruft zu gönnen? Seltsam ist ja doch auch die Uebereinstimmung, daß die Ritter von Rhodos am Sarge des Mausolus wirklich eine Vase stehen sahen — und könnte sie nicht in jener wilden Nacht, als die Räuber in Eile und Furcht den Sarg aufbrachen, von den Letztern übersehen oder kurzweg zerschlagen worden sein?*)

Wir sahen oben, daß das Felsbett, in welches die Fundamente des Mausoleums eingefügt waren, laut Newton's letztem Bericht vom 10. December 1857 ganz abgeräumt war. Innerhalb desselben, und zwar nach allen vier Rändern hin, haben sich theils

---

*) Nur noch zwei andre Vasen sind bekannt, auf denen Keilschrift mit Hieroglyphen zusammen vorkommt. Eine, die Vase des Grafen Caylus, zeigt Keilschrift in drei Sprachen, begleitet von einer Uebersetzung in Hieroglyphen, ebenfalls: Xerxes der Großkönig. Die andre eine ägyptische Vase von grauem Porphyr, im Schatz der St. Marcuskirche in Venedig; auch dreisprachige Keilschrift und Hieroglyphen, lautend: Artaxerxes (vermuthlich Ochus) der Großkönig. Es ist merkwürdig, daß schon vor der Entzifferung der Keilschrift Sir Gardener Wilkinson, der bekannte Aegyptiolog, in den Hieroglyphen der Vase den Namen Artasharssha gelesen hatte.

IV. Das Mausoleum von Halikarnassos. 139

Friesplatten, theils mächtige Stücke von colossalen Statuen, sowohl männliche als weibliche, jedoch keine Götterbilder, gefunden. Es ist folglich klar, daß das Mausoleum selbst, an dessen Außenseite diese Sculpturen gestanden haben, nicht ganz so groß gewesen ist als sein Felsbett, denn sonst müßten diese Sculpturen über das letztere hinausgefallen sein. Zugleich erklärt dieser Umstand vielleicht die merkwürdige Nachricht der Eudokia, daß das Mausoleum in einem Sumpfe angelegt sei. Sicherlich nicht von Anfang, das beweisen die Bodenverhältnisse; aber Eudokia hörte wohl die Glocken läuten und wußte nicht wo sie hingen. Daß zu ihrer Zeit, ungefähr 1000 Jahre nach Christus, die Umgebung morastig war, ist nicht unmöglich. Alle Canäle unter dem Gebäude, die einst zum Abzug des Wassers gedient hatten, fand Newton mit angeschwemmter Erde angefüllt. Sobald dieser Zustand eintrat, mußte sich das Wasser auf der Oberfläche des Pflasters um das Gebäude herum ansammeln, bis endlich die fortwährende Anschwemmung alle Umgebungen mit Erde zudeckte. Wirklich scheinen auch einige der Colossal-Statuen, besonders die von der Südseite und zum Theil von der Ostseite, lange Zeit im Wasser gelegen zu haben, daher ihre Oberfläche stark abblätterte. Jedenfalls ergiebt sich aus einzelnen Fundorten, daß rings um das Gebäude, außer den Reliefs des Frieses, eine Menge ganzer Statuen stand, und zwar in beträchtlicher Höhe, denn sonst würden sie nicht so sehr vom Falle gebrochen sein. An welcher Stelle des Gebäudes aber sie angebracht waren, werden wir später sehen.

Einige der neugefundenen Reliefs des Frieses sind viel besser erhalten als die zugehörigen Stücke aus dem Castell zu Budrum. Die Köpfe haben eine Feinheit der Behandlung wie eine Münze oder eine Camee. Ganz herrlich sind vier Platten, welche man in einer Linie, und zwar entlang der östlichen Front des Mausoleums, entdeckte. Eine dieser Platten ist sechs Fuß lang, die andern sind kürzer. Der Gegenstand ist hier, wie auf dem ganzen Fries, die Amazonenschlacht, und besonders zwei Amazonen, die eine stehend, die andere rückwärts vom Roß kämpfend, sind von hinreißender Schönheit und Lebendigkeit. Sie sind zugleich so wohl erhalten, daß sie gewiß nie von dem Platze bewegt worden sind, wo sie einmal lagen. Und da nun Plinius so bestimmt als möglich sagt, daß Skopas an der östlichen Front gemeißelt habe, so haben wir hier ein zuverlässiges, und zwar das erste ganz zuverlässige Werk von der Hand dieses großen Meisters.

Alles, was wir bisher berichteten, bezieht sich auf Gegenstände, entdeckt auf dem Fundamentboden des Gebäudes selbst. Allein noch ein unerwarteter und höchst bedeutender Fund ist übrig, der auf einer Stelle gemacht wurde, wo gewiß Niemand ihn sich hätte träumen lassen.

Als Newton an der Nordseite des Bauwerkes über das Fundamentbett hinaus graben ließ, stieß man auf eine regelmäßig gebaute Mauer von den schönsten weißen Marmorquadern, welche der Nordseite des Fundamentbettes genau parallel lief. Dieselbe Mauer wurde später auch an der Ostseite entdeckt und ergab sich als eine, vermuthlich das ganze Gebäude umlaufende Einfassung, in Uebereinstimmung mit einer Notiz bei Hyginus, daß der Peribolos, das heißt die das Mausoleum umgebende Einschlußmauer, 1300 Fuß im Umfang gehabt habe. Natürlich bot diese Mauer spätern Geschlechtern noch mehr als das solide Hauptgebäude einen bequemen Steinbruch, und sie scheint deshalb an keiner Stelle mehr vollständig, doch mag sie etwa zehn Fuß hoch gewesen sein.

Hiermit noch nicht begnügt, ging Newton mit den Ausgrabungen an der Nordseite auch noch über diese Mauer hinaus, und da stieß man plötzlich auf eine Masse von flachen Blöcken, mit vielen Statuen dazwischen. An der Stelle, wo der größte Haufe dieser Marmorfragmente sich fand, war die Mauer ersichtlich nach Außen gewichen. Die Blöcke zeigten sich sofort als Stücke der Pyramide, die Statuen als Fragmente des großen Viergespanns, welches einst die Spitze der letzteren krönte.

Dort fand man erstens ein gewaltiges Roß in zwei Stücken, oder vielmehr Stücke von zwei verschiedenen Pferden, einige Hufe, den Pferdekopf in zwei Stücken, deren jedes noch das eherne Gebiß mit seiner Rosette und einen Streifen Bronze enthielt, der einst, wohl in Nachahmung des Lederwerks, vom Gebiß nach dem Ohr herauflief; Stücke von den Speichen der Räder und von der Deichsel des Wagens. Ob das Stück eines bärtigen Kopfes, in alterthümlichem Stile, eine Zierrat am Wagen gewesen, ist ungewiß. Den Schwanz des großen Pferdes brach man etwas später aus einer modernen Gartenmauer heraus, die nicht weit von dem großen Fragmenthaufen zwei Felder schied.

Zweitens mehrere Löwen, fast vollständig, und schön erhalten, sowie ein Leopard über Lebensgröße von der Schulter bis zum Schweif. Er ist so groß wie die Löwen, die Behandlung gleicht sehr der des großen Pferdes, und Newton vermuthet, daß Beide von derselben Hand seien. Der Leopard hat an der Seite einen Zapfen, vermuthlich um ihn mit einer Gruppe zu verbinden. Die Flecken sind seltsam gezeichnet; tiefe, aber unregelmäßige Linien bilden spitzwinklige Vierecke über das ganze Fell. Ohne Zweifel sind einst diese Flecken durch Bemalung kräftiger hervorgehoben worden. Denn Bemalung ist bei diesen Figuren außer Zweifel: die Zunge des Pferdes und eines der Löwen fand man noch beim Aufgraben roth. Diese Thiere sind meisterlich gearbeitet und darauf berechnet, in einer großen Höhe gesehen zu werden. Damit stimmt überein, daß ihre Ausführung minder glatt ist als an den andern Sculpturen.

Drittens einige colossale weibliche Figuren, alle in feine Gewänder drapirt, nebst mehreren Frauenköpfen, die jedoch nicht zu den Torsos zu gehören scheinen.

Endlich viertens einen Mannskopf über-lebensgroß, oder vielmehr, strenggenommen, drei Viertel des Gesichtes, wovon der Hinterkopf abgesprungen war. Dieses Stück ist unverletzt, mit Ausnahme eines kleinen Bruches an der Seite der Nase. Auch hier waren Farbenspuren im Augenwinkel und Nasenloch übrig. Es lag nahe, hier den Kopf des Mausolus zu vermuthen, und dies hat sich bestätigt.

Fünftens zwei Säulenköpfe, einer davon ein Eckcapitell von der nordwestlichen Ecke des Gebäudes, ein Beweis, daß letzteres auf den vier Winkeln keine Pfeiler, sondern Rundsäulen gehabt hat. Auch noch einige Löwenköpfe, die aber nicht zu freistehenden Löwen, sondern als die gewöhnlichen Wasserspeier zu dem Dachgesims des Gebäudes gehört hatten.

Einzelnes von diesen Massen lag nicht weniger als 44 Fuß

von der Nordgrenze des Fundamentbettes. Seltsamerweise fanden sich zur selben Zeit an der Südseite in 32 Fuß Entfernung vom Rande des Bettes große Stücke eines Rades von dem großen Wagen. Zwischen beiden einst zusammengehörigen Theilen, den Speichenstücken an der Nordseite, dem Rad an der Südseite, lag ein Zwischenraum von 150 Fuß. Hiernach ist es klar, daß eine schwingende Bewegung das Viergespann nebst einem großen Stück der Pyramidenspitze nach Norden hinuntergeschleudert hat; dort schlug die ganze Masse auf die marmorne Einfassungsmauer, die vor dem Stoß nach Norden auswich, und bettete sich dann an der Außenseite. Ein Rad blieb auf der Plattform stehen und stürzte damals oder später nach Süden herab. Dies muß geschehen sein, ehe man das Castell von Budrum zu bauen anfing, also vor 1400. Angeschwemmte Erde, bald von den folgenden Geschlechtern zu Gärten und Feldern verwendet, deckte den nördlichen Trümmerhaufen, und da über die Umfassungsmauer des Gebäudes hinaus gewiß Niemand Steine oder Schätze vermuthete, so blieb dieser Trümmerberg undurchwühlt bis auf unsre Tage. Newton, von der Wichtigkeit seines Fundes sofort überzeugt, sammelte auch das kleinste Fragment dieser Trümmer von der Nordseite und schickte es in besonders numerirten Kisten nach England. Dadurch ist das Wunderwerk gelungen, die wichtigste Figur der ganzen Gruppe des Viergespanns, obwohl aus mehr als fünfzig Fragmenten, fast ganz vollständig wieder herzustellen.

Was aber war es, wodurch das Viergespann stürzte und, eine der langen Seiten der Pyramide herunterrollend, so weit in die Felder hinausgeschleudert wurde? Newton denkt an ein Erdbeben: die eine Schwingung hat dann wohl den Wagen nach Norden, die nächste das Rad nach Süden geschleudert. Ich glaube, ein Blitzstrahl, dem die 140 Fuß aufragende Pyramidenspitze gewiß sehr ausgesetzt war, konnte dieselbe Wirkung hervorbringen. In einem Hause unweit Manchester verschob der Blitz am 6. August 1809 eine Mauer zwischen einem Keller und einer Cisterne, die drei englische Fuß dick und zwölf Fuß hoch war, so daß der verschobene Theil an einer Seite vier Fuß, an der andern neun Fuß aus seiner Lage entfernt war. Man berechnete das Gewicht dieser

IV. Das Mausoleum von Halikarnassos.

verschobenen Backsteine auf 500 Centner, und dies war eine solide Mauer, nicht eine luftig gestellte Gruppe von Statuen.*)

Kehren wir auf diesem Punkte noch einmal zu Guichard's Erzählung von der Plünderung der Grabkammer im Jahr 1522 zurück. Seine Worte zeigen, daß damals der größte Theil der Pyramide noch stand, denn als man anfing, den zu Tage anstehenden Marmor für Kalk wegzubrechen, da wurden die Stufen nach unten zu breit und breiter, was nur bei der Pyramide, nicht bei der viereckigen Cella der Fall sein konnte. Damals, so scheint es, verschwand der Ueberrest der Pyramide ganz, und um so höher ist der Glücksjufall anzuschlagen, der uns so viele Stufen von der Spitze der Pyramide rettete, ehe die systematische Zerstörung begann.

Denn diese Pyramidenstufen gewähren uns eine mathematisch ganz zuverlässige Berechnung der Höhe, Länge und Breite der Pyramide, woraus dann wieder die wichtigsten Angaben für die Reconstruction des ganzen Unterbaus sich ergeben.**)

Alle Blöcke der Pyramide haben die gleiche Dicke von $11^3/_4$ Zoll; die Breite ist mit strenger Regelmäßigkeit entweder zwei oder drei Fuß; die Länge wechselt, ist aber meist gegen vier Fuß. Die eine der langen Seiten, diejenige, welche $11^3/_4$ Zoll breit ist, ist jedesmal ganz polirt, die anliegende Langseite ist nur halb polirt; jene bildet die Stufe, diese mit ihrem polirten Theil den Tritt der Stufe; der nicht polirte Theil diente, um auf ihn die nächst obere Stufe aufzulegen. Wo je zwei nebeneinander liegende Blöcke zusammenstoßen, um sich zur Stufe zu verbinden, hat jeder ein Rändchen in der Form eines halben Spitzbogens, dies schloß sich an das Rändchen des Nachbarsteins und bildete mit ihm eine Art Spitzbach, um den Regen am Einsickern zwischen die Platten zu verhindern. Die Steine jeder Stufe wurden mit kupfernen Zapfen fest aneinander geschlossen. Jede Platte war außerdem

---

*) Deutsche Monatshefte, Februar 1858. S. 536.

**) Das Folgende, soweit es sich auf die Maße bezieht, entnehme ich fast ganz aus dem Briefe des Genie-Lieutenant R. M. Smith, d. d. Budrum, 1. Juni 1857. Sein Aufriß des Gebäudes ist künstlerisch schwach, aber die mathematische Berechnung höchst scharfsinnig.

mit der obern und untern durch genau gehauene Vertiefungen verbunden, in welche der Falz der Deckplatte schloß. Wir hörten, daß einige Stufen eine Breite von zwei Fuß, andere von drei Fuß hatten. Dieses gab auf den breitesten einen Tritt von 21 Zoll, auf den schmaleren von 17 Zoll. Der Grund dieser Verschiedenheit war, daß zwei Seiten der Pyramide etwas kürzer gewesen sind als die andern; da nun an den kürzern Seiten die Pyramide auch nur vierundzwanzig Stufen hatte, so mußten die Stufen an den langen Seiten rascher ansteigen, die Tritte folglich minder breit sein. Dieses ist vollständig erwiesen, da sich mehrere Eckplatten gefunden haben, welche den Tritt an einer Seite breiter als an der anliegenden andern haben. Man hat also die Pyramide ganz bequem und mit völliger Sicherheit hinaufsteigen können; die Stufen waren nicht ganz einen Fuß hoch, auf den schmalen Seiten 21 Zoll und selbst an den längsten Seiten 17 Zoll breit. Die Pyramide stieg bei Weitem nicht so jäh empor wie eine gewöhnliche Treppe: auf einem sicheren Pferde hätte man sie hinaufreiten können. Sehr wahrscheinlich konnte man also bis zum Viergespann kommen, und es von der Plattform, auf der es stand, ganz in der Nähe besehen.

Sobald wir nun feststellen können, wie lang und breit diese Plattform und wie hoch das Viergespann gewesen ist, so haben wir alle Dimensionen der Pyramide genau bis auf einen Zoll herunter.

Das große Pferd im britischen Museum ist 10 Fuß lang, und aus der Größe des Rades vom Wagen des Mausolus läßt sich schließen, daß Wagen und Pferde zusammen 20 Fuß Länge hatten. Geben wir 2 Fuß an jeder Seite zu, so stellt sich die Länge auf 24 Fuß. Da die Pferde bei einem antiken Viergespann alle nebeneinander stehen, so ist für die Breite der Plattform 18 Fuß nicht zu viel. Die Höhe der Gruppe kennen wir mathematisch genau, seitdem die Statue des Mausolus von den Arbeitern im Museum vollständig zusammengesetzt worden ist. Das Rad hat 7 Fuß 7 Zoll im Durchmesser; Mausolus stand auf der Achse, also, den Boden des Wagens eingerechnet, 3 Fuß 8 Zoll vom Boden. Die Figur ist nicht ganz 10 Fuß hoch, etwa 9 Fuß

IV. Das Mausoleum von Halikarnassos.

9 Zoll, aber 10 Zoll müssen wir zugeben, so dick ist die Marmorplatte, auf der das ganze Viergespann stand; ein Stück derselben mit einem Pferdehuf zeigt es. Das giebt zusammen eine Höhe von 14 Fuß und 3 Zoll.

Nun die Dimensionen der Pyramide. Die Weite der Tritte, 1 Fuß 9 Zoll an den zwei schmalen Seiten, giebt uns die Länge der Pyramide. Aus Plinius wissen wir, daß 24 Stufen da waren, das macht auf jeder Seite 42 Fuß, zusammen 84 Fuß. Hierzu müssen wir jedoch die Länge der Plattform addiren, auf der das Viergespann stand. Diese wird 24 Fuß sein; die Länge der Pyramide ist also 108 Fuß.

Ebenso geben uns die Tritte der Stufen auf den Langseiten die Breite der Pyramide. Jeder Tritt ist hier 1 Fuß 5 Zoll breit, ebenso viel auf der entgegengesetzten Seite, das macht zusammen 68 Fuß, und mit der Plattform, deren Breite wir 18 Fuß annahmen, ist also die Breite 86 Fuß. Der Umfang der Pyramide am untern Ende, da wo sie auf dem Pteron aufruhte, war demnach 388 Fuß.

Endlich die Höhe. Jede Stufe ist $11^{3}/_{4}$ Zoll hoch, und 24 Stufen sind es gewesen. Das macht $23^{1}/_{2}$ Fuß. Fügen wir diesem die Höhe des Viergespanns mit 14 Fuß 3 Zoll hinzu, so haben wir für den ganzen Theil des Mausoleums oberhalb des Pterons 37 Fuß 9 Zoll. Nun sagt Plinius auf das Allerbestimmteste, daß diese Höhe 37 Fuß 6 Zoll gewesen sei; eine Uebereinstimmung, die an das Wunderbare grenzt.

Schreiten wir nun von diesem mathematisch zuverlässigen Resultat zu den Dimensionen der untern Theile des Mausoleums herab, so meldet Plinius, daß das Pteron ebenfalls $37^{1}/_{2}$ Fuß hoch gewesen sei. Schon vor vielen Jahren war der große Architekt, Richard Cockerell, der die Figuren von Aegina fand und mit Baron Stackelberg den berühmten Fries von Phigalia ausgrub, auf dasselbe Resultat gekommen. In den griechischen Säulenordnungen sind (mit kleinen Abweichungen je nach der Entstehungszeit der einzelnen Bauwerke) die Verhältnisse der einzelnen Theile der Ordnung genau bestimmt und geregelt. Aus jenen Friesplatten, die 1846 nach London kamen, berechnete Cockerell in einem

Briefe an Newton, der im Classical Museum von 1848 abgedruckt ist, die Höhe des Pterons, Säulen und Gebälk zusammengenommen, gleichfalls auf 37½ Fuß. Jetzt sind wir mit Stücken von jedem einzelnen Theile der Ordnung versehen: mit Säulentrommeln vom obern und untern Ende der Säulen, mit Capitellen und Basen, mit Architrav, Fries und Gesims, und die Rechnung stimmt zum dritten Mal.

Das Einzige, was hier noch unklar bleibt, ist folgender Umstand, dem jeder Architekt wird Rechnung tragen müssen, welcher eine Restauration des Gebäudes zu zeichnen unternähme.

Das Viergespann kann schwerlich direct auf der Plattform der obersten Stufe gestanden haben; man hätte es dann nur aus ziemlicher Ferne sehen können, es würde auch gegen die Masse des Gebäudes verschwunden sein. Sicher war es daher auf ein besondres Piedestal mit senkrechten Wänden aufgesetzt, und dieß Piedestal stand über der obersten Stufe der Pyramide: ungefähr so wie man auch auf einem Marktplatz eine Gruppe auf einen hohen Untersatz aufstellt.

Pyramide und Pteron waren zusammen 75 Fuß hoch, allein da die gesammte Höhe des Mausoleums nach Plinius 140 Fuß betrug, so bleibt noch eine dritte Dimension zu bestimmen. Unzweifelhaft wurde sie von einem massiven Unterbau eingenommen, denn einen solchen finden wir an den ionischen Gebäuden Kleinasiens, besonders wenn sie Denkmale, nicht Tempel sind, als eine ganz gebräuchliche Sache. Solch einen Unterbau hat das reizende Harpagosmonument von Xanthos, und ganz in der Nähe, in des Mausolus Geburtsstadt und früherer Residenz Mylasa, zeigt eine kleine Nachbildung des Mausoleums dieselbe Dreitheiligkeit: erst einen soliden, wenig verzierten Unterbau, dann eine Säulenstellung, endlich die Pyramide. Die Eleganz und Leichtigkeit des ionischen Stils verlangt solchen Untersatz, damit die zarte Säule nicht unmittelbar dem Boden entsprieße. Auch in Athen steht der ionische Tempel der ungeflügelten Siegesgöttin hoch in der Luft, und das Monument des Lysikrates mit den eleganten korinthischen Säulchen, welches, beiläufig gesagt, dem Mausoleum fast gleichzeitig ist, hat wiederum seine entsprechenden drei Theile.

Für Grabmonumente empfahl sich diese Form noch im Besonderen, indem dieser feste Mauerkern für die Gruft die größtmögliche Sicherheit darbot; und wie in Mylasa die Grabkammer in diesem Unterbau lag, so kann es nach den obigen Untersuchungen über den ungeheuren, zu ebener Erde liegenden Schlußstein wohl keinem Zweifel mehr unterliegen, daß auch Mausolus in diesem Unterbau und nicht, wie man früher vermuthete, in der Cella des zweiten Geschosses geruht hat. Dieser Stereobat bestand aus dem grünen Stein des Bodens, der sich noch in großen Massen von Quadern auf einigen Stellen des obenerwähnten Pflasters findet. Aus seinen Massen dürfte der größte Theil des Castells von Budrum ursprünglich gebaut worden sein. Vielleicht war er ganz mit Marmorblöcken bekleidet, aus denen wohl auch die Cella bestand; auf dem Castell ist eine ganze Mauer mit diesen Marmorblöcken gebaut. Wie hoch man den ganzen Unterbau annehmen will, hängt von der Höhe ab, die man dem Piedestal des Viergespanns oben auf der Pyramide zutheilt.

Auf diesem Unterbau erhob sich nun das Pteron, dessen sechsunddreißig Säulen auf dem Rande des erstern aufstiegen, und über dem Gebälk dieser Säulen lag die unterste Stufe der Pyramide. Die letztere hatte, wie wir oben sahen, 388 Fuß im Umfang. Nimmt man an, daß die Säulenfüße des Pterons drei Fuß vom obern Rande des Unterbaues einwärts standen, so ergiebt sich für den Umfang des Unterbaues die Summe von 412 Fuß. Und dies sind die Worte des Plinius: „Das Mausoleum hat einen Gesammtumfang von 411 Fuß."

Solch einen ungeheuren Block von Mauerwerk aber, wie diesen Unterbau, hätte das Alterthum, wenigstens das griechische, schwerlich ohne alle Sculpturverzierung gelassen. Man hat daher angenommen, daß jener berühmte Fries mit den Amazonenkämpfen um diesen Unterbau umhergelaufen sei. Dies ist unmöglich. Die Zeichnung dieses Frieses, wie ich unten zu beweisen hoffe, thut dar, daß er auf eine große Höhe berechnet war. Auf alle Fälle muß doch über den Säulen des Pterons ein Fries gewesen sein, und dieser Raum, wo Bildwerk am schönsten sich zeigt, den die alten Architekten ausdrücklich den Bilderträger (Zophoros) zu nennen pflegten, der sollte beim Mausoleum, dem so verschwenderisch mit Bildwerk geschmückten, nichts als eine nackte Marmorplatte gewesen sein! Und da wir doch Stücke von sämmtlichen architektonischen Theilen haben, wie könnte dieser an 400 Fuß lange Fries gänzlich verschwunden sein? Endlich paßt nach der obigen Berechnung des Herrn Cockerell die Höhe der Friesplatten in London wie in Genua genau zu einer Säulenordnung von $37^1/_2$ Fuß Höhe. Wollte man sagen, daß diese Reliefs in einer Höhe von beiläufig 100 Fuß nicht mehr erkennbar gewesen, so muß hier erwähnt werden, daß sie bemalt gewesen sind, wie man unter den neugefundenen Friesplatten von der Hand des Skopas noch deutlich an der innern Seite eines Schildes wahrnimmt.

Und doch hat auch der Unterbau seine Bildzierden gehabt. Es finden sich nämlich, obwohl durchaus nicht zahlreich, Fragmente eines größern Frieses, Reiter, Wettrennen, Kriegsscenen. Daß dieser Fries mehr gelitten hat als der obere, ist natürlich, da die Zerstörung des Monuments in der christlichen Zeit vielleicht schon sehr früh anfing, und dann gewiß an der bequemsten Stelle, nämlich der Marmorbekleidung des Unterbaues begann, während der äußere Fries des Pterons, so lange überhaupt das Gebäude noch aufrecht stand, durch seine Höhe geschützt war.

Leicht ergiebt sich nun die Stelle für den größern Theil der colossalen stehenden und sitzenden Statuen, welche rund um das Gebäude sich gefunden haben. Sie standen auf dem Rande des Unterbaues, zwischen den Säulen des Pterons: eine Anordnung, die sich auch, grade so wie der doppelte Fries, an dem Harpagosmonumente von Xanthos wiederholt. Ihre Höhe von acht bis zwölf Fuß hat ein gutes Verhältniß zu den etwa doppelt so hohen Säulenschäften, zwischen welchen sie standen.

Schwierig bleibt die Frage, wo die zahlreichen Löwen gestanden haben. Sie sind gut, aber doch mehr handwerklich gearbeitet als die andern Figuren, und ihre große Anzahl beweist, daß sie nur als Ornament, nicht als selbstständige Theile von Gruppen gedient haben. Herr Cockerell, von dem auf der Ausstellung der Londoner Akademie von 1858 eine Phantasie=Darstellung des Mausoleums sich befand, ordnete sie auf kleinen Postamenten über

IV. Das Mausoleum von Halikarnassos.

einer Art von Attica an, die er zwischen das Gebälk des Pterons und die Pyramide legt. Sehr auffallend bleibt es, daß einige Löwen und der große Leopard sich jenseits der nördlichen Einfassungsmauer, unter den Trümmern der Pyramidenspitze und des Viergespanns gefunden haben. Sollten sie als königliche Begleitthiere auf der Plattform neben dem Wagen gestanden haben, wie man sie wohl auf Darstellungen der alten Pharaonen findet? Auch die weiblichen Torsos, von derselben Stelle, beweisen, daß ganze Figuren noch über den Säulen müssen in der Luft gestanden haben: vielleicht besiegte Städte auf den vier Ecken der untersten Pyramidenstufe, wie man denn solche Gestalten auf einer Treppenpyramide auf der Rückseite einer (allerdings zweifelhaften) Münze sieht, deren Vorderseite den Kopf der Artemisia zeigt.

So bleibt nur noch die letzte Frage übrig: wie konnte die Pyramide auf dem Pteron ruhen? Das Pteron war eine Säulenhalle und hatte, wenn wir die Säulen in gleichen Zwischenräumen auf die früher berechnete Fläche des Unterbaues vertheilen, elf Säulen an den langen, neun Säulen an den schmalen Seiten. Diese Säulen umstanden einen festen innern Mauerkern, die Cella, und auf diesen scheint sich die Angabe des Plinius zu beziehen, daß die Länge dreiundsechzig Fuß, die Breite etwas kleiner gewesen sei. Der schwerste, mittlere Theil der Pyramide nebst dem Viergespann ruhte daher sicher genug auf der soliden Cella und durch sie auf dem massiven Unterbau. Die Säulen und das Dach der Colonnade, zwischen ihnen und der Cella, hatten nur die nach unten leichter werdenden Pyramidenstufen zu tragen. Wie aber dieses Dach zwischen Säulen und Cella gegen den Druck der doch immer nicht unbeträchtlichen Last gesichert worden ist, das läßt sich nur vermuthen. Der englische Genie-Lieutenant Smith, der sich an Ort und Stelle um die Berechnung der Dimensionen großes Verdienst erworben hat, nimmt an dieser Stelle ein leichtes Spitzbogengewölbe an, so daß die letzten Stufen nach unten gar keinen festen Mauerkern mehr haben. So seltsam dies nach den herkömmlichen Begriffen antiker Architektur erscheinen mag, wird es doch durch das Beispiel einer ähnlichen Construction in dem naheliegenden Mylasa bestätigt. Ja, bei einem Architekten von so ausgebreiteten Kenntnissen wie Pytheos hat es nichts Unwahrscheinliches, anzunehmen, daß die ganze Pyramide sammt der Cella inwendig hohl, und nach dem Princip des zuckerhutförmigen Schatzhauses von Mykene construirt gewesen.

Lassen wir nun zum Schluß noch einmal das Gesammtbild des reichen und zierlichen Werkes vor unsrer Phantasie emporsteigen. Die Höhe ist nur zwanzig Fuß mehr als die Länge. Innerhalb einer weitabstehenden marmornen Einschlußmauer erhebt sich, auf die mächtigen Blöcke des Fundamentbettes breit hingelagert, das colossale Rechteck des Unterbaues, in der Größe und den Verhältnissen eines kleinen Palastes, aber massenhaft, ungegliedert, mit senkrechten Wänden aufsteigend, wie ein zugehauener Block des lebendigen Felsens: nur am obern Rande zieht sich ein bemalter Fries von weißem Marmor hin, von That und Kampf zeugend. Vom Unterbau schießen die schlanken, leichtgefärbten, ionischen Säulen empor, die Capitelle, die Kranzleisten und flachen Streifen des Gebälks, blau und roth, grün und gold mit Ornamenten bemalt: zwischen den Säulen mächtige Frauengestalten in herrlich gefalteten Gewändern, Reiter in reicher persischer Tracht, das bäumende Roß vom Sprung in die Tiefe zurückreißend: auch diese in vollem Farbenschmuck, als wären sie in lebendiger Gegenwart gedacht, wandelnd in dem hohen Säulengange und hinausblickend auf den nördlichen Felsenkranz, auf die südliche Meeresbucht. Ueber den Säulen, auf dem Kranze des Gesimses, die königlichen Thiere mit offenem Rachen und ausgereckter Zunge, in mannigfaltiger Stellung um sich blickend, wie man noch vor zwei Menschenaltern den lebendigen Löwen auf den Schuttbergen Babylons stehen sah. Hierauf die Pyramide, nicht steil, thurmartig, wie man sie wohl früher gezeichnet hat, sondern flach mit kaum bemerkbaren Stufen, nach Art eines Hausdaches aufsteigend. Endlich die Krone des Ganzen, der Herrscher selbst, vollkommen aufrecht und ruhig, in würdigem griechischem Gewand, das unbedeckte Haupt mit freundlichem Ausdruck des Gesichts leicht emporgehoben — und ebenso ruhig, gezügelt von seiner festen Kraft, die stehenden Rosse; Leopard und Löwe, gleich königlichen Doggen, an den Seiten des Streitwagens; so stand unter der Sonne Joniens, unter dem blauen Aether des Mittelmeeres, schwebend in freier Luft, wie Martial es bezeichnet, die glänzende, doch durch Farbe der Natur genäherte Marmorgruppe auf dem Gipfel des gegliederten Berges.

V. Die Reste der Bildwerke im britischen Museum.

Es ist schmerzvoll, von der Vorstellung dessen, was dieses Werk war, zu seinen armen Resten hinabzusteigen, wie ich sie, ohne Ordnung und Zusammenhang, in einem zeitweiligen Glasverschlage unter der äußern Colonnade des britischen Museums aufgestellt gesehen habe.

Ganz im Vorbeigehen sei hier noch einmal erwähnt, daß alle Sculpturen mehr oder weniger Reste von Bemalung zeigen; dasselbe ist der Fall bei dem architektonischen Ornamente. Zugleich erweisen die Ausgrabungen, wie es kommt, daß an so vielen andern monumentalen Bildwerken jetzt keine Farbenspuren mehr erkennbar sind. Newton sagt ausdrücklich, daß an einer großen sitzenden Frauenfigur von der Ostseite zwei Farben über den größten Theil der Oberfläche ganz deutlich zu unterscheiden waren; sie verschwanden aber schnell, als sie der Luft ausgesetzt wurden. Diese Figur lag sehr naß, und blättert stark ab.

Unter den zahlreichen Löwen sind sechs im März 1857 aus den Mauern des Castells herausgebrochen worden. Die Ritter hatten meist nur die Vordertheile als Büsten gebraucht. Im Mausoleum fand Newton fünf Hintertheile und viele Stücke von Beinen, Schwänzen und Klauen. So ist es seltsamerweise geschehen, daß einige dieser Bestien nach einer Trennung von vier Jahrhunderten ihre Hinterquartiere wiedergefunden haben. Sie sehen aus, als ob sie darüber ein großes Vergnügen empfänden: denn die Köpfe, meist sehr vollständig, nicht stilisirt, sondern ganz naturtreu, haben einen lebendigen und gutmüthigen Ausdruck. Einige Löwen fand man jedoch im Mausoleum selbst, und zwar an der Nordseite, jedoch nicht außerhalb der Einschlußmauer; diese sind bis auf die Füße vollständig. Einer hat als Zeichen ein griechisches Γ, der andere ein Δ eingravirt. Auch das Vordertheil eines Leoparden von dem Schloß ist mitgekommen.

Vergleichen wir nun die Reliefs des Frieses mit den colossalen runden Statuen, so tritt sofort ein bedeutender Unterschied des Stils uns entgegen. Die Friesplatten, welche im Jahre 1846 aus dem Schloß von Budrum herausgebrochen wurden, standen anfangs im britischen Museum aus Mangel an Raum an der Erde. Man sah daher auf die Figuren von oben herab, und dadurch verloren sie bedeutend. Jetzt sind sie zugleich mit den neu aufgefundenen etwas über der Höhe des menschlichen Auges aufgestellt, und es ist erstaunlich, wie viel an Leben sie dadurch gewinnen. Der Gegenstand ist bekanntlich der Kampf behelmter, griechischer Helden gegen Amazonen, die letztern meist zu Roß. Die Sage vom Amazonenkampf war nicht nur den Griechen theuer, als einer der vielen mythischen Siege Europa's über Asien, sondern sie war noch ganz speciell eine stolze karische Nationalerinnerung. Die Streitaxt, welche Herakles in jener Schlacht der Hippolyte abnahm, gab er hernach der lydischen Omphale, aber den Lydiern nahmen die Karier sie im Kampfe weg und setzten sie als Triumphzeichen über ihre Stadtthore und auf ihre Münzen. An der Bewegung und den Verhältnissen der Figuren sieht man deutlich, daß die Bildhauer darauf gerechnet haben, sie dem Auge in großer Entfernung zu zeigen: denn sie bildeten, wie wir früher sahen, den obersten Fries und waren demnach beinahe hundert Fuß über dem Boden. In dieser Ansicht erscheint die menschliche Gestalt schon bedeutend verkürzt. Die Männer sind daher meist überschlank genommen, Füße und Arme verjüngen sich sehr stark, und der Effect der Compositionen wird gesteigert durch die Stellung der Körper, welche in heftiger Angriffsbewegung diagonal die Fläche durchschneiden. Die Scenen des Kampfes sind mannigfaltig und außerordentlich wild, die Bewegungen leidenschaftlich, an's Theatralische streifend. Auch Farbeneffect wurde angestrebt. Auf einer der neu angekommenen Tafeln sieht man den Schild eines Griechen inwendig roth bemalt. An den Pferdeköpfen hat die Wange ein rundes Loch, wo die bronzenen Gebisse und Zügel festsaßen. Auch in den Körpern der Männer sieht man hie und da solche Löcher, um Schwertgehänge und Waffenstücke in sie zu befestigen, und die Schwertklingen in der Hand der Krieger waren zum Theil von Erz. Im Ganzen jedoch leisten diese Friese nicht, was man von dem Rufe ihrer Urheber erwartet hätte; sie stehen in Stil und Ausführung ungefähr dem Fries am Monument des Lysikrates zu Athen gleich, welcher kurz nach ihnen (334) ausgeführt worden ist und schon als ein Beweis von dem leisen Verfalle der athenensischen Schule gilt.

Viel höher freilich als jene längst bekannten Werke stehen die neuen Tafeln desselben Frieses von der Ostseite, dem Skopas angehörig. Krieger und Amazonen sind hier in demselben Verhältnisse als dort, nur die Pferde etwas größer genommen. Die Ausführung ist feiner, obwohl kaum kräftiger; man vergleiche an zwei berittenen Amazonen, die jetzt in fast gleicher Attitüde neben einander eingemauert sind, Mähne und Schweif der Pferde, Hand und Gewand der Frauen. Es sind vier dieser neuen Tafeln: erstens diese Amazone zu Roß, aber der Krieger, mit dem sie kämpfte, fehlt. Zweitens, eine Amazone auf dem nach links bäumenden Pferde, ganz grade in den Bügeln stehend, führt einen Streich gegen einen wieder nicht sichtbaren Gegner; ein Jüngling, wehrlos und unbehelmt, in die Knie gesunken, sucht sich noch mit dem Schild gegen eine Amazone zu decken, die ihm den Todesstreich versetzt. Drittens, die Fortsetzung der zweiten Tafel, eine prachtvolle Gruppe: ein bärtiger Grieche greift mit Schwert oder Lanze eine stehende Amazone an, welche, mit dem Oberkörper zurückweichend, mit beiden Händen zum Schlage ausholt. Ihr Kopf ist großartig, von der schönsten Aufregung beseelt. Wir sehen sie von hinten; das Gewand, nur vom Gürtel unter der Brust gehalten, hat sich verschoben, und wir erblicken durch ein ebenso neues als keckes Motiv Busen, Rücken, Schenkel ganz bloß. Ihr rechtes Bein, das man ganz von hinten sieht, stemmt sich mit dem Knie in's Bild hinein, die Ferse kommt stark heraus, so stark, daß hinter ihrem Fuße noch das Bein eines Griechen sich einschiebt, ohne daß beide sich berühren. Denn ganze Körperstücke auf diesen Friesen, Köpfe, Beine, Hände, treten ganz abgelöst aus dem Grund hervor, was auch eine Ursache der argen Zerstörung ist. Noch steht auf dieser Platte ein Grieche, der eine auf den Rücken gestürzte Amazone tödten will. Endlich die vierte Tafel, wieder mit der vorigen zusammengehörig, als Fortsetzung. Auf rasch nach rechts sprengendem, wohl scheu gewordenem Rosse, das mit hochgehobenem Kopfe und offenen Nüstern ungezügelt dahinbraust, hat eine Amazone sich herumgeworfen, das rechte Bein überschlagend, und sitzt also verkehrt auf dem Pferde, um rückwärts zu kämpfen; aber schwerlich den Bogen spannend, denn der rechte Arm streckt sich aus, während der linke dem Leibe nahe bleibt. In der Mitte ein Grieche, behelmt, stark zurückgebeugt, weil eine überaus kühne Amazone zu Fuß, von rechts mit wildfliegendem Gewand heranstürmend, ihm mit der Linken unter den Schild greift; ihre Rechte schwingt den Tomahawk, um ihn dem Krieger mit einer Terz gegen dessen rechte Schläfe zu hauen: eine complicirte, aber wunderbar verständlich ausgedrückte Attitüde. Die Axt selbst ist in Stein ausgeführt, der Stiel aber war Erz und stand von dem Grunde ab; die Axt hat sichtlich ein Loch, in das er eingefügt gewesen ist.

Es scheint dem Skopas eigenthümlich, daß seine Figuren viel, ja daß sie zu viel mit ihrem Gewand zu schaffen haben. In seiner Niobegruppe bildet das schützend vorgehaltene oder über den Kopf geschwungene Gewand ein fast allzuhäufiges Motiv. Eine Mänade wenigstens sollte über Toilette hinaus sein; aber jene Mänaden in Relief mit dem Hinterviertel eines Rehes in der Hand, auch die von Flaxman in den Zeichnungen zu seinen Vorträgen (Taf. 45) als Kallirrhoe bezeichnete, halten ihr Gewand so, daß ein zierlicher Effect entsteht. Wiederum bei seinem Apollo als Musenführer fiel einem römischen Dichter das lange weibliche Gewand auf. Selbst die Venus von Milo, wenn sie von ihm ist, zeigt ein wenig von dieser Absichtlichkeit: das Gewand ist so um die Hüften gelegt, daß es eben heruntergleiten würde, wenn der leicht eingezogene linke Oberschenkel ihm nicht einen Halt gäbe. Sollte es zufällig sein, daß eine seltsame Verschiebung des Gewandes bei der zu Fuß kämpfenden Amazone dem greisen Künstler noch einmal ein neues und geniales Motiv darbot?

Der Stein an diesen Friesen scheint grobkörniger und bläulicher als der blendendweiße Marmor der großen Sculpturen. Die Zahl der Platten an allen vier Seiten muß ungeheuer gewesen sein; ganze Körbe voll abgebrochener Arme und Beine, etwa zwölf Köpfe, viele Oberkörper und fast vollständige Einzelgestalten beweisen noch), wieviel davon auf ewig verloren ist. Der Fries hat 2 Fuß 5½ Zoll Höhe, die Figuren sind ungefähr ein Drittel lebensgroß.

Von ganz besonderm Interesse waren mir beim Besuch der Arbeitshalle, wo im Jahr 1858 die Aufstellung vorgenommen wurde, die Reste des **untern Frieses**, welcher den Unterbau umlief. Vier Stücke desselben sind ausgestellt, zwei mit Kämpfen, wie es scheint; zwei mit Wagenrennen weiblicher Figuren; einige Stücke liegen noch unsichtbar in den Gewölben des Museums. Man erinnere sich, daß dieser Fries viel tiefer lag, also viel besser zu sehen war als der andere, aber leider hat er auch mehr gelitten. Hier genügte **flaches** Relief, aber die Künstler arbeiteten sorgfältiger. Die eine Tafel, eine auf den Rand des Rennwagens vorwärts gestemmte Frauengestalt, vor der ein Viergespann im vollen Sturm dahinsaust, ist bei Weitem das schönste aller Reliefs vom Mausoleum; das Gewand, der Kopf, das feine Ohr sind nicht gemeißelt, sondern wahrhaft gravirt wie eine Camee. Dieser Fries hat eine Höhe von 3 Fuß und etlichen Zollen, die Figuren sind ungefähr halb lebensgroß.

Von jener Gestrecktheit der Figuren auf dem Fries zeigen die runden Statuen keine Spur: sie sind im reinsten Verhältniß der athenensischen Schule, so voll und schön in den Formen, wie die Karyatiden am Erechtheion. Man darf also nicht sagen, daß die Mode, Figuren länger zu strecken, welche Euphranor und Lysipp einführten, schon am Mausoleum herrscht. Die Lysippische Schule führte dies bei runden Figuren ein, um, wie es heißt, Statuen ansehnlicher zu machen, und grade bei den runden Figuren am Mausoleum findet es sich nicht. Beim Fries streckte man also die Verhältnisse nur deshalb, weil er so hoch über dem Auge des Beschauers stand.

Nur einzelne dieser Rundfiguren, die für den Stil besonders charakteristisch sind, sollen hier noch erwähnt werden.

Der **Reiter in persischen Hosen** ist von überraschender Lebendigkeit; auch sein Pferd, wenn wir es vollständig hätten, würde eine sehr merkwürdige und künstliche Bewegung zeigen.

Offenbar ist es im Begriff, nach links zu fallen, der rechte Hinterfuß scheint in der Luft geschwebt zu haben, nur der linke Hinterfuß stand noch fest auf den Boden gestemmt; vom Reiter zurückgerissen, sucht es sich jedoch zu halten und hebt die Brust so, daß der linke Vorderfuß doch wieder höher als der rechte schwebt. Die Beine sind am Bug weggebrochen, große Fragmente aber noch erhalten, und Einzelnes hat sich zusammenstückeln lassen. Die Falten der Haut, die Adern am Bauch sind genau ausgeführt, die Muskeln sehr breit behandelt. Die Hand des Reiters ist grob, knochig, auch an ihr jede Ader ersichtlich, das Gewand vorzüglich ausgeführt. Die Gruppe ist nicht viel über Lebensgröße. Das griechische „S", welches auf der Croupe des Pferdes stehen soll, habe ich nicht finden können.

Unter den verschiedenen Torsos ragt eine sitzende Frauengestalt hervor, von colossalen Verhältnissen, an der Ostseite gefunden, also wohl dem Skopas angehörend: jedenfalls eine thronende Königin, also vermuthlich Artemisia. Zwei Farben, die bei der Ausgrabung viel stärker waren, decken noch heute das Gewand. Der okergelben, welche wie ein Eisenoxyd aussieht, traue ich nicht, denn sie verbreitet sich auch über die Brüche; aber das Blau ist unzweifelhaft, da es noch in breiten Massen das Gewand auf dem Schooße der Figur bedeckt; also wohl der königliche Purpurmantel, von jenem dunkeln Violblau, wie es im Alterthum Mode gewesen. Eine große Gewandfülle bedeckt die auf einem Kissen sitzende Gestalt; auf dem Rücken sind die Falten roh und kunstlos, offenbar nicht auf's Sehen berechnet, die Behandlung erinnert an die fast gleichzeitige, sitzende Bacchusstatue vom choragischen Monument des Thrasyllus in Athen. Das Obergewand hängt in einem großen Bausch von der rechten Schulter herab, den schönen, vollen, mit Ausnahme der Hand erhaltenen Arm freilassend, und kommt dann unter dem Unterarm wieder herauf, wo es breit, mit tiefunterschnittenen Falten, auf den Schooß gelegt ist. Wie der Arm, so scheint, seltsamerweise für eine thronende Frauenfigur, auch der Rest eines Beines unter dem Knie nackt. Die Oberfläche blättert stark ab; dies und das Fehlen des Kopfes schwächt den Eindruck einer hohen Großartigkeit, der sonst diesem Torso eigen ist.

IV. Das Mausoleum von Halikarnassos.

Im Vorübergehen bemerke ich einen Frauenkopf, wenig über lebensgroß, mit hübschen Zügen; eine seltsame Frisur, aus drei Reihen runder Löckchen gebildet, umgiebt ihn. Dieser Kopf hat sehr vom Feuer gelitten, weil ein Türke ihn in das Kamin seines Hauses eingemauert hatte; daneben liegt das Fragment eines zweiten, ebenso frisirten Frauenkopfes. Einen schönen Manns=kopf mit Bart, lebensgroß und wenig zerstört, nebst der Alabaster=vase mit der ägyptischen und persischen Inschrift hatte man vor=läufig in einem Glaskasten unter den etruskischen Alterthümern ausgestellt. Unermeßlich ist die Zahl der Fragmente, die noch in den untern Gewölben des Museums liegen; ich glaube, nach einer flüchtigen Durchsicht, alle großen und kleinen Marmorstücke zu=sammengerechnet, sie auf 2000 Stück anschlagen zu dürfen. Allein von Löwenschwänzen findet sich ein ganzer Kasten voll, aber es sind auch manche Köpfe, Gewandstücke und sehr schöne colossale Hände darunter.

Aus jenem Marmorhaufen, welcher zusammen mit der Pyra=midenspitze auf der Nordseite gefunden wurde, hat man drei colos=sale Figuren wieder aufgebaut: eine stehende Frau, eins der Wagenpferde und die Portraitstatue des Mausolus.

Unter diesen ist die stehende weibliche Figur, obwohl ohne Kopf, artistisch die schönste, und wenig Gewandstatuen aus dem ganzen Bereich der griechischen Kunst halten den Vergleich mit ihr aus. Die einzigen nackten Theile waren die Arme und der sehr schöne rechte Fuß, welcher erhalten ist: er steht auf einer Sandale, ohne daß man sieht, wie er an sie befestigt ist, also waren die Riemen wohl aufgemalt. Das vielfach gefaltete Unter=gewand, nur um die Knöchel und an der Brust sichtbar, geht am Halse hoch hinauf. Der Mantel deckt den ganzen Rücken und den größten Theil der Vorderseite und ist über den aufgehobenen linken Arm geschlagen, der rechte Arm hing an der Hüfte herunter. Herrliche große Formen, das Gewand im reinsten Stil, am meisten an die Pallas von Velletri erinnernd. Man fand diese Statue dicht bei den Fragmenten des Mausolus; könnte sie mit auf dem Wagen gestanden haben? Man denkt an Artemisia; nach grie=chischen Begriffen hätte eine Frau solcher Kriegerehren kaum theil=

haft werden können, aber die karische Königin, als Schwester des Mausolus auf dem Thron ihm folgend, kriegerisch und siegreich wie er, warum sollte sie seinen Streitwagen nicht getheilt haben? Da sie zwei Jahr nach ihrem Gemal starb, so kann Pyramide und Viergespann unmöglich bei ihren Lebzeiten fertig geworden sein, nach ihrem Tode aber mochte man sie einer solchen Apotheose höchst würdig halten.

Es scheint aber fast, daß diese Figur noch ein wenig colossaler als Mausolus selbst ist; und so liegt der Gedanke an eine Victoria (Nike) nahe, welche neben Mausolus auf dem Wagen stand und vielleicht die Zügel führte.

Ferner die großen Wagenpferde vor dem Viergespann. Newton hielt anfangs die beiden großen Fragmente für Stücke von demselben Thier, aber sie gehören unzweifelhaft zwei Pferden an, denn sie sind nicht ganz entsprechend in der Größe. Der Vordertheil eines größern Pferdes ist nämlich an der Croupe abgebrochen, und dies Thier bestand vermuthlich aus Einem Block. Der Hintertheil des andern aber war schon von dem antiken Meister mit einem jetzt verlornen Vorderstück durch metallene Schwalbenschwänze verbunden, und an ihm, aber nicht an dem Vordertheil des andern Pferdes, sind die Vertiefungen dafür noch zu sehen. Auch dieses Pferd, wie jenes bäumende der Reitergruppe, hatte eine künstliche Stütze unter dem Bauch. Zwei große Hufe, die noch übrig sind, gehören zu dem größern Thier, der Schwanz aber zu dem kleinern; doch ist der letztere jetzt sehr zerbrochen, da er in einer türkischen Gartenmauer gesessen hat. Der große Vorderrumpf gehörte zu einem Pferde, das rechts an der Deichsel (vom Wagenlenker aus gerechnet) stand, denn sein Körper ist links geneigt, und dahin geht auch das Haupt. Man wird sich denken müssen, daß zwei etwas größere Pferde an der Deichsel, zwei etwas kleinere außen liefen. Aus allen diesen Gründen hat man die zwei Stücke im Museum zwar zu Einem Rumpf zusammengestellt, aber nicht verkittet. Ueberhaupt hat man bei allen Fragmenten sich des Restaurirens weislich enthalten und mit dem Zusammensetzen der Stücke und Stückchen begnügt, wie sie allmählich aus der Masse sich zusammenfanden.

Uebrigens zeigt dieses Pferd wiederum die Anwendung der Farbe in der antiken Kunst, indem das noch vorhandene Gebiß, nebst einem Stück des Kopfleders, aus Bronze gearbeitet ist; also waren wohl auch die Zügel von Kupfer. Um die Brust liegt, in den Marmor gehauen, ein Band, und ein anderes um die Croupe hinter den Vorderbeinen; also ist es ein Wagenpferd, was man auch an der Race sieht; ohne schwerfällig zu sein, ist es doch kräftiger im Gliederbau als die meisten erhaltenen Reitpferde des Alterthums. Vergleichen wir den Kopf mit dem berühmten Pferde= haupt vom Parthenon, so ist der Unterschied schlagend. Jener ist naturalistisch, dieser idealisirt. Anstatt der glatten großbehandelten Flächen an den Seiten des athenienfischen Pferdekopfes waltet in dem hundert Jahr jüngern die runde Linie vor. Die bäumenden Pferde von Monte Cavallo, aus der spätern makedonischen Zeit, sind mächtiger bewegt, aber an Naturtreue stehen sie dem Pferde des Pythis nicht gleich.

Endlich die Statue des Mausolus selber, in Unterkleid und Mantel, fest aufrecht stehend, still und würdevoll, ist aus mehr als fünfzig Stücken zusammengewachsen. Nur der Hinterkopf fehlt und leider die Arme, so daß wir errathen müssen, wie er die Zügel hielt. Ob er sie aber hielt? Der rechte Arm, an der Schulter abgebrochen, stand vom Leibe ab, denn unter ihm liegt das Gewand ganz vollständig der Hüfte an, und dieser Arm hätte dann die Zügel kräftig zusammengefaßt, denn der Leib ruht auf dem rechten Bein, das linke ist leicht gebogen. Ein Mantel von schwerem Stoff liegt auf der linken Schulter, kommt vom Rücken unter dem rechten Arm her, Bauch und untere Brust wie ein Plaid deckend, ist unter der linken Achsel zusammengenommen (dies setzt hier einen angedrückten Arm voraus), und fällt dann mit seinem Ende, das durch ein Bleiknöpfchen angedeutet wird, an der Seite herab. Die ganze Draperie ist über alle Begriffe lebendig. Nimmt man aber neben dieser Figur noch auf dem Wagen eine Siegesgöttin an, welche an seiner rechten Seite stand, so wird sie die Zügel geführt haben, und man muß dann dem König in die linke Hand, die offenbar hoch gehalten war, einen Scepterstab geben, der unten auf dem Wagenbrett aufstand. Präch=

tig vereint die Statue den Idealismus mit der Portraitwahrheit. Es ist ein tüchtiges, aber es ist kein ausgezeichnetes Gesicht: ein Gesicht grade wie der Mensch war — ungefähr die Intelligenz, die zu einem Premierlieutenant nöthig wäre. Von der Stirn steigt das Haar wie bei einem Zeuskopf löwenmähnig empor, aber die Stirn selbst bleibt nichtsdestoweniger niedrig. Die langen Locken, welche so voll an den Seiten niederfallen, daß kein Ohr sichtbar bleibt, sind leider unten abgebrochen. Ein kurzgeschorner, aber vollständiger Bart deckt Wangen und Kinn, nur der Schnurrbart ist voll und unverschnitten. Da die Statue um das Jahr 350 gearbeitet sein wird, so ist sie vielleicht unter den vollbeglaubigten griechischen Portraitstatuen die älteste.

So gleichsam furchtlos, auf die schwindelnde Höhe des Viergespanns gestellt, muß dieser Mausolus ganz einen Eindruck gemacht haben, jenen stolzen Worten entsprechend, die Lukian ihm in den Mund legt: „Schön und hoch von Wuchs bin ich gewesen, und tüchtig in der Schlacht." Nicht groß als Geist und Charakter, noch erfolgreich auf Jahrhunderte hinaus, und doch unsterblich, warum? Weil er, oder die Frau, die ihn liebte, großen Künstlern eine große Aufgabe zu stellen verstand.

V.

Sagen aus Kunstwerken entstanden.

Die Poesie ist die Erstgeborene unter den Künsten: sie schafft den Schwestern die Gestalten vor. Die Göttersage ist älter als die Tempelstatue; das Epos geht der Geschichtsmalerei, das Idyll dem Genrebild voran. Noch in der mittelaltrigen und modernen Culturwelt wiederholt sich bei jedem selbstständig entwickelten Volke die Erscheinung, daß ein Höhepunkt der Literatur erreicht sein muß, bevor die bildenden Künste recht zu blühen anfangen.

Allein nun wird auch eine Rückwirkung nicht ausbleiben. Die bildende Kunst stellt den Inhalt der Poesie in so entschiedenen, greifbar klaren Formen dar, daß hierdurch auch die Poesie selbst zu neuer Bestimmtheit, zu schärferer Auffassung hingedrängt wird. So gehen in Ausbildung sowohl der antiken Mythen als der christlichen Legenden Poesie und Bildkunst beständig Hand in Hand, um den Stoff mit immer neuen und immer individuellern Zügen auszustatten.

Hierbei kann es nun geschehen, daß ein späteres Zeitalter, welches eine ganz neue Richtung des Geisteslebens eingeschlagen hat, das Denkmal der bildenden Kunst gar nicht mehr versteht, unter Umständen auch nicht mehr verstehen will, und ihm daher einen völlig andern Sinn unterlegt. Im größten Maßstabe hat diese Umdeutung sich einmal in der Geschichte vollzogen, bei dem großen Bruche, den das neu gestiftete Christenthum in die Denkart der Römer machte. Unfähig aus sich selbst augenblicklich eine junge Kunst zu erschaffen, nahm die Kirche Darstellungen aus dem

V. Sagen aus Kunstwerken entstanden.

Heidenthum auf und legte ihnen eine christliche Deutung unter. Mercurius als Widderträger und der Satyr mit dem Lamm wird in den Bildern der Katakomben zum guten Hirten, Orpheus zwischen den wilden Thieren zum Sinnbild Christi, der Drache des goldenen Vließes zur Schlange des Erkenntnißbaumes.*) Oder man nimmt mit dem Bildwerke die antike Fabel selbst in das Christenthum herüber und giebt ihr bloß eine christliche Umdeutung. Dionysos, der von dem römischen Mainz auf's rechte Rheinufer mit seiner beglückenden Gabe gewandert, behielt sogar seinen Namen und seine Weinkufe, als er in den christlichen Localheiligen Theonestus sich verwandelte: von diesem erzählt das unter seinem Patronat stehende Caub im Rheingau, daß er in jener Kufe (die der Stadt den Namen und ihr heut noch gültiges Wappen gab) von Mainz zu ihnen herabgeschwommen sei und hier den Weinbau gelehrt habe. Auch den athenensischen Königssohn Hippolytos, der sich der christlichen Phantasie durch seine Tugend und noch mehr durch seine leibliche Auferstehung im Walde von Aricia empfahl, hat die Legende sogar dem Namen nach sich nicht nehmen lassen; zu Brügge in der Kathedrale sieht man von der Hand des Thierry Bouts (fälschlich Stuerbout genannt) zu Brauweiler unter den Fresken des Capitelsaales von einem Maler des 12. Jahrhunderts die Darstellung seiner Marter, wie er von vier Pferden zerrissen wird. Ja auch wirklichen Personen der Geschichte sind solche Sommerfäden antik=heidnischer Fabeln angeflogen, die als vereinzelte Flöckchen aus dem einst so reichen Gespinnst zur Zeit des Mittelalters noch lose in der Luft herumgaukelten. Dahin gehört ein Zug aus dem Wüstenleben des Kirchenvaters Hieronymus. Dieses sein Eremitenthum auszudrücken gab ihm die Kunst als Emblem den König der Wüste, den Löwen. Die sich fortspinnende Legende wollte aber von dem Löwen mehr als daß er ein bloßes Emblem blieb; man glaubte eine Anhänglichkeit des Thieres voraussetzen zu müssen, und für diese bot eine rührende Geschichte des Alterthums die Erklärung. Der Sklave Androklus,

---

*) Ueber diese gesammte Wandlung giebt reichlichen Aufschluß Piper, Mythologie der christlichen Kunst von der ältesten Zeit bis in's 16. Jahrhundert. Erste Abtheilung. Weimar 1847.

V. Sagen aus Kunstwerken entstanden. 163

in die Wüste vor einem zornigen Herrn entwichen, war von einem
Löwen verschont worden; weil er ihm den Fuß von einem Dorn
befreit hatte. Diese Sage trug das Mittelalter auf seinen Wüsten=
heiligen über; auch Hieronymus sollte den Löwen gezähmt haben,
indem er ihn heilte. So sitzt auf einem Temperabild in der könig=
lichen Sammlung zu Neapel, das dem Colantonio del Fiore zu=
geschrieben wird, der Löwe mit bekümmertem Antlitz wie ein Hund
auf den Hinterbeinen vor dem alten Manne in der Zelle, und
dieser zieht ihm einen spannenlangen Dorn heraus.*) Auch in
die nordische Kunst ist dieß gedrungen. Es findet sich auf der
berühmten Kreuzigung des kölnischen Meisters aus der Carthause,
den die Boisserées uns fälschlich Lucas von Leyden tauften. Das
Bild ist jetzt wieder glücklich mit seinem Gegenstück, dem Thomas,
im städtischen Museum zu Cöln vereinigt. Hier steht der Löwe
in ziemlich monströser Gestalt, die Tatze mit einem großen Dorn
zu dem Cardinal emporreichend.**) Auf den von Memling ge=
malten Flügeln eines Altarbildes von Rogier van der Weyden
(Gallerie Zambeccari in Mailand) ist Hieronymus im Begriff den
Dorn aus der Tatze zu ziehen. Auch auf einem Gemälde der
Bürgerbibliothek auf der Wasserkirche zu Zürich hält Hieronymus
den Dorn in der Hand, während der Löwe friedlich ihm zu Füßen
ruht. Diese Bilder ließen sich aus dem 15. und 16. Jahrhundert
noch stark vermehren; die Legende war also weit durch die
Christenheit verbreitet. So wurde durch Vermittelung der Kunst,
im Anschluß an das Emblemthier nämlich, eine Geschichte an einen
Mann geknüpft, der ursprünglich mit ihr nichts zu schaffen hatte.

Dieses führt uns nun zu einer Erscheinung hinüber, die
mit der bisher angedeuteten Art des Sagenfortschrittes große Aehn=
lichkeit hat, aber von noch kraftvollerem schöpferischem Leben im
Volksgeist Zeugniß ablegt. Ich meine die Fälle, wo, um ein
vorhandenes Bildwerk zu erklären, nicht bloß eine frühere Sage
im Sinne der späteren Volksanschauung umgedeutet, sondern wo
zu diesem Zwecke eine ganz neue Sage gedichtet wird, die

---

*) D'Agincourt, Malerei, Tafel 132.
**) Katalog des Museums Wallraf=Richartz in Köln, Gemälde Nr. 206.

11*

mit dem ursprünglichen Sinne des Bildwerkes gar keine Verwandtschaft mehr hat.

Solche neue Erfindungen gehören aber nicht bloß dem Mittelalter und der neuen Welt an: sie finden sich bereits im Alterthum.

I. Antike an Bildwerke angeschlossene Sagen.

1. Um sofort ein Beispiel davon zu geben, das die Sache erläutern wird: so stand am Eingang der Burg zu Athen eine eherne Löwin, angeblich von einem Bildhauer Amphikrates kurz nach der Vertreibung der Pisistratiden gegossen, bei welcher es auffiel, daß man in dem offenen Rachen keine Zunge bemerkte. Löwenbilder als symbolische Wächter des Eingangs ziehen sich von China und Indien durch Aegypten bis in die Vorhallen romanischer Kirchen in Italien, und daß das Thier mähnenlos, also vielleicht als Löwin gedacht war, stimmt mit den beiden Wappenthieren an dem berühmten Löwenthor in Mykenä, die auch mähnenlos und eher Löwinnen als Löwen sind. Auf dem Zugang zur athenischen Citadelle hatte also ein solches Symbol-Thier ganz seinen richtigen Platz. Nun berichten uns aber vier Schriftsteller aus den ersten Jahrhunderten diesseits Christus, also 500 bis 700 Jahre nach Entstehung der Statue, nämlich Plinius, Plutarch, Polyän und Pausanias, daß diese Löwin eine historische Person bedeute; sie habe Leaena geheißen und sei die Geliebte des Harmodios und Aristogeiton gewesen; man legte sie auf die Folter, um von ihr das Geheimniß der Verschwörung gegen die Pisistratiden zu erpressen; da, um sich die Möglichkeit des Verraths abzuschneiden, biß sie sich selber die Zunge ab. Kein früherer Schriftsteller weiß von diesem Mädchen, erst mehr als ein halbes Jahrhundert nach ihrer Zeit tritt ihre heroische Aufopferung in der Literatur hervor, und gewiß hat diejenige Erklärung recht, welche die ganze Geschichte des tapfern Weibes für eine Erfindung der athenensischen Ciceroni hält. Das Bild war ursprünglich ein symbolischer Wächter des Eingangs, von alterthümlichem Aussehen. Die Fremdenführer wollten ihm ein größeres Interesse

verleihen und zugleich eine plausible Erklärung dafür geben, daß man an demselben nicht nur keine Mähne, sondern auch trotz des geöffneten Rachens keine Zunge bemerkte.*)

2. Noch einen zweiten Fall hat bereits die Archäologie verzeichnet, wo im Alterthum eine Sage an ein falsch verstandenes Bildwerk sich anknüpfte: es ist das Märchen von der Todesart des Aeschylos: Von sechs Schriftstellern, die sämmtlich mehrere Jahrhunderte von Aeschylos abstehen, wird berichtet, es habe derselbe als Greis einen Spaziergang gemacht und sich auf einen Platz auf freiem Felde niedergesetzt, wie Einer sagt, um nachzudenken und zu schreiben. Da fing ein Adler eine Schildkröte, und wie die Raubvögel thun sollen, wollte er sie auf einen Felsen fallen lassen, um die Schale zu sprengen. Aeschylos hatte eine Glatze, diese nahm der Adler für einen sonnenbeschienenen Felsen und tödtete den Dichter, indem er die Schildkröte ihm auf den Schädel warf.

Zwei jener Schriftsteller erweitern dann die Geschichte noch durch den so oft wiederkehrenden Zug, der die Unabwendbarkeit des Schicksals erweisen soll, das jedem Menschen vorbestimmt ist. Eine Biographie des Aeschylos erzählt, es sei dem Dichter geweissagt worden durch ein Geschoß vom Himmel herab zu sterben. Er deutete es natürlich auf den Blitz und wählte daher (so deutet Plinius an) für seinen Ausgang einen wolkenlosen Tag. Das Orakel war aber anders gemeint, und das Geschoß vom Himmel erreichte ihn dennoch.

In einem Aufsatz über die „Todesart des Aeschylos"**) hat bereits Welcker die Gründe zusammengestellt, welche die Tödtung des Dichters durch die herabfallende Schildkröte unwahrscheinlich und märchenhaft machen. Die Stadt, wo er starb, ist Gela in

---

*) Der Erklärer, welcher diesen Zusammenhang der Sage mit dem Bilde erkannt hat, ist Prof. Bursian, Artikel Griechische Kunst, in Ersch und Gruber's Encyclopädie, Band 82, S. 417. Die Stellen der Alten über die Leäna sind Plin. N. H. XXXIV, 19, 72. Pausan. I, 23, 2. Plut. de garrul. 8. Polyaen. Strat. VIII, 45. Die Leäna als Frau hatte auch Holbein an der jetzt zerstörten Front des Hauses Hertenstein in Luzern abgebildet.
**) Welcker, Alte Denkmäler, Theil II. Göttingen 1850.

Sicilien. Nun aber giebt es in der Nähe von Gela gar keine Felsen, sondern nur unbedeutende Hügel; für die jetzt dort erbaute Stadt Terranuova müssen sogar die Bausteine 6—7 Miglien weit auf Maulthieren herangeführt werden. „Wer in Griechenland darauf geachtet hat, in welcher Region die dort so häufigen Adler sich halten, und welche Felsen sich ihnen überall darbieten, um Schildkröten darauf zu zerschmettern, der wird nicht begreifen, wie ein Greis sich einen Ruhesitz in solch einem Revier aufsuchen mochte."

Obwohl nun Welcker selbst ein Kunstwerk mittheilt und abbilden läßt, das den Schlüssel zu dem Märchen giebt, hat er selber die Entstehung des Märchens aus einem Kunstwerk noch nicht erkannt. Dieß sah erst Göttling in seiner Abhandlung über denselben Gegenstand.*) Im Stoschischen Cabinet zu Berlin befindet sich ein Carneol, wo Aeschylos unbekleidet auf einem Stein sitzt, aus einer Schale trinkend, und über ihm schwebt der Adler, der eine Schildkröte, mit der Schale unterwärts, in den Fängen hält. Möglich, daß eine Statue des Aeschylos zu Athen dasselbe Symbol des Adlers zeigte. Denn ein Symbol ist es, es ist die Apotheose des großen Tragikers. Der Adler trägt die Schildkröte, das heißt die Leier zum Himmel empor, während der Greis aus der Schale die Unsterblichkeit trinkt. Nicht eine vorhandene Geschichte ist im Kunstwerk abgebildet, sondern aus dem mißverstandenen Kunstwerk hat eine spätere Zeit ein Märchen abgeleitet.

Schon im Alterthum haben also Sagen sich aus Kunstwerken gebildet, obwohl damals die heidnische Welt viele Jahrhunderte lang in einer wenig veränderten Tradition der Mythologie und der Kunstsymbolik sich fortbewegte. Weit natürlicher und weit ausgiebiger trat dieß später hervor. Im Mittelalter, wo neue Anschauungen die alten verdunkelten, mußte man antike Bildwerke mißverstehen, und wiederum ging der modernen Welt der Sinn der mittelaltrigen Symbolik verloren. Verstand oder Gedächtniß

---

*) Göttling, de morte fabulosa Aeschyli, Jena 1854. Hier und auch bei Welcker ist die Gemme mit Aeschylos und dem Adler abgebildet. Man findet die Literatur zusammen in Teuffel's Artikel Aeschylus, Pauly's Encyclopädie I, 2. Aufl., S. 449.

V. Sagen aus Kunstwerken entstanden.

konnten manches Kunstwerk nicht mehr erklären; die Phantasie, die unsterbliche poetische Schöpferkraft im Volksgeiste, übernahm diese Aufgabe, indem sie eine neue Auslegung erfand und flott durch eine neue Geschichte beglaubigte.

Ich bin überzeugt, daß man innerhalb der christlichen Jahrhunderte Sagen von dieser Entstehung in großen Massen entdecken wird, sobald hiefür einmal der Blick sich geschärft hat. Auf Grund der nicht kleinen Zahl von Beispielen, welche die folgenden Blätter enthalten, wird man sich nur gewöhnen müssen, alle mit Bildwerken verknüpfte Sagen immer scharf darauf anzusehen, was älter ist: ob also das Bildwerk als Darstellung einer schon vorhandenen Ueberlieferung gearbeitet, oder umgekehrt, ob aus dem früher schon existirenden Bildwerk, das ursprünglich etwas ganz Anderes bedeutete, die Sage als Erklärung herausgesponnen ist. Nur solche Sagen der letzteren Art habe ich aufgenommen, bei denen es wenigstens sich sehr wahrscheinlich machen läßt, daß das Bildwerk zuerst etwas ganz Anderes meinte. Bei vielen Sagen möchte freilich der Nachweis schwer fallen, daß sie aus einem Denkmal entstanden, wo nämlich die Denkmäler zerstört sind. In der Regel sind es ganz locale Ueberlieferungen, eben weil sie an ein ganz einzelnes Bildwerk sich anlehnen. Oertliche Forschung muß also diesen Stoff ausbeuten, der sowohl für die Archäologie der Kunst als der Sagenforschung wichtig werden könnte. Als eine Anregung dazu wolle man diese meine Arbeit betrachten.

Der ganze Vorrath solcher aus Kunstwerken entstandenen Sagen läßt sich in gewisse Classen theilen, und bei dieser Theilung erkennt man alsbald, daß gerade an bestimmte Arten und Formen von Darstellungen diese Sagenbildung sich anschloß, und daß bei ähnlichen Gegenständen an den verschiedenen Orten, und gewiß unabhängig von einander, verwandte Sagen entstanden.

II. Sagen des Mittelalters an antike Bildwerke angeschlossen.

Durch das ganze Mittelalter dauerte die staunende Bewunderung der Bauten und Sculpturwerke des classischen Alterthums, und vielleicht am meisten imponirten unter letzteren die römischen Erzgüsse. „Sie waren in der Technik und in dem Materiale gearbeitet, nach dessen Erwerb das Mittelalter sehnsüchtig blickte, dessen Wirkung es gewaltig anstaunte. Die Unfähigkeit, solche Werke gleichfalls zu schaffen, ließ sie in einem phantastischen Lichte schauen. Als wären es natürliche Wesen, mit Leben und Athem, mit geistiger Kraft begabt, einer andern, aber mächtigeren Welt entstammend, wie alles Zauberische anziehend und abstoßend zugleich, so erschienen diese Kunstwerke dem Mittelalter in sagenhafter Umhüllung."*) Dieß Geheimnißvolle forderte die Phantasie mächtig zur Sagenbildung heraus, nachdem ein roheres Zeitalter den Schlüssel zur richtigen Deutung dieser Werke verloren hatte. Natürlich schossen solche auf antike Bildwerke begründete Märchen besonders in Rom auf, dem einzigen Orte, wo der Pilger das ganze Mittelalter hindurch noch zahlreiche Statuen und Reliefs erblickte und nach einer Erläuterung derselben sich sehnte. Die sagenbildende Phantasie nahm hier im Mittelalter noch denselben Gang, wie zu Athen im Alterthum bei der Statue der Leäna.

3. Das von Simrock neu herausgegebene Volksbuch von dem Zauberer Virgilius erzählt eine Sage, die unzweifelhaft an eine noch vorhandene berühmte Antike sich anlehnt. Virgilius als ein Zauberer des römischen Südens unterscheidet sich von unsern nordischen auch dadurch, daß er besonders gerne Kunstwerke und Erzgüsse anfertigt, denen dann eine magische Kraft innewohnt. Dahin gehören die immerwährende Lampe und die ehernen Männer, die seine Schätze bewachten; dahin auch die als Palladium Roms („salvatio Romae") bezeichnete Gruppe, welche die Götter aller Länder um die von Rom stellte und vor Ausbruch eines Aufstandes den Gott des jedesmal feindlichen Landes ein Warnungszeichen geben ließ. Dieser Art ist denn auch das nachstehend (S. 23 bei Simrock) beschriebene Bildwerk.

„Als Virgilius dem Kaiser regieren half, geschahen in Rom allerlei Uebelthaten, als Diebstahl, Mord und Todtschlag, worüber

---

*) Springer, Bilder aus der neuern Kunstgeschichte, S. 19, in dem sehr schönen Aufsatz über „das Nachleben der Antike im Mittelalter."

V. Sagen aus Kunstwerken entstanden.

große Klagen vor den Kaiser kamen. Da berieth sich der Kaiser mit Virgilius und sprach: Virgilius, uns kommen große Klagen, daß Diebe, Kuppler und Taugenichtse Nachts auf den Straßen umherschwärmen und die Leute beunruhigen und erschlagen. Was ist dawider am Besten zu thun? Da sprach Virgilius: Herr Kaiser, da müßt Ihr ein kupfernes Pferd machen lassen und auf seinen Rücken einen kupfernen Mann, der einen eisernen Dreschflegel in der Hand hat. Und stellt das Pferd vor das Stadthaus und laßt ausrufen: man werde hinfüro des Abends um zehn Uhr eine Glocke läuten lassen, und wenn Einer nach dem Läuten noch auf der Straße sei und erschlagen werde, darüber solle künftig Niemand zur Rechenschaft gezogen werden. Und als dieß ausgerufen wurde, kümmerten sich doch die Nachtschwärmer nicht daran, sondern fuhren fort, des Nachts durch die Gassen zu laufen. Als aber des Abends die Glocke geläutet war, lief das kupferne Pferd mit dem kupfernen Mann von dem Rathhaus durch die Straßen der Stadt und ließ keine Straße unbesucht, und alle, die sich auf den Straßen finden ließen, wurden todtgeschlagen, so daß man des Morgens wohl zweihundert Menschen erschlagen fand."

Sobald man erwägt, daß nach einer andern Stelle dieses Buches unter dem „Stadthaus" nichts anderes als das Capitol verstanden wird,*) so sieht man sich gleich auf die eherne Reiterstatue des Marc Aurel hingewiesen, welche noch heute auf diesem Platze steht. Die treffliche Ausführung dieses Werkes und besonders die hohe portraitartige Lebenswahrheit des derben Rosses lud von selbst zu solchen Sagen von nächtlicher Belebung und Bewegung ein, dergleichen ja auch (wenigstens im Spaß) sogar Berlin von seinem prächtigen Kurfürsten auf der langen Brücke erfunden hat. Auch mochte Marc Aurel, der tugendhafte Kaiser, besonders geeignet zu diesem moralischen Nachtwächteramte erscheinen.

Zwar tritt hier eine geschichtliche Schwierigkeit ein. Jene Statue ist nämlich erst bei dem prächtigen Neubau der Capitols-

---

*) S. 21: „auf dem Capitolium, so heißt das Stadthaus."

gebäude im Jahre 1538 durch Michelangelo auf diesem Platze aufgestellt worden. Allein wenn auch Virgilius als Zauberer unstreitig viel früher geglaubt worden ist, so fragt es sich doch sehr, ob jene einzelne Anekdote nicht erst im sechzehnten Jahrhundert in die Sage von ihm Aufnahme fand. Und selbst wenn sie älter wäre, so würde das nichts gegen unsere Erklärung ihres Ursprungs beweisen, denn die Statue hat jederzeit große Oeffentlichkeit genossen; vor ihrer jetzigen Errichtung sah man sie das ganze Mittelalter hindurch vor dem Lateranpalast, wo Papst Clemens III., im Glauben, sie stelle den christlichen Kaiser Constantin vor, sie 1187 aufgestellt hatte.*) Leicht möglich ist also, daß die Sage in ihrer ältesten Gestalt wirklich vor den Lateran als vor die alte Hofburg des Kaisers das Wunderwerk versetzte und erst später demselben auf den Capitolplatz nachwanderte.

Dieses Roß des Marc Aurel hat aber noch eine ältere Sage hervorgerufen, und diese stützt sich auf eine ganz untergeordnete Einzelheit in der Form dieses Erzgusses. Zwischen den Ohren des Thieres sieht man nämlich einen Haarbüschel heraufstehen, welcher die künstlich zusammengedrehte Spitze der Stirnmähne ausdrückt. Derselbe gleicht von einem bestimmten Standpunkt aus, wenn man nämlich die Phantasie kräftig anstrengt, einer kleinen Nachteule, woraus sogar verrückte Kritiker den Beweis ableiten wollten, daß der Künstler dieses Werkes ein Athener gewesen!**) Nun aber erzählen die Mirabilia Romae, ein lateinisches Volksbuch aus dem 13. Jahrhundert, unter ihren zahlreichen Volkssagen auch die folgende:

4. "Von dem Bauern, der zu Pferde sitzt. Am Lateran steht ein ehernes und vergoldetes Roß, man heißt es das Pferd Constantins; aber dem ist nicht so, denn wer die Wahrheit wissen will, der lese dieses. Zur Zeit der Consuln und Senatoren ist ein sehr mächtiger König aus dem Morgenland gen Rom gezogen und hat das römische Volk hart geschlagen. Da war ein Bauer

---

*) Beschreibung der Stadt Rom, III, S. 102.
**) Beschreibung der Stadt Rom, III, Abth. 1. S. 101. Ebendaselbst in den Nachträgen zu demselben Band, S. 657, ist auch die Sage vom Gran Villano (dem Bauer zu Roß) in kurzem Auszuge mitgetheilt.

V. Sagen aus Kunstwerken entstanden.

in Waffen, groß an Stärke, Tapferkeit und Klugheit, der sagte zu den Consuln und Senatoren: Wenn Einer sich fände, der euch von der Anfechtung erlöste, was verdiente der wohl, daß er vom Senat empfinge? Da antworteten sie: der sollte haben was er nur fordern möchte. Da sagte er ihnen: Gebt mir dreißig Pfund Goldes, und daß dazu ihr mir ein ewiges Gedächtniß machet: ein ehernes Roß sollt ihr machen und mein Bildniß darauf, so will ich euch bald von denen erlösen. Das alles wollten sie thun, sagten sie; er aber sprach: Mitten in der Nacht stehet auf, waffnet euch aufs beste und haltet euch innert der Mauer in einem Hohl, und was ich euch sagen werde, das thut. Und sie antworteten: das wollen wir. Der Bauer aber stieg auf sein mächtig Roß ohne Sattel, nahm eine Sichel und ritt vors Thor, als wenn er fouragiren wollte. Und er sah den König, welcher zu einem Baum daher kam, um seine Füße zu bedecken, auf dem Baum aber saß eine Nachteule*) und sang lieblich. Als der Bauer dieß hörte, ritt er näher hinzu. Das Gefolge des Königs, welche meinten er gehöre zu den Ihrigen, fingen an zu schreien: Bauer, rühr den König nicht an, denn thust du's, so mußt du hängen. Aber der Bauer in seiner Tapferkeit achtete ihres Drohens nicht, ergriff den König, welcher von kleiner Statur war, hob ihn herauf und schwang ihn vor sich aufs Roß. Also floh er eilig gegen die Stadt und schrie mit lauter Stimme den Leuten der Stadt zu, die in den Höhlen staken: Fallet heraus und schlaget das Heer des Königs, denn ihn selber halte ich hier gefangen vor mir. Da fielen sie auf sein Rufen heraus und tödteten viele, die andern aber wandten sich zur Flucht. Wie nun die Römer ihren Triumph gefeiert, bezahlten sie ihm das Gold dessen er begehrt hatte und setzten ihm ein Gedächtniß, und in Darstellung seines Bildnisses, das sie vor den Lateranpalast stellten, ein ehernes und vergoldetes Roß und sein Bildniß auch vergoldet darauf sitzend, daß er die rechte Hand ausreckte, womit er den König gefangen hatte. Und auf

---

*) „Cucumagia" hat der Text; ich folge in der Uebersetzung der Beschreibung Roms in den Nachträgen, Band III. I. S. 657. Das Wort cucumagia findet sich aber nicht in Forcellini noch in Ducange; heißt es wirklich Eule? Und könnte man von einer Eule sagen: dulciter cantabat?

den Kopf des Pferdes stellten sie eine Nachteule, durch deren Geschrei sie den Sieg gewonnen hatten. Auch setzten sie das Bildniß des Königs, welcher klein war, mit den Händen auf dem Rücken gebunden, zu Füßen des gedachten Rosses."

Dieß zweite Wahrzeichen, der gebundene Mann unter dem Rosse, ist jetzt nicht mehr vorhanden; die Figur mag ein gefangener Dacier gewesen oder einer Gruppe aus Marc Aurel's Feldzügen angehört haben, die an der frühern Basis des Reiterbildes in Relief zu sehen war. Das jetzige Postament ist erst bei der Versetzung vor das Capitol aus einem antiken Fragment verfertigt worden, das man auf dem Forum Trajan's fand.

Ich habe die Geschichte von dem reisigen Bauern aus einer Ausgabe der Mirabilia in 16° übersetzt, welche in Rom durch Eucharius Silber um das Jahr 1509 gedruckt worden ist.*)

Die älteren Handschriften sollen als Helden des Märchens einen Ritter gehabt haben, erst das spätere Mittelalter verwandelte ihn in einen Bauern, daher man die Statue im 16. Jahrhundert den großen Bauern (il gran villano) genannt hat.**) Die Ausgabe, aus der ich übersetzte, schwankt offenbar und sagt daher beides: sie nennt den Mann rusticus armiger.

5. Nächst dem ehernen Roß des Marc Aurel konnte wohl den ehrlichen Pilgern des Mittelalters in Rom nichts so imponiren als jene größten Marmormassen, die das Alterthum uns in Statuen hinterlassen hat: die bekannten Colosse der Dioskuren ihre gewaltigen Pferde bändigend, welche durch die modernen Aufschriften thörichter Weise als Werke des Phidias und Praxiteles bezeichnet werden. Auch von ihnen bildete sich eine Pilgersage, die uns ebenfalls die Mirabilia urbis Romae aufbewahrt haben.

---

*) Auf der Zürcher Stadtbibliothek (Q. 207). Die Mirabilia haben in dieser Ausgabe zwar weder Druckort noch Jahreszahl, aber sie sind in Ein Bändchen mit den Indulgentiae ecclesiarum urbis Romae gebunden und haben mit diesen denselben Titel. Holzschnitt: eine Ansicht Roms mit dem Pantheon, rechts kniet eine gekrönte Person vor einem Mars, der in einer Halle auf einer Säule steht; im Vordergrund die Wölfin mit den Zwillingen. Die Indulgentiae haben am Schluß die Bezeichnung: Impressum Romae per Eucharium Silber dictus Franck. Anno MCCCCCIX.

**) Beschreibung der Stadt Rom III. I. S. 103, Note.

V. Sagen aus Kunstwerken entstanden.   173

"Von den marmornen Rossen.

"Die Rosse und die nackten Männer bedeuten, daß zur Zeit des Kaisers Tiberius zwei junge Philosophen gelebt haben, nämlich Praxiteles und Pitias (das soll heißen Phidias!), die sagten, sie hätten solche Weisheit, daß was der Kaiser in ihrer Abwesenheit in seiner Kammer sagen würde, das wollten sie ihm Wort für Wort wiedersagen. Sie thaten auch wie sie versprochen und wollten dafür kein Geld haben, sondern ein ewiges Andenken, also daß sie als Philosophen zwei marmorne Rosse hätten, welche die Erde stampften, diese bedeuten die Fürsten dieser Welt. Daß sie aber nackt bei den Rossen stehen, das bedeutet, daß sie mit hoch gehobenen Armen und ausgereckten Fingern (replicatis digitis?) erzählten was zukünftig war, und wie sie nackt sind, so ist in ihren Seelen die Wissenschaft dieser Welt nackt und unbedeckt."

Diese Erklärung, welche also die angeblichen Bildhauer zu den dargestellten Personen macht und den Phidias und Praxiteles in Christi Zeit versetzt, ist so ganz verrückt, daß man außer den Bildern selbst erst noch nach einem andern Anlaß dazu suchen muß. Dieser liegt nun unzweifelhaft in einer Inschrift, welche nach 1546 unter diese Statuen gesetzt worden war, ehe Papst Sixtus V. sie 1589 mit neuen, jetzt auch vertilgten Unterschriften auf ihrer jetzigen Stelle vor dem Palast des Quirinals aufrichten ließ. Diese ältere Inschrift ist bis heute von Niemand beachtet worden, auch die Verfasser der Beschreibung Roms haben sie übersehen. Eine Zeile dieser Inschrift lautet wörtlich:

Quid Praxiteles et Phidias effinxere istos aemulamur.

Den wirklichen Sinn dieser Zeilen lasse ich hier unerörtert.*) Wer aber immer jenes Märchen von den zwei Philosophen des Tiberius erfunden hat, der hat das "effinxere" mißverstanden und es mit "ausdenken" interpretirt. Ausgedacht haben Praxiteles und Phidias etwas, darum werden sie abgebildet. Es mußte also nun auch etwas erfunden werden was sie ausgedacht hatten, und so entstand das Märchen, daß sie dem Tiberius seine Gedanken er-

---

*) Vgl. meine Schrift über die Gypsabgüsse der Archäologischen Sammlung in Zürich, S. 111, Note.

rathen hätten. Auch daß die Mirabilia den Praxiteles zuerst nennen, vor dem Phidias, beweist, daß der Schreiber diese Zeile der Inschrift vor sich hatte, denn diese thut dasselbe.

6. Abermals an ein anderes antikes Kunstwerk in Rom hat sich eine Sage geschlossen, die merkwürdiger Weise einer Episode in der Geschichte von Tristan und Isolde zu Grunde zu liegen scheint und schon vor Gottfried von Straßburg in dem französischen Tristan des Berox auftritt. Die Tristansage hat überhaupt aus ganz verschiedenen Quellen sich erweitert; auch die Geschichte von der schwarzen Farbe des Segels, welche Ursache von Tristan's jähem Tod wird, stammt aus classischem Gebiet, nämlich aus der antiken Sage von Theseus.

In der Vorhalle der römischen Kirche Sta. Maria in Cosmedin, welche unter dem Aventin in den Ruinen eines antiken Tempels errichtet ist, sieht man links von der Kirchenthür an die Wand gelehnt eine colossale Maske. Es ist ein bärtiger Kopf mit offenem Mund und mit Krebsscheeren, also ein Triton. An den Seiten der Platte sind noch die Löcher zu bemerken, durch welche sie mit Nägeln oder Nieten an einen Brunnen befestigt war, so daß das Wasser aus dem Munde floß. Man erzählte nun im Mittelalter, „daß die Personen, die vor Gericht einen Eid abzulegen hatten, in den offenen Mund dieser Maske die Hand stecken mußten, und dieselbe nach einem falschen Schwur nicht wieder herausziehen konnten ... Die Maske ... soll die ihr zugeschriebene Wunderkraft verloren haben, weil sie einen zweideutigen, im Herzen falschen Schwur als einen wahren angezeigt hatte. Eine Frau, die von ihrem Manne Ehebruchs wegen angeklagt wurde, sollte ihre Unschuld beschwören. Der Liebhaber, mit dem sie sich vergangen hatte, erhielt davon Nachricht, stellte sich wahnwitzig und umarmte die Beschuldigte, als sie eben zum Schwure ging; und diese, die seine List verstand, schwur darauf, ihre Hand in den Mund der Maske legend, es habe sie, mit Ausnahme ihres Mannes, keiner je berührt als dieser Wahnwitzige. Die Maske gab ihr die Hand zurück, verlor aber seitdem jene Wunderkraft." Man nannte die Maske von ihrer Wunderkraft den Mund der Wahrheit, Bocca della Verità, und von ihr

V. Sagen aus Kunstwerken entstanden. 175

übertrug sich der Name auf die ganze Kirche, wie denn auch bis heute der Platz vor der Kirche noch so genannt wird.*)

Vor einer andern römischen Marienkirche auf dem Coelius steht ein 11 Fuß langes **Schiff von weißem Marmor**, welches Leo X. nach dem Muster eines antiken verfertigen ließ, welches früher als jenes daselbst stand, aber zerbrochen war. Die Kirche heißt davon Sta. Maria della Navicella, oder lateinisch in navicula. So constant ist die Anheftung von Sagen an antike Bildwerke, daß auch dieß Schiffchen seine Pilgerlegende hatte; allein ich habe dieselbe noch nicht auffinden können.**) Uebrigens beweisen die Mirabilia urbis Romae fast auf jeder Seite, daß an jede bedeutende Ruine von Altrom sich Pilgersagen anschlossen, wenn sie auch nicht vollständig erzählt werden.

7. Aber auch in den nördlichen Ländern gab es vereinzelte Kunstwerke des Alterthums, und in Einem Falle wenigstens läßt sich noch beweisen, daß eine Sage sich an eins der merkwürdigsten knüpfte. Es ist der berühmte angebliche **Wolf des Aachener Münsters**. Seit wir den vortrefflichen Holzschnitt in Bock's Werk über den Aachener Kunst- und Reliquienschatz vor uns haben, kann Niemand mehr zweifeln, daß das dargestellte Thier eine **junge Bärin** ist. Die Naturwahrheit, verbunden mit der Feinheit der Technik, erweisen sie als ein classisches Werk römischen Erzgusses, etwa aus der Cäsarenzeit. Wie Karl der Große die riesige Reiterstatue Theodorich's von Ravenna herbeiführen und auf dem Markt zu Aachen aufstellen ließ, wird er auch dieß Kunstwerk aus Italien gebracht haben. Ein Loch vor der Brust soll

---

*) Beschreibung der Stadt Rom III. I. S. 382, Note. Das oben schon genannte Büchelchen Indulgentiae ecclesiarum urbis Romae, am Ende des 15. Jahrhunderts verfaßt und zu Rom 1509 durch Eucharius Silber dictus Franck gedruckt, kennt die Geschichte: „Ante praenominatam ecclesiam positus est unus lapis rotundus ad dispositionem faciei et vultus: qui dicebatur Bucca veritatis: ad quem homines se expurgaverunt. Virtutem suam per unam mulierem perdidit."

**) Beschreibung der Stadt Rom III. I. S. 494. Daß eine Legende vorhanden war, beweist das Büchelchen der Indulgentiae urbis Romae (s. die vorige Note): „Ad sanctam Mariam in navicola, in eodem Celiomonte. Ponitur una navis lapidea in signum miraculi ante introitum ecclesiae."

früher zu einem Springbrunnen gedient haben. Zu diesem Wasserwerk aber, welches im Mittelalter als Reinigungsbrunnen im Vorhof des Münsters stand, gehörte auch ein noch vorhandener großer Pinienapfel, umgeben von den Gestalten der vier Paradiesesströme; wenn man das Loch in der Brust der Bärin schloß, so strömte das Wasser aus 129 kleinen Löchern heraus, die in die Blätterspitzen des Pinienapfels (oder soll es ein Fichtenzapfen sein?) eingebohrt waren. Das letztere Gußwerk ist nicht antik, auch nicht karolingisch; Dr. Bock setzt es ins elfte Jahrhundert; es ahmt aber den berühmten antiken Pinienapfel nach, welcher im spätern Mittelalter zum Springbrunnen vor der Peterskirche in Rom verwendet wurde.

Diese beiden Erzwerke, demnach in Ein Wasserwerk zusammengestellt, wurden nun auch trotz ihrer Altersverschiedenheit von einem Jahrtausend in der bekannten Localsage vom Bau des Aachener Münsters mit einander combinirt und dann noch eine Spalte in der bronzenen Kirchenthür mit hineingezogen, welche zu Karl's Zeit gegossen ist. „Die Bürger von Aachen hatten, weil es ihnen an Mitteln zur Beendigung des Baues dieser Kirche fehlte, vom Teufel Geld geborgt und ihm dafür die erste Seele, die zur Kirchenthür hineingehen werde, zum Eigenthum überlassen. Als nun der Bau vollendet war, fand sich kein Mensch, der das Opfer dieses frevelhaften Vertrages werden wollte, und die Kirche hätte wahrscheinlicher Weise bis heute leer stehen müssen, wenn nicht ein Priester auf den klugen Einfall gekommen wäre, einen Wolf, den man zum guten Glücke lebendig gefangen hatte, durch die Kirche zu jagen. Der Teufel schlug aus Verdruß, sich überlistet zu sehen, die Thore von Erz hinter sich zu, daß sie zersprangen. Den Unglauben zu beschämen, stehen draußen vor demselben Thore zwei in Erz gegossene Denkmäler, wovon das eine den Wolf, das andere aber seine verdammte Wolfsseele, in Gestalt eines ungeheuren Tannenzapfens vorstellt." *) Die Seele hat aber, wie die

---

*) Georg Forster, Ansichten vom Niederrhein. Werke III, S. 114. In launigem, obwohl freilich nicht sagenmäßigem Ton hat Langbein's bekanntes und vielfach (u. a. in Simrock's Rheinsagen) nachgedrucktes Gedicht das Geschichtchen behandelt.

V. Sagen aus Kunstwerken entstanden.

Leute hinzusetzen, der Teufel durch jenes Loch in der Brust des Thieres herausgerissen. In einem der Löwenköpfe, welche die ehernen Flügel der Pforte schmücken, liegt noch los und beweglich ein Stück des alten Ringes; das ist der Finger des Teufels, den er sich beim heftigen Zuschlagen ausriß. „Andere erzählen uns von einer sündhaften Frau, die man für das Wohl der ganzen Stadt dem Teufel geopfert habe, und erklären die Frucht durch eine Artischocke, welche der Frau arme Seele bedeuten soll."*)

8. Einen Zusammenhang antiken Bildwerks und christlichen Aberglaubens hat bereits Jakob Grimm**) zwischen den Penates und den mittelaltrigen Hausgeistern nachgewiesen. Zumal die kölnischen Heinzelmännchen, weil einem römisch colonisirten Boden angehörend, werden diese Geistes= und Gestalt=Verwandtschaft verrathen müssen. Die Erinnerung an sie ist im Volke noch heute nicht völlig erloschen; wenn in der Küche Geräth zerbrochen ist und keines der Dienste es gethan haben will, sagt die Bonner Hausfrau ironisch: dann wird's wohl das „Heezemännchen" gethan haben. Am Niederrhein ist auch der Zusammenhang dieses Geistes mit dem Feuerherd noch deutlich nachzuweisen, wie auch die Penates von dem penus d. h. dem Herde, den Namen ableiten. Auf dem Herde ist nämlich an die Stelle der alten Hausgötter die gußeiserne Platte getreten, welche noch heute religiöse Vorstellungen aus dem christlichen Glaubensgebiete jenen altheidnischen unterschiebt. Die Wandnische in der Herdmauer, die in das anstoßende Zimmer sich öffnet und, mit Thüren verschließbar, eine Art warmen Schrankes bildet, heißt noch heute der Zagger oder in andern Ortschaften der Tagger. Von einem kleinen zwerghaften Kerl aber geht dort noch heute das Spottwort: „er ist ein Taggermann" oder „Taggermännchen"; welches also (wie für Ostdeutschland das von Grimm angeführte tatermann) der altrheinische Name des Hausgeistes gewesen zu sein scheint. Die Anknüpfung der reichen Sagen von den Heinzelmännchen an die kleinen Penatenbildchen, also wiederum die Fortbildung mythi=

---

*) Grimm, Deutsche Sagen, I. S. 235.
**) Mythologie, in dem Artikel Wichte und Elben.

scher Poesie durchs Kunstwerk, scheint unbestreitbar, um so mehr, da Grimm aus Konrad von Würzburg den Beweis beigebracht hat, daß man noch im 13. Jahrhundert kleine Kobolde aus Buchsbaumholz schnitzte und vermuthlich im Zimmer aufstellte. „Es könnte, sagt er, der Gebrauch mit einer altheidnischen Verehrung kleiner Laren, denen im Innersten der Wohnung ein Platz angewiesen wurde, zusammenhängen; der Ernst wandelte sich in Scherz, und die christliche Ansicht duldete die Beibehaltung des alten Brauches." Die Schnitzbildchen aber erhielten und befestigten wiederum den Glauben an die Hauskobolde.*)

III. Sagen durch Bildwerke an keltisches und germanisches Heidenthum angeknüpft.

Die segensreichen Götter des Heidenthums, die unsern Altvordern Jahrhunderte lang die fruchtbaren Gewitter gesandt, die Nebel der finstern Wälder im Sturme weggeblasen, das Kornfeld und das Flachsland behütet hatten, gingen im liebenden Gemüth des Volkes nicht unter, auch nachdem äußerlich das Christenthum angenommen war. Die Priester mochten sie zu Teufeln und ihre Pflegerinnen zu Hexen herabsetzen; der Bauer sah, daß in der Natur die Segnungen des Himmels und der Erde fortdauerten, und in ihnen verehrte er andächtig die alten befreundeten Mächte. Nur Götter in dem alten Sinne durften sie nicht bleiben; man mußte, um ihren Cultus retten zu dürfen, sie in Vorstellungen einkleiden, die mit der herrschenden Kirche sich vertrugen. Dadurch haben sich Sagen gebildet, die oft als kirchliche Legenden auftreten, bis man an einem einzelnen Zuge, an einem Emblem oder einer Handlung, die alte Gottheit im Gewand der christlichen Heiligen erkennt. In diesem Gebiet hat das Kunstwerk aber wenig mitgewirkt, weil die Götter des einheimischen Heidenthums nur selten und dann niemals in ansprechender Form bildlich dargestellt worden sind. Doch fehlt es an Geschichten dieser Art nicht ganz.

---

*) Ueber Hausgötzchen aus Holz, Leder und Eisen s. die Zusammenstellung bei Rochholz, Schweizersagen aus dem Aargau, I, S. 361.

V. Sagen aus Kunstwerken entstanden.

In den rheinischen Gegenden bis hinauf in die Schweiz war der Germane überall auf alten Keltenboden als Erbe vorgedrungen, und hier hat daher keltischer Gottesdienst bis tief in die Römerzeit fortgedauert.

9. Das Dörfchen Auw im untern Kyllthale (in der Eifel) bewahrt in seiner Pfarrkirche ein altes Bildwerk mit drei auf einem Esel reitenden Frauengestalten, deren mittelste die Augen verbunden hat. Sie stehen bei dem umwohnenden Landvolk in großer Verehrung, und zu Mariä Himmelfahrt wird häufig hieher gewallfahrtet. Die Legende aber lautet so:*)

Unter König Dagobert I. lebten im Kloster Maus drei schöne und fromme Schwestern, Irminda, Adela und Clotildis. Dagobert erfuhr von ihnen, und um ihrer Herr zu werden, brach er mit Reisigen nach dem Kloster auf, entdeckte aber in ihnen seine leiblichen Schwestern. Dennoch entführte er sie an seinen Hof und suchte sie erst durch sanfte Mittel, dann durch Kerkerhaft zu seinem Willen zu bringen. Da half ihnen ein fränkischer Kriegsoberster Norbert zur Flucht und geleitete sie mit seiner Schaar nach Deutschland. Er und die Seinigen erlagen dem Heer des nacheilenden Königs; die Mädchen aber, auf den schroffen Höhen von Auw, das tiefe Thal der Kyll überblickend, bestiegen den Esel, der ihre Habe trug, und setzten glaubensvoll über den Schlund hinweg. Noch heute erinnert der Name der Felswand „das Eselchen" nebst zwei Kreuzen diesseits und jenseits an das große Wunder.

Schon Herr Schneider, der uns diese Sage mittheilt, hat ihr einen heidnischen Ursprung zugeschrieben und die drei heiligen Frauen von den drei Müttern („deae matronae" der Inschriften) abgeleitet, die auch sonst, z. B. in der Melusina, von mittelaltriger Sage gerettet worden sind. Von der unglaublichen Verbreitung ihres Cultus in den linksrheinischen Gegenden noch während der Römerzeit liefert uns der Boden in fast zahllosen Müttersteinen täglich neue Beweise. Das verhüllte Haupt der mittleren Jungfrau, welches auf dem Bildwerk zu Auw erhalten ist, ohne daß

---

*) Jacob Schneider, das Kyllthal (Trier 1843), S. 107.

die Legende eine Erklärung dafür zu haben scheint, dürfte ein Ueberbleibsel des seltsamen perrückenartigen Kopfputzes der Matronae sein. Doch widerspricht dem wieder, daß auf kölnischen und andern Matronenreliefs gerade die mittlere Figur unbedeckten Hauptes ist, während die beiden andern als ihre Dienerinnen jene turbanförmigen Wülste tragen.*) Vielleicht ist daher das verbundene Antlitz der einen Jungfrau bloß von einer königlichen Stirnbinde zu erklären. Jedenfalls scheint es überwiegend wahrscheinlich, daß sich an einen antiken hier verehrten Matronenstein, der drei thronende Frauen vorstellte, die christliche Legende anlehnte und die Mütter in verfolgte Jungfrauen umdeutete. Die auch sonst so häufig vorkommende Sage vom Jungfernsprung lieh dann den Zug her, daß als Reitthier der Esel zugegeben wurde, und in diesem Sinne möchte der alte Matronenstein später durch das gegenwärtige Bildwerk ersetzt sein. Uebrigens kommt in der Schweiz bei den drei segenspendenden Jungfrauen, auch wenn sie nicht in's Christenthum übersetzt sind, bereits der Esel vor, und jener Stein in Auw könnte daher immerhin der ursprüngliche Matronenaltar sein.**)

10. Mit dieser Uebersetzung der Mütter in's Christenthum ist die Sage von der Landskron (Ahrthal) so nahe verwandt, daß sie auf gemeinschaftlichen Ursprung hindeutet. Auch hier ist die noch erhaltne Capelle der ehemaligen Burg ein Wallfahrtsort für Kinderkrankheiten, und von der hinter ihr sich in den Fels dehnenden Basaltgrotte geht folgende Sage:***)

„Ein feindlicher Ritter, es heißt der von Tomberg, brach in Abwesenheit des Herrn von Landskron mit Mord und Brand in's Schloß ein. Die drei Fräulein von Landskron flüchteten,

---

*) Lersch in dem die Mütter betreffenden Aufsatz, Jahrbücher von Alterthumsfreunden im Rheinlande, II, S. 136 ff.

**) Die drei „Wachteljungfern" bei Rheinfelden tragen Blumen in den Haaren und goldene Stäbchen in der Hand, spenden Gold und haben einen Esel, der nichts fraß und doch alle Morgen einen Korb voll Goldstücke legte. Rochholz, Schweizersagen aus dem Aargau, I, S. 283 f.

***) Kinkel, die Ahr. Landschaft, Geschichte und Volksleben (Bonn 1846), S. 210.

V. Sagen aus Kunstwerken entstanden. 181

von dem Räuber verfolgt, auf die Felskante, die noch heute schroff die Capelle überragt; dann, ihre Ehre zu retten, wählten sie den Tod und sprangen auf den Felsen herab, der jetzt die Capelle trägt. Dort verschwanden sie dem Blicke des Verfolgers; der Fels hatte sich aufgethan und eine Grotte gebildet, die sich hinter ihnen schloß; in der Grotte entschliefen sie. Darüber kehrte der Herr von Landskron zurück, drang durch den verborgenen Gang und erschlug den Räuber mit seinen Gesellen. Im Schmerz um seine Töchter wachend, sah er in der dritten Nacht ein Engelchen, das ihm die Stelle der Felsengrotte wies. Dort fand man die Vermißten, und an dieser Stätte wurde die Capelle gegründet, die nun als Zeugin des Wunders mit ihrem weißen Giebel weit in's Land hineinschaut und bis heute den Namen der Jungfrauen-Capelle führt."

Die keltischen Matronen sind Erdgeister,*) ihr Cultus in einer Grotte also ganz natürlich. Gerade wie die zu Auw haben sich auch die Mütter von Landskron in Jungfrauen verwandelt, die ihre Ehre durch ein Wagestück erretteten, und nichts hindert auch hier einen Matronenstein anzunehmen, der ursprünglich im Innern der Grotte stand und vielleicht beim Bau der Capelle wieder aufgefunden der ganzen Sage die Entstehung gab. Die Legende der heiligen Odilia lieh dann leicht den Zug her, daß erbarmungslosen Männern gegenüber der harte Fels seine Brust öffnet, um die verfolgte Jungfrauenehre zu retten.

Hier müßten sich nun die drei Jungfrauen anschließen, welche nach Hontheim**) an noch zwei Orten im Luxemburgischen (Ulvelinga und Senles nennt er sie) verehrt wurden, vorausgesetzt nämlich (was kaum zu bezweifeln) daß auch von diesen eine christliche Legende sich ausgebildet hat.

In einem einsamen Bergwinkel des Aargaus leben die alten keltischen Mütter sogar noch heute in segenvollem Thun fort; doch lehnt hier, dem Charakter der Schweizer Sagen gemäß, ihr Dasein sich nicht an ein Gebild der Menschenhand, sondern an eine großartig geformte Landschaft an.***)

---

*) Lersch am angef. Orte, S. 135 ff.
**) Ebendaselbst, S. 138.
***) Rochholz, Schweizersagen aus dem Aargau, I, S. 3.

Das Eithal heißt ein Paß, der durch einsame Wald- und Wiesenherrlichkeit von Baselland hinüber nach Aarau führt. Hier stehen auf den nackten Thalrändern des Flüßchens Ergolz viel eingesunkene Felsenhäupter, welche Burgen gleichen. Eine Gruppe nennt man die Oedenburg, die andere die Scheideck. Auf der Oedenburg wohnten drei schöne Schwestern, diese raubte der Schloßherr von Scheideck. Da man hierauf sein Schloß stürmte, rissen sich alle Felsen umher los und begruben den Raubritter und die Stürmenden zugleich. Hierauf ließ der Kaiser beide Burgen schleifen. Die drei Schwestern aber leben noch, sie baden zu Zeiten in einem zirkelrunden Becken, das die stürzende Ergolz ausgewaschen hat; und die Mähder sind froh davon zu hören, weil dann ihr Heu bis auf den letzten Wagen jedesmal sicher und ungenäßt unter Schirm und Dach kommen wird.

Hier, also auch wieder auf altkeltischem Boden, die drei heiligen Frauen, welche geraubt, aber von Felsen geschützt werden und auf ewig der Flur Segen bringen. Die Grundzüge der Sage bleiben sich immer gleich, aber in der Ausführung sind sie stets anders gewendet. Die Naturkraft erfrischt sich in der nahrungspendenden Fluth; so badet auch Melusina im Brunnen, und bei der Quelle findet der Staufenberger seine geliebte Fee.

Wenn unsere Ableitung der drei Jungfrauen am Niederrhein von uralten Matronensteinen richtig ist, so sind dort ursprünglich heidnische Idole, deren Sinn vergessen war, durch eine Sage erklärt und wie durch Seelenwanderung neu belebt worden. Es kommt aber auch der Gegenfall vor, nämlich daß der heidnische Glaube nochmals Wurzel schlägt, indem er eines spätern Denkmals christlicher Zeit sich bemächtigt und den alten Gott als Hypostase in einem Portrait wieder aufweckt.

11. Der uralte Sturmgott Wodan, der dem Volke zum Wilden Jäger herabgesunken ist, saugt sich gern an Wahrzeichen an, um sein schattenhaftes Gespensterdasein mit dem Blut wirklichen Lebens zu tränken. So giebt es in Norddeutschland an unheimlichen Waldplätzchen mehrere Riesengräber, in denen der „Mantelträger" (Hakelbärend) soll bestattet sein. Im Klipperkrug bei Wülperode im Herzogthum Braunschweig, wo der Oberjäger-

meister „Hackelberg" gestorben ist, zeigt man noch seine Sturm=
haube und das Härsenier seines Maulthiers. Im Garten dieses
Wirthshauses aber, der ehedem ein Kirchhof war, liegt sein Grab=
stein, mit dem Bilde eines Ritters auf einem Maulthier, mit
fliegendem kurzem Mantel und hohem Halskragen, der eine Reit=
gerte in der Hand führt; neben ihm laufen zwei kleine Hunde.
Bei dem Bildwerk ist eine Inschrift, in welcher das Jahr 1581
noch lesbar ist.*) Das Bild als Effigies eines historischen Mannes
hat an sich nichts Auffallendes, da Ritter sich oft als Jäger haben
abbilden lassen. Aber der uralte Götterglaube an Wodan, der in
die Sturmwolke als Mantel sich hüllt, belebt sich neu an dem
Portrait eines Jägers und trägt auf diesen den mythischen Namen
Hakelbärend über.

12. Bekannt und zahlreich sind die Bilder aus der Legende
des heiligen Hubertus und des heiligen Eustachius, die im Wald
einen Hirsch mit dem Crucifixus zwischen den Geweihen
finden und vor demselben niederknieen. Aus solch einem Bild
auf irgend einem Jagdschloß entstand dann wohl eine andere Sage
vom Hackelberg: er habe einmal in der Gegend von Lockenem am
Hainberg gejagt, und da er kein Wild traf, in seinem Unmuth
ausgerufen, er müsse heut noch etwas erjagen, und sollt' es ein
Hirsch mit dem Leiden Christi sein. Kaum hat er das ge=
sagt, so steht auch ein Hirsch vor ihm, der zwischen den Geweihen
das Leiden Christi trägt, und den hat er sogleich geschossen. Da=
für muß er nun aber zur Strafe ewig jagen.**)

Den Wilden Jäger läßt das Volk in Norddeutschland sich
nicht nehmen, um so weniger, da auch denkende und von Aber=
glauben freie Leute in unsern Tagen das noch nicht erklärte Ge=
töse deutlich gehört haben, aus welchem die Sage ohne Zweifel
ursprünglich entstanden ist. Der uralte Götterglaube im Volk,
der das Phänomen mit Wodan verband, rettet sich, indem er
sogar das christlich gedachte Bild in seinen Wilden Jäger um=

---

*) Kuhn und Schwartz, norddeutsche Sagen, S. 180f.
**) Ebendaselbst, S. 150f. Die mythische Bedeutung des leuchtenden
Hirsches ist nachgewiesen bei Rochholz, Schweizersagen aus dem Aargau,
II, 190ff.

deutet. Noch einmal wird in ganz neuem Sinne wahr, was die Kirchenväter behauptet haben, daß die Dämonen Besitz von Bildern nehmen, um die Menschen zu berücken, welche zu diesen Bildern wallfahrten.

Auch die Götterfrauen des germanischen Heidenthums flüchten sich in die kirchliche Legende und beglaubigen sich durch Bau= und Bildwerke.

13. In der alten Magdalenenkirche zu Genf, welche bei ihrer ersten Stiftung außerhalb der Ringmauern lag, sind am Anfange der Bogen, wie am Schluß des Gewölbes, Räder in Stein ausgemeißelt, die vielleicht nur als Ornament dienen. Das Volk erklärt sie aber für Spinnräder, von den Steinmetzen als Erinnerung an eine fromme und fleißige Spinnerin angebracht, die Maria Magdalena geheißen und allen Erwerb ihrer Hände zu diesem Kirchenbau hergegeben habe. Noch alljährlich findet am Magdalenentage (22. Juli) eine Beleuchtung der Häuser und des Brunnens der kleinen Place de la Madeleine statt, und durch die Straßen des gleichnamigen Stadtviertels wird als Magdalena eine spinnende Puppe getragen, wozu man die Worte singt: Tiens bon, Marie Madeleine, tiens bon, Marie Madelon!*)

Hier ist wohl eine heidnische Gottheit ins Christenthum über= setzt. Die Spinnerin ist Perchta oder Holda, eine Hypostase der Rockengöttin Freyja, und um das heidnische Volksfest zu heiligen, hat man mit Anknüpfung an jene steinernen Räder in der Kirche eine christliche Spinnerin erfunden.

14. Ganz das Gleiche ist in meiner niederrheinischen Heimat vorgekommen. Die Kirche von Lüftelberg, unweit Bonn, liegt, das leichtgewellte Land hoch überblickend, auf einer Stelle, wo man sich gern eine Stätte heidnischer Gottesverehrung denken möchte. Auch hier ist an den Ehrenplatz der in Berghöhlen hausen= den Rockengöttin eine kirchenstiftende christliche Heilige getreten. Ich habe die schöne Sage oft in meiner Jugend erzählen hören. Die heilige Jungfrau Lufthildis war eine große Spinnerin, aber

---

*) Herzog, Schweizersagen, nach dem Morgenblatt für gebildete Stände, 1863. Nr. 12. S. 272.

alles was sie erwarb, gab sie an Wittwen und Waisen. Karl der Große schenkte ihr so viel Land, als sie mit ihrer Spindel ritzen konnte, so lange er schliefe. Die Jungfrau stieg zu Roß und umfurchte den ganzen Bann des Dorfes Lüftelberg, in dessen Mitte sie dann die Kirche stiftete.*)

IV. Sagen aus Bauwerken und Stiftungen.

Schon oben gab ich in der Geschichte vom Wolf am Aachener Münster eine Bausage; die eben erzählten von Genf und Lüftelberg schlagen hier ebenfalls ein. Bausagen bilden die zahlreichste Klasse von allen aus Kunstwerken entstandenen Volksgeschichten. Jedes Bauwerk von einigem Anspruch imponirt den Massen. Wird nun, wie eben dort zu Aachen, durch fremde Architekten ein Werk geschaffen, das an Pracht und Kühnheit der Construction alles hierorts bisher Bekannte weit überbietet, so denkt die Masse gleich an Hexerei. Im spätern Mittelalter hüllte sich aber die Baukunst dazu noch in ein absichtliches Geheimniß. Bis zum zwölften Jahrhundert waren Mönchsgenossenschaften und Canonici die Baumeister, Mönche oft auch eigenhändig die Bauhandwerker; von da traten die Bauhütten der Laien an ihre Stelle. Dem Volke mußte ein gothischer Dom wohl wie ein Wunder erscheinen, wo im Innern der Bauhütte Alles nach Maß und Regel zugehauen wurde, so daß dann ganz plötzlich und mit fabelhafter Schnelligkeit etwa ein reiches Portal sich hinzaubern ließ. Die Vorbereitungen hatte man nicht gesehen, man sah aber die blitzschnelle Vollendung, und man dachte an Hexerei und Teufelshülfe. Dazu die Künstlichkeit des Ornaments, die dem Laienverstande räthselhaften Wasserspeier mit Groteskbildungen aus dem Thierreich, und die oft und gern angebrachten Menschenköpfe, die man mit Vorliebe verzerrte oder ins Komische zog. Vieles im mittelaltrigen Ornament hatte wohl symbolische Bedeutung, gar Manches aber war freies, keckes Spiel der Phantasie. In beiden Fällen lag das Mißverständniß nahe, und aus dem Miß-

---

*) Gedicht von Simrock, in dessen „Kerlingischem Heldenbuch", S. 120.

verständniß erwuchs der Mythus. Das geschah natürlich bei Bauwerken zumeist, aber auch andere sehr künstliche Arbeiten z. B. der Bildnerei, Schlosserkunst und Malerei konnten solche Zauber- und Teufelssagen hervorrufen.

Dabei darf man nicht leugnen, daß das Volk vom Natürlichen mehr angesprochen wird als vom Werk der Künste oder überhaupt von der That des Menschengeistes in der Geschichte. „Um die seltsame Bildung eines Felsens sammelt sich die Sage dauernder, als um den Ruhm selbst der edelsten Geschlechter —" so schreiben die Brüder Grimm in der Vorrede zu der historischen Abtheilung ihrer deutschen Sagen. Was hier von der Geschichte gesagt wird, gilt auch von der Kunst. Ein erratischer Steinblock, ein seltsam gestalteter Hügel, eine angebliche Kralle in einem Felsen, der Abdruck eines Fußes in Stein und Rasen regen die Phantasie des Bauern mächtiger auf als das schönste gothische Steinornament. Auch um Bauwerke herum sind daher aus solchen Naturspielen weit mehr Sagen entstanden als aus dem Werk der Menschenhand; hiervon wird man sich überzeugen, wenn man jede irgend vollständige Sammlung von Localsagen durchliest.

15. A Jove principium! Beginnen wir mit dem Dom zu Köln.

Unter den verschiedenen Sagen vom Bau des Kölner Doms ist eine, die sich an die berühmte römische Wasserleitung aus der Eifel nach Köln, aber zugleich an ein Ornament eines der unvollendeten Thürme anschließt. „Der Teufel war neidig auf das stolze und heilige Werk, das Herr Gerhard, der Baumeister, erfunden und begonnen hatte. Um doch nicht ganz leer dabei auszugehen, oder gar um die Vollendung des Doms noch zu verhindern, ging er mit Herrn Gerhard die Wette ein: er wolle eher einen Bach von Trier nach Köln bis an den Dom geleitet, als Herr Gerhard seinen Bau vollendet haben; doch müsse ihm, wenn er gewönne, des Meisters Seele zugehören. Herr Gerhard war nicht säumig, aber der Teufel kann teufelsschnell arbeiten. Eines Tages stieg der Meister auf den Thurm, der schon so hoch war, als er noch heut zu Tag ist, und das Erste, was er von oben herab gewahrte, waren Enten, die schnatternd von dem Bach, den

V. Sagen aus Kunstwerken entstanden.   187

der Teufel herbeigeleitet hatte, aufflogen. Da sprach der Meister in grimmem Zorn: „zwar hast du, Teufel, mich gewonnen, doch sollst du mich nicht lebendig haben!" So sprach er und stürzte sich Hals über Kopf den Thurm herunter, in Gestalt eines Hundes sprang schnell der Teufel hintennach, wie beides in Stein gehauen noch wirklich am Thurm zu schauen ist. Auch soll, wenn man sich mit dem Ohr auf die Erde legt, noch heute der Bach zu hören sein, wie er unter dem Dom wegfließt."

Diese Sage habe ich als Knabe ebenso in der Umgegend von Köln erzählen hören, besonders die Enten fehlten nicht. Das Wahrzeichen am Thurm aber, den Mann und den Hund, habe ich nicht mehr gesehen.

Der römische Eifelkanal schöpfte sein Wasser im Gebirg, nahe seinem Ursprung aber ging ein zweiter Kanal nach Trier. Der Volksglaube nimmt noch heute beide Aquäducte als Einen an, der Trier und Köln factisch verbunden habe, und man erzählt, die Geistlichkeit in Köln habe durch ihn sich den Moselwein direct von Trier herlaufen lassen, ganz so wie bereits die althochdeutsche Weltchronik (W. Wackernagel, Lesebuch, I, 186) es berichtet:

   dannin (von Trier) man unter dir erdin
   den win santi verri
   mit steinin rinnin
   den herrin al ei minnin
   die ei Kolne wârin sedilhaft.

16. Aehnlich ist die Anknüpfung der Sage an ein offenbar ornamentales Steinbild an der südlichen Außenseite der Kirche zu Stadt Ilm in Thüringen. Zum Bau der Kirche schwatzte ein Mönch einer armen Wittwe ihr einziges Goldstück ab, schenkte es aber seinem Schätzchen. „Als nun derselbe Mönch am nächsten Sonntage Messe liest und dabei der eingegangenen Beiträge für den Bau der Kirche rühmend gedenkt, auch über die frommen Geber den Segen spricht, aber den Beitrag der Wittwe weder erwähnt noch ihr den Segen ertheilt, wird er plötzlich von einer unsichtbaren Macht über die Mauer der Kirche, soweit solche damals aufgebaut war, in die Luft geführt. An derselben Stelle, wo er über die Mauer flog, setzte man ein hervorragendes Stein=

bild ein, welches ihn von einem Teufel umfaßt darstellte. Dieß Steinbild hat sogar bei einem spätern Anlaß zu sprechen angefangen und der Witwe mündliche Quittung ausgestellt.*)

17. Verwandt mit dem Wolf zu Aachen ist die Sage von der Sachsenhäuser Brücke und dem goldenen Hahn auf einer Eisenstange, der heute noch auf ihr als Wahrzeichen steht. „Der Baumeister hatte sich verbindlich gemacht, die Brücke bis zu einer bestimmten Zeit zu vollenden. Als diese herannahte, sah er, daß es unmöglich war, und wie nur noch zwei Tage übrig waren, rief er in der Angst den Teufel an und bat um seinen Beistand. Der Teufel erschien und erbot sich, die Brücke in der letzten Nacht fertig zu bauen, wenn ihm der Baumeister dafür das erste lebendige Wesen, das darüber ginge, überliefern wollte. Der Vertrag wurde geschlossen, und der Teufel baute in der letzten Nacht, ohne daß ein Menschenauge in der Finsterniß sehen konnte, wie es zuging, die Brücke ganz richtig fertig. Als nun der erste Morgen anbrach, kam der Baumeister und trieb einen Hahn über die Brücke vor sich her und überlieferte ihn dem Teufel. Dieser aber hatte eine menschliche Seele gewollt, und wie er sich also betrogen sah, packte er zornig den Hahn, zerriß ihn und warf ihn durch die Brücke, wovon die zwei Löcher entstanden sind, die bis auf den heutigen Tag nicht können zugemauert werden, weil Alles in der Nacht wieder zusammenfällt, was Tags daran gearbeitet ist."

Die Ueberlistung des brückenbauenden Teufels wiederholt sich in allen möglichen Formen. Der Vogt von Andermatt prellt denselben, als er ihm die dreizehnte Brücke der Gotthardstraße, die alte Teufelsbrücke, gebaut hatte, indem er statt eines Sennen einen rothen Hund mit einem kupfernen Käskessel an den Schwanz gebunden zuerst hinüber jagt.

In Wirklichkeit sind aber diese Löcher der Frankfurter Brücke zwei Bogen, die oben nicht gefüllt, sondern nur mit Holz ausgelegt sind, damit man in Kriegszeiten rasch und ohne Sprengen mit Pulver die Verbindung abbrechen kann. In Frankfurt ver=

---

*) Witzschel, Sagen aus Thüringen, S. 172 f.

V. Sagen aus Kunstwerken entstanden.   189

sicherte man mir, daß diese Sage nicht im Volk lebe, doch haben die Brüder Grimm sie als „mündlich aus Frankfurt" in ihre deutschen Sagen aufgenommen.*) Man erzählt auch, es seien bis ins siebzehnte Jahrhundert an der Stelle bei dem eisernen Kreuz, auf dem der „Gickel" steht, Verbrecher gebunden in den Fluß geworfen worden; der Hahn sollte die Sterbenden, in Erinnerung an den Hahn des h. Petrus, zur Buße ermahnen.**) Die Hinrichtung von Verbrechern in dieser Manier ist unhistorisch, aber der Hahn hat wohl ursprünglich diesen Sinn gehabt, alle Vorübergehenden an die Nothwendigkeit der Buße zu erinnern.

Eine ganze Gruppe von Bausagen läßt zwar die directe Einmischung des Teufels aus, berichtet aber von Verbrechen, die aus Neid geschehen seien, entweder zwischen den Bauherrn, oder zwischen dem Baumeister und seinen Gehülfen oder Lehrjungen:

18. „Ein Bischof von Halle baute die Moritzkirche, seine Schwester die Moritzburg, welche aber im Schwedenkrieg zerstört worden ist. Die Schwester war wohlwollender Gemüthsart, die Bauleute, den Bruder verlassend, zogen ihr zu, und die Burg wurde viel eher fertig als die Kirche. Der Bischof beschloß sich zu rächen und ging die Schwester besuchen. Sie trat ihm unterm Thor der Burg entgegen, er aber, unter dem Vorwand, sie zu umarmen, stieß ihr einen Dolch ins Herz. Zum Andenken hat man ihr Bild mit dem Dolche in der Brust über dem Thore der Moritzburg aufgestellt, „wo es noch heute zu sehen ist.""***) Ohne Zweifel ursprünglich eine schmerzhafte Mutter Gottes, wo das prophetisch verkündigte Schwert, das durch ihre Seele gehen wird, materiell als in ihrem Herzen steckend dargestellt war. Maria wird in katholischen Ländern noch heut häufigst über Hausthüren angebracht.

19. Die prachtvolle mit Meißelwerk innen und außen verzierte Capelle von Schloß Roslyn bei Edinburgh hat Einen höchst wundervoll ausgearbeiteten Pfeiler, welcher den Besuchern

---

*) Grimm, deutsche Sagen, I, S. 234.
**) Heyl und Berlepsch, Reisehandbuch für die Rheinlande, S. 30.
***) Witzschel, Sagen aus Thüringen, S. 246.

noch heut als „the apprentice's pillar" gezeigt wird. Es ist eine runde Säule, welche spiralförmig durch aufsteigende Bänder von Laubwerk umringelt wird. Der Baumeister, sagen die Leute dort, habe die Zeichnung einer prachtvollen Säule besessen, deren Original in Rom gewesen sei; er sei daher, um dieß Original zu sehen, nach Rom gereist. Inzwischen habe der Lehrling die Zeit benutzt, dieß prachtvolle Stück auszumeißeln, wofür dann der Meister aus Neid ihn ermordete. Man zeigt auch in diesem Theil der Capelle noch zwei Köpfe, einer hat einen Einschnitt auf der Stirn, der andre ist ein alter Mann, wild und düster aussehend. Jenes der Lehrling mit der Wunde, dieses der böse Meister.*)

20. „In der alten Klosterkirche zu Königslutter befindet sich an einer Wand im Kreuzgange das steinerne Bild eines Mannes mit einem Buche in der Hand; neben dem aber sitzt eine zusammengekauerte Gestalt mit ausgeschlagenen Augen. Das sind Meister und Lehrjunge; jeder von ihnen hat einer um den andern eine Säule des Kreuzgangs gebaut, die des Lehrjungen sind aber viel schöner gewesen, darum hat ihm der Meister die Augen ausgestochen."**)

21. An einem der beiden Thürme des Kölner Domes fanden wir oben das Wahrzeichen von Mann und Hund. Merkwürdiger Weise findet dasselbe sich auch an einem andern als schön berühmten Thurme, nämlich am sogenannten Gesellenthurm der Liebfrauenkirche zu Arnstadt in Thüringen. Wahrscheinlich sind es in beiden Fällen monströse Wasserspeier gewesen. In Arnstadt knüpft sich abermals eine Baugeschichte daran, aber nicht eine vom Teufel, sondern vom Neid. Der Baumeister übertrug den Bau des vordern Thurmes seinem Gesellen, dieser baute ihn schöner als den des Meisters. Nach Vollendung des Thurmes ruft der Meister, unter dem Vorgeben, ihm einen Fehler zeigen zu wollen, den Gesellen auf die Glockenstube und stößt ihn, als

---

*) Der apprentice's pillar ist abgebildet bei John Britton, Architectural Antiquities of Great Britain, Vol. III. Pl. VIII, wo auch auf pag. 56 die Sage erzählt wird. Die Capelle von Roslyn ist aus dem 15. Jahrhundert, die Sage fand ich am Platz im Volk noch lebendig.

**) Kuhn und Schwartz, norddeutsche Sagen, S. 140f.

er hinabschaut, aus dem Schalloch hinaus. Des Gesellen Hünd=
lein war mitgelaufen, sprang nach und fiel todt nieder neben
seinem todten Herrn. Zum Gedächtniß hat man oben am Thurm
in Stein eine hervorragende Mannes= und Hundegestalt ange=
bracht.*)

Auch bei einem Hausbau spielt die Sage mit einem Symbol,
das sie auf den Neid bezieht.

22. „Am Hause Nr. 38 in der Heiligengeiststraße zu Berlin
sieht man einen Medusenkopf mit stark verzerrten Zügen.
Das Volk nennt ihn den Neidkopf und erzählt, König Friedrich
Wilhelm I. habe sich bei seinen Wanderungen durch Berlin darüber
erstaunt, einen armen Goldschmied stets bis spät in der Nacht
thätig zu finden, und habe dem Manne deshalb Arbeit gegeben.
Da bemerkte er im Fenster gegenüber zwei Frauen, die dem Gold=
schmied Fratzen machten; es waren Frau und Tochter eines reichen
Zunftgenossen, die ihm damit ihren Neid zeigten. Der König
ließ nun dem Goldschmied ein neues Haus bauen und den Neid=
kopf dort anbringen, an dem sie sich spiegeln sollten."**)

Fratzenköpfe an Häusern zur Abwehr alles Uebels stammen
aus dem antiken Heidenthum; es sind die sogenannten Apotropaia.
Das bedeutungsvollste derselben ist das Medusenhaupt. In Köln
sind heute noch vielfach an den Hausfronten diese „Gringköpfe"
zu sehen, und in meiner Jugend erklärte man sie als Ausdruck des
Trotzes, der in den Bewohnern lebte. Es knüpft sich an diese
Köpfe aber eine ältere Sage von Erzbischof Anno und den Schöffen,
die er blenden ließ.***)

Wie der Teufel ein großer Baumeister ist, führt er zuweilen
auch kunstreiche Arbeiten anderer Handwerke durch, welche für
Menschenhände zu schwierig sind.

23. „Zu Wismar in der Marienkirche um den Taufstein
herum geht ein überkünstliches Gitter, das sollte ein Schmidt
bauen. Als er sich aber daran zerarbeitete und es nicht konnte
zu Stand bringen, brach er unmuthig aus: „ich wollte, daß es

---

*) Witzschel, Sagen aus Thüringen, S. 165f.
**) Adalbert Kuhn, märk. Sagen und Märchen, S. 122f.
***) Pick, Monatsschrift für rhein.=westf. Geschichtsforschung, I, S. 83.

der Teufel fertig machen müßte!" Auf diesen Wunsch kam der Teufel und baute das Gegitter fertig. Keiner soll es nachahmen oder das Ende daran finden können, so schlecht es aussieht."*)

Zur Erquickung stößt man unter all dem Teufelsspuk und der Neidqual in unsern Kirchenbauten auch zuweilen auf eine ganz harmlose Anecdote von irgend einem Baumeister.

24. In der Kirche zu Zülpich, dem Stile nach um 1220 erbaut, sah man an der Mauer unter den Nordfenstern des Mittelschiffes einen Mann, vermuthlich den Werkmeister, mit dem Namen Godescalcus bezeichnet, der einen Meißel und ein Näpfchen bei sich hatte. Das Volk belebte sich dieses Figürchen wenigstens mit einem Charakterzuge; es deutete das Näpfchen auf's Trinken und erzählte, daß jener alte Maurer so gut wie die gegenwärtigen gerne ins Glas gesehen habe. Weil man nun bei der vor vierzig Jahren stattfindenden Restauration der Kirche der Meinung war, daß solcherlei Nebengedanken der Andacht nicht zuträglich sein dürften, hat man den armen Gottschalk, ohne ihm zu schaden, mit Mörtel verkleidet und bloß das Godescalcus stehen lassen.

Ebenso heften sich auch ganz harmlose Geschichten an die Bildnißstatuen des Mittelalters an, um eine Kirchenstiftung zu erklären.

25. Kunsthistorisch berühmt sind die zwölf Standbilder aus Sandstein im Westchore des Domes zu Naumburg, welche man gegen 1270 ansetzt. Es sind Bildnißstatuen von frühern Wohlthätern der Kirche, und einige haben ihre adligen Namen beigeschrieben. "Die Köpfe sind nicht ohne Ausdruck, alle in Zügen und Haltung verschieden, die der Frauen zum Theil mit dem conventionellen Lächeln, das hier fromme Freundlichkeit bedeutet, die Männer entweder ruhig zuschauend oder mit etwas gesenktem Haupte und dem Ausdrucke inniger Theilnahme."**)

Hier bot sich also, was in mittelaltrigen Sculpturcyclen nicht allzu häufig ist, die Möglichkeit des Individualisirens, die zur

---

*) Grimm, deutsche Sagen, I, S. 239.
**) Schnaase, Geschichte der bildenden Künste, V, S. 758.

V. Sagen aus Kunstwerken entstanden.

Erfindung von Geschichten herausforderte. An zwei dieser Figuren hat denn wirklich die Sage sich festgesponnen: es ist eine Frau welche lacht, ein Mann welcher ernst aussieht. Das Volk und die geschriebene Chronik bezeichnen sie als die **lachende Braut** und den **weinenden Bräutigam**. Der Bräutigam reiste trotz Bitten und Warnen der Braut lange Zeit in fremden Ländern, da verschenkte diese ihre Güter und auch viel von den seinigen zum Bau des Naumburger Domes und ging selbst ins Kloster. Als er wiederkam, lachte sie ihn aus, er aber mußte es geschehen lassen und gab selbst noch mehr dazu, damit der Dom fertig würde.*)

Die allersonderbarsten Figürchen aber sind die, wo Menschen in eine ganz unerhörte Stellung gebracht sind, als wollten sie an sich selber einen ganz unmöglichen Act vornehmen. Diese forderten erst recht zu Erfindung von Schnurren heraus.

26. Im Schiff der **Stadtkirche zu Ahrweiler** (1269 gegründet) sieht man nahe beim Westportal, Südseite des Schiffs, ein halbzerstörtes Figürchen ausgemeißelt. Es ist eine verdrehte Menschengestalt, deren Motiv man nicht leicht mehr erkennen würde. Das Volk aber erzählt: Der Baumeister habe sich vermessen über die ganze stattliche Kirche ein Gewölbe zu legen, als welches dazumal hierorts noch ein unerhörtes Ding gewesen sei; ein Zunftgenosse aber habe erklärt, wenn das dem andern gelinge, so wolle er an seinem eigenen Leibe eine Handlung vornehmen — von der ich mich wohl hüten werde zu sagen, worin sie bestehen sollte. Und als jener nun doch sein prächtig Werk vollendet, da habe er den Neidhart in der unbequemen Stellung und dem vergeblichen Versuche ein Unmögliches zu leisten an der Säule verewigt.**)

Unmöglich kann diese Ueberlieferung ein wirklich Geschehenes mittheilen; denn die Kunst des Gewölbbaues war nach Mitte des 13. Jahrhunderts am Rhein allgemein verbreitet, und selbst die Spitzbogenwölbung durch Werke wie die Liebfrauenkirche in Trier

---

*) Witzschel, Sagen aus Thüringen, S. 244 f.
**) Aus mündlicher, allgemein verbreiteter Ueberlieferung in Ahrweiler.

schon mehrere Jahrhunderte einheimisch. Umgekehrt muß also hier das Histörchen aus dem Bildwerk entstanden sein.

Was freilich dieses Bildwerk selbst ursprünglich bedeutet hat, das läßt sich schwerlich je wieder ermitteln. Es kommt indessen auffallender Weise im Mittelalter noch mehrere Mal vor.

27. So erscheint es an der alten äußern Mauer des Oberschlosses zu Kranichfeld, im Herzogthum Sachsen=Meiningen, wo auch noch andere „ungethüme Steinbilder" vorkommen sollen. Hier hat sich eine doppelte Sage gebildet. Auf dem Oberschloß wohnten zwei Brüder, Wolf und Lutger. Sie kamen einst in einen heftigen Streit, so daß sie sich trennten und die Güter theilten. Da sprach Lutger, der jüngere Bruder, welcher die Burg verlassen sollte, auf den Berg deutend, wo jetzt Niederkranichfeld liegt: „Dorthin will ich meine Burg bauen." Darüber lachte Wolf und entgegnete: „Wenn dieser Bau zu Stand kommt, will ich thun, was noch keiner gethan hat und keiner thun wird." „Es gilt," sprach Lutger, „ein Ritter hält sein Wort." Die Burg wurde aber vollendet, und der Bruder bestand auf der Erfüllung der Zusage, obwohl er wußte, daß es Wolfen damit ans Leben ging, aber er kam dadurch in den Besitz der Oberburg und des ganzen Landes." Nach der andern Fassung vermaß sich bei einer Belagerung der Commandant das Unerhörte zu thun, ehe er das Schloß übergäbe. Als die Feinde das Schloß hatten, schlugen sie ihm das Rückgrat entzwei und zwangen ihn in die unnatürliche Stellung, in der er elendiglich starb.*)

Ganz besonders deutlich zeigt sich unter manchen andern Menschengestalten in den sonderbarsten Stellungen auch dieser Gegenstand in dem berühmten Kreuzgang des Großmünsters zu Zürich.**) Doch ist mir nicht bekannt, daß hier sich eine Sage daran angeschlossen hätte. Die Kreuzgänge gehörten im Mittelalter zur Clausur und blieben dem Volke verschlossen, daher über sie und ihre Bildwerke Sagen sich nur selten gebildet haben.

---

*) Witzschel, Sagen aus Thüringen, S. 321.
**) Abgebildet in den Mittheilungen der antiquarischen Gesellschaft zu Zürich, Band I, Figur 6 der 12. Tafel des Kreuzgangs. Mit Text von Herrn Kirchenrath Salomon Vögelin.

V. Symbolische Bildwerke durch Sagen erläutert.

28. Natürlich fordert bei einem Bildwerk besonders alles das die sagenbildende Deutung heraus, was seltsam, vom nächsten Zweck des Kunstwerks aus unzweckmäßig oder wenigstens unerklärlich bleibt. So das Zünglein der Bamberger Wage in der Hand der Gerechtigkeit auf dem Grab Kaiser Heinrich's, eben weil dieß Zünglein nicht in der Mitte steht, sondern etwas auf eine Seite neigt.*) Daran knüpft sich nämlich der tiefsinnige Volksglaube, daß die Welt untergehen wird, sobald das Zünglein ins Gleiche kommt. Das heißt: die Welt rollt fort, weil stets Unrecht gethan wird und darum das Rechte ewig nach dem Niveau suchen muß. Giebt es kein Unrecht mehr, so ist das Ende da. Wir haben hier ein Symbol, für welches das Volk sich eine Deutung sucht. Das Symbol ist etwas Abstractes, oft nur von dem Verstande Gemachtes; das Volk, ein Kind an Geist, bringt überall die Phantasie ins Spiel und will von dem, was nur der Gelehrte begreift, sich etwas erzählen können, was ihm lebhafter zu Herzen geht, oder was auch nur kräftiger auf die kleinen Leiden und Freuden seines Alltags Bezug nimmt.

29. Am westlichen Eingang der St. Georgskirche zu Eisenach befindet sich ein Steinbild, welches einen Mann in betender Stellung mit einer Wage zeigt.

Die Wage ist wohl das Bild des jüngsten Gerichtes, die Figur etwa ein Sankt Michael?

Die Sage macht aber daraus einen Bäcker, der in Theurung das Brot zu klein buk und darum auch oft gebüßt wurde. Auf dem Sterbebette befahl er aus Reue, daß man ihn an die Kirchenthür begraben möge, damit jeder Eintretende sein Grab mit Füßen trete.**)

30. Auf dem Rathsbrunnen zu Buttstädt, im Großherzogthum Sachsen-Weimar, steht (oder stand) ein Engel mit einer Wage, in deren einer Schale saß ein Kind, in der andern ein Teufel mit

---

*) Grimm, deutsche Sagen, I, S. 337.
**) Witzschel, Sagen aus Thüringen, S. 115.

einem Mühlstein. Dieß ist ein weitverbreitetes unzählig oft dargestelltes Symbol des Kampfes um die Seele beim Tode des Menschen. Der Engel ist Michael, das Kind die eben den Leib verlassende Seele, der Mühlstein bedeutet die Sünde, welche der Teufel gegen die Seele in die Wagschale wirft. Die Volkssage aber individualisirt wieder: Ein Ehepaar zu Buttstädt bittet um Kindersegen, der Teufel verspricht ihnen ein Kind, wenn es nachher ihm gehören soll. Ein Knabe wird geboren, da schlägt den Eltern das Herz und sie flehen zu Gott, daß er das Unglück wenden möge. „Da sandte ihnen der Herr einen Engel, der gebot dem Teufel, sich auf die eine Schale einer Wage zu setzen, legte das Kind in die andere und sagte, wenn er schwerer sei, so solle er's behalten. Da sank die Schale, in der das Kind saß, tief herab und sogar, als der Teufel noch einen Mühlstein nahm und mit sich auf die Schale setzte, konnte er doch nicht herunterkommen. Da ging er zornig von dannen." *)

31. Die Stadtkirche St. Johannes zu Gmünd ist durch viele Bildwerke an ihrer Außenseite merkwürdig, deren Bedeutung noch räthselhaft bleibt. Zwei derselben nimmt jedoch die Sage in Eine Erzählung zusammen. Man sieht erstens eine gekrönte Frau, sitzend, ein Kind auf dem Schooß, und beide halten Aepfel; darunter steht ein Jäger mit Horn und jagenden Hunden. Jene Gruppe, über der obenein ein Engel schwebt, ist unstreitig eine Mutter Gottes, die Aepfel sind Weltkugeln; der Jäger kommt oft an Kirchenportalen in den Kalendern vor, die für jede Jahreszeit die ländliche Arbeit abbilden.

Die Gmündner aber erzählen, auf einer großen Jagd habe Agnes von Sachsen, die Frau Herzog Friedrich's von Schwaben (Gmünd gehörte den Hohenstaufen) ihren Trauring verloren und vor dem bösen Omen sich erschreckt. Ein Jägerssohn schoß bald darauf einen prachtvollen Hirsch und fand an einem Zacken des Geweihes den verlorenen Ring. Die Herzogin soll ihm dann die Hand einer Geliebten verschafft, und der Herzog an der Stelle, wo der Hirsch getödtet wurde, die Johanneskirche errichtet haben.

---

*) Kuhn und Schwarz, norddeutsche Sagen und Gebräuche, S. 210.

V. Sagen aus Kunstwerken entstanden. 197

Auf den Jägerssohn wird der Waidmann des Bildwerks, auf den Ring der Herzogin wohl die Weltkugel in Mariens Hand gedeutet.*)

32. Die Sage von der Jungfer Lorenz von Tangermünde in der Altmark, durch ein liebenswürdiges Kunstwerk eines modernen Bildhauers so weit verbreitet, schließt sich an ein symbolisches Bildwerk aus dem 12. oder 13. Jahrhundert an, welches in der alten Nicolaikirche (jetzt in der Stephanskirche) zu Tangermünde zu sehen war. Es stellt eine Jungfrau dar, in ganzer Figur auf einem Hirschkopf mit natürlichen Geweihen aufrecht stehend. Seine eigentliche Bedeutung ist unerklärt, denn ich finde keinen Beweis dafür, „daß man solche Zierden, mit Beziehung auf einen Vers in den Psalmen, sonst in Taufkapellen aufstellte."

An dieses Bild schloß sich die uralte, auch in drei alemannischen Legenden erhaltene Sage von dem Hirsch an, der fromme Frauen zur Kirche trägt, sie färbte sich aber local. Jungfer Emerentia Lorenz, eine reiche Erbin, verirrte sich in ihren eigenen Wäldern, weil ein gewaltsam strömender Regen auf einmal alle Pfade unwegsam machte. Sie verzweifelte schon am Leben, als ein Hirsch zu ihrem Dienste sich erbot und sie nach drei Tagen glücklich zur Stadt zurücktrug. Zum Dank für ihre Rettung vermachte sie der Nicolaikirche ihr ganzes Erbe, das mit Wald bedeckte Lorenzfeld, und ließ das Wunder in der Kirche bildlich darstellen.

Familiennamen gab es im 12. und 13. Jahrhundert noch keine, und nicht das Feld hat den Namen von der Jungfer, sondern die Jungfer von dem Feld, das wohl ursprünglich einer Kirche, einer Kapelle oder einem Altar des heil. Laurentius zugehört hat. Und wie der Name aus dem Feld, so ist die Sage aus dem räthselhaften Bildwerk geschöpft.

Aus dem Bild die Sage; diese aber wird im Lauf der Jahr-

---

*) Schönhuth, die Burgen, Kirchen, Klöster und Kapellen Würtembergs, I. S. 157. Bei dieser Kirche lebt noch eine zweite durch ein Bildwerk beglaubigte Bausage. Am Westgiebel sieht man ein Männchen, dem der Teufel die rechte Hand wegreißt. Das Volk hält die Figur für den Baumeister, der Teufel verstümmelt ihn laut Vertrag, weil er die Kirche nicht in der versprochenen Zeit fertig gemacht hat.

hunderte nun wieder Gegenstand einer neuen Schöpfung der bildenden Kunst.

Christian Rauch flieht vor dem ersten Ausbruch der Cholera von Berlin nach Tangermünde und streicht geschäftslos durch die Straßen der alterthümlichen Stadt. Ein Regenschauer treibt ihn in die alte nicht mehr benutzte Kirche, er sieht das seltsame Bildwerk, läßt sich die Legende erzählen, und eine reizende Erfindung steigt in seiner Seele auf. Obgleich man ihm berichtet, daß die ersten Cholerakranken heute ins Haus getragen seien, hat er alles Bangen überwunden und modellirt seine Jungfer Lorenz, die mittelaltrig gekleidet in züchtiger Aengstlichkeit, und doch mit dankbarem Vertrauen, auf dem schreitenden Hirsch sitzt. Wenig moderne Bildwerke sind so volksthümlich geworden und so weit verbreitet als diese anmuthige Gruppe.*)

33. Im Kanton Basel liegt unter dem Hauenstein das Benedictinerkloster Schönthal, welches seit der Reformation aufgehoben ist. Am Portal der jetzt leer stehenden Kirche steht auf dem einen Tragstein des Bogens ein Löwe, und im Scheitel des Bogens ein Agnus Dei mit der Fahne. Sie sind stark verwittert, und das Volk erklärt die Fahne für einen Wagen, welchen das Lamm ziehen soll. Beide Figuren sind also nicht symmetrisch zusammengestellt. Ihre Bedeutung ist bekannt und unzweifelhaft: sie bezeichnen Christus als das Opferlamm Gottes und als den Auferstandenen, weil nach der Thiersage des Mittelalters der alte Löwe seinen todtgeborenen Welf durch Anblasen nach drei Tagen zum Leben weckt.**) Eine spätere Zeit suchte aber eine andere

---

*) Rauch hat die Geschichte selber dem Professor von der Hagen erzählt, der sie in seinem Buch Moderne deutsche Kunst, II, 231 u. folg. mittheilt. Die alemannischen Sagen von dem Hirsch, der fromme Frauen zur Kirche bringt, aus Zürich, Schaffhausen und Kloster Fischenthal, nebst allem was auf den mythologischen Hirsch sich bezieht, bei Rochholz, Sagen aus dem Aargau, II, 190 u. folg. Im Kloster Dobberan steht ein Hirschhaupt auf einem Pfeiler beim Hauptaltar; dasselbe schützt den Ort und den daselbst über Nacht entstandenen Heiligendamm gegen die Sturmfluthen der Ostsee. Ein Fetisch wie dieser kann der Hirschkopf in Tangermünde ursprünglich gewesen sein.

**) Physiologus des 11. Jahrhunderts, in Hoffmann's Fund-

V. Sagen aus Kunstwerken entstanden.

Lösung und erfand die schöne Sage von der Gründung des Klosters:

Im Jahre 1130 befand sich Graf Adalbert der Zweite von Froburg mit seinen Knappen in der Wildniß eines nordwestlich von der Stammburg gelegenen Thales auf der Jagd. Nachdem sie lange in dieser einsamen, mit Gestrüpp überwachsenen Gegend umhergeirrt, siehe! da erblickten sie eine wundersame Frau, die an einer Quelle saß und ein Kindlein in den Armen hielt. Wie sie näher traten, erkannten sie in ihr die Mutter Gottes mit ihrem Sohne. Auf einem Wagen, den ein Lamm und ein Löwe zogen, fuhren sie gen Himmel. Ob diesem Gesichte erstaunten der Graf und die Jäger allzumal. Er ließ zur Stunde die Gegend vom Gesträuche säubern, daß sie aus einem wüsten ein schönes Thal ward, und legte den Grund zu dem Benedictinerkloster Schönthal.*)

Die Sage wird dann bei einer italienischen Ordensstiftung wiederholt. Bald nach der Stiftung des Servitenordens durch sieben edle Florentiner, im Jahr 1233, sah ein Doctor der Medicin, Filippo Benizzi, die Madonna auf einem goldenen Wagen von Lamm und Löwe gezogen. Ein Mitglied des Ordens erklärte ihm die Vision, und er nahm das Habit, um hinfort die Seele des neuen Ordens zu werden. Sein Leben ist in der Vorhalle der Ordenskirche in Florenz von Andrea del Sarto gemalt, und im Kreuzgang sieht man von einer spätern Hand auch seine erwähnte Vision. Von einem Bildwerk ausgegangen, hat also die Legende den Kreislauf vollendet, indem sie selbst wieder in ein Bildwerk sich verkörpert.

Ich schließe hier eine andere Stiftungssage französischer Erfindung an, zu welcher allerdings nicht ein Symbol, sondern, wie zum Theil beim Kloster Schönthal, ein mißverstandenes Heiligenbild die Anknüpfung gab.

---

gruben I, S. 18: So diu leuin birit, so ist das leuinchelin tot, so beward su iz unzin an den tritten tag. Tene so chumit ter fater unde blaset ez ana, so wirdit ez erchichit. So wachta der ale mahtigo fater sinen einbornin sun uone demo tode an demo triten tage.

*) Gustav Schwab, die Schweiz in ihren Ritterburgen und Bergschlössern, III. S. 494.

34. An der Schauseite der Kirche zu Parthenay=le=Vieux im Poitou sieht man einen lebensgroßen Reiter in reichem Mantel mit dem Falken auf der Faust in einer bogenüberdeckten Blende stehen. Das Roß, im Anschritt oder Galopp begriffen, scheint eine kleinere Figur niederzureiten. Daher hat sich die Sage gebildet, es sei dieß ein Kind, welches unter den Rosseshufen eines der Herren von Parthenay den Tod gefunden, als dieser auf die Jagd ritt. Der kirchliche Archäologe de Caumont, der diese Begebenheit mittheilt,*) hat bereits für wahrscheinlich erkannt, daß sie erst aus dem Monument sich gebildet hat. Es findet sich nämlich derselbe Gegenstand gerade im Poitou mehr als sechsmal in den zumeist ins Auge fallenden Blenden der Schauseiten an Kirchen dargestellt, aber auch in andern französischen Provinzen, in der Normandie und zu Autun in der Kathedrale kehrt er an Capitellen u. s. w. wieder. Unmöglich sind doch Kinder so dutzendweis an allen diesen Orten zu Schanden geritten worden. Fast alle diese Werke sind aber nach de Caumont's Zeugniß beschädigt, und nur das Roß ist meist völlig erkennbar geblieben. Ohne sie gesehen zu haben, glaube ich vermuthen zu dürfen, daß sie den heiligen Martinus, einen in Frankreich einheimischen und besonders gefeierten Heiligen, vorstellen, wie er noch als heidnischer Ritter im Winter reisend von einem vor ihm knieenden Armen mit emporgehobenen Händen um Hülfe angefleht wird und mit diesem seinen Mantel theilt. Der Bettler ist kleiner als der Ritter, und so dachte man sich, es müßte ein Kind sein. Dieß aber hat auch bei unserer Deutung kein Bedenken. Die Sculptur des Mittelalters zeichnet, grade so gut wie die ägyptische und assyrische, die Hauptfiguren gern durch ein größeres Maß aus, wie man dieß unter Anderm an der überlebensgroßen Statue Erzbischof Siegfried III. von Eppstein (von 1249) im Dom zu Mainz ersieht, welcher den beiden knabenhaft kleinen Gegenkönigen Heinrich Raspe und Wilhelm von Holland die Kronen aufsetzt.

35. Die Dorfkirche zu Wittnau bei Schloß Homberg im

---

*) Histoire de l'architecture réligieuse au moyen âge (Paris 1841) pag. 207 ff.

aargauischen Jura ist dem heil. Martin geweiht, und in einer zugehörigen Kapelle stellt das Altarblatt denselben auf seinem Schimmel dar. Nach der Sage aber ist dieß der Schloßherr von Homberg, der einmal vom Feind ungewarnt in der Burg umzingelt wurde und auf seinem Schimmel die jähe Steile hinabsprang, um Entsatz zu holen. Wo sein Schimmel wieder Fuß gefaßt, da habe er, einem Gelübde gemäß, diese Capelle gestiftet.*)

36. Ebenfalls an ein mißdeutetes Heiligenbild schließt sich die Geschichte von der gekreuzigten Jungfrau mit dem Bart an. „Zu Salfeld mitten im Fluß steht eine Kirche, zu welcher man durch eine Treppe von der nahgelegenen Brücke eingeht, worin aber nicht mehr gepredigt wird. An dieser Kirche ist als Beiwappen oder Zeichen der Stadt in Stein ausgehauen eine gekreuzigte Nonne, vor welcher ein Mann mit einer Geige kniet, der neben sich einen Pantoffel liegen hat. Davon wird folgendes erzählt. Die Nonne war eine Königstochter und lebte zu Salfeld in einem Kloster. Wegen ihrer großen Schönheit verliebte sich ein König in sie und wollte nicht nachlassen, bis sie ihn zum Gemal nähme. Sie blieb ihrem Gelübde treu und weigerte sich beständig; als er aber immer von neuem in sie drang und sie sich seiner nicht mehr zu erwehren wußte, bat sie endlich Gott, daß er zu ihrer Rettung die Schönheit des Leibes von ihr nähme und ihr Ungestaltheit verliehe; Gott erhörte die Bitte, und von Stund an wuchs ihr ein langer häßlicher Bart. Als der König das sah, gerieth er in Wuth und ließ sie ans Kreuz schlagen.

„Aber sie starb nicht gleich, sondern mußte in unbeschreiblichen Schmerzen etliche Tage am Kreuz schmachten. Da kam in dieser Zeit aus sonderlichem Mitleiden ein Spielmann, der ihr die Schmerzen lindern und die Todesnoth versüßen wollte. Der hub an und spielte auf seiner Geige, so gut er vermochte, und als er nicht mehr stehen konnte vor Müdigkeit, da kniete er nieder und ließ seine tröstliche Musik ohne Unterlaß erschallen. Der heiligen Jungfrau aber gefiel das so gut, daß sie ihm zum Lohn und Angedenken einen köstlichen, mit Gold und Edelstein gestickten Pan-

---

*) Rochholz, Schweizersagen aus dem Aargau, II, S. 117.

toffel von dem einen Fuß herabfallen ließ."*) Die Jungfrau mit dem Bart ist die meist von dem Landvolk in vielen Gegenden Deutschlands, Tyrols, der Schweiz und der Niederlande hochverehrte heilige Kümmerniß. Die Vorstellung scheint aus uralten bekleideten Christusbildern am Kreuz entstanden, welche für Nachbildungen des Volto Santo in Lucca gelten. Man entnahm sie aus den zahllosen Legenden, in denen gottgeweihte Jungfrauen, z. B. die heilige Brigitta, ihre Schönheit entstellen, um dem verhaßten Freier zu entgehen. Die Legende fügt bei der h. Kümmerniß noch eine Weiterbildung an: der Geiger wird als Heiligthumsdieb vor Gericht gestellt, und die Heilige bewährt seine Unschuld, indem sie ihm vor allem Volk auch noch den zweiten kostbaren Schuh zuwirft.

An einzelnen romanischen Bauten hat sich noch das sogenannte Glücksrad erhalten. Die bekanntesten unter diesen sind das über der Gallenpforte am Baseler Münster und das von einem gewissen Briolotus gearbeitete an San Zeno in Verona, wo geradezu der Name Rota Fortunae beigeschrieben steht. Auf ein Rad sind Menschengestalten befestigt, welche aufsteigen, sinken und herabfallen. Die letzteren zappeln vergebens aufwärts, sie müssen doch hinunter. Oben, in ruhigster Haltung, sitzt Gott, als Lenker alles Menschenschicksals.

37. Aus einem solchen Glücksrad, das an irgend einer Kirche in Mitteldeutschland, wahrscheinlich der auf dem Petersberge bei Erfurt, zu sehen war, entwickelte sich die folgende Sage:

„Der König in Frankreich hatte zwölf Studenten, die wurden „deutsche Schüler" genannt und hießen alle Johannes. Diese fuhren auf einer Glücksscheibe in der ganzen Welt herum, konnten also in vier und zwanzig Stunden alles erfahren, was in der ganzen Welt passirte, und das berichteten sie dem Könige. Der Teufel aber ließ alle Jahre einen davon herunter fallen und nahm ihn zum Zolle. Den letzten davon ließ er auf den Petersberg bei Erfurt fallen.**) Der König war bekümmert, wo doch der

---

*) Grimm, deutsche Sagen Nr. 330, aus Prätorius' Wünschelruthe. Vgl. auch Kinder= und Hausmärchen II, S. 66.

**) Auf dem Petersberg hatte angeblich König Merowig eine Burg ge=

V. Sagen aus Kunstwerken entstanden.

letzte hingekommen sei, und da er die Stelle erfuhr und vernahm, daß es ein schöner Berg sei, ließ er eine Kapelle bauen und nannte sie Corporis Christi, setzte auch einen Einsiedler hinein."*)

In der romanischen Periode und auch noch im Uebergangsstil kommen an sehr zahlreichen Bauten verzerrte Köpfe vor, welche oft so charakteristisch sind, daß sie unwiderstehlich zur Erfindung von Histörchen auffordern. Sie schmücken meistens die Consolen unter dem Dachgesims, welche jene Bauperiode aus der antik-korinthischen Ordnung mitgeschleppt hatte. Die Sage spielt mit diesen Fratzen bald in heiterer Weise, bald benützt sie dieselben zu moralischen Warnungstafeln.

38. "Unter der St. Dionysienkirche zu Möbisburg, nicht weit von Erfurt, sollte ein großer Schatz liegen, welchen drei Männer mit einander zu heben sich vornahmen, nämlich ein Schmied, ein Schneider und ein Hirt oder Schäfer. Aber der böse Geist, der den Schatz bewachte, tödtete sie alle drei. Ihre Häupter wurden am Gesims der Kirche unterm Dache in Stein ausgehauen, nebst einem Hufeisen, einer Scheere und einem Schäferstock oder einer Weinmeisterhippe. Eine andere Sage setzt hinzu, die Beschwörung habe zur Stunde des Mittagszaubers statt haben sollen, da hätten aber die Weiber zweier der Männer ihnen, wider Verbot, das Mittagessen bringen wollen, ein Mann in einem rothen Kleide habe ihnen dann allen fünf den Hals umgedreht. Demnach seien oben an der Kirchenmauer unterm Dach neben den drei Manneshköpfen auch die zwei Weiberköpfe, in Stein gehauen, zu sehen."**)

Hufeisen, Scheere und Bandmesser deuten allerdings auf bestimmte Gewerbe; wahrscheinlich waren die verschiedenen Zünfte hier ausgehauen und bildeten eine Folge.

39. Ebenfalls sieht man solche Köpfe gern zu beiden Seiten

---

baut; auch soll er die nahe Dionysiuskirche errichtet haben. Das, wie auch der Schluß der Sage, deutet auf eine französische Stiftung und erklärt, warum die „deutschen Schüler" einem König in Frankreich dienstbar sind.

*) Witzschel, Sagen aus Thüringen, S. 298 (nach Falkenstein).
**) Ebendaselbst, S. 297. Steht diese Dionysienkirche bei Erfurt noch?

von Kirchthüren angebracht, wo sie als Consolen dienen, von denen der Bogen der Thüre aufsteigt. Dort kommen sie, zumal in England, bis tief in die Spitzbogenzeit vor. Dahin gehört das Wahrzeichen des Schlosses Mansfeld, ein Nonnenkopf oben an der Kirchthüre, welcher zusammen mit einem Mönchskopf unter dem Erker der ehemaligen Kommandantenstube die Sage erzeugt hat, es seien Portraits einer Klosterfrau und eines Mönches aus vornehmem Geschlecht, die ihre Liebe hier auf dem Schloß im Gefängniß büßen mußten und beide in Selbstmord endeten.*)

40. Hierher ist wohl auch zu rechnen der Kopf an der Westseite der Brücke am Löbderthor in Jena, welche ein reicher Ehebrecher, um sich vom Tode loszukaufen, aus Stein statt aus Holz gebaut haben soll.**)

Manchmal wird eine symbolische Gestalt oder Gruppe an einem öffentlichen Bauwerk historisch erklärt oder doch behauptet, daß sie auf eine bestimmte Veranlassung hin entstanden sei.

41. Bekannt sind die häufigen Darstellungen von den Listen des Fuchses an kirchlichen und Klostergebäuden. So steht über dem Haupteingang des Doms zu Brandenburg, welcher unter dem Thurme liegt, ein Fuchs in einer Mönchskutte, wie er zuerst einer Gemeinde von Gänsen predigt und zum Schluß eine derselben fortschleppt. Die Localsage deutet das Bildwerk wieder in doppelter Weise: der Baumeister des Doms habe für seinen herrlichen Bau geringen Dank und noch weniger Lohn gehabt, ja er habe sogar fliehen müssen; da habe er denn aus Rache vor seiner Flucht das Bild am Dome angebracht. Oder aber: ein Dompropst von Burgsdorf habe es verfertigen lassen aus Unmuth darüber, daß der von ihm bereits abgeschaffte Dienst der Messe in lateinischer Sprache nach dem Schluß des Westphälischen Friedens wieder eingeführt werden mußte.***)

Eine große Rolle in der christlichen Mythologie spielen Schlangen und Kröten. Beide gelten für teuflische Thiere.

---

*) Witzschel, Sagen aus Thüringen, S. 256.
**) Ebendaselbst, S. 239.
***) Adalbert Kuhn, märkische Sagen und Märchen, S. 596.

Für die Schlange bieten sich biblische Anknüpfungen an die Paradiesesschlange, den Drachen zu Babel und den der Apokalypse dar, für die Kröte führe ich, als noch nicht benutzt, den Liebhaber der einen Hexe im Macbeth, den Paddock an, der neben dem Katzenteufel Graymalkin der Wurzel nach einen Geist in Krötengestalt darstellt. Auch die ketzerischen Stedinger besucht der Teufel als Kröte,*) und Cäsarius von Heisterbach erzählt von gleichgestalteten Teufelserscheinungen. Schlangen und Kröten dienen daher zur Strafe der Verdammten. In den Fresken von Ramersdorf bei Bonn (um 1300) sah man vor deren Zerstörung auf der Gewölbkappe, welche die Hölle vorstellte, den Höllenfürsten in colossaler Gestalt mit feuerrothen Fledermausflügeln, wie er einen Verdammten am rothen Haare festgekrallt hält; am Herzen des letzteren nagt eine ungeheure Kröte. Auf den vier Strebepfeilern des Westportals am Baseler Münster erscheinen ebenso viele Statuen; unter diesen ein König, an dessen Rücken Schlangen, Kröten und Flammen zu sehen sind, und ein Weib in bittender Stellung — so scheint es — zu ihm gewandt.**) Man hat den Mann für einen gebannten König oder für das personificirte Laster, das Weib aber für die Wollust gehalten. Ebenso erscheint an einem Pfeiler der nördlichen Außenseite der Sebalduskirche zu Nürnberg die vorn bekleidete, auf der Rückseite aber mit Schlangen und Kröten bedeckte Figur eines Jünglings. Gräßlich ist die in Frankreich zumeist wiederkehrende Vorstellung eines meist nackten Weibes, das von Schlangen angefressen wird, an deren Stelle zuweilen auch Kröten treten. Besonders oft sieht man solche Kriechthiere an beiden Brüsten der Frau, zuweilen in die Scham verbissen. Eine solche Figur an dem alten Rundbau von Montmorillon im Poitou***) hat wegen ihrer Seltsamkeit den Haupt-

---

*) Breven des Papstes Gregor IX. wider die Stedinger bei Gieseler, Kirchengeschichte, § 85. nota aa: der Teufel erscheint ihnen als eine „species ranae quam bufonem consueverunt aliqui nominare." Die Mordsucht ist wortreich!

**) Beschreibung der Münsterkirche zu Basel, mit 17 Abbildungen (Basel 1842) S. 7. Das Portal ist aus dem 14. Jahrhundert.

***) Abgebildet bei Lenoir, hist. des arts en France, in den Kupfern, und bei de Caumont, hist. de l'architecture réligieuse, p. 200.

anlaß gegeben dieses Bauwerk für einen Heidentempel zu halten, wonach dann das Weib für ein Götzenbild gelten mußte. Allein an unzweifelhaft christlichen Gebäuden, an St. Croix zu Bordeaux, St. Sauveur zu Dinan, St. Jouin zu Marnes und andern hat de Caumont das Gleiche vorgefunden. Hinzufügen läßt sich noch ein Capitell aus San Michele zu Pavia, und höchstwahrscheinlich auch das berühmte und vielbesprochene Meißelwerk im Baseler Münster, das man gewöhnlich als eine ihr Junges säugende Sirene bezeichnet.*) Nach der Abbildung in der früher angeführten Beschreibung des Münsters zu Basel wäre das Kind größer als die Mutter, und so scheint es vielmehr gleichfalls ein Weib, an dessen Brust ein Ungethüm saugt oder nagt. An der früheren Kathedrale von Auxerre (Ende des 13. Jahrhunderts) steht zwischen Scenen aus der Geschichte des verlorenen Sohnes eine bekleidete Frau, an der zwei Basilisken trinken wollen.**)

Die richtige Deutung aller dieser Unthiere kann kaum zweifelhaft sein. Sie sollen die Strafen bestimmter Laster symbolisiren, und hier sind die von ihnen zerquälten Glieder nicht bedeutungslos. „Womit du gesündigt hast, damit wirst du gestraft." So möchte jener am Herzen zernagte Rothkopf zu Ramersdorf wohl den Verräther an aller Herzlichkeit, den Judas, vorstellen.***) Die beiden am Rücken zernagten, vorn bekleideten Gestalten dürften weltliche Eitelkeit und Kleiderpracht darstellen. Die gequälten Frauen endlich haben Bezug auf geschlechtliche Vergehungen.

Das Volk hat aber einzelne dieser Bildwerke noch mehr individualisiren wollen und ist so auf den Weg der Sagenbildung gerathen. Von der Figur in Nürnberg gehen dort zwei Sagen.

42. „Nach der einen war der dargestellte Jüngling ein Knabe, so schön, daß er von Vielen beneidet wurde. Er selber aber kannte wohl die Vergänglichkeit irdischer Schönheit und hieß seine Neider nach seinem Tode zuschauen, wie er dann aussähe; da sie dann

---

*) Worüber breiter Piper, Mythologie, I, 381.
**) Abbildung bei Viollet-le-Duc, Dictionnaire raisonné de l'architecture française, VIII, p. 173.
***) So schon gedeutet von Schnaase, die Kirche von Ramersdorf, in Kinkel: Vom Rhein 1842.

V. Sagen aus Kunstwerken entstanden.

gewahr wurden, was der bescheidene Jüngling längst erkannt hatte, und was man nun bis auf den heutigen Tag im Bilde sieht."

43. „Nach der andern, jedenfalls jüngern Sage, ist die Figur das Bild eines Rechtsverdrehers, der falsch Zeugniß ablegte und darum bei lebendigem Leibe von Schlangen und Kröten abgenagt wurde."*)

44. Der heilige Marcellus, Bischof von Paris, befreite diese Stadt von einer Schlange, die aus einem benachbarten Forst gekommen und in die Gruft einer vornehmen im Verdacht des Ehebruches gestorbenen Dame eingedrungen war, um einen Theil der Leiche anzufressen.**)

45. Eine vierte Geschichte erzählt ein sonderbares französisches Buch aus dem Munde eines eifernden Predigers, der vermuthlich dem 15. Jahrhundert angehörte.***) Dieser ärgert sich über die bloßen Brüste der französischen Damen und bringt als Warnung hiergegen eine Geistererscheinung vor. Ein Priester wollte von dem Schicksal seiner verstorbenen Mutter unterrichtet sein. Als er sich nun einstmal nahe beim Altar befand, schaute er die Verblichene in einen Sack geschnürt zwischen zwei Teufeln; ihr Haar, das sie mit sonderlicher Sorgfalt zu flechten liebte, bestand aus Flammenschlangen; Brust, Kehle und Hals aber waren von einer feuerspeienden Kröte belagert. Diesen gräßlichen Säugling mußte sie tragen, weil sie bei lebendigem Leibe gern sehr bloßbusig gegangen war. †)

---

*) Beide Sagen bei R. von Rettberg, Nürnberger Briefe, S. 9.

**) Angeführt bei de Caumont, p. 201.

***) F. A. D......, des divinités génératrices ou du culte du phallus chez les anciens et les modernes (Paris 1805) p. 292.

†) Obwohl der Gestalt nach verwandt, ist doch von diesen Vorstellungen genau zu unterscheiden, ein merkwürdiges Miniaturbild in einem Exultet der barberinischen Bibliothek (d'Agincourt, Malerei, Tafel 56, 4), das man ins 12. oder 13. Jahrhundert setzt. Ein Weib mit nacktem Oberkörper, die Hände segnend ausgebreitet, oben und unten in Pflanzen verblühend, steht zwischen zwei Bäumen, während an seinen starken Brüsten ein vierfüßiges Thier (ein Spalthufer) und eine Schlange saugen. Allein die Ueberschrift terra thut deutlich dar, daß dies sonderbare, einem asiatischen Götzen gleichende Phantasiebild bloß eine Allegorie ist. Die beiden von ihr genährten Thiere bezeichnen die Bewohner der Erde und des Wassers.

46. In höchst eigenthümlicher Gestalt, viel reicher als die vorgehenden, schließt eine Familiensage der welschen Schweiz sich an das Menschenbild mit den Kröten an. In der Burg der Herren von Lasarraz im Waadtland steht eine Kapelle, in welcher sich die Statue eines Ritters mit je zwei Kröten auf den Wangen und zwei auf dem Rücken befand. Man hatte sie später vergraben; in unserem Jahrhundert soll sie bei Nachgrabungen auf der Burg wieder aufgefunden sein.*)

Ein Junker von Lasarraz verliebte sich in die Tochter eines Grafen, und damit er die geforderte Morgengabe, dreihundert Bergkühe und einen Burgstall, erschwingen könne, gaben ihm seine Eltern ihr ganzes Vermögen. Er und die junge Frau verstießen die Alten aus dem Schloß. Der Burgherr saß vor einer Kanne Bier und einer Wildpretpastete; als man die Kruste abhob, sprangen zwei Kröten ihm ins Gesicht und krallten sich an seine Wangen fest. Priester und Bischof versagten ihm Absolution, er suchte sie also als Pilger beim Papst. Dieser legte ihm eine harte Buße auf und befahl ihm dann Vater und Mutter aufzusuchen; wenn diese ihm verzeihen, werde das Schandmal verschwinden. Nach langem Suchen findet er sie auch in einer kleinen Einsiedelei, aber als Leichen; als er sie mit seinen Reuethränen benetzte, fielen die Kröten vom Gesicht ab, krochen ihm aber auf den Rücken, und so trug er sie, obwohl heimlich, noch zwanzig Jahre mit sich herum. Aber gut endete das Paar nicht; die Frau wurde von einer giftigen Schlange gebissen, den Mann erschlug sein einziger Sohn. Dieser aber wurde des Erbes auch nicht froh, denn bald darauf zerfleischte ihn auf der Jagd eine Bärin, und mit ihm erlosch das ursprüngliche Geschlecht der Lasarraz.

Mündlich ist die Sage mir noch anders berichtet worden; ein Sohn des Hauses Lasarraz habe seinen Vater erschlagen, und des Vatermörders Leiche habe man nachher im Wald gefunden, wie große gräuliche Kröten an ihm fraßen: darum habe man das Bild mit den Kröten als seine Effigies ausgehauen.

---

*) Herzog, Schweizersagen, S. 190, nach dem Schweiz. Mercur 1835, 2, 221.

V. Sagen aus Kunstwerken entstanden.

In den vier zuletzt beigebrachten Fällen hat also die Volkssage bei diesen unheimlichen Thieren die Bedeutung des Symbols als einer Strafe festgehalten, aber sie hat das Symbol aus seiner Allgemeingültigkeit herausgenommen und sich statt dessen, in moralisch vielleicht noch viel wirksamerer Weise, an die individuelle Wirklichkeit geknüpft.

Wieder mit einer neuen grausigen Wendung tritt die deutende Sage in Böhmen auf. Zu St. Georg auf dem Hradschin in Prag liegt ein behauener Stein, der eine von Schlangen umwundene Frau darstellt. Nach der Sage hat ein Bildhauergesell seine ungetreue Liebste ermordet und die Leiche in den Schloßgraben geworfen. Dort fand man sie von Schlangen, Molchen und Kröten angefressen. Zur Buße erbat sich der Mörder die Erlaubniß, sie in dieser Gestalt noch abbilden zu dürfen. Er vollendete das Werk im Kerker bei Lampenlicht einsam und allein mit der Verwesung und ging dann bereitwillig zum Rabenstein.*)

Eine besonders häufige Veranlassung zur Erfindung von Sagen gaben auch solche Thiere, die entweder als Symbole zur moralischen Bezeichnung der Person oder bloß als äußerliche emblematische Andeutungen man der Menschengestalt in irgend einem Bildwerk beigab.

Vorzüglich Hund und Löwe spielen hier eine große Rolle. Bekannt ist der Gebrauch des Mittelalters, der aber noch bis ins 17. Jahrhundert sich wahrnehmen läßt, auf Grabsteinen zu den Füßen des Ritters einen Löwen, zu denen der Frau einen Jagdhund abzubilden. Man deutet sie am leichtesten so, daß jener die Stärke, dieser die Treue bezeichne, was indeß Zweifel zuläßt. Welches aber immer die ursprüngliche Bedeutung sein mag, das Volk hat sie vergessen und sich bei einzelnen Denkmälern eine neue in Form einer Sage erschaffen.

47. Eines dieser Beispiele theilt der genaue Beobachter des Volkslebens, Berthold Auerbach, mit, dem auch die Art der Entstehung nicht entgangen ist.**) Es bezieht sich auf die Grab-

---

*) Christian Schad, „Der Bildhauer aus Buße" (Gedicht), im deutschen Musenalmanach, 8. Jahrgang. Würzburg 1858.
**) Schwarzwälder Dorfgeschichten: „Der Lauterbacher".

steine eines Herrn von Isenburg und Nordstetten und einer Dame, die sich in der Kirche des letztgenannten Ortes (auf dem Schwarzwald) finden sollen, und die Sage wird von des Schulmeisters anmuthiger Hedwig also erzählt:

„Das war auch so einer, der den Sonntag nicht heilig gehalten hat...., und hat nichts auf der Welt so lieb gehabt als seinen Hund, der war so groß und bös als ein Wolf. Am Sonntag und Feiertag hat er die Leut gezwungen, daß sie haben Alles schaffen müssen, und wenn sie nicht gutwillig gegangen sind, ist der Hund von ihm selber auf sie gesprungen und hat sie schier verrissen, und da hat er, der Herr, gelacht und hat dem Hund den Namen Sonntag gegeben. Er ist nie in die Kirch gegangen als ein einzig mal, wie man sein einzig Tochter kopulirt hat; er hat den Hund, wo Sonntag geheißen hat, mit in die Kirch nehmen wollen, er ist aber nicht dazu zu bringen gewesen, und er hat sich vor die Kirch auf die Schwelle hingelegt, bis sein Herr wieder 'rauskommen ist. Wie nun der 'rausgeht, stolpert er über den Hund, fällt hin und ist maustodt, und da ist auch sein Tochter gestorben, und die sind jetzt beide mit sammt dem Hund in der Kirch in Stein gehauen. Man sagt, der Hund sei der Teufel gewesen, und sein Herr hab' sich ihm verschrieben gehabt."

Hier ist also mit jenem vorhandenen Bildwerk zuerst das häufige Auftreten des Teufels in Hundegestalt, und ferner der auch sonst nachweisbare Sagenzug verbunden, daß derselbe über die ihm Verschriebenen augenblicklich Macht erhält, sobald sie ausnahmsweise einmal eine religiöse Handlung vornehmen.

48. Deutlicher mit der Geschichte verknüpft erscheint die Sage bei dem schönen Denkmal der Katharina von Saffenburg, welches in der Kirche von Mayschoß im Ahrthale sich befindet und von dem Erben des Saffenburger Geschlechtes und Besitzes, einem Herzog von Ahremberg, vor etwa 30 Jahren durch Wiederanfügung der verschleppten Stücke und durch Rückversetzung auf seine alte Stelle im Kirchenchor hergestellt worden ist. Es besteht aus vorzüglichem schwarzem Marmor und ist von tüchtiger, lebenswahrer Ausführung; in hocherhabener Arbeit sieht man das schöne, kräftig gebaute Weib mit etwas starken Händen, offenbar

Portrait, auf dem Sargdeckel liegen, von prächtigem Mantel umhüllt und den Hund zu ihren Füßen. Die Inschrift besagt, daß Ernst, Graf von der Mark, Herr zu Saffenburg, dieß Denkmal illustrissimae dominae Comitissae Catharinae a Marka uxori suae dulcissimae et dilectissimae pariter tam virtutis splendore quam affectione praeditae, quondam die XXX. Octobr. Anno MDCXXXXV cum maximo omnium luctu mortuae im folgenden Jahre (1646) aufgerichtet habe.*) Schon diese Inschrift beweist, daß Katharina nicht von Adel geboren war; denn sie wird hier nur gerühmt wegen ihrer Tugend, Innigkeit und der allgemeinen Liebe, die sie genoß, nicht aber um hoher Geburt willen; auch führt sie bloß den Titel des Gemals, nicht den Namen ihres eigenen Geschlechtes. Diese Mesalliance ist übrigens auch urkundlich verbürgt. Aber mit ihrer Bürgerlichkeit begnügt sich das Volk nicht, sondern spinnt in seiner Weise die Ueberlieferung weiter. Katharina, so wird erzählt, war ein Bauermädchen aus dem benachbarten Dorfe Esch, das als gemeine Magd auf Schloß Saffenburg dienend die Augen des Grafen Ernst durch ihre Tugend auf sich zog. Sie hatte aber daselbst (wie Van Dyck's erste Flamme zu Savelthem) die Pflege des Hundestalles. Und deshalb ist sie mit dem Hunde abgebildet worden.

49. Im Kloster Altenberg an der Lahn befindet sich das bemalte Grabdenkmal der Abtissin Gertrud, der Tochter der heiligen Elisabeth von Thüringen. Sie stand dem Kloster von 1248—1297 vor; der Stein ist 1334 bei Gelegenheit einer Translation gefertigt worden. Im weißen Habit und Schleier, in der Stirnbinde einen Edelstein mit blutrothem Kreuz, ein Buch zur Seite, mit gefalteten Händen und freundlich offenen Augen, stemmt sich die liegende Gestalt auf einen gut gearbeiteten Löwen.**)

---

*) Kinkel, die Ahr. Landschaft, Geschichte und Volksleben. Bonn 1849. S. 287. Die geschichtliche Grundlage ist jetzt durch Herrn Archivar Eltester in Coblenz ermittelt. Katharina, selbst die uneheliche Tochter einer Magd auf Schloß Blankenheim, kam als Viehmagd nach Schleiden und wurde dort erst Concubine, dann 1641 Frau des Grafen Ernst. Dr. Eckertz, niederrhein. Chroniken, II, 129.

**) Abbildung bei Hubert Müller, Beiträge zur teutschen Kunst- und

Letzterer, statt des bei Frauen gewöhnlichen Hundes, bezeichnet vielleicht als Wappenthier ihre fürstliche Abstammung. Allein die spätere Lebensbeschreibung weiß den Anlaß ganz anders zu erzählen. „Die heilige Gertrudis," heißt es hier, „hatte von Gott die außerordentliche Gabe, daß wenn geistliche Frauen in Zwiespalt gerathen waren, sie dieselben versöhnte. So ereignete sich einstmals, daß zwei Nonnen, nachdem sie einander beleidigt hatten, in Uneinigkeit lebten. Als dieß Gertrudis sah, ermahnte sie dieselben kräftig zum wechselseitigen Frieden. Da sie aber gewahrte, daß ihre Gemüther zu hartnäckig waren, und den Löwen (wie gesagt wird ihres Vaters, des Landgrafen Ludwig), den sie in Ketten vor ihrem Schlafzimmer hatte, durch irgend einen Zufall von seinen Banden losgerissen frei herumlaufen sah, rief sie denselben im Namen Jesu zu sich; und er kam auf diesen Ruf in schnellem Lauf zu der Dienerin des Herrn und streckte sich zu ihren Füßen hin. Dieses ist die Ursache, warum der Löwe auf dem Grabe und auf den die Gertrudis vorstellenden Bildern gebändigt sich zu ihren Füßen schmiegend dargestellt ist."

50. Wieviel ferner solche symbolische Löwen, zumal wenn sie in Familienwappen standen, zur Ausbildung der romantischen Epen mögen beigetragen haben, in welchen, wie in Iwein und öfters, ein Ritter mit dem gezähmten Löwen erscheint, läßt sich nicht mehr bestimmen. Dagegen darf man die deutsche Sage von Heinrich dem Löwen in der spätern Ausbildung, wie sie in dem von Simrock herausgegebenen gereimten Volksbuche vorliegt, mit Sicherheit an ein Kunstwerk anlehnen. Noch heute sieht man auf dem Domplatz zu Braunschweig das eherne Standbild eines Löwen, von strenger und nach Art der Wappenthiere stilisirter Arbeit, aber nicht ohne Charakter. Man setzt es noch ins 12. Jahrhundert, der Herzog starb 1195; Heinrich beliebte sich selbst schon bei Lebzeiten den Löwen zu nennen; auf die Kirche des zerstörten Bardewick ließ er die berühmte Inschrift Vestigia leonis setzen. Der Löwe von Braunschweig ist also ein symbo-

---

Geschichtskunde durch Kunstdenkmäler, Jahrgang II, Tafel 19, woher ich auch die Legende entnehme.

lisches Denkmal, das den Fürsten selber bezeichnet. Da aber Heinrich wirklich am heiligen Grab gewesen, knüpft das Volksbuch an den großen Helden die sonst in der Geschichte vom edlen Mö=ringer und anderweit vorkommende Sage von der siebenjährigen Abwesenheit des Eheherrn im Morgenlande an, der dann aber noch früh genug eintrifft, um die zweite Ehe seiner Frau zu ver=hindern. Unter den Abenteuern im Morgenlande aber wird der Kampf mit einem Drachen erzählt, aus dessen Umschlingung er den dankbaren Löwen gerettet. Dieser letzte Zug nun knüpft sich ganz unzweifelhaft an das Löwenbild zu Braunschweig an, der symbolische Löwe erhielt im Volksgemüth Fleisch und Blut, denn das Volksbuch schließt mit der Erzählung, daß nach dem Tode Heinrich's der Löwe auf seinem Grabe gestorben und bei dem Dome abgebildet worden sei:

„Da kann man auch noch sehen,
Zum Zeugniß daß es wahr,
Des Löwen Denkmal stehen,
Der mit dem Löwen war."

Ja als hätte man innerlich an seiner eigenen Deutung des Erzbildes einen halben Zweifel behalten, erschuf man sich in Braun=schweig noch ein anderes Wahrzeichen; als man den Herzog im Dom begrub, hat der Löwe zu seinem Herrn gewollt und seine Krallen tief in die steinernen Pfosten gehauen, so daß die Spuren noch zu sehen sind.*)

Statt des Löwen erscheint bei Bischöfen, aber auch bei Rittern manchmal der Drache. Dieß schließt sich an die bekannte Ver=heißung im 90. Psalm, welche man auf die Kirche bezog: „Auf Löwen und Drachen wirst du treten." Wie nun aus den sym=bolischen Ungeheuern der persischen Königspaläste die Phantasie der Griechen sich die Greifen und das Einhorn erschuf und auf Grund jener Bildwerke beide als wirklich im Osten existirende Thiere annahm, so ist der symbolische Drache dem christlichen Volk im Mittelalter ein fester Glaubenssatz geworden, und man erzählte auf Grundlage jener Grabsteine von wirklichen Drachenabenteuern

---

*) Kuhn und Schwartz, norddeutsche Sagen, S. 140 f.

der Ritter oder Kleriker, zu deren Füßen diese Ungeheuer abgebildet sind.

Solche Drachensagen aus Grabsteinen entstanden gehen von den Alpen bis hinauf nach Norddeutschland.

51. So steht in der Mitte des Domes zu Havelberg ein marmorner Sarg, und auf ihm liegt das Bildniß des Bischofs Wepelitz, der viel für die Verschönerung der Stadt und des Domes soll gethan haben. Zu seinen Füßen liegt eine zusammengekauerte Thiergestalt, und die Sage will, der Bischof habe sich gern auf seinem Vorwerk Wepelitz aufgehalten; als er einmal dort im Gebüsch schlief, stach ihn ein Lindwurm in den Kopf, daß er starb. An dem Kopf der Bildsäule erkennt man auch noch das von dem Drachenstich herrührende Loch.*)

52. Bei Neustadt an der Orla in Thüringen liegt das Schloß Arnshaugk, dessen Namen aus denen seiner Erbauer, der Brüder Ernst und Haug soll entstanden sein. In der Kirche zu Neustadt sieht man am Altar zwei Holzfiguren, eine tödtet einen Lindwurm, die andere hat eine Milchgelte in der Hand. Die erste ist wohl ein St. Georg oder St. Michael, die zweite und ihr Gefäß müßte man genauer untersuchen. Die Sage aber deutet die Bilder auf die zwei Stifter der Burg: Ernst habe die Umgegend von einem Lindwurm befreit, Haug eine Feuersbrunst wunderbarer Weise mit einer Gelte voll Milch gelöscht. Für das zweite Bild giebt es dann wieder eine abweichende Deutung: es sei Kurfürst Johann der Beständige, der im Jahre 1525 einen Brand in Neustadt habe mit löschen helfen, indem er in eigener Person in einem Kübel Wasser zugetragen.**)

53. „Zu Frankenstein, einem alten Schlosse anderthalb

---

*) Adalb. Kuhn, märk. Sagen und Märchen, S. 238. Zu Zeiten gaben auch zufällige Verletzungen an einem Grabstein Anlaß zu einer Geschichte. „Im Kloster zu Königslutter am Elm sagte ein oberster Papst (Propst?), er wolle lieber bersten als das Lutherthum einführen lassen. Dafür ist sein Steinbild auf dem Grabmal wirklich geborsten, als das Lutherthum doch kam." Kuhn und Schwartz, norddeutsche Sagen, S. 140.

**) Witzschel, Sagen aus Thüringen, S. 233.

Stunden weit von Darmstadt, hausten vor alten Zeiten drei Brüder zusammen, deren Grabsteine man noch heutiges Tages in der Oberbirbacher Kirche sieht. Der eine der Brüder hieß Hans, und er ist ausgehauen, wie er auf einem Lindwurm steht. Unten im Dorfe fließt ein Brunnen, in dem sich sowohl die Leute aus dem Dorf als aus dem Schloß ihr Wasser holen müssen. Dicht neben dem Brunnen hatte sich ein gräßlicher Lindwurm gelagert, und die Leute konnten nicht anders Wasser schöpfen, als dadurch, daß sie ihm täglich ein Schaf oder ein Rindvieh brachten; so lang der Drache daran fraß, durften die Einwohner zum Brunnen. Um diesen Unfug aufzuheben, beschloß Ritter Hans, den Kampf zu wagen; lange stritt er, endlich gelang es ihm, dem Wurm den Kopf abzuhauen. Nun wollte er auch den Rumpf des Unthiers, der noch zappelte, mit der Lanze durchstechen, da kringelte sich der spitzige Schweif um des Ritters rechtes Bein und stach ihn gerade in die Kniekehle, die einzige Stelle, welche der Panzer nicht deckte. Der ganze Wurm war giftig, und Hans von Frankenstein mußte sein Leben lassen."*)

Der Kampf St. Georg's mit dem Drachen wird oft so dargestellt, daß der Drache das Bein des Ritters mit dem Schweif umwickelt. Auch daraus können Volkssagen entstanden sein.

54. Endlich ist die h. Margarethe, welche zu Tarascon den Drachen Tarasque bezwang, oft dargestellt worden, und auch hier konnten Mißverständnisse und neue Sagen sich bilden. So stand zu Burgdorf im Bernerbiet eine alte Margarethenkapelle, wo angeblich die Geschichte eines Drachenkampfs zweier Herzöge von Lennburg dargestellt war, deren einer seinen jüngern Bruder aus dem Leib des Drachen, der ihn verschlungen hatte, noch lebendig herausschnitt.**)

Merkwürdig häufig ist überhaupt das Vorkommen von Drachen in den Alpenländern, wohin u. A. auch die Sagen von Ortnit und Wolfdietrich, Dietrich's von Bern Drachenkämpfe, so wie der Drachensieg des Struthan von Winkelried in Unterwalden ge-

---

*) Grimm, deutsche Sagen, I, S. 264.
**) Ebendaselbst, I, S. 220.

hören. Drachen aber haben im Alpengebirg nie mit Feuer, sondern stets mit Wasser zu thun. Es sind unter ihnen die in der Schweiz sogenannten „Rüfen" gemeint: plötzlich losbrechende Waldwasser, die Menschen und Vieh fortreißen und grüne Wiesen in Einöden von Schutt verwandeln.

Die Ortnite und Struthane der Sage stehen zu ihnen wie der Herakles der antiken Mythe, der die lernäische Hydra, d. h. den Sumpf selber, vertilgt, indem er die einlaufenden Bäche abschneidet und durch Feuer den Wald umher lichtet.*)

Das Volk nimmt den Mythus für Historie; es hat lebendige Drachen gegeben, es muß also auch heut noch Drachen geben. An ungeheure Schlangen, die in Felslöchern hausen, glaubt man im Gebirg noch heut, und Luzern hatte einst eine richtige Drachensage, welche noch weit diesseits des Struthan liegt.

55. Dort soll nämlich auf einem Priesterschmuck in St. Leodegar's Kirche das Drachenwunder zu sehen gewesen sein, welches angeblich die Kirchenbücher ins Jahr 1420 setzten. „Ein Binder aus Luzern ging aus, Taubenholz für seine Fässer zu suchen. Er verirrte sich in eine wüste, einsame Gegend; die Nacht brach ein, und er fiel plötzlich in eine tiefe Grube, die jedoch unten schlammig war, wie in einen Brunnen hinab. Zu beiden Seiten auf dem Boden waren Eingänge in große Höhlen; als er diese genauer untersuchen wollte, stießen ihm zu seinem großen Schrecken zwei scheußliche Drachen auf. Der Mann betete eifrig, die Drachen umschlangen seinen Leib verschiedene Mal, aber sie thaten ihm kein Leid. Ein Tag verstrich und mehrere, er mußte vom 6. Nov. bis zum 10. April in Gesellschaft der Drachen harren. Er nährte sich gleich ihnen von einer salzichten Feuchtigkeit, die aus den Felsenwänden schwitzte. Als nun die Drachen witterten, daß die Winterzeit vorüber war, beschlossen sie auszufliegen. Der eine that es mit großem Rauschen, und während der andere sich gleichfalls dazu bereitete, ergriff der unglückliche Faßbinder des

---

*) Diese Entstehung der Drachensagen ist, glaube ich, unwiderleglich dargethan durch die Zusammenstellung bei Rochholz, Schweizersagen aus dem Aargau, II, 11 ff.

V. Sagen aus Kunstwerken entstanden.   217

Drachen Schwanz, hielt fest daran und kam aus dem Brunnen mit heraus. Oben ließ er los, wurde frei und begab sich wieder in die Stadt." Er habe dann die ganze Begebenheit auf jenen Priesterschmuck für St. Leodegar sticken lassen.*) Dieses gestickte Bild wird, wie so häufig, z. B. schon auf den Exterſteinen, den ſündigen Menſchen als drachenumringelt dargeſtellt haben; der Auftritt aus einer Tiefe am Drachen= oder Greifenſchwanz war im Mittelalter eine überall in der Luft herumſchwebende Geſchichte, die ſich leicht mit dem Kunſtwerk als angebliche Veranlaſſung desſelben verband.

56. Die den Sünder gefangen haltenden Drachen ſind auch gewiß jene zwei einander gegenüber liegenden Ungeheuer in der Kirche zu Apolda bei Weimar, die einen Menſchenkopf zwiſchen ſich in die Höhe halten. Nur hat die Phantaſie hier wieder ganz anders geſpielt. Ein Knecht, der wegen Verführung eines Mädchens mit ſeiner Liebſten ſterben ſoll, erbietet ſich zum Kampf mit zwei Lindwürmern, einem Männchen und einem Weibchen, die, wo jetzt das Dorf Schöten liegt, in einem großen Teich wohnten. Er trifft ſie im Mittagsſchlaf, wie ſie die Schwänze in einander ge= ſchlungen ſich am Ufer ſonnen, ſchleicht ſich heran und haut mit Einem Streich beide Schwänze ab. Dieſe That habe ein Brunnen am Orte ſelbſt verherrlicht, worauf man die Drachen mit ver= ſchlungenen Schwänzen ſah, den Stein aber habe man nachher in die Kirchenmauer eingeſetzt.**)

57. Zwei ſymboliſche Grabdarſtellungen will ich noch er= wähnen, welche zu einer beſtimmten Zeit im Mittelalter Mode wurden und daher zahlreich, oft an weit auseinander liegenden Orten ſich vorfinden. Für die Entſtehung der Sage aus dem menſchlichen Gemüth iſt es intereſſant zu bemerken, daß jedesmal, wo aus ihnen eine Sage erwuchs, dieſe bei allen gleichartigen Denkmälern auch immer genau dasſelbe erzählt.

Gegen das Ende des Mittelalters ſchwelgte die Phantaſie in allen Gräßlichkeiten der Verweſung. Es war eine rohe Zeit, voll

---

*) Grimm, deutſche Sagen, I, S. 263.
**) Witzſchel, Sagen aus Thüringen, S. 283f.

wilder wüster Sinnlichkeit, und die Menschheit wollte drastische Gegenmittel. Die Todtentänze und die Makariusbilder thaten diesem Verlangen Genüge, aber Einzelne gingen in ihrer Zerknirschung noch weiter und wühlten mit ihren Modergedanken im eigenen Fleisch. Sich selbst wollten sie abgebildet sehen, wie sie aussehen möchten, wenn sie eine Zeitlang im Grabe gelegen.

So sieht man gleich links vom Eingang im Innern der Notre Dame von Paris den Grabstein eines Geistlichen, worauf dieser sich in Relief von fingerlangen Maden durchfressen hat abbilden lassen.

Aehnlich war es im südlichen England Mode des 14. und 15. Jahrhunderts, daß man, um den Gegensatz des augenblicklichen Wohllebens und der künftigen Gruftgestalt zu zeigen, seine Portraitstatue zweimal anfertigen ließ. Man machte ein steinernes Monument wie einen Tisch, oben auf legte man die Effigies in reichen Kleidern und blühender Gesundheit, unten aber im Grabtuch, mit entstelltem Angesicht, wie eine Leiche die sechs Wochen im Grabe gelegen hat. Das merkwürdigste Beispiel dieser Art ist das Grabmonument des Erzbischofs Chicheley aus dem vierzehnten Jahrhundert in der Kathedrale von Canterbury; eine glänzend bemalte neuerdings restaurirte Figur im Ornat, unten die abgewelkte Leiche im Todtenlaken. Denselben Gegenstand sah ich in der Stadtkirche zu Tenby, wo aber bloß die Leiche noch übrig ist. Ein drittes in der Kathedrale zu Exeter; ein viertes soll in der Kathedrale von Gloucester sein; das fünfte, ein wahres Kunstwerk, befindet sich an dem Grab eines Ritters vom Jahr 1434 in der Kirche zu Arundel, wo man überhaupt eine Reihe sehr merkwürdiger Grabmäler sieht: oben der Ritter in schmucker Rüstung, unten der Todte, eine entsetzliche Figur, das Leichentuch, an dem die Sculptur sogar die Fäden des groben Gewebes nachgeahmt hat, über dem Haupt zusammengebunden, daß es aussieht, wie der Haarbusch eines wilden Indianers, das eingesunkene Auge unerträglich gräßlich. Man erzählte mir am Platz, ein Schreiner, der in der Kirche arbeiten sollte, habe die Arbeit aufgegeben, weil er mit diesem Todten nicht allein zusammen zu bleiben vermochte.

Vor der Statue des Chicheley erzählte mir dort in Canterbury ein Landmann (Herbst 1862), der Erzbischof hätte den Versuch gemacht, vierzig Tage zu fasten, wie Christus gethan. Das sei aber sein Tod gewesen, und so habe man ihn oben abgebildet, wie er vor dem Fasten, und unten wie er nach dem Fasten ausgesehen. Der Küster, der uns herumführte, gab zu, daß man diese Geschichte sonst von den zwei Statuen erzählt habe, aber sagte auch mit der Aergerlichkeit der Aufklärung: das sei nicht wahr, und er erzähle die läppische Geschichte den Besuchern nicht mehr. Dagegen war in Exeter die Aufklärung noch nicht eingedrungen, und dort theilte mir auf eine leise Anfrage von meiner Seite die Küstersfrau die Geschichte von dem vierzigtägigen Fasten wie ein Evangelium mit.

Das frühere Mittelalter war fröhlicher; erst mit dem Sinken der alten Lebensformen gegen die Reformation hin tritt der Trübsinn ein, die Phantasie durchwühlt den Leichenstaub und erblickt den Tod als allgegenwärtigen Tanzcompagnon. Man begreift die alten lustigen Mönchsschnurren nicht mehr, der späte Laie deutet auch sie in's Bänglich-Moralische um. Hiervon noch ein Beispiel, das an's wirkliche classische Alterthum sich anlehnt.

58. Je höher die Scholastik des Mittelalters den Aristoteles stellte, desto näher lag es, gerade ihn als den Weisesten zum Warnungsbeispiel von der Macht der Liebe aufzustellen. Wie an den klugen Zauberer Virgilius sich die Geschichte mit dem Korb, so heftete an Aristoteles sich die Sage von dem listigen Hoffräulein, die in Frankreich und Deutschland sehr verbreitet war und in Erzählung und Fastnachtsspiel oft dargestellt worden ist. Aristoteles wirft seinem Zögling, dem jungen Alexander, die Leidenschaft für ein hübsches Hoffräulein seiner Mutter vor. Die Dame nimmt ihre Rache, indem sie den alten Herrn agacirt und als Preis ihrer Gunst ihm auferlegt, sich von ihr mit Zaum und Sattel reiten zu lassen. Die Darstellung ist sogar in Kirchen eingedrungen: in der Peterskirche zu Caen sieht man, als Persifflage der Liebesthorheit, Lanzelot auf dem Bauernkarren, Tristan, der auf seinem Schwert über das Meer reitet, Virgil im Korbe schwebend, und Aristoteles von dem Dämchen geritten.*) Noch zur Zeit der

---

*) Kunstblatt 1822, Nr. 7.

Renaissance kommt der Gegenstand mehrmals in Glasmalerei und Kupferstich vor. Auch eignete er sich ja für unverheirathete Geistliche, als Warnung vor gefährlichen Liebesabenteuern und vor Weiberlist.

In der Kirche des berühmten Benedictinerklosters Romainmoutier im Waadtland sah man noch vor einigen Jahren ein geschnitztes Bild, das einen alten Mann auf Händen und Beinen und eine Jungfrau auf seinem Rücken vorstellte. Nach dem, was oben gesagt ist, kann wohl kein Zweifel bestehen, daß Aristoteles gemeint war.

Aber mit Annäherung der Reformation trat in der Schweiz eine Abneigung der Klosterdienstleute gegen die geistlichen Herren hervor, welche in der Sage vom Stiefelreuter für die Abtei Muri einen weiten Kreis von Volksaberglauben beschloß.*) Man liebte Geschichten, welche die Erpressungen der ältern Orden und ihre Härte im Geldpunkt anklagten, und der lustige Mönchsschwank wurde zu einer erbaulichen Warnungstafel. Die Mönche von Romainmoutier hatten eine Brücke über den Doubs, und sie nahmen dafür von jedem Passanten einen Heller. Ein Mädchen ritt aus, um bei einem wunderthätigen Marienbild über dem Fluß für ihre todkranke Mutter zu bitten. Sie hatte den Heller vergessen, und der Zöllner sperrte ihr die Brücke. Da sprengte sie ihr Roß in den Fluß, aber sie ertrank. Jedesmal am Jahrestag ihres Todes ritt hinfort der Geist des Mädchens den Zöllner mit einem Schilfrohr als Geißel in schnellem Lauf nach dem Marienbilde und dann zurück zur Brücke, bis nach dem dritten Ritt der alte Mann hinstarb, nachdem er sein Vergehen gebeichtet. Zur Warnung wurde dann jenes Schnitzbild in die Kirche gestiftet.

Zum Schluß dieser Sagenreihe, die aus Symbolen, mißverstandenen Heiligen- oder Profanbildern entstanden sind, mögen noch drei Beispiele folgen, bei denen man einsieht, daß die Umdeutung symbolischer Kunstwerke in Geschichten noch ganz neuerdings erfolgt ist und unablässig erfolgt.

---

*) Die Untersuchung darüber vor dem 2. Band von Rochholz' Schweizersagen aus dem Aargau.

V. Sagen aus Kunstwerken entstanden.

59. Die jetzige Quelle der Lutter, eine Viertelstunde von Königslutter, soll ein dort weidender Schäfer gelockt haben, der zufällig seinen Stab in die Erde steckte. Zum Andenken, heißt es, hat man ein Häuschen über die Quelle gebaut und das Bild des Schäfers über der Thür angebracht.

Hier läßt sich die Entstehung der Sage aus dem Bildwerk beweisen, denn die Figur stellt einen Flußgott dar, der Wasser aus einer Urne gießt, und die Inschrift darunter, von Johannes Fabricius verfaßt, ist erst aus dem Jahr 1708.*)

Ja noch unser Jahrhundert hat aus einem gelehrten antiken Sinnbild eine Volkssage erwachsen sehen.

60. Im Park zu Weimar steht ein antikisirendes, vier Fuß hohes Säulchen, um welches sich eine Schlange windet und im Begriff ist, die obenauf liegenden Opferkuchen zu verschlingen. Darunter die Inschrift: Genius loci. In Weimar aber erzählt der gemeine Mann, es habe an dieser Stelle ein schrecklicher Wurm gehaust und die gute Stadt erschreckt, bis ein kluger Bäcker das Ungeheuer mit vergifteten Kuchen vertilgt habe; dem Mann zu Ehren sei dann die Säule gesetzt worden. Et voilà comme on écrit l'histoire, setzt Lewes hinzu, der die Geschichte in seinem Leben Goethe's erzählt.**)

61. Seltener geschieht es, daß statt des Erklärung suchenden Volkes individuelle Dichter zur Erläuterung eines Kunstwerks mit vollem Bewußtsein Sagen erschaffen. Uhland hat dieß mit dem „Schenken von Limburg" gethan, den ein deutscher Kaiser zum Schenken des Reichs ernennt, weil er ihm aus dem Becher von Buchsbaum, den er stets mit sich führt, einen Trunk aus der Quelle kredenzt hat. Das Gedicht hat, wie Uhland brieflich an Alexander Kaufmann mittheilte, „keinen bestimmten Sagengrund und ist veranlaßt durch eine Figur in der Kirche zu Gaildorf und die Deutung derselben aus der Phantasie J. Kerner's."***)

---

*) Kuhn und Schwartz, norddeutsche Sagen, Note zu der Sage Nr. 165.
**) G. H. Lewes, Life and Works of Goethe. London 1855. I. 316.
***) A. Kaufmann in den historischen Anmerkungen zu Simrock, die geschichtlichen deutschen Sagen aus dem Munde des Volks und deutscher Dichter. Frankfurt 1850. S. 126.

VI. Heraldische Sagen.

Unzählige Mal haben Wappenbilder und Wahrzeichen von Ortschaften und Stiftungen zu Anknüpfungspunkten für die Sage gedient. Gewiß sind solche heraldische Bildwerke oft in Folge einer wirklichen Begebenheit in die Wappen gekommen; allein eine große Zahl derselben, aus freiem Spiel der Phantasie gewählt oder als bloßes Sinnbild auf einen Schild gesetzt, haben erst nach ihrer Entstehung aus sich eine Geschichte im Gehirn der Umwohnenden gebildet.

62. Am Fuße von Sickingen's **Ebernburg** an der Nahe liegt das Dörfchen gleiches Namens, über dessen Thor ein Eber ausgemeißelt ist. „Einst, so erzählt die Sage,*) wurden Ort und Burg von einem übermächtigen Herrn belagert, und der Hunger hätte sie zur Uebergabe gezwungen, wenn dem Burgherrn nicht zu rechter Zeit eine Kriegslist beigefallen wäre. Ein mächtiger Eber, der Hungernden letzte Hoffnung und Zuversicht, ward im Angesichte des Feindes hervorgeführt und zum Schlachten niedergeworfen; zum Schein doch nur, er kam lebendig wieder in den Stall, um zur Wiederholung des Spiels aber- und abermals hervorgeholt zu werden. Da verzweifelte zuletzt der getäuschte Feind, die Veste auszuhungern, hob die Belagerung auf und zog ab." Zur Erklärung der Sage erinnert Simrock an den oft geschlachteten Eber in Valhal, von dessen ewig sich erneuerndem Fleisch sich Asen und Einherier nähren. So hoch in die Mythologie zurückzusteigen, ist mir bedenklich, und die Erzählung dieser und ähnlicher Kriegslisten kommt, und zwar mit einem andern Schlachtthiere, viel zu oft vor um Geschichte zu sein. Der Eber ist wohl nur ebenso als Wappenthier der nach ihm benannten Burg anzusehen, wie andere Schlösser sich Löwenfels, Bernburg, Falkenstein, Bocksberg nennen.

Nicht immer läßt sich freilich so gut wie bei der Ebernburg das Sinnbild oder Wahrzeichen erklären, an welches eine solche Sage sich anschließt. Auch Naturgegenstände kommen als Wahr-

---

*) Simrock, der Rhein, neue Ausgabe, S. 219.

V. Sagen aus Kunstwerken entstanden. 223

zeichen vor, die manchmal der Deutung spotten. So hat die Veste Neuffen in Würtemberg als Wahrzeichen einen Eselsfuß, der neben der zweiten Wache aufgehängt war. Die Veranlassung dazu soll diese gewesen sein: Vor Zeiten wurde ein Esel zum Wasser= tragen gehalten, weil die Festung daran Mangel hatte. Einst aber war sie so enge eingesperrt, daß die Besatzung den bittersten Mangel litt. Da fütterte man den Esel von dem letzten Scheffel Gerste so reichlich, daß er starb. Dann wurde sein wohl ange= füllter Wanst über die Mauer hinabgeworfen. Als die Feinde, welche schon auf die Uebergabe der Stadt gehofft hatten, dieß sahen, schlossen sie daraus, daß die Besatzung noch vollauf zu leben hätte, und zogen ab. Dem Esel zum wohlverdienten Andenken wurde einer seiner Füße aufgehängt.*)

Auch bei Bildwerken, die als Wahrzeichen dienen, läßt sich nicht immer erkennen, was sie ursprünglich bedeuteten, ehe die Sage für ihre Erklärung sich den Kopf zerbrach.

63. Am Laufen, wo zwischen den Ausläufern von Jura und Schwarzwald der Rhein eine letzte furchtbare Stromschnelle hat, liegt auf beiden Ufern das vielthürmige, einst stark befestigte Laufen= burg, jetzt halb zum Aargau, halb zu Baden gehörig, bis zum Anfang unseres Jahrhunderts aber sammt dem ganzen dahinter= liegenden Frickthal östreichisch. Im dreißigjährigen Kriege wurde es von den Schweden genommen und 14 Jahre behauptet. Nun steht auf einem der Festungsthürme eine Wetterfahne in Gestalt eines Ritters, und diesen hält man am Ort für ein Bild des Schwedenkönigs, also keines Geringern als des großen Gustav Adolph. Diesem sei bei der Belagerung der Stadt von seinen eigenen Leuten in einem Tumult der Kopf abgeschlagen worden. Zum Denkzeichen daran ließen hernach die Laufenburger einen großen eisernen Mann machen, der ein Schwert ausstreckte, aber ohne Kopf war. Er stand oben auf dem Schwedenthurm und hieß der Schwertlimann. Die Nachbarn spotteten darüber: die Laufenburger, sagten sie, hätten keine Köpfe, daher hätten sie

---

*) Schönhuth, die Burgen, Klöster, Kirchen und Kapellen Würtem= bergs, I, S. 262.

so Einen zum Stadtwahrzeichen aufgesetzt. Darum ließ der Magistrat die Figur herabnehmen und ihr Kopf und Helm anflicken.*)

64. Die Gemeinde des Dorfes Madiswyl im Bernerbiet, zwischen Langenthal und Huttwyl, führt (angeblich bis auf den heutigen Tag) als Wappen einen Heumäher, vermuthlich mit zwei Sensen in der linken Hand. Das Wappen ist wieder wie bei der Ebernburg ein redendes; der Mäher klingt an den Namen des Ortes an. Das Volk aber verlangte nach einer dichterischen und rührenden Erklärung.

Uli, ein armer aber braver Knecht, dient bei dem Bauern Roth und gewinnt die Liebe von dessen Tochter Vreneli. Der Vater verspricht ihm die Tochter, wenn er von Sonnenaufgang bis Untergang linkhändig ein Kreuz mäht auf der Längmatt, die vom Dorf sich weit gegen Lotzwyl hinzieht. Uli nimmt zwei Sensen mit, davon eine ihm Vreneli stets frisch wetzt, und kommt nahe an's Ziel: aber ein Herr von Gutenberg, der dem Mädchen nachstellte, vergiftet ihn durch eine Flasche Wein, die er ihm durch einen andern Knecht Ruodi als Labetrunk zuschickt. Den Tod im Leibe, mäht Uli dennoch fort und stürzt bei Sonnenuntergang mit dem letzten Sensenschlag zusammen. Vreneli sinkt vor Schrecken todt auf den Geliebten hin.**)

65. Hierher gehört auch das Hündlein von Bretten, eine Sage, auf welche schon im 16. Jahrhundert Fischart anspielt.***) „In dem Städtchen Bretten lebte vorzeiten ein Mann, welcher ein treues und zu mancherlei Dienst abgerichtetes Hündlein hatte, das pflegte er auszuschicken, gab ihm einen Korb in's Maul, worin ein beschriebener Zettel mit dem nöthigen Gelde lag, und so langte es Fleisch und Bratwurst beim Metzger, ohne je einen Bissen davon anzurühren. Einmal aber sandte es ein Herr, der evangelisch war, an einem Freitag zu einem Metzger, der katholisch war und streng auf die Fasten hielt. Als nun der Metzger auf dem Zettel eine Wurst bestellt fand, hielt er das Hündlein

---

*) Rochholz, Schweizersagen aus dem Aargau, II, S. 377.
**) Vernaleken, Alpensagen, S. 380.
***) Grimm, deutsche Sagen, I, 134.

fest, hieb ihm den Schwanz ab und legte den in den Korb mit den Worten: „Da hast du Fleisch!" Das Hündlein aber, beschimpft und verwundet, trug den Korb treulich über die Gasse nach Haus, legte sich nieder und starb. Die ganze Stadt trauerte, und das Bild eines Hündleins ohne Schwanz wurde in Stein ausgehauen über's Stadtthor gesetzt."

Ob dieß Bildwerk noch existirt, weiß ich nicht, daß es aber nicht aus der Sage entstanden, sondern daß aus ihm die Sage sich gebildet hat, wird durch die Variante klar: „Das Hündlein habe seinem armen Herrn Fleisch und Würste gestohlen zugetragen, endlich habe ein Metzger es ertappt und ihm den Schwanz abgehauen." In diesem Falle hätte wohl keine Bürgerschaft dem Diebshund ein Ehrendenkmal gesetzt. Wäre aber das Ehrendenkmal wirklich auf Grund der ersteren, dem Hündchen so ehrenvollen Fassung gesetzt worden, so hätte die zweite lästerliche sich wohl nicht mehr ausbilden können. Auch hier liegt also wahrscheinlich ein altes Stadtwappen zu Grunde.

66. Entweder ein Stadtwahrzeichen oder ein locales Heiligenbild ist wohl auch die Butterjungfer in Zerbst.

„Zu Zerbst steht vor dem Rathhaus eine hohe hölzerne Säule, auf der befindet sich ein goldenes (?) Bild, das ein Mädchen mit langem wallenden Haar darstellt, welches die linke Hand auf die Brust legt und in der rechten einen gefüllten Beutel trägt." Was stellt diese Figur wirklich vor? Man müßte untersuchen, ob das, was sie trägt, wirklich ein Geldbeutel ist. Ist es am Ende eine Jungfrau Maria, oder sonst eine katholische Heilige (worauf schon das losgebundene Haar deutet), welche man dem Bildersturm entzog, indem man ihr eine andere Bedeutung unterlegte?

Wie dem sei, von dieser Figur erzählt man, in alter Zeit sei es Sitte gewesen, daß die Butterweiber, welche nach Zerbst auf den Markt gekommen, draußen vor der Stadt bleiben mußten, und zwar auf dem sogenannten Butterdamm, fast eine halbe Stunde von der Stadt. Da sei auch einmal eine unter ihnen gewesen, die habe für sich und ihre Genossen das Recht, in der Stadt Butter feil zu halten, dadurch erkauft, daß sie den Weg vom Butterdamm bis zur Stadt mit blanken Thalern belegte. Und seit der Zeit sitzen die Butterweiber in der Stadt; zum Dank aber hat man die Säule mit der Butterjungfer errichtet.*)

Zuverlässig zu den Stadtwahrzeichen gehört eine weitverbreitete Klasse von Denkmälern.

67. Die Rolandsfäulen, Bezeichnungen eines bestimmten Stadtrechtes, die ursprünglich mit dem karolingischen Roland gar nichts zu thun haben, gaben dem Volk viel zu erzählen. Da ihrer viele in den Städten am Harz stehen, z. B. in Nordhausen, Neustadt, Questenberg, so sagt man, es seien zwölf Brüder des Namens gewesen, die hätten sich im Krieg gewaltig hervorgethan, und jedem sei darum eine Säule an dem Ort gesetzt, wo er Heldenthaten verrichtete. Doch knüpft sich natürlich auch der Gedanke an den Roland von Ronceval an diese Säulen, und es wird gelegentlich erzählt, ein solcher Roland sei über Feld gegangen und habe einen Granitblock aus dem Schuh auf's Feld geschüttelt, der ihn beim Gehen gedrückt habe. Dieß hängt übrigens in so fern mit der ursprünglichsten Rolandssage zusammen, daß auch in Spanien der Roland ein mythischer Riese ist, der unter andern mit einem Fußtritt einen Felsen spaltet, um sich eine Aussicht auf's Meer zu öffnen.**)

Ich füge noch ein paar Wappen von Klöstern und geistlichen Stiftern hinzu.

68. Das Einhorn ist schon in der bekannten mittelaltrigen Deutung auf die jungfräuliche Empfängniß als Symbol aufgefaßt worden. So steht es im Abtstabe des heiligen Bonifacius oder seines Schülers Sturm, welcher Fulda gestiftet hat, vermuthlich als eine Art Wappenzeichen der in der Einsamkeit des großen Buchwaldes angelegten Abtei, weil das Einhorn der Thierfabel ebenfalls einsame Gegenden liebt. Ein zweites, nach Münter mit der Stiftung, der es angehört, gleichzeitiges Bildwerk***)

---

*) Kuhn und Schwartz, norddeutsche Sagen, Märchen und Gebräuche, S. 136 f.

**) Ebendaselbst, S. 229. (Ueber die Rolande Grimm in der Mythologie.)

***) Münter, Sinnbilder und Kunstvorstellungen der alten Christen, I, 43, aus Eccard, de rebus Franciae orientalis, 1, 640.

stellte den Troandus als Gründer des von Fulda abhängigen Klosters Holzkirchen unter der Gestalt eines bärtigen Mannes dar, wie er ein Einhorn, das Symbol seiner Stiftung, umarmt hält. Die Sage aber hatte dieß Bildwerk benutzt, um zu erzählen, daß der einzige Sohn dieses Mannes auf der Jagd von einem gänzlich unbekannten einhörnigen Thiere sei umgebracht worden: eine Anekdote, die schon durch die Voraussetzung eines solchen Thieres in den deutschen Wäldern als Erfindung sich verräth. Auch hier ist also ein Figürliches wieder in ein Geschichtliches umgedichtet worden.

Von einem Emblem kann ich überzeugend darthun, daß es aus sich eine Legende geboren hat und dann in der Form, welche die Legende ihm lieh, auch in Wappendarstellungen überging.

69. In Constanz erzählt man von dem einen Schutzheiligen der Diöcese folgende Legende:*)

Der Bischof Conrad war beschäftigt mit dem heiligen Meßopfer und setzte den consacrirten Kelch an den Mund. Da sah er in dem Wein eine große Spinne. Er graute sich davor, aber weil er das heilige Blut nicht auf den Boden ausspucken wollte, bezwang er seinen Abscheu und trank die Spinne mit dem Kelch herunter. Da geschah ihm zur Belohnung das Wunder, daß die Spinne, ohne ihm zu schaden, ihm lebendig aus dem Munde wieder herauskroch. Auch sieht man auf Constanzer Bischofsmünzen des 17. Jahrhunderts deutlich die Spinne über dem Kelch, welchen Conrad's Brustbild in der rechten Hand hält.

Dieß ist unzweifelhaft eine aus bildlichen Darstellungen entstandene Sage. Die Diöcese Constanz hat zwei Schutzheilige; der eine, St. Pelagius, soll ein Ritter aus Ungarn gewesen sein, der im Jahr 284 nach Constanz kam und dort den Martertod erlitt. Ihn stellt man daher immer als einen reichen weltlich gekleideten Herrn mit Schwert und Palmzweig dar. Conrad dagegen als Bischof ist der geistliche Schutzpatron und muß daher als Priester den Kelch zum Charakterzeichen erhalten. So sieht man

---

*) Mündlich in Constanz mir mitgetheilt, wo diese Legende allgemein bekannt ist.

beide neben einander im Innern der Kirche links vom Domchor, und wiederum auf den berühmten hölzernen Schnitzthüren im Westportal des Domes, welche nach Aufschrift im Jahr 1470 gemacht sind. Nun ist es ganz gewöhnlich, diesem Kelch, wenn er einen Priester bezeichnet, z. B. auf Grabsteinen, oben über der Mündung die aufrechtstehende runde Hostie beizufügen, welche auch wohl durch ein aufgezeichnetes Kreuz und durch umgebende Strahlenbüschel bezeichnet wird. Irgend ein bekanntes Bildniß Conrad's veranlaßte nun das Volk, die runde Hostie für den Bauch einer Kreuzspinne, das Kreuz für das Kreuz, das sie auf dem Rücken trägt, die Strahlen für Spinnenbeine anzusehen.

In dieser Form bildete sich die Legende gegen das Jahr 1500 aus und erhielt gleichsam ihre Sanction durch den damaligen Bischof, Hugo von Breitenlandenberg. Dieser stiftete um 1505 in der Kirche zu Maschwanden (im Züribiet) ein gemaltes Fenster, welches sein Hauswappen mit dem Wappen seiner Diöcese zusammenstellt. Gleich den andern schönen Fenstern aus Maschwanden sieht man dasselbe jetzt in den Fenstern der Zürcher Stadtbibliothek auf der Wasserkirche. Hier ist die schwarze Spinne sammt den Beinen ganz deutlich erkennbar. Auf die Constanzer Münzen wagte man aber die Neuerung nicht sogleich zu setzen: dieß beweisen vier Exemplare, welche Herr Dr. Imhoof-Blumer in Winterthur mir aus seiner reichen Sammlung in Abdrücken freundlichst zur Verfügung stellte. Auf einem „Dicken" ungefähr von 1500 trägt Conrad den Kelch noch gar nicht, sondern ist ebenso genügend durch das große Kreuz auf der Brust und den Bischofsstab bezeichnet. Auf einem halben Thaler, der unter Ferdinand II. geschlagen ist, hat er den Kelch mit der halben Oblate über den Rand hervorragend. Auf einem Fünfzehnkreuzerstück von 1636 erscheint die Oblate undeutlich, so daß es vielleicht nur die Mündung des Kelchs ist. Auf einem andern Fünfzehnkreuzerstück aber vom Jahr 1715 sind sogar die Spinnenbeine deutlich zu erkennen.

70. Eine sehr späte Sage aus Thüringen scheint mir ebenfalls von rein heraldischem Ursprung zu sein: die von dem ungerechten Urtheil des Thilo von Trotha, welcher von 1468—1514 Bischof von Merseburg war und das dortige Schloß,

V. Sagen aus Kunstwerken entstanden.

so wie auch das Schiff der Domkirche neu gebaut hat. Diese Sage berichtet: „Thilo habe einen kostbaren Ring vermißt, einen seiner Diener wegen dessen Entwendung in Verdacht gehabt und unerachtet dieser seine Unschuld mit emporgestreckten Händen auf's heiligste betheuert, ihn hinrichten lassen. Kurz darauf habe man den vermißten Ring in dem Neste eines Raben, der ihn durch das offene Fenster aus Thilo's Zimmer entwendet, wiedergefunden, und Thilo sei trostlos gewesen, weil er seinen Diener unschuldig habe hinrichten lassen. Zur Buße habe er ein Vermächtniß gestiftet, vermöge dessen auf immerwährende Zeiten ein lebendiger Rabe unterhalten werden müsse." Ein Brauch, der noch heute in Merseburg fortbesteht.*) Hieraus erklärt man den Raben mit dem Ring im Schnabel und die beiden ausgestreckten Arme, welche sich auf Thilo's Wappen an mehreren Stellen im Schlosse zu Merseburg und auf andern seiner Gebäude finden.

Daß das Leben eines Unschuldigen durch die Diebesneigung der Raben und Krähen gefährdet worden, ist eine der verbreitetsten Sagen des Mittelalters, dessen Phantasie überhaupt lebhaft die Leiden unschuldig Verfolgter mitlitt. Dieser Zug sühnt einigermaßen die Grausamkeit, womit die Zeit im wirklichen Handeln verfuhr.

Rabenbilder an Thürmen und Kirchen kommen häufig vor, z. B. an mehreren Plätzen zu Königsberg in der Neumark, wo sich dann zuweilen wieder andere Sagen (oder vielleicht Ueberlieferungen) an sie anlehnen.**)

71. In Schweidnitz erzählt man von einem Rathsherrn, der sich eine Dohle abgerichtet hatte, um Geld aus der Rathskämmerei zu stehlen. Man setzte ihn lebendig auf den Kranz des Rathhausthurmes, wo er verhungerte. „Statt des Leichnams wurde in der Folge sein steinernes Bild nebst dem der Dohle auf jenes Thurmgebäude gesetzt. 1642 wehte es ein Sturmwind

---

*) J. G. Otto, die Schloß- und Domkirche zu Merseburg. Anastasius Grün hat die Sage in seinen „Nibelungen in Frack" reizend angewendet und in der Note dazu ebenfalls ihre Entstehung aus dem Wappenvogel bereits erkannt.

**) Kuhn, märkische Sagen und Märchen, S. 254.

herunter, aber der Kopf davon soll noch auf dem Rathhaus vorhanden sein."*) Nun fragt sich hier freilich, ob die Sage erst aus dem Bild entstanden ist, denn hier könnte das Bild möglicherweise doch Denkzeichen eines wirklich Geschehenen sein.

72. 73. Dagegen knüpft sich eine Geschichte, genau wie die vom Bischof Trotha, die auch einem Bischof von Brandenburg soll begegnet sein, an einen auf der Spitze des Rathenower Thores zu Brandenburg stehenden Raben, der einen Ring mit einer Kette daran im Schnabel hält. Diesen Ring fand man im Rabennest auf einem der Kirchthürme.**) Aehnlich ist die Sage von dem Fürsten Primislav von Prenzlau; dieser läßt den beargwöhnten Knappen von der Spitze des Mittelthurms herabstürzen, der ehemals in der Stadtmauer lag. Lange darauf sieht er im Wald eine Eiche fällen, auf dieser ist ein Krähennest mit dem vermißten Siegelring. Aus dem Holz dieser Eiche sei das Bild der Krähe angefertigt, das man noch jetzt auf dem Mittelthurm der Stadt gewahrt.***) Da Primislav als Erbauer und Eponymus von Prenzlau gilt, scheint diese Sage viel älter als die Merseburger, hätte also allein schon hingereicht, den Bischof Trotha vor so raschem Verfahren zu warnen.

Es handelt sich also einfach um das Wappen des Trotha, an welchem, weil es in Merseburg so oft vorkam, die Sage geschäftig aufrankte. Die aufgerichteten Arme sind ein sehr gewöhnlicher Helmschmuck; der Rabe mit dem Ring im Schnabel möchte aus dem fast vier Jahrhunderte älteren Gedichte von Sanct Oswald herstammen, wo dem Helden ein solcher Vogel als Liebesbote und Freiwerber den Verlobungsring über's Meer getragen bringt; vielleicht daß die Trotha's auf diesen mythischen Ahnherrn in gleicher Weise ihren Stammbaum pflanzten, wie die Dynastenhäuser am Niederrhein auf den Schwanenritter. Daß Thilo aber in den von ihm gestifteten Bauwerken neben dem steinernen Wappenvogel auch auf ewige Zeiten ein lebendiges Exemplar stiftete, hat

---

*) Grimm, deutsche Sagen, I, S. 408 f.
**) Kuhn, märkische Sagen, S. 60.
***) Ebendaselbst, S. 215.

nichts Auffallendes, da Wappenthiere mehrfach durch lebende Individuen vertreten werden. So füttert Bern noch heute seine Bären, Genf die Adler, der Haag die Störche als Vettern ihrer heraldischen Thiere, und auch für einen einzelnen Mann liegt das bekannte Beispiel Walther's von der Vogelweide vor, der auf seinem Grabstein zu Würzburg Futtertröglein für die Vögel austiefen ließ, nach denen seine Heimat oder sein Geschlecht sich nannte. Uebrigens käme es nur darauf an zu erfahren, ob nicht das ganze Wappen bereits vor Thilo von den Trotha's geführt worden ist: eine Untersuchung, die ich einem norddeutschen einheimischen Forscher überlassen muß.

Grade von Wappenthieren werden solche Bildwerksagen sich endlos häufen lassen; ich habe aber nur die vorstehenden auswählen wollen, weil hier möglichst verschiedene Erzählungen an die Thiere geknüpft sind. Vermuthlich wird man finden, daß an eine oder die andere dieser Umdeutungen von Symbol oder Heraldik die meisten Sagen dieser Gattung mehr oder minder genau sich anschließen.

VII. Die Maleranekdote.

Gemälde gefallen dem Volk, aber dessen eigene Phantasie regen sie weniger zum Schaffen an, als die plastisch herausgearbeitete Figur das thut. Aus einem Altarblatt wachsen keine Sagen. Allerdings heftet die Einbildungskraft des Landvolks sich an irgend ein wunderliches Beiwerk auf einem Bilde: an einen besonders auffallenden Kopf oder eine mit stärkstem Realismus individualisirte Gestalt. In Cöln stand ich einmal an einem Sonntag Vormittag, zu welcher Zeit die Bauern einströmten, in der alten Wallraf'schen Sammlung und lauschte zu, wie sie über das jüngste Gericht aus der Laurentinskirche redeten. Da sagte ein junger Gesell: „Sieh einmal den gefleckten Teufel! der ist schön! Wenn ich ein Teufel sein müßte, möchte ich der gefleckte Teufel sein!" Zur Höhe der Sage aber erhebt sich bei Gemälden die Volksphantasie nicht. An einen Bau, an eine Sculptur lehnt sich die Sage: bei einem

Bild denkt das Volk an den, der es gemacht hat; es scheint zu fühlen, daß die Malerei mehr ein Subjectives in sich trägt, und es schafft sich eine Maler-Anekdote. Auf dem großen Altarbild zu Calkar sieht man vor Pilatus einen jungen Menschen und eine derbe bösartig aussehende Frau in der heut noch üblichen Calkarschen Haube. Das ganze Bild ist ja so heimelig: die Erweckung des Lazarus geht auf dem alten Kirchhof von Calkar vor; die Kirche und das Rathhaus stehen heut noch wie auf dem Gemälde; was Wunder, wenn die Leute der Gegend auf dieser Spur fortgehen und sagen: der junge Mensch ist der Maler, die Frau war ein geiziges Bäckerweib, das ihn ausschimpfte und vor den Richter schleppte, wenn er Brot auf's Kerbholz nahm und es nicht bezahlen konnte.

Anekdoten dieser Art bilden sich noch in unserer Zeit, oft unmittelbar nach dem ersten Erscheinen des Kunstwerks.

74. So entstand zu Paris in demselben Jahre, als Horace Vernet's berühmte Wegnahme der Smalah des Abd-el-Kader (für Versailles) auf der Jahresausstellung zu sehen war, die folgende Geschichte, welche ich einem damals gedruckten Feuilleton der Kölnischen Zeitung: „die Künstlerfamilie der Vernet's" entnehme. Der Baron James Rothschild soll im Jahr 1843 von Vernet sein Portrait verlangt haben. Er fragte nach dem Preis, der Künstler antwortete: „Für Sie, Herr Baron, ist mein Preis 4000 Franken." Der Millionär habe das zu hoch gefunden. „Aha, erwiderte der Maler, Sie wollen dingen, Herr Baron, wenn von der Kunst die Rede ist; jetzt fordere ich 5000 Franken und nehme keinen Centime weniger!!" Rothschild remonstrirte. „Wenn Sie noch ein Wort sagen, so wird die Summe verdreifacht," rief ihm der Maler zu. „Ganz nach Belieben, Herr, nehmen Sie das Bild, oder lassen Sie es bleiben." Der Baron glaubte, der Künstler sei verrückt geworden, und eilte aus dem Studio zu kommen.

Die Anekdote ist zuverlässig falsch. 4000 Franken wäre für Vernet ein mäßiger Preis gewesen, und ein Rothschild, wenn er einmal sein Portrait bestellt, feilscht nicht. Nun aber, hieß es damals weiter, hat Vernet beschlossen, ihm sein Portrait umsonst zu malen und ihn in die Mitte der Smalah als einen Juden hingesetzt, der mit einem Kistchen Gold und Edelsteinen in erschrockener Flucht aus dem Bilde herausstürzt.

Auf dieß Feld mir zu folgen verlange ich von meinem Leser nicht. Man schlage den Vasari auf wo man will, von Giotto bis auf den päpstlichen Beamten in Michelangelo's Hölle sprudeln uns diese Späße entgegen. Statt aller mag Ein Beispiel aus der niederländischen Kunstwelt genügen.

75. Im Museum zu Antwerpen sieht man einen Sturz der bösen Engel von Frans Floris, wo auf dem Schenkel eines der Teufel eine Bremse sitzt. Vielleicht wollte der Maler denselben dadurch einfach als „Fliegengott" d. h. Beelzebub bezeichnen. Aber auch ohne solche Symbolik kommen Fliegen auf ältern Bildern, deutschen wie niederländischen, mehrfach vor. Es sind Malerspäßchen, um den Betrachtenden zu necken, daß er sie für lebendige Fliegen halten soll. In Antwerpen aber erzählt man, dieser Floris sei jener Schwiegervater des Quintin Matsys, welcher dem jungen Schmied seine Tochter erst so stolz versagte; da sei dieser auch ein Maler geworden und habe als Kunstprobe auf das Bild des Alten diese Fliege gesetzt, die den Meister selbst täuschte, denn er hielt sie für lebend und versuchte sie wegzuscheuchen. Das Volk, das sich immer auf Kunst besser versteht als auf Kunstgeschichte, wirft hier die Zeiten verwunderlich durcheinander. Als Quintin Matsys 1530 starb, war Floris erst zehn Jahr alt.

VIII. Die landschaftliche Vertheilung dieser Sagen.

In der Auswahl der vorstehenden fünf und siebzig Geschichten habe ich durchaus nicht nach Vollständigkeit gestrebt; es lag mir nur daran, keine Classe der aus Kunstwerken entstandenen Sagen ganz leer zu lassen und wenigstens an einigen parallelen Beispielen zu zeigen, daß der Volksgeist an Bildwerke desselben Gegenstandes merkwürdiger Weise zu ihrer Erklärung auch meist dieselbe Geschichte, wenngleich in oft neuen Wendungen angeknüpft hat. Es giebt aber auch noch eine sehr bedeutende Zahl von Sagen, bei

denen sich nur vermuthen, nicht beweisen läßt, daß sie aus falsch=
verstandenen Bildwerken herstammen. Besonders wo Sirenen
und Tritonen an Kirchen abgebildet sind, wird zu lauschen sein,
ob sich nicht an sie etwa Ueberlieferungen von der Meermine
oder vom mädchenraubenden Wassermann anschließen. Drachen=
kämpfe möchten oft jenen mit Menschengestalten abenteuerlich
ringenden Ungeheuern der romanischen Ornament=Sculptur nach=
gebildet sein. Wo die longobardische Sage die Bewältigung der
Theodolinde durch ein Meerungethüm erzählt, wo die fränkische
Gemalin des Clodio ihrem Sohn, dem Merowig, ein seltsam
gestaltetes Haupt mitgegeben hat in Folge ihres Abenteuers beim
Baden mit dem Seethier, da denkt man unwillkürlich an eine Ver=
anlassung aus den monströsen Verschlingungen von Menschen mit
Greuelthieren, die das frühe Mittelalter so gern an Kirchenpforten
und Capitellen anbrachte. Die Jungfer Lorenz von Tanger=
münde, deren Bild nicht verrückt werden darf, weil sie der Stadt
die auf dem Hirsch umrittene Flur geschenkt hat, die Adelheid
von Randenburg in Schaffhausen, die Töchter Ludwig's des
Deutschen in Zürich, welche alle auf Hirschen reiten, mögen auf
Bildwerke zurückgehen, die tief im Heidenthum ihre Wurzel haben,
wenn auch die alte Waldminne als Hirschreiterin in der Mytho=
logie noch nicht nachgewiesen, sondern nur von Simrock als Frau
Venus in die Harlungensage hineingedichtet ist.*) Gleichfalls bei
dem Affen von Dhaun im Nahethal wird es unentschieden
bleiben, ob er wirklich Erinnerung an ein von Schloßaffen ent=
führtes Grafenkind, oder ob umgekehrt diese Sage eine Umdeutung
des in den Trümmern des Rittersaales noch vorhandenen Bildwerkes

---

*) Simrock, das Amelungenlied, in dem Epos „Sibich's Verrath":
wer ist die Herrliche dort,
die sich im grünen Schleier auf weißer Hinde wiegt
und alle Erdenschöne mit Liebesreiz besiegt?

Aber auch Cranach der Aeltere hat bereits auf einem Bildchen des Ber=
liner Museums Diana, „die jungfräuliche Königin des Waldes, die der Jäger
zur einsamen Mittagsstunde zuweilen an heimlicher Stätte erblickt", auf dem
Rücken eines stattlichen Hirsches sitzend abgebildet. Burckhardt, in Kugler's
Gesch. der Malerei, 2. Aufl., II, 259.

sei; denn letzteres könnte leicht eine bloß symbolische Bedeutung haben, indem der Affe dem christlichen Mittelalter ein Bild des Teufels ist. Bei der heiligen Kümmerniß sahen wir oben, daß irgend eine ungewöhnliche Darstellung heiliger Personen im Stande ist, Legenden zu erzeugen. Wenn Märtyrer ihre abgeschlagenen Häupter auf die Hand nehmen und an den Ort tragen, wo sie ihre letzte Ruhe zu finden wünschen, wie der h. Dionysius von Paris und die drei Schutzpatrone von Zürich, da liegt die Anknüpfung an bildliche Darstellungen auf flacher Hand: die Märtyrer bieten symbolisch Gott ihre Häupter als Opfer dar, um ihre Fürbitte für die Gläubigen zu unterstützen, wie Maria gnaden=flehend dem Sohn den Busen zeigt, der ihn gesäugt hat. Und könnte nicht gar die Päpstin Johanna auf den römischen Stuhl gesetzt worden sein, weil eine Maria als Himmelskaiserin mit der dreifachen Papstkrone auf dem Thron der Herrlichkeit saß? Die alte hölzerne Madonna von Loreto trägt heute noch die dreifache Krone. Ja selbst das Veronikabild Christi auf dem Schweiß=tuch, die Vera Icon, aus der die mitleidige Heilige etymologisch entstanden ist, kann auf ein hochgehaltenes Gemälde Christi zurück=gehen, das auf einen faltenwerfenden Vorhang aufgemalt war.

Ein Blick auf die geographische Vertheilung dieser Sagen ist anziehend. Am wenigsten zahlreich sind sie in den deutschen Alpenländern. In der trefflichen Sammlung aus Tyrol, die wir dem Ritter von Alpenburg verdanken,*) fand ich aus diesem Landstrich nicht Eine aus einem Bildwerk entstandene Sage, während die Naturmythen dort so reich vertreten sind. Die Schweizersagen aus dem Aargau von Rochholz lieferten mir unter mehr als fünfhundert Nummern nur ganz kleine Ausbeute, wäh=rend hier wieder die altheidnische Mythologie einen höchst frucht=baren Boden gefunden hat. Aus den steyrischen Alpen fehlt, so scheint es, jedes Beispiel. Die Natur bezwingt hier das Gebild des Menschen. Von ihrer mächtigen Umgebung sind daher die deutschen Alpenbewohner zwar sehr zur Sagenbildung gelockt

---

*) Johann Nepomuk Mahlschedl, Ritter von Alpenburg, Mythen und Sagen Tirols. Zürich 1857.

worden; die künstlerische Phantasie aber ist bei ihnen schwach, es haben hier auch nie große einheimische Schulen der Baukunst und Bildnerei geblüht, und was da ist, hat auf die Phantasie des Volkes einmal nicht zeugend eingewirkt.

Dichter steht die Ernte, wenn man in die französische Schweiz tritt; der burgundische Stamm, dießseits wie jenseits des Jura, hat einen lebendigen Sinn für die Kunst und heftet seine Gedanken mit wärmerer Liebe an vorhandene Gebäude und Bildwerke.

Sehr reich muß Frankreich sein. Die Figurensculptur aus dem Mittelalter, welche das Aeußere seiner Kathedralen, besonders die Portale bedeckt, ist an Masse wie an Schönheit unvergleichlich. Früh entwickelte sich hier der Sinn für das Individuum; seit dem Ende des 11. Jahrhunderts fängt die Bildhauerschule von Cluny an, Racen zu unterscheiden. Die herrlichen Bildwerke an den ersten neuen Spitzbogen=Kathedralen des 12. und 13. Jahrhunderts entwickeln eine Fülle persönlicher Charaktere, welche dem Volk wie Bekannte lieb wurden. Grade in jenen Jahrhunderten hatte aber Adel und Volk in Frankreich einen lebendigsten Sinn für das Erzählen: es entstanden die ritterlichen Epen, die Fabliaux, die dramatisirten Mirakel; und so schloß sich auch an jene individuellen Kunstgestalten eine Zahl von Volksüberlieferungen an. Einzelnes davon habe ich geben können; in Frankreich aber hat bisher Niemand, daß ich wüßte, diese Geschichten beachtet noch gesammelt.*)

Endlich treten die Sagen aus Bildwerken wieder in reicher Ernte zusammen in dem nördlichen Deutschland, und zwar zumeist am Mittel= und Niederrhein, demnächst auch auf der niedersächsischen und wendischen Ebene, mit Einschluß von Thüringen und Franken am Main. Hier haben im Mittelalter große Bau=

---

*) „Une grande partie des statues des porches de Notre-Dame de Chartres, des portails des cathédrales d'Amiens et de Reims possèdent ces qualités individuelles (d'un charactère personnel), et c'est ce qui explique pourquoi ces statues produisent sur la foule une si vive impression, si bien qu'elle les nomme, les connaît et attache à chacune d'elle une idée, souvent même une légende." Viollet-le-Duc, dictionnaire de l'architecture française, article Sculpture, VIII. p. 166.

schulen geblüht und zahlreiche imposante Werke geschaffen; die Länder um Main und Saale glänzten damals auch durch Bildhauer, die an Kraft des Charakterisirens mit den gleichzeitigen Franzosen wohl wetteifern, an Schönheitssinn sie vielleicht noch übertreffen. Die classisch gemäßigte Schönheit der dortigen Hügellandschaften weckte mit der Plastik auch den poetischen Sinn; auf der großen Ebene aber traten die Naturgestalten zurück, und das Kunstwerk griff darum tiefer in die Seele der Menschen hinein.

IX. Die Quellen der Sage.

Wie ist die Volkssage im keltischen und germanischen Europa entstanden? Welchem Boden entsproßt sie?

Bei dieser Frage muß man zuerst klar darüber sein, was man zur Sache rechnet, und was nicht.

Zuerst müssen wir ausscheiden die sehr große Masse sogenannter Sagen, welche erst in den letzten hundert Jahren unter dem Einfluß der romantischen Dichterschule ganz neu entstanden, ohne Zusammenhang mit alter Volksüberlieferung von einzelnen Dichtern erfunden sind. Jene Schule wollte das Mittelalter neu beleben, viele ihrer Anhänger wollten es sogar wieder einführen, und aus oberflächlicher Anschauung der alten Lebensformen war es leicht an jede Burgruine eine Geschichte von Bosheit und Edelsinn anzukleben. Diese modernen Fabrikate erkennen sich leicht am Blechritterthum mit dem stets vollen Humpen und an der hoffnungslosen Liebschaft, die entweder im Ehebett oder im Kloster zu Ende geht. Sie sind der Abschluß jener sentimentalen Literaturperiode von Klopstock bis auf den Werther und seine Nachtreter. Besonders der burgenreiche Rhein ist von ihnen überwuchert. Wenn es übrigens wahr sein soll, daß auch die Lurleisage erst einem Gedicht von Clemens Brentano ihren Ursprung verdankt, so ist damit nur bewiesen, daß die Poesie unsterblich ist und zu allen Zeiten Ergreifendes zu schaffen vermag, das dann im Geist des Volkes sich wie eine ächte Sage weiter bildet. Denn die Lurlei, wie sie jetzt am Rhein im Mund der Menschen lebt, ist von Brentano's schöner Jungfrau von Bacharach weit verschieden.

Ferner ist von der Sage die Legende abzutrennen, sofern sie wirklich aus den Anschauungen der Kirche sich gebildet hat, von Priestern, Mönchen, Nonnen als Beispiel christlicher oder überchristlicher Tugend erfunden ist. In die Volkssage greift sie nur dann ein, wenn wunderbare Naturmythen des Heidenthums in Wunder christlicher Heiligen sich umkleiden, oder geliebte alte Heidengötter im Volksherzen sich behaupten, indem sie den Nimbus von Kalenderheiligen um ihr Haupt legen. Die Verena von Zurzach, die Kanne und Krug in den Händen die Aare hinunter auf einem Mühlstein in den Rhein schwimmt, der heilige Theonest, der bei Caub in der Kelterbütte landet, sind freilich viel älter als das Christenthum, und im ewig gefüllten Kochtopf der heiligen Brigitta von Irland lebt der segnende Kessel Ceridwen's, der keltischen Ceres, fort.

Wiederum ist von der Sage das Volksmärchen abzutrennen. Zwar nährt es sich ebenso gut wie jene an ächter heidnischer Mythologie oder an altgermanischer Heldensage, aber es flattert froh und bunt in der Luft, ohne an einer bestimmten Stelle festzuwurzeln, wie es die Natur der Sage bedingt.

Endlich sind des Ehrennamens der Sage unwerth all jene landläufigen Spukgeschichten, Kinder der geistlosen Furcht und des platten Aberglaubens, wie sie dutzendweis in Stadt und Land sich aufjagen lassen. Doch wie es gute Regel ist: jedem Gespenst, jedem Hereinragen der Geisterwelt sofort auf den Leib zu rücken, damit man sehe, was hinter dem Ding steckt, soll man auch den ordinärsten Spuk darauf anschauen, ob in der Form und Manier, wie ein Gespenst erscheint, handelt oder redet, nicht ein Stück uralten Volksglaubens sich uns erschließt.

Nachdem nun das Gebiet der Sage sich uns sehr enge umgrenzt hat, behaupten wir, daß ächte Sagen doch aus verschiedenem Boden sprossen, und diese verschiedenen Ursprünge bezeichnen wir so:

Die älteste Volkssage ruht auf der heidnischen Götterlehre. Die Bekehrung der nordeuropäischen Völker zum Christen=

thum wurde durch gewaltsame Mittel übereilt; die Götter waren im Herzen des Täuflings noch lange nicht todt, als sein Mund ihnen abschwur. Wie sie dann theils unter Priesterdeutung in Teufel sich wandelten, theils im liebevollen Gemüth der Laien als wohlthätige Kirchenheilige wieder auferstanden — dieser Gang liegt jetzt an zahllosen Beispielen sehr klar vor uns.

In Deutschland wurden die Heidengötter zwei bis drei Jahrhunderte früher abgeschafft als im scandinavischen Norden. In Norwegen und Island konnte der Glaube an sie eine letzte Stufe ersteigen, die er in Deutschland nicht erreicht hat. Daß die Götter Deutschlands mit denen des Nordens im Grund ihres Wesens ebenso gut wie in ihren Namen übereingestimmt, dieß bewiesen zu haben ist eine von Jakob Grimm's unvergänglichen Eroberungen. Aber der Glaube an Odhin hat in der Edda eine viel andere Färbung, als der Glaube der Deutschen an Wodan. Odhin ist in der Heldenzeit des Wikingerthums zu einem geistigen Gott geworden; er spornt die Helden zum Kampf, und im Kampfe tödtet er sie, um in Valhal eine Heldenschaar für den letzten Götterstreit um sich zu sammeln. Ueber der Erde thront er, vom hohen Sitz überblickt er die Welt, die Asen kommen von ihren Himmelsburgen, um mit ihm Rath und Gelag zu halten. Die Liebe, auch die gesetzlose, schleicht sich in den Götterkreis ein, der damit etwas von dem Charakter der griechischen Olympier zu zeigen beginnt. Die Persönlichkeiten treten so scharf, so begrenzt hervor, daß fast die Möglichkeit einer plastischen Bildung ihrer Gestalten da wäre. Schwankender sind die Umrisse der Mythologie in Deutschland. Wir kennen diese freilich fast nur aus dem Aberglauben, der Sage und dem Märchen; ein Buch wie die beiden Edden fehlt uns; aber soviel kann man wohl sagen, daß unsere Götter mehr den Charakter der Naturkräfte behalten haben. Wodan und Frigg wohnen nicht in himmlischen Burgen, sondern in den Tiefen der Berge; jener ist der Sturm, der in den endlosen Wäldern Wolken und Nebel vor sich verjagt, diese nährt die Früchte des Feldes, erzeugt vor allem den Flachs. Donar ist hier wie dort der Gott des Wetterstrahls; aber zu dem Schützer des Ackerbaus, zum Freund der Bauern ist er noch nicht wie in

Norwegen heraufgewachsen, und seine Verehrung ist darum bei uns auch nicht so warm und herzlich. Alles bleibt mehr im Naturcultus befangen; die Götter sind noch mehr, wie einst die pelasgischen, von chthonischem als uranischem Wesen. Im Norden konnte Snorro Sturluson in der Heimskringla den Versuch wagen, die Götter für Menschen zu erklären, die wirklich gelebt hätten, eben weil ihre Persönlichkeit so scharf hervortrat; in Deutschland hat im Mittelalter kein Gelehrter an so etwas gedacht, weil die Götter hier mehr noch wie Mächte als wie Personen ange=
sehen wurden. In dieser Unbestimmtheit liegt viel vom Zauber der deutschen Mythologie; dem Odhin konnte man entsagen, Wodan aber blieb im Volksgemüth, weil ja der Sturm im Wald blieb, Frigg lebte als segensvolle Hulda fort, weil ja die lebenspendende Kraft der Erde die Einführung des Christenthums überlebte. So wurde Wodan zum Wilden Jäger oder zum bergentrückten Kaiser, Frigg zur liebevollen Mutter, welche die Seelchen der Kinder vor der Empfängniß und die der ungetauften auch später in ihre Hut nimmt, die fleißigen Spinnerinnen belohnt und alljährlich mit ihrem Glücksschiff durch die Fluren fährt, um sie fruchtbar zu machen. Die dämonische und tückische Seite der Heidengötter tritt zurück, das Liebevolle in ihrem Wesen scheint hervor. Auf diesem mythologischen Boden wurzeln unsere ältesten Sagen und Märchen, und diese sind daher von allen Volksüberlieferungen die tiefsinnig=
sten, anmuthigsten und am meisten erschütternden.

Gleichzeitig mit dem Sieg des Christenthums trat die Helden=
zeit der Völkerwanderung ein und begann den Boden für die=
jenige Classe von Sagen aufzubrechen, die an die Geschichte sich anschließen. In lateinischen Büchern bewahrten wohl die Gelehrten die wirkliche historische That; das Volk aber wandelte die Helden der Geschichte in mythische Gestalten um, indem es ihnen Züge der alten Götter mitgab. Der historische Theodorich wurde mit dem Flammenathem Donar's ausgestattet, Attila's Tod in der Nacht seiner Vermälung mit der zweiten Frau trat in Verbindung mit den Wanderungen der alten Götter, durch welche auf das Gold der Zwerge der Fluch des Todes gelegt war. In diesem Geist hat die historische Sage stets gedichtet; sie nahm den

historischen Helden sammt seinem Namen auf, aber die Beweggründe und begleitenden Umstände seines Handelns gestaltete sie anders. Als gegen die Zeit der Kreuzzüge hin man in Frankreich Karl den Großen besang, feierte man ihn als Vorfechter des christlichen Glaubens, aber nicht den Sachsen gegenüber, wo er es wirklich gewesen ist, sondern im Kampfe mit denselben Sarazenen, gegen welche damals, als jene Romane und Gedichte entstanden, das ganze Europa sich zu bewegen begann. Eine kleine Episode in seinem thatenvollen Leben, der kurze Feldzug gegen die Mauren in Spanien, wird in der Sage zum Hauptinhalt seiner Existenz. So bewahrt die Sage auch der Geschichte gegenüber sich ihre volle Freiheit, und unsere historischen Sagen fallen nicht in den Stil der Chronik.

Eine dritte Klasse von Sagen schließt sich wieder an die Natur an, aber nicht an die großen personificirten Naturkräfte der Mythologie, sondern an die vereinzelte Naturerscheinung. Ein Schweizerthal wird durch eine wilde Rüfe verschüttet, unfruchtbar gemacht, es droht Entvölkerung; wer solche Runsen von einem hohen Berg in ihrem ganzen Lauf überschaut, wird begreifen, warum man sie mit Drachen verglich, die aus Wald und Felsschlucht allverschlingend hervorbrachen. Um den Drachen zu erlegen, muß dann auch der Held erfunden werden. Da liegt ein ungeheurer Fündling, aus ganz anderem Gestein als seine Umgebung, den in der Eiszeit die Gletscher hier abgesetzt haben; es sind das Blöcke, aus deren Einem man ein ganzes großes Haus erbauen kann, wie das Haus von Wipkingen (bei Zürich) aus dem siebzehnten Jahrhundert, und doch sind sie offenbar nicht an dem Platz gewachsen, wo sie jetzt liegen. Den Naturzusammenhang begreift das Volk nicht; der Teufel muß den Block aus der Ferne geholt und hierher geschleudert haben, und die Sage findet eine Ursache auf, die ihn dazu bewog, etwa einen Brückenbau oder eine Kirchenstiftung. Diese Sagen sind zahllos; sie kommen nicht aus einem uranfänglichen Glauben im Volksgemüth, sie tragen meist schon den Stempel der Reflexion, der Verstand hat an ihnen mitgearbeitet, und die Sage fällt oft in's Kleinliche, wo sie nicht zu Zeiten in's Gebiet des Humors sich retten kann.

Hiermit nahe verwandt sind nun diejenigen Sagen, welche an ein Bau= oder Bildwerk der Menschenhand sich anschließen. Vor allem zeigen diese sich als späte Erfindungen, weil die Kunstwerke selbst verhältnißmäßig spät entstanden, und in unsern nördlichen Ländern die Monumente schon sparsam sind, die dem ersten christlichen Jahrtausend angehören. Sie tragen aber auch in noch höherem Grade, als die Sagen über einzelne seltsame Naturgegenstände, den Charakter der Reflexion. Manchmal sind es bloße Einfälle ohne alle Poesie; oft nur kurze Künstleranekdoten ohne Werth; besonders aber bezeichnet sie eine moralisirende Tendenz, die der alten ächten Götter= und Heldensage fern liegt. Doch haben wir oben auch manche Beispiele gefunden, wo uralter Glaube herbeigezogen wurde, um sie mit höherem Leben zu tränken. In dieser Klasse von Sagen bildet sich übrigens stets noch Neues; die obige Zusammenstellung weist Sagen nach, die auf Bildwerke der letzten Jahrhunderte sich beziehen, und wie die bildende Kunst weiter schafft, würde wohl nach hundert Jahren Jemand, der etwa diesen Aufsatz noch läse, neuen Nachwuchs leicht nachtragen können.

Eine letzte Gattung von Sagen sind endlich die etymologischen, welche aus dem vielleicht wunderlichen und mißverstandenen Namen eines Ortes dessen Ursprung nachweisen oder zu dem Namen eine Begebenheit erfinden. Ein Beispiel mag genügen. Das Dorf Hornussen im Frickthal, Canton Aargau, hieß urkundlich Hornaskon, d. h. ein Ort, wo Horn=Eschen wachsen.*) Die Nachbarn erzählen aber, die Hornusser Bauern hätten einmal bei andauernd schlechtem Wetter einen Boten nach Basel in die Apotheke geschickt, um sich für einen Batzen schön Wetter zu kaufen. Der Apotheker gab dem guten Mann eine Hornisse in einem Schächtelchen mit, verbot ihm aber streng, dasselbe zu öffnen. Nahe vor dem Dorf konnte er jedoch der Versuchung nicht widerstehen, die Hornisse schwirrte heraus, flog aber glücklich dem Dorfe zu. Als die Bauern nun nach dem Schönwetter fragten, sagte er unbefangen: Ei, das Schönwetter ist ja gerade in's Dorf hineingeflogen. Daher heißt der Ort jetzt Hornussen.

---

*) Rochholz, Schweizersagen aus dem Aargau, II, S. 239.

Diese Geschichte ist ein Schwank, eine Neckerei zwischen Nachbar=
gemeinden, und wenigstens lustig. Die meisten dieser Ableitungen
aber verrathen noch mehr als die Sagen aus Kunstwerken ihren
Ursprung aus der nüchternen Reflexion, und da in ihnen die
Phantasie oft gar nicht waltet, verdienen die meisten den Namen
der Sage überhaupt nicht mehr.

VI.

Stonehenge und die Zeit seiner Erbauung.

> "Stonehenge .... that mysterious ruin, celebrated all over the Continent as the greatest wonder of our island."
> Macaulay, Hist. of England, Ch. IX.

An einem Sonntagmorgen im Mai ging ich in London zur Eisenbahn, um Salisbury und Stonehenge zu sehen. Der graue Nebel der Stadt wich, sobald es aus dem Bahnhof in das frühlingsgrüne Land hinausging. Um London herum sieht man nirgendwo Ackerland, alles ist Wiese, Garten, Park, Baumgruppe, nur hie und da ein großes Gemüsefeld. Korn kann man ja überall ziehen; hier um die Dreimillionenstadt herum ist der Wiesenbau vortheilhafter, schon um der frischen Milch willen. Der Frühling war dieß Jahr spät; hie und da sah man in den Gärten noch einen blühenden Obstbaum, die Waldbäume standen in zartem lichtgrünem Laub, und meilenweit ging die Fahrt zwischen den hübschen reinlichen Landhäusern hin, welche bei jeder Eisenbahnstation sich schon zu kleinen Städten gruppiren. Ohne durch starke Züge markirt zu sein, ist dieß Londoner Becken reizend durch den vielen Baumwuchs und die zahllosen kleinen Gärten, welche die Landhäuschen umgeben. Man folgt der Themse aufwärts, aber in solcher Entfernung, daß man den Fluß nicht mehr zu sehen bekommt. Zwischen dem Fluß und der Bahn breiten sich die großen Parks von Kew und Richmond aus, links liegt in mächtigen Bäumen Claremont, wo England, auch gegen vertriebene Könige gastfrei, den Orleans ein reizendes Asyl gab. Hinter

VI. Stonehenge und die Zeit seiner Erbauung.

Claremont aber wechselt der Boden; statt des Londoner Lehms kommt Kies, und bald darauf, wie man der Haide von Woking sich nähert, Sand. Der unermeßliche Kirchhof von Woking war bereits von goldblühendem Ginster bedeckt. Da und dort sind dunkle Föhren mit dem hellen Grün der Lärchentanne gemischt. Einzelne Fleckchen aber in dem gelben Sand und dem grauen Haidekraut sind bereits durch Anbau und lange Düngung in schönes fruchtbares Ackerland verwandelt, und um die Hütten stehen Apfelbäume mit rosenroth knospenden Blüthen. Da und dort ein stehendes Wasser von Sand umgeben — es ist ein Stückchen Mark Brandenburg in den grünen Süden von England hineingeworfen.

In Basingstoke, wo von einem Hügel eine schöne spätgothische Kirchenruine herabgrüßt, wechselt man den Zug. Die Hauptlinie geht vorwärts nach Weymouth, während die Bahn nach Salisbury mehr nach Süden abbiegt. Man ist hier schon auf dem Kreideboden, aus welchem die Downs gebildet sind, und links, anderthalb Wegstunden entfernt, streicht der blaue Höhenzug der North Downs neben uns hin; an einer Stelle steigt dort ein dicker grauer Rauch auf, sie brennen da Kreide, um damit den magern Boden zu bessern. Das Land ist hier nackt, alles Ackerbau, wenig Bäume, besonders keine Obstbäume mehr. Dieß ist die Grafschaft Wiltshire, die alte keltische Landschaft Loëgria, so oft in den mythischen Geschichten des alten Britenlandes genannt. Wenn man aber einen Begriff von feinem Anbau haben will, soll man hierher gehen. Auf keiner Wiese sieht man eine Blume, auf keinem Acker ein Unkraut; die Blumen machen das Vieh nicht fett. Wo die Eisenbahn einmal in die kleinen Bodenwellen einschneidet, steht überall die weiße Kreide mit eingebackenen Flintsteinen an; auch die Ackerkrume ist überall mit kleinen Flintsteinen gemischt, die von der Kreide weiß gefärbt sind. Niedrige Dornhecken umziehen die Felder. Die Hütten aber sehen schlecht aus: das Feld gehört nicht Dem, der es so sorgfältig bebaut.

In Salisbury kam ich um 2 Uhr an, und da Stonehenge noch gut sieben englische Meilen entfernt ist, hatte ich keine Zeit mehr zu verlieren. Man hat zwei Wege: der eine windet sich durch das Thal des Avon aufwärts nach Amesbury, von wo man Stonehenge in einer halben Stunde erreicht. Der andre folgt der Landstraße nach Devizes, welche sofort die Hochebene der Downs ersteigt und droben nahe bei Stonehenge vorbeigeht. Ich wählte dießmal den letztern und weniger anziehenden Weg und fand mich bald, stark ansteigend, auf dem Plateau. Bis zum vierten Meilenstein von Salisbury ist der Kreideboden vom Ackerbau erobert, oben auf der Höhe liegt eine neugebaute Farm, Hecken begleiten die Landstraße, und man hat sich alle Mühe gegeben an beiden Seiten des Weges Bäumchen anzupflanzen, die aber nur ärmlich wachsen. Die Bauern drunten im Avonthal sagen, das Land trägt nur ein paar Jahre, dann bezahlt es den Pflug nicht mehr. Dahinter folgt dann die ganz wilde Haide, wo die Kibitze mit schwerem klatschendem Flügelschlag mich umschwirrten und umschrien. Hecken und Felder hören auf, der Weg ist mit Kieseln bedeckt. Zuweilen blickt man rechts in das angebaute liebliche Thal des Avon hinunter. Zwanzig englische Meilen zieht sich bis Devizes, an der Nordgrenze der Hochebene, diese Heerstraße hin, an der kein einziges Dorf liegt. Nachdem ich einmal so weit von Salisbury hinausgelangt war, daß die Sonntagsspaziergänger und die nestersuchenden Knaben hinter mir zurückblieben, begegnete mir auf dem meilenlangen Weg bis zum Druid's Head keine menschliche Seele mehr. Das Druid's Head ist ein Wirthshaus an der Straße, in erschreckender Einsamkeit, vor den ärgsten Winterstürmen durch ein paar Bäume geschützt, die das kleine grüne Fleckchen seines Gartens umgeben. Das Wirthshausschild, ein alter Kerl mit langem weißem Bart, der seine linke Hand auf einen grauen Stein legt, ist von seinem Pfahl heruntergenommen und schmückt jetzt das Gastzimmer. Hier aß ich frugal genug zu Mittag und machte mich bei schon sinkendem Abend nach Stonehenge auf, welches noch fast 3 englische Meilen von dem Wirthshaus liegt.

Man verläßt hier die Heerstraße nach Devizes und folgt einem Karrenweg, der rechts in die Haide hineinführt. Das nächste Ziel ist eine Baumgruppe, vor welcher einige besonders stattliche Grabhügel schon von weitem sichtbar sind. Das frische Blättergrün ist mit Fichten gemischt. Von diesem Wäldchen führt der

VI. Stonehenge und die Zeit seiner Erbauung.

Weg immer an Grabhügeln entlang, und an einer Stelle geht er mitten zwischen zwei großen Gräbern seltsamer Gestalt hindurch. Sie sind in der Mitte ganz flach, von einem kreisförmigen Graben umgeben und offenbar für viele Todte zusammen bestimmt. Jetzt steigt der Weg an, und hinter einer Bodenwelle hebt sich Stonehenge so herauf, daß es wie ein Schiff auf der See die obern Theile zuerst zeigt. In der grünen Trift sahen die grauen Steine schwarz aus. Die Größe imponirt aus der Ferne nicht, die Linien der Landschaft sind zu einfach, der Horizont ist zu weit; das Auge hat also keinen Maßstab mehr um zu vergleichen. Aber auch in der Nähe gesehen ist Stonehenge nicht durch Größe der Masse wirkungsvoll. Allerdings, ein Stein von 22 Fuß Höhe ist als einzelner Stein colossal, allein wenn man ihn nun aufrichtet, und er dann mit dem Steinbalken darüber doch höchstens 25 Fuß Höhe bekommt, so ist das im Vergleich mit andern Bauwerken immer nicht viel. In einen Saal von mäßigen Verhältnissen, wie er als Drawingroom auf englischen Edelsitzen oft vorkommt, könnte man ganz Stonehenge stellen. Sein Zauber liegt nicht in der Masse, er liegt in der Einzigkeit seiner Composition, in der einsamen Lage inmitten eines ungeheuern Todtenfeldes, und in dem Mysterium, das seinen Ursprung umschwebt.

Es war ein trüber Abend, der Himmel bewölkt, in der Nähe aber erschienen die Riesensteine hellgrau, mit ebenfalls hellem Lichen stark überwachsen. Nahe an den Graben, welcher den ganzen Steinring umschließt, hat sich von der westlichen Seite her eine neue Farm herangeschoben, und der Pflug nivellirt bereits mehrere Grabhügel. Muntrer Lerchengesang schwirrte rings umher, auf einem der größten Steine des innern Cirkels, unter dem Deckstein, hatten Staare ihr Nest gebaut und flogen ein und aus, und fern von der Haide hörte man manchmal das elegische „Piwitt" des Kibitzes; sonst war droben Alles still und einsam. Uebrigens gabeln sich zwei Heerstraßen, die beide von London nach Exeter führen, fünf Minuten östlich von Stonehenge, so daß eine nördlich, die andere südlich nahe bei dem Werk vorbeiläuft. Auf diesen Straßen zog Wilhelm's des Oraniers Heer hier vorbei, als er von Torbay nach London rückte, um eine Königskrone zu gewinnen. Dieser Lage auf einem unfruchtbaren Hochplateau, wo all die Jahrhunderte her nur Schafheerden geweidet, dankt Stonehenge seine Erhaltung. Hier ist das Centrum jener Kreidebildung, welche die Geologie als die Down=Formation bezeichnet. Diese Bildung charakterisirt alle Höhenzüge des südöstlichen Englands. Von hier zieht sich nach Südwesten die Kreide, um bei Weymouth an die Küste zu stoßen; östlich aber strecken sich die South Downs bis zu dem prachtvoll in's Meer abfallenden Vorgebirge des Beachy Head; und parallel mit ihnen laufen die North Downs in die Kreidefelsen von Dover und in die Shakspere's Cliff aus. In ältesten Zeiten waren all diese Höhenzüge von Wald bedeckt; jetzt bilden sie mit ihrem feinen von starkem Thau genährten Gras überall die trefflichste Schafweide.

Da ich das eigentliche Denkmal von Stonehenge morgen nochmals besuchen wollte, sah ich mich heut Abend zunächst in der Umgebung um. Der ursprüngliche Eingang war von Nordosten, wo eine heut noch erkennbare Straße, mit kleinen Erdaufwürfen an beiden Seiten, quer durch den das ganze Monument einfassenden Graben schneidet. Folgt man dieser Straße in die Haide hinaus, so trifft man auf einen uralten Weg, der vom Thal des Avon heraufkommt und nach Westen sich hinzieht. Man nennt ihn den Cursus, und er ist regelrecht und schnurgrade angelegt gewesen. An einer Stelle, wo er durch ein Thälchen geht, ist er durch eine Aufschüttung erhöht. Ich ging auf ihm wohl eine halbe englische Meile nach Westen fort, begleitet von einem Farmer, der diesen alten Weg noch benutzte, um auf sein Heim zu kommen. Der Weg läuft auf eine besonders schöne Gruppe von Grabhügeln aus und hört mitten in einem derselben auf. Dahinter liegt ein Wäldchen, und in diesem, so wie weiter hinter demselben ist von dem Cursus keine Spur mehr, wie der Farmer mir sagte. Der Cursus scheint also das älteste Culturwerk dieser Stätte, da offenbar jener Grabhügel später entstanden ist, als die Straße schon aufgegeben war. In ganz ähnlicher Weise ist auch der größte aller Tumuli in Wiltshire, Silbury Hill, mitten in eine ältere Römerstraße hineingebaut, so daß dort der Weg jetzt um ihn herumläuft. Auf diesem Wege sah ich an einem grasigen Abhang zum

VI. Stonehenge und die Zeit seiner Erbauung.

erstenmal in meinem Leben die sogenannten Feenringe. Kreisförmig, aber manchmal auch mit uncorrecten Curven und nicht immer ganz geschlossen, liegen diese Ringe in Gruppen beisammen, gebildet von dunklerem und vollerem Gras in der braungrauen Haide. Der Farmer kannte sie sehr wohl, nannte sie fairy rings und sagte, er habe oft beim Pflügen bemerkt, daß die Ringe auch von anderm Boden als die Felder umher gebildet seien und andre Pflanzen tragen. Wie sie entstanden sind, darüber hatte auch er keine Gedanken. Das Monument nennt das Volk umher in seinem Dialekt einfach „the stunes", die Steine; ich fragte ihn, ob man über den Ursprung derselben sich etwas erzählte, er hatte aber nie eine Sage davon gehört.

Von einem solchen Grabhügel sah ich die Sonne untergehen und wanderte dann in östlicher Richtung in's Thal des Avon hinab, wo ich in dem Dorfe Amesbury ein gutes Nachtquartier fand.

Am folgenden Morgen durchstreifte ich die Umgegend, die nahe bei dem Flüßchen fruchtbar und anmuthig ist.

Amesbury war ein Kloster, und die auf der Stelle jetzt bestehende Herrnwohnung heißt noch die Abbey. Die stattliche Kirche mit gothischen Lancetfenstern steht noch mitten in dem blühenden Park; den Kirchhof beschatten, wie hier zu Lande so oft, zwei stattliche Eibenbäume. Hier hatte der berühmte Begründer der Renaissance in England, Inigo Jones, einen Herrnsitz gebaut; der gegenwärtige Besitzer hat ihn beseitigt, Säulen, Karniese und andere Trümmer liegen noch auf einem Haufen unter wuchernden Dorn- und Brombeerstauden über einander, aber eine neue größere Villa mit stattlicher Säulenfront steht jetzt auf dem Platz immitten von Blumengärten. Der Klostergarten ist ein prächtiger Park geworden, durch dessen ganze Länge das Avonflüßchen sich windet. Es war ein himmlischer Maimorgen, der Kukuk schrie ganz munter, alles war voll Vogelschall, in den Bäumen am Wasser girrte ein Paar von Turteltauben. Die Westseite des Parks bildet der hohe Wall einer Verschanzung, die sich zu einem großen unregelmäßigen Rechteck ausdehnt und den Fluß stets als Wassergraben benutzt hat. Die Karte bezeichnet sie als Vespasian's Camp, es scheint aber nur eine keltische Festung gewesen zu sein. Von der Höhe

des Erdaufwurfs sieht man weit über die Haide; auf den Grab=
hügeln, die auch hier nicht fehlen, sind Baumgruppen angepflanzt,
um diese herum aber ist das Feld angebaut. Hier hatte im vorigen
Jahrhundert der Herzog von Queensberry, dem das Gut damals
gehörte, einen Hirschpark angelegt. Um den Thieren Schatten zu
geben, wurden auf dem zu seiner Zeit kahlen, jetzt bebauten Weide=
grund runde Baumgruppen gepflanzt, die heute noch herrlich ge=
deihen. Besonders auf jedem Grabhügel stehen schöne Bäume,
welche auf Plänen vom Anfange unsers Jahrhunderts noch nicht
vorkommen; sie sind also neue Pflanzungen und beweisen, daß
hier einst große Wälder haben stehen können.

Von dem Camp ging ich wieder auf die unfruchtbare Haide
hinauf nach Stonehenge, das heut im hellen Morgenlicht weniger
geisterhaft erschien. In dem Innern des Steinrings war das
Gras noch thaufeucht und glänzend grün. Ich hatte Zeit den
Befund des Monuments zu erforschen und über das Räthsel
seiner Entstehung nachzudenken.

Stonehenge steht unter allen Bauwerken der Menschenhand
als ein Einziges da. Analogien hat es wohl, aber etwas ihm
wirklich Aehnliches existirt nicht.

Auf der Höhe eines sanften Abhanges, in einem cirkelrunden
Graben, der auf allen Seiten noch vollkommen erkennbar ist, stieg
zuerst ein äußerer ebenfalls cirkelrunder, mit 138 Schritt zu um=
schreitender Kreis von viereckigen Steinpfeilern auf. Sie sind nicht
quadratisch, ihre Grundrisse würden Rechtecke bilden, und sie
kehren einander die schmalen Seiten zu, doch stehen sie nicht als
eine Mauer zusammen, sondern haben weite Zwischenräume. Sie
sind entschieden behauen, aber keineswegs mathematisch genau.
Sie waren nie von ganz gleicher Dicke, einzelne sind oben so breit
wie unten, andre verjüngen sich. Das Merkwürdigste ist die Art,
wie sie oben mit einander verbunden waren. Die Pfeiler sind
oben flach abgehauen und auf dieser obern Fläche je zwei starke
runde Zapfen stehen gelassen. Immer zwei Pfeiler sind durch
einen übergelegten Deckstein verbunden. Jeder dieser Decksteine
hat zwei eingehauene Vertiefungen, in welche jene Zapfen einge=
fugt gewesen sind. An denjenigen Decksteinen, welche noch am

ursprünglichen Platze sind, kann man ganz deutlich sehen, wie die Zapfen in die Vertiefungen eingepaßt sind. Die Decksteine bildeten also oben einen ununterbrochenen Kranz um die ganze Structur herum. Sie waren ein Band, welches alle Pfeiler zusammenschloß und sie hinderte nach außen oder innen umzusinken. Gegen Nordosten und Osten sind diese Decksteine noch an ihren Plätzen, und hier sind auch wirklich die Steinpfeiler unerschüttert geblieben; im Süden und Westen aber sind die letztern gestürzt, und die Decksteine meist verschleppt.

Es folgt nun ein zweiter Kreis von niedrigen aber meist breiten Steinen, welche ungleich und unbehauen aussehen.

Die dritte concentrische Curve aber ist kein Kreis. Die Zeichnung, welche Inigo Jones, während er die Villa Amesbury baute, von Stonehenge gemacht und mit einem sonderbaren Text publicirt hat, ist auf diesem Punkte falsch.*) Die dritte Curve ist vielmehr hufeisenförmig, so daß sie nach Nordosten eine weite Oeffnung hat. Sie bestand aus zehn colossalen Monolithen, ebenfalls im Grundriß nicht quadratisch, sondern rechteckig, welche alle ziemlich regelmäßig behauen sind. Immer zwei dieser Monolithen stehen so nahe zusammen, daß kaum ein Mensch durchschlüpfen kann. Es bilden sich also fünf Gruppen von je zwei Pfeilern; sechs Gruppen, wie bei Jones angegeben, haben nie existirt. Die zwei zusammenstehenden Pfeiler sind jedesmal mit einem mächtigen Deckstein verbunden gewesen; die Pfeiler hatten jeder einen Zapfen, und in diese Zapfen war der Deckstein wieder mit zwei Vertiefungen eingefugt. Zwei Decksteine an der Ostseite liegen noch oben auf, alle übrigen sind herabgestürzt, und deren Pfeiler sind theils halb umgesunken, theils liegen sie ganz am Boden. Bei den herab-

---

*) In das bekannte Denkmälerwerk von Guhl und Caspar, Tafel I, ist diese falsche Zeichnung aufgenommen. Zuverlässig sind die Illustrationen zu der kleinen Schrift Plans and Photographs of Stonehenge (nebst andern megalithischen Denkmälern), von dem Director der Ordnance Survey, Colonel Sir Henry James, herausgegeben 1867. Stonehenge ist hier mit drei Plänen und 8 Photographien sehr vollständig vorgeführt. Auch die Zeichnungen von Stonehenge bei Gailhabaud sind gewissenhaft.

gefallenen Decksteinen sind die Vertiefungen noch so gut erhalten, daß ich sie heut von Wasser gefüllt fand.

Die Pfeiler sind 19 Fuß hoch, aber die zwei nach Südwesten, welche über den sogenannten Altarstein sich erheben, steigen auf $22^2/_3$ Fuß. Einen der herabgestürzten Decksteine maß ich, er war $13^1/_2$ Fuß lang. Daß die Pfeiler behauen sind, zeigt sich an dem mächtigsten der umgesunkenen, denn hier ist er unten, so weit er in der Erde stand, viel dicker, und erst über der Erde hat man ihn in die viereckige Form gebracht.

Wir kommen nun zu dem innersten Steinkreis, der wieder aus viel kleinern Steinen besteht. Diese sind auch viereckt und wie Obelisken verjüngt, oben aber flach abgehauen. Ihre Höhe über der Erde ist 7 Fuß, einige sind 8 Fuß hoch. Es stehen von diesen Pfeilern des innersten Kreises noch sechs.

In diesem innersten Kreis liegt nun gegen Südwesten, der Oeffnung des Hufeisens der colossalen Trilitha gegenüber, ein einzelner flacher Stein, etwa 15 Fuß lang, der gewöhnlich als der Altarstein betrachtet wird. Tritt man am Morgen der Sommersonnenwende auf diesen Stein, so hat man die im Nordosten aufgehende Sonne, im Augenblick wo sie ganz über den Horizont gestiegen ist, genau in der Richtung der Durchmesser sämmtlicher vier Steinkreise vor sich. Außerhalb des ganzen Bauwerkes liegt ein Stein, der diese Richtung bezeichnet und bei der Sonnenwende genau unter der aufgegangenen Sonne steht.

Wir haben also einen Platz vor uns, der durch eine nur ideelle Einschließung und einen Graben von der Außenwelt sich absondert, kein festes Haus, keine Mauer, kein Dach. Die behauenen und gut gefugten Steine sind in ihrer festen Ordnung unendlich verschieden von den rohen, nur lose aufeinander gelegten Blöcken, die unter dem Namen Quoits oder Cromlechs über keltische Lande verbreitet sind. Die zwei getrennten Kreise von unbehauenen Steinen bei dem benachbarten Abury in Wiltshire, abermals eingeringt von einem ungeheuren Kreis unbehauener Blöcke, die Parallelreihen formloser und ungleicher Steinpfeiler bei Karnac in der Bretagne dürfen nicht herangezogen werden, wenn es sich um die Frage handelt, wann Stonehenge sei erbaut worden.

VI. Stonehenge und die Zeit seiner Erbauung.

Versuchen wir dieser schweren Frage näher zu treten, so sind zunächst die Grabhügel zu betrachten, welche über die ganze Hochebene verbreitet das Monument von allen Seiten bis wenigstens auf 3 englische Meilen Entfernung umgeben. Ihre Zahl mag viele Hundert betragen haben. Schreitet man morgens bei Sonnenaufgang über die Haide, so sollen noch viel mehr Gräber erkennbar sein, die sich im schrägen Strahl der Morgensonne über die Fläche heben und dann bald dem Auge verschwinden. Die Formen der erhaltenen sind höchst mannigfaltig; meist glockenförmig oder wie eine Kuppel, aus einem vertieften Ring aufsteigend, der das Material zu ihnen hergegeben hat, manchmal langgestreckt, zuweilen zwei Hügel von Einem Graben umfaßt, welche wenigstens in Einem Falle die Reste eines Mannes und eines Mädchens von 14 Jahren enthielten; auch solche, die einen Wall haben und dafür in der Mitte hohl sind wie eine flache Schale. Nun ist aber diese Hochebene in alter Zeit mehr cultivirt gewesen als gegenwärtig. Man findet auf den Downs viele alte Befestigungen, mächtige Erdwälle, ja Plätze wo altbritische Dörfer gestanden haben, und in den Gräbern haben sich viele und große Hirschgeweihe gefunden, welche beweisen, daß hier einst große Wälder müssen gewesen sein. Knochen von Schafen und Ochsen kommen ebenfalls vor, aber in geringer Zahl.

An dem Monument selbst ist das Merkwürdigste, daß sein ganzes Material nicht in der Nähe gebrochen, sondern aus bedeutenden Entfernungen herangeführt ist.

Die großen Massen des äußersten Ringes und die colossalen Dreisteine, sowohl Pfeiler als Deckplatten, bestehen aus kieselhaltigem Sandstein (silicious sandstone). Im Bruch erscheinen sie gelblich weiß, oft auch fast marmorweiß, sind sehr fest und hart, und werden vom Wetter wenig angegriffen. An der Westseite sind sie vom Regenschlag etwas mehr verwittert als nach Norden und Osten. An demjenigen Pfeiler des äußern Kreises, welcher zunächst rechts am Eingang steht, bemerkt man Auswaschung durch die Fluthwellen einer alten Schöpfungsperiode. Das Volk nennt dieses Gestein mit einem Localnamen Sarsen stone. Alle diese ungeheuern Massen sind von einem Platz herbeigeführt, welcher in nördlicher Richtung ungefähr 18 englische Meilen entfernt liegt. Dort, im Clatford Bottom bei Marlborough, finden sich heute noch große Blöcke genau von demselben Gestein, wie eine Vergleichung mit Stücken gezeigt hat, die man von dort nach Stonehenge brachte. Das Volk nennt diese Blöcke bei Marlborough nach ihrer Farbe und Gestalt die Grauen Widder (the grey wethers). Von diesem Gestein sind auch die zwei berühmten Steincirkel von Abury hergenommen. Die Steine sind aber auch dort, wo sie lagen, bodenfremd und als Fündlingsgeschiebe in der Urzeit hier deponirt, denn sie liegen alle lose auf dem Boden. Um die Materialien von Marlborough nach Stonehenge zu transportiren, mußte der Avon überschritten werden, und so ist es ein starkes Zeugniß für den erwähnten Ursprung dieser Steine, daß ein großer Block heut noch nordöstlich von Stonehenge, bei dem Oertchen Bulford, im Bett des kleinen Flüßchens liegen geblieben ist, der also bei der Ueberfahrt verunglückte. Zwischen dieser Stelle und dem Monument ist auch noch ein zweiter Stein auf der Haide liegen gelassen. Das Behauen der Steinmassen ist aber auf der Baustelle, in Stonehenge selbst, erfolgt, da man im Boden zahlreich die Splitter findet, welche mit Erde zu einem Fußboden zusammengestampft worden sind.*)

Die kleinen und unregelmäßigen Steine des zweiten Cirkels von außen sind von verschiedener Formation. Hier kommt auch Granit, grauer, mit Feldspath gemischt, vor; zwei sind Schiefer; einer ist ein Eisenstein.

Das Merkwürdigste aber sind die zehn Obelisken, welche den innersten Cirkel bilden. Diese sind nämlich von Granit. Da einige mehrere Fuß in der Erde stecken und sie 6—8 Fuß über den Boden messen, so sind es Massen von ungefähr 9 bis 13 Fuß Länge. Granit aber kommt nirgendwo in der Nähe von Stonehenge vor, die nächsten Brüche wären in Devonshire, aber es soll

---

*) Als im Winter 1796—97 eine der großen Gruppen von drei Steinen in Folge eines starken Thauwetters einstürzte, besuchte Rickman (s. die folgende Note) sofort den Platz und fand die Zapfen, welche die Massen gebunden hatten, mit Spitzmeißeln von Stahl gepickelt, nicht mit dem keltischen Schlagmeißel aus Zinn und Kupfer mittelst des Hammers zugehauen.

VI. Stonehenge und die Zeit seiner Erbauung.

der Stein mehr dem irländischen Granit gleichen. Der letzte Punkt wird behauptet, aber eine genaue Vergleichung mit Herbeibringung irländischer Proben hat, daß ich wüßte, noch kein Kundiger vorgenommen. Auch diese Steine sind aber erst in Stonehenge regelmäßig behauen worden, denn die Splitter finden sich in dem erwähnten Fußboden mit den Splittern der Sarsen stones gemischt.

Der sogenannte Altarstein endlich, der dem Eingang gegenüber nach Südwesten im innersten Kreise liegt, ist blauer Lias, der nach Dr. Buckland aus Derbyshire, nach Andern aus Somersetshire stammt. Nach der Annahme, daß auf diesem Stein Feuer gezündet wurde, wird behauptet, diese Steinart halte die Hitze besser aus und springe nicht, während allerdings einige der Granitblöcke und auch einige der Sarsen stones von den Feuern der Hirten und Zigeuner gesprungen sind.

Auf diesen Befund muß sich die Chronologie von Stonehenge aufbauen. Unstreitig haben die Kelten schon vor der römischen Eroberung große Steinmassen zu bewegen gewußt, aber sie nahmen sie dann stets aus der Nachbarschaft. Behauene, offenbar mit metallenen Werkzeugen bearbeitete Steincolosse finden sich aus vorrömischer Zeit schwerlich. Es müssen aber auch gut gebaute Straßen gewesen sein, um die Massen heranzuführen; die britischen Stämme müssen unter sich in genauer Verbindung gestanden haben, um zu wissen, wo sie so verschiedene Steinarten finden sollten; und wenn jene Granite aus Devonshire, Cornwallis oder Irland stammen, so hat man sie nicht zu Lande heranführen können: es müssen also die Bewohner Englands zur Zeit, als sie Stonehenge erbauten, im Besitz von Flotten gewesen sein, welche aus großen, sehr seetüchtigen Schiffen bestanden. Das alles ist bei den Britannen der vorrömischen Zeit undenkbar; aber nach einigen Jahrhunderten römischer Cultur ist es vollkommen denkbar.

Untersuchen wir nun die Ueberlieferung, welche Sage oder Geschichte uns über den Ursprung von Stonehenge bewahrt haben, so stimmt diese, obwohl in sich wieder abweichend, auf zwei Punkten merkwürdig überein: erstens darin, daß Material aus Irland für den Bau von Stonehenge sei herbeigeführt worden; und zweitens darin, daß der Bau in christlicher Zeit stattgefunden habe.*)

Zwei Ueberlieferungen sind über Stonehenge vorhanden. Die altbritische Ueberlieferung führt es auf Merlin zurück. Das Volk der Umgegend weiß (ich habe darüber nachgefragt) von Merlin nichts, es schreibt das Uebertragen der Steine dem Teufel zu.

Beginnen wir mit der Volkssage der Umgegend. Ich habe sie wörtlich aus dem Munde eines alten Mannes aufgeschrieben, der seit Jahren den Tag über in Stonehenge sich aufhält und als Fremdenführer dient. Sie findet sich aber ganz ähnlich in einem kleinen Buch, das bereits im Jahr 1821 erschienen ist.**) Der alte Mann erzählte die Sache so:***)

---

*) Für die nachrömische Zeit entscheiden sich unter Andern bereits Rickman, on the antiquity of Abury and Stonehenge, Archaeologia XXVIII, pag. 399 u. folg.; Fergusson in der Quarterly Review, Juli 1860, pag. 209; besonders aber A. Herbert in seinem Buch Cyclops Christianus, London 1849, welchem Verfasser die Kenntniß der altwalisischen Sprache und damit das Verständniß der Bardenlieder den Schlüssel des Räthsels in die Hand gab, unter welchen historischen Verhältnissen im Britenland Stonehenge entstand.

**) Conjectures on the Mysterious Monument etc. Salisbury 1821. Ich kenne das Buch und die Erzählung aus demselben nur aus Herbert's Cyclops Christianus, p. 95 ff.

***) „The stones were brought by Satan across the Irish Sea as a puzzle to people. All of them were once at Kildare, but Satan had a mind to take them off. They were the property of an old Lady; so he came to her and said to her: You may count so much money, in all sorts of coins, in a bag as you can do while I take the stones away, and the money in the bag shall then be yours. She, of course, thought this a good bargain, and said: I agree. Now she had hardly put in the bag two or three coins, when Satan cried: Stop, they are gone. He doubles them up, binds them together with a with, and takes them over the Irish Sea. One of the stones dropped on the road and fell out of the with in the river, near Bulford, where it lies till now. So he brought the stones to this place, clapped them all up as they had stood in Ireland, and when he had done so, he laughed and said: Here is a thing now to puzzle all people, for none will be able to tell how the stones got hither. But there was a Friar wandering over the downs, he heard what Satan spoke, and said quickly: You'll be foiled in that, for I will tell mankind. When Satan

"Die Steine hat der Teufel über die irische See gebracht, um den Leuten etwas zu rathen aufzugeben. Sie alle standen einst in Kildare, aber Satan hätte sie gern gehabt. Sie gehörten einer alten Dame. Also kam er zu der und sagte zu ihr: Du darfst so viel Geld in allen Münzsorten in einen Sack zählen, als Du kannst, während ich die Steine herunternehme, und das Geld im Sack soll Dein sein. Sie natürlich dachte, das wäre ein guter Handel, und sagte: Topp! Nun hatte sie aber kaum zwei oder drei Stücke in den Sack gezählt, da schrie Satan: Halt, sie sind fort! Er legte sie aneinander, knüpfte sie in ein Weidenband und nahm sie mit über die irische See. Einen der Steine verlor er auf dem Weg, der fiel aus der Weide heraus in den Fluß bei Bulford, wo er noch heute liegt. So brachte er die Steine an diesen Platz, setzte sie alle auf wie sie in Irland gestanden hatten, und wie er fertig war, lachte er und sagte: Hier ist ein Ding, woran alle Leute sich den Kopf zerbrechen werden, denn keiner wird sagen können, wie die Steine hierher gekommen sind. Aber da war ein Mönch, der wanderte über die Downs und hörte was der Satan sagte, und sprach schnell: Da bist Du beschuppt, denn ich will's den Leuten sagen. Wie der Teufel das hörte, nahm er einen großen Stein und schleuderte ihn nach dem Frater, und da liegt er noch an der Landstraße, und er traf den Frater an's Fersenbein, und ein Stück brach ab, und die Stelle, wo es abgegangen ist, kann man noch sehen."

Daß diese Erzählung wirklich im Volk lebt oder gelebt hat, beweist der Umstand, daß der Stein heut noch the Friar's heel-bone genannt wird. Es ist jener Block nordöstlich an der Straße zum Monument, über welchem bei der Sonnenwende einem auf dem Altarstein Stehenden der aufgegangene Sonnenball zu schweben scheint.

Eine Volkssage, die wir alle Ursache haben für ächt zu halten, setzt also den Aufbau von Stonehenge nicht früher als in die

---

heard this, he took a large stone and hurled it at the Friar, and there it lies by the roadside, and it did strike the Friar's heelbone, and a piece broke off, and the place where it came off can still be seen.

christliche Zeit. Vielleicht läßt sich aber dem Zeitpunkte, den sie annimmt, chronologisch noch etwas näher kommen.

Wer ist die alte Dame von Kildare, der die Steine vorher angehört haben?

Kildare heißt dem Wortlaut nach „die Zelle der Eiche" und hatte als Wahrzeichen eine uralte Eiche; der Stumpf stand noch im 17. Jahrhundert, und die Pilger nahmen Splitter davon als Reliquien mit.*) Der Ort hat eine doppelte Heiligkeit gehabt. In der Nähe der Stadt liegt der Curragh von Kildare, eine Hoch=ebene mit herrlichem Weidgras, von großen Schafheerden belebt. Massen von Grabhügeln sind über die Fläche verbreitet. Nahebei liegt eine große Befestigung in einem Ring von aufgeschütteter Erde. Mitten auf dem Curragh sieht man einen Steinkreis auf=gerichtet. Einst, sagen die Leute dort, sei hier ein mächtiger Forst gewesen, welcher die Mitte der gegenwärtigen Grafschaft Kildare bedeckt habe. Es sind also die Naturzüge so wie die Werke der Menschenhand genau dieselben wie bei Stonehenge, und der eine Ort erscheint wie eine Wiederholung, Nachahmung des andern.**)

Nahe diesem alten heidnischen Heiligthum stiftete nun die heil. Brigitta, natürliche Tochter eines irländischen Edeln und von einem Druiden erzogen, eine christliche Abtei für Nonnen, deren Trümmer in der Stadt Kildare noch stehen. Daneben gründete sie eine Abtei für Mönche, deren Abt aber, so lange Brigitta lebte, der Aebtissin untergeordnet blieb. Beide Stiftungen lagen unter demselben Dache und hatten die Kirche gemeinschaftlich, nur daß Frauen und Männer durch verschiedene Thüren in dieselbe ein=traten. Jene alte Eiche, heißt es, habe Brigitta gesegnet und sehr geliebt.

Brigitta aber steht trotz ihres Christenthums zu dem alten heidnischen Cultus in den merkwürdigsten Beziehungen. Sie unter=hielt mit ihren Nonnen ein ewiges Feuer, welches jede Nacht von einer andern gehütet wurde. Dieß Feuer brannte bis 1220, wo

---

*) Acta Sanctorum, zum 1. Febr., in der Einleitung zu den Lebens=beschreibungen der heiligen Brigitta.

**) Sir Richard Colt Hoare, Journal of a tour in Ireland, A. D. 1806. London 1807, p. 159 u. folg.

VI. Stonehenge und die Zeit seiner Erbauung.

Henry de Loundres, Erzbischof zu Dublin, es löschte. Es soll aber von neuem gezündet, und dieß zweite Feuer bis zur Aufhebung des Klosters zur Zeit der Reformation erhalten worden sein.*) Das heilige von Priesterinnen gehütete Feuer erinnert an den Kessel der Göttin Ceridwen, der britischen Ceres, und in die Functionen dieser gabenspendenden Göttin ist im Glauben des Volkes Brigitta eingetreten. Ihre Lebensbeschreiber berichten die wunderbarsten Vermehrungen von Speisen, die sie bewerkstelligt habe; sie schwellt die Milch im Euter der Kühe; ein Häuschen Weizen vergrößert sie einmal zu 24 Wagenladungen; sie schafft sich schönes Wetter für ihre eigene Ernte; Wasser von ihr geweiht hat alle möglichen Geschmäcke, die man wünscht, man kann es als Honig, Wein, Bier und Milch genießen. Ueberall ist sie eine gebende und vermehrende Naturgottheit, welche die Armen gegen die Reichen schützt; daher ist sie auch als christliche Heilige, was einer ihrer Lebensbeschreiber sagt, besonders von den Armen geliebt und verehrt worden. Kein Heiliger hat unter den britischen Völkern so viele Kirchen gehabt; in fünf irländischen Diöcesen gab es an 60 Orte, die nach ihr hießen, und alle Nonnenklöster in Irland erkannten sie als Schutzheilige. Ein Seher hat einmal, als Brigitta nach lebte, erklärt, sie sei die Jungfrau Maria. Solch ein Cultus läßt sich nur begreifen, wenn man annimmt, daß die Verehrung einer alten Gottheit auf die christliche Heilige übergegangen ist.

Wir dürfen also kaum zweifeln, daß in der Volkssage von Stonehenge die „alte Dame" diese Brigitta ist. Auch in der Einleitung zu ihren Lebensbeschreibungen in den Acta Sanctorum

---

*) Diese ewigen Feuer brannten in heidnischer Zeit auch noch an andern Punkten in Britannien. König Bladud, ein Zauberer in Bath, welcher das dortige Wasser heiß und heilbringend machte, baute neben der Quelle „an aere haethnesse nome" („im Namen einer heidnischen Gottheit") einen Tempel. Diese Göttin wird „Minerva" genannt. In diesem Tempel „ließ er ein Feuer zünden, das Winter und Sommer nie verlosch, und auf Befehl des Königs wurde das Feuer unterhalten zum Dienst seiner Göttin, die seinem Herzen theuer war." Es wird aber hinzugefügt, er habe dieß und Anderes „auf des Teufels Eingebung gethan", es war also ein heidnischer Cultus. Layamon, I, 121.

hat St. Bridget eine confidentielle und sehr gemüthliche Verhandlung mit dem Teufel. Nun aber ist sie, neben ihrer mythologischen Natur, gewiß eine historische Person gewesen. Sie war eine Zeitgenossin des heil. Patricius, des Bekehrers von Irland, in dessen Hand sie 14 Jahre alt das Gelübde ablegte, und zu dem sie stets in freundschaftlichen Beziehungen blieb. Ihr Geburtsjahr wird auf 453 angegeben, die Abtei Kildare hat sie vor 484 gestiftet, und am 1. Febr. 523 ist sie gestorben. Hiernach würde die Volkssage den Bau von Stonehenge gegen 500 nach Christus setzen.

Mit dieser Datirung stimmt aber in auffallendster Weise die zweite Ueberlieferung überein.

Der zweite Bericht über den Bau von Stonehenge geht in ältere Zeit und auf keltische Quellen zurück. Es gab ein Buch in walisischer Sprache unter dem Titel: „Königschronik der Insel Britannien" (Brut y Breninoedd Ynys Prydain), dessen Abfassung von walisischen Schriftstellern dem Barden Tysilio zugeschrieben wird;*) aber Tysilio's Lebenszeit steht nicht fest. Robert, Earl of Gloucester, natürlicher Sohn des Königs Henry Beauclerc von einer walisischen Adligen, selbst in Wales geboren und während 36 Jahre Herrscher des Landes, dessen Sitten er achtete, ließ jenes Buch in's Lateinische übersetzen durch Geoffroy, Archidiaconus von Monmouth, welcher dann 1152 Bischof von St. Asaph wurde. Hier tritt die Erbauung von Stonehenge in den weiten Sagenkreis hinein, der die noch unentschiedenen Kämpfe zwischen Briten und Sachsen umzirkt.

Als die Sachsen Britannien betraten, herrschte über das Land der schwache König Vortigern, ursprünglich Stammkönig von Venedotia oder Nordwales, daher keltische Schriften ihn Gurtheyrn von Gwynedd nennen. Er heiratete Hengist's schöne Tochter Rowena, die ihn zum Verderben seines Volkes den Landräubern geneigt erhielt. Da trat als Haupt der keltischen Nationalpartei Vortimer (Gurthefyr), sein Sohn aus erster Ehe, auf und schlug die Sachsen noch einmal aus dem Land. Ihn vergiftete Rowena, und Vortigern wurde zum zweiten Mal zum König erwählt.

---

*) Herbert, Cyclops Christianus, p. 40.

VI. Stonehenge und die Zeit seiner Erbauung.

Dieser wünschte zu seinem Schutz den Schwiegervater wieder im Lande, und Hengist kehrte mit einer starken Macht von gemietheten Kriegern zurück. Ein tiefer Argwohn der Briten trat ihm entgegen, er sah ein, daß der Adel die Stärke der nationalen Partei sei, und beschloß, sich desselben tückisch zu entledigen. Zu diesem Zwecke schlug er eine freundliche Besprechung vor. In Folge dessen versammelte man sich beim Fest des ersten Mai in der Nähe von Ambresbury (das ist das spätere Amesbury, eine halbe Stunde von Stonehenge).*) Dort hielt man ein Trinkgelage. Es war abgeredet, daß keine Partei Schwert und Schild mitbringen dürfe; ein Bardenlied sagt, Hengist habe seinen hölzernen Schild in Späne zerhauen. Er hatte aber seinen Sachsen gesagt, sie sollten ihre langen Messer, die saxas, in den Stiefeln bergen. Rowena, von dem Verrath unterrichtet, setzte (so erzählt wieder der Barde) immer einen britischen Edeln neben einen ihrer Landsleute. Da, auf der Höhe des Gelages, rief Hengist plötzlich: Nemet oure saxas! Die Erinnerung an diesen Ruf ist unter den Briten so lebhaft geblieben, daß Geoffroy von Monmouth die deutschen Worte in seinem lateinischen Text aufbewahrt hat. Hengist ergriff seinen Schwiegersohn und nahm ihn gefangen, die andern nahmen jeder seinen Mann auf's Schwert, und von 460 britischen Abligen soll nur Einer, nach Andern drei, entronnen sein.

Die Erzählung in Grimm's deutschen Sagen, daß durch eine gleiche Verrätherei die Sachsen auch die Macht der Thüringer gebrochen hätten, scheint ein Wiederschein dieser Mordnacht auf dem Boden Deutschlands zu sein.

Layamon berichtet, der tapfere Vorsitzer des Festes, Eidiol, habe mit einer Keule, die ein Bauer aus Salisbury mitgebracht, sich durchgeschlagen und dabei 53 Feinde erlegt; bei Geoffroy sind es gar 70. Aus Bardenliedern scheint sich zu ergeben, daß unter Eidiol's Führung die Briten aus dem Volk, die zu dem Fest ge-

---

*) Der Priester Layamon in seiner metrischen und englischen Uebersetzung der Chronik der britischen Könige sagt ausdrücklich, die Stelle sei bei dem großen Ambresburi und heiße jetzt Stan=henge. Die Stelle bei Geoffroy steht Buch VIII, Cap. 15.

kommen waren, die Sachsen vertrieben, so daß die Stelle des Mordes wieder in die Hände der Briten kam.

Hierauf, heißt es bei Geoffroy weiter, begrub man die Todten auf einer Grabstätte nahe dem Kloster Ambri, und Merlin rieth dem König Aurelius, den „Riesentanz" (chorea gigantum) aus Irland zu holen und als Denkmal über ihre Gräber zu setzen. Uther Pendragon, der Vater des mythischen Königs Arthur, ging mit einer Armee nach Irland und schlug den König Gillamanus, der den Steinkreis nicht hergeben wollte. Man konnte aber das Band der Steine nicht lösen, Merlin durch höhere Wissenschaft band sie los, man faßte sie mit Maschinen und brachte sie zu Schiff; dann richtete man sie bei Ambri auf. In dieser chorea gigantum wurde nach Geoffroy später Aurelius Ambrosius, Uther Pendragon und Constantinus begraben.*)

---

*) Galfredus Monumetensis VIII, cap. 7—12: Nachdem Aurelius im Norden Englands den Hengist gefangen und getödtet, dessen Söhne aber begnadigt hat, kommt er in's Kloster auf dem Mons Ambri (das ist Amesbury), nahe bei Kaer=Caraboc, „quae nunc Salisberia dicitur", und besucht den Schauplatz der Mordnacht. Er beschließt den gefallenen „consules et principes" ein prachtvolles Monument zu errichten, und der Erzbischof von Caerleon räth ihm, darüber mit Merlin zu reden. Dieser wird aufgesucht und sagt: „Si perpetuo opere sepulturam virorum decorare volueris, mitte pro chorea gigantum, quae est in Killarao monte Hiberniae (offenbar jene Hochebene von Kildare). Est enim ibi structura lapidum, quam nemo huius aetatis construeret, nisi ingenium artem subvectaret. Grandes sunt lapides, nec est aliquis cuius virtuti cedant; qui si eo modo quo ibi positi sunt, circa locabuntur, stabunt in aeternum." König Aurelius lacht über diesen Plan, aber Merlin sagt, diese Steine seien mystici, Riesen hätten sie aus Afrika nach Irland geschleppt, und man heile Krankheiten und Wunden durch sie. „Cum hoc audissent Britones, censuerunt pro lapidibus mittere, populumque Hiberniae praelio infestare, si eos detinerent. Postremo eligitur Utherpendragon frater regis, et quindecim milia armatorum, ut hoc negocio pareant. Eligitur et ipse Merlinus, ut ipsius ingenio et consilio agenda tractentur. Paratis deinde navibus, mare ingrediuntur, prosperisque ventis Hiberniam adeunt." Der irische König Gillamanus will ihnen die Wegnahme der Steine verwehren, wird aber geschlagen, und das britische Heer findet auf dem Killaraus mons den wunderbaren Steinbau. „Circumstantibus itaque cunctis, accessit Merlinus, et ait: Utimini viribus vestris iuvenes: ut in deponendo lapides istos, sciatis utrum ingenium vir-

VI. Stonehenge und die Zeit seiner Erbauung. 263

Wir stehen also hier bei einer Thatsache und bei Personen, welche vollkommen historisch beglaubigt sind. Die Mordnacht fand am Maifest (1. Mai) 472 statt; das Gedicht Gododin von dem Barden Aneurin, der selbst, so scheint es, bei der Mordnacht zugegen war, giebt uns noch mehrere bezeichnende Züge. Ganz verbürgt ist uns der König Aurelius Ambrosius durch den gleichzeitigen Schriftsteller Gildas von Bath, der im Jahre 543 in der Bretagne seine Schrift de excidio Britanniae schrieb. Hier sagt er, er sei zu Bath in dem gleichen Jahre 493 geboren, als daselbst Ambrosius Aurelianus (so nennt er ihn) die Sachsen in mörderischer Schlacht überwand. Dieß ist die sagenberühmte Schlacht von Badon Hill, welche ein späterer Schriftsteller dem fabelhaften Arthur zuschreibt, der in der Geschichte keinen Platz findet. Schon vorher hatte Ambrosius in der Schlacht bei Coningsburgh (im Norden) den Hengist geschlagen und hernach gefangen und getödtet.

Die Sage ist geneigt Monumente älter zu machen als sie wirklich sind. Hier wird ganz ehrlich gesagt: Stonehenge ist nach der Mordnacht, also nach dem Jahre 472, mitten in christlicher Zeit errichtet worden. Wir haben keinen Grund an der Aufrichtigkeit der britischen Ueberlieferung zu zweifeln, und mit dem Datum, das wir oben aus der Volkssage über Stonehenge ermittelten, stimmt sie vollkommen.*)

tuti, an virtus ingenio cedat. Ad imperium eius induxerunt unanimiter multimodis machinationibus, et aggressi sunt choream deponere. Alii funes, alii restes, alii scalas paraverunt, ut quod affectabant, perficerent: nec ullatenus perficere valuerunt. Deficientibus cunctis, solutus est Merlinus in risum, et suas machinationes confecit. Denique cum quaeque necessaria apposuisset: levius quam credi potest lapides deposuit; depositos autem, fecit deferri ad naves, et intro poni; et sic cum gaudio in Britanniam reverti coeperunt. Et prosperantibus ventis applicant, sepulturasque virorum cum lapidibus apparant." Hierauf beruft Aurelius Pfaffen und Laien nach Amesbury, hält drei Tage Hof zu Pfingsten, empfängt die Krone und ordnet Reich und Kirche. Endlich „praecepit Merlino lapides circa sepulturam erigere, quos ex Hibernia asportaverat. At ille praeceptis eius obediens, eodem modo quo in Killarao monte Hiberniae positi fuerant, erexit illos circa sepulturam; et ingenium virtuti praevalere comprobavit."

*) Es läßt sich die Spur einer dritten Ueberlieferung nachweisen in dem englischen Schauspiel: „Die Geburt des Merlin", welches man dem

Nur nicht in allen Punkten ist die Ueberlieferung bei Geoffroy genau, und dieß läßt sich beweisen.

Wenn zunächst Geoffroy zwar nicht sagt, aber doch andeutet, daß die Grabhügel um Stonehenge herum die letzten Ruhestätten der von den Sachsen gemordeten britischen Edeln seien, so ist das sicher nicht richtig. Man hat die bedeutendsten dieser Grabhügel geöffnet und ihren Inhalt an das Licht gebracht. Sie gehören keinenfalls dieser Zeit nach der römischen Herrschaft an. Es war hier bereits ein weites Grabfeld, wo weit über 300 Menschen ruhten, ehe der Römer oder gar der Sachse in Britannien als Eroberer eindrang.

Die Fünde haben nie etwas Anderes ergeben, als was man in allen keltischen Grabhügeln der vorrömischen Zeit, von der Schweiz bis nach Irland, findet. Beile von Feuerstein und Bronze, kurze Schwerter von vergoldetem Kupfer, bronzene Lanzen=

Shakspere in Verbindung mit W. Rowley zuschreibt. Er ist von Tieck im zweiten Bande von Shakspere's Vorschule übersetzt. Auch hier tritt Merlin herein. Diese Form der Sage scheint auf Volkserzählungen zu beruhen, deren Quelle nicht Geoffroy von Monmouth sein kann. Zwar kommen dessen Hauptpersonen auch hier vor, der tapfre Eidol von Chester, König Aurelius und Uther Pendragon, aber an die Stelle der Sächsin Rowena tritt ein andrer Frauenname, und die Art, wie diese „Artesia" das britische Reich zerstört, ist anders erzählt. Hier befreit Merlin seine Mutter aus der Gewalt seines Vaters, des Teufels, und verspricht ihr nach dem Tode Stonehenge als Denkmal zu erbauen:

„Stirbst Du, so bau' ich Dir ein Monument
Auf Salisbury's weiter grüner Ebne,
Kein König soll je solches Denkmal haben
Mit Felsen hängend („Stone=henge"), die ich künstlich reihte,
Daß weder Leim noch Mörtel wird gebraucht,
Ein finstres Räthsel für die künftige Zeit,
Denn Niemand wird die Kunst begreifen können
Des seltnen Bau's, wo Deine Asche ruht.
Kein Kobold wird dort Macht zum Unheil haben,
Wo Zaubrer Merlin's Mutter liegt begraben."

Tieck's Uebersetzung dieses Stückes erschien 1829, und aus dieser hat Immermann den Bau von Stonehenge und Merlin's Lossagung von seinem Vater, dem Teufel, für sein berühmtes Drama entnommen. Auch nach dieser Fassung der Sage gehört also Stonehenge in's fünfte Jahrhundert n. Chr.

VI. Stonehenge und die Zeit seiner Erbauung.

spitzen und Nadeln; sodann Perlen von Bernstein und Gagath, Armspangen und Ringe von Elfenbein und Knochen, Nadeln von Knochen und Ulmenholz, Massen von Glasperlen, und in wenigen Gräbern auch Zieraten von dünnem, sehr reinem Gold: das ist das immer Wiederkehrende. Entscheidend sind aber von Allem die Urnen. Auch nicht Eine derselben ist auf der Töpferscheibe gemacht; sie sind aus freier Hand geformt, und mittels kleiner spitziger Spieße von Knochen, die sich ebenfalls in Gräbern vorgefunden haben, hat man Verzierungen eingekratzt. In diesen Verzierungen, wie auch in den Ornamenten der Speerspitzen waltet das Zickzackmuster vor, das hernach in der normannischen Architektur eine so große Rolle spielt. Alle Urnen sind ohne Glasur. In nicht Einem der Grabhügel ist eine einzige Münze oder eine Inschrift gefunden worden. Das ganze Grabfeld ist also von römischer Cultur vollständig unberührt.*)

Es ist noch zu bemerken, daß nach der Aufrichtung des Monuments von Stonehenge ebenfalls nur noch Ein Begräbniß sich erweisen läßt. In Einem einzigen Grabhügel, der irgend einen spätern Todten umschließen mag, hatte man schon vor den zahlreichen Ausgrabungen des Sir Richard Colt Hoare Splitter von dem Gestein gefunden, aus welchem Stonehenge besteht, und Colt Hoare fand in demselben Hügel Stückchen von dem kieseligen Sandstein der großen Pfeiler.

Hiernach steht fest, daß die Gräber nicht die Ruhestätten der in der Mordnacht Gefallenen sein können. Abwesenheit römischer Münzen und nach römischer Art gedrehter und glasirter Töpferwaare wäre da im fünften Jahrhundert nach Christus undenkbar.

---

*) „We may also ascertain another fact, that the barrows were raised prior to the coming of the Romans in our island, for the urns are all formed of unbaked (soll heißen leicht gebranntem) clay, scratched over with instruments of bone, and not one of them turned by the lath; not one coin, nor one letter, has been found in them." Sir Richard Colt Hoare, Tumuli Wiltonenses; a guide to the barrows on the plain of Stonehenge. Ohne Druckort, 1829. Der Verfasser, Besitzer des benachbarten Edelsitzes Stourhead, hatte daselbst aus seinen Ausgrabungen eine große Sammlung zusammengebracht, die in seinem Buch: South Wiltshire, zum Theil abgebildet ist.

Die Stätte war das Grabfeld eines britischen Stammes vor der römischen Eroberung, und sie kann daher schon lange vor dem Bau des Monumentes als ein geweihter Platz betrachtet worden sein.

Sodann enthält die Erzählung des Geoffroy von Monmouth den Irrthum, als seien alle Bruchstücke von Stonehenge aus Irland herbeigeführt, und als habe das Monument genau so wie wir es jetzt sehen auf dem Curragh von Kildare gestanden. Dieß ist erweislich falsch. Alle Materialien, sowohl die großen Massen aus Kieselsandstein (Sarsen stones im Volksmund genannt) als die Granit-Obelisken des innersten Kreises, sind auf dem Platz von Stonehenge erst behauen worden, wovon die Splitter im Fußboden Zeugniß ablegen. In Irland, wohin römische Eroberung und Cultur niemals reichte, hätte man solche Steinhauerarbeit auch gewiß nicht ausführen können. Ebenfalls möchte kein Schiff jener Jahrhunderte groß genug gewesen sein, um Blöcke von einer Länge bis über 25 Fuß über das Meer zu bringen. Und diese Sandsteinmassen sind, wie wir oben gesehen haben, aus viel größerer Nähe, nämlich aus der Gegend von Marlborough, herbeigeschafft worden: die beiden in Fluß und Haide vereinzelt in östlicher, nicht in westlicher noch südlicher Richtung liegenden Bruchstücke verrathen den Weg, auf welchem die Sarsen stones angelangt sind. Auch der Altarstein von blauem Lias stammt nicht aus Irland. Dagegen bleiben die Obelisken des innersten Kreises als Bestätigung von Geoffroy's Erzählung stehen. Sie sind Granit, und zwar, wie behauptet wird, irländischer Granit. Es sind dünne Pfeiler, die längsten nicht über 13 Fuß lang, und sie konnten auch auf kleinen Fahrzeugen über See gebracht werden.

Hier tritt nun eine Thatsache ein, welche das Räthsel zu lösen scheint.

Im sechsten Jahrhundert lebte der britische Barde Aneurin, aus der Provinz Bernicia, der unter Anderm eine Gedichtsammlung unter dem Titel Gododin geschrieben hat.*) Diese Elegien beziehen sich auf die Kämpfe zwischen Briten und Sachsen und

---

*) Uebersetzt in Edward Davies, the Mythology and Rites of the British Bards, London 1809.

VI. Stonehenge und die Zeit seiner Erbauung.

geben von der Mordnacht eine Zahl so sehr charakteristischer Züge, daß sie schwerlich erfunden sind. Er erzählt, daß das Fest in einem heiligen Platz stattfand, der den Charakter eines Bauwerks trug. Er gab dort die Cella einer Gottheit Kêd, welche als die Schutzgottheit der Stämme von Loëgria (Wiltshire) bezeichnet wird. Die Barden fielen bei Vertheidigung dieser Cella. Das Bauwerk wird Gododin, und an andern Stellen Cattraith genannt; es hat einen von Wein und Meth feuchten Fußboden (Gododin Nr. 14). Das Bauwerk war nicht für Schwerter gemacht (Nr. 15), und es war als „Kreis der Welt" (cylch byd, circle of the world) bezeichnet. Eidiol, jener tapfre britische Kämpfer, der dem Fest auf einen langen Priesterstab gelehnt (Nr. 27) präsidirt, wird als Oberpriester des Heiligthums angedeutet (Nr. 24). Beim Morgengrauen nach dem Gelage begann der Tumult an dem Eingang (Nr. 25).

Hiernach ist klar, daß das Verbrüderungsfest nicht auf der wilden Haide, sondern in einem geschlossenen Raum stattfand, der groß genug war, mehrere hundert Mann zu fassen. Es standen also, so scheint es, die großen Steinringe aus Sarsen stone bereits aufrecht, und in Folge der Mordnacht wären nur die Obelisken des innern Cirkels aus Irland herbeigeholt worden.

Als Resultat für die Zeit der Entstehung wenigstens des Hauptbaues ergiebt sich also, daß er in die Zeit fallen wird, die zwischen dem Abzug der römischen Legionen auf Stilicho's Geheiß (412) und der Mordnacht (472) verlief.

In jeder Hinsicht war damals die Möglichkeit vorhanden ein solches Denkmal zu schaffen. Das Volk stärkte sseine Kraft im Kampf mit den Picten und Scoten wieder, und Gildas, der im sechsten Jahrhundert lebte, sagt ausdrücklich, die Insel habe solch einen Ueberfluß von allen Gütern gehabt, daß dadurch Leichtsinn und Laster in ungeheurem Maaß seien erzeugt worden. Die Raubzüge der nördlichen Nachbarn reichten nicht einmal bis York; diese südlichen Landschaften blieben fast ganz unberührt. Schon zur Römerzeit hatte das Land Massen von Weizen ausgeführt; die Städte waren zahlreich, und die Bewohner schwerlich ungebildeter, als in den übrigen römischen Provinzen außerhalb Italiens.

Sie betrachteten sich selbst als Römer; ihr erster König Eugenius (Owen), ihre spätern Aurelius Ambrosius und Constantinus tragen lateinische Namen, und Arthur's Gemalin Gwenwhyvar (Ginevra) wird von Geoffroy von Monmouth ausdrücklich als eine römische Dame bezeichnet. (IX, Cap. 9.) Sie hatten von den Römern die Woche und die Namen ihrer Tage angenommen; der Gododin zählt sie als dww Llun, Mawrth, Merchyr, Jew, Gwener („Veneris"), Sadwrn und Sul auf. Die bardischen Triaden, Sprüche, in denen jedesmal drei Personen zusammengefaßt werden, nennen drei britische Fürsten als Herren von Flotten. Einer von diesen, Geraint ap Erbin (der Erek des deutschen Ritterromans), mahnt im Gododin die Briten zur See zu gehen und gewinnt Seeschlachten gegen die seetüchtigen Sachsen (Gododin Nr. 29). Die Römer haben grade den Straßenbau in Britannien so meisterhaft durchgeführt, daß britische Ingenieure aus ihrer Schule jetzt im Stande waren, eine vielleicht nur diesem Zweck dienende und später wieder aufgegebene Straße für Herbeiführung der großen Sarsen stones von Marlborough nach Stonehenge anzulegen.

Und so bleibt nur die Frage: Was konnte die wieder erstarkte britische Nation veranlassen, in einer Zeit, die wir doch in diesem Lande für eine bereits christliche Zeit ansehen müssen, ein solches Monument zu errichten, das offenbar keine Kirche, kein Palast, kein Haus ist, sondern durch seine ganze Anlage als ein Räthselhaftes sich darstellt?

Hier ist bei dem absoluten Mangel gleichzeitiger Geschichtschreiber ein ganz Sicheres nicht zu ermitteln; aber die höchst gewandten Combinationen Herbert's führen uns, scheint mir, doch auf einen ziemlich festen Boden.*)

Die Kelten haben sich in Aufnahme fremder Sprache und fremder Religion fügsamer gezeigt als die Germanen, aber wie in den letztern der alte Götterglaube tief in die christliche Zeit sich fortpflanzte, ja heut noch in mannigfachem Aberglauben sich wach erhält, so wird auch unter den Kelten der alte Naturcult weder

---

*) Die Stellen in Herbert's Cyclops Christianus sind S. 75 u. folg., und über die Auswanderung der religiösen Symbole nach Irland und ihre Rückführung S. 121 u. folg.

vor der römischen Staatsreligion noch unter der christlichen Kirchen=
religion so rasch gewichen sein. Die Römer verboten in Frank=
reich und Britannien die Menschenopfer, die Druiden blieben aber
im letztern Lande so mächtig, daß die Sieger, sonst jede Landes=
religion schonend, die heiligen Haine derselben niederschlugen, also
ihre Cultstätten zerstörten. Aber der Glaube an Feen und Elfen
blieb in Wales bis heute, und ganz im Sinne der Waliser be=
zeichnet unser Gottfried von Straßburg gegen 1200 die Fee Mor=
gane noch als „göttinne."

Die Druiden trugen ihre Religion vor der römischen Ver=
folgung nach Irland. Dieß ist in dem britischen Mythus von
Bran angedeutet, welchen die Barden fälschlich als Vater des bei
Dio Cassius genannten Königs Caractacus bezeichnen, weil unter
Caractacus sich die Römerherrschaft gründete, und die Auswan=
derung der Druiden begann. Er brachte den heiligen Kessel nach
Irland und befahl bei seinem Tode, man sollte ihm den Kopf ab=
hauen und auf englischem Grund begraben. Dieß letztere geschah
durch den ersten Nationalkönig Eugenius, aber es habe dann König
Arthur unvorsichtig das Haupt enthüllt und damit den Zauber
zerstört, den dieß Palladium auf die Erhaltung der britischen
Nationalität ausübte.

Während dieser Zeit kam das Christenthum nach Britannien.
Sein Ursprung in diesem Lande ist dunkel und wird durch die
spätere Sage von der Ankunft des Joseph von Arimathia nicht
aufgehellt. Gewiß ist, daß es nicht von Rom kam und dem
römischen Bischof sich nicht unterwarf. Eine feste, durch eine starke
Hierarchie geregelte Ordnung der Lehre und Disciplin gab es
nicht. Ein Mönch zog sich etwa auf eine Insel im Fluß oder an
der Seeküste und stiftete eine Einsiedelei; daraus wurde gelegentlich
ein Kloster, und den Mann verehrte man noch nach dem Tode
als Localheiligen, ohne über seine Rechtgläubigkeit zu disputiren.
Man feierte das Osterfest an einem andern Tage als die römische
Kirche, und die Priester hatten eine andere Tonsur. Selbst Bischofs=
stühle wurden ohne höhere kirchliche Autorisation von thätigen Ein=
siedlern und Predigern gestiftet, wie dieß z. B. dem heiligen David
gelang, dessen Kathedrale der Stadt St. David's in Südwales den

Namen gegeben hat. Die Kirche hatte einen durchaus nationalen und toleranten Charakter.

Dieß zerstreute und schwach organisirte Christenthum war aber keineswegs die alleinige Religion des Landes. Die Nordstämme in Schottland waren beim Auszuge der Römer noch Heiden, auch nach Irland drang die erste erfolgreiche Predigt des Evangeliums erst im fünften Jahrhundert durch den heiligen Patricius. Die aus Irland Heimkehrenden waren also sicher keine Christen. Hätte bei beiden Theilen eine feste und herrschsüchtige Hierarchie bestanden, so möchte es zum Bürgerkrieg gekommen sein. Aber auf heidnischer Seite war die Herrschaft der Druiden durch die römischen Maßregeln geknickt, und die Christen mußten fürchten, wilden, ganz heidnischen Eroberern in die Hände zu fallen, wenn sie mit ihren Landsleuten nicht Frieden hielten.

Unter diesen Umständen scheint ein merkwürdiges Compromiß zu Stande gekommen sein, das aber an dem noch 600 Jahre später in Island eingeführten Vertrag sein Gegenbild hatte. Die Isländer nahmen damals alle formell die Taufe an, unter dieser Bedingung durfte man aber die heidnische Religion ausüben und Pferdefleisch essen. Nicht viel anders stand es in Britannien.

Unmöglich sind solche Epochen einer freiwilligen Toleranz im Leben der Religionen nicht. Auch in dem indischen Ellora haben bramanische und buddhistische Göttertempel mehrere Jahrhunderte neben einander bestanden, wie die heilige Brigitta zu Kildare in ihrem Kloster das heilige Feuer der Ceridwen fortbrennen ließ. Nur auf die Dauer bleiben solche Compromisse nicht in Kraft. Auch in Britannien blieben sie das nicht. Ungefähr fünfzig Jahre nach der britischen Unabhängigkeit schlug ein christlicher Fürst, Rhydderch Hael, der zu Alclud am Clyde regierte, in Caledonien den mächtigen Heiden Gwendboleu in der Schlacht von Arderydd, dem der letzte heidnische Barde, Merlin Wyllt, mit Schwert und Weissagung beistand, wie er ihn auch nach der Schlacht noch in einem Klagegesang feierte.

In jene Zeit der Waffenruhe, als die Nation sich mit starkem Volksbewußtsein noch einmal aufraffte, scheint die Erbauung von Stonehenge zu fallen.

VI. Stonehenge und die Zeit seiner Erbauung.

Der Zustand der Kirche in jenen Tagen des Ausgleichs wurde von strengen Christen auf dem Continent als sehr bedenklich angesehen. Gildas, der als freiwilliger Exilirter in der Bretagne lebte, sagt, daß man in Britannien die Wahrheit und ihre Bekenner hasse, und Satan sich in einen Engel des Lichtes verstelle. Sehr bezeichnend ist auch sein Wort, daß dort Könige gesalbt würden nicht durch Gott, sondern durch Leute, die grausamer seien als Andre, und von diesen würden auch dieselben Könige wieder gestürzt. Dieß deutet auf einen politischen Einfluß, der sicher kein christlicher war. Es kommen noch andere Zeugnisse vor, welche behaupten, daß in Irland und Cumberland die christliche Religion fast erloschen sei. Wir haben keinen Grund zu zweifeln, daß Aurelius und Constantin christliche Könige waren; wenn man sie aber im Steinkreis von Stonehenge begrub, so können auch die Christen den Ort nicht anders als für eine heilige Stätte gehalten haben. Und für christliche Begräbnisse in keltischen Steinkreisen ist in neuerer Zeit ein zweiter Beweis aufgetreten.*)

Die heidnische Restauration schließt sich vorzüglich an die Bärden an, welche als Fortsetzung der alten Druiden erschienen, obwohl sie den gehaßten heidnischen Namen vermieden. Auch paßte der Name nicht mehr; Derwydd heißt der Mann des Eichenwaldes, und die heiligen Eichen waren abgehauen. Worin die Religion dieser Epigonen bestand, sieht man nicht klar, denn sie haben ihre Gedichte in dunkle Sprache gekleidet und ihre Lehren in einem Geheimbund fortgepflanzt. Wo die Wahrheit einmal durchblickt, erscheint die Lehre als ein Synkretismus. Menschen opfern sich nicht mehr freiwillig, um dadurch die Unsterblichkeit zu erlangen; aber durch freiwillige Einsperrung in dunkle Räume gelangt man zu einer Wiedergeburt, welche ewiges Leben schenkt.

---

*) Auf der Hebriden=Insel Lewis steht ein großer Steinring. Als man 1857 den angewachsenen Torf abschürfte, fand sich ein kreuzförmig auf den Boden aufgemauertes Grab, das so gerichtet ist, daß der Centralstein des ganzen Ringes grade zu Häupten des Grabes steht. Hier ist offenbar in christlicher Zeit ein Localheiliger begraben gewesen. Sir Henry James, Stonehenge, pag. 15 u. folg., mit 2 Tafeln, Plan und Ansicht dieses Steinringes von Lewis.

Taliesin, einer der berühmtesten Barden, der bei Maelgwn, König von Gwynedd (Nord-Wales), wo die Trümmer seines Schlosses bei Conway noch stehen, die Kathedra des Oberbarden einnahm, ruft am Anfang eines Gedichtes den obersten Gott an; aber er sagt in demselben Gedicht, der Kessel Ceridwen's beschirme den Stuhl seines Amtes; der Schluß läuft wieder in christliche Formeln aus.*) In einer andern Schrift, die in Prosa verfaßt ist, sagt er, er sei dreimal geboren; das einemal aus dem Schooße Ceridwen's, die ihn neun Monate getragen.**) In einem zweiten Gedicht erzählt er, daß er von Diganwy, dem Fürstensitz seines Schutzherrn Maelgwn, auf einem schönen Rosse nach Caer Seon (d. i. Segontium bei Caernarvon) geritten sei, um mit Juden zu streiten. Da habe ihn der Mönch Ugnach, Abt von Caer Gybi (Holyhead?), gastlich zum Wein eingeladen. Sie nennen sich gegenseitig Ritter, und der Abt besteht auf der Einladung, ja er bittet ihn, bis zum Mittwoch sein Gast zu bleiben, auch nachdem Taliesin seinen Namen genannt hat.***) Hier ist eine praktische Illustration jener nationalen Toleranz zwischen dem neudruidischen Barden und dem christlichen Klosterbruder.

In dieser Zeit des Ausgleichs, als die Nation sich mit starkem Volksbewußtsein noch einmal aufraffte, scheint mit gemeinsamer Anstrengung aller Kräfte Stonehenge erbaut zu sein, um als centraler Versammlungsort zu dienen, während das benachbarte Amesbury in seiner starken Verschanzung vielleicht die Residenz der britischen Könige war. Es ist sehr möglich, daß wo Stonehenge steht, schon in vorrömischer Zeit eine heilige Stätte bestand, denn große Wälder sind einst hier gewesen, und daß um eines solchen druidischen Heiligthums willen ganze Generationen hier sich ihre Grabstätte gesucht haben. Aber der Hain war dem Beil der römischen Verfolgung gefallen, und wie wir zu Karnac in der Bretagne Alleen von Steinpfeilern gleich Baumalleen finden, kann das Monument mit seinen Steinsäulen als eine Nachahmung des

---

*) Davies, British Bards, in dem Gedichte Taliesin's: „the sons of Llyr".
**) Ebendaselbst, in der Schrift „Hanes Taliesin" („Geschichte des Taliesin").
***) Ebendaselbst, in dem Gedichte Nr. 8, auf S. 546.

VI. Stonehenge und die Zeit seiner Erbauung.

alten Haines gedacht sein. Die Form schloß sich den Steinkreisen der heidnischen Vorzeit an; der große Ring galt daneben auch als ein Symbol des Weltkreises. Aber bald nach dem Bau sah das Monument den Mord der britischen Edlen, und in der Schlacht bei dem benachbarten Salisbury fiel es, nicht ein volles Jahrhundert nach seiner Erbauung, bleibend in die Hand des Landesfeindes, um noch Jahrhunderte lang das verlorene Zion der walisischen Harfe zu bleiben.

Die Stelle jener Schlacht, wo die Briten in dieser Gegend auf immer unterlagen, wollte ich noch sehen und die gewaltige Britenfeste von Old Sarum betreten. Ich nahm von dem alten Manne Abschied, der neben der Volkssage von Stonehenge mir manches Locale mitgetheilt hatte, und schlug mich auf einem halbgetretenen Weg zwischen Grabhügeln den Abhang hinab in ein Thälchen, dessen Ausgang mich ins Thal des Avonflüßchens führte. Eine Straße geht von Amesbury durch dieß Thal nach Salisbury, die Ufer wechselnd, und dieser folgte ich. Es ist ein hübsches, nicht tief eingeschnittenes Thälchen, dessen sorgfältiger Anbau, um reinliche Dörfer herum, mit der dürren Haide oben am Monument einen freundlichen Gegensatz macht. Mehrere Erdwerke bilden entlang dem ganzen Lauf des Flusses eine Kette von Vertheidigungs-Positionen. Nach einem Marsch von einigen englischen Meilen sah ich links vor mir den Hügel von Old Sarum. Er ist von Natur kreisförmig, und in diesen Kreis ist oben ein tiefer Graben durch Kunst eingeschnitten, dessen gegen das Centrum ansteigender Abhang eine außerordentlich steile Böschung hat. Das Gestein ist wieder Kreide mit eingebettetem Feuerstein. Ueber den Graben führt nur eine einzige Aufschüttung, deren Befestigungen jetzt verschwunden sind. Jenseits des Grabens steigt aber der Gipfel des Berges noch einmal in zwei abgeböschten Abhängen empor, die von unten wie immer enger werdende Ringe aussehen. Im obersten Ring stand einst eine Stadt, die eine starke Festung bildete und eine bischöfliche Kathedrale einschloß. Aber es entstand 1100 bei Gelegenheit einer Prozession ein Streit zwischen der Geistlichkeit und der Garnison, und der entschlossene Bischof Roger Poore (seit 1217) beschloß den Bischofsitz zu verlegen. Er baute in Einem Zug die neue Kathedrale von Salisbury fertig, die eine halbe Stunde entfernt in der Ebene liegt. Im Jahre 1221 wurde das Domcapitel dorthin versetzt, und die Einwohner, die auf dem öden Felsen nur von dem Klerus und der Garnison gelebt hatten, verließen die Stelle und siedelten sich ebenfalls in der neuen Stadt an, welche König Heinrich III. mit allen Privilegien und Immunitäten der andern bischöflichen Städte versah.

Diese Befestigungsweise durch tiefe und steile Gräben, die man in die Kreidefelsen einschnitt, findet sich bei manchen keltischen Befestigungen in den Downs, und so auch in mächtiger Ausdehnung an dem sogenannten Devil's Dyke bei Brighton: aber Old Sarum hat gewiß die großartigste und regelmäßigste Ausführung von allen. Oben auf der Platform, wo enggedrängt Stadt und Kathedrale stand, ist jetzt Alles zwischen unbedeutenden Mauerresten mit Gras und Gestrüpp bedeckt. Die Aussicht über die Hochebene nach Stonehenge zu und abwärts nach dem zwei englische Meilen abliegenden Salisbury ist weit und großartig, aber sie hat wegen der im Ganzen öden Landschaft wenig Liebliches.

Und so war es mir an diesem Tage auch noch vergönnt Roger Poore's neue Stiftung, die prachtvolle in Einem Geist vollendete Kathedrale von Salisbury, das Capitelhaus und den freien Platz der „Close" zu sehen, um welchen sich einst die Wohnungen des Domcapitels reihten. Mit dem letzten Zug gelangte ich nach London zurück.

VII.

Die Sophienkirche von Constantinopel.

Der Dampfer, welcher den Reisenden durchs Schwarze Meer nach Constantinopel führt, windet sich durch den engen flußähnlichen Meeresarm des Bosporus zwischen alten Befestigungen und neuen türkischen Prachtpalästen hindurch. Am Ausgang dieser Straße thut sich plötzlich das Marmarameer und das prachtvolle Panorama der Byzantinerstadt auf, und gerade vor uns liegt das Alte Serail, von der Kuppel und den schlanken Minars der Sophienkirche überstiegen. Aus der See geht als schmale Meeresbucht der Hafen Constantinopels in's Land hinein, von seiner Krümmung das Goldene Horn genannt; an der einen Seite desselben die europäischen Vorstädte Pera und Galata, an der andern, noch in ihren uralten mächtigen Mauergürtel eingeschnürt, die türkische Hauptstadt. Wie das alte Rom, hatte auch dieß neue Rom seine sieben Hügel, die noch heute von bezeichnenden Gebäuden, meist Moscheen, bekannt sind. Da, wo das Goldene Horn in's Marmarameer ausströmt, steigt auf der Spitze zwischen beiden Gewässern der erste dieser Hügel sanft aus der stillen blauen Fluth und trägt den Palast der spätern Byzantinerkaiser, der jetzt in's Alte Serail umgewandelt ist. Es ist eine einzige Lage: nördlich der belebte Hafen, gegenüber auf der asiatischen Seite Scutari, wo aus dunkeln Cypressen die weißen Türkengräber sich erheben, und von da südlich fliegt der Blick über den breiten Seespiegel, den fern die gezackte Küste Asiens umsäumt. Bei dem Palast steht die Sophia; die Gärten des Serails sind durch hohe Baumalleen verdeckt, damit die Damen des Harems, wenn sie dort lustwandelten, vom Platz bei der Kirche nicht erspäht würden. Mit flachgeschwungenem Umriß hebt sich die schwere Kuppel inmitten der leichten schlanken Minars herauf, welche die Türken angelegt haben, als sie die christliche Kirche in eine Moschee verwandelten.

Als bei dem langsamen Sinken der römischen Monarchie die Feinde von Norden und Osten her immer gefährlicher andrängten, und eine Theilung der Gewalt unter mehrere Herrscher nöthig erschien, gründete Constantin hier die neue Hauptstadt des Orients. Ein Hauptzweck mag gewesen sein, an der Grenze von Europa und Asien einen mehr gesicherten Centralsitz der höchsten Macht und des Beamtenthums anzulegen; aber in der Seele des Kaisers wirkte noch ein anderes Motiv mit. In Rom ließen die republikanischen Erinnerungen, angelehnt an das alte Heidenthum, sich nicht so rasch austilgen. Durch Constantin's Uebertritt war der Widerstand der letzten gefährlichen Oppositionspartei, das waren die Christen, gebrochen; jetzt wurden die Heiden in die Opposition gedrängt. Constantin wollte den glänzenden Hof eines orientalischen Herrschers um sich haben, und das neue Rom sollte von vorn herein eine christlich fügsame Stadt sein; unter die Hofbeamten wurde kein Heide mehr aufgenommen. Constantinopel ist eine ganz bewußte Schöpfung der Despotie, die ohne Widerspruch Weltliches und Geistliches unter das Joch des Gehorsams gedrückt hat. Nun baute schon Constantin die erste Sophienkirche auf jener ausgezeichneten Höhenlage, wo heute die dritte steht. Der Name leitet sich nicht etwa, wie man denken möchte, von einer weiblichen Kalenderheiligen Sophie her, sondern schließt sich an eine theologische Vorstellung an. Schon vor der Gründung der Kirche hatten jüdische Weise über die Frage gegrübelt, wie das von Ewigkeit geheime, in sich abgeschlossen ruhende Wesen Gottes sich in die That, in die Schöpfung von Welten habe ausweiten können. Man suchte eine Antwort darauf, indem man neben Gott eine zweite Person annahm, die von Ewigkeit als seine thätige Kraft neben ihm gestanden. Man bezeichnete sie schon in hebräischen Schriften als ein weibliches Wesen, man nannte sie Gottes Weis=

Tiefbäder mit kaltem Wasser für gute Schwimmer, und da diese eine kreisrunde Form hatten, war es am einfachsten, sie mit einem Rundgewölbe, also mit einer Kuppel zu bedecken, die oben eine runde Oeffnung oder auch in der ansteigenden Wölbung mehrere Fenster hatte, um Licht in den Raum zu lassen und die Luft zu reinigen. Anlagen dieser Art sind noch mehrere erhalten, unter ihnen der sogenannte Tempel der Minerva medica in Rom, wo man im Centrum auch die Einfassung des Schwimmbades aufgegraben hat. Vielleicht hat sogar die prachtvolle Rotunde des Pantheons in Rom, die durch ihre Verwendung als christliche Kirche vor Zerstörung bewahrt worden ist, zu den Bädern des Agrippa, des Schwiegersohnes des Kaisers Augustus, als solch ein Schwimmbad gehört, ehe Agrippa sie in einen Familientempel des augusteischen Hauses umwandelte. Weil solche Anlagen wirkliche Tiefbäder waren, nannte man sie schon im heidnischen Alterthum Baptisterien, d. h. Becken zum Untertauchen. Diese Form wählte das Christenthum für seine Taufkapelle; an den drei großen Tauffesten des Kirchenjahres stiegen die erwachsenen Täuflinge, in ihre weißen Taufhemden gekleidet, in das Becken hinab, um von dem Priester die Aufnahme in die Gemeinde zu erhalten. An diesen Festen nahmen die Angehörigen theil, und so erweiterte man bald den Raum, indem man die Kuppel auf einen Kreis von Säulen stützte und zwischen diesen Säulen und der Umfassungsmauer noch einen Umgang anbrachte. Auch kamen über den Säulen Gallerien vor, von denen die Familie auf den Taufact hinabblicken konnte.

Außerdem aber hat diese Rundform früh für Begräbnisse Anwendung gefunden. Die Kuppel bezeichnet immer sehr bestimmt einen Mittelpunkt, und da der Todte im Centrum beigesetzt war, gab sie der Grabkapelle nach oben den passendsten Abschluß. So gilt ein Rundthurm mit Kuppel, die sogenannte Torre pignatarra bei Rom, für das Grab von Constantin's Mutter Helena; ihr prachtvoller Porphyrsarg ist von dort in das Museum des Vaticans übergeführt worden. Neben ihm steht dort ein zweiter nicht minder colossaler Porphyrsarg; in diesem ruhte einst Constantia, die christliche Tochter Constantin's, und ihre Grabkapelle bei Rom, die heute noch als Kirche Sta. Constanza heißt, zeigt uns abermals, wie dort bei den Baptisterien, eine Erweiterung des Grundplans. Um die Mitte, wo der Sarg zwischen marmornen Candelabern stand, zog sich ein doppelter Säulenkreis, und zwischen diesem und der Umfassungsmauer lief ein gewölbter Umgang her. Je zwei Säulen waren mit den nächsten Säulenpaaren durch schwere Bogen verbunden, und diese Bogen trugen über dem Mittelraum eine Kuppel. Auch in Ravenna läßt sich wieder in andrer Anordnung der Gebrauch der Kuppelform für Grabkapellen nachweisen. Da man aber lebhaft empfand, daß eine auf freistehenden Stützen leicht sich aufschwingende Kuppel eine imposante Bauform ist, so lag der Gedanke nahe, sie auch für größere Gebäude, so für eigentliche Pfarrkirchen, anzuwenden. Hiefür ist ein sehr wichtiges Beispiel die Kirche des hl. Vitalis in Ravenna, welche grade um die Zeit im Bau begriffen war, als Justinian das Gothenreich in Italien stürzte, so daß er sie noch ausstatten konnte, obwohl er nicht den Grund zu ihr gelegt hatte. San Vitale ist zwar etwas später fertig geworden als die Sophienkirche zu Constantinopel, ihr Plan aber war früher entworfen und dürfte stark auf die jüngere Schwester eingewirkt haben. Sie ist nicht mehr kreisrund, sondern ins Achteck gebrochen, um in den Ecken der Außenmauern stärkere Widerlagen zur Seitenstützung der Kuppel zu gewinnen. Die Kuppel erhebt sich auf acht Pfeilern, welche durch Bogen verbunden sind; um aber den Mittelraum zu erweitern und für das Auge wirksamer zu machen, wachsen aus der Kuppel noch Gewölbe heraus, welche in Form von Muscheln sich gegen jene Bogen anstützen. Diese halben Kuppeln sind dann ihrerseits durch runde Säulen getragen, deren immer zwei über einander stehen, und welche in Halbkreisen zwischen die Pfeiler gestellt sind. Auch in den Norden ist der Einfluß dieses feinen Bauwerks gedrungen: Karl's des Großen Kaiserkapelle in Aachen mit ihren doppelten Reihen von Prachtsäulen zwischen den acht starken Pfeilern ist nichts als die nur vereinfachte Vitaliskirche von Ravenna. Aber wie hier der Plan angeordnet war, mußte in Pfarrkirchen bald ein Mißstand sich fühlbar machen: der Altar sollte ins Centrum unter die Kuppel kommen; allein dann hätte der Priester die halbe

VII. Die Sophienkirche von Constantinopel.

Gemeinde im Rücken gehabt. Man stellte also den Altar in einen besondern Chorbau; nun aber verdeckten die tragenden Glieder den Priester vor den meisten Besuchern der Kirche, nur die wenigsten konnten ihn sehen. Man dachte auf eine Verbesserung. Die Prachtwirkung der Kuppel mochte man nicht mehr aufgeben, aber die Anordnung des Hauptplans mußte anders werden. Es galt statt der Rotunde wieder einen länglichen Saal zu gewinnen, weil nun einmal zum Sehen und Hören diese Grundform die beste ist. Ein kleines Bauwerk Justinian's zu Constantinopel, eine den Heiligen Sergius und Bacchus gewidmete Kirche, die man heut noch dort die „Kleine Sophia" nennen hört, zeigt, wie man nach dieser passenden Form suchte; es ist gewissermaßen ein Versuchsmodell für die große Reichskirche. Die Umfassungsmauer wird hier zum Viereck, die tragenden Pfeiler sind verschoben, die Muschelgewölbe links und rechts weggelassen, und der Blick geht freier durch die Mittelperspective auf den Altar. Ueber dieses hinaus giebt es nur noch Einen Fortschritt, wenn man zu der Kühnheit sich entschloß, die centrale Hauptkuppel nur auf vier Pfeiler zu stützen und so ein wirkliches Mittelschiff mit ganz freiem Durchblick zu erschaffen. Das ist die Lösung, welche die beiden geistvollen Architekten Justinian's so meisterlich durchgeführt haben.

Ueber Justinian's Charakter, über seine Begabung zum Herrschen, über die Feinheit seiner Geistesbildung wird Niemand günstig urtheilen. Drei starke Bauern, einem unbekannten Volksstamm angehörig, die in der Heimat Ochsen- und Schweinehirten gewesen, waren unter Kaiser Leo aus einem bulgarischen Dorf, den Schnappsack auf dem Buckel, nach Constantinopel gewandert, um in die Leibwache einzutreten. Einer von ihnen, Justinus, war ein beschränkter aber tapfrer Mann. Er erstieg die ganze Leiter der militärischen Rangliste, bis er schon als Greis den Befehl über die Leibgarde erhielt, obwohl er weder lesen noch schreiben konnte und eine ehrliche bulgarische Bäuerin zur Frau hatte. Seinen Einfluß bei der Truppe brachte er im Jahr 518 zur Geltung, als Kaiser Anastasius starb. Acht und sechzig Jahre alt wurde er Kaiser und regierte noch neun Jahre. Er rief jetzt aus seinem fernen Bulgarien seinen Schwestersohn Justinianus zu sich, setzte

ihn zum Erben seines Vermögens ein und bestimmte ihm den
Thron. Als Neffe seines Onkels, so trat auch Justinian zuerst
vor die Welt. Der Senat, bestochen mit Verschwendung des
Staatsschatzes, schlug ihn zum Reichsgenossen vor. Er setzte noch
einmal die Nachfolge auf dem Thron aufs Spiel, indem er in
leidenschaftlicher Liebe an seiner Maitresse Theodora festhielt; und
hier siegte sein Wille. Als Justin's Tod ihn befestigt hatte, zeigte
er fortwährend seine Erbärmlichkeit: als Redner, Richter, Theolog
hat er sich immer blamirt; ins Feld zog er niemals; gegen die
jahrhundertalten heidnischen Philosophenschulen Athens verstand
er nur den Eselsfußtritt des Despotismus, mit dem er sie unter=
drückte, und in gewissen Hofkreisen nährte man den Aberglauben,
der Teufel selbst habe in ihm Fleisch und Blut angenommen, um
die Welt zu verwüsten. Aber Eins verstand er, oder sein Glück:
die Werkzeuge seiner Herrschaft hat Justinian mit einzigem Geschick
ausgewählt. Schon seine Gemalin war eine richtige Wahl. Zwar
nicht so obenhin angesehen. Es gab wenige so übel berufene
Frauen im Reich als Theodora war. Die Tochter eines Bären=
wärters in Constantinopel, der aus der berühmten Liebesinsel
Cypern stammte, glänzte sie noch als Kind durch Schönheit und
Frechheit zugleich, da sie einzig mit einem Schürzchen bekleidet vor
dem Volk in unbegreiflichen Attituden auftrat. Nachdem sie einem
Liebhaber nach Afrika gefolgt, erneuerte sie mitten in christlicher
Zeit die Carriere der Phryne, der Lais im alten Heidenthum.
Ein Sohn aus dieser wilden Jugend verschwand im Palast, weil
er gewagt hatte sich der Mutter zu nahen, nachdem sie Kaiserin
geworden. Da erwuchs in ihr aus mysteriöser Quelle ein Aber=
glaube, sie werde die Gemalin eines mächtigen Monarchen werden
Sie änderte ihren Lebenswandel und gewann Justinian's Herz;
er trotzte seiner ehrbaren Tante, trotzte seiner eignen Mutter und
der Meinung der Welt; von dem Patriarchen wurde die schöne
Courtisane neben ihm zur Kaiserin des Orients gekrönt. Sie blieb
kalt und grausam, aber sie wurde fromm: sie gründete ein Mag=
dalenenstift, wo Straßendirnen, fünfhundert Stück, durch geistliche
Uebungen ihre Tugend wieder ausbesserten, gelegentlich wohl auch
aus Verzweiflung über ihre Haft sich aus dem Fenster ins Meer

VII. Die Sophienkirche von Constantinopel.

stürzten. Aber eben weil sie kalt war, wußte sie sich zu beherrschen. In der Politik riß sie bei persönlichen Fragen den Gemal in ihren Haß mit hinein; in Kirchenstreiten trat sie auf die Gegenseite und hielt mit der Partei, welche die schroffsten theologischen Begriffe aufstellte. Aber seit ihrer Ehe wurde, obwohl sie zur Herrin der Mode sich machte, die blasse noch immer schöne Frau keiner Untreue mehr beschuldigt. Als einmal bei jenem entsetzlichen Aufstand, der die alte Sophienkirche niederbrannte, alle Parteien gegen den Kaiser sich verbündeten, und Justinian fliehen wollte, da hielt sie ihn fest mit dem brillanten Wort: der Thron ist ein glorreiches Grab! — und ein kurzes Blutbad, aber von 30,000 Menschen, leimte den Thron wieder auf seine Fundamente fest. So fehlte dem Parvenu-Kaiser in seiner Hofdiplomatie nur noch Eine Person, auch in unsern Tagen ein gesuchter Artikel: nämlich ein Prinz von Geblüt, der auch mit der Opposition kokettirt, um in allzu bedenklichen Augenblicken wenigstens die Dynastie zu retten. Solch ein erwünschter und bequemer Vetter fand sich ebenfalls in der Person seines Schwestersohns, des Justin, der ihm auch auf dem Thron gefolgt ist. Und so war auch die ganze Reichsleitung, was die Beamten anging, vortrefflich bestellt. Für das ungeheure Werk der Sichtung und Codificirung der Gesetze fand Justinian den großen Tribonian heraus; dieser redigirte für ihn die Gesetzbücher, deren Sammlung das Buch geworden ist, welches nach der Bibel den größten Einfluß auf die Schicksale der europäischen Welt gehabt hat. Durch zwei ausgezeichnete Feldherren, Belisarius und Narses, eroberte er die Hälfte des westlichen Reiches zurück. Und so fand er auch für die Sophienkirche die zwei größten Constructeure und Baumeister seiner Zeit: den Anthemios von Tralles in Kleinasien, ein mathematisches Genie, der die Construction des künstlichen Baues ersann, und den Isidoros von Milet, der wahrscheinlich die Decoration geleitet hat.

Schon vierzig Tage nach dem Brande war an den Neubau die Hand angelegt. Große Steuern wurden ausgeschrieben, zehntausend Arbeiter angestellt, in allen Provinzen des Reichs die Marmorbrüche in Thätigkeit gesetzt. In nicht ganz sechs Jahren war das Riesenwerk fertig, und am 26. December 537 konnte

Justinian in glänzender Prozession zur Einweihung in seine Schöpfung einziehen.

Die neue Sophienkirche erhob sich ganz frei auf einem mächtigen Platz. Nach alter Kirchensitte trat man zuerst in einen geräumigen Vorhof, in dessen Mitte ein prächtiger Reinigungsbrunnen in ein Becken von buntem Marmor floß. Bloße Säulenstellungen in den umgebenden bedeckten Arkaden würden der schweren Masse der Kirche gegenüber zu leicht erschienen sein; man stellte also zwischen je zwei Säulen abwechselnd einen starken Pfeiler und verband Säulen und Pfeiler durch kleine Bogen. Dann folgte eine doppelte Vorhalle, die ihr Licht vom Vorhof her durch Fenster erhielt. Auch das war Kirchenbrauch; in diesen Vorhallen durften Wahnsinnige und auch solche dem Gottesdienst beiwohnen, die etwa noch nicht getauft oder wegen Sünden aus der Kirchengemeinschaft ausgeschlossen waren. Das Innere bildete in der Mittelperspective einen ovalen Saal. Vier colossale Pfeiler aus trefflich behauenen Quaderblöcken, mit Blei vergossen, trugen auf vier halben Kreisbogen die Mittelkuppel. Oben auf den vier Bogen lag nämlich wie ein Kranz ein stark vortretender Sims, auf welchem man oben herumgehen konnte, und von diesem Sims wölbte sich dann die Kuppel flach empor. Man hatte diese erst aus leichten Steinen von der Insel Rhodus construirt; aber diese erste Kuppel stürzte schon unter Justinian wieder ein, und entweder dem Neubau desselben Kaisers oder der letzten Restauration, welche die letzten Byzantiner bald nach der Eroberung aus den Händen der Franken vornahmen, gehört die jetzige Wölbung an, welche wie auch das ganze Werk der Umfassungsmauer aus Ziegeln besteht. Die Kuppel ist unten, wo sie auf dem Sims aufruht, dicker und wird nach dem Scheitel zu dünner; die Backsteine unten sind 27 Zoll lang, der obere Theil der Kuppel nur 24 Zoll dick, so daß die Wölbung in der Außenansicht noch flacher erscheint als im Innern. Rechts und links sind zwei der Bogen, welche die Kuppel tragen, mit einer Wand gefüllt, die auf zwei Säulenstellungen über einander ruht; östlich und westlich aber legen sich in die beiden andern Bogen Halbkuppeln ein, welche den Mittelraum zu einer Eiform ausdehnen, und aus diesen Halbkuppeln

VII. Die Sophienkirche von Constantinopel. 285

wachsen wieder je drei kleinere Gewölbe heraus, theils seitlich stützend, theils den Eingang und den Chor bedachend. Die Stützung dieser nicht so schwer drückenden Gewölbmassen ließ wieder die zierliche doppelte Säulenstellung wie in San Vitale zur Anwendung kommen, und auf den untern Säulenstellungen zogen sich um das ganze Mittelschiff reichgeschmückte Emporen für die Frauen herum, da nach orientalischem Kirchenbrauch diese einen getrennten Sitz beim Gottesdienst haben mußten. Die Nebenschiffe endlich dienten dazu, dem combinirten Kuppel= und Halbkuppelsystem kräftige Seitenstützen zu geben, damit kein Erdbeben es zerrütten konnte. Zu diesem Zweck waren die vier großen Tragepfeiler durch gewaltige Gurtgewölbe mit den Strebepfeilern der massiven Mauern verbunden, und jedes Nebenschiff wurde so in drei rechteckige Säle zerschnitten, welche im untern Stock mit Kreuzgewölben, im obern, unter der Gallerie, mit kleinen runden Flachkuppeln bedeckt waren. Ein volles breites Licht erhält der Mittelraum durch 40 große in die Kuppelwölbung selbst eingeschnittene Bogen, dann durch ähnliche aber kleinere Oeffnungen in den Halbkuppeln, endlich durch zwei Fensterreihen über einander, welche die großen Füllmauern der Tragebogen rechts und links durchbrechen. Die Chornische hatte dann außerdem noch ihre eigenen sechs Fenster in zwei Reihen über einander, und ihre Wölbung war von fünf Fensterbogen durchschnitten. Die Abstufung des Lichtes wirkt sehr schön; aus der dämmerigen innern Vorhalle schreitet man durch immer sich steigernde Helle ins Innere, bis endlich unter der Mittelkuppel durch all diese Fenster ein wahrhaft blendendes Licht= meer einströmt.

Sicher ist es auch diese Lichtfülle, welche dem Innern den merkwürdigen Eindruck von Weite und Leichtigkeit verleiht. Die Größe des Baues ist doch eigentlich mäßig: das große Rechteck innerhalb der Außenmauern hat 224' (preußisch) Breite und, ohne die hinaustretende Chornische, 241' Länge. Der Gesimskranz der Kuppel ist genau 100' im Durchmesser, ihr Scheitel steigt zu 179' über dem Boden. Im Vergleich mit den Kathedralen des Mittel= alters, und nun gar der Peterskirche zu Rom ist die Sophia ein Kirchenbau von Mittelgröße, sie löst aber glänzend die vielleicht größte Schwierigkeit für den Architekten, denn das ist einstimmig der Eindruck aller Reisenden: die Kirche sieht im Innern größer aus als sie wirklich ist.

So ist die ganze Kirche ein fest gegliederter und verketteter Organismus, wo alle Theile, auch die vom Centrum entferntesten Theile der Mauer, unerläßlich sind, um gleich Vasallen die Herrin der Mitte, die Hauptkuppel, emporzutragen. Auch wer Laie in der Architektur ist, empfängt im Innern eine Ahnung von diesem großartigen Zusammenhang, welcher alle Glieder des Baues der Hauptwirkung dienstbar macht. Der Anblick des Aeußern aber muß für diesen Organismus büßen. Schon daß die Kuppel unmittelbar auf die Tragepfeiler sich aufwölbt, giebt ihr von außen etwas Gedrücktes, und wer damit Michelangelo's großen Gedanken am St. Peter vergleicht, wo die Kuppel, selbst spitzer gewölbt, erst von einem von Säulen umstellten Rundthurm sich aufschwingt, wird fühlen, wie hier das Abendland den Osten durch kühne Freiheit und Leichtigkeit der Construction aus dem Felde schlägt. Dann aber ist das Mauerwerk mit seinen breit herausspringenden Strebepfeilern selbst für die schöne Wirkung des Innern zu massiv, die Frontseite mit ihren kleinlichen Fenstern roh. Diese Sophia ist eine schöne Dame, sie steckt aber in einer abscheulich aufgebauschten Crinoline.

Wir haben bisher das Werk des Constructeurs betrachtet. Was aber der Sophia einst den Hauptreiz gab, war nicht ihre Architektur, obwohl noch heute diese mächtigen so frei schwebenden Wölbungen auch auf den Reisenden des Abendlandes eine große Wirkung ausüben, sondern es war die schimmernde Pracht ihrer innern Decoration. Der steigende Verfall hat zuletzt selbst die indolenten Türken gezwungen, in den Jahren 1847 und 48 eine durchgreifende Reparatur vorzunehmen. Diese wurde dem italienischen Architekten Fossati anvertraut, und so lange ein Christ Gewalt über die Kirche hatte, konnte sie mit Hülfe der eingezogenen großen Gerüste in allen Richtungen studirt werden. Der König von Preußen schickte damals den Architekten Salzenberg dorthin, und dessen vortreffliches Werk über die Sophia und andere byzantinische Kirchen bewahrt der Wissenschaft das damals Aufgefundene, was seitdem wieder die türkische Orthodoxie durch Uebertünchung verdeckt hat.*)

Das kaiserliche Rom trieb zwar bei seinen Riesenbauten auch die Verzierung durch Sculptur aufs Aeußerste von Pracht und Zierlichkeit, mochte sich aber mit bloßer Meißelarbeit und Bemalung derselben nicht begnügen, sondern forderte auch auf Wand und Fußboden den Reiz der Farbe. Es wurde allgemeine Sitte, reiche bunte Marmorarten aus den Brüchen sämmtlicher Provinzen heranzuführen, von denen das vor einigen Jahren aufgegrabene Emporium am Tiberufer bei Rom noch so gewaltige Reste geliefert hat. Im Abendland giebt uns die Marmorverkleidung der Marcuskirche zu Venedig von dieser Sitte noch eine durch Alter und Schmutz sehr verdunkelte Anschauung, und in der neuen Paulskirche von Papst Pius IX., nächst dem Ausbau des Kölner Doms der bedeutendsten Kirchenschöpfung unseres Jahrhunderts, ist an den Innenwänden dieses System der Steinmalerei wieder zu glänzender Anwendung gekommen. Die Sophienkirche aber überbot Alles was wohl je in dieser Art von Wanddecoration versucht worden ist. Wie eine Blumenwiese, sagt Paulus Silentiarius, breiten sich Wände und Boden aus; er nennt uns die zahllosen Arten von Marmor und anderm bunten Gestein, welches aus allen Brüchen des Reichs dazu sei verwendet worden: den phrygischen Pavonazetto mit violetten Flecken, weiß und rosigen Adern; den dunkelrothen Porphyr aus Oberägypten, den hellgrünen Marmor aus Lakonien, den schwarz und weiß gefleckten aus Gallien und von den Marmara-Inseln, den numidischen Giallo von Krokus- und Goldfarbe. Zu dieser Marmorpracht traten dann die buntfarbigen Säulen, zum Theil dem Heidenthum entwandt und in den Dienst des neuen Glaubens gepreßt. Köpfe und Füße aller Säulen in der Sophia sind weißer Marmor; die Kelche haben feingemeißeltes Blattwerk, das einst vergoldet auf dem Grunde

---

*) G. Fossati, Aya Sophia in Constantinople, as recently restored by order of H. M. The Sultan Abdul Medjid. London, 1852. — W. Salzenberg, Altchristliche Baudenkmale von Constantinopel. Berlin 1854, mit ausgezeichneten zum Theil in Farbendruck hergestellten Tafeln über den Bau und die Decorationen der Sophia.

des Capitells stand. Alle Schäfte aber sind Monolithen von dunkelgeflecktem Gestein. Die kleineren Säulen des obern Stockwerks, welches den Bau auf drei Seiten umläuft, haben Schäfte von grünem thessalischem Marmor, und aus diesem edeln Bruch sind auch die mächtigen an 30′ hohen Schäfte, welche je zu vier rechts und links unter den Fensterwänden der Hauptkuppel stehen. Diese 8 Schäfte sind von einem Heidentempel zu Ephesus herbeigeschleppt worden. Die acht Säulen dagegen, welche mehr nach Osten und Westen das Hauptschiff unter den kleinen Halbkuppelgewölben abschließen, bestehen aus rothem ägyptischem Porphyr und sind von dem prachtvollen Sonnentempel entführt, den Kaiser Aurelian in Rom erbaut hatte.

Von dem Fußboden ist leider nur noch Eine kleine Partie in der Nordostecke des Mittelquadrats unter der Kuppel erhalten. Um eine kreisrunde Granitplatte legen sich andere Runde von Porphyr und dunkelgrünem Marmor, diese alle wahrscheinlich von zersägten Säulenschäften entnommen, und die Zwischenräume zwischen diesen Kreisscheiben sind mit kleinen Mustern ausgefüllt, in welchen neben zerschnittenen Steinen auch schon blaue und grüne Glasflüsse als Elemente des Mosaiks hervortreten. Auch auf der Frauengallerie erinnert jetzt nur noch ein Muster, das aber einfach in Streifen sich bewegt, an die alte Herrlichkeit der getäfelten Fußböden.*)

Dagegen haben Wände und Pfeiler ihren Marmorschmuck noch erhalten. Hier kommen erst recht die edelsten Steinarten zur Anwendung. Die Vertheilung ist im Wesentlichen diese, daß sich aus helleren Steinen Rahmen bilden, in welche dann aufrechtstehende Rechtecke von dunklerm Gestein, Porphyr, Serpentin, Rosso antico u. a. als Spiegel eingesetzt sind. Um die einzelnen Farben klar auseinander zu halten, sind die Spiegel in Rahmen von weißem Marmor eingefaßt, welche nur ein leichtes Meißelornament verziert. Die Formen dieser Plattenbekleidung bleiben stets geometrisch, sie bewegen sich mit wenigen Ausnahmen ganz in graden Linien und rechten Winkeln. Nur über den Säulen, ehe die senk-

---

*) Salzenberg, Tafel XVI.

recht aufsteigende Wand in die Wölbung übergeht, treten auch bewegte Formen des Pflanzenornaments in diesem Steinmosaik hervor.

Die vollste Pracht aber entfaltet sich in den Wölbungen. Diese waren einst durchweg, so weit das Auge sie verfolgen kann, mit Mosaik auf goldenem Grunde gefüllt. Die Glaswürfel, welche die Einheiten dieser Gründe bilden, sind auf ihrer Schauseite mit ächtem Goldblatt belegt; damit aber dieses weder sich abreibe noch verdunkle, ist über das Goldblatt noch ein dünner Ueberfang von Glas geschmelzt, der den Goldton unzerstörbar macht. In der gleichen Weise sind auch die Silberstifte hergestellt, welche in der Sophia (und, so scheint es, nur in der Sophia) theils als Gründe für kleinere Partien des Ornamentmosaiks, theils aber als Lichter in den Gewändern der Heiligen zur Verwendung kommen. Alle übrigen Einheiten dieses Mosaiks sind Glas, welches im Flusse gefärbt, also von der Farbe ganz durchzogen ist, so daß Putzen immer nur die Farbe erhöhen, nie sie abreiben, angreifen oder verändern kann. In den Ornamentbändern, welche farbig auf dem Gold stehen, sind die reinen Farben in ungebrochenem Feuer verwendet. Dagegen sind für die Fleischtheile der Figuren auch gebrochene Farbentöne mit sehr dünnen Glasstiften hergestellt worden, welche zum Theil nicht eine halbe Linie dick sind. Hier ließen sich also Modellirung und Halbtöne mit aller Sorgfalt ausführen, und wirklich sind die Mosaiken der Sophia allen übrigen der altchristlichen Zeit an Feinheit überlegen.

In den Mustern der Ornamentbänder, welche die Massen der Goldgründe theilen und einrahmen, zeigt sich wieder eine Mannigfaltigkeit des Musters, die von dem feinsten Gefühl für die Farbenwirkung Zeugniß ablegt. Sämmtliche Fenster, welche die Hauptkuppel und die Wölbungen der Halbkuppeln durchbrechen, sind durch breite Bänder von Mosaik eingefaßt. In diesen Einrahmungen walten die drei Farben Blau, Roth, Weiß in ganz ungebrochener Kraft und mit stark ausgesprochenen nur geometrischen Mustern; denn diese Fenster sind hoch, das Auge wird durch das einfallende Licht geblendet, und zarte feine Zeichnung würde hier kaum fühlbar sein und nicht wirken. Dagegen zeigen die dem Auge zuge=

wandten Laibungen aller Tragebogen unter den Gewölben die zierlichste Zeichnung bewegter Linien, und hierfür sind auch die mildern Farben, neben dem Roth das Grün und statt des Weiß das Silber verwendet. Selbst hier aber giebt es wieder Abstufungen. Höhere Bogen, von dem Auge weiter entfernt, haben stärkere Zeichnung; die Bogen über der Frauengallerie aber, wo die Decke dem Auge nahe ist, tragen die zartesten und zierlichsten Muster.

Dazu kommen nun endlich die Figuren und Gruppen, welche auf die Goldgründe unmittelbar aufgesetzt die meisten Wölbungen und die Laibungen der beiden freien Tragebogen der Kuppel, des östlichen und des westlichen, so wie einige der Wandflächen verzieren.

Eine bedeutende Zahl des hiervon noch Vorhandenen gehört in die Zeit des Justinian selber. In der Vorhalle ist über der „königlichen Thür", dem Mitteleingang ins Kirchenschiff, eine große Lunette durch einen breiten Mosaikrahmen gebildet, in welchem das Blau vorwaltet. Auf dem Goldgrund dieser Lunette thront Christus auf einem hohen mit einem Polster belegten Sessel, ein Buch mit der linken Hand aufs Knie gestützt, während die rechte den Eintretenden segnet. Sein Obergewand von weißer Wolle ist mit silbernen Lichtern gehöht, das gelbe Unterkleid ist als Seide gedacht und hat die Lichter in Gold aufgesetzt. Zu beiden Seiten blicken aus runden Medaillons wie aus Himmelsfenstern die Brustbilder der Jungfrau und des Erzengels Michael hinunter. Zu den Füßen Christi aber liegt wie ein Hund auf Knie und Ellbogen in Anbetung niedergeworfen ein Kaiser von Byzanz in vollem Costüme. Sein Haupt umgiebt ein Diadem, von welchem Perlenschnüre niederhangen, das grünliche Gewand ist reich dessinirt, die Füße tragen die röthlichen wieder mit Perlen besetzten Schuhe, welche nur dem Kaiser zustanden. Der schon ergreisende Bart spricht nicht gegen Justinian, da er bei der Einweihung der Kirche (537) bereits 55 Jahre alt war. Dieß eben so glänzend als fein ausgeführte Gemälde ist das Prachtstück der gesammten byzantinischen Mosaikkunst.

Trat man nun aus der Vorhalle ins Schiff, so flog der Blick

VII. Die Sophienkirche von Constantinopel.

sogleich ungehemmt zu der Kuppel empor, wo in einem Kreis von 30 Fuß Durchmesser einst Christus in colossaler Größe als Weltrichter auf dem Regenbogen saß. Diese Darstellung ist in Folge der mehrfachen Neubauten der Kuppelwölbung verschwunden. In den Zwickeln aber, mit denen die Kuppel auf die Tragepfeiler sich aufstützt, sind von vieren noch zwei riesige Cherubim erhalten, welche in ihre sechs Flügel sich so einhüllen, daß ihre Gestalt ganz verloren geht, und nur die ernsten Köpfe hervortreten. Auf den beiden Seitenwänden aber, welche die beiden großen Tragebogen rechts und links ausfüllen, stehen zwischen den Fenstern und unter denselben in umrahmten Nischen die statuarischen Gestalten der vier großen und der zwölf kleinen Propheten, nebst bedeutenden Bischöfen und Lehrern der morgenländischen Kirche, von denen einige unter der jetzt wieder aufgelegten Tünche noch wohl erhalten sind.

Zum Chor fortschreitend sah man 1847 an der Wölbung der östlichen Halbkuppel rechts einen stehenden Erzengel in blauem Gewand, der eine Weltkugel in der Linken, und in der Rechten einen Stab hielt.

Im Chor endlich, ganz oben über den fünf in die Wölbung eingeschnittenen Fenstern, thront Maria in hellblauem Mantel, welcher als Schleier vom Haupt um sie herabfließt. Nur an Brust, Hand und Fuß tritt unter der mächtigen Draperie das weiße mit Gold gestickte Unterkleid hervor. Vor der Mutter steht auf dem Boden das Christuskind, sanft von ihr an Schulter und Hüfte gehalten, die Rechte erhoben, die Linke vor die Brust gelegt, das Haar frei wallend, in weißem Gewand mit goldenem Gürtel. Der Thron der Jungfrau ist Gold mit grünem Polsterkissen.

Ebenfalls finden sich noch auf der Frauengallerie Reste von Figuren. Die Decke wird hier durch kleine Flachkuppeln gebildet. Da diese Decke nicht hoch über den Augen lag, konnten die Figuren kleiner sein. In einer der Kuppeln sind noch Reste eines Pfingstfestes. Von Christus im Scheitel der Wölbung gehen die rothen Flammen auf die im Kreise stehenden Apostel aus, während in den vier Ecken neben der Kuppel Personen aus dem Volk das

Pfingstwunder anstaunen. So ist neben der Sphäre der Heiligen auch wenigstens in einem Eckchen die Gemeinde und zwar in merkwürdig naturalistischen und gewöhnlichen Köpfen zur Darstellung gebracht.

Nicht aus Justinian's Zeit sind die Figuren auf den breiten Bändern, welche die Tragebogen der Kuppel gegen Ost und West ausfüllen. Diese beiden Bogen sind mehrfach restaurirt worden. Den gegen Westen hat Basilius Makedo (867—886 n. Chr.) neu gebaut. Im Scheitel desselben thront aus der Zeit dieses Kaisers eine sehr schöne Madonna mit dem Kind auf dem Schooß, während in den beiden Schenkeln des Bogens die Colossalgestalten des Petrus und des Paulus zu ihr hinaufragen. Der östliche Bogen ist zum letzten Mal durch Kaiser Johannes Kantakuzenos im 14. Jahrhundert erneuert worden; auf ihm steht im Scheitel ein Altartisch, während die Bogenschenkel von dem Täufer Johannes und der Madonna in anbetender Stellung eingenommen werden, zu deren Füßen die kleine Figur des Kaisers Johannes Paläologos in reicher aber weibischer Tracht kniet.

Die coloristische Wirkung all dieser spiegelnden Goldflächen ist heut noch nicht erloschen. Das Gold hat als Farbe verwandt die Eigenschaft, daß wenn sich Licht darauf spiegelt es von allen irdischen Farben als die hellste erscheint; tritt es aber in den Schatten, so wird es die dunkelste, und die andern Farben glühen neben ihm leuchtend auf. So bildet jedes Dessin, in welches Gold eingeht, nach der Veränderlichkeit des einfallenden Lichtes ein doppeltes Muster. Dadurch eben macht diese gesammte musivische Decoration solch einen wunderbar fesselnden Eindruck. „Der Goldglanz der vielfach gebogenen Flächen wechselt vom hellsten Strahl bis zum tiefen Schattendunkel, stets einen neuen Gegensatz zu den leuchtenden Farben des Ornaments bildend, und diese, bald hell, bald dunkel auf dem wechselnden Grunde sich abhebend, schimmern in den verschiedensten Nuancirungen. Das Auge kann sich an diesem Spiele der Farben nicht satt sehen, und Paulus Silentiarius sagt nicht mit Unrecht: „wer einmal den Fuß in diesen Tempel gesetzt hat, begehret nicht wieder zurück."" *)

---

*) Salzenberg, S. 32.

VII. Die Sophienkirche von Constantinopel.

Bis zum widrigen Prunk der Verschwendung stieg endlich die Pracht in dem eigentlichen Heiligthum. Silberschranken trennten den Altar vom Hauptschiff, Silbertafeln deckten den untern Theil der Wände. Zwölf in einer Reihe oder entlang der Mauerrundung im Halbkreis freistehende Säulen waren mit demselben Metall vollständig beschlagen und trugen oben große ovale Silberschilde; auf dem mittelsten war Christus, auf denen zu beiden Seiten Engelchöre, Propheten und Apostel in getriebener Arbeit abgebildet. Den Altar, mit edelsteinblitzenden Gefäßen besetzt, überragte das ganz silberne thurmhohe Tabernakel, von welchem seidene Vorhänge mit eingewobenen Figuren herabhingen; vier Bogen, auf eben so viele Säulen gestützt, trugen einen achtseitigen Aufsatz, der in eine achteckige Thurmspitze auslief; auf dieser endlich stand ein mächtiger Silberkelch mit Blattwerk als Symbol des dort gefeierten unblutigen Opfers, und auf dem Kelch ruhte der silberne Reichs=apfel, das Sinnbild des Erdenballes, über welchen sich das Kreuz siegreich aufgepflanzt hat.

Bei Tag war gewiß dieser Metall= und Steinglanz, dieß Funkeln der bunten Glasflächen kalt und herb. Dagegen wirkt noch heute hier das Abendlicht zauberhaft aufs Auge; wenn die röthere Sonne durch die vielen geneigten Fenster hereinblitzt, flammen die Goldgründe zu einem wahrhaften Alpenglühen auf. Unwiderstehlich blendend aber und berauschend muß einst in dieser Flimmerpracht der Nachtgottesdienst gewesen sein, wenn auf den hohen Standleuchtern am Boden die Kerzen flammten, wenn selbst unter der höchsten Kuppel jener vorspringende Gesimskranz von Lichtergarben schimmerte „wie die Goldkette, die ein liebender König um den Nacken seiner jungfräulichen Fürstenbraut geschlungen hat", und wenn ringsum die blitzende Decke den Glanz der silbernen Kronleuchter zurückspiegelte, die in verschiedenster Gestalt, als Kreuze, Schiffe, Scheiben, an langen Ketten von den Gewölben herabhingen — dann war es, sagt der Oberkammerherr Paulus in seiner doch brillanten Beschreibung, wie wenn unter dem Himmelsgewölbe die mannichgestalteten Sternbilder funkeln. Auch von dem fernen Meere her schaute dann der Steuermann zu der hochgelegenen von Glanz durchstrahlten Kirche empor; wie ein Leuchtthurm leitete sie sein

Schiff durch die engen Pforten des Bosporus. Und so erscheint jenes Selbstgefühl wohl berechtigt, mit welchem Justinian, am Tage der Einweihung in feierlicher Procession das vollendete Gebäude betretend, in die berühmten Worte ausbrach: O Salomon, ich habe dich besiegt!

Denkt man sich nun in die flimmernde Zauberpracht eines solchen Nachtgottesdienstes hinein, oder gegenwärtig bei einer Hochmesse, wenn der ganze Altar von Prachtgeräthe blitzte, fünf Hundert Geistliche verschiedenen Ranges in bunten Gewändern fungirten, und vor dem versammelten Hof einer der brillanten Redner, die man als Bischöfe für den Patriarchenstuhl von Constantinopel zu berufen pflegte — edle Männer darunter, wie der berühmte Homilet Chrysostomus, aber doch auch in der Predigt den oratorischen Pomp der griechischen Rhetorik entfaltend — so mag man wohl fragen, ob solch ein mächtiger aber sehr weltlicher Prunk mit der Einfachheit des Stifters der Kirche und der schlichten Sittenlehre des Evangeliums stimmt. Ja wenn die Kirche einzig an das Geistliche dächte! Hier aber trat ein Anderes hinzu: die byzantinische Kirche empfand sich im Kampf mit andern Religionen und mit andersgläubigen Kirchen der Christenheit, und sie wollte imponiren, um Proselyten zu machen. Die Sophienkirche mit dem Prunk ihrer Golddecoration und dem Rausch ihres Cultus ist ein Schicksal für Europa geworden; unter ihrer goldenen Kuppel hat sich die Bekehrung der Russen und damit die Abwendung dieses jetzt ungeheuern Factors von der westeuropäischen Bildung vollzogen. Diese Geschichte ist so merkwürdig und in ihren Einzelheiten so wenig bekannt, daß man sie bezweifeln möchte, wenn ich sie selber erzählte. Ich lasse daher einen russischen Zeugen reden, und zwar einen sehr ehrwürdigen und glaubhaften Zeugen, Nestor, den Mönch im Höhlenkloster zu Kiew, der um 1100 lebte, also seine russischen Annalen schon hundert Jahre nach der Bekehrung der Russen schrieb.

Diese Bekehrung ist durch den Großfürsten Wladimir erfolgt, den deshalb die morgenländische Kirche unter ihre Heiligen erhöht hat. Ein wunderlicher Heiliger auf alle Fälle; denn er hielt sich fünf Frauen und achthundert Kebsweiber, war aber mit diesem

VII. Die Sophienkirche von Constantinopel.

heit. Jehovah, sagt diese Weisheit in den Sprüchen Salomon's, hat mich gehabt von Anfang seiner Wege; ehe er was machte war ich da. Da er den Grund der Erde legte, da war ich der Werkmeister bei ihm und hatte meine Lust täglich und regte mich vor ihm allezeit. Das spätere griechische Buch der Weisheit, das auch auf Salomon's Namen erfunden ist, führt den Gedanken weiter aus und giebt dieser göttlichen Schöpferkraft den griechischen Namen Sophia. Hier ist sie es nicht allein, welche die Welt gründete, sondern sie wird auch zur Vorsehung der frommen Menschen des alten Testamentes, sie führt das Volk aus der ägyptischen Knechtschaft und hilft dem Salomon seinen Tempel bauen. An diese Zweipersönlichkeit Gottes hat sich dann die christliche Dreieinigkeitslehre angeschlossen, nur daß sie nach dem Vorgang eines andern jüdischen Philosophen der zweiten Person einen männlichen Namen gab. Diese christliche Trinitätslehre begann aber erst zu Constantin's Zeit sich fest zum Dogma zu krystallisiren, und so blieb für die Centralkirche des neuen byzantinischen Reichs der alttestamentliche Name möglich, den man dann auch für die späteren Neubauten beibehielt. Die Sophia ist also thatsächlich dem Sohn Gottes gewidmet, sofern dieser als zweite Person der Trinität gedacht wird.

Constantinopel ist zu allen Zeiten bis auf unsere Tage herunter furchtbar von Feuersbrünsten heimgesucht worden, denn man hat dort stets die Wohnungen der Menschen aus Holz und nur die Gotteshäuser aus Stein gebaut. Constantin's Sophia war schon einmal bei einem Krawall abgebrannt und erneuert; unter Justinian fraß bei dem großen Aufstand, den die Parteien der Rennbahn im Jahr 532 veranlaßten, das Feuer den ganzen untern Theil der Stadt nach dem Meere zu, und die Sophia lag wieder in Asche. So traf es sich, daß derjenige byzantinische Kaiser, der vor allen seinen Vorgängern und Nachfolgern durch leidenschaftliche Liebe für Monumentalbauten glänzte, auch für diese Neuschöpfung der Bauherr wurde. Abbrennen sollte sein stolzes Werk nicht mehr, das stand ihm fest. Darum wurde der Bau auf einen ganz freien Platz gestellt, und kein Stück daran durfte aus Holz sein. Hierdurch war der Grundcharakter der Anlage schon be=

stimmt: die flache Holzdecke einer Basilika konnte nicht zur Anwendung kommen, und um die mächtigen Räume zu überdecken, blieb nur ein großartiger Gewölbbau verwendbar. In der That ist an der ursprünglichen Sophia Justinian's kein Stück Holz verwendet, außer für die Thüren, und diese wurden durch Bekleidung mit Bronze vollständig gegen Feuer geschützt. Sperrungen der Bogen sind zwar jetzt aus Holzbalken hergestellt, diese aber scheinen als späterer Nothbehelf eingezogen zu sein.

Für die Bedeckung des mittelsten Hauptraumes wurde die stolzeste aller Gewölbformen, nämlich die Kuppel gewählt, und hierfür gab es bereits zahlreiche Vorgänge. In solchen Zeiten, wo die Baukunst wahrhaft blüht und wie ein Baum fortgrünt in organischem Wachsthum, schreitet sie wie jede Technik auf dem Wege des Experiments fort; jeder große Bau bringt neue Erfahrungen, und der nächste wird besser als der vorige. In dem christlichen Abendland hatte der Bau der Pfarrkirchen sich an die großen Speisesäle reicher Christen angelehnt, in denen zuerst die Gemeinde sich zu versammeln pflegte. Als die Zahl der Bekenner wuchs, nahm man die großen öffentlichen Gerichtshallen zum Vorbild, die eine schöne Raumvertheilung und eine gute Akustik hatten; denn die Predigt machte damals noch einen Haupttheil des Gottesdienstes aus, und diese mußte vor Allem gut gehört werden. Ein länglicher Raum, von Säulen der Länge nach durchzogen, welche oben eine flache Holzdecke trugen; an der einen Schmalseite lagen die Eingänge, an der andern Schmalseite bildete sich der alte Sitz des Richters und der Geschwornen zum Chor für die Priester aus, und langsam traten zur Erweiterung dieser Priesterkirche rechts und links vor dem Chor zwei Kreuzarme dazu, die ein Querschiff bilden: das ist der Grundplan der altchristlichen Basilika, wie er auch in den Bauten des früheren Mittelalters noch fortlebt. Statt dieses gestreckten Baues nahm man aber für kirchliche Gebäude schon früh eine Nebenform auf, welche man jetzt mit dem Namen des Centralbaues zu bezeichnen pflegt. Auch hier war die Baukunst der heidnischen Römer mit Mustern vorangegangen. In den großen Badeanlagen der Hauptstädte des Reiches befanden sich neben den großen flachen Badeteichen auch gemeinschaftliche

VII. Die Sophienkirche von Constantinopel.

Ansprüchen noch lange nicht begnügt. Seine Großmutter Olga hatte sich bereits zu Constantinopel taufen lassen; jetzt suchten ihn die Nachbarvölker zu bekehren. Den Bulgaren sagt er, Mahomedaner könne er nicht werden', denn Trinken sei das Vergnügen der Russen, ohne das könnten sie nicht leben. Bei der katholischen Religion der Deutschen gefällt ihm dagegen das Fasten nicht. Die jüdischen Chozaren haben mit ihrem Gott nicht Glück noch Stern, sonst hätte er ja nicht selber sein Jerusalem zerstört. Einzig ein byzantinischer Philosoph macht Eindruck auf ihn, indem er ihm ein Bild des jüngsten Gerichtes zeigt. Was die Augen sehen, das glaubt das Herz, und Wladimir wird durch die Qualen der Verdammten sehr erschüttert. Er sendet den Philosophen reich beschenkt fort, will sich aber doch noch besinnen. Dann heißt es wörtlich weiter wie folgt:

„Im Jahr 987 berief Wladimir seine Bojaren und die Alten der Stadt Kiew und sprach zu ihnen: Ihr wißt, daß die Bulgaren zu mir gekommen sind und haben mir gesagt: Nimm unsern Glauben an. Dann kamen die Deutschen, die haben mir auch ihre Religion gerühmt; darauf wieder die Juden, und nun zuletzt die Griechen, die schimpfen auf alle Religionen, preisen allein die ihrige, und haben zum Beweis mir die Geschichte der Welt von der Schöpfung an erzählt. Ihre Reden dünken mir verständig, ich habe sie gern angehört, obwohl ich mich erstaunt habe. Sie sagen, es soll noch ein Leben kommen nach diesem, und wer ihren Glauben bekennt, soll nach dem Tod auferstehen und ewig nicht verloren gehen; aber wer einen andern Glauben hat, der soll brennen in Ewigkeit. Was denket Ihr nun davon? Die Bojaren und die Alten antworteten: Du weißt, o Fürst, daß kein Mensch von seiner Religion Uebles redet, im Gegentheil, Jeder lobt die seinige. Wenn Du die genaue Wahrheit wissen willst, so hast Du weise Leute zur Hand; sende sie den Glauben eines jeden dieser Völker und ihren Gottesdienst zu prüfen.

„Diese Rede gefiel dem Fürsten und Jedermann. Also erwählte er kluge Leute und die offenes Auges waren, zehen an der Zahl, und sprach zu ihnen: Gehet zuerst zu den Bulgaren und prüfet ihre Religion.

„Die Männer gingen; aber als sie angekommen waren und all die schandbaren Dinge im Gottesdienst der Mahomedaner gesehen hatten, zumal aber wie sie Gott mit bedecktem Haupt anbeten, kamen sie nach Rußland zurück. Da gebot ihnen Wladimir: Gehet nunmehr nach Deutschland und spähet die Religion des Landes aus, und dann sollt Ihr Euch auch nach Griechenland wenden.

„Da kamen die Abgesandten nach Deutschland und späheten den ganzen Gottesdienst aus; darauf gingen sie nach Zaragrad (d. i. Constantinopel) und kamen vor den Zaren. Dieser fragte sie, warum sie gereist kämen, und sie sagten's ihm an. Dessen freute der Zar sich sehr und nahm sie mit Pracht und Ehren auf. Des andern Tages schickte er bei früher Zeit nach dem Patriarchen und sprach zu ihm: Die Russen sind hergekommen unsern Glauben zu prüfen; so richte alles in der Kirche und im Chor ein; Du selber aber lege Deinen ganzen Schmuck als Bischof an, damit sie die Majestät unseres Gottes erblicken.

„Als der Patriarch solches vernahm, ließ er die Geistlichkeit kommen. Er verordnete das Hochamt wie an einem Feiertag, ließ Weihrauch in die Pfannen thun und die Litaneien und Hymnen anstimmen. Man führte die Russen in die Kirche und setzte sie mit Sorgfalt auf einen bequemen Platz, daß sie gleich wie sie eintraten die Auszierung und die schöne Pracht der Kirche und die Gesänge und den Schmuck der Patriarchen und der Diakonen anstaunen möchten — den ganzen Brauch wie die Griechen Gott anbeten. Wie ihre Augen diese Herrlichkeit erblickten, da wurden die Abgesandten als wären sie verzückt, und sie konnten diese Art Gott zu dienen nicht genugsam preisen.

„Hierauf hießen die Zaren Wassili (es war dieß Basilius II.) und Constantin sie vor sich kommen und sagte ihnen: Kehret jetzt zurück in Euer Land. Und sie gaben ihnen Urlaub und häuften auf sie Ehren und Geschenke.

„Als sie in Rußland wieder daheim waren, rief Wladimir seine Bojaren und die Aeltesten der Stadt zusammen, und sprach zu ihnen also: Unsere Abgesandten sind zurück, lasset uns vernehmen was sie gesehen haben. Kommt, sprach er zu den Boten, und meldet uns was Ihr erkundet habt.

VII. Die Sophienkirche von Constantinopel.

„Da sprachen die Abgeordneten: Zuerst haben wir die Bulgaren besucht und gesehen wie sie Gott dienen in ihren Tempeln, mit bedecktem Haupte und um die Lenden ungegürtet; dann nachdem sie niedergefallen, setzen sie sich und blicken nach einer Seite und nach der andern, als wären sie von Sinnen. Es ist keine Lust sie zu sehen, und auch ist um sie herum solch ein unleidlicher Stank, und Alles ist unangenehm: kurz, **ihre Religion ist nicht hübsch**.

„Hierauf fuhren wir zu den Deutschen, wir sahen ihre Kirchen und den Brauch ihres Betens; aber da ist auch nicht Zier noch Schönheit. Endlich kamen wir zu den Griechen und sie führten uns in die Orte wo man den Gottesdienst hält. Da meinten wir wirklich wir wären im Himmel; denn auf Erden wird solcher Reichthum und Pracht nicht gefunden. Wir könnten Euch auch nicht erzählen was wir gesehen haben; und müssen wir glauben, daß man dort wahrhaft in Gottes Gegenwart sich befindet, und daß der Gottesdienst der andern Länder davor ganz blaß wird. Auch werden wir diese Herrlichkeit niemals vergessen. Wer solch ein Schauspiel gesehen hat, der findet auf Erden nicht mehr das ihm gefalle; auch mögen wir hier im Land nicht länger bleiben.

„Hierauf nahmen die Bojaren das Wort und sagten: Wäre die griechische Religion vom Uebel gewesen, so hätte Deine Großmutter Olga sie nicht angenommen, denn sie war an Weisheit vor allen Menschen. Wo wollet Ihr Euch denn taufen lassen? sagte Wladimir. Da wo Du selber es willst, antworteten sie."

Es wird dann weiter berichtet, wie im folgenden Jahr (988) Wladimir Cherson erobert und gegen Byzanz Angriffsstellung nimmt. Er droht den Zaren Basilius und Constantin auch Constantinopel wie Cherson zu stürmen, wenn sie ihm nicht Anna ihre Schwester zur Ehe geben. Sie verlangen, erst soll er sich taufen lassen, und Anna entschließt sich sehr schwer; da erblindet Wladimir (eine stehende Legende im Mittelalter) und wird durch die Taufe sehend. Taufe und Hochzeit fanden beide in Cherson statt, und nun folgte die Bekehrung der Hauptstadt Kiew. Dort hatte (nach) einer der Chroniken von Nowgorod) Wladimir im Anfang seiner Regierung erst recht den Götzendienst eingeführt, Bildsäulen auf-

gestellt und Alle die sie nicht anbeten wollten an Rang und Grund=
besitz gebüßt. Jetzt beliebte es dem Gewaltherrscher anders, und
das Volk mußte willenlos wieder mit. Das Götzenbild des Perun
wurde in den Dniepr geworfen. „Darnach ließ Wladimir durch
die ganze Stadt ausrufen: Wer morgen früh nicht am Ufer des
Flusses erscheint, reich oder arm, Bettler oder Tagelöhner, der soll
für einen Aufrührer gelten und Strafe leiden.

„Als die Einwohner diese Drohung hörten, kamen sie ohne
Verzug, denn sie sagten: Wäre die Taufe kein Nutz, so hätten unsre
Fürsten und Bojaren sie nicht angenommen.

„Am folgenden Morgen begaben sich also Wladimir, begleitet
von Priestern, der Zarina und den Christen von Cherson an den
Dniepr. Da sammelte sich ein unzählbar Volk, die liefen ins
Wasser, einer bis an den Hals, der andre bis an die Brust. Die
Kinder, die am Ufer blieben, wurden mit Wasser begossen, andre
schwammen umher, während die Priester die Gebete lasen. Und
das war ein Schauspiel groß, seltsam und schön anzusehen. Wie
endlich alles Volk getauft war, gingen sie ein jeglicher heim in
sein Haus." Und so wie in der Residenz ging es überall, vor=
nehme Kinder ließ er unterrichten, auch im Schreiben, und niemand
achtete darauf, daß bei diesen Gewaltstaufen Mütter über ihre
Kinder weinten als sollten sie sterben, denn, sagt Nestor, sie waren
noch nicht recht fest im Glauben.

Auch von byzantinischer Seite wird uns diese Bekehrung der
Russen durch die Pracht der Sophia erzählt. Die Fremden, heißt
es, sahen dort leibhaftig geflügelte Gestalten in langen Gewändern,
welche in der Luft flogen ohne den Boden zu berühren und das
Sanctus mitsangen. Diese Engel sind wohl sicher die noch vor=
handenen sechsflügligen Cherubim in den Zwickeln der großen
Centralkuppel, die in dem Bericht der Gesandten bei den Zuhörern
im fernen Kiew sich in lebende Geister verwandelten.*)

Man sieht, die Prachtausstattung der Sophia hat ihre Folgen
gehabt, und die sechs Millionen Thaler, welche nach unserm Gelde
Justinian daran gelegt hatte, haben starke Zinsen getragen. Aber

---

*) Nestor, französisch übers. von Louis Paris, Anmerkung zum I. Band.

VII. Die Sophientirche von Constantinopel.

auch in der weitern Entwicklung der Baukunst hat die Kirche ihren Einfluß behauptet. Zunächst diese so energisch eroberte Tochter der byzantinischen Kirche, die russische, sie folgte auch darin der Mutter; gleich unter Wladimir's Nachfolger Jaroslav erhob sich in Nowgorod eine Sophien=Kirche mit Kuppel und Goldmosaiken, und noch der letzte mächtige Monumentalbau Rußlands in unserm Jahrhundert, die Isaakskirche in St. Petersburg, hat eine Haupt= kuppel von vier kleinern Kuppeln umgeben. Ebenfalls hat die ganze morgenländische Kirche in Asien, bis tief in die Kaukasus= länder und nach Armenien hinein, einstimmig von Byzanz den Kuppelbau angenommen. Die Religion Muhamed's, wo immer sie die christliche Kirche überwand und ablöste, nahm mit Begei= sterung die Kuppel auf. In Alhambra waltet sie in Einem bril= lanten Beispiel; die Araber in Cairo, die Osmanen in Constanti= nopel selbst und in allen Theilen des türkischen Reiches haben im Stil der Sophia gebaut. Im fernen Indien spiegeln die Moscheen und Grabmäler der Großmoghuln im Ganges, in der Dschumna ihre herrlich schwellenden Marmorkuppeln.

Woher die Gunst, welche die Kuppel auch noch in einer andern Religion und Weltordnung fand?

Der reine Gegensatz zum Kuppelbau ist der heidnisch=griechische Tempel, das schlichte Götterhaus von Säulen umstellt. Alle Säulen gleich hoch, gleich stark, gleich decorirt, eine so viel tragend wie die andere, wie eine Schaar spartanischer Krieger, welche geschmückt und bekränzt zum Kampfe gehen; der absolute Ausdruck republi= kanischer Gleichheit, jeder Theil auf sich stehend, sich selbst tragend, unverwüstlich weil einfachst construirt wie der republikanische Staat — kein griechischer Tempel, wo nicht die Hand des Menschen zer= störend eingriff, würde bis heut eingestürzt sein, und wo auch nur eine Gruppe von ein paar Säulen erhalten ist, da tragen sie ihre Gebälkstücke noch fest und stramm empor. Die Kuppel im Gegen= theil sagt: Ich bin der Eine; alle andern Theile tragen nur mich. Der letzte Stein im Fundament empfindet den Druck des Centrums, und von ihm aufwärts bis zu den Bogen, welche die Kuppel stützen, reicht durch alle Glieder des Baues eine feste Hierarchie dienender Beamten. Der innerste Charakter dieses Stils ist, daß jedes Gebäude nur Eine Hauptkuppel tragen darf. In der Kuppel spricht sich die Despotie aus, welche die Leiber beherrscht und die Gewissen zugleich. Darum hatte Byzanz, darum Rußland und der Islam, wo der Sultan zugleich der Papst ist, ein so lebhaftes Gefühl für diese Bauform. Im Abendland, wo Papst und Kaiser neben einander standen, wo der Lehnsstaat, das Bürgerthum den Despoten zügelte, hat die Kuppel niemals breiten Boden gewonnen. Wo sie vereinzelt auftritt, da bezeichnet sie fast immer, daß in der Gesellschaft sich eine Wendung zum Absolutismus vollzieht. In den drei nordischen Reichen, wo die Freiheit stets ein nie sich verrückender Nordstern über der Stirn der Männer stand, erhebt sich auch nicht Ein monumentaler Kuppelbau. Als Rom am Ende des Mittelalters sich für unerschütterlich hält, legt es den Grund zum St. Peter. Auf dem freien Boden Großbritanniens steht Eine Kirchenkuppel, nur Eine: es ist die Paulskirche in London, und diese ist unter Karl II. begonnen, als man meinte mit der Revolution fertig zu sein. In Frankreich hat Richelieu in seinem überwundenen Paris den ersten Kuppelbau errichtet. Nicht so leicht wie diese klare Sprache der Steine versteht sich der Sinn derjenigen Stile, die in reicherer Gliederung der Architektur, wie in unserm Mittelalter, ihre Weltanschauung ausprägen. Wer aber nur den Kölner Dom ansieht mit den beiden gleichwiegenden Thürmen, wird doch sogleich fühlen, daß hier eine Zweiheit zum Ausgleich gebracht ist. Und redet in ihrer Architektur nicht auch unsere Zeit zu uns? Freilich, wo wir bloß die Ueberlieferung einer vergehenden Welt fortsetzen, wo wir neue Kirchen und Paläste bauen, da kramen wir in allen alten Stilen fort. Die Neuschöpfung unserer Zeit aber ist nicht in Stein, sondern in Eisen und Glas. Unsere eigensten Thaten sind die Weltausstellung, der Krystallpalast, der Bahnhof: die ungeheure Halle der Gleichheit, die Tausenden Schirm vor dem Wetter giebt und doch bis in die letzten Ecken vom vollen Tageslicht der Oeffentlichkeit durchdrungen ist. Wie dereinst die Wissenschaft des Ingenieurs, der Geist des Architekten, die Erfindung des Decorateurs diesen Stil zur Pracht entwickeln werden, das sehen wir heut so wenig voraus, als man bei der skeletthaften Einfachheit der frühesten

Franziskanerkirchen ahnen konnte, daß diese mageren kindlichen Formen zur Herrlichkeit der spitzbogigen Kathedralen ausreifen sollten. Aber unser Baustil ist einmal dieser und kein andrer, und er drückt aus was allein wahrhaft in der Zeit lebt. Der Bahnhof ist der Abschluß der Eisenbahn. Die Eisenbahn vernichtet das Privilegium, der Arbeiter fliegt so schnell zum Ziel als der Reiche auf den Kissen des ersten Platzes. Der Bahnhof aber sagt: Ich bin die Gleichheit, und Allen, ohne noch einen Vorzug zu dulden, gebe ich gleichmäßig Raum und Licht und Bewegung.

VIII.

Die Brüsseler Rathhausbilder des Rogier van der Weyden und deren Copien in den burgundischen Tapeten zu Bern.

Die Geschichte der modernen Malerei in den nördlichen Ländern fängt im Nebel an. Wenige große Namen des fünfzehnten und vom Anfang des sechszehnten Jahrhunderts errangen sich europäischen Ruf, und auf diese Meister wurde der ganze Vorrath von niederländischen und deutschen Bildern jener Frühzeit zurückgeführt. Alberto Duro, Luca d'Olanda und Olbeno sind in Italien noch heute Collectivnamen, und auf diese drei, Dürer, Lucas van Leyden und Holbein, werden auch in Spanien alle früheren Bilder der nordischen Schulen getauft. Nur wenige nordische Maler haben überhaupt in früher Zeit Biographen gefunden, welche genug von ihnen wußten, um sie in unsrer Phantasie als volle lebendige Gestalten hinzustellen, und selbst in diesem günstigsten Fall wurde oft die Künstleranekdote zu Hülfe genommen, die sich dann der späteren Forschung meist als sehr zweifelhaft erweist. Erst unsere Zeit hat hier ernst zu sichten übernommen; sie wird unterstützt durch die archivalische Forschung, denn die größten Kunstwerke jener Zeiten befanden sich meist in Kirchen und städtischen Gebäuden, sind daher oft durch Urkunden beglaubigt, die sich auf ihre Bestellung, Bezahlung oder Aufstellung beziehen; oft auch gewähren Tauf= und Sterberegister uns für die Künstlerbiographie feste chronologische Anschlüsse. Außerdem hat unsere Zeit die schnelle Beweglichkeit und die Leichtigkeit des Reisens voraus; man

VIII. Die Brüsseler Rathhausbilder des Rogier van der Weyden. 303

kann viele Bilder sehen, kann beglaubigte Werke eines Meisters mit den nicht datirten vergleichen, ehe der Eindruck im Auge erlischt; und man hat schließlich die leichte Vervielfältigung durch die Photographie, welche abermals Vergleichungen erleichtert. So wächst langsam die beglaubigte Kunstgeschichte großer Perioden zur Reife heran; die Schüler sondern sich von den Meistern, und es wird möglich, Listen über Alles abzufassen, was von irgend einem bestimmten Künstler noch übrig ist.

Am schlimmsten stand es in dieser Hinsicht mit der altflandrischen, durch die Brüder van Eyck gestifteten Malerschule. Außer dem fest beglaubigten Bilde der Eyck's in Gent und den Sachen Memling's in Brügge gab es für die Geschichte dieser Schule keinen fernern Anhalt, als ein paar Notizen in italienischen Schriftstellern des 15. und 16. Jahrhunderts, und dann die aus diesen Notizen zum Theil abgeschriebenen, sonst aber ganz verworrenen Biographien des Carel van Mander, der erst im Anfang des siebzehnten Jahrhunderts, also fast 200 Jahre nach Gründung der Eyck'schen Schule, sein Schilderboeck herausgab. Die Schule hatte überhaupt Unglück; der Bildersturm, der mehr als einmal über die Niederlande tobte, und dann der spanische Krieg zerstörten zahllose altflandrische Bilder; und was der Zerstörung entging, wurde geraubt und verschleppt. So verloren wichtige Bilder ihre ursprüngliche Stelle, und das Band der Localtraditionen wurde zerrissen, welche dem Kunsthistoriker oft so nützlich werden können. Bei zahlreichen Malernamen, welche van Mander anführt, müssen wir die Hoffnung wohl für immer aufgeben, sie mit einem noch erhaltenen Werke zu verbinden; für andre große Meister müssen wenige beglaubigte Bilder, ein paar trockene Notizen über Geburtsort und Todesjahr, und zuweilen eine einzelne Begebenheit aus ihrem Leben genügen, um aus kleinen Steinchen ein Mosaikbild ihres Wesens zusammenzufügen. Die Rundheit einer Statue kann solch ein Bild nie erlangen, aber auch, wie es ist, kann es eine annähernde Portraitwahrheit beanspruchen. Nur eins verbitten wir uns, um so mehr, da es in die moderne französische und deutsche Kunstschriftstellerei einzubrechen anfängt — nämlich, daß man die Lücken einer solchen Biographie, welche stets bleiben werden, mit romanhaften Erfindungen oder allgemeinen Redensarten und Sentenzen auszukitten versucht.

I. Leben des Rogier van der Weyden.

Ganz so aus kleinen Mosaiksteinchen setzt sich Alles zusammen, was wir über das Leben des größten Schülers der van Eyck wissen, durch welchen zugleich die Eyck'sche Tradition zu Memling sich fortleitet. Rogier van der Weyden, so zwischen die zwei großen Meister gestellt, Schüler des Jan van Eyck, Lehrer des Memling, hat Jahrhunderte lang seinen Ruhm an beide vertheilt; entweder dem Eyck oder dem Memling sind bis vor etwa 40 Jahren alle seine Werke zugeschrieben worden. Die Existenz des Meisters war freilich beglaubigt durch den großen Ruhm, den er bei seinen Zeitgenossen hatte, und zwar nicht nur in allen Theilen der Niederlande, seiner Heimat, sondern schon bei Lebzeiten in Italien und Spanien, sowie durch eine blühende Schule, die aus seinem Atelier sich über Köln bis an den Oberrhein und Lech ausbreitete. Es scheint aber, daß gerade dieser Ruhm an dem spätern Erlöschen seines Namens Schuld geworden ist, weil Rogier zu sorglos war, um auf die Erhaltung dieses Ruhmes bedacht zu sein. Sowohl Jan van Eyck, als Memling haben ihre Bilder häufig mit ihren Namen bezeichnet: **Rogier that es niemals***), sei es aus Stolz oder Bescheidenheit oder (wie er denn nach seinem ganzen Wesen uns als ein frommer Mensch erscheint) aus religiöser Demuth. Erst eine Reihe von glücklichen Fünden, die wir meist belgischen Archivforschern verdanken, haben sein Leben endlich in's Klare gesetzt, und eine kleine Zahl vollkommen erweislicher Bilder von ihm geben uns jetzt einen festen Anhalt, um auch solche Werke ihm anzueignen, welche keinen Stammbaum haben. Doch bedarf

---

*) Auf dem Bilde der Kreuzabnahme in St. Pierre zu Löwen steht ein halbes W. (Zusätze zu Delepierre's französ. Uebersetzung von Crowe und Cavalcaselle's Werk über die flandrischen Maler, 2. Band.) Eine zu unsichere Bezeichnung, als daß man sie für Andeutung des Namens van der Weyden nehmen müßte.

es für das Letztere immerhin großer Vorsicht, denn zwischen Rogier einerseits und andererseits seinen Mitschülern aus dem Atelier Jan van Eyck's, sowie auch seinen eigenen Schülern sind die Unterschiede fein, und man kennt altflandrische Bilder, die von den Kennern dreimal umgetauft worden sind, bis zuletzt die eigenhändige Quittung des wirklichen Meisters derselben bewies, daß keine der drei Taufen recht gewesen war.

Die gleichzeitigen und die wenig spätern Schriftsteller, welche Rogier erwähnen, nennen ihn theils Gallicus, theils Rogier von Brüssel, theils von Brügge, theils Bürger von Löwen; jetzt wissen wir aus Urkunden, daß er aus Tournai gebürtig war. Eine Verwirrung, die unauflöslich bliebe, wüßten wir nicht, daß die Malergilden der einzelnen Städte an dem Statut festhielten, daß man in sie als Mitglied aufgenommen und damit als Stadtbürger anerkannt sein mußte, wenn man in ihrer Stadt eine Bestellung ausführen wollte. Jene vielen Ortsnamen beweisen also nur, daß Rogier in allen diesen Städten successiv gewohnt und wahrscheinlich als Meister gearbeitet hat. Rogier war zu Tournai im westlichen Flandern geboren, also auf französischem Sprachgebiet.*) In französischer Sprache sind also die frühesten urkundlichen Notizen über ihn, und die früheste Form seines Beinamens. Ein Register der Maler von Tournai thut dar, daß er im Jahr 1426 als Lehrling bei dem Malermeister Robert Campin eintrat, seine Lehrzeit pflichtmäßig aushielt und als freier Meister 1432 zu Tournai in die Malergilde trat. Sein Name ist hier, wie auch in einer späteren Aufzeichnung aus dem Jahr 1459, Rogier de

---

*) Die neuesten Resultate über diesen Punkt sind zusammengestellt in der Biographie Rogier's, welche Alfred Michiels im Septemberheft 1866 der Gazette des Beaux-Arts begonnen und dann in den 3. Band der 2. Ausgabe seiner Peinture flamande et hollandaise aufgenommen hat. Es ist dies die dritte Lebensbeschreibung des Künstlers, welche Herr Michiels schreibt. Die erste, im zweiten Band der ersten Ausgabe seiner Peinture, wurde so schnell durch die fortschreitende Forschung antiquirt, daß er im 3. Bande desselben Buches eine zweite Biographie gab. Jetzt folgt diese dritte, die abermals starke Zusätze und Berichtigungen enthält. Uebrigens sind es besonders die soliden Archivforschungen des Herrn Adolphe Wauters in Brüssel, welche in diesem höchst schwer zu ermittelnden Malerleben Licht geschafft haben.

le Pasture, was er selbst wohl später, als er Bürger in flämisch-redenden Städten wurde, in das gleichbedeutende van der Weyden übersetzte.*)

Wenn man hiernach an der Identität des Malers von Tournai mit dem berühmten Stadtmaler von Brüssel noch zweifeln konnte, so hebt sich jedes Bedenken durch einen erst ganz kürzlich in der Jahresrechnung der Gilde von Tournai aufgefundenen Posten für Ausgaben bei einer Todtenmesse, welche gerade im Todesjahr des berühmten Rogier (1464) in Tournai für den Meister „Rogier de le Pasture, von Tournai gebürtig", gelesen wurde, „der in Brüssel gewohnt hat."**)

Beim Eintritt als Lehrling im Jahr 1426 war Rogier bereits verheiratet und Vater, er kann also kaum vor 1405 geboren sein; was auch dadurch unterstützt wird, daß er schon 1436 in sehr

---

*) Diese Notizen fand in dem Malerregister Herr Dumortier von Tournai. Sie lauten im Original: „Rogelet de le Pasture natif de Tournay commencha son apresure le cinquiesme jour de mars lan mil CCCC vingt six. Et fu son maistre maistre Robert Canpin paintre. Lequel Rogelet a parfaict son apresure deuement avec son dit maistre." Und weiter unten, in der Liste der Meister unter dem Jahr 1432: „Maistre Rogier de le Pasture, natif de Tournay, fut reçu à la francise du mestier des paintres le premier jour daoust l'an dessus-dit." Die oben im Text erwähnte Aufzeichnung von 1459 rührt von dem Abt Jean le Robert in Cambray her und lautet: „Le XVI de jung l'an LV, je Jehan, abbé, marchanday a maistre Rogier de le Pasture, maistre ouvrier de painture de Bruxelles, un tableau etc." Hiernach ist in den französischen Provinzen der Name de le Pasture neben dem flämischen van der Weyden in Gebrauch geblieben; und dieser Rogier de le Pasture war eins mit dem berühmten Stadtmaler von Brüssel. Daß Rogier, als er Lehrling wurde, bereits einen Sohn Cornelius hatte, der im Alter von ungefähr 48 Jahren 1473 starb, beweist nichts gegen die Identität beider Maler; Rogier besaß später eignes Vermögen, und vielleicht gab ihm die Heirat mit einer reichen Frau erst die Möglichkeit, den Beruf des Malers zu ergreifen. (Sämmtliche Beweisstellen findet man vereinigt in dem vortrefflichen Katalog des Museums zu Antwerpen, zu Rogier's Bild unter Nr. 30 dieses Katalogs.)

**) Die Stelle bei Michiels a. a. O. S. 224: „Item, payet pour les chandelles qui furent mises devant saint Luc, à cauze du service maistre Rogier de le Pasture, natyf de cheste ville de Tournay, lequel demoroit à Bruxelles ... pour ce: iiij gros 1|2."

ehrenvoller, auch einträglicher Stellung als Stadtmaler von Brüssel lebte, und daß schon 1445 sein berühmtes Flügelaltärchen von Juan II., König von Castilien, der Karthause von Miraflores in Spanien zum Geschenk gemacht wurde. Er hat nach dem Bisherigen eine von den Eycks unabhängige Erziehung zum Künstler genossen und zuversichtlich als Temperamaler begonnen, da die Oelmalerei bis kurz vor 1441, wo Jan van Eyck starb, nur im Eyck'schen Atelier geübt wurde. Es hindert also nichts anzunehmen, daß Rogier bei seiner Anstellung in Brüssel die Eyck'sche Manier und den Gebrauch der Oelfarben noch nicht kannte, und so würde auch der Umstand sich erklären, daß gerade die berühmten Rathhausbilder in Brüssel nicht in Oel, sondern mit Leimfarben auf Leinwand gemalt waren.*) Wir dürften uns also nicht wundern, wenn diese Werke und andere jener Zeit einen Stil zeigen sollten, der von der Eyck'schen Manier noch sehr entfernt ist.

Jedenfalls ist Rogier sehr schnell in Kunst und Ruf gestiegen, denn im Jahr 1436 war er bereits Brüsseler Stadtmaler, indem damals der Gemeinderath von Brüssel bestimmte, daß nach seinem Tode ferner kein Stadtmaler solle ernannt werden. Bei seiner ernst=religiösen Gemüthsart ist zu glauben, daß er an die strenge Partei sich anschloß, welche damals in Brüssel zur Macht kam. Ein Anhänger dieser Partei, Jan van Ruysbroeck, war Architekt des neuen Rathhauses, dessen Gerichtssaal unser Rogier mit Darstellungen einer strengen Gerechtigkeit ausstattete. Wir kennen die Bedingungen, unter denen er angestellt war. Der Einfluß des großen Tuchwebergewerks, wodurch die belgischen Provinzen damals glänzten, wirkte in Brabant auch auf die Besoldungen ein, welche Regierung und Municipalitäten ihren Beamten zahlten: man gab den Angestellten ein bestimmtes Ellenmaaß Tuch statt

---

*) Vasari (Vit. c. CLIX), welcher den Rogier van der Weyden bei Namen kennt, meint zwar, die Brüsseler Rathhausbilder seien in Oel gewesen, allein dies hat er wohl nur aus dem Umstand geschlossen, daß Rogier nach seiner Ausbildung in Tournai hernach Jan van Eyck's Schüler wurde. Aber van Mander sagt ganz bestimmt, daß seine Hauptwerke mit Ei= oder Leimfarbe auf große Stücke Leinwand gemalt waren. (Leben des Rogier van Brügge, fol. 126 pag. 2.)

des Gehaltes. Die Stadthandwerker, wie Maurer und Schreiner, erhielten jährlich ein Viertelstück Tuch, Rogier als Künstler ein Drittelstück, die studirten Aemter: Sachwalter, Pensionaris, Arzt, Stadtschreiber und die Clercs oder Greffiers, Jeder ein halbes Stück Tuch. Außerdem trug der Stadtmaler seinen Mantel auf der rechten Schulter, die Handwerker auf der linken.*) Rogier, der sehr fleißig war und außer den Rathhausbildern für das ganze burgundische Reich arbeitete, aber auch Sachen nach Italien verkaufte, kam zu großem Wohlstand; im Jahr 1444 kauft er sich ein stattliches Haus in der rue des Carrières (jetzt rue de l'Empereur). 1449 erscheint er noch mit dem Titel „portrateur der stad van Brussel", und dieses Amt scheint er sein ganzes Leben behalten zu haben; wenigstens hat er noch 1462, zwei Jahre vor seinem Tode, eine Taxation für eine Bemalung von Statuen vorgenommen, welche Bemalung ein anderer Künstler ausgeführt hatte.

Rogier war jedoch, wie es scheint, der erste flandrische Künstler, welcher Italien besuchte. Im Jahr 1450 kam er nämlich bei Gelegenheit des Jubeljahrs nach Rom. Werke von ihm waren damals in Italien schon verbreitet und sehr berühmt, und zwar war es sein Lieblingsgegenstand, die Kreuzabnahme, wovon schon 1449 Cyriacus von Ancona bei dem Markgrafen von Este ein Exemplar sah; ja für denselben Markgrafen arbeitete in demselben Jahr zu Ferrara ein Sieneser, Angelo Parrasio, welcher Bilder von Eyck und Rogier sich zum Muster nahm. Auf den Flügeln jener Kreuzabnahme sah man Adam und Eva aus dem Paradies vertrieben und eine fürstliche Person, vielleicht als Donator, knieend.**) Auch Alphons von Arragon, König von Sicilien, besaß neben einigen Eycks mehrere auf Leinwand gemalte Bilder des Rogier. Wir erhalten diese letztern Notizen durch einen gleichzeitigen Italiener, Bartholomäus Facius, der ein Buch von berühmten Zeitgenossen

---

*) **Wauters** in seiner Brochure über Rogier, Brüssel 1856.
) „Regulus quidam supplex.**" War dieß wirklich der Donator, oder war es am Ende, als Wiederholung des einen Flügels auf Rogier's Anbetung des Christuskindes in Berlin, Kaiser Augustus, der auf Anweisung der Sibylle den Weltheiland verehrte? Wenn er, wie in Berlin, die Tracht eines burgundischen Herzogs trug, wäre der Ausdruck regulus sofort erklärt.

geschrieben hat, welches 1455 angefangen und vor December 1456 vollendet wurde.*) Uns, die wir die großen florentinischen Maler von der Mitte des fünfzehnten Jahrhunderts kennen und schätzen, muß es auffallen, daß neben Masaccio und Fiesole gerade von den Italienern diese flandrischen Bilder so hoch geschätzt wurden. Bei Facius, welcher allerdings von Kunst wenig versteht, geht dieß bis zur seltsamsten Vergötterung einer ausländischen Schule. In seinem Einleitungskapitel über die Maler sagt er, „es seien nur wenige berühmte Maler und Bildhauer seiner Zeit" — im Jahrhundert der Ghiberti, Donatello, der Robbia, der großen Florentiner Frescomaler! — und er nennt unter diesen Berühmtheiten nur den Eyck, den Gentile da Fabriano, den „Pisanus Veronensis" und unsern Rogier.**) Ja auf den Gentile ist er vielleicht gerade durch Rogier erst aufmerksam gemacht worden; denn im Leben des Gentile sagt er ausdrücklich, von diesem habe Rogier bei seiner Jubiläumsfahrt nach Rom in der Laterankirche daselbst ein Bild mit Bewunderung gesehen, und als ihm auf Befragen der Meister genannt wurde, habe er ihn allen italienischen Meistern vorgezogen. Daß Rogier ein solches Urtheil fällte, ist natürlich, denn Gentile, in der sauberen Ausführung, in der leuchtenden Farbe und dem genremäßigen Reiz seiner kleinen Compositionen, hat vor allen Italienern jener Zeit etwas dem flandrischen Realismus Verwandtes. Und ähnlich war der Geschmack, der wenigstens einen Theil des italienischen Publicums, besonders vornehme Leute, die im Bild immer die Copie der Natur bewundern, auch zu den flandrischen Bildern hinzog. Denn wenn man zusieht, was Facius in den Sachen Jan van Eyck's und Rogier's bewundert, so ist es immer diese Naturwahrheit. Bei einem Genrebild des Eyck rühmt er die Aussicht in den Hintergrund, die wohl fünfzig Miglien zurückgehe, und das bekannte Eyck'sche Kunststück des im Bilde gemalten Verkleinerungsspiegels, worin man alles wie in einem

---

*) Barth. Facius, de viris illustribus (aetatis memoriaeque nostrae, wie er in der Vorrede hinzufügt). Das obige Datum der Abfassung 1455—56 ergiebt sich aus der Vorrede der Ausgabe von Mehus, Florenz 1745, die ich auf der Bibliothek des britischen Museums vergleichen konnte.

**) „Pauli pictores atque sculptores, qui hac aetate nostra claruerunt."

wirklichen Spiegel sehe.*) Und von Rogier sagt er, auf dessen Kreuzabnahme in Ferrara seien Thränen und Schmerz der Mutter, der Magdalena und des Johannes so ausgedrückt, „daß man meinen sollte, sie unterschieden sich von wirklichen nicht.**) Bei Rogier kam dann freilich die wirkliche Größe des Mannes hinzu, der die Schilderung der Leidenschaft, das pathologische Interesse viel mächtiger steigert, als es die großen damaligen Stilisten Italiens thun konnten oder wollten. Es ist diese Seite, wodurch Rogier auch uns noch ergreift: damals war sie etwas ganz Neues und mußte die Menschen mächtig fassen. Auf dem Passionsbild Rogier's bei König Alphons, sagt Facius, sei der Schmerz und das Leiden Christi so dargestellt, daß nach Verschiedenheit der Motive man auch die Verschiedenheit der Empfindungen und Gemüther gleich zu erkennen vermöge***): also gerade die Eigenschaft des mächtigen Ausdrucks, welche van Mander auch an den Brüsseler Rathhausbildern rühmt.†) Dazu kam doch wohl noch ein anderer Umstand. Jenseits der Alpen war zwar im fünfzehnten Jahrhundert die Sitte gewiß so frei wie in Italien; man braucht dafür nur das von einer Nonne, der Clara Hätzlerin in Augsburg, zusammengetragene (oder wohl bloß copirte?) Liederbuch durchzusehen. Aber die Kunst war im Norden nicht so frei wie in Italien, und es ist auffallend und charakteristisch, daß die Bildchen des Jan van Eyck mit nackten Frauen im Bade, ebenso wohl als das einzige von Rogier in diesem Genre bekannte, nämlich die Badstube, gerade nach Italien verkauft worden sind.††)

*) Barth. Facius im Leben des Joannes Gallicus: „Sed nihil prope admirabilius in eodem opere (der Badstube mit der nackten Frau) quam speculum in eadem tabula depictum, in quo quaecunque inibi descripta sunt, tanquam in vero speculo prospicias."

**) „Ut a veris non discrepare existimes."

***) „Item contumeliae, atque supplicia, quae Christus deus noster a Judaeis perpessus est, in quibus, pro rerum varietate, sensuum atque animarum varietatem facile discernes."

†) Merkwürdig, daß auch schon Facius von den Brüsseler Rathhausbildern zu wissen scheint, obwohl er aus dem Gerichtssaal des Rathhauses eine Kirche macht. Er sagt: „Bursellae (Brüssel), quae urbs in Gallia est, aedem sacram pinxit absolutissimi operis."

††) Barth. Facius im Leben des Rogier: „ejus est tabula praeinsignis

Wir wissen nicht, ob nicht einzelne dieser Bilder, welche Facius fünf Jahre nach dem Jubiläum in Italien vorhanden wußte, von Rogier eben während seines italienischen Aufenthaltes auf Bestellung gemalt sind. Die Behauptung Sandrart's, daß ein Bild von ihm für Santa Maria Nuova in Florenz gemalt worden, das zu seiner Zeit der Großherzog von Toscana besessen, scheint zwar nur leichtfertiges Mißverständniß des Vasari, welcher dieses Werk dem Memling zuschreibt. Gewiß aber hat Rogier in Italien, und zwar wahrscheinlich auf Bestellung der Medici, das schöne Bild gemalt, welches jetzt im Städel'schen Institut zu Frankfurt sich findet, weil hier neben dem noch vorhandenen Wappen der Stadt Florenz die beiden heiligen Aerzte Cosmas und Damian erscheinen, welche die Schutzpatrone der Medici waren. Es ist auf Goldgrund gemalt und stellt Maria in einem Zelt stehend, links den Täufer und Petrus, rechts die beiden heiligen Aerzte vor; ein Beweis, daß Rogier noch 1450 gelegentlich den Goldgrund brauchte, obwohl er damals den Eyck'schen Stil gewiß vollkommen beherrschte, und Jan van Eyck den Goldgrund längst beseitigt hatte.*)

Die ungewöhnliche Anerkennung, welche Rogier in Italien fand, war auch gewiß die Ursache, warum Italien so wenig umbildend auf ihn wirkte. Die Künstler der zweiten Generation nach ihm pilgerten auch nach Rom, aber sie gaben dort ihre heimische

---

Jenuae (Genua), in qua mulier in balneo sudans, iuxtaque eam catulus, ex adverso duo adolescentes illam clanculum per rimam prospectantes, ipso risu notabiles." Aehnlich im Gegenstand, aber nicht dasselbe Bild, ist eine Darstellung der Bathseba im Bade, mit König David klein im Hintergrund, in der königlichen Sammlung zu Stuttgart, welche Waagen (Kunstwerke in Deutschland II, 207) ebenfalls dem Rogier zuschreibt.

*) Man darf also nicht mit Herrn Michiels schließen, daß Rogier im Jahr 1443, weil er in der Löwener Kreuzabnahme den von Jan van Eyck damals bereits aufgegebenen Goldgrund nochmals aufnimmt, noch nicht Eyck's Schüler gewesen. Hier ist ein Bild von 1450, wo er ihn noch einmal braucht, zu einer Zeit, wo er gewiß von Eyck gelernt hatte. Diese Sache ist wichtig; nicht auf solche Aeußerlichkeiten muß man, wie Herr Michiels thut, die Behauptung stützen, daß Rogier einen eigenen Schulstil gehabt und ihn unter Eyck'schen Einflüssen ganz modificirt habe. Goldgrund kommt sogar bei kölnischen Schülern des Rogier, und gleichfalls bei Schongauer und van Orley noch vor.

Manier auf und nahmen sich, nicht immer zu ihrem Vortheil, je Einen der großen Italiener zum Lehrer oder Muster. Rogier, bei seiner Römerfahrt wohl nicht weit von fünfzig Jahren entfernt, mag in seiner Manier zu fest gewesen sein, um sogar vor den großen Zeichnern von Florenz sich selbst zu verlieren, und wenn dem fremden Volk seine Manier offenbar besser gefiel als die italienische, welchen Grund hatte er, sie umzulernen? Nicht einmal in der Anatomie, wo er doch von Masaccio viel lernen konnte, scheint er seine nordische Schwäche erkannt zu haben, wie er denn überhaupt als Zeichner über den Jan van Eyck kaum hinauskommt. Gewiß ist, daß die Sachen, die er vor und nach der italienischen Reise malt, in Stil und Colorit sich nicht von einander unterscheiden. Rogier war übrigens ein gewissenhafter Mann und behielt bis zum Schluß seines Lebens die gleiche Feinheit und Geduld in Darstellung der Details. Daß er noch einmal nach Italien gekommen ist, scheint zweifelhaft; sein eigenes Portrait vom Jahr 1462, welches ein Spanier in Venedig im Jahr 1531 besaß und das aus dem Spiegel gemalt war,*) hatte eine italienische Inschrift. Rogier gab seinen Bildern keine Aufschriften; diese wird später auf das Portrait gesetzt worden sein. Ob nach diesem Selbstportrait der Kupferstich gemacht ist, welchen Hieronymus Cock 1570 in der Sammlung niederländischer Malerbildnisse als Rogier abgedruckt hat, läßt sich nicht mehr entscheiden.

Rogier's Tod ist bis auf den Sterbetag ermittelt. Er starb am 16. Juni 1464. Im Oktober desselben Jahres, und noch einmal im Jahr 1477 stiftet seine Wittwe Elisabeth Goffaerts jährliche Seelenmessen für ihren Gemal und sich selbst. Beide lagen später unter einem blauen Stein vor dem Katharinenaltar in der Kirche Ste. Gudule zu Brüssel.**) Stein und Grab existiren

---

*) Notizia d'opere di disegno della prima meta del Secolo XVI. esistenti in Padova, Cremona, Milano, Pavia, Bergamo, Crema e Venezia, scritta da un anonimo di quel tempo, publicata ed illustrata da Jacopo Morelli (Bassano 1800), pag. 78.

**) Register der Begräbnisse in St. Gudule: „Magister Rogerus van der Wyden, excellens pictor, cum uxore, liggen voor Ste.-Catelynen autaer, onder eenen blauwen steen."

nicht mehr, das Epitaph aber ist uns in Abschrift aufbewahrt; es bezeugt, daß auch die niederländische Heimat in Rogier, seit Jan van Eyck's Tode, den ersten der lebenden Meister erkannte. "Unter diesem Stein liegst du leblos, Rogier, kundig die Gestalt der Dinge zu malen. Deinen Tod betrauert die Stadt Brüssel, weil sie einen gleich kunsterfahrenen Schöpfer nicht wiederzufinden fürchtet; auch die Kunst trägt Leid, eines solchen Meisters verwaist, der in der Kunst des Malens seines Gleichen nicht hatte."*)

Rogier war ein wohlwollender Mann; wir kennen zwei Stiftungen, die er für Karthäuserklöster gemacht hat. Obwohl er Kinder hatte, vermachte er auf dem Sterbebette den Armen ein stattliches Legat von dem großen Reichthum, den er, wie ausdrücklich gemeldet wird, mit Pinsel und Palette gewonnen hatte. Der bekannte Gelehrte Dominik Lampsonius (auf den ich unten zurückkomme) erwähnt in holländischen Alexandrinern dieß Vermächtniß und die Brüsseler Rathhausbilder als die rühmlichsten Dinge, welche Rogier vollbracht habe.**)

Für uns aber, die wir die Geschichte der flandrischen und deutschen Malerei im fünfzehnten Jahrhundert jetzt vollständiger überblicken, als selbst die Zeitgenossen es vermochten, steigt Rogier noch ferner zu unberechenbarer Bedeutung durch die zahlreichen Schüler, welche er ausgebildet hat. Die Bewunderung für die Oelmalerei und für die neuen Effecte, die man mit ihr hervorbringen konnte, brauchte die Zeit einer Generation, um durchzudringen und die alten Schulen in Schatten zu werfen. Daher hatte zwar Jan van Eyck schon zahlreiche Schüler, doch mehr noch

---

*) "Exanimis saxo recubas, Rogere, sub isto,
Qui rerum formas pingere doctus eras.
Morte tua Bruxella dolet, quod in arte peritum
Artificem similem non reperire timet.
Ars etiam moeret, tanto viduata magistro,
Cui par pingendi nullus in arte fuit."

**) Die Lobverse des Lampsonius giebt van Mander vollständig fol. 130 pag. 1, obwohl er sie auf Grund der allgemeinen Verwirrung, die bei ihm über die Person und Zeit des Rogier waltet, auf den jüngern Rogier van der Weyden bezieht.

aus den nächsten Kreisen; aus der Ferne kam ihm nur, als ein schon reifer Künstler, Antonello von Messina. Erst nach seinem Tode wohl strömten die Schaaren der Jünger aus nieder- und oberdeutschen Landen herbei, und in Rogier fanden sie, nach dem Tode des Stifters, den unbezweifelt größten Meister der Schule, an welchen sie also mit Begeisterung sich anschlossen.*) Wenn Rogier schon mittelst des bloßen Studiums eines seiner nach Italien exportirten Werke auf jenen jungen Sieneser einen solchen Einfluß übte, wie mächtig mußte erst im persönlichen Verkehr auf junge Männer die merkwürdige Sicherheit in Erfindung und Technik wirken, die alle seine Leistungen durchwaltet! In der That schließen diesseits der Alpen alle bahnbrechenden Talente in der zweiten Hälfte des fünfzehnten Jahrhunderts an Rogier sich an; durch ihn erfolgt die Verbreitung der Eyck'schen Schule in die weitesten Kreise. Auf Dirck Bouts von Harlem (früher Stuerbout genannt) hat er vielleicht nur wie ein geistvoller Zeitgenosse, nicht als eigentlicher Lehrer eingewirkt, doch war Bouts gewiß jünger; denn er malte erst nach dem Tode Rogier's seine Hauptsachen, nämlich 1467 für die Kirche St. Pierre in Löwen das Abendmahl mit den vier herrlichen Flügeln, die jetzt nach München und Berlin vertheilt sind, und 1468 die zwei großen Bilder für den Löwener Rathhaussaal, die jetzt das Museum zu Brüssel bewahrt. Auch starb Bouts erst fünfzehn Jahre nach Rogier, im Jahr 1479—1480. Seine eben erwähnten Werke haben früher stets für Memling gegolten, dem Bouts, ohne ihn im Gefühl zu erreichen, in der Palette so auffallend nahe kommt, daß man zur Annahme sich gezwungen sieht, Bouts sei Memling's Mitschüler auf Rogier's Atelier gewesen. Daß nämlich Hans Memling wirklich von Rogier gebildet ist, scheint aus dem wiederholten Zeugniß des Vasari sicher, der über die alten Niederländer durch Lambert Lombard einige

---

*) Eine miniirte französische Pergamenthandschrift auf der Bibliothek zu Gotha, enthaltend die Geschichte Alexanders, an Karl den Kühnen gerichtet, welche zwischen 1466 und 77 geschrieben und gemalt sein muß, sagt, daß Apelles von allen Schriftstellern der Vergangenheit als der größte Maler gerühmt wird, „comme iohannes ou rogier en nostre temps." Rathgeber, Annalen der niederländischen Malerei, I, 53.

zuverlässige Notizen erhalten hatte.*) In Memling hätten wir also bereits einen Schüler gefunden, der möglicherweise kein Niederländer war. Ferner hat Rogier einen seiner Söhne zum Maler ausgebildet, und dieser Sohn hat in die Biographie seines Vaters Jahrhunderte lang große Verwirrung gebracht. Karl van Mander wußte von der Existenz eines Malers, welcher Rogier van der Weyden geheißen habe, in Brüssel geboren und im Herbst 1529 an dem sogenannten englischen Schweiß gestorben sei. Daß der viel bedeutendere Meister, dessen Leben wir oben zusammengestellt und der schon 1464 gestorben, auch Rogier van der Weyden hieß, war dem van Mander dagegen nicht bekannt, und er bezeichnet diesen daher als Rogier von Brügge. Nun aber erfuhr er ganz richtig bei den Rathhausbildern in Brüssel, welche diesem ältern Meister angehören, daß ihr Maler Rogier van der Weyden geheißen habe; und da er nur den einen Rogier van der Weyden kannte, der 1529 gestorben war, übertrug er auf diesen fast Alles, was er über den ersten sammeln konnte, theilte ihm die Rathhausbilder, die Lobverse des Lampsonius und seine eigene Anerkennung zu, daß er so groß im Ausdruck gewesen sei, und blendete durch diese arge Verwechslung alle, die ihm folgten. Dieser Punkt ist nun völlig klar gestellt, seitdem das Todesjahr des ältern Rogier van der Weyden gefunden wurde; aber was jetzt mit dem zweiten Rogier van der Weyden bei Mander zu machen sei, darüber theilen sich die Ansichten. Ueber die nachgelassene Familie des großen Rogier sind wir durch die braven belgischen Archivforscher jetzt vollständig in's Klare gesetzt. Eine Tochter Margareta starb

---

*) Im Kapitel von den flandrischen Malern (cap. CXIX) nennt er als Schüler des „Roger van der Weyde" einen Hauesse, den er im Leben des Antonello von Messina und nochmals im 21. Kapitel der Einleitung (welches in der deutschen Uebersetzung fehlt) als Schüler des „Roger von Brügge" bezeichnet und Ausse schreibt. Das ist nicht Schreibfehler für Hansse, sondern einfach bequemere Aussprache für Hans (wie man in Zürich Tause für Tanse, Feuster für Fenster, und in Elberfeld Gäus statt Gänse sagt). Auch Guicciardini erwähnt Hausse als Schüler Rogier's, den dann Baldinucci Ans di Bruges nennt. Im Cabinet der Statthalterin Margaretha von Oesterreich befand sich eine Nothgottes von Rogier, zu der „Meister Hans" die Flügelbilder gemalt hatte.

vor dem Vater mit 18 Jahren; der älteste Sohn Cornelis studirte in Löwen, wurde Magister Artium und trat dann in's Karthäuserkloster zu Hérinnes (bei Enghien), wo er 1473 starb. Der zweite Sohn hieß Peter, war verheiratet, und setzte wahrscheinlich das Atelier des Vaters in Brüssel fort. Der dritte und letzte Sohn, Jan, war Goldschmied.

Die technische Manier Rogier's setzt sich nun unverkennbar in einem Maler fort, welcher die Lieblingscomposition desselben, die Abnahme vom Kreuz, deren kraftvolle Affecte dem Meister solchen Ruf eingebracht hatten, in Copieen wiederholt und als Atelierbilder verkauft haben muß: gerade so wie fünfzig Jahre später die lebensgroßen Humoresken des Quintin Matsys von einem seiner Söhne speculativ ausgebeutet wurden. In ihm haben wir wohl jenen Peter van der Weyden zu erkennen, der also das Geschäft des Vaters fortgesetzt hätte.*) Ein wichtiges Werk dieser Art ist die lebensgroße Kreuzabnahme im Museum zu Berlin, welche mit der Jahreszahl 1488 (also 24 Jahre nach des alten Rogier's Tod) bezeichnet ist: ein bedeutendes Bild; zwar in der Composition ganz von dem alten Rogier abhängig, zeigt es doch technisch insofern einen Fortschritt, als es nicht so mager in der Zeichnung, nicht so hart in den Umrissen ist, während es in der Feinheit der Farbe stark hinter der Palette des Vaters zurücksteht. In Liverpool, Neapel, Madrid und Schleißheim finden sich solche Wiederholungen in kleinerm oder größerm Format; in Brüssel ist die Figur einer weinenden Frau, welche einmal als Studie für eins dieser Gruppenbilder gedient zu haben scheint. In der That möchten, außer einigen nicht verbürgten Portraits in Brüssel und in der National-Gallerie zu London, sonst

---

*) Ein „Magister Petrus van der Weyden", in Urkunden „pictor" und „portraiteur" genannt, steht für das Jahr 1511 ganz fest als Besitzer desselben Hauses, das der berühmte Rogier auf dem Cantersteen zu Brüssel besaß. Ein Maler desselben Namens bezahlte von 1492—1539 in Brüssel Armensteuer. Ob aber dieser mit Rogier's Sohn Peter identisch oder ein Enkel Rogier's ist, läßt sich nicht absolut entscheiden. Peter der Sohn wurde bereits 1465 Vater, müßte also, wenn er 1539 noch lebte, wenigstens 95 Jahre alt geworden sein. Wahrscheinlich gab es also zwei Peter, Vater und Sohn, welche nach einander das Geschäft in Brüssel fortsetzten.

diesem Peter van der Weyden nur noch Leidensbilder zugehören, z. B. eine Kreuzigung in Frankfurt und ein Haupt des Täufers in der Schale zu Brüssel, welche alle man jetzt als Rogier der Jüngere bezeichnet.

Neben diesem einen oder diesen zweien Peter van der Weyden kommt aber auch ganz unzweifelhaft ein Sprößling der Familie vor, welcher wie der große Maler ebenfalls Rogier hieß. Wir sahen oben, daß Van Mander zwei Rogiers kannte und unterschied, obwohl er die Werke des einen irrthümlich dem andern zuschrieb. Auch Joachim von Sandrart sagt ausdrücklich, daß Rogier, der Schüler der Eycks, einen erstgeborenen Sohn gleiches Namens gehabt habe.*) Dieß ist falsch, Rogier's erster Sohn hieß Cornelis und war nicht Maler; Sandrart's Angabe scheint aber doch zu beweisen, daß er bei seinem langen Aufenthalt in den Niederlanden von zwei verschiedenen Malern dieses Namens gehört hatte. Endlich aber kommt urkundlich in den Listen der Lucasgilde zu Antwerpen ein Rogier van der Weyden vor, welcher 1528 als Meister in diese Gilde eintritt. Man wird ihn für einen Sohn des ältern Peter van der Weyden halten müssen; nach häufiger Sitte hätte er als Enkel den Taufnamen des berühmten Großvaters erhalten. Derselbe scheint aber jung gestorben zu sein, und zwar schon 1529, also ein Jahr nach Erwerbung der Meisterschaft; denn auf ihn scheint Van Mander's Notiz zu passen, daß Rogier van der Weyden 1529 an der ansteckenden Krankheit gestorben sei, die man den englischen Schweiß nannte.**)

Sicher war dagegen ein Enkel des großen Rogier ein Goswin van der Weyden, der ebenfalls, und zwar mehrmals, in den Listen der Antwerpner Gilde auftritt. 1503 wurde er als Meister aufgenommen, 1513 und 1530 zum Decan der Gilde er-

---

*) Teutsche Akademie, Theil I, Buch 3, S. 66. „Ihnen (den Eyck's) folgte ihr Schüler und Lehrling Rugiero, nebst seinem erstgeborenen Sohn gleiches Namens."

**) Die Notiz bei Rathgeber, Annalen der niederländischen Malerei, I, 145, der jüngere Rogier habe die Bildnisse Karl's V., Franz I. und anderer Fürsten in den Glasgemälden von St. Gudule in Brüssel ausgeführt, ruht, soviel mir bekannt, auf gar nichts Urkundlichem.

wählt. Dieser malte 1535 als siebzigjähriger Greis einen Flügel=
altar für die Abtei zu Tongerloo, den man jetzt in Brüssel sieht,
und diesen Altar bestellte der damalige Abt bei Goswin van der
Weyden, „der die Kunst seines Großvaters Rogier nachahmte."*)
Und das ist auch der Fall: das Bild, ein Tod der Maria im
Museum zu Brüssel,**) sieht aus der Ferne ungefähr wie ein
älterer Rogier aus. Tritt man aber näher, so ist es eine in alter
Familientradition erstarrte seelenlose Arbeit. Man sieht, daß unter
den Enkeln die Familie sich theilte: Peter behielt das Haus und
Atelier des Großvaters in Brüssel, Rogier und Goswin wanderten
in das aufblühende Antwerpen aus.***)

Es läßt sich in diesen drei Schülern des alten Rogier ver=
folgen, wie jeder von ihm Etwas lernte: den stillen Ernst Bouts;
die Palette und die ruhige Pracht der Landschaften Memling;
das Dramatische sein Sohn. Es konnten von ihm Verschiedene
Verschiedenes sich aneignen, ja einzelne seiner Vorzüge steigern:
doch erreicht ihn eigentlich Keiner. Bouts wurde in den Köpfen

---

*) In Tongerloo hing über dem Bild eine Tafel mit der Aufschrift (Mi=
chiels, Peinture, III, 107): Opera R(everendissimi) P(atris) D(omini) Ar-
noldi Streyterii, hujus Ecclesiae Abbatis, hanc depinxit, posteritatis monu-
mentum, tabulam Goswinus Vanderweyden, septuagenarius, sua canitie,
quam infra ad vivum exprimit imago, artem sui avi Rogeri, nomen
Appellis suo aevo sortiti, imitatus, redempti orbis anno 1535.

**) Im alten Katalog des Brüsseler Museums Nr. 631. Daß aber dieß
Brüsseler Bild wirklich das für Tongerloo von Goswin gemalte sei, dawider
sind doch nicht unbegründete Zweifel erhoben durch Herrn Ruelens, in dessen
Noten zu der französischen Ausgabe von Crowe und Cavalcaselle's Early
Flemish painters II, CXXXV u. folg.

***) Die urkundlichen Notizen über die vier von dem großen Rogier
abgestammten Maler finden sich zusammen bei Crowe und Cavalcaselle in
zwei für die zweite Ausgabe ihres Werkes neu ausgearbeiteten Capiteln,
welche in deutscher Uebersetzung mitgetheilt sind in Naumann's Archiv für die
zeichnenden Künste, 1862, s. daselbst S. 210 u. folg. Sodann bei Michiels
Peinture flamande, neue (2.) Auflage, Vol. III (1866), p. 104 u. folg.

Goswin war 1535 70 Jahre alt, also 1465 geboren. War er, wie zu
vermuthen, ein Sohn des Peter van der Weyden, so müßte dieser 1539, wo
der Name zum letzten Mal auftritt, wenigstens 94 Jahre alt gewesen sein,
und es ist also wahrscheinlich, daß er einen gleichnamigen Sohn und Erben
des Brüsseler Ateliers hatte. Demnach würde der Stammbaum sich so stellen:

langweilig, in den Stellungen steif; Memling ist doch nur in Einer
Richtung groß und bricht wieder ganz mit dem weltlichen Historien=
bild; Peter van der Weyden endlich übertreibt die heftigen Be=
wegungen des Schmerzes und wird ebendarum wieder prosaisch.

In Rogier's niederländischer Heimat haben also diese drei
Männer seine Schule fortgepflanzt. Von den Vielen, welche vom
Auslande kamen, bei ihm lernten und seine Technik in ihr Vater=
land zurückbrachten, kann ich in den Grenzen eines Aufsatzes
nicht eingehend sprechen. Hier mögen einige Andeutungen ge=
nügen. Am Niederrhein erscheint von Rogier der große Colorist
abhängig, den wir aus Mangel des wahren Namens falsch Jan
van Calcar nannten. In Köln ist Rogier's unmittelbarer Schüler
der früher sogenannte Israel von Meckenem, den wir jetzt auch
noch sehr ungewiß als Meister Christophorus bezeichnen, wenn
wir nicht weislich uns bescheiden, ihn von seinem Hauptwerke den
Meister der lyversberg'schen Passion zu nennen. Seine Vorliebe
für Goldbrocat, die edle Würde seiner Köpfe und die Neigung
zu affectvollen Scenen des Leidens, sowie das gelegentliche Fest=
halten des Goldgrundes deutet auf die Schule des alten Rogier
zurück. In Oberdeutschland wird uns der große Martin Schon=

Rogier van der Weyden
geboren zu Tournai, † 1464 zu Brüssel.
Frau: Elisabeth Goffaerts.

Cornelis	Margareta	Peter	Jan,
geb. 1426—27,	geb. 1432,	setzt das Atelier in Brüssel	Goldschmied,
† als Karthäu=	† jung 1450	fort, ist verheiratet vor 1465,	† zu Brüssel
ser zu Hérinnes	(Michiels III,	wo ihm Goswin geboren wird,	1468 (Michiels
1473.	47).	Todesjahr unbekannt.	III, 48).

Peter II.	Goswin	Rogier II.
setzt das Atelier in	geb. 1465, wandert nach	wird 1528 Meister in
Brüssel fort, lebt noch	Antwerpen aus, 1513 und	der Lucasgilde zu Ant=
1539.	1530 Decan der Lucas=	werpen, † 1529 am
	gilde, malt 70 Jahre alt	englischen Schweiß.
	das Bild in Tongerloo.	

gauer durch ein ausdrückliches Zeugniß als Schüler Rogier's angegeben; Friedrich Herlin, der Stadtmaler von Nördlingen, den die Stadt anstellt als „Einen, der mit niederländischer Arbeit umzugehen weiß", hat geradezu einmal ein Rogier'sches Bild copirt. Selbst bis an den Vater Holbein und Michael Wohlgemuth reichen Rogier's Einflüsse; er ist im Norden überhaupt der früheste Meister, der eine große Schule nicht bloß im eigenen Lande bildet sondern in's Weite ausbreitet.

II. Hauptwerke Rogier's van der Weyden.

Die Werke unsers Meisters haben zum Theil seltsame Schicksale gehabt und weite Reisen gemacht. Man rechnet, daß fünfzig derselben bekannt, aber nicht alle mehr vorhanden sind, und von den vorhandenen werden bei weitem die meisten nur aus innern Gründen, nicht nach Urkunden unserm Meister zugeschrieben. Um so werthvoller sind also diejenigen, welche wirklich einen Stammbaum haben, denn sie müssen der Kritik für Bestimmung der übrigen die Anknüpfungspunkte geben.

Erst im Jahr 1859 ist uns so durch Auffindung eines Datums auf einem alten, arg verschmutzten Bilde ein sehr fester Anhalt zur Bestimmung Rogier'scher Gemälde gegeben worden. Die Kirche St. Pierre in Löwen enthielt in einer der Chorcapellen eine Kreuzabnahme mit Figuren unter Lebensgröße, in sehr vernachlässigtem Zustande, welche schon früher von vielen Kennern für ein Rogier'sches Original gehalten wurde. Aus einem im Jahr 1855 aufgefundenen Localschriftsteller über die Geschichte von Löwen, Namens Molanus, war ermittelt, daß eine Familie Edelheer im Jahr 1443 in St. Pierre eine Caplanei und ein Bild von Rogier gestiftet hatte.[*] Im Jahr 1859 wurde nun jene Kreuzabnahme gereinigt und einige Bretter abgelöst, welche auf die Außenflügel genagelt waren, und es trat eine Aufschrift in gothischen Buchstaben hervor, welche besagt, daß eben in jenem

---

[*] „Magister Rogerius, civis et pictor Lovaniensis, depinxit Lovanii ad S. Petrum altare Edelheer."

Jahr 1443 Herr Willem Edelheer und seine „Wirthin" Alyt (Adelheid) dies Bild geschenkt haben.*) Es ist auf braunschattirtem Goldgrund, wie auch die Flügel, welche links den Stifter mit einem Heiligen und zwei Söhnen, rechts seine Frau mit der h. Adelheid und zwei Töchtern enthalten. Die Composition des Mittelbildes ist die gewöhnliche der Kreuzabnahme Rogier's, besonders durch eine händeringende Magdalena und die in Ohnmacht gefallene Mutter Maria charakterisirt. Schon 1847, also lange vor der Reinigung, fand Director Waagen besonders in den Beiwerken, sowie in der warmen tiefen Färbung die größte Verwandtschaft mit Rogier's sogenanntem Reise=Altärchen Karl's V. (wovon unten). Doch gilt dieß Löwener Bild jetzt nicht für eines der feinern Werke des Meisters; auch die Portraits sollen naturwahr, aber keineswegs ausgezeichnet gemalt sein. Dieser Umstand führt uns auf eine Vermuthung, welche sich an ein anderes, viel berühmteres Bild Rogier's anknüpft, das ebenfalls in Löwen sich befand.

In der Marienkirche vor den Mauern nämlich (Onse Vrouwe daer buyten, eigentlich eine Capelle zu den „Schmerzen der Maria") befand sich eine Kreuzabnahme Rogier's, „wo zwei Männer auf zwei Leitern standen und den Leichnam mit einem Leintuch oder Handtuch herunterließen; daneben stand Joseph von Arimathia und andere, die ihn aufnahmen. Unten saßen die Marien sehr beweglich und weinten; wo Maria, als in Ohnmacht, von Johannes, der hinter ihr stand, gehalten wurde."**) Königin Maria von Ungarn, als Statthalterin der Niederlande, wünschte sehr, dieses Bild zu besitzen, welches van Mander ein Capitalstück

---

*) „Dese tafel heft vereert heeren Willem Edelheer, en Alyt syn weerdinne, in' t jaer Ons Heeren MCCCC en XLIII." Bei dem „weerdinne" denkt man an Frau Gertrud, Stauffacher's angenehme „Wirthin", d. h. Hausfrau, in Schiller's Tell. Der Bericht über diesen Fund steht in den Zusätzen von Ruelens zu Delepierre's Uebersetzung von Crowe und Cavalcaselle's flandrischen Malern, Band II., p. CXXXIX u. folg., mit Berufung auf einen ausführlichen Artikel von Herrn Piot in der Revue d'histoire et d'archéologie, Brüssel 1861, t. III. p. 197.
**) So beschreibt van Mander das Werk im Leben des Rogier van der Weyden, indem er es wieder irrthümlich dem Sohne zuschreibt.

Rogier's nennt, und sie bot dafür 500 Gulden in Getreide und eine Copie, die der zur Zeit sehr berühmte Michael Coxie machen sollte, der auch die Eyck'sche Anbetung des Lammes in Gent copirt hat. Sie schickte es an Philipp II. nach Spanien; das Schiff ging unter, aber die Bilderkiste wurde aufgefischt, und da das Bild gut verpackt war, hatte es nicht sehr gelitten, es war nur etwas aus dem Leim gegangen. Dieß Exemplar nun glaubte man in Madrid wiedergefunden zu haben, wo es im königlichen Museum unter Nro. 560 des (alten) Katalogs als Albrecht Dürer aufgeführt war. Das scheint ein Irrthum. Es sind in Spanien bis jetzt drei Exemplare der Rogier'schen Kreuzabnahme bekannt, ein Beweis, daß die leidenschaftliche Stimmung des Bildes der gewaltsamen spanischen Andacht ganz besonders muß zugesagt haben; jene, die ich schon anführte, im königlichen Museum, eine zweite feinere im Escorial, und diese zwei scheinen nur Wiederholungen von der handwerklichen Hand des Sohnes zu sein, wie wir sie oben besprochen haben. Eine dritte aber befindet sich in Madrid im National=Museum, einer noch so gut wie ungeordneten Sammlung älterer Bilder, meist aus aufgehobenen Klöstern, und in diesem Exemplar hat schon Waagen's geübtes Auge bei seiner spanischen Reise im Jahr 1866 jenes „Capitalstück" des ältern Rogier, das aus dem Meer gerettete, wieder erkannt.*) Es hat lebensgroße Figuren, erscheint also als das eigentliche Original, nach welchem der Sohn seine beliebten Copien arbeitete, und soll mit dem in Löwen jetzt noch vorhandenen Stiftungsbilde Edelheer ganz übereinstimmen, nur daß letzteres unter der Lebensgröße sich hält. So wird es wahrscheinlich, daß Willem Edelheer für seine Familiencapelle in St. Pierre sich eine kleinere Wiederholung des berühmten Originals in der Marienkirche erbat, und wie denn die alten Maler je nach dem bedungenen Preis feiner oder flüchtiger arbeiteten, mag es sein, daß Rogier beim Copiren

---

*) Nach freundlicher Mittheilung durch Geheimrath Waagen, dessen Periegese Spaniens seitdem zum Theil in Zahn's Jahrbüchern für Kunstwissenschaft erschienen ist. Altflandrische Bilder waren im 16. Jahrhundert für Spanien sehr gesucht, und das Land (selbst in Dorfkirchen) soll davon noch voll sein.

Schülerhände gebraucht hat, woraus die geringere Kunsthöhe dieses Exemplars sich erklären würde.

Diese große Kreuzabnahme, als das berühmteste Werk des Meisters, ist, soviel ich weiß, auch das einzige in älterer Zeit durch den Kupferstich vervielfältigte. Vom Jahr 1565 ist die große Platte datirt, welche Hieronymus Cock durch Cornelis Cort davon stechen ließ. Die Inschrift lautet: M. Rogerii Belgae inventum. Den Stich und seine beiden Etats hat Rathgeber (Annalen d. niederl. Malerei I, 195) genau beschrieben. Exemplare davon sind jetzt selten; beide Etats hat die Albertina, einen ersten Etat Herr Landammann Schindler in Zürich.

Noch merkwürdiger sind die Schicksale und Reisen eines andern Werkes von Rogier, das gleichfalls voll beglaubigt uns erhalten ist. Dieses ist das als Reise-Altärchen Karl's V. berühmte Triptychon aus Miraflores, welches nach mancher Wanderung und mannigfachem Besitzwechsel endlich eine bleibende Stätte im Museum zu Berlin gefunden hat.

Don Antonio Conca veröffentlichte zu Parma im Jahr 1793 unter dem Titel „Descrizione odeporica della Spagna" eine Reisebeschreibung durch Spanien, und gab in ihr Bericht über ein Flügelaltärchen, das damals in einer Capelle der Kirche des Karthäuserklosters von Miraflores, eine halbe Wegstunde von Burgos, sich befand, theilte auch aus den Archiven dieses Klosters eine lateinische Notiz mit, wonach dieß „oratorium" von König Juan II. von Castilien (1406—1455) der Karthause im Jahr 1445 geschenkt und von dem „Meister Rogel, dem großen und berühmten Flandrer", gemalt war.*) Conca scheint ferner dort am Orte erfahren zu haben, daß Papst Martin V. es dem König Juan verehrt haben

---

*) Conca, Descrizione, t. I. pag. 33: „Anno 1445 donavit praedictus Rex pretiosissimum et devotum oratorium tres historias habens: nativitatem scilicet Jesu Christi, descensionem ipsius de cruce, quae alias quinta angustia (d. h. der fünfte Schmerz Mariens) nuncupatur, et apparitionem ejusdem ad matrem post resurrectionem. Hoc oratorium a Magistro Rogel, magno et famoso Flandresco, fuit depictum."

sollte.*) Papst Martin V. starb 1431, das Werk müßte demnach vor 1431 gemalt sein, was Herr Michiels nicht mit Unrecht bezweifelt; denn es ist ein Werk der höchsten Vollkommenheit in reifster Eyck'scher Technik, und Rogier trat erst 1432, also ein Jahr später, als Meister in die Malergilde von Tournai; wie hätte das Werk eines Gesellen im fernen Flandern in die Hände eines römischen Principe aus dem Hause Colonna kommen sollen, und wie hätte dieser Gesell, der damals nur der Schule von Tournai entwuchs und auf Eyck's Atelier wohl noch gar nicht gearbeitet hatte, so wunderbar die Technik des Oels beherrscht? Natürlich bleibt von diesem Zweifel die Schenkung an die Karthause und 1445 als Jahr dieser Schenkung unberührt. Es war das ja um dieselbe Zeit, als Rogier's Ruf und Bilder auch in Italien eindrangen.

Die fernere Ueberlieferung über das Altärchen berichtet, Karl V. habe es auf allen seinen Reisen und Kriegszügen mit sich geführt. Bei dieser Gelegenheit muß Albrecht Dürer es gesehen haben, der im Tagebuch seiner niederländischen Reise sagt, daß er in Brügge den prachtvollen Palast des Kaisers besucht und darin die „Capelle von Rudiger" gesehen habe.**) Bei Karl's Tod oder

---

*) Conca, Descrizione, t. I. pag. 33: „Y fue regalo que le (dem König Juan) hizo el papa Martino V., segun se cuenta", d. h. wie man erzählt.

**) Reliquien von Albrecht Dürer, seinen Verehrern geweiht, Nürnberg 1828, Thausing's Uebersetzung S. 115. Daß Dürer, welcher auf Rogier durch die Brüsseler Rathhausbilder aufmerksam war, hier ihn ausdrücklich nennt (Rüdiger ist die hochdeutsche Form für das flandrische Rogier) und das Werk als „Capelle" bezeichnet, welches offenbar Uebersetzung jenes in lateinischem Text aus Miraflores vorkommenden „oratorium" ist — dieser Umstand scheint mir doch stark für die Wahrheit jener Tradition zu sprechen, daß Karl V. dieß Altärchen auf seinen Reisen mitgeführt. Woher aber kommt diese Tradition? Passavant in seinem Buch über die christliche Kunst in Spanien soll sie bestreiten und die Behauptung aufstellen, ein jetzt in Madrid befindliches Altärchen Memling's sei eigentlich Karl's Reise-Altärchen gewesen. (Passavant's Buch habe ich leider nicht zur Hand, kann also seine Gründe nicht wägen.) Der Gebrauch solcher tragbaren, in Holzkasten verschließbaren Altärchen ist erwiesen. In einer Schweizer Abbildung des Zelts Karl's des Kühnen steht auf dem Tische ein solches Altärchen mit aufgeschlagenen Flügeln; ein anderes Triptychon ist aus der burgundischen Beute in's Berner Museum gekommen.

Abdankung mußte das Altärchen dann nach Miraflores zurück=
gegeben worden sein. Dort stand es bis zum napoleonischen Kriege
in Spanien; alte Mönche in der Karthause erinnern sich seiner
noch und haben Herrn Waagen im Jahr 1866 die Stelle auf
dem Altar einer Seitenkapelle ihrer Kirche gezeigt, wo es stand.
Als aber in jenem Krieg die Karthause von Miraflores in Brand
gerieth, nahm der französische General Vicomte d'Armagnac es
angeblich aus den Flammen und entführte es nach Frankreich.
Dessen Familie schickte es zum Verkauf nach England, wo es als
ein Werk Memling's im Jahr 1835 für die ungeheure Summe
von 75,000 Franken ausgeboten wurde.*) . Dort kaufte es der
König von Holland für seine Privatsammlung im Haag, und bei
deren Verkauf gelangte es endlich (für einen mäßigeren Preis) in's
Museum zu Berlin. Sind jene Ueberlieferungen richtig, so ist das
kleine Werk während der vierhundert Jahre seines Bestehens im
Besitz von fünf gekrönten Häuptern gewesen.

Unbedingt bleibt es unter den noch vorhandenen Werken Ro=
gier's das am besten beglaubigte: denn an der Identität des Ber=
liner Bildes mit dem 1445 nach Miraflores geschenkten kann kein
Zweifel sein. Jene drei in der oben abgedruckten Archivnotiz aus
Miraflores angegebenen Gegenstände, deren Zusammenstellung ge=
wiß selten ist, finden sich auf dem Berliner Altärchen und bilden
die Hauptgegenstände: Christi Geburt, die Kreuzabnahme und Christi
Erscheinung bei der Mutter nach der Auferstehung. Diese drei
Bildchen sind ganz gleich groß, etwa über 2 Fuß hoch und fast
1½ Fuß breit, allein es umgiebt sie ein gemalter Rand, welcher
eine Hohlkehle von braunem Holz nachahmt, und auf diesem Rande
erscheinen grau in grau, wie aus Stein gemeißelt, eine Menge
ganz kleiner Vorstellungen, welche jene drei Bilder ergänzen und
zu einem Cyclus abrunden. Es ist nämlich ein sogenanntes Rosen=
kranzbild, welches die sieben Freuden und die sieben Schmerzen
der Maria darstellt, wie solche Bilder, jedoch dann die Freuden
und die Schmerzen auf zwei Bilder vertheilt, im 15. und 16. Jahr=

---

*) Waagen, Kunstwerke und Künstler in England, II, 233 ff.

hundert sehr häufig vorkommen.*) So erklärt sich auch, warum in der Notiz von Miraflores die Kreuzabnahme ausdrücklich als „fünfter Schmerz" bezeichnet wird. Das kleine Werk ist ein Wunder von Ausführung, und es zeigt sich das schrankenlose Talent unseres Meisters darin, daß ihm, der mit lebensgroßen, von Leidenschaft erfüllten Scenen begann, hier das Idyll in miniaturartiger Feinheit eben so vollkommen gelang. Nur in der durch Seelenadel verklärten Wucht des Schmerzes auf dem Mittelbild der Kreuzabnahme und in der tiefen Rührung, ja Erschütterung der Maria, als der siegreiche Sohn ihr erscheint, zeigt sich auch hier wieder der große Meister des Ausdruckes. Es läßt sich überhaupt bemerken, daß die leidenschaftlichen Stimmungen bei ihm, nachdem er seine Reife erlangt hat, sich beruhigen. Gerade mit den letzten Bildern seines Lebens hat er heitern idyllischen Scenen sich zugewendet, den Goldgrund durch die schönsten Fernsichten ersetzt und jenen Stil sonnenklarer Paradiesesfreude ausgebildet, in welchem dann Memling sich dem Lehrer so nah anschließt, daß Rogier's Werke in diesem zweiten Stil Jahrhunderte lang für Memling gegolten haben. Das Reise-Altärchen hat noch den Kasten um sich, in welchen man es einschlagen und verpacken konnte; nur die Haspen sind neu. Diesem Umstand verdankt es die für seine weiten Weltfahrten im Ganzen noch gute Erhaltung.

Außer diesen dreien, der großen Kreuzabnahme im National-Museum zu Madrid und dem Reise-Altärchen zu Berlin, wozu dann die Berner Tapeten nach den Rathhausbildern von Brüssel kommen, giebt es keine durch äußere Zeugnisse bisher identificirte Bilder Rogier's. Allein diese drei genügen, um nach ihnen aus innern Gründen eine Zahl anderer Bilder auf ihn zurückzuführen.

Unter diesen ist eines der bedeutendsten ein Altarblatt aus der Kirche zu Middelburgh in Seeland, das einzige noch vorhandene Werk des Meisters, von dem wir wenigstens mit Sicher-

---

*) So hat Rogier's Schüler Memling auf der Tafel in München in einem Landschaftsbild die sieben Freuden, und auf der kleinern Tafel in Turin die sieben Schmerzen zusammengestellt. Dahin gehören ferner das Bild von Jan Mostaert in der Liebfrauenkirche zu Brügge, und das Bild eines Schülers von Dürer, vielleicht Altdorfer, im Museum zu Antwerpen (Katal. Nr. 124).

heit beweisen können, daß es nach der italienischen Reise entstanden ist. Es wurde nämlich die Stadt Middelburgh erst im Jahr 1444 angelegt durch Pierre Bladelin, welcher auf diesem Bilde als Donator erscheint; im Hintergrunde sieht man ebenfalls das Schloß und die Kirche von Middelburgh. Diese Kirche ist jedenfalls erst 1450 fertig geworden, also in dem Jahr, wo Rogier in Italien reiste. Mit der Wiederauffindung des Bildes ist es seltsam gegangen. Ein Pfarrer von Middelburgh ließ im Jahr 1836 seine Küche repariren, die mit starkem Papier tapezirt war. Als die Tapete abgerissen wurde, zeigte sich unter ihr ein Oelgemälde, das vermuthlich nur dorthin genagelt war, um von der Küche die Feuchtigkeit abzuhalten. Der Pfarrer ließ das Bild restauriren und stellte es auf den Hauptaltar der Kirche. Eine Zeichnung desselben wurde veröffentlicht und lenkte die Aufmerksamkeit des Kunsthändlers Nieuwenhuys auf einen Flügelaltar, den er (angeblich schon länger) in seinem Bilderladen besaß und jetzt sofort als das Original erkannte, von welchem das noch in Middelburgh vorhandene Bild nur eine etwas veränderte Copie war. Von Nieuwenhuys kaufte alsdann Director Waagen das Bild für das Berliner Museum an. Man hat nachher in Belgien den Pfarrer beschuldigt, das Original veräußert zu haben, was aber jetzt widerlegt ist.*) Durch wen aber und zu welcher Zeit das Bild von dem Altar der Kirche geraubt und in den Kunsthandel gebracht ist, das bleibt vor der Hand noch unermittelt, und ebenso ungewiß ist es, ob Nieuwenhuys der erste Käufer war, und ob das Bild sich wirklich erst in der dritten Hand befindet. Daß es jedenfalls die Besitzer nicht oft gewechselt hat, beweist sich durch seine ausgezeichnete Erhaltung: es sieht aus wie gestern gemalt, und vielleicht in keinem Werk Rogier's läßt sich die ursprüngliche Pracht, Gluth und Tiefe der Farbe und die Herrlichkeit und Feinheit der Ausführung so wunderbar erkennen. Das Mittelbild stellt in an-

---

*) Die ganze Geschichte von der Auffindung des Bildes nebst der Ehrenerklärung zu Gunsten des Pfarrers Andries, der jetzt Canonicus in Brügge ist, giebt Michiels in dem oben angeführten Aufsatz im Septemberheft 1866 der Gazette des Beaux-Arts, p. 220 sq. und im 3. Band der neuen Ausgabe seiner Peinture flamande.

muthiger Architektur und Landschaft die Anbetung des neugebornen Kindes dar, vor welchem neben der Jungfrau, dem Pflegevater und drei Engeln auch der Stifter, Pierre Bladelin, in der Tracht der Zeit kniet. Auf dem einen Flügel sieht man die drei Könige, die von ihrer Bergwarte den Stern erscheinen sehen und das Zeichen anbetend verehren; auf dem andern kniet Kaiser Augustus, in der Tracht eines Herzogs von Burgund, vor dem Christuskinde, das ihm die Sibylle in den Wolken zeigt. Eine Hand des siebzehnten Jahrhunderts hat auf das Mittelbild den Namen Memling's gesetzt: ein Beweis, seit wie lang schon Rogier's Ruhm in dem des Schülers unterging.

Die beiden, jetzt wohl allgemein dem Rogier zugeschriebenen Bilder, welche mit der Boisserée'schen Sammlung in die Pinakothek kamen, sind so allgemein bekannt, daß ich bei ihnen nicht lange zu verweilen brauche. Die Boisserées haben viel daran verdorben, indem sie, obwohl nicht Künstler, dieselben eigenhändig mit Lasuren überschminkten. Allein es sind höchst bedeutende Werke und haben außerdem für das Leben des Meisters Interesse durch die Orte, von denen sie kommen. Das eine ist die berühmte Anbetung der h. drei Könige in reicher Landschaft mit einer flandrischen Stadt im Hintergrund, wo der Greis, der die Hand des Kindes küßt, für ein Portrait Philipp's des Guten, und der gelbe Maure, hinter ihm in stolzer Haltung stehend, für Karl den Kühnen gilt; auf den Flügeln ist die Verkündigung und die Darbringung im Tempel. Dieses Bild stammt aus der Columbakirche in Köln, von wo es die Boisserées durch eine nie aufgeklärte Transaction mit dem Küster erhalten haben. Da sich in der kölnischen Schule bald nach der Mitte des fünfzehnten Jahrhunderts Anklänge an dieß Bild finden, scheint es von Anfang für diese Kirche gemalt zu sein und auf die Verbreitung des flandrischen Stils am Niederrhein stark eingewirkt zu haben. Es würde dann auch wieder beweisen, wie berühmt Rogier schon bei seinen Lebzeiten war, wenn man in Köln, wo damals doch Meister Stephan's Schule in trefflichen Meistern blühte, bei ihm ein so bedeutendes Werk bestellte. Das andere herrliche Bild in München, Lucas die Madonna malend, bringt uns wieder zu einem ganz neuen Gegenstand.

Es wurde von den Boisserées in Brüssel erworben, wo es in einer der Malerzunft angehörigen Kapelle als Altarblatt diente; also wahrscheinlich ein Geschenk des Künstlers an die Zunft, welche in dem Bild als Jünger des Lucas, des frühesten christlichen Malers, verherrlicht wurde. Es ist ein zauberhaft ansprechendes Werk, voll Anmuth, Natur und Sonne; die Figuren halblebensgroß. In offner Halle, vom klarsten Licht umspielt, sitzt die Jungfrau, das Obergewand weit über den Boden gebreitet, und tränkt das Kind, in seinen Anblick wie versunken. Ihr Kopf ist sehr fein, edler als die Madonnen der Eycks, die Hände sind gut und fein gezeichnet, aber das Kind sitzt noch etwas steif, als nähme es auch eine Pose vor dem Maler an. Lucas kniet vor der Jungfrau und zeichnet das Bild mit dem Stift auf die Schreibtafel. Durch zwei Säulen mit prächtig ornamentirten Schäften sieht man über ein Blumengärtchen hinweg in eine flandrische Stadt hinab, mitten auf einen Fluß, von dem man nicht begreift, wo er herkommt; über die Brüstung der Stadtmauern im Mittelgrunde blicken ein Mann und eine Frau, beide dem Beschauer den Rücken kehrend, über den Stromspiegel hinaus, der sich glitzernd durch felsige Ufer bis weit in den sonnig=hellen Hintergrund zieht. Hier ist alles Landschaftliche ganz wie bei Jan van Eyck, man vergleiche etwa die Rolin'sche Madonna des letzteren im Louvre; doch mag man immerhin mit Herrn Professor Marggraff (Katalog der Pinakothek) vermuthen, daß Rogier dieß Bild nach seiner Rückkehr aus Italien malte, wo er die lichtvollen Fernsichten der dortigen Landschaften hatte kennen lernen. War doch auch Jan van Eyck im sonnigen Spanien zu seinen südlichen Hintergründen gekommen.

Zuverlässig nach der italienischen Reise führte Rogier ein Bild aus, an dem er vier Jahre arbeitete, das man also wohl als das Hauptwerk seines Lebens betrachten muß. Am 16. Juni 1455 bestellte nämlich Jean le Robert, der Superior des Klosters St. Aubert zu Cambray, bei „maistre Rogier de le Pasture" eine Altartafel, deren Mittelbild 25 Quadratfuß groß sein sollte; der Maler aber gab ihm „pour le bien de l'œuvre" sechs und einen halben Fuß in der Höhe, fünf in der Breite; die Flügel hatten entsprechende Dimensionen. Die Klosterrechnungen geben die genauesten Details über Bezahlung, Transport und Aufstellung des fertigen Werkes, selbst für das Bemalen des Rahmens und für einen fünfarmigen Leuchter, der für das Bild neu gegossen wurde.*) 1459 wurde dasselbe in Cambray aufgestellt. Es würde unschätzbar sein, wenn dieß Bild, dessen Gegenstände uns (seltsam genug neben all jenen Details!) verschwiegen werden, sich noch auffinden und identificiren ließe. Ich will darüber nachher eine Vermuthung wagen, und glaube, daß es einen Weg giebt, dieselbe entweder zu widerlegen, oder aber zur Evidenz zu erheben. Vorher jedoch muß ein anderes, längst wohlbekanntes Bild Rogier's an dieser Stelle zur Besprechung kommen.

Das Museum zu Antwerpen hat mit der durch Vermächtniß ihm einverleibten Sammlung van Ertborn schon seit etwa 35 Jahren ein berühmtes Bild erhalten, das aus Dijon, einer der Residenzen der burgundischen Herzoge, herstammt und einem Herrn Pirard, dem letzten Präsidenten des Parlaments von Bourgogne, gehört hatte. Anfangs galt dieß Bild als Jan van Eyck, aber längst ist es dem Rogier zurückgegeben und in dem vortrefflichen Katalog des Antwerpner Museums unter seinem Namen eingetragen. Es ist wieder solch eine Darstellung eines ganzen Cyklus von Dingen Einer Kategorie, wie die Eycks, Rogier und Memling sie liebten, und zwar dießmal mit Einem Hauptbild und sechs kleinern Darstellungen, nur daß hier nicht eine Landschaft, sondern eine große gothische Kathedrale als Rahmen alle jene Scenen einschließt. Das Bild stellt die sieben Sacramente der katholischen Kirche vor, indem es in vollster Realität Personen malt, welche die heiligen Handlungen austheilen und empfangen. Die Größen des Bildes sind so abgestuft, daß das Mittelstück 6 Fuß, die Flügel nur 4 Fuß Höhe haben; denn jenes stellt das Hauptschiff der Kathedrale, diese stellen die niedrigern Nebenschiffe vor. Durch diese Nebenschiffe blickt man auf jeder Seite in drei Capellen hinein, und in jeder derselben vollzieht sich eines der Sacramente, während

---

*) Michiels a. a. O. S. 222, und im 3. Band der neuen Auflage. Auszüge aus diesen Klosterrechnungen waren aber längst schon vom Grafen de Laborde in seinen Ducs de Bourgogne I. p. LIX. mitgetheilt worden.

das siebente, die Messe, an den entfernten Hochaltar in der Tiefe des Mittelschiffes verlegt ist. Im Vordergrund dieses Schiffs aber erscheint mit größeren Figuren das wirkliche Opfer, von dem die Messe nur Abbild ist; an einem hohen Kreuz, dessen Scheitel bis zum Gewölbe ansteigt, hängt der Crucifixus, und um das Kreuz drängen sich, hier in maßhaltendem Schmerz, die heiligen Frauen. Schon das Malen dieses grandiosen Bauwerkes mit seinen luft= reichen Perspectiven in die Länge und in die Quere war für die junge Kunst des Realismus eine neue und große Aufgabe, selbst nach den schönen architektonischen Hintergründen der Eycks. Ro= gier hat überdieß die Durchsicht mit gutem Gefühl etwas ver= schoben, so daß man in die Capellen links etwas vollern Einblick hat als rechts. Das Bild ist wahrhaft strahlend in der Farbe, obwohl kühler, etwas trockener als Jan van Eyck's Palette; es hängt in Antwerpen einer Thür gegenüber, so daß man weit von ihm zurücktreten kann, aber noch in der Entfernung von 25 Schritten wirkt mit ganzer Leuchtkraft die mächtige Vordergruppe der Frauen am Kreuz und dahinter die klare leichtgraue Tiefe der steinfarbigen Architektur.

In diesem prachtvollen Werk thut die Kunst einen gewaltigen Schritt vorwärts.

Alle Details sind eben so treu realistisch als auch wieder voll Geist: das Heilige ist dem Menschen hier so vertraulich nahe ge= bracht. Schon diese Kirche mußte den Beschauer des fünfzehnten Jahrhunderts anheimeln; denn ihre Formen sind die des nieder= ländisch=belgischen Kirchenstils: Rundsäulen mit achteckigen Füßen, die Capitelle mit zwei losen Blätterkränzen umlegt; man denkt un= willkürlich an die Kirche St. Jacques zu Antwerpen. Die große Mittelgruppe im Hauptschiff ist auch in den Figuren etwas höher genommen; in den heiligen Handlungen dagegen sind die Figuren im Vordergrund nur 1½ Fuß groß und werden in den hintersten Capellen ganz klein. In der ersten Capelle links sieht man ein Kind in einem großen kupfernen Becken taufen. Eine Gevatterin in einer Hornhaube hält es über das Taufwasser, die zweite, mit gleichem Kopfputz, und der Gevatter legen ihm ihre Hände auf, während der Priester die heilige Handlung vollzieht. Allerliebst ist in der zweiten Capelle die Firmelung: der Diakon bindet dem Gefirmelten die Stirnbinde um; zwei Jungen und ein Mädchen, alle drei mit Stirnbinden und den naivsten Gesichtchen, verlassen schon die heilige Stätte. Alles geht hier behaglich und gemüthlich zu, und die Leute finden sich in der Kirche bequem zu Hause. Vor der Capelle liegt sogar ein nettes Windspiel auf den Fliessen, und ihm gegenüber in dem andern Nebenschiff ein faules Bologneserchen. Nun kommt in der dritten Capelle links die Beichte; ein alter Mann erhält Absolution, eine Frau wartet; dahinter sieht man am Ende des Seitenschiffes einen Priester am Altar. Im fernen Hintergrunde des Mittelschiffes steht vor dem überreich mit geschnitzten Statuen gezierten Altar der Priester, die Hostie erhebend. Die rechte Seite hat Alles mehr zusammengedrängt. Bei der Trauung giebt das Paar sich die Hände, um welche der Priester die Stola legt; die Brautleute sind roth gekleidet, das Mädchen trägt unter der Krone von Perlen und Steinen das Haar ganz frei herunter gekämmt. Bei der Oelung bleibt es freilich seltsam, wie der Sterbende mit dem schweren reich geschnitzten Bett in die Kirche kommt. Merkwürdig stimmt es mit den Berner Tapeten, dass der Mann nackt im Bett liegt, aber ein Tuch um den Kopf hat. Die Frau, ganz verweint, steht dabei mit der Sterbekerze, und der Priester bezeichnet mit dem Salböl eben die Hand des Sterbenden, die der Diakon sanft emporhält. Geistvoll sind auch die Farben an den Gewändern der sieben Engel, die über den sieben Handlungen schweben; ihre Flügel haben immer dieselbe Farbe wie die Gewänder: bei der Taufe weiss mit lila schattirt; Firmelung gelb mit purpur; Beichte scharlach; Priesterweihe amaranth; Messe grün; Trauung dunkelblau; Oelung schwarz-violett. Hier bezeichnet weiss die Reinigung durch's Taufwasser; gelb den Glauben oder die Treue, welche der Erwachsene bei der Firmelung gelobt; scharlach die Blutfarbe der Sünden; grün (nach Sandrart's Deutung) die Gesundheit der Seele, weil das Abendmahl diese giebt; amaranth die unverwelkliche Paradiesestrone des Priesters; dunkelblau die Treue der Ehegatten; schwarz endlich den Tod.

Nun fand Director Waagen*) im Jahr 1866 in dem National-

---

*) Nach freundlicher Mittheilung Waagen's.

Museum zu Madrid, jener meist aus aufgehobenen Klöstern zusammengebrachten Sammlung, ein großes Bild, welches diese sieben Sacramente aus Antwerpen wiederholt, aber eine große Menge von Beziehungen neu hereinbringt. Es findet sich hier wieder der gemalte Rand, und dieser enthält in Einfassungen grau in grau gemalte Bildchen, ganz nach der Manier des Reisealtärchens. Diese kleinen Bildchen stellen die sechs Tagewerke der Schöpfung, die Passion und die sieben Werke der Barmherzigkeit dar. Auf der Außenseite der Flügel sieht man die Geschichte mit dem Zinsgroschen; diese ist von schwächerer Hand vielleicht erst später zugemalt. Das ganze Innere aber spricht Waagen als von der Hand Rogier's gemalt an und erklärt es für dessen reichstes und complicirtestes Werk, wovon die sieben Sacramente in Antwerpen nur eine Wiederholung oder eigentlich ein Auszug sind. Der Gedanke, von welchem die Zusammenstellung der Innenseite ausgeht, ist großartig: zwischen Anfang und Ende der Welt, Schöpfung und Sühntag, steht als Centrum der Weltgeschichte der Crucifixus und die gnadenspendende Kirche. Man hat das Bild in Madrid unter Leitung des dortigen Galleriedirectors, des Herrn Murillo, verständig und schonend gereinigt. Hier drängt sich mir nun die Vermuthung auf, daß dieß Bild kein anderes ist als jenes für Cambray gemalte Hauptwerk, auf welches Rogier vier Jahre seiner reifsten Kraft verwendete. Das Bisthum Cambray war damals noch deutsches Reichsland, kam aber 1595 unter spanische Hoheit, und leicht kann dann oder später das Bild nach Spanien verkauft oder verschleppt worden sein.*) Einigermaßen bestätigend hiefür ist, daß die Wiederholung in Antwerpen das Wappen des Bisthums Tournai und daneben das des Jean Chevrot trägt, der von 1437 bis 60 Bischof von Tournai gewesen ist. Cambray liegt in der Nähe von Tournai, Rogier's großes Bild

---

*) Die Spanier nahmen aus eroberten Städten Bilder mit, man wartete aber umsonst auf die Bezahlung. Van Mander fol. 129 (im Leben des Albert van Ouwater): „het principael (von dessen Auferweckung des Lazarus) werdt nae d'Harlemsche belegheringhe en overgang, met ander fraeyicheyt van Const, van den Spaengiaerden bedreegh' lyck sonder betalen ghebracht in Spaengien."

wurde im Sommer 1459 aufgestellt und konnte leicht in einem benachbarten Bischof den Wunsch erwecken, etwas ähnliches zu besitzen, gerade so wie 16 Jahre vorher Edelheer in Löwen eine Wiederholung des ebenfalls hochberühmten Bildes bei Rogier bestellte, das er in einer Kirche seiner Stadt immer vor Augen hatte. Hier wird es nun einfach darauf ankommen, die Größe des Madrider Bildes zu ermitteln. Stimmt diese mit den genauen Maßen von siebenthalb Fuß Höhe und fünf Fuß Breite, die wir als die Maße des Bildes in Cambray kennen, so ist wohl an der Identität beider Werke nicht zu zweifeln, und wir hätten somit ein neues vollständig datirtes und zuverlässig beglaubigtes Werk Rogier's gefunden.*)

*) Ich habe diese Worte oben so stehen lassen, wie ich sie vor acht Jahren niederschrieb. Seitdem finde ich schon in Villaamil's Catálogo historial y razonado del Museo Nacional de Pinturas, Madrid 1865, das Bild ausführlich beschrieben und dem Rogier van der Weyden „el viejo" beigelegt. Nach Angabe dieses Katalogs sind die Gegenstände so gruppirt:

Linker Flügel, Innenseite: Vertreibung der ersten Eltern aus dem Paradies. Durch die gothische Balustrade erblickt man im Garten den Baum der Erkenntniß und den Sündenfall. Das Thor ist von einem Spitzbogen überstiegen, innerhalb dessen auf kleinen Baldachinen grau in grau, wie aus Stein gemeißelt, die sechs Tagewerke der Schöpfung angebracht sind. Außerhalb dieses Bogens in den Zwickeldreiecken der erste Brudermord, und Samson den Löwen zerreißend.

Das Mittelbild: Kreuzigung und die sieben Sacramente, ganz wie die Wiederholung in Antwerpen, aber an dem gothischen Bogen über dem Meßpriester wiederum Steinbildchen, sechs Scenen der Passion, vom Gebet am Oelberg bis zur Auferstehung, darstellend.

Rechter Flügel, Innenseite: das jüngste Gericht. In dem Bogen als Steinbildchen die sieben Werke der Barmherzigkeit.

Außen zeigen die zusammengeschlagenen Flügel, grau in grau gemalt, den Spruch vom Zinsgroschen, der durch die beigesetzten Bibeltexte erklärt wird: rechts stehen drei Pharisäer mit der Kaisermünze, links tritt Christus mit einem Apostel heran.

Das Bild stammt aus dem Kloster de los Angeles, hat aber leider keinen Stammbaum weiter hinauf. Das Mittelbild hat jetzt nur m. 1,73 Höhe, m. 1,96 Breite, aber die Flügel sind höher, m. 1,96 Höhe auf m. 0,76 Breite. Dieß ist auffallend, da die Flügel nicht leicht höher als das Mittelbild sich denken lassen. Das letzte könnte bei der Aufstellung auf einem Altar, für den es nicht ursprünglich gemalt war, vielleicht oben verkürzt worden sein,

Nachdem wir nun unsern Meister von einem seiner frühen Werke, nämlich der großen Kreuzabnahme aus Löwen, bis zu seiner großartigsten Arbeit verfolgt haben, die er fünf Jahre vor seinem Tode vollendete — beide Werke merkwürdiger Weise jetzt wahrscheinlich in Madrid vereinigt — so wird sich herausstellen, daß er von vornherein in seiner künstlerischen Anlage ein von Jan van Eyck verschiedener Mensch gewesen ist. Eyck war ein Niederdeutscher, Rogier von französischem Blut. Jenem stellte sich die Religion in ihrer Paradiesesfreude und Festeslust dar, Passionsbilder von ihm sind nicht bekannt; er malt Madonnen in reichem Schmuck zwischen glänzender Architektur oder in heitrer Landschaft, und selbst die Welt des Jenseits zeigt sich ihm nicht in ihrem Ernst, sondern, wie auf seiner Anbetung des Lammes, als eine glänzende Stadt in prächtiger, von Bäumen des Südens beschatteter und von Blumen üppig umblühter Landschaft, mit dem blauen Himmel Spaniens darüber, über welchen nur zarte weiße Mittagswölkchen hinflattern, als wären es sanfte letzte Erinnerungen an die Stürme des Erdenlebens, welche den lichten Azur des Paradieses nicht zu verdunkeln im Stande sind. Dagegen greift Rogier sofort aus dem ganzen Kreise des Darstellbaren die Abnahme vom Kreuz heraus und steigert den Schmerz der Umstehenden durch realistische Wahrheit bis zur ergreifenden Leidenschaft. Die Augen der Leidtragenden sind roth verweint, den Frauen perlen die Thränen über die Wangen, Magdalena verrenkt fast die Arme. Rogier erreicht die mächtige dramatische Wirkung, die er beabsichtigt, auch dadurch, daß er in dieser Scene seine Figuren sofort lebensgroß nimmt. Ganz im Geist eines modernen Franzosen ist er anfangs im Grunde mehr Zeichner als Colorist, und eben darum vermochte er als Lehrer mit so durchgreifender Macht eine Schule zu gründen.

---

wobei nur das Gewölbe des Mittelschiffs verloren ging. Somit hätten wir für die Flügel 6′ Höhe und für das Mittelbild muthmaßlich mehr, und für das letzte oder die ganze Tafel mit zusammengeschlagenen Flügeln 6′ Breite. Die Uebereinstimmung mit den im Text angegebenen Maßen des Bildes von Cambrai ist nahe genug, aber doch auch nicht vollständig genug, um mit Sicherheit zu entscheiden, ob beide Bilder identisch sind.

Man ahnt in ihm schon den Quintin Matsys, aber in der Großräumigkeit wußten ihm seine nächsten Schüler noch nicht zu folgen, und in Memling treten die Züge des geistigen Großvaters wieder stärker heraus als die des Vaters. Mehr als diese Niederländer und als seine kölnischen Schüler wußten mit der pathetischen Seite in Rogier die zahlreichen Oberdeutschen anzufangen, die von ihm sich anregen ließen; in Martin Schongauer, dem alten Holbein und Michael Wohlgemuth tritt uns dieselbe Leidenschaftlichkeit und die Vorliebe für Passionsbilder entgegen. Das Element der Leidenschaft, wodurch Rogier zu der an ihm so bewunderten Kraft des Ausdruckes sich aufschwang, waltet auch noch in spätern Compositionen: er malt mehrmals die Passion und ihre Spitze, die Kreuzigung; erst mit reiferem Alter tritt er, als Jan van Eyck gestorben ist, auch dessen geistige Erbschaft an; er malt nun auch heitere und gemüthvolle Gegenstände, in denen er den Eyck'schen Sinn für Pracht und Lichtglanz entfalten kann; die Figuren mindern sich auf die halbe Lebensgröße und darunter; aber die Gegenstände werden dafür unermeßlich reich, und ein einziges Bild gliedert sich in einzelnen getrennten Scenen zu einem ganzen Epos. Man darf wohl nicht zweifeln, daß er jenen ersten gewaltsamen Stil aus der Schule seiner Jugend in Tournai mitgebracht hat, und da nun auf eine einheimische Malerschule in Tournai einmal der Blick gerichtet ist, wo wir am Anfang des fünfzehnten Jahrhunderts schon längst eine vortreffliche Bildhauerschule entdeckt haben, so wird die Forschung wohl auch den Boden auffinden, dem jene Schule entsproßte: er liegt, glaube ich, in jenen nordfranzösischen Strebungen auf bewegte Geschichtsdarstellung, wie sie in gewirkten Tapeten wohl schon im vierzehnten Jahrhundert sich werden beweisen lassen. Was aber das geistige Bild unseres großen Meisters erst vollständig macht, ist die Thatsache, daß er zuerst aus dem Dämmerschein der kirchlichen Kunst ganz bewußt und selbstständig in das Tageslicht der weltlichen Geschichtsmalerei herausschritt, indem er in seinem Jugendwerk, den Rathhausbildern zu Brüssel, wenn auch noch in der Form der Sage, zuerst Menschen aus dem wirklichen Leben schuf.

III. Die Brüsseler Rathhausbilder.

Von Rogier zieht sich hundert Jahre lang eine Kette großartiger Historienbilder fort, welche sich in den Gerichtssälen der Rathhäuser von den Niederlanden den Rhein hinauf bis nach Basel verbreiten. Im 15. Jahrhundert kam in den freien Städten der Niederlande, welche in dem großen und mächtigen burgundischen Reich vereinigt, durch Erwerb und Handel zu ungeheurem Reichthum sich aufschwangen, auch die Profanarchitektur zur glänzenden Blüthe. Die prachtvollen Rathhäuser, Verkaufshallen und Belfriede, die stolzen Zeugen städtischer Unabhängigkeit, entzücken uns noch heute als die tüchtigsten weltlichen Bauten, die das ganze Mittelalter hervorgebracht hat. Die Niederlande schwelgten in derbem Lebensgenuß und gelangten dadurch zu einem frischen Sinn für Weltlichkeit. Als daher die Stadträthe nun auch die Maler zu beschäftigen anfingen, verlangten sie für ihre Rathhäuser keine religiösen Gegenstände. Sie wollten Werke, welche derb und handgreiflich die republikanischen Bürgertugenden einprägten, auf welche ihr städtisches Gemeindewesen sich gegründet hatte, und durch die allein es sich erhalten konnte. Vor allem wollten sie an die höchste aller Tugenden erinnert sein, an die Gerechtigkeit, die unerschüttert über Gunst und Abgunst des Parteiwesens steht. Hier kam ihnen die Literatur bereits entgegen. In mehreren Sammlungen von Geschichten und Sagen hatte das Mittelalter einen reichen Stoff für solche Darstellungen niedergelegt. Das wichtigste dieser Bücher, die Gesta Romanorum, enthält von zwei Geschichten gewiß immer eine, die eine Rechtsfrage betrifft, und wirklich sind aus dieser Sammlung von den Künstlern jener Tage viele Stoffe genommen worden. Manches lief wohl auch noch als mündliche Ueberlieferung um, und die Wiederbelebung der lateinischen und griechischen Literatur brachte später noch eine Menge neuer Geschichten in den Mund des Volkes, wie sie z. B. in der Anekdotensammlung des Valerius Maximus in Fülle vorlagen.*) Von den zwei Gegen-

---

*) Noch im fünfzehnten Jahrhundert erschien in Augsburg eine deutsche Uebersetzung, wo Gesta und Valerius in Einem Bande zusammenstehen, gedruckt bei Hans Schobser 1489, in Kleinfolio.

ständen, die Rogier für Brüssel malte, ist der eine der Papstlegende, der andere einer Localsage entnommen, die sich an die Gründer des Hauses Bourbon anschließt. Man hat diese Rathhausbilder von Rogier bis Holbein noch niemals zusammengestellt, so wichtig sie auch für die Entwicklung der Historienmalerei geworden sind. Es scheint der Mühe werth, dieß einmal zu versuchen.

1. Wir haben also erstens ihren Anfang, und gewiß den Anstoß zu dieser ganzen neuen Richtung, in Rogier zu suchen, dessen Brüsseler Bilder fast von allen Berichterstattern, die sie noch selbst gesehen haben, gerade unter diesen Gesichtspunkt gestellt werden, daß sie Gerechtigkeit einprägen und deßhalb im Rathssaale sich befinden, wo Gericht gehalten wird. Guicciardini, Vasari und van Mander deuten darauf hin, und Lampsonius in seinem Lobgedicht auf Rogier singt diesen so an: „Alle Maler studiren dich noch: solches bezeugt die Schilderei, welche das brüsselsche Gericht mahnt, nach keiner Seite aus der guten und ehrlichen Bahn der Billigkeit zu weichen."*) Die Gegenstände, auf die wir erst unten näher eingehen, waren zwei Acte göttlicher Gnade, welche dem Kaiser Trajan und dem Ritter Erchenbald von Bourbon zum Lohn dafür widerfuhren, daß sie unbestechliche Gerechtigkeit geübt haben.

2. Hieran schließt sich Rogier's Schulgenosse, Dirck Bouts von Harlem (früher Stuerbout genannt), welcher gewiß von Rogier's Bildern angeregt, für den Rathssaal zu Löwen im Jahr 1468

---

*) Guicciardini, Beschreibung der Niederlande, Antw. 1581, p. 142: „(Rogier) il quale fra le altre cose fece le quattro degnissime tauole d'ammiranda historia, a proposito ed exemplo del far' giustitia, che si veggono in detta terra di Bruselles al Palazzo de' signori, nella propria stanza, ove si consultano e deliberano le cause." Die Verse des Lampsonius stehen bei van Mander, im Leben des Rogier van der Weyden. Eben weil man wußte, daß beide Gegenstände Acte strenger Gerechtigkeit enthielten, konnte man die erste dieser Geschichten, die von Trajan, leicht mit einem andern berühmten Beispiel scharfer Rechtspflege verwechseln, indem man dafür den Lokrier Zaleukos setzte, der sich selbst ein Auge ausstechen ließ, um seinem schuldigen Sohn eines zu retten: eine Verwechslung, welche bei van Mander und Baldinucci wirklich vorkommt.

die beiden großen Oelbilder malte, welche jetzt in's Brüsseler Museum gelangt sind. Hier waltet derselbe Geist, dieselbe Moral. Nach einer im Mittelalter weit verbreiteten Legende*) hatte einer der Ottonen eine ungetreue Frau, welche aus Liebesrache einen Grafen des Hofes zum Tode brachte. Die Frau des Grafen erbot sich, zur Ehrenrettung des Hingerichteten das glühende Eisen zu tragen, und Kaiser Otto ließ, als dieses Gottesurtheil gesprochen hatte, die eigene Gemalin verbrennen. Die Bilder des Bouts sind große figurenreiche Compositionen mit lebensgroßen Gestalten. Auf dem ersten sieht man die Frau, in adeliger Tracht, ihren Mann, der in ein weißes Sterbehemd gekleidet ist, zur Richtstätte begleiten; ein Franciscanermönch geht vor ihr. Dann wird sein Kopf der Frau in einem Tuch überreicht. Auf dem zweiten Bild hält sie mit der Linken das glühende Eisen, das sie aus dem neben ihr stehenden Kohlenbecken genommen hat; in der Rechten hat sie den Kopf ihres Mannes auf dem Tuch. Der Kaiser zieht sich erschreckt vor der Gluth zurück. Im Hintergrund wird die Kaiserin, wieder von zwei Mönchen begleitet, lebendig verbrannt. Es sind bedeutende Werke von reicher und sorgfältiger Ausführung, aber im Ausdruck treten sie hinter Rogier zurück. Alles Gefühl ist wie verschleiert, obwohl die Köpfe lebendig sind. Als die Frau das Haupt ihres Mannes überreicht bekommt, weint sie nicht einmal; der Stummel vom Hals der Leiche ist bescheiden durch Pflanzen verhüllt; die Leute sehen zu, als ob sie in der Kirche wären, und selbst der Scharfrichter ist streng, aber nicht grausam. Das ist ganz im Charakter des Bouts, bei dem die Figuren so aussehen, als verständen die allerwunderlichsten Dinge sich ganz von selbst. Seinem heil. Erasmus in der St. Peterskirche zu Löwen sehen die Leute ganz gemüthlich die Eingeweide aus dem Leibe haspeln, und bei dem heil. Hippolytus in St. Sauveur zu Brügge betrachtet der seine Hinrichtung befehlende König mit einer Art sentimentaler Andacht, wie vier Pferde den Heiligen in Stücke zerreißen. Selbst die berühmte Mannalese in München, die jetzt

---

*) Mitgetheilt bei Michiels, Hist. de la peinture flamande, 2. Aufl., t. III, p. 262 u. folg.

urkundlich dem Bouts angehört, theilt diesen Mangel: die gottseligen Juden sammeln das Manna, als wären's Heidelbeeren.

3. Desto energischer ist ein furchtbarer Akt strafender Gerechtigkeit in Scene gesetzt auf den zwei kraftvollen Bildern, welche einst die Rathsstube zu Brügge schmückten und jetzt in die Akademie dieser Stadt versetzt sind. Kambyses, König von Persien, läßt auf dem ersten Bild den bestechlichen Richter Sisamnis lebendig schinden, und auf dem zweiten Bild installirt er in dessen Amt den Sohn, indem er ihn auf den Richterstuhl setzt, der mit der abgeschundenen Haut des Vaters bezogen ist.*) Hier wird uns vom Gräßlichsten nichts erspart: der Gemarterte schreit und bleckt die Zähne vor grimmigem Schmerz, als ihm die Haut am Fuß aufgeschnitten und am Arm abgezogen wird. Wie immer in dieser flandrischen Epoche, sind die Costüme aus der Gegenwart des Malers genommen. Diese grauenvoll wirksamen Bilder hat ein Nachfolger des Bouts gemalt, der vielleicht noch bei diesem oder bei einem von dessen Söhnen die Kunst erlernte, aber den Meister an Energie des Ausdrucks weit übertraf. Die von Herrn James Weale, dem ersten und so erfolgreichen Erforscher der Archive von Brügge, aufgefundenen Urkunden thun dar, daß der früher als Anton Clayssens bezeichnete Meister den wirklichen Namen Gérard David geführt und in Brügge gelebt hat. Die beiden Bilder wurden 1488 durch die Schöffen von Brügge bei David bestellt, und nach der Jahreszahl auf einem derselben sind sie 1498 vollendet.**)

4. Diesen Werken können wir in den Niederlanden noch die Rathhausbilder in dem Schöffensaal von Harlem beizählen, welche gänzlich verschollen und uns nicht einmal dem Gegenstand nach bekannt sind. Ein uns gleichfalls sonst unbekannter Meister aus derselben Stadt, Volckert Claeszon, hatte sie gemalt. Sie waren auf Leinwand kräftig ausgeführt und noch in der Manier der

---

*) Nach der gewöhnlichen Angabe nenne ich Kambyses und Sisamnis. Den Stoff aber kann der Maler aus den Gesta Romanorum genommen haben, wo er im 29. Kapitel sich findet, doch heißt es dort ohne Angabe irgend eines Namens: erat quidam imperator etc.

**) Weale, in zwei Artikeln über Gérard David, Gazette des Beauxarts, Jahrg. 1866. Vgl. Michiels 2. Aufl. IV, 131 u. folg.

ältern Schule, gehörten demnach wahrscheinlich noch dem fünf=
zehnten Jahrhundert an.*)

5. Wenn wir nun am Niederrhein heraufgehen und uns
den Grenzen des Kölner Erzstiftes nähern, so treffen wir dort auf
den streng kirchlichen Sinn, der in der ganzen kölnischen Schule
weltliche Gegenstände, mit Ausnahme des Portraits, ausschloß.
In einer so reichen, mächtigen, auch so entschlossen republikanischen
Reichsstadt wie Köln, wo man durch das ganze fünfzehnte Jahr=
hundert außerdem ausgezeichnete Maler hatte, muß es wirklich auf=
fallen, daß der Rath niemals ein Gerechtigkeitsbild bestellt hat,
sondern sich für sein Rathhaus mit einer Darstellung der Schutz=
patrone der Stadt, also einem rein kirchlichen Gegenstande, be=
gnügte. Es ist dieß Stephan Lochner's berühmtes Bild, jetzt im
Dom, das bekanntlich zuerst für die Rathhauskapelle bestellt war.
Das einzige frühe Rathhausbild in diesen Gegenden befindet sich
heute noch auf dem ursprünglichen Platz, für den es gemalt war,
auf der Rathsstube zu Wesel, und wurde als Gerechtigkeitsbild
schon dadurch handgreiflich bezeichnet, daß oben an dem alten
Rahmen eine kleine Krämerwage befestigt war, die noch vor dreißig
Jahren vor dem Bilde herunterhing. Das Bild ist ungefähr vier
Fuß hoch und fünf Fuß breit und gut erhalten. Sein Meister
ist der große, von Rogier stark angeregte Maler aus dem benach=
barten Calcar, den man, da sein wirklicher Name unbekannt, fälsch=
lich Jan van Calcar nannte. Jetzt endlich ist sein wahrer Name
Jan Joest durch einen Localforscher, Herrn Caplan Wolf in Calcar,
aus den dortigen Archiven ermittelt. Er hat sein großes Altar=
blatt in der Nicolauskirche daselbst zwischen 1505—8 gemalt.**)
Es bezeichnet diese Provinzialschule, daß hier der Gegenstand doch
nicht der Geschichte oder der Geschichtssage entnommen, sondern
eigentlich religiöser Natur ist. Die Figuren sind ein Drittel lebens=
groß. Vor dem Schöffenstuhl, den sechs Richter mit bedecktem

---

*) Karl van Mander fol. 128 pag. 2: „van hem zyn eenighe stucken
op doeck op de Schepen Camer te Haerlem die stout aenghetast en ghe=
daen zyn, meer Antyck als moderne."

**) Mittheilung von Dr. O. Eisenmann, Augsb. Ztg. 28. Oct. 1874, im
Auszug in Lützow's Zeitschrift, Kunstchronik 1874, S. 75.

Haupt, inmitten der Schultheiß in Goldbrocat, einnehmen, steht ein junger, ziemlich dumm aussehender Kerl, um einen Eid zu leisten, den ihm der siebente, vom Stuhl herabgestiegene Richter abnimmt. Gespannt sehen die Umstehenden ihn an, ob er es wohl wagen wird, falsch zu schwören. Der Priester hält ihm das Kreuz vor, und der Schultheiß richtet eine ernste Ermahnung an ihn, die in vier Reimzeilen auf dem Bilde steht. Außerdem warnt ihn sein guter Engel, der ihm zur Seite steht, ebenfalls vor dem Meineid. Aber an ihn drängt sich auch der Teufel heran, faßt ihn grimmig lachend an und reckt ihm die Finger der rechten Hand zum Schwur empor. Es ist etwas handwerklich Derbes in diesem Bild, die Köpfe sind äußerst lebendig und zeigen einen leidenschaftlichen Antheil. Durchaus wird auf eine kräftige moralische Lehre hingewirkt, welche denn durch jene Krämerwage, als Symbol des künftigen Gerichts, auch für das stumpfste Gemüth noch verstärkt wird.*)

6. Der glänzendste und vollständigste Cyklus solcher Bilder ist endlich der von dem jüngern Holbein für den Rathhaussaal in Basel ausgeführte, gewiß die großartigsten Geschichtsstücke der ganzen nordischen Malerei, die aber nur in einigen Fragmenten, in ein Paar Entwürfen von Holbein's Hand und in den modernen Copien auf dem Baseler Museum uns erhalten sind. Die erste Reihe dieser Bilder, welche Holbein noch vor seiner englischen Reise vollendete, enthielt den Charondas von Thurii, der um das selbstgegebene Gesetz zu ehren sich tödtet, weil er unvorgesehen bewaffnet in die Bürgerversammlung getreten ist; den Zaleukos von Lokri, der sich ein Auge ausreißen läßt, um seinem Sohne eins zu er-

---

*) Die sehr charakteristischen Beischriften sind in dem fast schon holländischen Dialekt abgefaßt, der heut noch um Calcar herrscht. Der Schultheiß sagt: siet hier besynt wael wat gy diat. swert nyet valschok um tytlick guet. want got die heer die weit dat wael. int leste gericht he it ordellen sael.

Der Engel: swer niet valselick wat ghi duet. gi verliest got dat ewighe guot.

Der Teufel giebt gar kein Motiv an: hald up die hant, wilt u nyet scamen. swert in alre duuel namen.

halten; den König Sapor von Persien, der den besiegten Römer=
kaiser als Steigbügel gebraucht, und den Curius Dentatus, die
Schätze abweisend, welche ihm die Gesandten der Samniter als
Bestechung antragen. Man sieht, dieß hat Alles seine moralische
Beziehung auf parteilose Gerechtigkeit, auf Schonung des über=
wundenen Gegners und auf Abweisung französischer Pensionen.
Als Holbein dann aus England zurückkam, hatte inzwischen der
Protestantismus in Basel gesiegt, und sein strengerer Geist ver=
langte wieder biblische Gegenstände, besonders aus dem alten
Testament. Holbein vollendete also seinen Cyklus mit dem Fluche,
den Samuel über Saul ausspricht, weil in dem Amalekiterkönig
dieser den Feind des Landes verschont hatte, und mit dem Abfall
der Israeliten von David's Königshaus, in Folge der Weigerung
Rehabeam's, die Steuern zu erleichtern. Hier strömt ein neuer
Geist in die Geschichtsmalerei hinein, und es schließt darum mit
Holbein's Werk die Reihe jener alterthümlichen Rathhausbilder,
wie Rogier sie eingeleitet hatte.

7. Noch einen Nachzügler, jedoch aus der spätern Zeit des
16. Jahrhunderts, bewahrt das Städtchen Eglisau am Rhein,
im Canton Zürich. Das Bild ist, trotz seiner Größe (ungefähr
3' hoch, 4' lang), auf Ein einziges aus einem Tannenstamm des
nahen Schwarzwaldes geschnittenes Brett gemalt und stellt wiederum,
wie das eine Rathhausbild Holbein's, den Zaleukus von Locri
dar. Rechts und links sind die Henker beschäftigt dem Vater und
dem Sohn je ein Auge auszustechen; in der Mitte wird ein offner
Durchblick zwischen Gebäuden durch einen Reiter auf einem Schim=
mel gefüllt, den ein Andrer führt. Rechts steht auf einem Balcon
neben einer Dame ein Mann in rothem Turban mit Reiherfedern.
Das Costüm ist venetianisch, und das ganze Bild zeigt venetianische
Einflüsse; es möchte gegen 1580 von einem deutschen Maler ge=
macht sein, welcher Venedig besucht hatte, wie denn über die
stehende Rheinbrücke bei Eglisau damals eine starke Passage zwi=
schen Italien und Deutschland gegangen ist. Das Bild war sonst
auf der Gerichtskammer des alten noch stehenden Rathhauses, hat
aber dort durch Sonne oder andere Hitze stark gelitten.

Unter allen Werken Rogier's waren die Brüsseler Bilder die

berühmtesten. Er hatte mit ihnen seinen Ruf begründet, denn sie waren ohne Zweifel seine früheste große Arbeit, um deren willen er eben Stadtmaler in Brüssel geworden war. Die Neuheit der Gegenstände sowohl als der kraftvolle Ausdruck, so wie die Lebensgröße der Figuren, was damals noch ungewöhnlich, stellten ihn gleich als selbstständige Größe neben Jan van Eyck, dessen Schüler er damals wohl noch nicht geworden war. Noch im sechszehnten Jahrhundert, als doch sonst in den Niederlanden der italienische Stil Alles beherrschte, wurden diese Bilder von den Künstlern studirt. Van Mander nennt sie als sehr berühmte Stücke und erzählt uns, daß Dominik Lampsonius, der Freund Vasari's, ein gelehrter Staatsmann und selbst Maler, im Jahr 1577 auf dem Saale, wo diese Bilder hingen, die Urkunde der Pacification von Gent zu entwerfen hatte, welche den spanischen Krieg beendigen sollte. So wichtig nun dieß Werk gewesen sei, habe er doch oft von der Arbeit aufsehen und die Bilder anschauen müssen, wobei er auszurufen pflegte: „O Meister Rogier, was für ein Mann bist Du gewesen!" Das glänzendste Zeugniß giebt ihnen aber Albrecht Dürer, der sie auf seiner niederländischen Reise im Jahr 1520 sah und über sie in sein Tagebuch die folgende Notiz eintrug: „Ich hab gesehen zu Prüssel im Rathaus, in der gülden Kammer, die vier gemalten Materien, die der groß Maister Rudier gemacht hat."*) Selbst nach Italien drang ihr Ruf. Guicciardini erwähnt sie mit großem Ruhm in seiner Beschreibung der Niederlande. Auch Vasari lobt sie, und Baldinucci giebt uns sogar den Familiennamen des einen Helden, der in diesen Bildern gefeiert wird, obwohl dieser Familienname auf den Inschriften der Bilder nicht vorkommt. Der letzte Reisende, der sie noch gesehen hat, ist Félibien; nach ihm bestanden sie noch im Jahre 1690 und wurden in Flandern fortwährend in hohen Ehren gehalten. Vermuthlich sind sie bald nachher untergegangen bei dem Bombardement durch die Franzosen, wobei das Brüsseler Rathhaus in Brand gerieth. Dieß war im Jahr 1695, als ihre Copien auf den burgundischen Tapeten schon 218 Jahre in der Sakristei des

---

*) Reliquien von Albrecht Dürer, S. 88; in Thausing's Uebersetzung S. 89.

Berner Münsters aufbewahrt lagen. Die Bilder waren mit Leim=
farben auf Leinwand gemalt und gleich Tapeten vor den
Wänden aufgehängt. Diese Technik hat Rogier vielleicht erfunden.
Solche Bilder ersetzten Tapeten, da sie sich ungleich schneller her=
stellen ließen.*) Auch konnten wirkliche Künstler sie machen, wäh=
rend Wandteppiche nur von Copisten angefertigt wurden, die aber
technisch ihr specielles Gewerbe vortrefflich verstehen mußten. Die
Leinwand bekam keine Grundirung, die Farben dringen auch zwi=
schen den Fäden ein, und in dem fertigen Bilde bleibt jeder Faden
sichtbar, wenn man scharf hinblickt. Mit Uebermalen ließ sich also
dabei wenig nachhelfen, auch der Glanz und die Abtönung der
Oelfarbe blieben unerreichbar; man mußte Alles rasch und mit
vollkommen sicherer Meisterschaft hinsetzen, und die Technik hatte
etwas dem Frescomalen Verwandtes. Und wie auch die Fresco=
technik dem Maler manchmal lange nachgeht, wenn er wieder zur
Oelfarbe greift, so läßt sich auch in Rogier's Oelbildern noch eine
Spur seiner Tempera=Praxis bemerken: seine Zeichnung ist schärfer,
die Farbe bei aller Pracht trockener als bei Jan van Eyck. Aber
eben daß diese nicht grundirte Leinwand rasche Ausführung er=
laubte und dafür eine sichere Hand verlangte, wurde der Anlaß,
daß gerade solche Meister, die als Zeichner sich fühlten, diese
Technik mit Vorliebe aufnahmen. So malte auf diesem Material
Andrea Mantegna für den Markgrafen Gonzaga die großen fort=
laufenden Bilder mit dem Triumphzug Cäsars, die man in Eng=
land, wo sie in Hampton Court aufbewahrt werden, populär als
„Cartons" bezeichnet, was falsch ist, da es eben die Originale sind.
Dürer malte sein eigenes Portrait in dieser Manier, so daß
die Lichter auf dem Grunde weiß ausgespart waren. Noch Hol=
bein führte seine großen Compositionen, den Triumph des Reich=
thums und der Armuth, für den Stahlhof in London mit Leim=
farben auf Leinwand aus. Von da an wird dann das Malen
auf grundirte Leinwand und mit Oelfarben die allgemeine Praxis
in Localitäten, welche wegen feuchten Klima's der Frescotechnik

---

*) Die Hautelisse=Weberei geht sehr langsam, nach Jubinal nicht viel
rascher als Stickerei mit Nadeln.

nicht günstig waren. Von Rogier haben wir übrigens noch Ein kleines Werk in Leimfarben auf nicht grundirter Leinwand, das höchst belehrend ist: dieß ist eine Grablegung Christi, mit acht Figuren in einer waldigen Landschaft, welches 1860 in Mailand von der Familie Guicciardi für die National-Gallerie in London (Nr. 664 des Katalogs) erworben wurde und einen neuen Beweis von der Schätzung und Verbreitung Rogier'scher Gemälde in Italien giebt.

Die moralische Lehre, welche die Brüsseler Bilder ausdrücklich einprägen sollten, wurde noch absichtlicher dadurch hervorgehoben, daß sich auf ihnen am Fuße vier lateinische Inschriften in goldnen Buchstaben befanden, welche die dargestellten Geschichten ausführlich erzählten. Diese Texte sind uns in zwei Büchern durch Abschriften erhalten, welche vor der Zerstörung der Bilder in den Niederlanden gemacht wurden,*) und sie erhalten ihre Bestätigung, indem dieselben Inscriptionen wörtlich genau auf den Berner Tapeten wiederkehren, nur daß sie hier mit schwarzen Fäden, die Initialen aber mit Roth, auf weißem Grund eingewoben sind. Die leeren Stellen sind zur Raumausfüllung mit seltsam gewundenen rothen Drachen verziert. Daß es vier Inschriften sind, ist die Ursache geworden, warum alle Berichterstatter von vier Geschichtsstücken sprechen. Eigentlich sind es jedoch nur zwei Begebenheiten, und von diesen ist die Geschichte Trajan's in vier, die Sage von Erkenbald aber in zwei Scenen abgetheilt, so daß eigentlich sechs Auftritte gemalt sind.**)

Die Legende Trajan's knüpft sich an die allgemeine Verehrung, welche dieser vortreffliche Kaiser auch im Mittelalter genoß: man vergaß ihm um seiner Gerechtigkeit willen sogar seine Christenverfolgung. Hatten ihn doch schon die Römer vor allen

---

*) Die Texte stehen halb bei Sweertius (in den Monumenta sepulcralia Brabantiae, Antw. 1610. 8⁰. S. 301—311), halb in dem Buch des Calvete de Estrella, el felicisimo viage del muy alto principe don Phelippe, Antwerpen 1552.

**) Van Mander führt fälschlich statt der Legende von Trajan die Geschichte des Zaleukus von Locri an, der sich ein Auge ausstechen ließ, um seinem schuldigen Sohne eins zu retten.

andern Kaisern geehrt, indem gegen das Zehntafelgesetz, wonach Niemand innerhalb der Stadt sollte verbrannt oder begraben werden, man ihn mitten in der Stadt unter seiner hohen Sieges= säule beisetzte, die er sich auf seinem Prachtforum 112 nach Chri= stus zwischen den Tempeln seiner vergötterten Väter, seines natür= lichen Vaters und seines Adoptivvaters Nerva hatte errichten lassen. Die Grabkammer Trajan's war unter dem Säulenfuß; doch fand Sixtus V. sie leer, als er hernach statt der frühern Statue des Kaisers einen Petrus von Erz auf die Spitze setzte, und ließ die Thür vermauern, weil ein Riß im Fußgestell ge= fährlich zu werden schien. Dieß Grab wurde auch von dem christ= lichen Rom heilig gehalten: der Senat erließ noch 1162 ein Dekret, in welchem bei Lebensstrafe verboten wurde, die Säule im minde= sten zu beschädigen. In einem Zeitalter, wo man sonst wenig Achtung für die Denkmäler des alten Roms zeigte, läßt sich dieß nur durch eine besondere Verehrung des Trajan erklären, von dem man annahm, daß er, obwohl Heide, doch durch einen besondern Act der Gnade in den christlichen Himmel gekommen sei. Man erzählte sich in Rom, Papst Gregor der Große habe ihn durch die Kraft seines Gebetes auf so lange wieder in's Leben gerufen, als ihm zu seiner Bekehrung nöthig war.*) Eine andere Fassung der Legende enthalten nun die beiden Inschriften der Brüsseler Bilder, welche auf Trajan sich beziehen. Woher diese abweichende Fassung stammt, habe ich noch nicht ermitteln können. Trajan will an der Spitze seines Heeres gegen Persien ziehen: da fällt ihm eine Wittwe zu Fuß und fordert von ihm Rache an dem Mörder ihres unschuldigen Sohnes. Trajan hält sein Heer so= lange auf, bis der Mörder bestraft ist. Aus Persien siegreich zurückkehrend, stirbt er und wird unter seiner Säule beigesetzt. Mehr als 450 Jahre nachher geht Gregor I. an der Säule vor= bei: es rührt ihn, daß dieser gerechte Heide ewig verloren sei, und er erbittet und erlangt von Gott dessen Erlösung. Hierauf erhebt der Papst die Reste des Kaisers und findet nur die Zunge, weil sie immer Gerechtigkeit geübt, noch unverwest.

---

*) Ueber dieß Alles vgl. Platner in der Beschreibung Rom's, Theil III.

Die zweite Sage ist weniger bekannt. Ihr Held wird als ein mächtiger Mann von Adel bezeichnet, der immer ohne Ansehen der Person und des Standes Recht übt. In schwerer Krankheit verurtheilt er seinen Neffen zum Tode, weil er ein Mädchen entehrt hat. Der Seneschall versteckt den Missethäter; als aber der Jüngling nach fünf Tagen vor dem Oheim wieder erscheint, stößt ihm dieser eigenhändig ein Messer in die Kehle. Der Bischof verweigert ihm darum die Absolution, aber der Sterbende zeigt dem Priester die Hostie in seinem Munde, die ihm durch ein Wunder communicirt worden ist, und beweist dadurch die Gerechtigkeit seiner That.

Der strenge Richter wird auf der Tapete Herkinbaldus genannt, aber was für eine Person er gewesen ist, war bisher noch nicht ermittelt. Auf die Spur führte mich, daß Baldinucci, wie ich oben erwähnte, da wo er von Rogier's Bildern spricht, ihn mit seinem Familiennamen Erchembaldo di Purban nennt. Die Quelle der Erzählung ist Cäsarius von Heisterbach in seinen Klostergesprächen, der den Vorfall als eine wirkliche Geschichte seiner Zeit, ja als zwei Jahr vor Abfassung seines Buches (um 1222) vorgefallen erzählt. Den Helden nennt er Erkenbald de Burban, und dieser habe die Grafschaft Bourbon besessen.*)
Hiernach ist wohl kein Zweifel mehr, daß wir in ihm einen der

---

*) Cäsarius von Heisterbach, Dialogi lib. X. c. 29. Geschichten von wunderbar sich communicirenden Hostien cursirten sonst im Niederland häufig. Alexander Kaufmann in seinem Buch über Caesarius, 2. Aufl., Cöln 1862, hat ein aus St. Maximin bei Trier stammendes Fragment des Caesarius zuerst herausgegeben, in welchem (Cap. 6 und 7) zwei solche Wunder an Frauen geschehen, und beidemal gerade in Brüssel. Die Sage von Herkenbald war als Beispiel strengen Gerechtigkeitssinns im 15. und 16. Jahrhundert sehr verbreitet. Eine andere, in Brüssel noch aufbewahrte Tapete mit Scenen aus derselben erwähnt Michiels; auch unser Aldegrever hat einen Stich danach (Bartsch 73), wo aber die Sage wieder eine andere Wendung nimmt; der Vater auf dem Sterbebett tödtet hier den eignen Sohn, weil er voraussieht, daß dieser am Ziel seiner schlechten Wege mit Schande ausgehen wird. Die Inschrift sagt: Pater, ne pus (lies post) suam mortem, filius de generans, male periret, eum obtruncavit. Sehr von Rogier verschieden läßt Aldegrever's westfälisches Phlegma den Alten so ruhig zustechen, wie man einen Kalbskopf zerlegen würde.

Stifter des Hauses Bourbon vor uns haben. Die Bourbons führen den Namen von ihrem Stammschloß bei den römischen Aquae Bormonis im Departement Allier, wo noch heute zwei warme Mineralquellen fließen. Schon der fünfte „Sire de Bourbon,, ni dem bis in's zehnte Jahrhundert hinaufgehenden Stammbaum heißt Erkenbald oder französisch Archambault, und dieser Vorname wurde in dem Geschlecht stehend, so daß davon sogar das Städtchen beim Stammschloß zum Unterschied von gleichnamigen Orten den Namen Bourbon l'Archambault erhielt, den es noch heute trägt. So lief die Linie, stets mit demselben Taufnamen, bis auf Archambault X., dessen zwei Töchter, Mahaut und Agnes, sich im 13. Jahrhundert beide in das Haus Burgund verheirateten. Aber nur Agnes hinterließ eine Tochter, Beatrix, die um 1272 mit einem Sohne Ludwig's des Heiligen von Frankreich sich vermählte und so den Capetingern die lange nachher auf dem französischen Thron succedirende bourbonische Seitenlinie anschloß. Die Bourbons standen demnach im Stammbaum der burgundischen Herzoge, und indem die Rathsherren von Brüssel die strenge Gerechtigkeit eines Bourbon durch ihren Stadtmaler abschildern ließen, erzeigten sie ihrem eigenen Landesherrn eine ehrende Aufmerksamkeit. Hieraus erklärt sich auch, warum gerade diese Bilder in Philipp's des Guten Teppichwirkerei zu Brügge Anklang fanden, und warum Karl der Kühne die Copien derselben als Zeltschmuck mit sich führte. Uebrigens handelte auch Karl nach dem Beispiel seines alten Seitenverwandten, das er hier täglich vor Augen hatte: noch lang nach seiner Zeit zeigte man zu St. Maximin in Trier den Nußbaum, den er von einem Manne um zwölf Goldgulden gekauft, eigens um die Diebe daran zu henken; einer mußte dran, weil er einer alten Frau eine Henne gestohlen hatte; und verloren war, wer aus seinem Heer selbst in eroberten Städten eine verheiratete Frau bewältigte. Vielleicht haben diese Tapeten bestimmend auf menschliches Schicksal gewirkt.

In all den bisher betrachteten Gerechtigkeitsbildern herrscht eine Vorliebe für Sensation in den Gegenständen und für das Gräßliche in der Ausführung. Der Henker spielt eine vor=

tretende Rolle; Gottesurtheil, Schinderei, schauderhafte Strafen, Sterbebetten, gespenstige Todtenköpfe mit unverwester Zunge spucken überall. Auch die Miniaturmaler, die für Karl den Kühnen arbeiteten, wählten, wie schon Rathgeber bemerkt hat,*) zu ihren Gegenständen besonders gern Morde und Executionen. So gefielen damals in der Kirchenmalerei die abscheulichen grinsenden Henker auf den oberdeutschen Passionsstücken, dann die ganz schonungslos vorgetragenen Kreuzigungen, Kreuzabnahmen und Heiligenmartern. In Italien trat dieß erst Jahrhunderte später unter dem gewaltsamen Glaubenseifer der Gegenreformation hervor; in Belgien wirkte Rubens hernach durch gleiche Effecte und ähnlich grasse Behandlung. Das Menschengeschlecht des fünfzehnten Jahrhunderts war roh und blutgierig, es brauchte starke Erschütterungen. In den Burgunderkriegen machten die Schweizer ungern Gefangene, und Karl mordete die Besatzung von Granson, die sich ihm im Vertrauen auf seine Manneswürde ergeben hatte. Dem entsprachen, wie immer dem jedesmaligen Geist der Zeit, die Werke der bildenden Kunst; was aber wieder alle jene Rathhausbilder adelt, ist das Bestreben, über der wilden erbarmungslosen Parteischlächterei die Idee zu retten und das Schwert der ewigen Gerechtigkeit strack zu halten.

IV. Die burgundischen Tapeten.

Nach der Schlacht bei Granson im Jahr 1476 fiel das Lager des burgundischen Herzogs in die Hand der Schweizer. Unter sieben der kostbarsten Zelte gewannen sie auch Karl's eigenes Hauptquartier. Er war selbst in's Feld gezogen wie sein Vorbild Alexander, aber er kam mit der orientalischen Pracht des Darius. Nach dem des osmanischen Sultans galt Karl's Zelt für das herrlichste in Europa; von außen glänzten Wappenschilde in Gold und Perlen auf Tapeten gestickt, wie man sie noch zu Bern sieht; inwendig war es mit Sammt ausgeschlagen, erfüllt

---

*) Annalen der niederländischen Malerei, I., 54.

mit Juwelen, Reliquien und einem bewunderten Buffet von Gold und Silber. Aus vierhundert Reisekisten nahmen die armen Kuhhirten der Bergkantone die silbernen und goldenen Prunkstoffe für Hofkleidung, die nie so herrlich gesehene Leinwand und unerhörten Ueberfluß von Seide. Die Sieger trugen diese, so lange sie hielt, und warfen sie dann gleichgültig wieder fort. Der größte bekannte Diamant der Welt wurde von einem Mann, der ihn gefunden hatte, an einen Priester um einen Gulden verkauft; für wenige Groschen gab man silberne Teller, weil man sie für Zinn hielt. Die Gelder aus den Kassen wurden mit Hüten ausgescheffelt; in die Monstranz der Capelle theilten sich hernach auf einem Tage von Luzern die zehn Orte; die reichen gewobenen Stoffe der Zelte aber wurden wie in einem Kramladen ausgemessen und zerschnitten.*)

So ist von den Kunstschätzen, welche heute ein Museum füllen würden, der Schweiz wenig verblieben. Das Merkwürdigste davon sind die Tapeten in Bern aus dem Schatz des dortigen Münsters, welche jetzt endlich, nachdem es früher sehr schwer gewesen, sie in der Sacristei zu sehen, ihre bleibende Aufstellung in der Bibliothek erhalten haben und eben jetzt restaurirt werden. Leider ist auch hier der Raum noch sehr beschränkt, und es fehlt die Weite, um sie mit rechter Wirkung zu betrachten. Sie sind zuerst in Jubinal's Werk**) in colorirten Zeichnungen veröffentlicht worden, welche im Jahr 1837 die Herren von Sulzer, von Arx, Durheim und Bergner nach den Originalien anfertigten. Gegenwärtig hat man von ihnen Photographien in zwei verschiedenen Größen genommen, welche in Bern auf der Bibliothek verkauft werden, und Dr. Stantz, ein sehr tüchtiger Alterthumsforscher und Heraldiker daselbst, der vor einigen Jahren gestorben ist, hat ein gewissenhaftes und kenntnißreiches Verzeichniß der Tapeten als Handbüchlein zum Besehen derselben verfaßt.***)

---

*) Nach der lebendigen Schilderung Johannes von Müller's im fünften Buch der Schweizergeschichte, welche hier ihre stärksten Farben von Comines und Diebold Schilling borgt.
**) Achille Jubinal und Victor Sansonetti, les anciennes tapisseries historiées, Paris 1838, vol. II., die letzten Tafeln.
***) Die Burgunder-Tapeten in Bern. Bern, Stämpfli, 1865.

Nicht alles zwar, was der Münsterschatz von kostbaren Stoffen besitzt, kommt aus der burgundischen Beute. Es finden sich hier zunächst viele Meßgewänder und Altarbehänge, welche zu dem ältern Kirchenschatz des katholischen Berns können gehört haben, doch ist auch von den Antependien eines durch das burgundische und dabei das nassauische Wappen als Beute von Nancy bewiesen. Es sind darunter Goldstickereien von noch ganz byzantinischem Stil, so ein Altarbehang von Purpurseide (Stantz Nro. 18), auf welche mit schweren Goldfäden Maria mit dem Kinde zwischen den beiden Erzengeln gestickt ist, welche Rauchfässer schwingen. Gefäße mit seltsamen Ranken stehen zwischen den drei Figuren. Die Schreibfehler in den beigeschriebenen Namen beweisen französischen Ursprung; unten ist aus späterer Zeit ganz klein ein Ritter von Granson eingestickt. Zu den für Bern selbst gemachten Sachen gehören auch die vier sogenannten St. Vincenzen=Tapeten (Stantz Nro. 56—59), auf denen in 18 Bildern die Legende des h. Vincenz, welcher Schutzpatron des Berner Münsters war, geschildert ist. Die Figuren sind etwa halb lebensgroß, die Tapetenstreifen ungefähr 4½ Fuß hoch. Jedes Bild hat oben in Latein, unten in Deutsch die gereimte Erzählung des dazwischen geschilderten Auftrittes. In den Gegenständen sind sie roh, besonders in den Martern und Wundern des Heiligen, aber die Ausführung ist fein, und die Farben haben sich sehr lebendig erhalten. Diese Tapeten hat der bernische Chorherr Heinrich Wölfflin, der sich auf der letzten der Tapeteninschriften in „Lupulus" übersetzt, nach einer Pilgerfahrt anfertigen lassen, die ihn um 1515 nach Palästina und dann nach Saragossa zu den Reliquien des heil. Vincenz führte. Die deutschen Inschriften sind mit Schweizerdialekt gefärbt, die Trachten der Kriegsleute im Landsknechtstil der Zeit Holbein's, die Entwürfe wahrscheinlich französisch, der Fabrikort noch unbekannt.

Wenden wir uns nun zu den größern der wirklich burgundischen Beutestücke, so sind da zuerst zwei große Wappenteppiche; der eine höchst prachtvoll und über 20 Fuß lang. Auf schwarzem, mit Blumensträußen besäetem Grunde stehen die Insignien des von Karl's Vater, Philipp dem Guten, 1430 gestifteten

Ordens vom goldenen Vließ, und dabei mehrmals ein noch unerklärtes Monogramm, welches aus zwei mit dem Rücken sich ansehenden kleinen deutschen e zusammengesetzt ist.

Dann folgen vier Teppiche mit historischen Scenen aus dem Leben des Julius Cäsar, welche aber ganz in die bunten und capriciösen Trachten der burgundischen Zeit vermummt sind. Jeder Teppich hat zwei Darstellungen, und die Reihe ist gewiß vollständig. Sie fängt mit dem Triumvirat des Pompejus, Crassus und Cäsar an; dann empfängt Cäsar Deputationen gallischer Völker, unter denen in der Beischrift die Sequaner ausdrücklich genannt werden. Drittens besiegt er Ariovist bei Besançon. Dann landet er in England und erstürmt eine Stadt. Hierauf überschreitet er den Rubicon: dabei steigt aus den gekräuselten Wellen des Flusses eine kraftvolle weibliche Gestalt in Purpur gekleidet und mit herabhängendem Haar hervor, welche mit aufgehobenen Händen ihm den Uebergang wehrt und durch Aufschrift unter der Brust als „Rome" bezeichnet wird. Die Verse, die sie ihm zuruft (und die kaum anders gelesen werden können), bleiben mir in der vierten Zeile unverständlich:

> Tuy Jule chesar et les tiens
> qui te meut prendre tes moyens
> contre moy portant mes banieres
> fais tu de mes logis frontieres.*)

Es ist sehr interessant, hier gegen Ende des Mittelalters die antike Personification noch einmal auftreten zu sehen und zu verfolgen, wie auf Grund einer Figur, welche ursprünglich auf irgend

---

*) Es ist mir gelungen, diese aus dem Rubicon halbes Leibes auftauchende Erscheinung auch in der Sage zu finden, aber da redet sie andere und mehr versöhnliche Worte. „Caesar vero finito bello iter arripuit versus Romam, venit per quandam aquam cum exercitu suo, quaequidem aqua vocabatur Rubicen, et ibi apparuit ei quaedam imago magna stans in medio aquae et loquebatur ei dicens: Caesar, si venias pro pace romana, liceat tibi usque huc venire, sin autem, non praesumas intrare. Cui Caesar respondit: Semper militavi et paratus sum, omnes labores sustinere pro honore et commodo civitatis romanae ampliando et semper volo, diis meis testibus, quos adoro. His dictis imago disparuit." Gesta Romanorum ed. Keller, cap. 19.

einem Miniaturbild nur Allegorie war, hier die Sage eine wirkliche Erscheinung erdichtet hat.

Es folgt nun sechstens die Schlacht von Pharsalus, dann der Triumphzug Cäsars, wo unter dem Volk wieder der Sprecher der Sequaner hervortritt, den wir schon aus dem zweiten Bild kennen, und zuletzt der Moment vor seiner Ermordung, wo Brutus und Cato schon mit Dolchen zur That bereit stehen. Dr. Stantz hat sehr schlagend bemerkt, daß neben der Verherrlichung Cäsars, für welchen diese letzten burgundischen Dynasten, als für ihr Vorbild, eine besondere Verehrung hegten, die Wahl dieser Scenen auch den Sequanern galt, welche hier als das Stammvolk des nachmaligen Herzogthums Burgund Cäsars Siege und Ruhm theilen. Das hat wieder seine Analogie an einer Reihe anderer französischer Tapeten, die ebenfalls in Jubinal's Werk abgebildet sind, wo die Franken Cäsar auf all seinen Zügen als Bundesgenossen begleiten.

Der Stil dieser Werke ist von den eigentlich niederländischen Tapeten verschieden, und da ihre Beischriften in correctem Französisch sind, weisen sie vielleicht nach Arras im französischen Flandern hin, während die folgenden wohl gewiß der von Philipp dem Guten gegründeten Teppichfabrik in Brügge angehören, in welcher wenigstens bis 1498 gearbeitet worden ist.

Die Figuren dieser französischen Arbeiten sind stark bewegt, die Schlachtscenen höchst lebendig, obwohl zu dicht componirt, und es finden sich manche gut gezeichnete Figuren. Von einer französischen Schule, die mit solcher Gegenständlichkeit zu zeichnen verstand, konnte Rogier als junger Anfänger in Tournai Vieles lernen. Diese Teppiche tragen auch ein Wappen, welches von dem auf den niederländischen Teppichen verschieden ist: es stellt einen gelben Schild vor, durch welchen von oben links nach unten rechts ein blauer Zickzack läuft.

Von niederländischen Teppichen haben wir ferner in Bern zuerst eine Anbetung der drei Könige mit lebensgroßen Figuren. Auf einer Blumenwiese vor einer rothen Ziegelmauer sitzt unter glänzendem Baldachin Maria, und Joseph steht neben ihr. Der älteste König herzt die Hand des Kindes, die zwei jüngern Könige stehen rechts dabei. Links kniet ein Engel mit einem Spruchband, dessen Inschrift sie warnt, nicht zu Herodes zurückzukehren. Dieß ist in der technischen Ausführung gewiß die schönste der Tapeten, die Stoffe scheinen so gewählt, daß sie gerade in dieser bestimmten Technik des Webens sich schön ausnehmen, und besonders der braune geblümte Mantel der Maria mit dem breiten Saum von hellerer Farbe zeichnet sich herrlich. Ich vermuthe daher, daß dieß eine Composition war, welche ihr Meister, wie das ja gelegentlich bei van Mander erwähnt wird, von vornherein nicht als Bild, sondern als Carton für den Teppichweber gezeichnet und in Leimfarbe ausgeführt hatte. In diesen Vorzügen der Farbe, aber auch in gewissen falschen Manieren der Zeichnung, z. B. dem sentimentalen Kopf der Maria, den langen Figuren der zwei jüngern Könige und ihrer steifen affectirten Haltung glaube ich auf's Bestimmteste die Hand des Dirck Bouts zu erkennen.

Treten wir endlich vor den großen Teppich, welcher die vier Rogier'schen Stücke enthält, so wollen wir die Leser, welche die Geduld hatten, uns bis hieher zu folgen, zuerst warnen gegen eine Enttäuschung, die nach all jenem Ruhm, den einst die Originale genossen, sie gegen diese gewobenen Copien ungerecht machen könnte. Gerade diese Tapete ist technisch von allen die unvollkommenste und hat außerdem durch Veränderung der Farben am meisten gelitten. Das damalige Verfahren beim Teppichweben forderte die Zerstörung des Cartons, welchen die Weber nachbildeten. Es wurde derselbe von oben nach unten in Streifen zerschnitten, von denen jeder Weber einen erhielt; die einzeln gewobenen Vertikalstreifen wurden dann kunstfertig zum ganzen Teppich zusammengesetzt. Nach Rogier's Originalen arbeiteten also die Weber nicht; es mußte zuerst für sie besonders eine Copie gemalt werden, und dazu brauchte man vielleicht nur einen bloß handwerklichen untergeordneten Maler. Dieß allein würde hinreichen, zu erklären, warum in diesen Bildern die hintern Figuren sich in den Linien nicht genügend perspectivisch verkleinern; wenn ebenfalls Luftperspective fehlt, so hängt das mit dem nothwendigen Mangel dieser frühern Webertechnik zusammen, weil gewiß damals in den farbigen Wollenfäden die feinen Halbtinten noch nicht fabricirt wurden, ohne welche die rechte Abtönung der Hintergründe eine Unmöglichkeit war. Sicher stand die Farbenbereitung damals noch nicht auf der Höhe, wie siebzig Jahre später, als in Arras die Raphael'schen Teppiche gewoben wurden, bei denen obenein in Bernhard van Orley ein wirklicher, ja feiner Künstler die Cartons zeichnen half, der die ganze Technik des Webens von seiner Heimat her verstand. Wie viel vom Original mußte überhaupt bei dieser doppelten Uebersetzung aufs Papier des Cartonzeichners und die Leinwandkette des Webers verloren gehen! Dazu rechne man, daß die Technik des Webens für die Herstellung eines mit dem Leben wetteifernden Bildes wirklich nicht günstig ist. Sie hat nichts von der Freiheit des Pinsels an sich: der Weber sieht bei der Arbeit gar nicht einmal den Effect seiner Leistung, da er nur auf dem Rücken der Tapete zu thun hat, und beim Antreiben des Einschlags müssen nothwendig kleine Verzeichnungen der Contouren sich ergeben.*) Die ganze Technik ist immerhin, wie bei allem Malen mit Fäden, z. B. auch beim Sticken, nur das Hervorbringen einer Decoration, keines rechten Kunstwerkes. Dann sind aber auch wirklich speciell für diese Tapeten, wenn man sie mit des Bout's Tapete vergleicht, nicht die geschicktesten Arbeiter gebraucht worden. Die Technik ist zwar praktisch, aber oft nicht eigentlich

---

*) Jubinal, am Schlusse des Textes zu den tapisseries historiées: „Ce qu'il y a d'admirable dans les deux procédés (nämlich sowohl bei Hautelisse, als Basselisse), c'est que le travail se fait à l'envers, et que l'ouvrier ne peut voir sa tapisserie du côté de l'endroit qu'après que la pièce est finie et levée de dessus le métier." Und weiter unten sagt er: „Dans la haute lisse lorsqu'une fois la chaîne est tendue perpendiculairement, l'ouvrier place derrière le côté qui doit servir d'envers, le carton qu'il veut imiter; puis il trace avec de la pierre noire, en suivant leurs contours, les principaux traits du modèle, sur le devant de la chaîne. Se mettant alors à l'envers de la pièce, le dos opposé au dessin original, il se tourne pour regarder ce dessin. Prenant ensuite la broche chargée des couleurs convenables, il la place entre les fils de la chaîne et travaille pour ainsi dire en aveugle. Aussi est-il obligé de se déplacer et de venir sur le devant du métier, quand il veut en voir l'endroit et en examiner les défauts pour les corriger avec l'aiguille à presser."

künstlerisch. So werden die Contouren zwischen dunkeln Farben weiß gezogen, und bei Stoffen sind sie in der Farbe des Lichtes im Zeug gehalten, zwischen hellen Partien aber schwarz, wodurch allerdings Deutlichkeit und eine gewisse Rundung entsteht, aber die Feinheit verloren geht. Endlich darf man nie vergessen, daß bei alten Tapeten stets einzelne Tinten ausbleichen, andere dafür ungebührlich hervorwachsen. So sind hier die Gesichter meist verblaßt; dagegen ist der Zinnober in den Augenrändern und Augenlidern vorgetreten und bringt ein Ansehen hervor, als hätten alle Figuren verweinte Augen. Wenn daher die Gesammtharmonie der Farben jetzt nicht mehr angenehm ist, so zeigen sich bei den einzelnen Figuren wo nicht schöne, doch immer charakteristische Köpfe, ein lebendig sprechender Ausdruck und ein kraftvoller Realismus des Vortrags.

Die illuminirten Zeichnungen in Jubinal's Tapetenwerk tragen alle diese Fehler zur Schau, ohne die Vorzüge klar zu machen. Es ist daher erfreulich, daß man in Bern Photographien davon gemacht hat. Doch bemerke ich, daß diese, wie ich bei einer scharfen Vergleichung mit dem Original mich überzeugte, in einigen Köpfen auf den Negativen überarbeitet worden sind.

So weit, wie ich oben in meiner Kritik ging, darf man in Verurtheilung der Berner Tapeten vielleicht gehen; aber wegen jener Fehler leugnen zu wollen, daß es wirkliche Copien von Rogier's Rathhausbildern sind, scheint mir leichtsinnig. Dieß thut Herr Michiels. Nun aber stimmt die Tapete zunächst in den Gegenständen und in den Inschriften wörtlich genau mit den für Rogier's Arbeit beglaubigten Bildern. In Bern stehen alle sechs oben erzählten Vorgänge auf einer einzigen Tapete von etwa 40 Fuß Länge, und schon diese Zusammenstellung der zwei sich so fern liegenden Geschichten von Trajan und Herkenbald ist ein starker Beweis der Uebereinstimmung zwischen Brüssel und Bern. Einige der Scenen sind durch Architektur getheilt, aber auf dem ersten Stück links, das fast so breit ist als die zwei andern zusammen, sieht man keine Theilung; doch zeigt sich Trajan zweimal: zu Roß und die Witwe ihm zu Füßen, und dann abgestiegen, um die Hinrichtung des Mörders zu überwachen. Hierauf folgt ein schmälerer Streifen, auf welchem einmal Gregor vor einem Altar mit dem Bilde des Petrus kniet, und dann den Kopf Trajan's mit der unverwesten Zunge anstaunt, den die Geistlichkeit ihm auf einer Schüssel vorhält. Der letzte Streifen, wiederum schmal, zeigt den Herkenbald, beide Mal auf dem Sterbelager, wie er erst dem Neffen den Hals abschneidet, und dann wie er dem Bischof die Hostie zwischen seinen Zähnen zeigt. Die Tödtung des Neffen ist von außerordentlicher Wirkung, der gestrenge Herr beißt die Zähne aufeinander und braucht das Messer, indem er dem Jüngling den Kopf beim Haar gefaßt zurückbiegt, mit einer schauderhaften Energie der Entschlossenheit; das brechende Auge und das entsetzte Gesicht des Missethäters, sowie die verschiedenen Gefühle der Umstehenden sind mit überraschendem Realismus gezeichnet, und der Eindruck steigert sich noch durch die Größe der Figuren, welche auf allen diesen Bildern über sechs Fuß lang sind und dadurch gerade lebensgroß erscheinen. Nun lese man unbefangen, was van Mander von Rogier's Bildern sagt. Seiner Zeit nach, also nach dem immerhin noch befangenen Stil seines Jahrhunderts, seien sie wunderlich zu achten und zu preisen; denn zu solchen großen Figuren gehöre sich Zeichnung und Verstand, sonst müßte, was im Kleinen sich allenfalls noch gut ausnehme, in großen Figuren bald die Schwächen verrathen. Und ferner, Rogier habe in Stellung und Composition der Figuren die Kunst verbessert, indem er die inwendigen und menschlichen Begierden und Neigungen, sei es Betrübniß, Gram oder Freude, nach Bedürfniß der Sache dargestellt habe. Das paßt nun wirklich auf alle Vorzüge dieser Tapeten; nun rechne man aber hinzu, daß gerade jenes Abschlachten des Neffen durch den todtkranken Mann auch dem van Mander so ganz besonders auffiel. Er vergaß zwar, nach Malerart, die Details der Inschriften und der Gegenstände, ja der Trajan war in seinem Gedächtniß erloschen, als er sein Buch schrieb, und er beging eine Verwechslung; aber diese eine Scene auf dem Sterbelager, die auch uns am stärksten frappirt, hatte seinem malerischen Auge sich unauslöschlich eingegraben, und er zeichnet sie so: „Der alte Vater, krank im Bett liegend, schneidet dem Missethäter, seinem Sohn, den Hals ab: wo man höchst bezeichnend den Ernst des Vaters

sieht, der sich auf die Zähne beißt und mit so erbarmungs=
losen Händen an seinem eigenen Kind so grausam Recht übt."
Wirklich, liest man diese Stelle, so kann man nicht länger zweifeln,
daß man vor demselben Bilde steht, dessen Original van Mander
gesehen hat. Jene furchtbare erschütternde Einwirkung auf das
Gemüth, welche Rogier auch in seinem andern Jugendwerk, der
Kreuzabnahme in Madrid, anstrebt, ist hier ebenso schonungslos
beabsichtigt und erreicht. Daß die Figuren im burgundischen Co=
stüm auftreten und dadurch oft bizarr erscheinen, sollte keinen
Historiker der niederländischen Kunst irre machen, da gerade im
Gegentheil bei einem profanen Historienbilde das Streben nach
genauen Costümen, die der Zeit der handelnden Personen treu
entsprechen würden, im fünfzehnten Jahrhundert schon allein die
Unächtheit eines Werkes beweisen würde.*)

---

*) Herr Michiels, welcher, beiläufig gesagt, diese Hautelisse=Tapeten
„tableaux à l'aiguille" und „broderies" nennt, bringt noch einen Grund
gegen die Identität, der aber so unbedacht ist, daß ich ihn nur in einer Note
anzuführen wage. „Enfin sur la grande tapisserie, au milieu de la bordure
supérieure, on voit un large écusson, ou se trouve dessinée en noir
l'aigle autrichienne, sinistre oiseau qui peut rendre douteux que des
mains flamandes aient exécuté le travail." Allerdings steht der doppelte
römische Reichsadler auf Trajan's Hauptbanner, aber man brauchte ja nur
die eine Tafel bei Jubinal umzuschlagen, um zu sehen, daß auch Cäsar, und
zwar auf Tapeten, die in Frankreich gewoben sind, denselben Adler im Banner
und auf der Brust gestickt trägt. Cäsar und Trajan sind dem Mittelalter
einfach römische Kaiser, führen also genau denselben Adler, wie ein Sigis=
mund oder Friedrich III. zu Rogier's Zeit.

Ich habe meine Beweisführung, daß die Tapeten wirklich die berühmten
Rogier'schen Gemälde nachbilden, oben genau so stehen gelassen, wie ich sie
1867 bei der ersten Ausgabe dieser Untersuchung niederschrieb (im Programm
des Eidgenössischen Polytechnikums, mit 3 Lithographien nach Zeichnungen
von Herrn Historienmaler Ludwig Vogel). Im 5. Band seines Werkes
(2. Aufl. p. 460 u. folg.) kommt Herr Michiels nochmals auf die Behauptung
zurück, die Tapeten könnten nicht nach den Brüsseler Bildern gemacht sein.
Ich bin diesem Schriftsteller, von dem ich viel gelernt habe, sehr verbunden
für die freundliche Art, wie er meiner gedenkt und unsrer alten literarischen
Freundschaft; seine Gründe aber können mich nicht überzeugen. Daraus,
daß diese Tapeten von mittelmäßigen Arbeitern gemacht sind, folgt nicht, daß
sie nicht auf Rogier's Compositionen zurückgehen, und daß die zwei Haupt=

Gerade durch diesen Anschluß an die Wirklichkeit, die Rogier in seinen Tagen vor Augen sah, hat er diesen Gemälden als Costümbildern ein großes Interesse gegeben. Trajan zu Roß, mit kurzer Streitaxt, von Kopf zu Fuß in Rothkupfer gewappnet, trägt die Kaiserkrone als Einfassung einer feuerfarbigen Mütze, von welcher Farbe auch wieder seine Schnabelschuhe sind; das Riemenzeug in den Panzerschnallen ist von blauem, das Innere der Handschuhe von grünem Leder. So hebt er sich auf isabellfarbigem Roß licht aus dem Schwarm seiner Ritter hervor, die alle uniformirt in blanken Eisenpanzern hinter ihm daherreiten. Einer derselben ist seltsamer Weise ein Mohr, aber sonst von europäischer Gesichtsbildung und mit einer langen rothen Nase. Ein anderer, der über die Anklage der Wittwe sehr bestürzt scheint, ist wohl der Mörder, welcher auf dem folgenden Bilde vor dem Henker kniet. Links von ihm kommt im Original abermals Trajan, neben einem stehenden Ritter, der nebst einem zweiten Gepanzerten den Kaiser speciell als Trabant zu begleiten scheint. Der Henker hat eine in dem Schatten blaue, im Licht weiße Jacke, aber Aermel und Hose sind zur Bezeichnung seines Amtes carminroth; die Hose ist mit Nesteln an die Jacke befestigt. Seine Attitude wird man sehr charakteristisch finden; er legt dem knienden Missethäter die linke Hand auf die Schulter, als rücke er ihn zur Execution mit dem Richtschwert zurecht.

Eine sehr charakteristische Costümfigur ist auch die Gemalin des Sire Archimbault de Bourbon, welche als eine Edeldame in der reichen Tracht der Zeit Rogier's erscheint. Sie sitzt im Original vor dem Sterbebett ihres Mannes und hat aus dem Buch gebetet. Vor ihr steht ein Edelknappe aus ihrer Dienerschaft. Von diesem sagt die Inschrift unter dem vorhergehenden Bilde, daß Herkenbald ihn bei Verlust seiner Augen aufgefordert habe, über das Verbrechen seines Neffen ihm die Wahrheit zu sagen.

---

handlungen in mehr als vier Scenen dargestellt sind, während von Rogier immer vier Bilder erwähnt werden, erklärt sich ja, wie oben bereits bemerkt, ganz einfach aus dem Umstand, daß unter Rogier's Originalen, grade wie auf den Berner Tapeten, auch nur vier Inschriften gestanden haben. Ich kann die Entscheidung unbesorgt dem Leser überlassen.

Daß er es gethan, scheint die Dame ihm dennoch verdacht zu haben; nun ist auch er durch das Hostienwunder gerechtfertigt und scheint der Herrin dieß vorzustellen. Der Teppich unter den Füßen beider Personen ist kräftig blau mit roth; der Edelknecht trägt dunkelblau mit orange dessinirt, der Halskragen ist gelb, das auf dem Rücken hangende Baret nebst der langen Schleife daran roth, die Hose grün mit gelb aufgehöht. Die Dame hat eine blaue Haube mit braungelbem Dessin, das Kleid sammt der ungeheuern Schleppe ist feurigbraun mit einem gelben Muster, das in dem Schatten dunkelgrün wird.*)

*) Die ungeheure Schleppe, welche die Dame vor sich in solcher Länge ausbreitet, daß im Original der Edelknecht buchstäblich darauf tritt, gehört zu der Mode der burgundischen Zeit und drang damals auch in die Schweiz ein, so daß in Bern ein Gesetz verordnete, die Schleppen auf dem Rathhause abzuschneiden und armen Leuten das Tuch zu vertheilen. Selbst Handwerkersfrauen, wie alte Verse in Heinzmann's kleiner Schweizerchronik besagen, „tragen lange Schleppen, kleiden die Erde damit, sammeln die Flöh und bestauben die Heiligen Gottes. Wollt' Gott, ihr Antlitz würd' als gerumpfen als ihr Kleider gefalten! Der Tüfel hat syn Gsellen ryten hinten uff dem Roßschwanz" (Johannes von Müller, Schweizergeschichte, Note 479 zu Buch V. Cap. 2). Uebrigens scheint die Epidemie langer Schleppen die Frauen periodisch zu befallen; denn im Anfang des fünften Jahrhunderts hat der heilige Hieronymus sogar bei Bethlehem den Teufel auf einer langen „cue" reiten, aber dabei in den Dreck fallen sehen. „Der heilige Hieronymus erblickte, als er eines Tags nach seiner Gewohnheit mit einem frommen Gefährten nach Bethlehem ging, um seine Andacht zu verrichten, eine Bürgersfrau, auf deren langer Schleppe ein Teufel saß; da sie bei einer schmutzigen Stelle des Weges die Schleppe aufhob, fiel der Teufel in den Dreck, setzte sich aber nachher, ganz schmutzig, wieder an die frühere Stelle. Bei diesem Anblick lachte der Heilige laut auf. Die Frau fragte ihn um den Grund des auffallenden Benehmens und ließ sich durch den heiligen Mann von der Sündhaftigkeit ihrer Eitelkeit überzeugen." Handschriften altfranzösischer Legenden und Fabliaux in Bern und Neuenburg, Mittheilung von Adolf Tobler, im Jahrbuch für roman. und engl. Literatur, Band VII., Heft 4. Cäsarius von Heisterbach beschreibt mit zoologischer Genauigkeit die Teufelchen, welche auf der Schleppe einer prunkenden Mainzerin tanzen (Dial. V. 7): „sie waren klein wie Rellmäuse, schwarz wie die Mohren, klatschten in die Hände und sprangen gleich den Fischen." Die Dame ging nämlich „pompatice et ad similitudinem pavonis variis ornamentis picta" zur Kirche, und die Teufelchen hüpften auf der „cauda vestimentorum (mhd. swanz, „der gevalden nach=

Auf der Tapete findet sich fünfmal ein Wappen, bestehend in einem einfachen Streifen blau, der oben quer über geht, während der untere größere Theil des Schildes weiß bleibt, ohne alle weitere Zeichen in beiden Farben. Genau dasselbe Wappen steht zweimal in den obern Ecken der von Dirck Bouts gezeichneten Tapete. Das Wappen auf den französischen Cäsartapeten ist, wie oben bemerkt, gelb mit blauem Zickzack, der von links nach rechts schräg abwärts gleitet. Könnten beide Wappen vielleicht Fabrikzeichen sein, jenes von Brügge, dieses von Arras?

So schließt meine Arbeit, die den Versuch gemacht hat, da und dort auf einen Zweifel eine Antwort zu geben, doch selbst wieder mit einem Fragezeichen. Auch kleine Entdeckungen führen gleichwohl zu festen, wenn auch nicht immer lebenvollen Resultaten. Mehr oder weniger hat doch auch die Geschichte der antiken Bildkunst so aus einzelnen Inschriften, späten Notizen, oft gar aus Emendationen, sich herausringen und zusammenwachsen müssen, ehe es gelang, die stummen Monumente, die selbst wieder vorherrschend Copien sind, klar nach Schulen zu scheiden. Jetzt steht die Plastik der Griechen in ihrem historischen Verlauf doch in sehr bestimmten Umrissen vor uns, und jedes neu ausgegrabene Bildwerk ordnet sich entweder fügsam den bereits entdeckten Schulen ein, oder sonst giebt es uns ganz neue Aufschlüsse und füllt sofort eine vielleicht noch nicht einmal vorher geahnte Lücke aus. Wenn Ein Jahrhundert Arbeit seit Winckelmann dort ein sturmfestes System der Geschichte hat bauen können, warum sollten nicht auch wir hoffen, über die Anfänge der modernen Kunstgeschichte, die noch vor fünfzig Jahren im Boisserée'schen Bilderhandel-Speculations-Taufen-Chaos lagen, dereinst zu einer sehr vollen Klarheit zu gelangen, wenn wir ehrlich und unbestochen fortfahren, das

---

swanc," sagt Heinrich „von des Todes gehügede"), quam habebat post se longissimam. Als die Mainzer Damen diese Zeichen sahen, änderten sie in Bestürzung ihre Tracht. Vgl. Gailer von Kaisersperg in der siebenten Schelle des Mutznarren. Der Bischof von Terouanne sagte in einer Predigt über diese „caudae" mit sehr geistreicher Teleologie: „Bedürftet Ihr solcher, so hätte Euch ja die Natur einen Schwanz gegeben!" Hiernach sind auch Hemden und Unterröcke bei Frauenzimmern sündlich. Hurter, Papst Innozenz III. S. 426.

und deren Copien in den burgundischen Tapeten zu Bern.

Zeugniß der Archive mit dem Schatz der noch vorhandenen Monumente auszugleichen?

Beilage.

Die Inschriften auf den Berner Tapeten nach Rogier.

Den lateinischen Text habe ich mit dem Original collationirt; in der deutschen Uebersetzung bin ich mit Ausnahme einzelner Abweichungen, wo ein genauerer Anschluß an Sinn oder Geist des Originals möglich schien, der Arbeit des Dr. Stantz gefolgt.

1. Quodam tempore*) trayanus romanorum imperator ritu paganus sed alias justicie cultor precipuus. ad bellum cum magno exercitu festinans equum ascendisset: Quedam vidua pede ipsius apprehenso. illum flebiliter interpellavit. ut eam de quodam qui innocentem eius filium occiderat. vindicare dignaretur: Cui imperator mansueto vultu respondens ait: Reversus de bello satisfaciam tibi: Quid inquit illa si non redieris: Cui trayanus: Faciet tunc ille qui post me regnaturus est: At illa: Quid hoc tibi proderit. tu michi justicie debitor es. nec te liberabit justicia aliena. fac tu pro te quod tibi prosit: Melius enim est tibi. ut tu justicie mercedem accipias. quam illam transmittas ad alterum. Hujus itaque tantus est tocius orbis monarcha pietate commotus mox ab equo descendens exercitum detinuit donec causa debite ac pleniter examinata condigna satisfactione esset viduam consolatus: Quo facto. trayanus ad bellum proficiscitur. et post ingentem victorie gloriam. a perside rediens. pro fluxu ventris extinctus est: Cuius ossa romam delata. in foro sub columpna centum quadraginta pedum in urna aurea magnifico cultu sepulta leguntur.

Uebersetzung.

Als einst der römische Kaiser Trajan, der seiner Religion nach ein Heide, übrigens aber ein eifriger Verehrer der Gerechtigkeit war, mit einem großen Heere in den Krieg eilend soeben zu Pferde gestiegen war, umschlang eine Wittwe seinen Fuß und forderte ihn bitterlich weinend auf, daß er geruhen möchte, sie an Jemanden zu rächen, der ihren schuldlosen Sohn getödtet habe. Ihr antwortete der Kaiser mit huldreichem Antlitz: Nach meiner Rückkunft aus dem Kriege werde ich dir Genugthuung schaffen. „Wie aber, sprach sie, wenn du nicht mehr zurückkehren solltest?" — Alsdann, erwiderte Trajan,

---

*) Das cum, welches hier nöthig wäre, fehlt.

wird es derjenige thun, der nach mir regieren wird. — Darauf sie: „Was kann dir dieß aber nützen? Dir kommt es zu, mir Recht zu verschaffen, und die Gerechtigkeit eines Andern spricht dich nicht frei. Thue du für dich, was dir heilsam ist; denn besser ist es ja, daß du den Lohn der Gerechtigkeit davon tragest, als daß du denselben einem Andern überlassest." — Gerührt von dieser Muttertreue stieg nun ein so großer Herr des ganzen Erdkreises vom Pferde und hielt sein Heer so lange auf, bis er nach gehöriger und vollständiger Untersuchung der Sache die Wittwe durch eine gebührende Genugthuung getröstet hatte. Hierauf reisete Trajan in den Krieg, starb aber an der Ruhr, als er aus Persien zurückkehrte. Die Bücher sagen, seine Gebeine wurden nach Rom gebracht und daselbst, eingeschlossen in eine goldene Urne, auf einem Marktplatze unter einer 140 Fuß hohen Säule mit großem Gepränge beigesetzt.

2. Post mortem trayani lapsis annis plus' quam quadringentis quinquaginta. sanctus papa gregorius primus cathedram beati petri digne conscendit: Qui dum quadam vice in urbe roma forum trayani et secus eius columpnam pertransiens. ac prefiguratum atque cetera justicie illius studia memoratus. quia illa coram deo sub oblivione transissent. ingemuit. statimque ad basilicam sancti petri mestus pergens. ante altare in conspectu dei prostratus. errorem tam justi judicis. tamque mansueti imperatoris deflevit: Et si verbo non auderet. corde tamen sic deum suppliciter orans: Trayani parce errori. clemens misericors domine. quoniam judicium et justiciam fecit in omni tempore: Qui prout oriens simul et occidens attestatur. tandem hoc divinitus responsum accepit: Flentis tui peticionem complevi: Trayano licet pagano peperci cui veniam do: Sed tu diligenter cave. ne pro quocunque dampnato deinceps orare presumas. Et cum beatus papa gregorius rem tam difficilem a deo suis precibus impetrare meruisset. corpus trayani jam versum in pulverem reverenter detegens. linguam eius quasi hominis vivi integram adinvenit: Quod propter justiciam quam lingua sua persolvit pie creditur contigisse.

Uebersetzung.

Ueber 450 Jahre nach dem Tode des Trajan bestieg, solcher Ehre würdig, der heilige Papst Gregorius der Erste den Stuhl St. Petri. Als dieser einstmals in der Stadt Rom an dem Forum des Trajan und neben dessen Säule vorübergieng und sich dabei an die hiebevor abgebildete und andere Bethätigungen seiner Gerechtigkeit erinnerte, seufzte er, daß dieselben vor Gott mit Vergessenheit übergangen worden, und begab sich daher sogleich in die Basilika St. Peters, wo er trauervoll am Altare vor dem Angesichte Gottes sich niederwarf und daselbst den Irrthum eines so gerechten Richters und milden Kaisers beweinte. Und ob er es mit Worten nicht zu thun wagte, betete er doch im Herzen flehentlich also zu Gott: „Gnädiger, barmherziger Herr, vergieb dem Trajan seinen Irrthum, weil er zu jeder Zeit

Recht und Gerechtigkeit handhabte." Hierauf erhielt er, wie das Morgen=
und Abendland bezeuget, endlich folgende, von Gott herkommende Antwort:
„Deiner Thränen wegen habe ich deine Bitte erfüllt; ich vergebe und ver=
zeihe dem Trajan, wenn er gleich ein Heide war. Du aber nimm dich wohl
in Acht, daß du dir's in Zukunft nicht mehr herausnehmest, für irgend einen
Verdammten Fürbitte zu thun." — Und als der selige Papst Gregorius
durch sein Flehen eine so schwierige Sache zu erlangen gewürdigt worden,
erhob er ehrfurchtsvoll den schon in Staub umgewandelten Körper des Trajan,
und fand die Zunge desselben, gleich derjenigen eines lebendigen Menschen,
noch ganz unversehrt. Und dieß hat sich, wie der fromme Glaube dafür hält,
wegen der Gerechtigkeit, die er mit seiner Zunge geübt, also zugetragen.

3. Herkinbaldus vir magnificus prepotens et illustris in judicio per-
sonas non acceptans. causam pauperis ut potentis. agniti tauquam ignoti.
semper equa lance iudicavit: Hic dum graviter infirmus lecto decumberet.
in proxima camera tumultum rigidum (sic! l. rigidum) clamoresque femi-
neos exaudivit: Cui quidnam esset sciscitanti. ab omnibus celata est
veritas: Sed tandem quidam ex pueris. ut veritatem panderet sub occu-
lorum evulsione comonitus pavens asseruit. respondendo: Domine filius
sororis vestre quem omnes post vos primum timent colunt et venerantur.
puellam oppressit. et hec fuit causa clamoris: Quo audito. et re plene
cognita. senior suum nepotem carissimum suspendi mandavit: Quod
senestallus (sic) cui id iussum fuerat. se facturum simulans. egressus
juveni nunciavit. ammonens eum. ud ad tempus lateret: Post horas
autem aliquot. senescallus ad infirmum rediens, se implesse quod jusserat
mentitus est: Quinto vero die juvenis estimans avunculum de culpa im-
memorem. aperto hostio camere introspexit. quem ut infirmus vidit.
blandis verbis advocans. ad lectum reclinare permisit: Herkinbaldus itaque.
capillorum arrepta cesarie. sui consanguinei caput leva manu retorquens.
et dextera cultellum gutturi eius valde infigens. zelo justicie occidit
eundem.

Uebersetzung.

Erchinbald, ein waidlicher, sehr mächtiger und vornehmer Mann, erwog
vor Gericht, ohne Ansehen der Personen, die Sache des Armen wie die des
Gewaltigen, des Bekannten wie des Unbekannten, immer auf gleicher Waage.
Als derselbe einstmals sehr krank im Bette lag, hörte er im anstoßenden
Zimmer einen gewaltigen Lärm und Weibergeschrei, und da er nach der
Ursache fragte, suchte ihm Jedermann die Wahrheit zu verhehlen. Endlich
aber, als er einem der Edelknechte drohte, daß er ihm die Augen ausstechen
lasse, wenn er ihm nicht die Wahrheit offenbare, machte dieser aus Angst
folgendes Geständniß: „Herr, der Sohn Euerer Schwester, den nach Euch Alle
am meisten fürchten, achten und verehren, hat einem Mädchen Gewalt ange=
than, und dieß war die Ursache des Geschreies." — Als der Greis dieß ver=

nommen und den Vorfall wohl untersucht hatte, gab er den Befehl, seinen
ihm sehr werthen Neffen zu erhängen. Der Seneschall, welcher mit der Voll=
ziehung dieses Befehls beauftragt war, stellte sich, als ob er demselben Folge
leisten wolle, ging aber zu dem Jüngling und gab ihm den Rath, sich eine
Zeit lang verborgen zu halten. Einige Stunden später kehrte der Seneschall
zu dem Kranken zurück und log ihm vor, er habe seinen Auftrag erfüllt.
Fünf Tage nachher, da der Jüngling glaubte, sein Oheim werde sich des
begangenen Verbrechens nicht mehr erinnern, öffnete er die Thür des Zimmers
und blickte hinein. Als ihn der Kranke sah, rief er ihn mit freundlichen
Worten zu sich und erlaubte ihm, sich am Bette niederzusetzen. Da faßte
Herkinbaldus seinen Neffen bei den Haaren und, indem er ihm mit der linken
Hand den Kopf zurückbog und mit der rechten das Messer mächtig in die
Kehle stieß, tödtete er ihn aus Eifer für die Gerechtigkeit.

4. Sane dum morbum herkinbaldus letiferum esse persensit: Vocatur
episcopus. cui postquam cum sacramentis advenisset: Infirmus cum lacri-
mis multis et magna cordis contricione omnia peccata sua nude confessus
est. tacita duntaxat morte quam paucis ante diebus suo cognato inferebat:
super quo episcopus eum redarguens dixit: Quare celas homicidium quo
nepotem de manu tua peremptum vita carere fecisti: Ad quod infirmus
respondens ait: Neque ego hoc peccatum esse judico neque id michi a
deo remitti deposco: Cui episcopus confitere crimen et deus miserebitur
tui: Alioquin ab edulio corporis Christi te convenit abstinere: At ille vir
nobilis dixit: Attestor deum quia nepotem michi carissimum non livor
non odium sed justicie zelus traxit ad mortem. et si ob id viaticum
michi negaveris spero saltem spiritualiter communicari: Quo audito et
languente sacramentaliter non referto (sic! l. refecto) episcopus recedebat.
Cui mox revocato dixit infirmus: Si in capella sit sacramentum corporis
Christi perquire. et dum aperta pixide eucharistia non appareret. sub-
junxit egrotus: Ecce quem michi abnuens tecum portasti. non se michi
denegavit. Et illico apertis dentibus hostia in ore illius palam omnibus
demonstratur: Quod ut vidit episcopus magnificans deum tantum mira-
culum quod divina dispensacione ob meritum justicie factum non ambi-
gitur. ad aures christifidelium pervigili cura deduxit.

Uebersetzung.

Als aber Erchinbald merkte, daß seine Krankheit tödlich sei, ließ er den
Bischof zu sich berufen, und als derselbe mit den Sacramenten hergekommen
war, bekannte er ihm freimüthig unter vielen Thränen und mit großer
Herzenszerknirschung alle seine Sünden, wobei er jedoch den vor wenigen
Tagen an seinem Neffen begangenen Mord verschwieg. Deßwegen gab ihm
der Bischof einen Verweis und sprach: „Warum hehlst du die Mordthat, wo=
durch du mit eigener Hand deinen Neffen des Lebens beraubt hast?" Hierauf
antwortete der Kranke und sprach: „Ich halte diese That für keine Sünde

und verlange auch nicht, daß Gott mir dieselbe verzeihe." Der Bischof erwiderte: „Bekenne dein Verbrechen, und Gott wird sich deiner erbarmen; wo nicht, so mußt du auf den Genuß des Leibes Christi Verzicht leisten." Allein jener edle Mann sprach: „Ich schwöre es bei Gott, daß meinem Neffen, der mir selber sehr werth gewesen ist, weder Mißgunst noch Haß den Tod gäb, sondern einzig der Eifer um die Gerechtigkeit, und wenn du mir deßwegen die Wegzehrung verweigerst, so hoffe ich wenigstens doch im Geiste zu communiciren." Auf diese Erklärung entfernte sich der Bischof, ohne den darnach Schmachtenden durch das Sacrament erquickt zu haben. Bald jedoch ließ ihn der Kranke zurückrufen und sprach: „Sieh nach, ob das Sacrament des Leibes Christi sich in der Büchse befindet," und als nach eröffneter Büchse die Hostie sich nicht in derselben vorfand, fügte der Kranke bei: „Siehe, den du mir abgeschlagen und mit dir davongetragen hast, Er hat sich mir nicht verweigert." Und sogleich zeigte sich vor allen Anwesenden die Hostie zwischen den Zähnen in seinem geöffneten Munde. Als der Bischof dieß sah, pries er Gott, und brachte dieses große Wunder, welches ohne Zweifel durch göttliche Verfügung, wegen des Verdienstes der Gerechtigkeit, also geschehen, mit eifriger Sorgfalt zu den Ohren der Christgläubigen.

IX.

Anfänge weltlicher Malerei in Italien auf Möbeln.

Der Religion dienstbar zu sein, war durch das ganze Mittelalter die fast ausschließliche Aufgabe der zeichnenden Künste. Wie jetzt in protestantischen Ländern viele Legate der Wohlthätigkeit zufallen, weil die Erblasser an ihr Seelenheil denken, so galt damals die Stiftung einer Capelle, eines Altars, eines Bildes für ein gottgefälliges Werk, natürlich nur weil diese Dinge die Religion verherrlichten. So blieb es im Wesentlichen im Reformationsalter, und in katholischen Ländern noch im siebzehnten Jahrhundert. In allen lutherischen Gebieten verfiel die kirchliche Malerei nicht, weil die Kirche dieselbe ausgeschlossen hätte, sondern weil man die Stiftung eines Bildes nicht mehr für eine Hülfe aus dem Fegfeuer ansah.

Auch auf dem Volkstheater trat anfänglich nur das religiöse Drama auf. Nur Eine Gattung erwuchs daneben, und man erlaubte ihre Ausbildung, wie man die scholastische Philosophie neben der Theologie für berechtigt hielt. Dieses sind die Moralitäten. Ihr Wesen ist die Allegorie, und in dieser Gattung, als Personification abstracter Begriffe, durfte auch die Malerei Gestalten schaffen, welche sogar in der Kirche geduldet waren. Giotto's drei Gelübde des heil. Franciscus in Assisi, die symbolische Darstellung der guten und der schlechten Regierung im Stadthaus zu Siena von den Brüdern Lorenzetti, entstanden zu derselben Zeit, als sich aus den Mysterien und Mirakelspielen die ersten Moralitäten herauslösten.

IX. Anfänge weltlicher Malerei in Italien auf Möbeln.

Wann und wie ist aber in den Menschen die Lust erwacht, die eigentliche Weltlichkeit, und besonders ihre eigenste Verkörperung, die heidnische Mythologie, wieder sich im Bild vor die Augen zu stellen?

Ganz gefehlt hat es an weltlichen Gegenständen allerdings auch im hohen Mittelalter nicht. In kaiserlichen Pfalzen sind historische Bilder gemalt worden. Besonders aber zwangen die Miniaturen zu einer Menge neuer Compositionen, da sie ja auch oft weltliche Schriften, namentlich Ritterromane illustrirten. Auf Ritterschlössern und in Bürgerstuben sind seit dem 14. Jahrhundert ähnliche Wandgemälde nachgewiesen, und die Tapetenwirker haben bereits im spätern Mittelalter Manches aus weltlicher Sage und Geschichte als Verzierung für Wohnräume ausgeführt. Allein an das volle Licht des Lebens konnte die weltliche Malerei doch erst heraustreten, als sich unter den Laien allgemeiner eine Gesinnung verbreitet hatte, welche neben dem kirchlichen Leben auch das irdische Leben gelten ließ und den Muth faßte, es reizend durchzubilden. Für die Kunst ist das Auftreten dieser weltfrohen Sinnesart der Anfang des Modernen geworden.

In dieser Sinnesart ist Italien, und zwar im fünfzehnten Jahrhundert, den andern Europäern vorangegangen, und in Italien wieder die fröhliche Stadt Florenz.

Dort brachte Fabrik, Handel, Gewerbe aller Art den Wohlstand hervor, der Wohlstand den Luxus, der Luxus die weltliche Kunst. Im Jahr 1478 zählte man dort 44 Werkstätten von „Goldschmieden, Silberarbeitern, Juwelieren", und einer derselben renommirte, daß bloß der Kehricht seiner Werkstatt jährlich 800 Gulden werth sei.*) Domenico Bigordi, der große Lehrer des Michelangelo in der Malerei, ererbte von seinem Vater den Namen Ghirlandajo, den ihm die Florentiner Damen gegeben hatten, weil er eine neue Gattung goldenen Haarschmucks erfand. In diesen Goldschmied-Ateliers erhielt eine große Zahl Künstler ihre Ausbildung, welche nachher Bildhauer und Maler geworden sind. Wie die Kunst, so begann auch der ausübende Künstler zuerst mit

---

*) Burckhardt, Gesch. der mod. Arch. in Italien, S. 340.

dem Kunstgewerb. Und mit dem Kunstgewerb blieb meist auch noch der berühmte Künstler des fünfzehnten Jahrhunderts in beständiger Verbindung; er wollte und konnte den „goldenen Boden" nicht missen, den ihm das Handwerk gewährte. Pollajuolo, als er in Rom bereits Papstgräber goß, hielt in Florenz noch eine offene Bude und nahm Bestellungen für Goldschmiedwaaren an. Jener große Ghirlandajo, der in sich Schöpferkraft genug fühlte, um, wenn sie bestellt würden, mit Fresken die ganze Stadtmauer von Florenz zu füllen, „fand ein solches Gefallen daran zu arbeiten und Jedermann Genüge zu leisten, daß er seinen Jungen befahl, jede Arbeit anzunehmen, die in seiner Werkstatt bestellt werde, wenn es auch Ringe zu Damenkörbchen (oder Reifen für Reifröcke?) wären; wollten sie die nicht malen, so wolle er es thun, damit keiner unbefriedigt aus seiner Bude gehe" (Vasari II. 2. 213). Und diese Werkstatt für alle Art der Schilderei setzte auch noch sein Sohn Ridolfo bis in's sechzehnte Jahrhundert fort, als er bereits Freund und Gehülfe des großen Raffael geworden und so viel daheim zu thun hatte, daß er diesem abschlagen konnte, ihm nach Rom zu folgen. Ridolfo wies ebenfalls keine Arbeit ab, waren es gleich Theaterdecorationen, Fähnlein, Standarten und ähnliche Dinge; er hielt in seiner Werkstatt dafür viele junge Leute als Gesellen (Vasari V. 18). Der große Meister der Arabeskendecoration, Giovanni von Udine, nachdem seine glänzende römische Zeit unter Raffael vorüber war, malte daheim in aller Bescheidenheit Paniere und Processionsfahnen (Vasari V. 32).

Denn besonders in Florenz waren unter den ersten Medici die Maler so zahlreich, daß sie unmöglich ihre volle Nahrung von Kirchenbildern haben konnten. Man warf sich auf die mannigfaltigsten gewerblichen Arbeiten, wenn diese nur die Möglichkeit einer farbigen Bemalung darboten. Dieser Tendenz kamen nun aber die neuen, in Italien eben erwachenden Studien entgegen. Man las wieder allgemein die alten lateinischen Autoren; die römischen Götter mit der bunten griechischen Mythologie verbrämt und die halb sagenhaften, halb historischen Heldengestalten aus der Zeit der römischen Republik belebten sich neu in den Gemüthern. Man war gewiß froh, im Kunstgewerbe ein Feld zu entdecken, wo neben den Stiftungen der strengen kirchlich=gottseligen Kunst man auch einmal ein Dianenbad malen konnte.

Die Kunst, welche das Sinnliche lockend vorführt, findet stets bei Fürsten und bei reichgewordenen Bourgeois ihre Patrone. So war es auch in Florenz. Ein untergeordneter Maler, aber ein gescheuter Mensch, benutzte diese Neigung der höhern Stände, um sich aus einer Gattung des Kunstgewerbes eine Specialität zu machen und ein reicher Mann zu werden. Es war Dello, der eigentlich als Thonbildner angefangen hatte. Er erkannte aber, daß dieß nicht viel einbringe, „und da er um seiner Armuth willen eines größern Gewinnes bedurfte, so beschloß er, sich zur Malerei zu wenden. Im Zeichnen hinlänglich geübt, gelang ihm dieß sehr leicht, und er lernte schnell die Behandlung der Farben, wie viele Bilder beweisen, die er in Florenz verfertigte; vornehmlich solche mit kleinen Figuren, bei denen er weit mehr Anmuth zeigte, als bei den großen Gestalten. Dieß kam ihm sehr zu Nutzen, denn man fand zu jener Zeit überall in den Zimmern der Bürger große hölzerne Truhen, die nach Art der Särge auf den Deckeln mit mancherlei Zieraten versehen waren. Niemand unterließ es, diese Truhen machen zu lassen, und außer den Bildern an der vordern Fläche und an den Nebenseiten wurde an Ecken, bisweilen auch an andern Stellen, das Wappen oder Zeichen des Hauses angebracht. Die Bilder an der vordern Seite stellten gewöhnlich Fabeln aus Ovid und andern Dichtern dar, Erzählungen aus lateinischen und griechischen Schriftstellern, oder sonst nur Jagden, Lustgefechte, Liebesabenteuer und ähnliche Dinge, was einem Jeden gerade am besten gefiel. Das Innere war mit Leinwand oder Tuch gefüttert, nach Stand und Vermögen dessen, der solchen Kasten verfertigen ließ, um darin Tuchkleider und andere Kostbarkeiten wohl zu verwahren. Ja nicht nur diese Kasten, sondern auch Ruhebetten, Lehnstühle, Geländer und andere ähnliche Verzierungen der Zimmer, welche man damals sehr prachtvoll hatte, wurden in solcher Weise verschönert, wie man dergleichen noch unendlich Vieles in unserer Stadt (Florenz) sehen kann. Eine lange Zeit war dieser Brauch so allgemein, daß selbst die vorzüglichsten Meister Werke der Art malten und vergoldeten, ohne sich zu schämen, wie heutigen Tages viele thun würden. Unter andern schönen Werken beweisen dieß noch zu unserer Zeit einige Kasten, Lehnstühle und Gesimse in den Zimmern des Magnifico Lorenzo des Aeltern von Medici, auf welchen Maler, die nicht zu den gewöhnlichen gehörten, sondern treffliche Meister genannt zu werden verdienen, alle Gefechte, Turniere, Jagden und sonstige Lustbarkeiten darstellen, die man zur Zeit des Herzogs mit so viel Einsicht, Erfindung und bewundernswerther Kunst veranstaltet hatte. Doch nicht nur im Palast und im alten Hause der Medici, sondern in allen größern Gebäuden der Stadt sieht man Ueberreste davon; ja es giebt viele, welche an diesem in Wahrheit kostbaren und edlen Brauche festhalten und jene Dinge nicht haben wegnehmen lassen, um sie mit neuern zu vertauschen. Dello, von welchem oben schon gesagt ist, daß er ein sehr geübter und guter Maler war, der kleine Figuren besonders anmuthig darzustellen wußte, beschäftigte sich viele Jahre einzig damit, Kasten, Lehnstühle, Ruhebetten und andere Verzierungen in der obengenannten Manier zu bemalen. Dieß erwarb ihm viel Ehre und Nutzen, und man kann wohl sagen, es war sein hauptsächlichster und eigenthümlichster Beruf. Weil indeß kein Ding auf dieser Welt Bestand hat, mag es noch so gut und lobenswerth sein, so war auch dieser frühere Brauch gesteigert und höher getrieben, man kam seit Kurzem dazu, reichere Ausschmückungen anzubringen, man läßt Nußbaumschnitzwerk vergolden, welches sich sehr prächtig ausnimmt, und läßt auf ähnlichem Hausrath herrliche Bilder in Oel malen, wodurch ebensowohl der Reichthum der Bürger als die Vortrefflichkeit der Künstler offenbar wird. Doch wir wollen auf die Werke Dello's zurückkommen, welcher der erste war, der mit Fleiß solcherlei Arbeiten vollführte; vornehmlich bemalte er für Giovanni von Medici sämmtliche Geräthschaften einer Stube, welches für eine seltene und in dieser Art sehr schöne Arbeit galt, wie noch jetzt einige Ueberreste davon bezeugen... Und weil es wohlgethan ist, von solchen alten Dingen ein Gedächtniß zu erhalten, habe ich im Palast des Herzogs Cosimo Einiges aufbewahren lassen, was Dello mit eigener Hand gearbeitet hat und was immerdar beachtenswerth sein wird, mindestens

IX. Anfänge weltlicher Malerei in Italien auf Möbeln. 373

wegen der Mannigfaltigkeit der Kleidung jener Zeit, von Männern sowohl als Frauen."

Ich habe diese ganze Stelle des Vasari mittheilen wollen (Dello II. 1. 53—55 der deutschen Uebers.), weil sie uns sofort eine Uebersicht über das ganze Gebiet dieser Möbelmalerei giebt.

Das Zeitalter des Dello wird durch seine Lebensumstände bestimmt. Er arbeitete für Giovanni von Medici (1400—1437) und ging dann nach Spanien in den Dienst König Alfons V. von Arragonien, der von 1416—58 regiert hat. Paolo Uccello war sein Zeitgenosse und malte sein Portrait unter den Söhnen des Noah im Kreuzgang von Sta. Maria Novella. Urkundlich steht jetzt fest, daß er gegen 1404 geboren war.*)

Von Dello's eigener Hand ist vielleicht kein Pinselstrich mehr übrig. In den Uffizi zu Florenz werden ihm zwei kleine Heiligenbildchen zugeschrieben, die ich übersehen habe. Zu Turin in der kön. Gallerie (Nr. 95) ist unter seinem Namen eine zwölfeckige Holztafel, die etwa als Präsentirteller gedient hat. Sie stellt Amor's Triumphzug dar, in der Art, wie man solche allegorische Processionen damals oft durch die Straßen von Florenz ziehen sah. Der Wagen wird nur von Einem und zwar ganz verdeckten Rosse gezogen, welches ein Page führt. Auf dem Wagen, von musicirenden Genien umgeben, steht Amor als Jüngling, nackt, und verschießt Pfeile. Rechts und links ein Geleite von Herren und Damen im Gespräch; vor dem Wagen, um die Macht des Gottes zu beweisen, Phyllis den Aristoteles reitend, und Delila, die dem Simson mit einer carnevalistisch-colossalen Scheere die Locken abschneidet. Es kommt viel wirkliches Gold vor, an Bogen, Köcher und Flügeln des Amor, aber auch an den Hauben und Gewändern der begleitenden Personen. Den Hintergrund bildet eine thurmreiche Stadt. Ein Wappen auf diesem Bilde ist der Katalog geneigt, für das der Tolomei von Siena zu halten.

Als „in der Manier des Dello" wird in den Uffizi (Sala di antichi maestri) Nr. 1308 eine Schirmwand bezeichnet, welche

---

*) Crowe und Cavalcaselle, Gesch. der ital. Malerei, übers. von Jordan, III. 31 u. folg.

aus gebogenen Brettern besteht und rund ist; wahrscheinlich ein Schirm, um beim Bad um die Wanne zu stellen. Rund umher sind in kleinen Figuren, nicht eine Spanne hoch, vier Triumph= züge gemalt: der Religion, des Ruhmes, des Amor, des Todes. Der Ruhm, welcher als „Fama" durch eine weibliche Figur vor= gestellt ist, wird von Elephanten gezogen. Vor demselben, bei den Elephanten, schreiten große Philosophen und Dichter, hinter dem= selben große Helden einher. Unter den letztern ist aber auch Pen= thesilea. Die Namen sind beigeschrieben; ihre Form verräth den ungelehrten Maler. Man findet Chalistine (Kallisthenes), Pita= choro (Pythagoras), anbole (Hannibal), ataviano (Octavian), und andere wunderliche Orthographien. An antikes Costüm denkt der ganz naive Maler noch nicht, Kleid und Haartracht entnimmt er ruhig seinem eigenen mitlebenden Geschlecht. So trägt Penthesilea ein weiß gemustertes Zeug. Den Männern, weil sie als Orien= talen gedacht wurden, ist ein paar mal der türkische Bund auf den Kopf gesetzt.*)

Zu jenem Bericht Vasari's über Möbelmalerei tritt nun er= gänzend bei demselben Schriftsteller eine Menge Notizen, welche in die Lebensbeschreibungen anderer Künstler zerstreut sind und den Beweis liefern, wie ausgedehnt und zugleich wie mannigfaltig diese Gattung des Kunstgewerbes gewesen ist.**)

Um mit dem Handwerklichsten anzufangen, so wurden in Florenz am Johannisfeste von einzelnen Corporationen colossale Wachskerzen dargebracht und in Procession nach der Kirche ge= führt. Diese bemalte man mit Figuren, aber so grob, „daß sie schlechten Malern einen Beinamen gegeben haben, und man eine häßliche Malerei eine Kerzenfratze nennt (Cecca, II. 2. 165)." Solch ein Maler war ein gewisser Andrea, den man deßhalb be' Ceri

---

*) Nach Gsell=Fels, Oberitalien (2. Aufl. S. 1173) wäre dieser Schirm von einem Matteo Pasti aus Verona gemalt.

**) Den Vasari führe ich nach der deutschen Uebersetzung an, füge aber den Namen des jedesmaligen Malers bei, in dessen Leben eine solche Notiz vorkommt, so daß man diese auch in andern Ausgaben leicht wird finden können. Die Hauptstellen hat übrigens schon Burckhardt, Gesch.- der mod. Arch. S. 265 zusammengebracht.

nannte, obwohl er der erste Lehrer des berühmten Perin del Vaga wurde, der in der Jugend auch den Beinamen des Kerzenmalers zu schleppen bekam (Perino, III. 2. 441).

Noch zu Raffael's Zeit lebte in Florenz ein gewisser Nunciata, der auch Andachtsbilder malen konnte, und von welchem Vasari aus diesem Fach ein paar Schnurren erzählt. Sein Hauptgeschäft aber war Puppenmalen (Ridolfo Ghirlandajo, V. 7).

Während man die Eisen= und Stahlrüstungen der Ritter für Turnier und Krieg mit eingeätzten Figuren verzierte, wurde ein Theil des Geschirrs für die Rosse farbig bemalt. Solche Harnische der Streitrosse für Heerführer und Reisige bemalte Lazzaro Vasari von Arezzo mit Wappen und Figürchen, und sein Abkömmling, der bekannte Kunstschriftsteller Giorgio Vasari, sah von seiner Hand noch solche Harnische in Florenz (Lazzaro Vasari, II. 1. 356 ff.). Timoteo delle Vite lieferte mit Genga zusammen solche Geschirre, mit Thieren bemalt, dem König von Frankreich (Vincenzo von S. Gimignano, III. 1. 309). Ja der große Francesco Francia, der übrigens auch in seiner Stadt Bologna neben dem Malen eine offene Goldschmiedsbude hielt, verschmähte es nicht, für den Herzog von Urbino einige Pferdeharnische zu malen, „worauf er einen großen Wald=abbildete, der in Brand gerathen ist, und aus welchem eine unendliche Menge Luft= und Landthiere, sammt einigen menschlichen Gestalten hervorstürzen." Und es war dieß durchaus keine Fabrikarbeit, denn man rühmte den Fleiß im Gefieder der Vögel und der Zeichnung der Thiere, auch wurde das Werk von dem Herzog mit reichen Geschenken erwiedert (Francia II. 2. 347).

Unter den kirchlichen Geräthschaften wurden auch die Todten= bahren mit Gemälden geschmückt. Für eine Bruderschaft in Rom lieferte eine solche, die sehr bewundert ward, kein Geringerer als Peruzzi (III. 1. 366). Zu gleicher Zeit malte in Siena sein Landsmann Beccafumi für zwei Bruderschaften daselbst je eine Bahre (IV. 24). „Niemand aber, fügt Vasari hinzu, verwundre sich, daß ich solche Dinge erwähne, denn sie sind fürwahr bewun= derungswürdig, wie jeder weiß, der sie gesehen hat." Von einer dieser Bahren sollen vier Bilder im Besitz derselben Bruderschaft des heil. Abtes Antonius noch erhalten sein, für welche sie einst gemalt wurden.

Von eigentlichem Hausgeräth gedenke ich zuerst der Präsentirteller nach Art unserer Theebretter, welche damals zum Geschenk für Wöchnerinnen mit heiligen Geschichten verziert wurden. Nach Baldinucci hat Zanobi Strozzi solche Arbeiten geliefert, den Vasari (Fiesole, II. 1. 327) neben Gozzoli und Gentile da Fabriano als Schüler bei Fra Angelico anführt. Dann wurden von eigentlichen Möbeln die Rücklehnen der Sessel und Ruhebänke, sowie die Bettstätten bemalt. Das eigentliche Prachtstück aber, zum Inventar einer hübschen Schlafstube unerläßlich, war der „Cassone", eine längliche mit einem Deckel geschlossene Truhe, welche zur Aussteuer der Braut gehörte und dazu diente, einen Theil des Trousseaus aufzubewahren.

Die früheste Erfindung dieser Art für Kanapees und Bettstätten scheint von Paolo Uccello herzurühren, der selbst hier seinem Fanatismus für mathematisches Zeichnen nachgab und hiefür kleine Perspectivbilder wählte. In dieser Art hatte sich von ihm noch hundertfünfzig Jahre später Vieles in Florenz erhalten (II. 1. 93). Mit solchen Dingen begannen einzelne später auch in's Große gehende Meister, z. B. jener Lazzaro Vasari. Girolamo da Carpi (Garofalo, IV. 399) mußte anfangs in der Werkstatt seines Vaters Tommaso, der ein Schildmaler war, Kasten, Bänke, Rahmen u. a. ähnliche Dutzendwaare fertigen. Selbst dem großen Giorgione war es in seiner Jugend nicht erspart, für vornehme Venezianer Bettstellen und Täfelwerk für Schlafzimmer zu malen. In Florenz bestanden noch lange nach Dello bedeutende Malerwerkstätten, welche vorwiegend diese Artikel fabricirten. So hatte Andrea di Cosimo Feltrini dort eine nicht zu sagende Menge von Friesen, Kasten und Täfelwerk mit Malereien verziert, so daß die ganze Stadt davon voll war, und nicht leicht eine Hochzeit gefeiert wurde, wo nicht bald dieser bald jener Bürger mit einer Bestellung nach seiner Werkstatt kam. Auch in andere Städte verbreitete sich dieser Sinn. Als Geschenk für eine vornehme Dame in Citta di Castello hat noch Parmeggiano eine Kinderwiege zu malen bekommen (III. 2. 165), und für den Herzog Guidubaldo von Urbino malte Bronzino einen Klavierkasten aus (Puntormo, III. 2. 56). Selbst dem Correggio schrieb man einen Apollo und Marsyas zu, welcher ursprünglich den Deckel eines musikalischen Instrumentes verziert hatte, obwohl das Bild (beim Herzog Litta in Mailand) von Mündler dem Rosso zugeschrieben wird (Meyer, Künstlerlexikon, I. 447). Denn besonders die Innenseiten der Clavierdeckel, die man beim Musiciren aufgeschlagen vor sich hatte, wurden noch bis in's 17. Jahrhundert hinein mit musikalischer Mythologie geschmückt.

Bei einzelnen dieser Arbeiten werden uns auch die Gegenstände genannt. Gelegentlich sind es bloße Arabesken, meist aber erfahren wir, daß die heitere classische Götterwelt sich diesen neuen Boden erobert. Francesco d'Ubertini, genannt Bacchiacca, verzierte für Herzog Cosimo von Medici ein Arbeitszimmer reich mit Vögeln und Laubwerk (Bastiano von Sangallo, IV. 385). Timoteo delle Vite malte innen in einem Secretär (studiolo) im Palast der Herzogin von Urbino einen Apoll mit zwei halbbekleideten Musen (Vincenzo von S. Gimignano, III. 1. 309). Ein Hauptmeister dieses mythologischen Genre war aber der Phantast Pier di Cosimo. Er malte unter Anderem im Hause des Francesco Pugliese rings an den Wänden eines Zimmers viele Bilder mit kleinen Figuren und gefiel sich dabei in den mannigfaltigsten neuen Erfindungen: Gebäude, Thiere, Kleider, Instrumente u. a. Phantasien, welche ihm hier vielfach in den Sinn kamen, „weil er seine Stoffe ganz aus der Fabelwelt wählte" (III. 1. 83). Für Pier Salviati malte er ebenfalls rings um ein Zimmer Bildchen aus dem Gefolge des Bacchus, unter denen ein Silen auf seinem Esel, von Kindern umgeben, durch Frische und Fröhlichkeit sich auszeichnete (III. 1. 85). Endlich gedenke ich noch einer allegorischen Darstellung, welche der Veroneser Giovan Francesco Caroto am Kopfbrett eines Ruhebettes für eine Villa unfern seiner Vaterstadt ausgeführt hatte. Es war ein Jüngling am Scheideweg zwischen Minerva und dem Ruhm einerseits, Müßiggang und Wollust andererseits (Fra Giocondo, III. 2. 209). Diese Allegorie ist dem Sophisten Prodikos entlehnt und zeigt uns wieder, wie in dieser Möbelmalerei die antiken Studien durchschlugen.

Neben der Bemalung eigentlicher Möbel war in reichen Familien auch die Sitte aufgekommen, die Wände der Schlafzimmer und der Studirstuben mit Gemälden auf Einsatztafeln zu verzieren. Solche Räume wurden nämlich, der Wärme und des Behagens wegen, mit geschnitztem Holz getäfelt, dem man seine Naturfarbe ließ. Um aber den dunkeln Ton des Materials zu beleben, sparte man Rähmchen aus und setzte in diese Rähmchen friesförmige bemalte Tafeln ein.

Von einem dieser Schlafzimmer in einem angesehenen Florentiner Bürgerhaus giebt uns Vasari, der es noch in seiner ganzen Anordnung erhalten sah, einen ziemlich klaren Begriff. Es war Hochzeitkammer und eheliches Schlafgemach der Borgherini in deren Haus im Borgo Sti. Apostoli. Salvi, das Haupt der Familie, hatte dasselbe bei der Heirat seines Sohnes mit Margherita Acciajuoli ausschmücken lassen. Dieß fällt bereits in's erste Jahrzehnt des 16. Jahrhunderts. Ruhebänke, Kasten, Stühle und Bettstatt hatte Baccio d'Agnolo aus reich geschnitztem Nußbaumholz sehr schön gearbeitet; dem sollte nun die Trefflichkeit der Gemälde entsprechen. Neben dem großen Andrea del Sarto wurden noch drei namhafte Meister gewonnen. Sämmtliche Bilder waren in Oel, die Figuren klein, wie es für eine Decoration paßt, die sich nicht aufdrängen soll. Das Ganze gab eine cyclische Darstellung der Geschichte des Joseph von Aegypten. Das Vorbildliche für eine Hochzeitkammer sieht man sogleich: der fremden Frau hatte Joseph widerstanden, die Priestertochter aus der höchsten Kaste des fremden Landes wurde ihm dafür zum Lohne. Das Kopfbrett des Ruhebettes im Zimmer malte Granacci (III. 2. 264): Joseph den Pharao bedienend, in einem perspectivischen Gebäude. Auf zwei Kasten im Zimmer malte Puntormo, wie Joseph in's Gefängniß geführt wird, und wie er seinen Vater dem Pharao vorstellt; dazu in dem Winkel neben der Thüre ein ziemlich großes Bild, wo er seinen Vater und alle seine Brüder liebevoll aufnimmt (IV. 241). Letztere Arbeit galt in italienischen Künstlerkreisen für das beste Bild, das Puntormo jemals geliefert. Andere Kasten, wie auch einige der Einsatztafeln, übernahm Bacchiacca; man konnte seinen Stil von dem der andern unterscheiden (Bastiano von Sangallo,

III. 385). Zwei Einsatztafeln endlich fielen dem Sarto zu (III. 1. 412). Diese waren so fest in das Holzgetäfel eingefügt, daß es schwer schien, sie ohne Verletzung herauszubrechen.

Man muß bei Vasari im Leben des Puntormo nachlesen, wie im Jahr 1529 ein gewisser Giovan Battista della Palla eine große Zahl Kunstwerke zu erwerben suchte, um für König Franz I. eine Reihe von Zimmern prachtvoll auszustatten. Die Signoria ließ es geschehen, um gegen die drohende Belagerung vielleicht französische Hülfe zu gewinnen. Man kam auch in's Haus der Borgherini; der Herr des Hauses war nach Lucca geflüchtet, aber Madonna Margherita erhob sich zum Schutz ihrer Penaten und ihres Ehebettes, und fegte mit der Zornesgluth einer Italienerin den Trödler=Patrioten sammt seinen Banditen von ihrer Schwelle fort.

Erst spät hat man denn diesen ganzen Zimmerschmuck auseinandergenommen und die werthvollsten Stücke davon als Tafelbilder in neue Rahmen gefaßt. Zwei Tafeln des Puntormo sind jetzt in den Uffizi (2. Florentinersaal, Nr. 1249 und 1282), die beiden des Andrea del Sarto aber im Pitti (Saal des Mars, Nr. 87 und 88) aufgestellt. Wo die übrigen jetzt sich befinden, weiß ich nicht.*)

Seit mehreren Jahren bin ich in den Gallerien diesen Möbelbildern nachgegangen.

Im Vergleich mit der ungeheuren Masse, welche nach den oben mitgetheilten Nachrichten muß vorhanden gewesen sein, hat sich nur Weniges erhalten. Das Meiste hatte gewiß keinen künstlerischen Werth und wurde später von den Händlern und Sammlern nicht mehr geschätzt. Die Einsatzbilder in Täfelwerk mußten, wenn die Stuben stark bewohnt wurden, am Ende verderben. Die Truhen, welche gewiß am Boden standen, wurden durch andere Möbel zerstoßen und durch den Muthwillen der Kinder zerkratzt. Was man davon ausgestellt sieht, ist oft stark verletzt; ich zweifle aber nicht, daß man in den Magazinen öffentlicher Gallerien, wo der Ausschuß verwahrt ist, noch manches Beispiel auffinden könnte.

---

*) Ausführlicheres bei Reumont, Andrea del Sarto, S. 132 u. folg. Die beiden reizenden Tafeln des Sarto sind in Bardi's Gallérie du Palais Pitti gestochen.

Besonders die Bilder von Brauttruhen sind leicht unter andern Gemälden zu erkennen. Einmal durch die Form: sie waren an der Vorderseite eingesetzt und haben daher die Form eines Frieses. Gewöhnlich sind sie bei anderthalb Fuß hoch, bei drei bis fünf Fuß lang. Es kamen aber auch quadratische und vieleckige Tafeln vor, welche wohl an den Schmalseiten angebracht waren. Neben der Form geben dann auch die Gegenstände einen Anhalt, indem sie häufig eine Beziehung auf Hochzeit haben. Lucretia, Virginia, Tuccia mahnen die Braut an Keuschheit und eheliche Treue; mythologische Brautfahrten und Hochzeiten waren ein Spiegelbild des künftigen Eheglücks; bei der Heirat einer Witwe gab Ariadne eine feine Anspielung, daß die zweite Ehe glücklicher sein werde als die erste; aus dem alten Testament boten sich in Joseph von Aegypten und der keuschen Susanna Vorbilder der Tugend dar. Endlich konnten italienische Liebesnovellen sinnreich zur Verwendung kommen.

Ich stelle in Folgendem zusammen, was mir von diesen Sachen bekannt geworden ist.

Es konnten, wie gesagt, auch biblische Scenen auf eine Hochzeit und glückliche Geburt Bezug nehmen, wie man bei uns im 16. Jahrhundert dem Brautpaar eine Fensterscheibe mit der Hochzeit des Tobias und der Sarah schenkte.

I. In der Gallerie Oggione, welche vor einigen Jahren der Sammlung im Brera zu Mailand geschenkt wurde, sind zwei Langbilder, eine Spanne hoch und fast drei Fuß lang, im Stil florentinisch, mit Einfluß von Umbrien her. Man sieht die Geburt der Maria in einer luftigen Halle und ihre Vermählung mit Joseph. Auf einer dritten, etwas kürzern Tafel, die etwa vom Deckel der Truhe herrührt, schwebt sie über den Jüngern und reicht dem Thomas ihren Gürtel, als Symbol jungfräulicher Reinheit.

II. In der Sammlung Campana, welche durch Napoleon III. in den Louvre kam, ist in mehreren Bildchen die Geschichte der Susanna (welche hier einen Heiligenschein hat) abgebildet.

III. Im Palast Torrigiani zu Florenz: Vier Tafeln einer Brauttruhe (oder von mehreren Truhen) mit Scenen aus der Geschichte der Esther, welche für Jugendarbeiten des Filippino

Lippi gelten. Sie werden von Crowe und Cavalcaselle sehr gerühmt und scheinen, nächst jenen Tafeln des Sarto aus dem Hause Borgherini, weitaus das Beste zu sein, was von florentinischer Möbelmalerei noch übrig ist:

IV. In demselben Palast Torrigiani: Zwei Scenen aus der Geschichte Davids, welche längst als Truhenbilder anerkannt sind, gemalt von Pesellino, von welchem Vasari meldet, daß er viel Möbelbilder „für die Häuser der Bürger" gemacht hat. Die Figuren sind ungefähr einen Fuß hoch. Pesellino liebte Thiere anzubringen, die er genau nach der Natur malte. Die eine Tafel zeigt die Begegnung des David mit den Philistern, alles im Costüm des 15. Jahrhunderts; hier wird die Landschaft von Thieren aus Europa und Afrika belebt. Die zweite Tafel enthält den Triumph Davids, wo besonders die reich costumirte Schaar der Frauen gefällt, welche den jugendlichen Sieger fröhlich empfangen. (Crowe und Cavalcaselle, übers. von Jordan, III. 100 u. folg.)

In die Mythologie gehen die folgenden Tafeln:

V. Im ersten Corridor der Uffizi: Drei Langbilder von fast gleicher Größe, 2' hoch, $5\frac{1}{2}$' lang, enthaltend die Brautfahrt des Perseus, von dem oben besprochenen Pier di Cosimo (Nr. 21. 28. 38).

Auf der ersten Tafel befreit der Held die Andromeda von dem Meerdrachen. Die Darstellung ist sehr komisch, weil der Maler ohne jede Anschauung der Antike höchst naiv das Costüm seiner Zeit abbildet. Perseus, ganz jugendlich, hat einen gelben Metallpanzer, blauen Waffenrock, Hosen und Schärpe roth. Einen Helm trägt er auf diesen Bildern nie, auch nicht beim Kampf. Mit Flügelstiefeln und einem colossalen Yataghan, welcher für das mythische Sichelschwert steht, fliegt er erst, die Schärpe weit nachflatternd, in der Luft, und steht auf dem Rücken des antediluvianischen Ungethüms, das wie ein phantastischer Schlamm-Saurier auf dem Boden des Meeres herankriecht, um symbolisch seine Größe auszudrücken. Andromeda in flatterndem röthlichem Nachtgewand ist an einen Baum gebunden. Papa und Mama, jener in Rosa und mit einem blauen Türkenbund, stehen dabei. Zwei geängstete Frauen wollen fliehen, purzeln aber vor Schrecken über einander. Rechts am Ufer sieht man die Verlobung: es geht rasch damit, denn die Braut hat das Nachtgewand noch nicht einmal abgelegt. Da die Länge dieser Bilder keine einheitliche Composition zuließ, sind zur Raumfüllung, wie dieß oft vorkommt, an den Seiten noch ein paar ganz müßige und unbetheiligte Leute hineingemalt.

Folgt die Trauung der Liebenden. Drei getrennte Tempel füllen die Länge des Hintergrundes aus. Vor ihnen stehen, als bronzene Statuen gedacht, in der Mitte Jupiter, links Pallas, rechts Mercur. Vor dem Altar, welcher den Jupiter trägt, sieht man ein dampfendes Opferbecken mit Weihrauch auf viel Kohlen. Das Brautpaar kniet gut christlich rechts vor dem Becken, Papa Kepheus links, mit gefalteten Händen betend. Seinen blauen Turban hat er andächtig abgelegt und mit gelbem Wams und blauem Mantel sich schön gemacht. Zu den Seiten vier Trompetenbläser; auch hier rechts und links viel müßiges Volk. Am ergötzlichsten sind die Götterbilder. Der Maler hatte wohl nie eine Statue gesehen und faßt die Götzen im Stil von Heiligen des Mittelalters auf. Jupiter reckt als Apostel Petrus die rechte Hand gen Himmel, Pallas, in langem Kleid mit kurzem Ueberwurf, blickt gleich einer Heiligen nach oben, und Mercur, trotz des Schlangenstabes in der Linken, deutet mit dem Zeigefinger der rechten Hand apostolisch aufwärts.

Nun haben auf dem dritten Bild die Gäste sich zu Tisch gesetzt, und Phineus, der verschmähte Freier, stürmt mit einer bewaffneten Schaar in die offene Halle. Sie greifen besonders mit Wurfspießen an, die Gäste wehren sich tapfer, einer schwingt einen Trinkkrug. Perseus verwandelt die Feinde in Stein, man sieht sie in ihren wilden Attituden erstarren und grau werden. Rechts und links sind in der Landschaft noch gleichgültige Gruppen vertheilt.

Die Farbe dieser Bilder ist auf allen drei Tafeln stark und glänzend, etwas hart, wie es für Decoration sich paßt, die Ausführung aber ist fein.

Von Pier di Cosimo findet sich in den Uffizi die Befreiung der Andromeda noch einmal in einem größern Bild (2. Toscaner-

IX. Anfänge weltlicher Malerei in Italien auf Möbeln.   383

Saal Nr. 1246). Dieß scheint aber kein Möbelbild, sondern ein selbstständiges Gemälde. Vasari (III. 1. 83) sagt, daß es für den ältern Filippo Strozzi gemalt worden, und rühmt die Ausführung als sehr fleißig. Gewiß hat er Recht, daß es unmöglich wäre, ein seltsameres Seeungeheuer darzustellen. Zwei andere antike Gegenstände von Piero gemalt sind im Museum zu Berlin.

VI. Museo Buonaroti in Florenz (Sala dei Quadri e dei Disegni Nr. 108): Narziß an der Quelle, angeblich von Paolo Uccello. Ein allerliebstes Bildchen, eine Spanne lang, 3½" hoch). Er trägt eine große rothe Mütze, die in einer Art Kugel endet, enge fleischfarbige mit Gold deffinirte Jacke, und über der engen Strumpfhose große schwarze Schnabelschuhe; ganz ein Stutzer der Zeit! Dazu paßt das naive Aufheben der rechten Hand, um das Erstaunen über seine Schönheit auszudrücken. Rechts und links stehen zwei kindliche Bäumchen.

VII. Sammlung Campana im Louvre (Nr. 208): Rundbild mit dem Urtheil des Paris, wohl Einsatz in das Kopfbrett eines Bettes, wo man heut in Italien noch bei ordinären eisernen Bettstätten die Madonna in einem Rund malt. Paris giebt der mit ihm feilschenden Venus den Apfel. Die zwei andern Damen haben sich gar nicht ausgekleidet. Oben fliegt Amor, trotz der Binde um seine Augen einen Pfeil auf Paris richtend. Hintergrund Landschaft mit ganz übernatürlichen Felsen.

Die folgende Scene, Paris die Helena entführend, gehört schon zu den mythologischen Brautfahrten. Ich kenne zwei Exemplare.

VIII. Sammlung Campana (Nr. 27): Die Helena will hier nicht mit, wird geraubt. Sehr zerkratzt und verdorben, aber wohl von demselben Maler wie die Europa, welche ich unten (unter Nr. XXV.) bespreche.

IX. National-Gallerie in London (Nr. 591): Raub der Helena, von einem bekannten und berühmten Künstler, Benozzo Gozzoli. In eine Felsenlandschaft tritt von links her die See hinein; dann im Mittel ein Gärtchen mit gewundenen Pfaden; rechts der Palast des Menelaus, wo die vergoldete Statue eines griechischen Gottes den häuslichen Herd bezeichnet. Paris trägt die Helena durch das Gärtchen huckepack aufs Schiff; die andern Trojaner, sein Gefolge, schleppen die lachenden Hofdamen hinweg, wobei sie sehr vorsichtig sich auf den Schlängelpfaden halten, um dem Menelaus nicht auch seine Blumenbeete zu zertreten. Das Ganze ist wie ein lustiger Streich aufgefasst. Die kleinen Figuren natürlich alle als Stutzer des 15. Jahrhunderts costumirt. Früher, in Florenz, hiess darum das Bildchen „die Entführung der Bräute von Venedig". Es ist noch in Tempera auf eine achteckige Holztafel gemalt, 1' 8" hoch, 2' breit, und schon Wornum (im Katalog der National=Galerie) hat darin das Kopfstück einer Brauttruhe erkannt.

X. Hotel Cluny in Paris (an einer sehr dunkeln Stelle, bei trübem Himmel und immer am Nachmittag kaum sichtbar): Hier hangen zwei Tafeln von Brautladen, beide von derselben Hand, wie die Architektur beweist; diese gehört der Frührenaissance an und zeigt unter Anderm einen antiken Fries von Stierschädeln und Guirlanden, der an das Capo di Bove erinnert. Der Gegenstand ist sicher eine Brautfahrt; ob aber Paris und Helena?

Die erste Tafel enthält in der gewöhnlichen epischen Erzählungsweise dieser Gattung fünf Scenen. Von dem heimischen Herd, durch einen Altar mit vergoldeter Statue auf einer Säule bezeichnet, entführt ein Jüngling eine Frau; zwei kleine schwarze Schlangen folgen ihm. In einer Halle mit Tonnengewölb auf Säulen stellt er einem von Hofherren umgebenen König auf dem Throne seine Dame vor; die zwei Schlangen kriechen vor ihm. Er führt sie ab; die Schlangen sind an seinen Fersen. Er tritt unter sein Dach, aber die Schlangen schlüpfen schon vor ihm herein. Endlich liegt er ausgestreckt, und wie es scheint todt, auf dem Boden.

Auf der zweiten Tafel sind wieder fünf sich folgende Scenen. Ein alter König liegt krank im Bett, von Aerztinnen oder wartenden Frauen umgeben: ein Arzt, in der rothen mit weissem Pelz besetzten Doctorenkappe der Medici, fühlt ihm den Puls. Die zweite Scene war mir unverständlich. In der dritten kniet ein Mann in Goldbrocat in einem Tempel mit vielen Götterbildern. Hierauf tritt dieser selbe Mann zu einem thronenden König ein, neben dem zwei mit Hüten bedeckte Richter auch auf Thronen sitzen; vor ihm steht ein Mann und eine Frau. Zuletzt umstehen viele Personen einen Jüngling, welcher todt daliegt.

Diese zweite Geschichte will für Paris nicht passen. Man kommt auf den Gedanken, daß die Illustrationen eines Ritterromans hier von Pergament auf Holz übertragen und neben einander gestellt sind. Aber welcher Roman könnte das sein?. Die Schlangen müßten doch einen Fingerzeig geben.

Die Folge der Entführung Helena's war der trojanische Krieg, und auch dieser, den die Künstler des Mittelalters freilich nicht aus dem ächten Homer, sondern aus Prosa-Erzählungen des sinkenden Alterthums kannten, hat zu Möbelbildern Veranlassung gegeben.

XI. In den schönen Handzeichnungen von Ramboux, welche aus dem Nachlaß des Künstlers für die Bibliothek des Städel'schen Instituts in Frankfurt sind angekauft worden, finden sich die Copien einiger Bilder von einer Brauttruhe, welche Ramboux bei der Familie Carboniani in Gubbio fand.

Auf dem ersten derselben sitzt in der Mitte Agamemnon auf seinem Thron, von Ajax, Phönix und Ulysses umgeben; der letztere führt ihm die weinende Briseis zu. Auf dem zweiten nimmt Achill mit schmerzvoller Umarmung von der Briseis Abschied, während Agamemnon's Herolde, Eurybates und Thalthybius, den Zelter halten, um sie abzuführen. Eine dritte Scene ist der Kampf des Hektor mit Achill: dieser durchbohrt den Feind mit dem Speer, während Hektor eben zu Roß steigen will und den Fuß schon im Bügel hat. Dabei steht Polyxena („Pulissene") in halb klagender halb fliehender Bewegung. Ob zu demselben Kasten auch ein Urtheil des Paris mit drei herrlich gezeichneten fast nackten Göttinnen gehört, kann ich nicht bestimmen. Es bezeichnet die Naivetät der Zeit, daß Minerva, als gelehrte Dame, hier als Emblem ein Buch hält. Die Namen der Personen sind fast immer beigeschrieben, aber, wie stets auf diesen Bildern, sehr incorrect.

Die Originale dieser Copien müssen sehr schön und flott gezeichnet sein. Eine Note von Ramboux' Hand besagt, sie seien „von dem Vater des Grillandajo", und das giebt einen ungefähren

Anhalt für die Zeit der Entstehung, gegen Mitte des 15. Jahrhunderts.

An den Fall Troja's schließen sich die Fahrten des Aeneas an.

XII. Sammlung Campana (Nr. 81): In einem gemeinsamen neuen Rahmen sind jetzt 5 Täfelchen vereinigt, welche etwa von dem zersägten Brett einer Brauttruhe herrühren. Dido, Königin von Carthago, reitet aus; inmitten thront auf hohem Hügel die Byrsa. Dann kniet ein Mann vor ihr. Hierauf überreicht ein wiederum knieender Mann, wohl ein Abgesandter des Aeneas, ihr ein Papier. Endlich ersticht sie sich. Ohne die letzte Scene würde kein Mensch hier gerade an Dido denken; vielleicht sind alle Zwischenscenen ausgefallen, weil sie schon zu sehr zerstört waren. Das Werk ist von demselben barocken Meister wie die Lucretia (unten Nr. XVI).

XIII. Hotel Cluny: Dido in Goldbrocat gekleidet und aus dem Fenster eines Schlosses blickend, zwei Hofdamen hinter ihr, empfängt mit beiden Händen zwei Bittschriften (oder sind es Heroldsstäbe?), welche die Gesandten des Aeneas ihr überreichen. Diese Herolde, von Gepanzerten zu Roß begleitet, führen auf rothen Fahnen die Buchstaben S. P. Q. R., durch welche ihr Herr als künftiger Stammvater der Römer bezeichnet wird.

XIV. Hotel Cluny: Aeneas erkämpft die Lavinia, nach Virgil's Aeneide. Auf Einer Tafel sind wie gewöhnlich fünf Scenen in epischer Folge zusammen. Die erste zeigt links kleine Schiffe, auf denen die Trojaner gelandet sind; darüber verschiedene Personen in friedlichem Gespräch; die Architektur ein festes Schloß. Hierauf ein Stieropfer vor einem Altar, während im Vordergrund ein Alter zwischen einem ganz jungen und einem ältern Mann Vertrag stiftet. Auf der dritten Scene eine Waldlichtung; vor dem Wald rennt ein Ritter ganz turniermäßig seine Lanze durch eine Kriegerin, durch die Aufschrift als „camilla" bezeichnet. Nun kommt das Hauptbild. Man sieht ein Schloß mit drei offenen Fenstern, aus denen Teppiche hangen. Im ersten Fenster links erscheint der König („latino") mit zwei Höflingen. In dem zweiten die Prinzessin („lavina") in Hornhaube, mit zwei

Edelfräulein. In dem dritten die Königin Mutter („amata"), ebenfalls von zwei Dienerinnen begleitet. Vor dem Schloß sind zwei Truppen, jede aus Rittern und Füßern bestehend, aufgestellt; links mit rother Mütze Julus. Dazwischen ritterlicher Zweikampf: Aeneas ist im Begriff, den jugendlichen Gegner („turno"), der vor ihm knieend um sein Leben fleht, mit dem Schwert zu durchbohren. Endlich vermählt Latinus seine Tochter dem Sieger. Alle drei Personen sind in Goldbrocat gekleidet; beiderseits Gefolge, links die Männer, rechts die Frauen. Die Scene ist ein Interieur mit Nische, ein Goldvorhang ist davor ausgespannt, den Boden deckt ein rother Teppich. Die Mache ist sehr handwerklich; der Vorhang ist mit wirklichem Goldblatt gemacht, die Dessins in das Gold eingedrückt. Auch in der Architektur, wo runde Formen vorwalten, sind die Halbkreise in den Grund vorgerissen. Diese Tafel gehört noch in's frühe 15. Jahrhundert.

Auf den Stammvater Aeneas folgt nun die römische Geschichte mit den Heroinen der Keuschheit und der ehelichen Liebe.

XV. In Rom sind Brautkistenbilder in den Gallerien selten, dort scheinen sie nie in Mode gewesen zu sein. Ich kenne nur zwei zusammengehörige Tafeln der Art, in der Gallerie Colonna (letzter Saal, hinter der großen Spiegelgallerie), wo man sie dem großen Ghirlandajo zuschreibt.*) Jede Tafel ist 2½ mal so lang als sie hoch ist. Die eine stellt den Raub der Sabinerinnen, die andere den Kampf der Römer und Sabiner vor, als die Frauen sich mit den Kindern zwischen Mann und Vater werfen. Bei dem Raub hebt man sie auf lächerliche Wagen mit ganz kleinen Rädchen ohne Lehnen; solche Wagen sah aber der Florentiner bei dem Wettrennen auf dem Platz vor Sta. Maria Novella leibhaftig vor sich. Einzelne Gruppen sind jedoch ansprechend und voll Leben. Am Forum stehen hier eine Pyramide und ein paar Rundtempel von kindlicher Form. Auf dem Bild des Raubes sieht man einen Obelisken mit einer Kugel auf der Spitze, einen Rundtempel, eine colossale Säule und scharfe Hügel,

---

*) Crowe und Cavalcaselle, übers. von Jordan, III. 257: „vielleicht von Cosimo Rosselli."

wie Rom sie nie hatte. Wenn Ghirlandajo der Maler ist, muß er diese Sachen gemacht haben, ehe er Rom kannte.

Von der Geschichte der Lucretia, auf die man für Verzierung eines Brautkastens in Italien am allerersten fallen mußte, kenne ich zwei Exemplare.

XVI. Sammlung Campana (Nr. 80): Eine einzelne Scene, kein Langbild, daher wohl von einer der schmalen Seiten einer Truhe oder vom Kopfbrett einer Bettstatt. Man blickt wie aus der Vogelansicht in das Innere eines römischen Hauses, das von hohen Zinnenmauern umgeben ist. Lucretia, ein häßliches, nur vier Zoll hohes Püppchen, erzählt, auf das inzwischen wieder sehr ordentlich gemachte Bett deutend, mit einem ganz naiven Gesicht, was ihr passirt ist. Als Zuhörer Collatinus, Spurius, Valerius und Brutus, alle in der Tracht des 15. Jahrhunderts. Die Namen sind allen Personen beigeschrieben. Das Bild ist von demselben philiströsen Meister gemalt, von dem auch die Dido derselben Sammlung (oben Nr. XII.) herrührt.

XVII. Sehr schön ist dagegen der Tod der Lucretia von Filippino Lippi im Palast Pitti zu Florenz (Sala di Prometeo, Nr. 388). Die lose Composition der drei Gruppen, zwischen denen viel Raum bleibt, und das Friesformat der Tafel zeigen deutlich, daß dieß wieder ein Truhenbild ist. Links wird Lucretia, den Dolch noch in der Brust, aus den innern Gemächern in einen großen offenen Saal herausgetragen, von wo eine Aussicht in Landschaft sich aufthut. In der Mitte liegt sie unter der Säule eines Gottes, die das Centrum der Halle einnimmt, von vielen Personen umgeben, auf der Bahre; auf einer Estrade hinter ihr steht ein Mann, wild den Dolch schwingend, den er aus ihrer Brust gezogen hat; er trägt die engen rothen Hosen der Zeit. Der Todten zu Häupten steht ein alter Mann, der wohl den Vater vorstellt. Rechts kommt ein laufender Mann mit einem Speer und ein Reiter heran. (Das Bild ist in Bardi's Gallérie du Palais Pitti auf Tafel 60 des 2. Bandes gestochen.)

XVIII. Sammlung Campana (Nr. 168): Die Vestalin Tuccia bezeugt ihre Unschuld, indem sie Wasser in einem Sieb unverschüttet in den Tempel trägt. Sie kommt auf Einer Tafel in vier Scenen vor. Die Handlung rückt, wie gewöhnlich, von rechts (vom Beschauer) nach links vor. Rechts also schöpft sie das Wasser am Fluß, hierauf trägt sie es in einem thönernen Sieb; dann bietet sie es im Tempel dar, und ganz links deutet sie knieend und ihre Göttin anflehend auf das Sieb hin. Den Hintergrund bildet eine Landschaft mit einem römischen Triumph= bogen. Die Farbe ist gemäßigt aber fein, die Zeichnung und Bewegung schön; beides entschieden florentinisch.

XIX. Sammlung Campana (Nr. 124): Die Geschichte der Virginia, ebenfalls Langbild und von demselben Meister wie die Tuccia, daher beide zu Einer Kiste oder zu zwei Kisten derselben Brautkammer möchten gehört haben.

XX. Im Museum zu Wiesbaden (Nr. 118 des Katalogs) befindet sich eine Tafel von 11½" Höhe auf 28" Breite, gut er= halten und nicht zerkratzt, welche dort dem Baldassare Peruzzi zu= geschrieben und als eine „Darstellung aus der florentinischen Ge= schichte" bezeichnet wird. Fünf Personen, welche zu Tische sitzen, springen erschrocken auf, weil ein Mädchen, das von rechts einge= treten, sich vor ihren Augen den Tod gegeben hat. Vier Personen sind um die Hinsinkende beschäftigt, während auch von links durch eine Seitenthür noch zwei Personen hereinstürzen. Die Compo= sition ist mit mehr Geschick als gewöhnlich dem Friesformat an= gepaßt, so daß Alles, ohne abgetrennte Episoden, in Eine Handlung sich zusammenfaßt. Eine offene Pfeilerhalle füllt die Mitte und die ganze linke Seite des Bildes; vor ihr tafelt die Gesellschaft, links steht das Buffet. Rechts aber, hinter der Gruppe um die Sterbende, blickt man in's Freie. Sowohl die Figuren dieser Gruppe, als auch die am Tische sind in ihren Empfindungen mit dramatischer Lebendigkeit abgestuft; unter den letzten deutet z. B. ein alter Mann hastig auf den neben ihm Gesessenen; eine Frau aber im schwarzen Kleid mit rother Mütze breitet ruhig die Hände aus, als wollte sie sagen: So mußte es kommen, und ich bin unschuldig!

Man darf kaum zweifeln, daß hier die letzte Scene einer italienischen Liebesnovelle dargestellt ist, die Quelle aber bleibt noch zu finden. Dem Geist der Composition nach muß die Tafel eine florentinische Arbeit sein.

Denn daß man in Florenz auch Novellen durch Möbelbilder illustrirte, davon haben wir bei Vasari ein sehr bestimmtes Zeugniß (Botticelli, II. 2. 238):

XXI. Für das Haus Pucci malte nämlich Sandro Botticelli eine Folge von vier Bildern, welche eine von Vasari ausdrücklich genannte Erzählung des Boccaccio fortlaufend vorführen. Der Zusammenhang, in welchem Vasari dieselben mit einer Reihe anderer Bildchen desselben Künstlers bringt, läßt vermuthen, daß es Einsatztafeln für Rähmchen waren, die man in einer Zimmervertäfelung von Nußbaum für diese Bildchen und für ein Rundbild mit der Anbetung der Könige ausgespart hatte. Diese vier Bildchen sind heute noch vorhanden. Sie sollen 1487 zur Hochzeit des Pier Francesco Bini und der Lucrezia Pucci gemalt worden sein und befanden sich noch vor Kurzem in der Casa Pucci in Florenz. Gegenwärtig sind sie zu London in der Sammlung Barker.

Die Geschichte steht im Decamerone, Giorn. V. Nr. 8. „Nastagio degli Onesti hatte Gut und Geld in der Werbung um eine schöne Dame zugesetzt, die schließlich seine Hand verschmähte. Da wird dem verzweifelten Liebhaber eines Tages eine Vision: er sieht einen Ritter, der ein nacktes Mädchen verfolgt und ihr das Herz aus dem Leibe reißt, das er seinen Hunden vorwirft. Durch Mittheilung dieses schrecklichen Gesichts von der Qual der Mädchen, die den Anbeter von sich stoßen, wird die Geliebte, entsetzt vor ähnlichem Schicksal, in des Ritters Arme getrieben. — Das erste der Bilder zeigt, wie sich der trauernde Nastagio des Mädchens annimmt, das verfolgt zu ihm flieht. Das zweite enthält ihre furchtbare Strafe, nach deren Vollzug sie jedoch wunderbarer Weise sich wieder aufrafft und, vom Ritter auf's neue verfolgt, entflieht. Im dritten sieht man die von Hunden gehetzte Schöne in das Gemach stürzen, wo Nastagio und Paolo Traversari an festlicher Tafel schmausen. Im letzten Bilde ist das Hochzeitsfest der Tochter Traversari's mit Nastagio hergerichtet: in weiter

Halle sind zwei Tische gedeckt, an denen die Männer und die Damen speisen, der getreue Werber ihnen gegenüber."*)

XXII. Im Vorbeigehen erinnere ich noch an ein Langbild der Gallerie Oggione im Brera zu Mailand (Nr. 810), welches in einfachster Liebessymbolik einen Tanz von Amorinen in reicher Landschaft voll von Bäumen darstellt, um dann diese florentinischen Arbeiten mit einer Darstellung zu schließen, welche ganz allein steht und darum interessant ist, weil sie statt einer mythologischen eine wirkliche Florentiner Hochzeit schildert.

XXIII. Das Bild ist in dem Saal der Quadri antichi der Akademie zu Florenz. Der Rahmen der Kiste sitzt noch um das Bild herum. Hier haben wir nun eine ganz große Truhe, wie die war, worin jene Unselige an ihrem Brauttag sich neckend verbarg und erstickte; denn dieß Vorderbrett ist 10' lang und 3' 8" hoch. Nach dem Katalog stellt die Tafel die Hochzeit des Boccaccio Adimari mit der Lisa Ricasoli dar, welche 1420 stattgefunden habe. Für den Brautlauf ist hier von hölzernen Stangen ein Gang gebildet, über welche weiß, roth und schwarz gestreiftes Tuch gehängt ist. Links das Haus mit Säulenhalle; hier sind drei Diener, einer schläft, der andere hat einen Pocal, der dritte ein großes goldenes Becken. Vier Musikanten spielen, zwei Frauen sitzen dabei. Ebenso sind rechts wieder Gebäude mit müßigen Figuren. Zwischen inne bewegt sich dann das Brautgeleit von fünf Paaren; man könnte nicht erkennen, wer die Braut ist. Vier junge Cavaliere schließen sich dem Zuge an. Die meisten Personen sind in Goldstoff gekleidet. Seltsam ist hier ein Zug von Naturalismus in einem Wasser, das ganz vorn zu fließen scheint; in diesem spiegelt sich, die Köpfe umgekehrt, eine zweite Hochzeitsgesellschaft, aber verwunderlicher Weise eine andere als die oben geht. Im Hintergrund sieht man das Battistero von Florenz, dahinter die Stadtmauer mit Zinnenkranz, und über diese hinweg eine Landschaft. Einige Inschriften waren mir nicht mehr lesbar. Das Ganze ist breit und realistisch vorgetragen und wegen der Costüme anziehend, aber sonst grob gemalt.

---

*) Crowe und Cavalcaselle, Ital. Mal., deutsch von Jordan, III. 167.

Bis hieher habe ich Sachen erwähnt, die man für florentinisch ansprechen darf. Aber es hat auch in Venedig Reichthum und Kunstsinn solche Decorationsmalereien von den Künstlern verlangt. Der Anonymus des Morelli sah in Venedig zwei Thüren mit einer Ceres und einer Nymphe von der Hand des großen Palma Vecchio; ein Schüler Tizian's hatte im Hause Odoni Thürflügel, Truhen und Bettstatt mit Malereien geschmückt. Sogar Giorgione fing damit an, Bettstellen und Täfelwerk für Schlafzimmer zu bemalen, und hielt auch später noch eine offene Bude, wo man nach seinen lebhaften Erfindungen, und zwar meist nach Ovid's Metamorphosen, Schilder, Schränke und Kleiderkasten mit reizenden Farben ausstattete.

Auch aus dieser Schule ist mir einiges Aeltere, noch aus dem 15. Jahrhundert, vorgekommen.

XXIV. **Museo Civico (Correr) in Venedig.** Hier sind zwei Langbilder bereits als Brauttruhen anerkannt, ob sie nun von einer oder von zwei zu Einem Zimmer gehörigen Kasten herrühren. Jede Tafel ist 5′ lang, 1′ 4″ hoch, sie sind von derselben Hand und setzen die gleiche Geschichte fort.

Auf der ersten führt ein Cavalier in einem ganz besondern Hut eine mit einer goldenen Haube bekleidete Dame in die Gondel. Hinter ihnen kommt das Brautgeleite von vielen Frauen in Goldgewändern. Man sieht viele Gondeln, und ein schmaler Wasserarm deutet an, daß die Reise über Meer geht. Jenseits steht ein jugendlicher Herr, ebenfalls mit großem Geleit, in Bereitschaft, um die Braut zu empfangen.

Auf der zweiten Tafel folgt das Hochzeitsmahl. Der letzterwähnte Herr sitzt als Bräutigam neben der Dame, der Cavalier credenzt ihnen als Mundschenk den Becher. Dieser trägt hier denselben Hut wie auf dem ersten Bild, und solche Hüte haben auch die andern Cavaliere, welche das Brautpaar umgeben; es ist also eine Hof-Uniform, wodurch Jener als ein dem Fürsten dienender Freiwerber bezeichnet wird. Rechts auf derselben Tafel reiten viele Ritter heran, als wollten sie an dem Fest theilnehmen. Die Rosse sind sehr curios; eins versucht auszuschlagen, aber so steif, als wäre es aus Holz geschnitzt. Wir haben also eine Brautwerbung

IX. Anfänge weltlicher Malerei in Italien auf Möbeln. 393

über's Meer hinüber, und wäre der Bräutigam nicht so jung, so könnte man an Tristan's Fahrt nach Irland denken, denn Tristan's Geschichte hat in Italien Dichter gefunden. Aber das Costüm, die Gondeln und die Malweise, besonders auch die viel mit wirklichem Goldblatt gemalten Gewänder deuten auf Venedig, und da wir bereits in Florenz eine wirkliche geschichtliche Hochzeit gemalt fanden, möchte man an Katharina Cornaro's Heirat mit dem König von Cypern denken, welche ein Zeitgenoß hier abgebildet hätte.

XXV. In derselben Sammlung kommt noch eine Tafel mit drei Scenen vor, welche eine Geschichte aus einem Roman zu enthalten scheint, angeblich von Pisanello gemalt. Sie hat auch ein längliches Format, aber doch nicht so gestreckt, daß sie ein Truhenbild sein könnte. Die Tafel trägt das Wappen der venezianischen Familie Savoriani.

XXVI. Sammlung Campana (Nr. 206): Die Liebschaft des Jupiter und der Europa. Fünf Scenen führen wieder von rechts nach links die Geschichte durch. Ein ganz schmaler Fluß in der Mitte drückt das Meer aus. Europa, eine muntere Blondine, immer in Goldstoff mit rothen Strumpfhosen, spielt und tanzt mit ihren Hofdamen, besteigt den weißen Stier und wird über's Meer getragen, wobei ein Delphin mitschwimmt. Am andern Ufer wartet schon Jupiter als blonder Jüngling in einem Hain von Fruchtbäumen, um sie cavaliermäßig zu empfangen. Die Farbe ist lebhaft und schön; es kommt wieder viel Gold mit ächtem Blattgold gemacht vor, und die Malweise ist venezianisch.

Von derselben Hand scheint, wie schon früher bemerkt, auch die Entführung der Helena in der gleichen Sammlung (oben Nr. VIII.) gemalt zu sein.

XXVII. Endlich in derselben Sammlung Campana noch drei zusammengehörige Tafeln (150. 151. 152), welche das Naivste sind, was ich in dieser Gattung der Kunst kenne. Es ist die Geschichte von Pasiphae und dem Stier, die Tödtung ihres Sohnes Minotaurus durch König Theseus von Athen, die Entführung der Ariadne, und ihre Vermählung mit Bacchus.

Auf dem ersten Bild (Nr. 150) erscheint fünfmal Pasiphae, die Gemalin des Königs Minos von Creta. Aus dem Fenster schauend, bewundert sie den weißen Stier, der links unten grast. Dann schlachtet sie aus Eifersucht dessen weiße Lieblingskuh. In der Mitte oben spricht sie mit einem Gott (oder König), der einen Dreizack hält. Dieser erscheint oben noch einmal, wo er eine Kuh hält. Endlich lockt sie mit einer Hand voll Blumen und Gras, die sie mit der Sichel geschnitten hat, den Stier in den dichten Wald. Der Stier kommt auch fünfmal vor und hat jedesmal einen goldenen Stern vor der Stirn, wie der heilige Dominicus.

Nr. 151. Fortsetzung. Theseus gewinnt Ariadne und tödtet den Minotaurus. Im Hintergrund rechts sieht man klein die Vorgeschichte des Minotaurus, wie er Menschen tödtet und auf Befehl des Minos in's Labyrinth eingesperrt wird. Der Tribut athenensischer Mädchen und Knaben wird nicht angedeutet. Dagegen sieht man eine Gruppe Herren, von denen zwei Schach spielen, während die andern stehend zusehen. Nun kommt Theseus. Sein Schiff, mit decorirten Schilden umhangen, ist im Mittelgrund gelandet. In voller eiserner Turnierrüstung, mit zweihändigem Schwert und Streitkolben, offenbar als irrender Ritter gedacht, schreitet er im Hintergrund zum Palast, wo Ariadne, in Goldbrocat, von einer Dienerin begleitet, ihn empfängt. Die Architektur ist reiche Renaissance. Im Vordergrund links erhält er von beiden Frauen den rettenden Knäuel. Mitten unten geht er, den Kolben über die Schulter gelegt, zum Kampf. Rechts unten erschlägt er im Labyrinth den Minotaurus, während Ariadne mit der Dienerin am Eingang sitzen bleibt. Die rettende Schnur sieht man links von der Pforte an einen Ring geknüpft. Dann gehen in der Mitte des Hintergrundes die beiden Mädchen mit ihm auf's Schiff. Ariadne erscheint auf der Tafel viermal, Theseus dreimal.

Nr. 152. Schluß. Bacchus findet die von Theseus verlassene Ariadne auf der Insel Naxus. Das Bild stellt neben einander zwei Inseln dar, welche die See von einander trennt und ganz umspült. Die Fluth spielt selbst vorn mit kleinen Wellen an, man übersieht das ganze Naxus als wirkliche, aber ganz ohne Berge gedachte Insel. Die Insel rechts ist Creta, und hier stürzt sich Minos vom Schloßthurm hinab in die Fluth. (Oder ist Attika gemeint, und der Mann ist des Theseus Vater Aegeus?)

Auf Naxus aber steigt der entweichende Theseus unten links in's Schiff, während die Dienerin ihn vergebens festzuhalten sucht. Dahinter ein improvisirtes Bett mit einem Vorhang auf zwei Baumstämme gehängt, deren einer noch grünes Laub hat. Vor dem Bett steht am Boden ein geöffnetes Reise=Necessaire, in welchem man einen Kamm sieht; Theseus legt offenbar Werth auf Morgentoilette. Ariadne liegt völlig nackt im Bett, der halbe Leib kommt aus der Decke hervor, und sie schläft ruhig fort, obwohl der Platz neben ihr leer geworden ist. Im Bett hat sie aber doch noch die Binde im Haar und ein Kleinod an einem Faden um den Hals auf der Brust. In dem Ring, der oben den Betthimmel zusammenhält, steht eine mir unleserliche Inschrift. Viel kleiner an Umfang ist die zweite Scene: links im Hintergrund sitzt die verlassene Ariadne im bloßen Hemd, und, wie Schiffbrüchige thun, hat sie ein weißes Tuch an einen Stecken gebunden und winkt damit dem abfahrenden Schiff. Den Schluß bildet Bacchus. Die Hauptpartie des gesammten Hintergrundes und den Vordergrund der rechten Hälfte des Bildes nimmt der Bacchuszug ein, nach rechts sich bewegend, wo Ariadne, die noch immer keine Zeit gefunden, mehr als ein Hemd anzuziehen, sehr theatralisch auf einem Felsen sitzt. Bacchus ist ein dicker Schlauch mit zwei Hörnchen und fährt auf einem Wagen, von zwei Spalthufern mit Drachenhälsen gezogen, die fast wie Rosse aussehen. Umgeben ist er von Bocksfüßlern, von kleinen jungen Teufeln und Weibspersonen mit dünnen Bocksbeinen, die auch ganz verteufelt aussehen. Die ganze Suite ist spukhaft und dabei spaßig; dieser Bacchus mit seinen Fratzen wäre ein schlechter Ersatz für Theseus. Hinter dem Bacchus kommt Silen, den zwei Weibsbilder auf seinem Esel unterstützen.

Die Composition dieser drei venezianischen Tafeln ist von der florentinischen verschieden. Die Florentiner stellen die Gruppen, wie das antike Relief es thut, neben einander auf die gleiche Linie des Vordergrundes und füllen den Hintergrund mit Architektur, welche in freier Landschaft steht. Gelegentlich kommen in diesen Hintergründen wohl noch Figuren vor, aber sie sind zufälliges Ausfüllsel, haben mit der Handlung nichts zu thun. Der Venezianer aber behandelt jede der drei Tafeln als eine große Land=

schaft, in welcher die Begebenheit, in all ihren Episoden geschichtlich fortschreitend, mit ihren vereinzelten Gruppen ebensowohl den Hinter- und Mittelgrund füllt als den Vordergrund. Dieß erinnert an Memling's epische Bilder in München und Turin und an die Taufe Christi von einem seiner Schüler in der Akademie zu Brügge. In Venedig sind auch schon früh flandrische Bilder angelangt.

Von classischem Vorbild zeigen dagegen diese Tafeln in ihrer Auffassung der menschlichen Gestalt noch keine Spur. Sie stehen, wie die Architektur beweist, der Zeit nach nicht so weit von der berühmten Ariadne des Tizian entfernt — und welch eine Welt liegt dazwischen! Man sieht, die Antike ist in Italien schnell in die Literatur, sehr langsam in die Malerei eingedrungen. Der Bacchuszug dieses Venezianers ist mittelaltrigen Teufelsfratzen nachgebildet; ein bacchisches Relief hatte sein Meister nie gesehen. Bei den Florentinern steht es damit kaum besser. Wenn Vasari Werke des Dello rettete, so giebt er als Grund an, sie würden auf alle Zeiten beachtenswerth sein, mindestens wegen der Mannig- faltigkeit männlicher und weiblicher Zeitcostüme. Das drückt die Sache ganz genau aus; man faßte die antiken Helden als Ritter oder Patricier des 15. Jahrhunderts auf und kleidete sie in die städtische Localtracht. Abermals bestätigt es sich hierin, daß die Frührenaissance nicht von bewußter Nachahmung der Antike, son- dern von einem frischen Blick auf die menschliche Gestalt und auf die umgebende Natur ausging.

Bei dieser neuen Gattung mythologischer und antiker Sujets, für welche man doch in Oberitalien keine Antiken zum Vorbild hatte, waren starke Verstöße unvermeidlich. Bei Heiligenbildern hatte man eine Tradition fester Compositionsgrundsätze, welche hier, auf einem neuen Feld, noch fehlten. Der Maler, der oft mehr Handwerker und Decorateur als Künstler war, faßte die Dinge ganz naiv wie aus dem Leben seiner Zeit heraus; Komik oder Ungeschick konnten nicht ausbleiben. Dazu kam die Schwierig- keit des langen Formates der Tafeln für jene Kisten, welches eine Einheit der Gruppe unmöglich machte. Nur Weniges von den Dingen, welche ich angeführt habe, könnte man eigentlich schön nennen.

IX. Anfänge weltlicher Malerei in Italien auf Möbeln. 397

Aber die Bahn' haben doch diese Möbelbilder gebrochen. Man gewöhnte sich an antike Darstellungen, und es bedurfte nur eines Anstoßes, um solche Gegenstände nun auch in größerem Format als selbstständige Tafelbilder zu malen. Diesen Anstoß, so scheint mir, hat Lorenzo von Medici gegeben. Für Geschenke an fremde Fürsten, für Stiftungen in Kirchen und Klöstern haben Cosmo und Lorenzo an heiligen Gegenständen festgehalten; was Lorenzo aber für sich, seine Paläste in Florenz und seine Villen bestellte, das war vorwaltend antik oder im Geist antiker Poesie allegorisch. Hiefür engagirte er alle die besten Meister seiner Stadt; mit feinem Verständniß fand er für jeden nach dessen Eigenthümlichkeit die bestimmte Aufgabe. Nimmt man diese Aufträge und die zum Theil noch vorhandenen Bilder zusammen, so tritt das deutlich hervor.

Bei Antonio Pollajuolo, dem großen anatomischen Zeichner, bestellt Lorenzo für sein Familienhaus, den Palast Riccardi, drei Colossalbilder mit Herculesthaten, von denen zwei in kleinen Copien in den Uffizi (Scuola Toscana, erster Saal, Nr. 1153) uns erhalten sind. Ich finde noch nicht bemerkt, daß eine dieser Compositionen, der Kampf mit der Hydra, das Original zu einem der feinsten Stiche des Robetta (Bartsch, P.-Gr. Nr. 21) gewesen ist. Von dem Ringkampf mit Antäus hat Pollajuolo selbst einen Kupferstich gemacht (Bartsch XIII. 202. Nr. 1). (Vasari, Pollajuolo, II. 2. 229.)

Am meisten beschäftigte Lorenzo für solche Gegenstände das in der Jugend heitere Talent des Sandro Botticelli. Von ihm besaßen die Medici in der Garderobe, neben den berühmten Portraits der Simonetta und der Tornabuoni, einen Bacchus, der mit beiden Händen eine Weinflasche an die Lippen führte. (Vas. II. 2. 248.) Im Palast hatte Sandro Vieles gemalt, darunter eine Pallas, welche auf einem Schilde von flammenden Baumästen stand (Vasari, S. 237). Für die Villa zu Castello malte er die beiden schönen Allegorien mit fast lebensgroßen Figuren, welche noch heute in den Florentiner Sammlungen sich finden (Uffizi, Nr. 39, und Akademie, Galleria dei Quadri Antichi, Nr. 24), die Geburt der Venus und die Ankunft des Frühlings. Es sind

Gegenstücke, sie haben einige Figuren gemeinsam. Hier ist schon wirkliche Schönheit und Poesie. Die bisherigen Deutungen scheinen mir mangelhaft. Venus auf ihrer Muschel, von den Winden an den Blumenstrand der Erde getragen, wird unter grünen Bäumen von einer schwebenden bekleideten Blondine empfangen, welche vor der Brust Rosen, am Kleid Kornblumen, auf dem Mantel Margeriten trägt, während vom Himmel über das Meer Rosen hinabfallen. Die Blumen dreier Jahreszeiten charakterisiren diese Gestalt als Flora; die Liebe bringt Blumen und Lenz. Dagegen wird auf dem zweiten Bild dieselbe Blumenmaid in einem reichen Garten durch die dießmal bekleidete Venus empfangen, welche durch den über ihr fliegenden Amor genügend charakterisirt ist. Die Flora ist genau dieselbe Figur wie auf dem Gegenstück; ihr Gewand ist wieder mit Blumen besetzt, sie hat einen Kranz um den Hals und trägt Rosen im Schooß. Eine nur in Schleier gekleidete Nymphe führt sie; eine blaue Gestalt, hinter ihr schwebend, treibt sie mit ihrem Hauch vorwärts: das ist die laue blaue Lenzluft. Links tanzen leichtbekleidete Frauen, die sich sicher als die drei Jahreszeiten der Alten, die Horen, erklären, und ein Mann schlägt Frucht von einem Baum. Auch hier eine verwandte Idee: Lenz und Liebe begrüßen sich.

In der Sammlung Campana möchte auch eine lebensgroße Venus (Nr. 169) dem Botticelli gehören. Sie ruht, das feine Hemd hochgegürtet, um die Hüften einen rothen Mantel, in einem Garten von künstlichen Rosenspalieren auf blumigem Rasenteppich. Der Hintergrund ist Landschaft. Trotz der drei Amorinen, welche bei ihr Rosen in ein Körbchen pflücken, sieht sie gelangweilt aus. Dieß und die überschlanken wenig idealen Formen lassen mich vermuthen, daß sie das Portrait der Geliebten eines der Medici ist. Ein Zeitalter, welches den Plinius wieder las, mochte leicht an die Modelle des Praxiteles denken und Maitressen zu Venusbildern idealisiren,*) denn Botticelli, der viel las und studirte, hat ganz bestimmt antike Stoffe hervorgesucht und den Versuch

---

*) Drei andere ähnliche Venusbilder des Botticelli und sonst Verwandtes verzeichnen Crowe und Cavalcaselle, Ital. Mal. III. 173, 175.

gemacht, sie neu zu beleben. In den Uffizi haben wir (Scuola Toscana, Saal 1, Nr. 1182) noch heute seine Allegorie der Verleumbung, genau nach der Schilderung, die wir von einem Bild des Apelles besitzen. Was aber noch nicht bemerkt, am Sockel dieses Gemäldes hat er die Kentaurenfamilie nach Zeuxis noch in den Kauf gegeben. Und gerade dieses Bild der Verleumbung hat Sandro aus eigenem Antrieb und nicht auf Bestellung erfunden, denn er schenkte es einem seiner Freunde (Vasari, II. 2. 249).

Botticelli hat, wie mir scheint, das Gebiet der Heiligenmalerei nicht weit über den Kreis ausgedehnt, welchen bereits sein Meister Filippo Lippi beschrieben hat. Auf diesem Gebiet lag seine Hauptbegabung nicht, er suchte neue Wege. Im Technischen ist er der erste gewesen, der Finiguerra's zufällige Erfindung des Abdrucks gestochener Platten mit Bewußtsein für den Kupferstich und die Bücher-Illustration verwerthete, so daß nicht die Platte, sondern die Abdrücke der Zweck waren. In der Malerei aber hat er zuerst den sinnlichen Reiz der antiken Welt durch zahlreiche Tafelgemälde wieder in's moderne Leben eingeführt. Dieß war eine bedeutungsvolle Neuerung, und man begreift, daß er später als Anhänger Savonarola's hierüber Reue empfand. Wie viele Entwürfe und Ausführungen solcher nackten Sujets mag er damals selbst auf den Scheiterhaufen geworfen haben, als der strenge Dominikaner das Auto da fé über die weltlichen und üppigen Bilder der Zeitgenossen verhängte!

Um in den Aufträgen des Lorenzo fortzufahren, so gab er dem Filippino Lippi, der so trefflich figurenreiche Gruppen theatralisch aufzustellen verstand, wieder einen seinem Talent gerade angemessenen Auftrag: für eine offene Halle in der Villa Poggio a Cajano malte dieser ihm ein antikes Opfer, welches aber beim Tode des Meisters unvollendet blieb (Vas. II. 2. 313).

Wieder eine andere Aufgabe fand Lorenzo für den großen Ghirlandajo, einen für den mächtigen Figurenmaler passenden Auftrag. Er ließ von ihm im Spedaletto bei Volterra in Fresco die Geschichte Vulcan's ausführen, wo der Meister besonders eine Kyklopenschmiede mit vielen nackten Gestalten malte, welche die

Hämmer schwingen und für Jupiter Donnerkeile schmieden (Vasari II. 2. 200).

Noch möchte man hieher einige Thierstücke rechnen, welche noch Vasari im Palast Riccardi in Florenz gesehen hat, und wofür man den jüngern Pesello (zum Unterschied von dem Großvater gern Pesellino genannt) gewonnen hatte, der gerade als Thiermaler berühmt war. Da aber dieser bereits 1457 starb, so kann nicht Lorenzo, sondern nur sein Vorfahr Cosmus diese bestellt haben. Außer einigen Truhen, mit Turnieren in kleinen Figuren bemalt, sah man bei den Medici ein Gelender mit Thieren, außerdem aber einige Löwen auf Leinwand, welche gegen ein eisernes Gitter drängten; ein paar andere außerhalb desselben, und einen dritten im Kampf mit einer Schlange begriffen, außerdem ebenfalls auf Leinwand einen Ochsen, einen Wolf und andere Thiere, mit einer Naturwahrheit und Lebendigkeit, daß sie das Auge täuschten (Pesello, II. 2. 62).

Lorenzo Medici, der selbst Poet war, die Alten mit Begeisterung las und das Leben in schönen Formen aber mit italienischer Sinnlichkeit liebte, wußte grade diese antike Gattung der Malerei zu schätzen. Auch wußte man das in Italien. Von Siena herüberkommend, wo er bereits im Palast des Petrucci, des Magnifico der Stadt, drei antike Stoffe gemalt hatte (Vas. II. 2. 432 Note), suchte Luca Signorelli in Florenz Fuß zu fassen, indem er dem Lorenzo einige nackte Göttergestalten schenkte, die man sehr rühmte (Vas. II. 2. 433). Eines dieser Bilder scheint noch vorhanden zu sein (beim Marchese Corsi in Florenz) und ist im Umriß in Crowe und Cavalcaselle (Ital. Malerei IV. 5) abgebildet und beschrieben. Es scheint die Erziehung des Pan oder den Pan als Richter im musikalischen Wettkampf vorzustellen. Diese Composition möchte ein altes Räthsel der Kunstgeschichte lösen. Ich habe lange geglaubt, daß einige höchst interessante, aber auch sehr schwer zu deutende Stiche des Robetta, namentlich die Qualen der Eifersucht, der Liebesgarten und vielleicht die Alte zwischen zwei Liebespaaren auf Zeichnungen oder Bilder des Signorelli zurückgehen, während Passavant die Originale dem Filippino zuschreibt. Jenes Bild vom Pan scheint mir nun die Frage für Signorelli zu entscheiden.

IX. Anfänge weltlicher Malerei in Italien auf Möbeln.

Ganz im Sinne der Antike sind freilich auch diese größern Staffeleibilder der bedeutendsten Quattrocentisten noch nicht gedacht und auch noch nicht gezeichnet. Die alte Fabel wird mehr wie ein heiteres Märchen behandelt, ihr sinnlicher Rausch ergreift uns aus diesen Bildern noch nicht. Denn erst seit den achtziger Jahren, wo die Florentiner Malercolonie in der Sistina sich glänzend bewährte, strömten auch die auswärtigen Meister massenweis nach Rom und studirten die Antike, weniger zwar an Statuen, deren vor 1500 wohl so viele noch nicht aufgegraben waren, als an den Reliefs der Triumphbogen, Kaisersäulen und Sarkophage. In Padua drückt sich dieselbe Tendenz in den von Squarcione für seine Zeichenschule zusammengebrachten Antiken, in Florenz in der Sammlung ächter römischer Büsten, Reliefs und Statuen aus, welche Lorenzo aus Rom herschaffte, um sie im Medicäergarten bei S. Marco in Florenz aufzustellen und einer Zahl junger Bildhauer als Modelle nutzbar zu machen. Erst von da begann die bewußte Reinigung der Form an der Antike, das Zeitcostüm wurde aufgegeben, und in Sculptur und Malerei trat römische Mythologie und Geschichte als völlig gleichberechtigt neben die heiligen Gegenstände.

X.

Bemalte Tischplatten.

Im Norden wird das in Italien übliche Hochzeitsgeschenk einer Truhe durch die gemalte Fensterscheibe mit der Fortuna oder mit der Darstellung einer biblischen Eheschließung ersetzt, welche man dem Brautpaar als Zierat der neuen Wohnung verehrt. Die Möbelmalerei aber wird besonders durch die gemalten Tischplatten vertreten, welche in der italienischen Kunst unbekannt scheinen.

Am 30. April 1870 hatte ich in der antiquarischen Gesellschaft zu Zürich auf den verschollenen Tisch von Holbein hingewiesen, welchen nach den bekannten Stellen bei Sandrart und Patin einst die Züricher Stadtbibliothek besaß. Dabei gab ich zum ersten Mal die Erklärung von der Darstellung des heiligen Niemand, von welchem Sandrart sagt, daß er auf dieser Tafel gestanden habe. Die Deutung hatte mir das kleine Scherzgedicht des Ulrich von Hutten an die Hand gegeben, welches unter dem Titel Nemo gerade in den Jahren, als Holbein in Basel eintraf, dort in mehreren Auflagen im Druck erschienen ist. Die Aufmerksamkeit der Züricher Kunstfreunde wurde dadurch auf das verlorene Inventarstück gewendet, und mein geehrter College an der Hochschule, Professor Vögelin, unternahm eine systematische Untersuchung aller Bibliothekräume auf der Wasserkirche. Auf dem Dachboden wurde denn wirklich am 15. August 1871 unter einem Berge von Staub und Schriften der Tisch wieder aufgefunden. Professor Vögelin hat auch) die bisher vollständigste Beschreibung und Erklärung seines Fundes gegeben.*)

Die Tafel ist von Lindenholz, darüber ist Leinwand geleimt und stark mit Kreide grundirt; also die Technik, die man im ganzen Mittelalter anwendete, um das Springen der Holztafeln zu verhindern. Der ganze Grund ist schwarz, die Figuren sind mit lebhaften Farben aufgesetzt. Offenbar hat man das Werk als einen gewöhnlichen Bibliothekstisch benutzt, und durch Auflegen von Büchern mit Holzeinband und Messingbeschlag ist die Oberfläche stark zerkratzt worden. Der Tisch war 1633 der Bibliothek durch einen Bürger aus dem Aargau geschenkt worden. 1759 wird er zum letzten Mal (in der ersten Ausgabe von Füßli's Schweizer Künstlern) erwähnt, aber schon mit dem Bemerken, daß er bereits seit langer Zeit durch einen Firniß völlig verdorben worden. Als daher 1779 die alte Kunstkammer der Bibliothek aufgelöst wurde, wird man den Tisch einfach ausrangirt und auf den Boden unter das Gerümpel gestellt haben. Doch kannte noch Martin Usteri denselben, denn unter den Handzeichnungen der Zürcher Künstlergesellschaft findet sich von seiner Hand die Copie einer Gruppe von diesem Tisch.

Die Tafel ist ungefähr 4 auf 3 Fuß groß. Die Mitte zeigt auf der einen Seite den Niemand zwischen zerbrochenem Geräthe, zerschlagenen Musikinstrumenten und zerrissenen Spielkarten. Ein Brief dabei, ein Petschaft mit Holbein's Namenszug und eine Brille waren einst so naturtreu gemalt, daß Besucher nach den Gegenständen griffen, um sie wegzunehmen und die Bilder unter ihnen zu betrachten. Der Mann hat ein Schloß vor dem Maul, weil der Niemand sich nicht verantworten kann, wenn es heißt, er sei es, der Alles zerbrochen habe. Diese Figur, die seit dem Mittelalter oft in scherzhaften Gedichten und Predigten vorkommt, ist auch noch auf fliegenden Blättern des 16. Jahrhunderts mehrmals wiederholt worden.

---

*) „Ein wiedergefundenes Meisterwerk Holbein's." Frankfurter Zeitung, 1871, Feuilleton von Nr. 236. 237. 244. 248. Kürzer darüber Woltmann, Holbein, zweite Auflage, I. 110 und folg.

Die zweite größere Darstellung der Mitte zeigt einen Tabulet=
krämer, der im Walde schlafend liegt, während eine Schaar Affen
seinen Korb ausleert und sich mit seinen Waaren als Putz= und
Spielsachen behängt. Drei der Randbilder enthalten die Fischerei,
die Jagd auf Wild, den Vogelfang, und mit diesem in einer Ab=
theilung den Fang der Mädchen. Ueber den Fischern noch die
Vorbereitungen zu einem Schmaus an wohlbesetzter Tafel. Auf
der vierten Seite endlich ein Turnier, wo Narren als Tummler
und ein paar Buben auf Steckenpferden den Spaß und Spott
hinzuthun.

 Wichtig für Holbein's Leben sind endlich noch die beiden
Wappen in der Mitte des Tisches. Sie gehören den Baseler Fa=
milien Bär und Brunner an. Hans Bär, mit Barbara Brunner
verheiratet, fiel, herrlich bis in den Tod kämpfend, als Fähnrich
der Stadt Basel 1515 in der Schlacht bei Marignano. Die Tisch=
platte ist also wahrscheinlich vor dem Auszug des Eheherrn be=
stellt worden, und es ist uns in ihr des jüngern Holbein's frühestes
datirtes Oelgemälde und zugleich die erste Arbeit erhalten, die er
auf Schweizerboden geliefert hat. Eine ältere Schwester des Hans
Bär war mit dem Bürgermeister Jakob Meyer zum Hasen ver=
heiratet, welcher bei Holbein sein Familienbild, die berühmte Ma=
donna in Darmstadt, bestellte, und es ist auf dem Bilde diese
Frau auch dargestellt. Hiernach ist es wahrscheinlich, daß durch
die Familie Bär Holbein zuerst mit dem reichen und mächtigen
Bürgermeister in Verbindung gekommen ist.

 Der Tisch befindet sich jetzt (Herbst 1874) zu Wien in der
Restaurationsschule des Belvedere, wo er mit Wasserfarben so weit
ergänzt wird, daß eine Zeichnung darnach und ein Stich in Con=
tour sich machen läßt. Vielleicht möchte die Wiener Gesellschaft
für vervielfältigende Kunst sich bewogen finden, in einem ihrer
künftigen Hefte diesen Stich zu bringen. Man würde sich freuen,
wenn man bei diesem Kupferstich nicht mehr wie leider auf der
Tafel Figuren und Gruppen mühsam zusammenzufinden brauchte,
sondern mit Einem Blick überschauen könnte, welch einzigen Reich=
thum an Phantasie und Humor hier mit 20 Jahren der Künstler

spielend auf ein Werk hinwarf, das doch eigentlich zum Kunst=
handwerk und nicht in die Kunst gehört.

Tischplatten dieser Art kommen nicht häufig mehr vor und
scheinen nur in Deutschland, und dort wieder nur bis gegen die
Mitte des 16. Jahrhunderts gemalt worden zu sein.

Im Folgenden stelle ich zusammen, was von solchen Tisch=
platten mir bekannt geworden ist.

I. Hôtel Cluny, Paris, jetzt in den Räumen der antiken
Thermen aufgestellt, und wie es scheint, im Katalog noch nicht
beschrieben: Ein Tisch, der von allen übrigen durch sein Format
sich unterscheidet, denn er ist sehr lang und im Vergleich sehr
schmal. In der Mitte stehen allegorische Darstellungen in Rahmen
von spätgothischem Ornament; ringsumher aber ist ein Rand von
anderer Farbe gemalt, und auf diesem Rand stehen eins neben
dem andern zahlreiche Wappen, unter denen man einige Wappen
von Ständen des deutschen Reiches erkennt. Die Form läßt hier
vermuthen, daß man den Bankettisch einer adeligen Trinkgesell=
schaft vor sich hat, und vielleicht sind die Wappen bloß aufgemalt,
um jedem der Stammgäste gleich seinen Platz zu bezeichnen. Die
Tafel scheint dem 15. Jahrhundert anzugehören. Die Art, daß
um die mit Oelfarbe angestrichene Mitte ein dunklerer Rand ge=
malt wird, der gleichsam die Hirnleiste der Tafel vorstellt, kommt
heut noch bei Tischen in Trinkstuben und ländlichen Gasthäusern
der Schweiz vor, und so wird auch wohl dieser Tisch nach Ober=
deutschland zu weisen sein.

II. Im östreichischen Museum, Wien: Eine Tischplatte von
quadratischer Form, stark $3^{1}/_{2}$' in's Geviert, angeblich aus dem
Ende des 15. Jahrhunderts.

Umher läuft ein schmaler Rand, welcher roth marmorirt ist.
In der Mitte sieht man in 10 Scenen die Leidensgeschichte Christi.
Sie ist so auf der Fläche angebracht, als läge eine Altartafel mit
zwei Flügeln auf dem Tisch, und demgemäß ist das Mittelbild
sowohl als die Flügel oben abgerundet. Die Kreuzigung nimmt
das oberste Feld der Mitte ein, und dieß Feld ist etwas größer,
daher unten noch für eine Beweinung des Leichnams Christi
Raum bleibt.

Unter dieser Gesammtdarstellung, wo alle Bilder in gleicher Richtung stehen, ist der Rand mit einer Parforcejagd auf Hirsche gefüllt, welche also gleichsam die Predella der Leidensgeschichte bildet.

Geht man herum auf die entgegengesetzte Seite der Tafel, so ist dort auf einem breiten Streifen die Marter der hl. Ursula und der elftausend Jungfrauen dargestellt. In einem Schiff von seltsamster Form, welches beweist, daß der Maler nie ein Seeschiff gesehen hat, landet die fromme Schaar; die Henker ziehen sie an den Haaren vom Schiff herab und köpfen sie; am Ufer stehen auch die Bogenschützen, welche zu der Legende gehören. Der Strom ist durch mehrere Fische belebt.

Der Rand links von der Passion wird theilweis durch ein großes Bild des Auferstandenen als Gärtner mit der Magdalena gefüllt; der Olivengarten ist hier durch einen Bretterzaun versinnlicht, auf welchem viele Vögel von verschiedener Art sitzen.

Auf dem breiten Streifen endlich, der den Rand rechts von der Leidensgeschichte einnimmt, stehen auf durchaus schwarzem Grund rechts zerstreute Lanzknechte, zum Theil fechtend; in der Mitte sieht man Simson und Delila, links aber zwischen Vögeln und phantastischen Blumen ein Wappen. Dieses scheint das Wappen des Stifters zu sein, der auch im Mittelbild auf der Hauptscene der Passion als geistlicher Herr vor dem Kreuze kniet.

Dieser Tisch soll aus einem Nonnenkloster in Ulm stammen, und es entspricht dem Geist vornehmer Frauenklöster im 15. Jahrhundert, daß sich das Geistliche hier so flott mit weltlichen Darstellungen mischt, man müßte denn die letztern, z. B. die Hirschjagd, für allegorische oder typische Anspielungen erklären wollen. Wie auf dem Holbeintisch, stehen die vier Randbilder alle mit den Köpfen nach der Mitte zu, so daß, wenn vier Nonnen an dem Tische saßen, jede das ihr zugekehrte Bild aufrecht vor sich hatte. Dieß ist die Anordnung aller Gemälde dieser Classe; sie sind nicht als Tafelbilder, sondern von vorn herein für Tische componirt. Bei dieser Platte fällt es aber auf, daß die Compartimente gar keine Symmetrie haben, denn jedes der vier Randbilder hat ein anderes Format. Die Malerei ist bunt und handwerklich, aber dafür ist dieß Exemplar sehr gut erhalten.

X. Bemalte Tischplatten. 407

III. Der Zeit nach folgt jetzt der Tisch von dem jüngern Holbein aus dem Jahr 1515 auf der Stadtbibliothek zu Zürich, den ich oben beschrieben habe.

IV. Gallerie des Louvre, Paris, früher im Salon carré, jetzt in dem kleinen deutschen Cabinet (zwischen den Italienern und den Niederländern) aufgestellt. (Deutsche und niederländische Schule, Katalog Nr. 14.) Tischplatte aus dem Leben des Königs David, von Hans Sebald Beham gemalt. Die Tafel ist fast ein Quadrat, jede Seite ungefähr 4' lang (1,31 m. auf 1,28 m.). Vergoldete Lanzen, auf welchen neben einander gereiht Wappen stehen, laufen von den vier Winkeln aus und lassen in der Mitte zwischen ihren Spitzen ein kleines Quadrat übrig, dessen Seiten mit denen der Tafel parallel laufen. Dieses Quadrat wird durch die Flügel von vier vergoldeten Sphinxen in vier gleiche Rähmchen getheilt, und jede Sphinx hält eine Cartella, auf welcher in je Einem lateinischen Distichon die Erklärungen der darunter stehenden Begebenheiten beigeschrieben sind. Die vier Hauptrahmen zwischen den Lanzen enthalten den Triumphzug des David nach dem Siege über Goliath, das Bad der Bathseba nebst der Absendung des Urias, den Tod des Urias in der Schlacht, und den Propheten Nathan, welcher dem König den Armen zeigt, dem der reiche Mann sein einziges Schäfchen wegnimmt. Auf dem Bild der Bathseba steht, an eine Ballustrade gelehnt, der Erzbischof Albrecht von Mainz mit Gefolge, und ein Spruchzettel in deutscher Sprache nennt alle seine Titel als Cardinal der Kirche und Fürst des deutschen Reiches. Diesen Titeln entsprechen jene Wappen auf den Lanzenschäften, welche die einzelnen von ihm beherrschten Landschaften bezeichnen. Auf dem Bild des Nathan aber sitzt vor einem Pult der Maler mit dem Zirkel in der Hand, und hinter ihm steht auf der Mauer eine lateinische Inschrift, welche besagt, daß Sebald Beham der Nürnberger diese Tafel dem Erzbischof, als einem Freunde aller Kunst und insbesonders der Malerei, mit höchstem Fleiß im Jahr 1534 gemalt hat.

Dieser Tisch ist bei Weitem das schönste Stück von allem, was sich in dieser Art erhalten hat. Der Einzug David's und der Kampf bei der Belagerung von Rabbath haben im Hintergrunde reich phantastische Architekturen. Auf der Bathseba bildet eine feine Landschaft den Hintergrund, die kleinen Figuren und Gruppen sind außerordentlich lebendig und führen uns, da sie alle in's Costüm jener Zeit gekleidet sind, die festliche Wunderpracht des 16. Jahrhunderts lebhaft vor das Auge. „Man wird nicht müde, dieses Gewimmel von Figuren zu betrachten, man glaubt ein aufgeschlagenes großes Bilderbuch vor sich zu haben."*)

V. Eine sehr schöne und genaue Copie dieses Tisches befindet sich im Neuen Museum zu Berlin. Sie ist von einem französischen Maler Fremy gemacht, der zur Zeit der Revolution lebte und in Bildern mit kleinen Figuren sich auszeichnete. Diese Copie ist mit miniaturartiger Feinheit und Sorgfalt gemalt. Sie scheint genau die Größe des Originals zu haben, hat aber außerdem einen breiten Rand von Bronze, dessen Ecken abgerundet vorspringen.

VI. Neues Museum, Berlin: Ein Tisch zum Zusammenklappen, 4' 2¾" hoch, 3' 8½" breit, angeblich ebenfalls von Beham.

Die Abtheilung ist der des Pariser Tisches ähnlich. Auch hier ist in der Mitte durch aufgemaltes Rahmenwerk ein Rechteck ausgeschnitten, welches ähnlich wie bei dem Holbeintisch in zwei Compartimente von gleicher Größe zerfällt. Der übrigbleibende Rand wird durch Ornament, welches die Spitzen des innern und des äußern Rechtecks miteinander verbindet, in vier Streifen getheilt. Dieß Ornament besteht aus vier verschiedenen Blumen, welche aus Wappen hervorwachsen. Dieser Wappen sind bloß zwei, es kommt also jedes Wappen zweimal vor. Wir haben hier demnach wohl ein Hochzeitsgeschenk, mit den Wappen von Braut und Bräutigam, vor uns.

Auf dem einen der beiden Mittelfelder sieht man eine fröhliche Herren= und Damengesellschaft in einem Garten, der von Mauern umgeben ist; von außen schreiten einige mühselige Wanderer dem Garten zu. Es sind die gewöhnlichen Vergnügungen dargestellt, wie man sie auf Kupferstichen und auf Bildern so oft

---

*) Aus einem Brief von Prof. Herman Grimm an Prof. Vögelin. Eine genaue Beschreibung des Tisches mit den vollständigen Inschriften in Villot's Katalog der Gallerie des Louvre.

unter dem Namen des Liebesgartens oder als „Venus Lusthof" abgebildet findet. Ein Pärchen spielt auf Zithern, ein anderes tritt zum Tanz an, ein drittes schaut sitzend zu, wobei die Dame ein Hündchen auf dem Schooß hat; eine einzelne Dame thut eben einen Wurf nach einem aufgesetzten Kegelspiel. Im Hintergrund rechts tanzen Herren und Damen einen Ringeltanz. Es fehlen aber auch hier die Freuden der Tafel nicht, denn in der Mitte des Gartens ist ein gedeckter Tisch aufgestellt, ein Diener setzt eben ein Gericht auf denselben, und aus der Küche dahinter läuft ein anderer mit einer Schüssel davon, während ihm die Köchin mit dem Kochlöffel droht. Endlich werden noch Kirschen zum Nachtisch gepflückt. Der Brunnen rechts von der Tafel wird dazu dienen, den Wein in Flaschen abzukühlen.

Das zweite der beiden Mittelfelder enthält einen Gegenstand, der innerhalb der Christenheit wohl nur im 15. und in der ersten Hälfte des 16. Jahrhunderts, und wieder nur in Deutschland möglich war, nämlich ein gemeinschaftliches Bad von Männern und Frauen, und zwar nicht in dem geschlossenen Raum einer Badestube, sondern ganz ungenirt in freier Luft und in einem Fluß. Die Scene ist an den Auslauf eines Sees verlegt, rechts sieht man eine Stadt, von der eine frequentirte Brücke zum Badeplatz herüberführt. Der übrige Hintergrund ist mit Landschaft gefüllt. Ein Schiff mit Musik und einer singenden Gesellschaft fährt heran, auf welches ein Mann zuschwimmt. In dem flachen Wasser ist man links mit Fischerei beschäftigt: ein Mann mit einer Badehose bekleidet nimmt aus dem Handnetz Fische heraus, und ganz links ist ein nacktes Weib am Ufer mit Krebsen beschäftigt; sie hat schon einen Kessel voll Krebse neben sich stehen. Hier sind auch, neben andern Weibern, Kinder dabei und sehen sich höchst unbefangen das Treiben an. Rechts aber hat ein Mann ebenfalls einen Krebs gefangen und geht mit demselben auf die nackten Weiber los, welche erschreckt sich flüchten. In einer andern Gruppe hinten geht es noch handgreiflicher zu. Beim Bad wurde immer zur Stärkung eins getrunken, und so fehlt auch hier ein Weib nicht, das nahe beim Ufer im flachen Wasser steht und in der Rechten eine gefüllte Flasche hält. Auf der Abtheilung des Randes unter dem Liebesgarten sieht man Scenen der Jagd. In einem lichten Wald sind zahlreiche wilde Thiere und Vögel zerstreut. Ein Windhund jagt einen Hasen; ein Jäger kämpft gegen zwei Bären, während ihm selbst ein Wolf auflauert, und durch Bäume davon getrennt steht ein Hirsch, den ein Armbrustschütz anschleicht. Ein Keuler, ein Rudel Hirsche und ein Rebhuhn schließen nach rechts das Bild ab.

Gehen wir um den Tisch herum, so haben wir auf der entgegengesetzten Seite, also unter dem Bad, wieder den im Walde eingeschlafenen Krämer von Affen ausgeplündert. Sie treiben Streiche aller Art. Einer kämmt ihn, ein anderer hat sich eine Brille aufgesetzt und frißt ihm die Läuse ab. Andere plündern seine Geldtasche, einer hat sich als Soldat maskirt und marschirt gravitätisch die Lanze schulternd daher.

Auf der dritten Abtheilung des Rahmens haben wir ein ritterliches Turnier, wo die beiden Gegner auf den Satteldecken dieselben Wappen führen, welche in den Winkeln der Tafel stehen. Im Vordergrund rennt ein Narr umher, aus der Ferne her sehen Bauern aus einem Walde dem Ritterspiel zu; links aber in einem offenen mit Schnee bedeckten Feld sieht man Schlitten fahren.

Diesen ritterlichen Vergnügungen entsprechen gegenüber auf der vierten und letzten Abtheilung des Randes die Lustbarkeiten des Landvolks. Im Vordergrunde ist ein Schifferstechen: zwei Männer sitzen jeder in einem Kahn auf einer Tonne und halten vor sich als Schild einen Korb. Sie haben ihre langen Stangen wie Speere eingelegt, und während ein Kerl in einem Nachen mächtig in die Trompete stößt, treibt in jedem der Schiffe ein hinter dem Kämpfer sitzender Fährmann den Kahn zum Zusammenstoß vorwärts. Im Hintergrund wird dann das Ritterspiel travestirt: zwei Bauern haben sich Tragkörbe statt Helme aufgesetzt und dicke weiße Kissen als Panzer vor den Bauch gebunden. So rennen sie auf dürren Kleppern, Heurechen statt Lanzen eingelegt, gegen einander an.

Die Tafel ist gut erhalten, doch scheint die Farbe eingeschlagen. Wenn man als Meister den Beham nennt, so stimmen das Bad und die Bauernscenen sehr mit dessen Sinnesweise und finden ihre Aehnlichkeiten unter seinen wohlbekannten Kupferstichen. Die Malerei dieses Exemplars steht aber soweit unter der von Beham gemalten Tafel im Louvre, daß man hier schwerlich an ein Original denken kann.

Da ist es denn merkwürdig, daß von diesem Tisch noch ein zweites Exemplar, obwohl leider nur noch zur Hälfte, in einer andern Sammlung sich vorfindet.

VII. Museum zu Wiesbaden, Katalog Nr. 146: Eine längliche Holzplatte, auf den Schmalseiten mit Hirnleisten eingefaßt. Es ist die Hälfte eines Klapptisches, so daß also eins der Mittelfelder, eins der Randbilder und zwei der Randbilder je zur Hälfte erhalten sind. Die einzelnen Darstellungen scheinen ganz wie auf dem Berliner Tisch angeordnet; wir haben im Mittelfeld das Bad, darunter auf dem Rande den Krämer mit den Affen, links das halbe Schifferstechen sammt dem Bauernturnier, rechts eine Gruppe Bauern, die vielleicht zu der Darstellung des Ritterturniers gehörten. Doch kommen im Einzelnen kleine Abweichungen vor, und vielleicht stehen auf dem einen Exemplar einige Figuren mehr und etwas anders angeordnet. Auch sind die Abtheilungen des Rahmens an den Ecken, wo sie zusammenstoßen, nicht durch Wappen und Blumen, sondern durch schräggestellte Bäume geschieden, welche als Theile der hinter sämmtlichen Gruppen des Randes sich ausdehnenden Waldgründe erscheinen. Dieß Exemplar ist gut erhalten und nicht zerkratzt.

Die Vorstellung von dem Krämer und den Affen im Walde scheint zuerst von dem Niederländer Herri met de Bles aus Bouvignes gemalt, der für einen der ersten Begründer der Landschaftsmalerei in Flandern gilt und zur selben Zeit mit Holbein und Beham lebte. Er hatte diesen Gegenstand in einer großen Waldlandschaft dargestellt, von der man in der Dresdener Gallerie eine kleine Copie zu besitzen glaubt. Man gab diesem Bilde bald nach seiner Entstehung eine sonderbare Deutung. Der Krämer, meinte man, sei der Papst, weil derselbe sich mit dem Kram von Reliquien, Ablaß, geweihten Rosenkränzen u. dgl. abgebe, die Affen aber, da der Affe in der niederdeutschen Thierfabel den Namen Martin führt, sollten die Martinisten, d. h. die Anhänger des

Martin Luther bedeuten, welche dem Papst seinen Kram verschleppen und damit ihr Affenspiel treiben. Van Mander erzählt uns in seinem Leben des Herri von Bouvignes von dieser Deutung, aber er verwirft sie zugleich: denn, sagt er, die Kunst soll nicht Persifflage sein. Und gewiß ist diese nachträgliche Auslegung falsch, denn der Gegenstand ist von Holbein ja schon zwei Jahre vor Luthers Thesen gemalt, wo also diese Deutung auf dessen Vornamen Martin noch nicht möglich war. Es ist sogar fraglich, ob nicht Holbein als der erste Erfinder des ganzen Scherzes betrachtet werden muß. Doch bleibt bei den Tischen in Berlin und in Wiesbaden ein Umstand immer merkwürdig. Es sitzt nämlich auf beiden Darstellungen rechts auf einem Baume ein Käuzchen, und dieser Vogel war das Malerzeichen des Herri von Bouvignes, welcher nach diesem Zeichen sogar bei den Italienern den Beinamen Civetta erhalten hat. Sollte nun der Maler, welcher den einen der beiden Tische (der das Original ist) gemalt hat, vielleicht das berühmte Bild des Herri gekannt, für seinen Zweck verkleinert und das Käuzchen ehrlich beibehalten haben?

Aber welcher von den beiden Tischen in Berlin und in Wiesbaden ist denn das Original? Hiezu müßte zuerst das Wiesbadener Exemplar, das bis jetzt noch Niemand beachtet hat, genauer geprüft werden. Daraus möchte sich ergeben, daß es der Hand des Beham würdig erschiene, während das Berliner Exemplar eine fabrikmäßige Copie zu sein scheint.

Dieß scheint nun ganz besonders der Platz zu bestätigen, woher das Museum in Wiesbaden seinen Tisch erhalten hat. Der in Berlin ist von einem Tapezierer in Baden-Baden angekauft worden. Der in Wiesbaden aber stammt aus der Martinsburg in Mainz, einem durch Diether von Isenburg 1478 gegründeten, 1555 erneuerten burgartigen Schloßbau der dortigen Kurfürsten, welcher zwischen dem jetzigen alten Schloß und dem Rhein lag und 1807 demolirt wurde. Der Tisch scheint also aus dem Nachlaß des Kurfürsten Albrecht herzurühren, und für diesen hatte ja Beham ebenfalls den Tisch im Louvre gemalt.*)

---

*) Woltmann, Holbein, erste Auflage I. 215 sagt, auf dem Berliner

VI. Museum zu Cassel: Viereckiger, dem Quadrat sich nähernder Tisch (etwas über 4′ auf etwas über 3½′), vortrefflich erhalten, vom Jahr 1533. Hier weichen die Gegenstände von allem Bisherigen ab. Es ist eine symbolische Zusammenstellung von 7 Planeten, 7 Wochentagen, 7 Metallen, 7 Farben, 7 Tugenden und 7 Künsten. Die Haupt-Inschrift lautet:

> Ain ieder mörck mit vleyß hierbei
> Siben farben und kunsten frey
> Siben zaichen unnd metall
> Siben tag der wochen all
> Siben tugenden die sent gut
> Wee dem der dzeit on nuz verthut.

Im Centrum steht auf blauem Feld die Sonne und schießt ihre Strahlen durch die Planeten und ihre Zeichen. Die vier Ränder haben als Hintergrund reiche Berglandschaften, und in diesen Landschaften sitzen die Figuren der sieben Künste, denen als Achter der Astronom Ptolemäus beigegeben ist. Die Zusammenstellung des Einzelnen zeigt die folgende Tafel:

Gelb: Sonne — Sonntag — Gold — Hoffnung — Dialektik.
Weiß: Mond — Montag — Silber — Glaube — Rhetorik.
Roth: Mars — Dienstag — Kupfer — Stärke — Arithmetik.
Grau: Mercur — Mittwoch — Quecksilber — Liebe — Logik.
Blau: Jupiter — Donnerstag — Zinn — Gerechtigkeit — Geometrie.
Grün: Venus — Freitag — Blei — „Miltigkeit" — Musik.
Schwarz: Saturn — Sonnabend — Eisen — „Fürsichtigkeit" — Astronomie.

Die weiblichen Figuren, jedesmal in die zugehörige Farbe gekleidet, sind meist sehr schön, besonders anziehend aber die Landschaften. Sie schließen alle mit Felsengebirgen, und hinter der Geometrie erscheinen Schneeberge. Vor dem Ptolemäus spielen nette Häschen, man sieht auch Seen mit Reihern, andere Partien

---

Tisch stehe die Jahreszahl 1530. Schon dieß würde dann genügen, um darzuthun, wie leichtsinnig der Wiesbadener Katalog die dortige Platte dem Jan Brueghel zuschreibt.

sind durch Jagden oder zierliche Gruppen von Vögelchen belebt. Die Trachten sind entschieden oberdeutsch oder schweizerisch. Oberdeutsch ist auch die Orthographie der zahlreichen Beischriften, und es weist also auch dieser Tisch auf die Gegend hin, aus der sie alle herzustammen scheinen. Auf einem Täfelchen, welches ein nackter Knabe der Logik hinreicht, stehen die Worte: Asmus Stedelin 1533. Ich glaube aber nicht, daß wir darum die deutsche Kunstgeschichte mit einem neuen Namen vermehren dürfen; es scheint dieß vielmehr der Name des Gelehrten, der sich diesen Tisch malen ließ und dem Künstler die seltsame Schrulle dieser Composition angab.

VIII. Nur um vollständig zu sein, gedenke ich noch einer verzierten Tischplatte im Neuen Museum zu Berlin, die aber der Anlage und der Zeit nach ganz aus unserem Kreise herausfällt. Es ist ein achteckiger Tisch von hartem polirten Holz. Zwischen Einlagen von Bergkrystall sind Miniaturen auf Pergament eingesetzt, welche Bilder aus Raffael's Loggien und daneben Michel Angelo's Propheten und Sibyllen aus der Sistina copiren. Das Ganze ist also eigentlich nur ein geschmackloser Rahmen um die kleinen Bildchen und möchte später als das 16. Jahrhundert zu setzen sein. Ich lasse daher diesen Tisch aus den folgenden Bemerkungen ganz herausfallen.

Man sieht, die Zahl dieser charakteristischen Werke der Malerei ist nicht mehr groß. Von italienischen Brautkastenbildern habe ich 27 zusammenstellen können, mehrere von 2—3 Nummern, welche Folgen Einer Geschichte bilden. Von Tischen finde ich nur die vorstehenden sieben, und schwerlich hat es auch je viel derselben gegeben.*) Zwei scheinen von einem Erzbischof von Mainz bestellt, ein anderer gehörte einer Baseler Patricierfamilie, ein vierter einem wahrscheinlich wohlhabenden Pedanten. Während in Florenz und Venedig jeder Bürger für eine Hochzeit in der Familie dem

---

*) Lucas Cranach hat für seinen Kurfürsten im Jahr 1539 ein Tischbrett für eine Schreibstube bemalt, aber der geringe Preis von 5 Gulden beweist, daß es höchstens Ornamente enthielt. Für eine „Schiffjagd" rechnete er anderswo 20 Gulden. Schuchardt's Cranach, I. 122 und 157.

Maler etwas zu verdienen giebt, hatten die Deutschen für solche Aufträge kein Geld übrig. Hat doch auch Dürer in einem langen Leben für Oelbilder in Deutschland nur ein paar Bestellungen, vom Rath der reichen Reichsstadt Nürnberg aber, deren Stolz er war, nie einen einzigen Auftrag erhalten, so daß seine Mutter mit den Kupferstichen und Holzschnitten des Sohnes bei Jahrmärkten offene Bude hielt!

In Folge dieser Armseligkeit unseres Adels, unserer Stadträthe, unserer Handels- und Bankherren hat die Mode dieser Tische auch nicht lange geblüht. Die beiden ältesten, der im Hôtel Cluny und der in Wien, mögen noch in's 15. Jahrhundert zurückgehen; mit dem in Cassel von 1533 und dem von Beham von 1534 schließt bereits die chronologische Reihe.

Man muß dann freilich auch bedenken, daß ein gemalter Tisch eigentlich unzweckmäßig ist, wie ein jedes Möbel, das man so sehr schonen müßte, daß man es eigentlich gar nicht gebrauchen dürfte. Es ist ein Luxusgegenstand für eine Putzstube, und eine bürgerliche Familie mit Kindern, in mäßig großen Räumen, hatte keine rechte Verwendung dafür und kaum einen sichern Platz zum Aufstellen.

In den Schlössern vornehmer Herren mögen solche Tische denn eine Bestimmung gehabt haben, wobei sie wenig abgenutzt wurden. Darüber kann man freilich nur Vermuthungen aufstellen. Die der Quadratform sich nähernden waren sicher nicht zu gewöhnlichem Gebrauch bestimmt, da sie außer dem Holbeintisch alle wohl erhalten und nicht zerkratzt sind. Es waren Ziermöbel, die wir uns etwa wie die Tafel aus der Martinsburg in einer Fensternische sicher aufgestellt denken, welche in die dicken Schloßmauern eingeschnitten war. Bedenkt man jedoch die Quadratform und die Art, wie die Bilder auf allen diesen Tischen stehen, nämlich daß auf jeder Seite man eins derselben aufrecht vor sich hat, so muß man annehmen, daß sie grade für vier Personen zum Daransitzen bestimmt waren. Ich halte sie deshalb für Spieltische zum Kartenspiel, und dieß wird auch dadurch unterstützt, daß auf dem Holbeintisch wirklich ein paar Karten aufgemalt sind.

Diese Tischplatten weisen sämmtlich auf süddeutsche Werkstätten; in Basel hat Holbein die seinige gemalt. Bei dem Casseler

Tisch ist der Besteller zwar ein Norddeutscher gewesen, da sein Vorname Asmus, welcher eine lateinische Uebersetzung von Gerhard ist, und die Endung seines Familiennamens Stedelin nach Süddeutschland nicht passen. Aber der Maler dieses Tisches wird durch die Orthographie der Beischriften ebenfalls als ein Süddeutscher erwiesen.

Das Wichtigste bleibt immer die Wahl der Gegenstände.

Ein Nonnenkloster, ein geistlicher Fürst mochten sich die Passion und die Geschichte David's auswählen; doch sind ja auch diese beiden Darstellungen mit weltlicher Lust gewürzt. Wo aber Holbein und Beham selbst ihre Stoffe wählen dürfen, da greifen sie, wie sie auch sonst thun, in's volle wirkliche Leben hinein und schildern Genrescenen mit Lustbarkeiten der höhern Stände, der Bürger und Bauern. In Italien malt man auf die Ziermöbel mythologische Scenen und manchmal ein romantisches Novellenbild aus einem italienischen Poeten, im Norden das wirkliche Leben und dessen sinnliche Lustigkeit.

Das erinnert uns sogleich daran, wie in Italien auch der Kupferstich ein Jahrhundert lang fast ganz an religiöse oder doch ideale Gegenstände sich hält, während in Deutschland schon der Meister E. S. neben den Helgen das Gelage von Männern und Weibern mit dem Narren und der ihn anlockenden Frau, Martin Schongauer die sich prügelnden Goldschmiedslehrjungen und den Ritt auf den Markt, Israel von Meckenen den Priester in Kupferstich ausführt, der ein Weib anpackt, daß das Spinnrad dabei zu Schaden kommt.

Neben den Genrestücken des Quinten Matsys, welche aber satyrischen und socialistischen Inhalt haben, sind die bemalten Tischplatten gradezu die frühsten in Oel ausgeführten Genrestücke aus dem wirklichen Volksleben und brechen damit eine neue Bahn in der Kunst. Verwandt damit sind die Zeichnungen und Holzschnitte der Schweizer Urs Graf und Nikolaus Manuel aus dem Leben der Lanzknechte und ihrer üppigen Dirnen. In Deutschland und der Schweiz, und nicht zuerst in den Niederlanden, ist diejenige Gattung von Gegenständen aufgekommen, die man jetzt die niederländische zu nennen pflegt.

X. Bemalte Tischplatten.

Freilich, in Deutschland ging seit dem Bauernkrieg das fröhliche Volksleben langsam in die Brüche; die Religionskriege und dann der Druck des absolutistischen Kleinfürstenthums tilgte die Wehrhaftigkeit und damit die mannhafte Lebensfreude des Bauernstandes, und die Städte versanken in's Philisterthum. In den Niederlanden dagegen stieg durch einen siegreichen Kampf für die Unabhängigkeit auch der gemeine Mann, und jene Gattung konnte also hier Wurzel schlagen und herrlich fortblühen.

Man nahm dort in der That zuerst grade die Gegenstände auf, die wir auf den Tischen des Holbein und des Beham gefunden haben. Von Hans Bol giebt es eine Folge von 6 Kupferstichen in Runden mit ländlichen Lustbarkeiten: Hochzeit — Kirmestanz im Dorfe — Jagd — vornehme Gesellschaft in Kähnen fahrend — Eislauf — Bauernprügelei vor dem Wirthshaus, also so ziemlich, was wir auch dort gefunden haben.*) Besonders aber war es Pieter Brueghel der ältere (der sogenannte Bauernbrueghel), welcher sich die lustigen Bauern auf's Korn nahm, Bauernhochzeiten selbst als lachender Gast mitmachte und jene drolligen Bilder schuf, die selbst, wenn sie biblische Geschichten vorführen, wie seine Kreuzschleppung im Belvedere zu Wien, uns thatsächlich unter niederländische Bauern und Gassenbuben versetzen. Dabei darf man aber nicht vergessen, daß dieser Brueghel erst 1510, Hans Bol aber erst 1534 geboren ist, letzterer also grade in dem Jahr, als in Deutschland die letzte datirte Tischplatte gemalt wurde. Wie später Terburgh, Metsu und die andern Novellenmaler die höhern und mittleren Stände darstellten, wie Teniers, Brouwer, Jan Steen Bürger und Bauern in ihrer Lebenslust photographirt haben, so hat bei uns, wo damals der dreißigjährige Krieg Alles verwilderte, freilich kein Meister mehr schaffen können. Den Anfang aber mit diesem Griff in's wirkliche Leben haben die Deutschen und die Schweizer gemacht, und neben Handzeichnungen, Holzschnitten und Kupferstichen sind jene bemalten Tischplatten die frühesten Versuche einer neuen und fruchtbaren Gattung der modernen Malerei.

---

*) Van der Kellen, P.-Graveur 85, Nr. 19—24. Wessely, Beschreibung des Berliner Kupferstichcabinets, Nr. 947.

XI.

Wenceslaus Hollar der Kupferstecher.

Im Allgemeinen sind die Meister des Kupferstichs nicht durch ihr Leben interessant. Um jeden Maler nach seinem Stil stechen zu können, rechnet ein Mann des Fachs zwanzig Jahre Schule. Zu vieler Bewegung und reichem Abenteuer bleibt ihm also in dem kurzen Menschenleben keine Muße. Außerdem aber gehört zu dieser Kunst eine ruhige Seele, viel Geduld und stiller Fleiß; und Menschen mit diesen Eigenschaften sind nicht angelegt zu starker Bewegung und äußerer Bewährung der Thatkraft.

Hiervon macht Hollar eine Ausnahme. Er kam in eine Zeit großer Aufregung. Der dreißigjährige Krieg, dann die Revolution in England haben ihn viel herumgeworfen; sein Leben ist an Abenteuern und Schicksalen reicher als das der meisten Genossen seiner Kunst. Darin gleicht er seinem etwas ältern Zeitgenossen, dem Lothringer Callot.

Ueber sein Leben und seine Werke haben wir zwei gute Schriften. Im Jahr 1745 gab der Kupferstecher George Vertue, Mitglied der Society of Antiquaries in London, einen Katalog seiner Stiche mit Benutzung der größten Hollarsammlungen Englands heraus, der 1759 in zweiter vermehrter Auflage erschien. Diesem ist eine ziemlich ausführliche Lebensbeschreibung angehängt. Vertue konnte noch aus der mündlichen Ueberlieferung hierfür Nachrichten sammeln, da Hollar bei Erscheinen des Buches erst 68 Jahre todt war und seine zweite Frau ihn überlebt hatte. Der englische Biograph hat noch einen Zeugen gekannt, welcher bei Hollar's Begräbniß zugegen war, und so konnte er aus den Sterberegistern der Kirche, auf deren Friedhof die Asche des Künstlers ruht, zum ersten Mal Jahr und Tag seiner Beerdigung authentisch feststellen.*)

Das zweite Buch ist das Werk des ältern Dr. Parthey in Berlin, der mit Hülfe seines Sohnes, des jüngern Dr. Parthey, ein sehr gründliches beschreibendes Verzeichniß der Hollar'schen Kupferstiche gegeben hat. Auch hier geht ein kurzes Leben vorauf; ein längeres, das dort aus einer andern Feder verheißen wird, ist, scheint es, niemals erschienen.**)

Von Hollar selbst ist keine Zeile Geschriebenes als Document seines Lebens übrig — nicht einmal ein Brief, keine Tagebuchnotiz. Das Einzige, was Vertue finden konnte, war eine Anweisung zur Bereitung eines guten Aetzfirnisses. Die Thätigkeit seiner Hand scheint sich ganz auf seine Platten concentrirt zu haben.***)

Unter diesen Umständen ist es wichtig, daß wir eine authentische, ohne Zweifel von ihm selbst herrührende gestochene Notiz über die erste Hälfte seines Lebens besitzen.

Im Jahr 1648, als Holbein in Antwerpen bereits vier Jahre

---

*) George Vertue, a description of the Works of the Ingenuous Delineator and Engraver Wenceslaus Hollar, disposed into Classes of different Sorts, with some Account of His Life. London. 4⁰. 1745. 2. Aufl. 1759.

**) Gustav Parthey, Wenzel Hollar. Beschreibendes Verzeichniß seiner Kupferstiche, Berlin 1853. Ein Nachtrag, der einen schon früher erschienenen Nachtrag in sich aufnimmt und ergänzt, 1858. Abermals Zusätze desselben Verfassers mit noch einigen neu aufgefundenen Blättern in Naumann's Archiv XII. 189—91. Dazu noch die Aufsätze von J. F. Linck: „Wenzel Hollar als Schriftätzer", Naumann I, 64—66, und von August Sollmann: „Die Hollarsammlung auf der Veste Coburg", Naumann XI, 232 f.

***) Vertue, in der 2. Aufl., bei Hollar's Leben. Eines einzigen Briefs oder Briefconceptes in Hollar's eigner Handschrift geschieht Erwähnung; im Cabinet Winckler befand sich ein Exemplar der Königin von Saba nach Holbein (Parthey 74), auf dessen Rückseite ein Brief an den Fähndrich van der Borcht in Frankfurt stand. Leider ist dieser nie gedruckt worden. Katalog Winckler I. S. 378, Nr. 2283.

sich aufgehalten, gab Jan Meyssens, selbst Maler und Zeichner, ein Buch heraus, enthaltend die Bildnisse der berühmtesten lebenden oder kürzlich verstorbenen Künstler. Unter diesen befindet sich auch Hollar, von Meyssens gezeichnet, von Hollar selbst radirt (Parthey 1419). Es ist das schönste seiner eigenhändigen Selbstbildnisse. Der Künstler steht im Brustbild an einem offnen Fenster, in der Hand eine Kupferplatte mit der h. Katharina nach Raffael. Auf einem Tisch neben ihm sieht man Kupferstechergeräth, links oben in der Ecke sein Familienwappen. Unter dem Bild steht auf Französisch Folgendes:

„W. H., 1607 zu Prag von Adel geboren, war von Natur sehr geneigt für die Kunst der Miniatur, besonders für Illuminiren, wurde aber durch seinen Vater sehr davon zurückgehalten. 1627 reiste er von Prag fort, verweilte an mehreren Orten Deutschlands und widmete sich eine kurze Zeit dem Illuminiren und der Anwendung des Scheidewassers. Von Köln reiste er mit dem Grafen von Arundel nach Wien und von da über Prag nach England, wo er ein Hofbedienter des Herzogs von York gewesen ist. Von da zog er sich wegen des Krieges nach Antwerpen zurück, wo er jetzt noch wohnt. Je. Meyssens pinxit et excudit." *)

---

*) „W. H. Gentilhomme ne a Prage l'an 1607. a esté de nature fort inclin p^r l'art de meniature principalement a esclaircir, mais beaucoup retardé par son pere, l'an 1627, il est party de Prage ayant demeuré en divers lieux en Allemaigne, il cest addonne pour peu de temps a esclaircir et aplicquer leau forte, estant party de Cologne avec le Comte d'Arondel vers Vienne et dillec par Prage vers l'Angleterre, où ayant été serviteur domestique du Duc de Jorck, il s'est retiré de la a cause de la guerre a Anvers ou il reside encores. Je. Meyssens pinxit et excudit." Das hier zweimal vorkommende Wort esclaircir hat noch Niemand zu erklären versucht. Auch Vertue wußte den Sinn nicht mehr, denn er läßt es in seiner englischen Uebersetzung einfach aus. Mit keiner der bekannten Bedeutungen von éclaircir will es stimmen. Hollar lebte damals in Antwerpen und mochte dort die termini technici seiner Umgebung annehmen. Ich halte esclaircir für eine wörtliche Uebersetzung des niederländischen „verlichten", welches man heut noch für „illuminiren" braucht. „Verlichterye" kommt beim Van Mander mehrmals für Miniaturmalerei vor, z. B. im Leben des Holbein. Diese Uebersetzung des Wortes wird nebenbei auch durch die Notiz bei Sandrart bestätigt, daß Hollar in der Jugend die Miniatur erlernt habe, „worinnen

Diese wenigen, aber weil sie authentisch sind wichtigen An=
gaben können wir nun mit manchen Einzelheiten vermehren.

Man rechnet Hollar gern zur deutschen Schule des Kupfer=
stichs. Dieß ist nicht correct. Er hat zwar bei einem deutschen,
oder vielmehr einem schweizerischen Meister gelernt, auch beinahe
zehn Jahre in deutschen Städten gearbeitet; aber die längste Zeit
seines Lebens war er auswärts, in England, Antwerpen, und er
selbst nennt sich, wo er auf seinen Stichen das Vaterland angiebt,
consequent Bohemus.

Vertue erzählt, er sei als Sohn eines guten Hauses für die
Rechtsgelehrsamkeit bestimmt gewesen, aber die Familie habe in
der Partei gegen die Habsburger gestanden, und in Folge der
Schlacht auf dem Weißen Berge (1620), wo der protestantische
Kronprätendent Friedrich von der Pfalz das Spiel verlor, sei die=
selbe vollständig verarmt. Dieß ist in alle Lebensbeschreibungen
übergegangen; es ist aber falsch. Ein Aufsatz von Joh. Wuffin
über „das Hollar'sche Haus in Prag" (Naumann, Archiv X,
363—69) stellt nach Forschungen geborner Böhmen einige Nach=
richten zusammen, welche grade das Umgekehrte darthun.

Das Haus, worin Hollar geboren wurde und dessen Stätte
noch nachweisbar, lag in der Neustadt von Prag; seine Familie
hatte es zwei Jahre vor seiner Geburt tauschweis für ein anderes
Haus erworben. Der Vater, Johann Hollar von Prachna, war
Kämmerling bei der königlichen Landtafel am Prager Schloß.
Kaiser Rudolf II. hatte ihm und seinem Bruder 1600 einen
Wappenbrief mit dem Recht verliehen, den Titel von Prachna und
als Wappen einen Berg im blauen Felde, zu beiden Seiten je
eine gelbe Lilie, zu führen. Verheiratet mit Margaretha, Tochter
des gleichfalls adligen Bürgers von Prag Daniel Löw von Löwen=
grün und Bareyt, hatte er von ihr drei Söhne, Wenzel, Nikolaus
und Johann. Vater Hollar diente auch dem Kaiserhause, und
zwar in höhern Stellungen, noch unter Mathias und Ferdinand II.
Er starb 1630. Als nun der älteste Sohn, unser Kupferstecher,

---

er dann auch sehr wol befördert worden, und darinnen treflichen Progreß
genommen." Teutsche Akademie I. 2. S. 363.

1636 mit dem Grafen Arundel am kaiserlichen Hof verweilte, bat er für sich und seine beiden Brüder den Kaiser Ferdinand II. um Vereinigung der beiden älterlichen Wappen, welches ihm dieser auch in demselben Jahr unter dem Titel Prachenberger von Löwengrün und Bareith bewilligte. Das Wappen der Mutter waren zwei aus Sternen aufspringende Hirsche auf Blau, gekreuzt mit zwei schreitenden Löwen. Auf einem seiner Selbstportraits (Parthey 1420) hat er im ersten Abdruck dieß Wappen, auf dem zweiten den väterlichen Berg mit zwei Lilien angebracht; ein anderer Stich zeigt letzteren als Herzschild ins Wappen der Mutter gesetzt, und mehrmals hat er sich a Lewengrun et Bareyt unterzeichnet.

Weit entfernt also ein protestantischer Rebell gewesen zu sein, setzt Hollar die Anhänglichkeit seines Hauses an die Habsburger fort, und schließt sich auch in England an den katholischen Herzog von York, den spätern Jacob II. an. Fanatisch mag er nie gewesen sein, denn man hat von seiner Hand eine Folge von 16 Blättern, angeblich nach Holbein, eine satyrische Passion, wo die Verfolger Christi Mönche und Cardinäle sind (Parthey 116—131), obwohl bei dieser Serie doch nicht sicher ist, daß er sie gestochen hat. Aber Katholik ist er wohl von Geburt gewesen, wenn sein Vater unter dem Glaubenseiferer Ferdinand im Amt bleiben konnte. Daß er auch als Katholik gestorben, wie Parthey kurzweg sagt, ist wahrscheinlich, aber ein Beweis liegt schwerlich vor.

Noch in Böhmen machte Hollar seine frühesten Arbeiten. Prag war zur Zeit seiner Geburt eine glänzende Kunststadt. Kaiser Rudolf II. hatte dort am Anfang des 17. Jahrhunderts jene glänzende Sammlung von Gemälden, Antiken und Arbeiten des Kunstgewerbes zusammengebracht, welche damals schwerlich von irgend einer andern fürstlichen Gallerie überboten wurde. Unter diesen Schätzen wuchs Hollar auf. Zwar war Rudolf 1612 gestorben, aber die Kunstkammer blieb in Prag und wurde erst am Ende des dreißigjährigen Kriegs von den Schweden geplündert. Zahlreiche Maler und Kupferstecher, wie Bartholomäus Spranger, Joseph Heinz von Bern, Johann von Achen, Georg Hoefnaghel, Roelant Savary, Egidius Sadeler lebten in hohen Ehren an Rudolf's Hof. Daß Hollar in Prag auf den Gedanken verfiel, ein Künstler zu werden, erklärt sich leicht. In der That begann er noch im Vaterhause seine Arbeiten. Nach Dürer copirte er zwei von dessen in Kupfer gestochenen Madonnen, nach Aldegrever die Fortuna auf der Kugel. Das erste Gemälde, das er zeichnete und stach, wählte er aus seiner nächsten Umgebung: es war eine Maria mit dem Kind, welchem der kleine Johannes ein Kreuzchen überreicht, von Joseph Heinz. Diese vier Blätter hat er vom 18. bis zum 20. Jahr gemacht. Sie sind außerordentlich selten, es sind alles kleine Stücke, und sie sollen unbedeutend sein. Ueber das Dilettiren eines jungen Menschen ist er in Prag noch nicht hinausgekommen.*)

In demselben Jahr 1627 aber reiste er, wie er selbst in jener biographischen Notiz uns sagt, nach Deutschland. Er ging zu dem großen Prospectzeichner Matthäus Merian und wird, unter Führung eines ordentlichen Meisters, seine Studien von Grund aus neu angefangen haben. Es ist hiefür merkwürdig, daß aus dem nächsten Jahr 1628 kein einziges datirtes Blatt von ihm existirt. Diese Lehrzeit möchte nach Frankfurt fallen, wo Merian schon zu jener Zeit scheint gewohnt zu haben. In den Jahren 1628 und 29 machte Hollar Ausflüge nach Schwaben, wo er eine Vedute bei Canstatt (P. 757) und eine Architektur bei Eßlingen (P. 759) in sein Skizzenbuch zeichnete. Alsdann hat er in mehreren rheinischen Städten gearbeitet. Zuerst in Straßburg, von welcher Stadt er bereits 1629 und 1630 Veduten zeichnete und später im Stich herausgab, z. B. die vier Jahreszeiten durch vier Verkehrsstellen in Straßburg dargestellt (P. 622—25) und das Blatt vom Straßburger Münster sammt der berühmten Uhr (P. 893) mit unzähligen Figürchen auf dem freien Platz davor, das er später in Antwerpen noch einmal größer und mit Veränderungen stach (P. 892). Dieß erste Blatt trägt die Jahreszahl 1630 und ist noch sehr hart in Wiedergabe der Architektur, was auch für diese

---

*) Auf der einen Madonna nach Dürer (P. 132) steht Hollar's verschlungene Namenschiffre und die Jahreszahl 1625; dieß ist sein frühestes bekanntes Blatt. Auf der zweiten (P. 132a) steht 1626 und sein voller Name. Auf der Fortuna nach Aldegrever (P. 457) die Chiffre mit 1626, und auf der h. Familie nach Heinz (P. 133) wieder der volle Name mit 1627.

frühe Zeit spricht. In Straßburg publicirte er auch die Abbildung eines Elephanten, der 1629 durch Europa zog, und auf demselben Blatt dessen Kunststücke (P. 2119). Mit solchen Gelegenheitsbildchen machten schon seit Dürer's Tagen die Kupferstecher oft ihre besten Geschäfte.

Hollar hatte die Gewohnheit, alles, was ihm vorkam, in sein Skizzenbuch zu zeichnen, und zwar besonders gern, wie sein Lehrer Merian, Städteansichten, entweder ganz klein oder friesförmig nach Art eines Panoramas, wobei er besonders die Hauptgebäude hervorhob. Von diesen Skizzen haben sich einzelne erhalten; sie sind durch Feinheit, besonders aber durch Treue ausgezeichnet. „Seine Ansichten und Landschaften," sagt Parthey (Vorrede S. IX), „haben das große Verdienst, daß sie die Wirklichkeit ohne alle verschönernde Zuthaten darstellen. Es fällt ihm nicht ein, zu einem interessanten Mittel= und Hintergrund einen ähnlichen Vorgrund zu componiren, oder durch geschickt angebrachte Felsen und Bäume einen mißliebigen Theil des Hintergrundes zu verdecken. Er giebt die Ansichten grade so, wie sie mit allen Zufälligkeiten des Terrains von seinem jedesmaligen Standpunkte aus sich ihm darbieten. Jeder geflickte Bretterzaun, jedes zerbröckelte Mauerstück, jedes unscheinbare Pfahlwerk am Ufer, jede langweilige Sanddüne — alles wird nach der Wahrheit abgebildet, ohne etwas dazu oder davon zu thun. Deßhalb fühlt man sich in seinen kleinen und großen Landschaften so heimisch, weil die ungeschminkte Natur uns aus ihnen auf das lebendigste entgegentritt. . . . Seine Ansichten haben sogar einen historischen Werth, weil man sicher sein kann, daß damals auch nicht ein Stein anders gelegen hat, als er ihn darstellt."

Zahllose kleine Veduten dieser Art, besonders vom Rhein, hat er damals und auch noch später aus diesen Skizzenbüchern entnommen, um sie zu radiren. Man sieht darin den Unterricht Merian's, der ja in gleicher Weise vorwaltend ein topographischer Stecher war; aber Hollar führt die Nadel schon früh mit mehr Geist, und besonders die Hintergründe sind oft von ganz silberner Zartheit. Auch in England hat er hernach die Ausführung solcher Landschäftchen aus der dortigen reizenden Natur mit Liebe fortgesetzt.

XI. Wenceslaus Hollar der Kupferstecher.

Unter den damaligen Verhältnissen, wo in Deutschland der dreißigjährige Krieg wüthete, war Hollar in Gefahr, ähnlich wie Merian in handwerklichen Brotarbeiten sich zu verplempern. Da rettete ihn ein großer englischer Kunstfreund, Thomas Howard, Earl of Arundel. Freund des Rubens und des Van Dyck, hatte er doch auch vor dem seit hundert Jahren verstorbenen Holbein große Achtung; wir wissen aus Carel van Mander, daß er ihm in London ein Monument setzen wollte, aber das Grab war nicht mehr aufzufinden. Er sammelte aber, was er von Holbein's Handzeichnungen finden konnte, hatte auch sonst eine prächtige Collection von Zeichnungen aller Schulen und eine bedeutende Gemäldegallerie. Vertue nennt ihn (S. 123) den größten damals lebenden Sammler und Freund der Künste, und Rubens gab ihm das überschwengliche Lob, er sei für die Kunstwelt der Evangelist. Im Jahr 1636 unternahm Graf Arundel in specieller Mission des Cabinets von S. James eine Gesandtschaftsreise nach Wien. Karl I. that beim Kaiser Schritte, um die Herstellung der Pfalz zu Gunsten seines Schwagers, des Winterkönigs, zu bewirken. Dieß scheiterte damals; es gelang erst zwölf Jahre später, aber auch da nur zur Hälfte, indem die Oberpfalz bei Bayern verblieb. Hollar wurde mit dem Grafen in Köln bekannt, wohin er von Straßburg übergesiedelt war. Dieser nahm ihn mit, um für eine Beschreibung der Reise die Städte, die man besuchen wollte, zu zeichnen; denn was man jetzt den illustrirten Zeitungen überläßt, mußte damals in Form eines Buches mit Kupferstichen erscheinen. Diese Schrift über die Reise ist auch wirklich später erschienen. Man ging in weitem Umweg über Köln, Mainz, Nürnberg, Augsburg, Würzburg, Frankfurt nach Regensburg, wo man neun Tage am kaiserlichen Hof verweilte. Dann folgten drei Monate in Wien; die Rückreise, wie Hollar in jener biographischen Notiz sagt, ging über Prag. In Prag hat er bei diesem Aufenthalt vom Lorenzberg aus das große Panorama seiner schönen Vaterstadt gezeichnet, welches er 1649 zu Antwerpen auf drei Platten, zusammen von vierthalb Fuß Länge, im Stich herausgab (Parthey 880). Damals verfolgte Hollar am kaiserlichen Hof auch seine besondern Zwecke; es möchte ihm angedeutet worden sein, daß ein vollgültiger Adels=

titel ihm in England von Werth sein könne, und er erwarb einen solchen, wie oben erzählt worden ist. Anfangs 1637 kam er mit dem Gefolge Arundel's nach England und begann sofort wieder mit Prospecten: der große von Greenwich wurde bereits in diesem Jahr 1637 in der Zeichnung vollendet, obwohl er ihn erst viel später stach. Hier in London aber beginnt auch seine höhere künstlerische Thätigkeit in Stichen nach Zeichnungen und Gemälden der Sammlung Arundel. Es ging ihm auch sonst gut; er wurde Zeichenlehrer bei dem Prinzen von Wales, dem spätern König Karl II., und begann die großen Serien seiner Costümblätter.*)

Als verständiger Mann mußte er freilich bald einsehen, daß ein technischer Künstler, der für sein Brot arbeitete, der englischen Aristokratie gegenüber den besten continentalen Adel nicht aufrecht erhalten konnte. Während Callot oft bei Bezeichnungen seines Namens auf Kupferplatten seinen alten lothringischen Familien=adel geltend macht, hat Hollar den seinigen auf keinem in England gestochenen Blatt hervorgehoben. Nur auf seinem Antwerpner Selbstportrait (P. 1420) führt er die Wappen von Vater und Mutter und nennt sich Gentilhomme, und auf dem Stich der Belagerung von Landrecy, der 1648 ebenfalls in Antwerpen er=schien (P. 559a, Nachtrag S. 635), bezeichnet er sich mit den Worten „Nob. Bohem." als böhmischen Edelmann. Wiederum fügt er auf einem Hauptblatt der Antwerpner Zeit, der riesigen Ansicht von Prag (v. J. 1649), zu seinem Namen den vollen Titel seiner Familie a Lewengrun et Bareyt (P. 880). In den Niederlanden konnte ein Künstler schon damals wagen den Adel geltend zu machen.

Während seiner vielen Reisen hatte Hollar nicht bloß die Landschaften, sondern auch die Frauen studirt und zahlreiche Trachten=bilder nach der Natur gezeichnet. Jetzt in England angekommen, wo unter Karl V. die Mode bereits großen Luxus im Costüm

---

*) Vertue (Note zu S. 124) fand ein kleines Skizzenbuch mit Hollar'=schen Vorzeichnungen zum Elementarunterricht und Beischriften von seiner Hand, das auf den silbernen Krämpen die Krone mit den drei Federn, das Wappen des Prinzen von Wales, enthielt.

begünstigte, stach er diese Studienblätter, mit den englischen Trachten vermehrt, in großen Reihenfolgen. Schon im zweiten Jahr seines Londoner Aufenthalts begann er die 26 Platten des Ornatus Muliebris, dazu noch ein Titel, welche sämmtlich 1640 erschienen: es sind englische Costüme in ganzer Figur, die letzte Platte stellt die Küchenmagd dar.*) Alsdann kam 1643 sein Theatrum Mulierum heraus, welches 1644 in zweiter Ausgabe den gefälligeren Titel Aula Veneris (deutsch hätte man gesagt „Venus Hofstatt") trägt.**) Bei dieser zweiten Ausgabe sagt der Titel (Parthey, S. 407), die meisten habe H. selbst an den verschiedenen Orten nach dem Leben gezeichnet, andere aber seien nach Zeichnungen von andern Meistern. Es waren anfangs ohne den Titel 36 Platten, in spätern Ausgaben wurden sie bis auf hundert vermehrt. England, Irland, Frankreich, Italien, Spanien, Holland, Belgien und Böhmen gaben Modelle; in Deutschland, dem Reich ohne Hauptstadt, hat jede Provinz und Stadt, Westfalen, Köln, Frankfurt, die Pfalz, Franken, Hanau, Nürnberg, Oestreich, Straßburg ihre besondern Trachten. Aus der Schweiz sind Bern, Basel und Zürich vertreten. Außer Europa erscheinen unter andern noch eine Dame aus Algier, eine Maurin, eine Türkin und eine Griechin; den Beschluß macht eine fast nackte Indianerin aus Virginia. Es sind meistens Frauen höhern und mittleren Standes; von Köln und Straßburg fehlen wieder die Dienstmädchen nicht. Diese nur etwa viertehalb Zoll hohen, meist sehr artigen, auch in den Gesichtern oft hübschen Modefigürchen scheinen sehr gefallen zu haben, da schnell mehrere Auflagen nöthig wurden. Auch sind die Auflagen sicher stark gewesen, da man diese Blättchen oft in schwachen Abdrücken im Kunsthandel findet.

Die schönsten Costümfiguren dieser Art sind vier große Blätter mit englischen Frauentrachten in ganzer Figur, welche nach den

---

*) Parthey 1778—1803. Der vollständige Titel lautet: Ornatus Muliebris Anglicanus or The Severall Habits of English Women, from the Nobilitie to the country Woman, as they are in these times.

**) Parthey 1804—1907. Der volle Titel ist: Theatrum Mulierum sive Varietas atque Differentia Habituum Foeminei sexus diversarum Europae Nationum hodierno tempore vulgo in usu.

Moden der vier Jahreszeiten angezogen sind (P. 606—609). Es erinnert uns noch an die Sitte anständiger Frauen, wenn sie Shakspere's Theater besuchten, daß eine dieser Damen, welche den Winter vorstellt, eine schwarze Halbmaske vor dem Gesicht trägt. Diese vier Blätter findet man selten schön und bezahlt sie auf Auctionen theuer.*)

Neben dieser angenehmen Arbeit hat H. während der Zeit seines ersten englischen Aufenthalts eine Menge Portraits radirt. Diese Gattung ist in England auch in der Malerei stets sehr in Aufnahme gewesen, weil sie dort von der aristokratischen Tendenz unterstützt wird. Jeder Landedelmann aus alter Familie sucht die Bildnisse seiner Ahnen zu besitzen. So sind Holbein, Marc Gerraerts, Van Dyck, Lely und Kneller, alle Ausländer, in England in dieß Fach als in ihre beste Erwerbsthätigkeit gedrängt worden. Wir verdanken Hollar besonders die Erhaltung vieler Portraits von Holbein nach Gemälden und Zeichnungen in Arundel's Sammlung, welche er allein uns gerettet hat, da man die Originale nicht mehr findet. Demnächst stach er viel nach Van Dyck, der eben damals in London auf seiner glänzenden Höhe von Ruhm, Hofgunst und Geldmachen stand. Van Dyck aber, was Vertue ausdrücklich berichtet, schätzte Hollar's Arbeit nicht.**)

Warum nicht?

Hollar, der wie Alles auch die Portraits radirte, hatte für dieselben eine ähnliche Technik wie für die Landschaften. Er machte die Schatten mit vielen kleinen sich durchkreuzenden Strichen und legte an diese die Halbschatten mit feinen Punkten an. Dieß ist für größere Portraits eine kleinliche Manier. Van Dyck hatte für die berühmte Portraitsammlung, welche er herausgab, die brillantesten Meister des Grabstichels, den geistvollen Lucas Vorsterman (den Vater), den glänzenden Paul Pontius und viele andere zur Verfügung. Diese waren seine Landsleute; sie waren auch seine

---

*) Auf Bernhard Keller's (von Schaffhausen) Auction, 1871, stiegen diese vier Stücke, sehr schön, auf 70 Gulden.

**) Vertue im Leben Hollar's, S. 125 der ersten Ausgabe: „He could not obtain Vandyke's Recommendation, nor that of his Admirers."

Schulgenossen auf dem Atelier des Rubens gewesen, und man darf es nicht leugnen, sie trafen mit ihrer kraftvollen Technik den effectreichen Vortrag besser, der dem Van Dyck selber eigen war.

Wenn man des Grafen Arundel Bildniß nach Van Dyck, gestochen von Vorsterman, ansieht, und daneben denselben Mann von Hollar radirt, der ihn ja doch auch als Gönner verehrte, so tritt Hollar allerdings tief in Schatten.

Welch ein Gegensatz überhaupt zwischen dem brillanten Van Dyck und dem bescheidenen Hollar! Jener ein Bürgerssohn aus reicher Familie, der aber in England einen dort allgemein anerkannten Adelstitel erwarb und mit Lords wie ihres Gleichen verkehrte; dieser von Geburt adelig, aber arm und in England als Lohnarbeiter gezwungen den alten Familienadel zu verleugnen. Jener bürgert sich durch Heirat mit einer schottischen Dame von alter Familie in den hohen Kreisen noch fester ein; dieser holt sich aus dem Hause seines Patrons eine hübsche Zofe zur Frau. Wenn Van Dyck, nachdem er morgens einen Cavalier gemalt, ihn zu seiner fürstlichen Tafel einlädt, um beim Claret seine Züge schärfer zu studiren, schlingt Hollar rasch das Mittagbrot herunter, um während der knapp gemessenen acht Stunden des Londoner Nebeltags, die Sanduhr stets neben sich, auf die Platte vornübergeneigt, Verdauung und Auge zu ruiniren. Jenen besucht der König im Atelier, um schwere Staatssorgen zu verplaudern und darüber zu lachen, daß beide kein Geld haben, weil dem König die Soldaten, dem Maler die Maitressen zu viel kosten; Hollar aber schleicht inzwischen in den Palast und lehrt einen blasirten Jungen Köpfe zeichnen, der auch später als Mann an Kunst nur soweit Interesse hatte, als sein Lely ihm das Schlafzimmer in Hampton Court mit den üppigen französischen und englischen Schönheiten seines Serails anfüllt. Van Dyck's Flamme brannte im Sauerstoff des Lebensgenusses rasch aus, Hollar plagte sich an siebzig Jahren Leben; nur in Einem war ihr Loos dennoch gleich: beide ließen ihre Frauen in bitterer Armut zurück. Es ist schwer zu denken, daß der Aristokrat im Zenith seines Glanzes den ganz bürgerlichen Arbeiter hätte schätzen sollen — und Hollar mußte mehr als ein Mensch sein, wenn er dem Schooßkind des Glückes verzieh, daß

Genius und Persönlichkeit ihm mühelos eine Stellung gaben, die — das mußte er sich voraussagen — ihm selber ein doch auch ächtes Talent und der riesigste Fleiß nie gewähren würden!

Und doch giebt es wiederum Bildnisse Hollar's nach Van Dyck, worin er den besten Flandrern nicht nachsteht. Besonders wo es Eleganz und weiblichen Liebreiz galt. Ich gedenke vor Allem der verführerischen Mrs. Margaret Lemon, der ersten Favoritin des Van Dyck, eines gefährlichen Frauenzimmers, die ein Teufel von Eifersucht soll gewesen sein. Sie gerieth oft in Wuth über die schönen Damen der hohen englischen Aristokratie, denen Van Dyck gelegentlich die Cour machte, wenn sie ihm ohne Zeugen zu ihren Portraits saßen, und einmal versuchte sie dem Maler den Daumen der rechten Hand abzubeißen, damit er gar nicht mehr malen könne. Ich kenne wirklich kein Vorsterman'sches Portrait, das ich dieser Mrs. Lemon von Hollar vorzöge. Gewiß hat Van Dyck sie auch con amore gemalt. Sie steht in halber Figur nach rechts gewendet, in der Hand einen vollen Blumenstrauß, und blickt aus den vollen Locken kokett über die Schulter nach uns um. Hollar's Verdienst ist die feine Nuancirung von Schatten und Licht in dem sehr schönen Kopf. Auf diese verführerische Anmuth weicher Linien haben die flandrischen Stecher der Icones des Van Dyck sich nicht so gut verstanden: ihre Männer sind herrlich, in den Frauenköpfen aber scheinen sie mir dem Reiz ihrer Van Dyck'schen Originale weit nicht so nahe zu kommen.

So weit war Hollar's Leben immer noch glücklich und voll Erfolg gewesen. Er hatte das Kammermädchen der Gräfin Arundel, eine Miß Tracy, geheiratet. Ein von ihm 1625 radirtes Brustbild vom Rücken gesehen, ein hübscher Lockenkopf, und das Gegenstück, dieselbe Dame von vorn (Parthey 1716. 1717) gelten als Bildnisse dieser seiner ersten Frau. Eine Tochter aus dieser Ehe wird von einem Zeitgenossen als eine der ausbündigsten Schönheiten gerühmt;[*]) ein talentvoller Sohn schien als geschickter Zeichner der Erbe der väterlichen Begabung werden zu wollen.

Da brach der Bürgerkrieg aus. Hollar's Beschützer, der Graf

---

[*]) Parthey in H.'s Leben (vor dem Katalog) S. VII. Note.

von Arundel, wurde vertrieben, seine Schlösser verwüstet. Er flüchtete mit der Lady und dem ganzen Haushalt 1642 (oder 43) nach Antwerpen. Seine Sammlungen gelang es ihm zu retten und mitzuführen. Hollar blieb in England zurück.

Nun erzählt Vertue, er sei unter dem Marquis von Winchester und Oberst Robert Peake zu Basing-House in Hampshire in Kriegsdienste für den König getreten; dabei sei er gefangen worden, aber entschlüpft und nach Antwerpen geflüchtet.

Diese Thatsachen sind einfach falsch, und es ist leicht sie aus Jahreszahlen zu widerlegen.

Basing-House war ein befestigtes Schloß des Marquis von Winchester, und Robert Peake, früher Portraitmaler für den englischen Hof, den Karl I. in Oxford zum Ritter geschlagen hatte, commandirte die königlichen Truppen daselbst. Es ist ebenfalls richtig, daß Winchester und Peake nebst andern edeln Herren und vielen Schätzen in Cromwell's Hand fielen, als dieser den Londonern zu Liebe Basing-House stürmte, weil es ihre Handelsstraße nach Südwesten sperrte.*) Diese Kriegsthat aber fand am 14. October 1645 statt, und damals war Hollar längst in Antwerpen, vielleicht schon über ein Jahr.

An sich scheint der Charakter Hollar's solchen Abenteuern zu widerstreiten. Sagt er doch auch in jener kurzen Selbstbiographie ganz bescheiden, er sei serviteur domestique du duc de Jorck gewesen. Vermuthlich hat also Arundel, als er selbst das Land räumen mußte, seinen Schützling einem mächtigen Patron für eine Stelle in der Dienerschaft des prinzlichen Hofhaltes empfohlen. Aber auch diese Stelle hat er jedenfalls nicht lange behalten, sondern ist dem Grafen sehr bald in die Niederlande gefolgt. Im Jahr 1644 hat er noch zahlreiche Arbeiten in London gemacht, welche alle entweder mit London und der genannten Jahreszahl datirt, oder mit 1644 allein datirt, aber bei Londoner Verlegern erschienen sind.**) Daneben aber treten schon aus demselben

---

*) Pauli's Cromwell, in Gottschall's Plutarch, I. S. 116.
**) Als Beweis hiefür dienen u. A. zwei von den großen Damencostümen, welche Jahreszeiten vorstellen (P. 607. 608); die vier kleinen Jahreszeiten (bei dem Verleger Stent) (P. 614—17); eine Karte von England (P. 651);

Jahr 1644 Blätter von Hollar im Antwerpener Kunstverlag hervor: der Satyr beim Bauern nach Elzheimer (P. 424) bei François van den Wyngaerde; die niederländische Landschaft (P. 1242) bei Cornelis Galle, und, was die Frage ganz einfach entscheidet, drei von den für die Aula Veneris neu hinzugestochenen Frauentrachten haben die Aufschrift: W. Hollar fecit Antwerpiae 1644 (P. 1919. 20. 22). Hollar hat also in diesem Jahr schon ziemlich Vieles in Antwerpen gearbeitet, und da er auch in London das Jahr sehr fleißig gewesen, bliebe für einen dazwischen liegenden Feldzug kaum Zeit übrig.

Auf alle Fälle dürfte man nicht länger behaupten wollen, daß Hollar zur Sache der Stuarts bis auf den letzten Mann mit seinem Degen gestanden habe, da der bürgerliche Krieg sich noch bis zum 5. Mai 1646 fortzog, an welchem Tage Karl I. in's Lager der Schotten überging. Ich glaube daher, daß die ganze Geschichte von seinem Waffendienst als Freiwilliger und seiner Gefangenschaft ein Märchen ist, grade so gut, wie Vertue's Behauptung, seine Familie habe in Böhmen gegen die Habsburger Partei ergriffen.

Ohne Zweifel hat Hollar in Antwerpen sich anfangs wieder an den Grafen von Arundel angeschlossen. Bald aber verlor er diesen großmüthigen Schutz. Der Graf reiste um diese Zeit nach Italien, um seine Gesundheit wiederherzustellen, starb aber 1646 in Venedig.

Die Sammlungen hat Hollar noch eine Zeit lang benutzen können und noch Einiges daraus gestochen. Der Tod seines Gönners aber zwang ihn, in der fremden Stadt Brot zu suchen, und das war eben nicht leicht, indem Antwerpen damals genug vorzügliche Kupferstecher und Radirer zählte, welche fast alle aus

---

die Folge der kleinen Ansichten (P. 719—26); die Londoner Börse (P. 1036); die zweite Ausgabe der Aula Veneris (P. 1805), vgl. P. 1826 und 1861; der Dolch nach Holbein (P. 2596); das Titelblatt zu einer Apokalypse (P. 2685), und die Portraits des Calver (P. 1369, mit noch englischer Unterschrift), des Craenhals (P. 1381), des Van Dyck (P. 1393), des Marc Geeraerts (P. 1407), des Monck (P. 1469), des Rye (P. 1475), des Thompson (P. 1510), und des Colthurst (P. 1698).

Rubens' Atelier hervorgegangen, eine geschlossene Schule und folglich eine Cameradschaft bildeten. Es läßt sich erkennen, daß Hollar, um zu leben, jetzt mehr nach solchen Meistern stach, die dem niederländischen Geschmack entsprachen und zum Theil im Lande lebten. Nächst dem Deutschen Elzheimer treten die beiden Brueghel und der jüngere Teniers unter den Originalen auf, nach denen er arbeitete. Die große Bauernhochzeit nach Pieter Brueghel, wo im Hintergrund die gekrönte Braut sitzt, den Teller vor sich, um nach Landessitte von den Hochzeitsgästen die Zeche für den Schmaus einzucassiren, ist ein ächt niederländisches Bild aus der vollen Wirklichkeit (P. 597). Nach Augustin Braun stach er die sonderbare Anbetung der Könige im Schnee, wo die Scene aus dem heißen Orient in eine flandrische Scheune versetzt ist, und weil Weihnachten in den Winter fällt, das Gefolg in tiefem Schnee watend jämmerlich friert, während ganz vorn Einer sich nach Art eines Teniers'schen Bauern erleichtert (P. 97). Er copirte auch die vier Jahreszeiten in Bauernscenen nach Jan van de Velde (P. 618—21), wobei er auch die lustigen lateinischen Verse der Originalplatten wieder daruntersetzte; bei dem Winter bedeuten sie auf deutsch:

> Kommt auch der Winter mit Sturm und Regen,
> Förchten sich drum nicht die Bauern, die stolzen:
> Sie wärmen sich an des Herbstes Segen,
> Wobei sie einander auch waidlich holzen.*)

Unter die feinern Sachen aus dieser Zeit gehören die neun großen Waldlandschaften, nach Jacques d'Arthois radirt (P. 1205—13), welche die Jahreszahlen 1648—51 tragen und ihren Platz unter den gefälligsten Landschaftsbildern Hollar's nehmen. Eben so reizend sind die Spiele nackter Kinder nach Petrus van Avont (eins nach Rubens) in 30 Blättern, von 1646—54 datirt (P. 492—521). Um dieselbe Zeit (1647) zeichnete Hollar nach den Originalen die interessante Folge der holländischen Schiffe in 12 Platten, vom Kriegsschiff bis zum Marktboot herab (P. 1261—72). Im Jahr 1649 wurden zwei der feinsten Werke fertig, nämlich die

---

*) „Indomiti cum venit Hyems pluviosa coloni
Caedibus indulgent mutuis, Bacchoque calenti.

Kathedrale von Antwerpen (P. 824) und der Thurm von S. Romuald in Mecheln (P. 865). Im Ganzen scheint jedoch Hollar in Antwerpen nicht recht eingewurzelt zu sein. Als daher in England durch den Sieg der Republik die Zustände unter Cromwell sich befestigten, kehrte er 1652 nach London zurück. In Antwerpen hatte er acht Jahre gelebt.

In England aber wollte ihm ebenfalls das Glück nicht wohl. Als Karl II. 1660 als König zurückkehrte, dachte er an seinen alten Zeichenlehrer so wenig, als an so manchen Andern, der einst für seine Anhänglichkeit an das Haus Stuart gelitten hatte. Allerdings erhielt Hollar den Titel als königlicher Vedutenzeichner, Scenographus Regis, aber mit diesem unterzeichnet er sich nicht früher als 1672, und zwar zum ersten Mal auf dem Blatt von Lincoln Cathedral (P. 995), und es scheint nicht, daß mit dem Titel auch ein Gehalt verbunden war. Dem schon alternden Mann starb seine Frau, und im Jahr 1665 verlor er auch mit ungefähr 17 Jahren jenen talentvollen Sohn, der die Kunst des Vaters erlernt hatte und die Stütze seines Alters hätte werden mögen.*) Er verheiratete sich zum zweiten Mal und hatte auch aus dieser Ehe Kinder, die seine Sorgen noch vermehrten. Diese zweite Frau hat ihn überlebt. Mit jenem Jahr 1665 begann überhaupt Hollar's Bedrängniß, welche auch der eisernste Fleiß nicht ganz zu besiegen vermochte. Es war das Jahr der großen Londoner Pest, und ihm folgte schon 1666 ein noch schwereres Unglück, nämlich die Feuersbrunst, welche die ganze City in Asche legte. Diese beiden Ereignisse ruinirten den Kunsthandel, und Hollar mußte zu fabelhaft niedrigen Preisen arbeiten. Damals bezahlte ihm der Verleger Stent für zwei große Platten eines Prospectes von Greenwich (P. 977) im Ganzen dreißig Schilling. Diese Platten haben zusammen 31" 9''' Länge, auf 5" 6''' Höhe; der Quadratzoll Zeichnung und Radirung wurde also dem berühmten Manne mit dreißig Centimes bezahlt! Im Jahr 1818 ging ein

---

*) Vertue (S. 134 der I. Ausg.) bekam diese Nachricht und das Jahr von Jemandem, der mit Hollar noch in vertrauter Bekanntschaft gestanden hatte.

einziger Abdruck dieser Platten bei Tornelly's Auction bereits L. 2. 11 Sh., und jetzt würde man ihn doppelt so hoch bezahlen.

Unter diesen Umständen entschloß der Vielgereiste sich nochmals zu einer weiten und gefahrvollen Fahrt. Die Regierung schickte 1669 eine Expedition nach Tanger, der starken Festung an der maroccanischen Küste, welche 1662 als Mitgift mit Katharina von Braganza, der Gemalin Karl's II., an England gekommen war. Um die Stadt und die Forts aufzunehmen, ging Hollar als Scenographus Regis mit. Er zeichnete dort die 16 Ansichten von Tanger und eine von Tripoli (P. 1187—1198), welche er bald darauf im Stich erscheinen ließ. Andere Zeichnungen gab er der Beschreibung der Expedition durch John Ogilby (London 1670) als Illustrationen bei (Parthey S. 572). Die Expedition dauerte fast ein Jahr. Eine Begebenheit auf der Rückfahrt, im December 1669, ist uns durch einen dieser Hollar'schen Stiche erhalten (P. 1247), und eine ausführliche Erzählung, welche in vier Zeilen gewöhnlichen Buchdrucks darunter steht, giebt uns das Nähere.*)

„Im December 1669 trat Lord Henry Howard seine Rückreise nach England, mit Sicherheitsbriefen des Oberhaupts der Seeräuberstaaten versehen, an. Der Lord schiffte sein Gepäck und den größten Theil seines Gefolges ein, und das Schiff Maria Rosa, welches der Capitain Kempthorne commandirte, sollte längs der Barbaresken-Küste hinsegeln und ihn bei Salee erwarten, bis wohin er zu Lande mit funfzehn Begleitern zu reisen gedachte. Bei Arcilla traf das Schiff, worauf sich Hollar befand, einen Algierer, welcher ein englisches Fahrzeug gefangen hatte, und es gelang dem Capitain der Maria Rosa, seine Landsleute mit Gewalt aus der Gefangenschaft zu befreien. Durch diesen Kampf hatte sich aber die Ankunft der Maria Rosa verspätet, sie war den 3. December unter Segel gegangen, und traf erst den 12. Sonnabend Nachmittag bei Salee ein.

„Hier fanden sie eine englische Brigantine, welche von Tanger

---

*) Ich muß diese Stelle aus von Quandt's Entwurf zu einer Geschichte der Kupferstecherkunst S. 144 u. folg. abschreiben, da mir Hollar's Stich mit dem englischen Text darunter und Ogilby's Africa, jene Beschreibung der Expedition nach Tanger, hier in Zürich nicht zur Hand sind.

kam und die Nachricht brachte: daß die Barbaresken über den Vorfall bei Arcilla äußerst erzürnt wären, und gegen den ertheilten Rath, schleunigst alle Engländer an Bord zu nehmen und das Weite zu suchen, verweilte dennoch die Maria Rosa bis zum 18. des Monats, und wurde nun durch die Gewalt eines ausbrechenden Sturmes weit in's Meer hinein verschlagen und nach der spanischen Küste hingetrieben.

„Auf der Höhe von La Rotta trafen sie unglücklicher Weise auf sieben türkische Schiffe, von welchen sie heftig angegriffen wurden. Als sie fünf Lagen vom groben Geschütz der Feinde empfangen hatten, und das kleine Gewehrfeuer sie schon erreichte und viele auf dem Verdecke dahinstreckte, glaubten Alle verloren zu sein, bis zwei Lagen der Maria Rosa, gegen Wind und Wasser abgeschossen, das türkische Admiralsschiff, als so eben der türkische Befehlshaber es triumphirend besteigen wollte, so nachdrücklich trafen, daß das Hauptsegel des feindlichen Schiffs ganz zerrissen, und dieses überhaupt so zugerichtet wurde, daß die Angreifenden nun bloß darauf bedacht sein mußten, das prächtige zertrümmerte Gebäude zu retten. Diesen Augenblick der Bestürzung benutzten die Engländer, ihren Feinden zu entkommen, und es gelang ihnen noch glücklich genug, obwohl sie elf Todte und sieben schwer Verwundete zählten, und auch ihr Schiff auf das furchtbarste beschädigt war.

„Der englische Capitain lief, nach altem Stil, am 30. December 1669 in der Bai von Cadix ein."

Für all diese Mühe, Arbeit und Gefahr erhielt Hollar von der Regierung im Ganzen 100 Pfd. Sterling! Er mußte also um das bloße Leben buchstäblich im Tagelohn für Verleger arbeiten. Seine letzten Jahre sind daher vorzüglich auf Illustration von Büchern mit kleinen Kupferstichen verwandt worden. Schon 1665 hatte er die Kupfer zu Ogilby's China geliefert, Städte, Costümfiguren und Seltsamkeiten. Nach der Tangerfahrt hat er die Ansichten zur Beschreibung von englischen Grafschaften, Warwickshire von Dugdale und Nottinghamshire von Thoroton, gezeichnet und radirt, die ihn bis in's Jahr seines Todes beschäftigten. Er ist also damals auch noch in dem Westen und dem Norden Englands bis nach York und Edinburgh gekommen, und vielleicht waren es die vielen Reisen und der abwechselnde Aufenthalt als Zeichner in freier Luft, was ihm ein höheres Alter gewährte, als den Kupferstechern gewöhnlich gegönnt ist. Aber alles Arbeiten wollte nicht reichen. Sein englischer Biograph erzählt, er habe zuletzt in größter Armuth in Gardiners' Lane zu Westminster gewohnt, und seine Fahrhabe sei ihm durch Pfändung weggenommen worden; er habe sterbend gebeten, ihm nur noch sein Bett zu lassen bis er todt sei. Offen gesagt, ich halte diese Geschichte für übertrieben; wir haben schon ein paar Mal gefunden, daß Vertue stark einhaut. In England geräth Niemand so leicht auf's Pflaster, der einmal Geschäftsverbindungen hat und arbeiten kann, arbeiten will wie Hollar. Nur das steht aus den Arbeiten der letzten Jahre fest, daß er damals handwerklich arbeiten mußte und nicht mehr die Gegenstände mit der Liebe des Künstlers sich aussuchen konnte, wie in der schönen Zeit beim Grafen Arundel. Reich kann man freilich im Frohndienst von Verlegern nicht werden. So starb der fleißigste aller Sterblichen als ein armer Mann im Alter von 70 Jahren. Er wurde auf dem Kirchhof bei der Abtei von West= minster begraben, und aus dem Register von St. Margaret, welches die zur Abtei gehörige und heut noch bestehende Pfarrkirche ist, hat Vertue ermittelt, daß er am 28. März 1677 beerdigt worden ist.*)

Den künstlerischen Nachlaß Hollar's erwarb John Evelyn, ein berühmter Kunstfreund und Verfasser einer Geschichte des Kupfer= stichs. Ein andres großes Buch mit Werken von ihm verkaufte aber, wie Vertue berichtet, Hollar's Witwe noch später an einen andern berühmten Sammler, Sir Hans Sloane. Die Sammlungen desselben kamen bei seinem Tode 1753 durch Kauf an die Nation

---

*) Die Eintragung lautet: Wenceslaus Hollar buried 28th of March 1677. Gestorben wäre er nach Parthey am 25. März; ich finde aber für diese genaue Datirung des Tages keinen Beweis. Hollar muß während der letzten Lebensjahre auf dem Continent ganz verschollen sein, und es ist Vertue's Verdienst, den Ort und das Jahr seines Todes festgestellt zu haben. Sandrart, Teutsche Akademie, Band I. Theil I. S. 363, welcher Band 1675 erschien, läßt ihn damals, zwei Jahr vor seinem wirklichen Tod, und zwar zu Ant= werpen, bereits gestorben sein!

und bildeten eine der Grundlagen des britischen Museums. Wenn diese Hollarsammlung sich noch dabei befand, was ich nicht ermitteln kann, so müßte sie jetzt im Kupferstichcabinet (Print room) dieses Museums sich vorfinden.

Uebrigens wurde Hollar wegen des mannigfachen und belehrenden Inhalts seiner Stiche früh von Liebhabern gesammelt. Ein Graf von Oxford hatte vor 100 Jahren die vollständigste dieser Sammlungen, welche Vertue zu ordnen bekam, und diese ist es, auf der Vertue's Verzeichniß von etwas mehr als 1000 Blättern beruht. Gegenwärtig möchten die Privatsammlung der Königin in Windsor und die Sammlung auf der Veste Coburg den Meister am vollständigsten vertreten.

Die von Hollar gestochenen Selbstportraits zeigen einen wohlgebildeten Mann, von ernstem, sogar etwas trübsinnigem Ausdruck. Er trägt langes natürliches Haar, das in Locken auf den Schultern liegt und kürzer geschnitten tief über die Stirn hinabgeht. Den ganzen Hals bedeckt ein schön gestickter Kragen. Der Bart ist gestutzt, so daß ein ganz kleiner Schnurrbart und ein eben so kleines Bärtchen an der Unterlippe bleibt. Etwas Einfaches, Schlichtes und darum Vornehmes ist in der ganzen Erscheinung nicht zu verkennen. Er sieht äußerlich einem der „Cavaliere" aus Karl's I. Armee ähnlich.

Wenn man nun Hollar's Thätigkeit in seinem Fach als Kupferstecher würdigen will, so ist seine erste hervortretende Eigenschaft der Fleiß. Parthey's Katalog weist 2733 Blätter von ihm nach, unter denen viele den stattlichen Umfang eines Foliobogens erreichen. Dazu kommen noch zahlreiche Blätter, welche Parthey nicht selbst gesehen, sondern aus andern Katalogen genommen hat; diese sind ohne Nummerirung mit kleinerer Schrift zwischengedruckt. Parthey selbst brachte noch einen Nachtrag, einen zweiten von 41 Blättern August Sollmann; hierauf Parthey nochmals 8 neue Blätter. Hiermit ist aber Hollar's Werk immer noch nicht ganz erschöpft, denn es treten im Kunsthandel noch stets neue Blätter auf, welche die sämmtlichen Kataloge ausgelassen haben.*) In

---

*) Börner's Katalog seiner Auction vom 5. Oct. 1874, welcher besonders reich an Hollar war, bringt unter Nr. 1660 ein unbeschriebenes Blatt

runder Summe wird man getrost 3000 Blätter annehmen dürfen. Hollar hat von 1625—77 gearbeitet. Das giebt 52 Jahre, und auf's Jahr kommen fast 60 Stiche. In jeder Woche hat er durchschnittlich mehr als Eine Platte fertig gemacht!

Bei den spätern sehr handwerklichen Arbeiten für Illustration haben ihm allerdings mehrere Schüler geholfen, die er während seines zweiten Aufenthalts in London (1652—77) heranbildete. Vor dieser Zeit ist uns aber nicht bekannt, daß er in Deutschland, London oder Antwerpen Schüler gehabt hätte; und so sind gewiß alle seine Hauptwerke, die grade in jene frühere Zeit fallen, ganz von seiner eigenen Hand vollendet.

Hinzunehmen muß man, daß Hollar niemals Mühe scheute. Er wählte sehr oft Gegenstände, welche das Aeußerste von Detail verlangten. Seine Kathedrale von Antwerpen und der Abendmahlskelch nach Mantegna, aber auch manche der großen Panoramen, mit genauer Angabe aller einzelnen Gebäude, können hiefür als Beweise dienen. In solchem Fleiß und solcher Treue des Details kann man unter den großen Meistern nur noch Callot und della Bella mit ihm vergleichen.

Leichtsinnig und flüchtig hat überhaupt Hollar niemals gearbeitet. Natürlich sind die Brotarbeiten der letzten Jahre weniger gut. Sehr schwach sind zum Theil auch die fliegenden Blätter, welche Zeitbegebenheiten illustrirten und rasch nach den Ereignissen auf den Markt kommen mußten, wenn sie rentiren sollten. Nimmt man z. B. die beiden Platten von dem Staatsproceß gegen Strafford und von dessen Hinrichtung auf Tower Hill, so wird man in den kleinen Figuren sehr den Geist vermissen, womit Callot und della Bella sogar solche Gelegenheitsblätter noch auszustatten verstanden. Auch die Ansichten von Tanger, die ihm notorisch so schlecht be-

---

(101 mm. br., 74 mm. h.), welches rechts oben bezeichnet ist W. Hollar fec. 1639: eine vornehme Gesellschaft von vier Herren und drei Damen bei Tafel im Freien; rechts ein einschenkender Page am Eingang eines Hauses. Das Blatt wurde für 50 Thaler ersteigert und kam in das Kupferstichcabinet zu Berlin (Wessely, Kupferstichsammlung der Kön. Museen zu B., Nr. 1026), welches außerdem noch zwei unbeschriebene Blätter von Hollar enthält (Wessely Nr. 1024. 1025).

zahlt wurden, sind gröber radirt. Von dem Monument für König Eduard IV. in der Georgscapelle zu Windsor, einem aus Eisen künstlich getriebenen Gitterwerk, das man oft dem Quinten Matsys zugeschrieben hat (P. 2282), sagt Vertue, man sehe darin die von dem nahenden Tode schon geschwächte Hand. Auf diesem Blatt hat er nur das Gitter und die Kirchenperspective fertig gemacht; die Platte gehört zu den letzten Arbeiten, die er unvollendet hinter=ließ. Sehr merkwürdig ist, daß H.'s Manier in einem so langen Leben sich niemals verändert hat. Aus der Technik könnte man ein frühes und spätes Werk von ihm oft schwer unterscheiden, wären nicht die Jahreszahlen auf den Blättern und andere Anhalts=punkte da, um die Zeitfolge wenigstens seiner Meisterstücke fest=zustellen.

Solch eine colossale Productivität bliebe nun freilich unbe=greiflich, wenn er nicht die leichteste Technik gewählt hätte. Hollar war wesentlich, ja fast ausschließlich Radirer, und das allein machte es ihm möglich so rasch zu schaffen, weil hier das phy=sisch Mühsame und Ermüdende der Arbeit, die Eintiefung der Striche in die Kupfertafel, von der Natur auf chemischem Wege abgethan wird. Es giebt kein einziges Blatt von ihm, welches ganz mit dem Grabstichel gemacht wäre. Auch die Behandlung des Aetzwassers muß er sehr los gehabt haben, was freilich bei dieser ungeheuern Praxis leicht begreiflich wird, denn es giebt schwerlich eine einzige Platte von ihm, welche zu schwach oder zu stark geätzt wäre. Um dieß zu beurtheilen, muß man freilich be=sonders von den kleinern Blättchen, z. B. den Rheinlandschaften, frühe und schöne Abdrücke vor Augen haben.

H.'s Radirnadel ist vor Allem leicht, sie zeichnet alle Gegen=stände wie spielend hin. Hierdurch erreicht er zumal in den Hinter=gründen seiner Landschaften die große Feinheit und Abtönung, während der Vorgrund doch auch viel Kraft und Schattentiefe bekommt. Auch in Kleidungsstoffen hat er eine breite Art, und auf seinen zahlreichen Blättern mit Frauentrachten ist das Moiré in Seide, welches damals Mode war, mit breiten starken Strichen sehr virtuos wiedergegeben. Dagegen macht er auch auf den grö=ßern Portraits das Fleisch mit feinen sich durchkreuzenden Strichen, und am Auslauf dieses Netzwerks mit Punkten. Das wirkt schwächlich wie Lithographie, und die Modellirung in den Gesichtern, der Knochenbau des Schädels, das Skelet einer Hand unter Musteln und Haut zeichnen sich nicht scharf genug. Hieran leiden besonders die größern Bildnisse; bei den kleinen, wo er weislich auf die Hauptzüge sich beschränkt, ist es weniger empfindlich.

Als gelernter Kupferstecher wußte aber Hollar natürlich auch den Grabstichel zu führen, und sicher ist, daß er viele seiner größeren Platten, nachdem sie aus dem Aetzwasser kamen, mit diesem Instrument nachgearbeitet hat, sowohl im Fleisch, wo man den Grabstichel gleich an den parallelen Taillen erkennt, als auch besonders in Luft und Wasser. Für stille Wasserspiegel braucht er den Grabstichel, um die Flächen durch ganz grade parallele Linien wiederzugeben. In den Lüften macht er die Wolken mit Radirung, den leichten Ton des blauen Himmels aber giebt er durch parallele Linien nach dem Lineal gezogen wieder. Auch einzelne heraußstehende Aestchen ohne Laub setzt er an die sonst ganz radirten Bäume mit dem Grabstichel an, wie dieß auch sein Zeitgenosse Waterloo that. Auf den drei berühmten Blättern mit Katzenköpfen sind die dicken borstigen Haare des Schnurrbarts mit kräftigen Schnitten des Grabstichels gemacht.

Weit mehr aber bediente er sich zur letzten Vollendung, besonders bei kleineren Blättern, der kalten Nadel, mit welcher der Kupferstecher ganz wie mit einem Grabstichel die Platte anritzt, nachdem der Aetzfirniß bereits abgewaschen ist. Dieß Instrument ist fähig, die allerzartesten Striche zu machen. Mit der kalten Nadel hat er an Federn, Pelz, Menschenhaar einzelne Spitzchen und Fläumchen an den Contour angesetzt, um die Stoffmasse gegen das Licht, gegen den Hintergrund ganz zart und daunig verlaufen zu lassen.

Ein einziges Blatt, den Knabenkopf nach Sadeler (Parthey 640), hat H. ganz mit der kalten Nadel gemacht, und hiernach ist Parthey's Behauptung nicht zu berichtigen, aber schärfer zu fixiren' daß dieß Blättchen „gestochen, nicht radirt sei".

Für den historischen Stich ist diese ganze Manier nicht großartig genug. Starke breite Flächen in Fleisch und Stoffen erhalten die rechte Kraft von Licht und Schatten einmal nur durch den Linienstich mit starken, tiefen und breiten Taillen, deren nur der Grabstichel mächtig ist. Hollar's büßende Magdalena in großer Landschaft nach Van Avont (Parthey 179), oder der Christus am Kreuz nach Van Dyck (P. 107), sind gewiß, als Radirungen betrachtet, sehr bedeutend, aber mit der herrlichen Klarheit, welche Vorsterman, Pontius und die beiden Bolswert über solche Compositionen des Rubens, des Van Dyck verbreiten, halten sie den Vergleich doch nicht aus.

Dagegen hat H.'s Radirtechnik wieder ihren Werth zunächst in der Landschaft. Das Unbestimmte in Form und Umriß, welches grade den Reiz des Naturbildes ausmacht, das zart Duftige von Luft und Wolke, das Zerfließen der Contouren in den entfernten Hintergründen spottet der scharfen Bestimmtheit des Grabstichels.

Will man die eigenthümlichen Vorzüge des Grabstichels und der Radirnadel einmal im Wetteifer sehen, so muß man zwei Blätter Hollar's nach Elzheimer betrachten, welche eine sitzende und eine schlafend ausgestreckte Nymphe der Diana in Waldlandschaften darstellen (P. 276. 277). Hier sind die landschaftlichen Umgebungen ganz von Hollar's zarter Nadel radirt; die beiden Figuren aber hat Paul Pontius ihm mit dem Grabstichel hineingesetzt. Pontius ist wohl nicht der feinste, aber er ist der glänzendste Stecher der Rubensschule. Obwohl es nur kleine Figuren sind, hat er sie ganz in seinem großen Stil mit parallelen nur wenig gekreuzten Taillen gestochen — und wie hart und kalt fallen sie aus dem heimlichen Dämmer der Hollar'schen Waldeinsamkeit heraus!

Ganz vorzüglich aber hat H. seine Manier zum Ausdruck von Oberflächen verwendet, welche aus lauter einzelnen ganz kleinen Einheiten bestehen und daher an den Rändern unbestimmt verlaufen müssen. Dahin gehört das Gefieder von Vögeln, das Haar auf dem lebenden Thierkörper und der Pelz des todten Thieres. Mit Recht sind daher grade solche Darstellungen von H.'s Nadel geschätzt. Der Wasservogel (P. 2160), der Häher (P. 2191), überhaupt seine Gruppen von Vögeln, der todte Maulwurf (P. 2106), der todte Hase nach Pieter Boel (P. 2058), das Bologneserhündchen nach Maetham (P. 2097), die drei berühmten Katzenköpfe, vor allem aber die bewunderten Blätter mit den Pelzmuffen und Toilettenstücken (P. 1947—52) — das sind Gegenstände, in denen Hollar's Feinheit und Naturtreue absolut von keinem andern Stecher der Welt übertroffen wird.

Hollar war eigentlich niemals ein Erfinder, und von Compositionen, die er gemacht hätte, kann man kaum reden. Wo er die Originale seiner Stiche selber zeichnete, da waren es fast immer Aufnahmen von etwas, was er genau so vor sich sah, mochte es nun eine Landschaft, ein Bauwerk oder ein Stück aus einer Naturaliensammlung sein. Sein Verdienst war dann im Grunde nur die photographische Treue, womit er das Gesehene wiedergab. Aus diesem Grunde gelangen ihm auch im Stich besonders einzelne Naturgegenstände, welche einfach zu copiren waren. Arbeitete er hier nach fremden Vorlagen, so fielen die Sachen leicht schwächer aus. So kann ich die Insecten und Schmetterlinge, deren er eine Folge von 12 Blättern nach einem Unbekannten aus Arundel's Sammlung stach (P. 2164—83), nicht charakteristisch, nicht naturtreu finden;*) dagegen sind die anspruchslosen 35 Blätter mit einzelnen Muscheln, von ihm selber nach der Natur gezeichnet (P. 2187—2224), als Illustrationen ganz vortrefflich. Diese Folge ist so selten, daß sie vollständig nur in ganz großen und alten Sammlungen vorkommt. In Auctionen ist sie fast unfindbar.**)

Wenn man H.'s Thätigkeit überblickt, so muß man immer hinzunehmen, daß er eine sehr große Zahl seiner Sachen, vielleicht die Hälfte, nach der Natur oder doch nach eigner Zeichnung stach. Dadurch wird die ungeheure Summe von Lebensarbeit, welche dieser Eine Mensch leistete, noch sehr bedeutend vermehrt.

---

*) Wenn man zwar den Titel liest: Muscarum Scarabaeorum Vermiumque Varie Figure et Formae, omnes primo ad vivum coloribus depictae et ex Collectione Arundeliana a Wenceslao Hollar aqua forti aere insculptae, so scheint es, daß Hollar auch die Originale selbst gemacht hatte. Das wäre also ein Beweis, daß er auf seine Jugendneigung zum Illuminiren noch später gelegentlich zurückkam.

**) Auf der Auction Bernhard Keller (von Schaffhausen) wurden 24 Blätter dieser Folge mit 150 Gulden bezahlt.

Sonst hat er nach den allerverschiedensten Meistern gestochen, indem er entweder Handzeichnungen in Kupfer copirte oder große Bilder auf Kupfer reducirte. In den Meistern, nach denen er stach, oft auch wohl auf Bestellung stechen mußte, machte er kaum einen Unterschied, ja, wenn man Holbein und allenfalls den geistreichen Elzheimer ausnimmt, hatte er wohl kaum Prädilectionen für einzelne Schulen oder einzelne Maler. Wir bleiben ihm immer verbunden, daß sein Fleiß uns so viel Ansprechendes von Dürer, Holbein, Lionardo und so vielen Andern gerettet hat. Besonders unser Elzheimer, dessen Gemälde und Zeichnungen so selten sind, tritt uns in seinem ganzen hohen Werth nur dann vor Augen, wenn wir ihn in den Kupferstichen sehen, welche zwei seiner ganz besondern Verehrer, Goudt und Hollar, nach ihm gemacht haben.

In Wiedergabe des Stils dieser so verschiedenen Künstler genügt Hollar allerdings nicht. Nicht allein hat er stets dieselbe technische Manier, und wir sahen, daß diese nicht für jedes Original paßt, sondern er geht auch nicht vollständig auf den Geist der verschiedenen Meister ein. Auf dem Blatt nach Holbein, wo die Königin von Saba vor Salomo erscheint (P. 74), sind die Frauenköpfchen des Gefolges stumpf, manche gradezu häßlich. Von diesem Blatt hat man in Kensington Palace noch die Originalzeichnung, sie war auf der Holbein-Ausstellung in Dresden und soll unendlich schöner als Hollar's Stich sein. Dieß ist ein Punkt, wo alle alten Schulen den modernen Kupferstechern nachstehen. Zwar wenn einer der frühern Meister nach großen Zeitgenossen stach, die trafen den Geist derselben, weil es noch ihr eigener Geist war: so die Rubensstecher den Rubens, den Van Dyck, den Jordaens, so auch Edelinck den Champaigne und den Le Brun. Aber was ihrer eigenen Zeit und Schule fern lag, das haben sie selten in dessen vollem Charakter aufgefaßt.

Und wie nun Hollar unter den Meistern nicht ängstlich wählte, so waren ihm auch alle Gegenstände recht, die man von ihm verlangte. Kaum hat je ein Stecher gelebt, der so ganz Verschiedenes wiedergab. Man hat aber schon mit Recht bemerkt, daß er Eins grundsätzlich vermied, nämlich das Ueppige, obwohl diese Richtung sehr in seiner Zeit lag; ich füge hinzu, daß seine Ge=

sinnung auch das Unfläthige, Rohe und Grausame ausschloß. Märtyrerbilder kommen in seinem Werk nicht vor, wenn man den gekreuzigten Christus nach Van Dyck und die eine, offenbar auf Bestellung gemachte, Folge von Martern der Apostel und Evangelisten ausnimmt, welche als Illustrationen für ein Buch dienen (P. 142—55). Eine Durchsicht des Verzeichnisses von Parthey, wo die Blätter nach den Gegenständen geordnet sind, läßt uns den weiten Kreis überblicken, den Hollar's Hand umgreift.

Beginnen wir mit Geschichte, so hat er neben der Religion die weltliche Geschichte mit allen Nebenzweigen, Mythologie, Fabel, Allegorie, bis zum Emblem hinab, dargestellt. Neben diesen sucht man jetzt besonders die fliegenden Blätter, welche Zeitbegebenheiten schildern, obwohl gerade diese künstlerisch sehr schwach sind: der Einzug Friedrich's V. in Prag, der Leichenzug des Generals Tassis, das Verhör und die Hinrichtung des Grafen Strafford. Daran schließen sich die geographischen Sachen: Landkarten, Pläne von Gebäuden, Panoramen von Städten, und Schlachtpläne. Schiffe hat er besonders in Antwerpen studirt und eine Folge der verschiedenen Fahrzeuge auf den niederländischen Gewässern herausgegeben; ebenso ein paar Seeschlachten. Unter den Landschaften sind, neben den kleinen Skizzenblättern aus seinem eigenen Reisetagebuch, besonders die nach niederländischen Meistern, Brueghel, van Avont, Arthois und dann die nach Elsheimer schön. Zahlreich sind die Studienblätter von Köpfen und Figuren nach Lionardo, Giulio, Parmeggiano und andern Italienern; dazu kommen, für den Jahrmarkt, auch ein paar Mißgeburten und ein Kerl, der bloß Steine fraß. Die Portraits, wo wir bei manchen die dargestellten Personen nicht kennen, würden einen starken Band anfüllen. Costümbilder sind sehr zahlreich; neben jenen Frauentrachten verschiedener Länder hat er Mönche, Insignien des Hosenbandordens, große Ordenscapitel abgebildet. Und nun geht er auch ganz in Vereinzeltes: Insecten und Schmetterlinge, Fliegen, Muscheln, Vögel und Vierfüßler, einzeln oder in Gruppen, todtes Wild, Jagdhunde und Jagdgeräthe. Zuletzt Kunstwerke, Architekturen, darunter manche Hauptblätter, Grabmonumente, Glasgemälde, Wappen, Münzen, Medaillen, Siegel, Vasen, Geräthe und Waffen, kommen besonders unter den Kupferstichen vor, womit er Bücher illustrirte. Unter den Waffen hat er bereits eine Streitart aus der Steinzeit (P. 2600) abgebildet. Für schöne alterthümliche Bauwerke hatte übrigens Hollar einen lebhaften Sinn, daher er dergleichen gern selbst nach den Maßen aufnahm und auch in selbstständigen Einzelblättern herausgab, die durchaus keine bestellten Illustrationen waren. Er hatte für solche Werke Pietät; unter dem Schiff der alten Paulskirche in London, welche nachher in dem Londoner Citybrand unterging, hat er bemerkt, hiermit wolle er, der dieses täglich den Einsturz drohende Gebäude gezeichnet und immer bewundert, noch eine Erinnerung daran bewahren (P. 1025).*) Hinzunehmen muß man endlich Buchtitel, Ornamente, verzierte Initialen und die Schriften, welche er auf Platten anderer Stecher ätzte — und dieß alles betrachtend wird man mit van Quandt übereinstimmen und bekennen: „man staunt, wie ein Mensch so Verschiedenartiges gleich klar und vollständig ergreifen konnte."

Wenn ein so tüchtiger Meister dennoch kein Glück im äußern Leben hatte, so lag das gewiß zunächst in Umständen, die nicht von ihm abhingen. Das siebzehnte Jahrhundert war für das gesammte Deutschland eine Unglückszeit, und der Einzelne litt unter dem Unglück des Vaterlandes mit, selbst wenn er sich in's Ausland flüchtete. Auch Adam Elzheimer, durch Phantasie, Erfindung, feines Landschaftsgefühl und ächte Poesie gewiß einer der ausgezeichnetsten Künstler seiner Zeit, starb zu Rom in tiefer Dürftigkeit. Dem armen Hollar wurde dreimal das warme Nest gestört. Aus Böhmen trieb ihn die Verarmung des Landes unter einer bittern und erzürnten Reaction; aus England der Bürgerkrieg; und zuletzt, nachdem er dort sich einen neuen Herd gegründet, kamen Landesunglücke, welche, wie immer, zuerst die Kunst auf's Pflaster setzten. Seiner Manier machte der gleichzeitig zu seiner Höhe ansteigende Glanz des Linienstichs in Belgien und Frankreich eine furchtbare Concurrenz. Es kamen aber sicher auch innere Gründe

---

*) „Wenceslaus Hollar Bohemus, hujus Ecclesiae (quotidie casum expectantis) delineator et olim admirator, memoriam sic preservavit. A. 1658."

hinzu, die in seinem Geist und Charakter lagen. Es wird nicht gelingen, ihn unter die „geistreichen" Kupferstecher hinaufzuschrauben; er war nun einmal kein schöpferischer Mensch, denn auch wo er selber zeichnet, bleibt er immer ein Copist der Natur, die er vor sich sieht. Und gewiß hat es ihm auch an Energie und Unternehmungslust gefehlt, ein Mangel, der, so seltsam das scheint, sehr oft mit riesigem Arbeitsfleiß zusammengeht. So hat er z. B. niemals, wie das zu seiner Zeit die bedeutenden Kupferstecher thaten, einen eignen Verlag begründet, sondern stets in Auftrag und Tagelohn Anderer gearbeitet. Auch gelang es ihm nicht, Andere ausgiebig für sich arbeiten zu lassen. Auf dem Continent, in Deutschland und Antwerpen, hat er nicht einmal Schüler gebildet. Die englischen Schüler kann man auf dem Continent nicht kennen lernen; wer sie in englischen Sammlungen aufgesucht hat, berichtet, daß sie alle dem Meister bedeutend nachstehen. Er war offenbar kein Genius, der große jüngere Talente in seinen Kreis riß. Wie ein Peter Schlemihl geht er durch die Welt, der im Auslande den verlorenen Schatten der Heimat nicht wiederzugewinnen versteht; das Englische wie das Französische, das in den Schriften auf seinen Stichen vorkommt, ist schlecht und obenein stark unorthographisch. Ein solcher Mann konnte dem Fremden nicht imponiren; statt sich geltend zu machen und durchzusetzen, lud er Jedermann ein ihn auszubeuten. Auch in seiner eigenen Kunst hat er die Stellung eines Herrschers, wie Callot, wie Reni, wie Soutman und Vorsterman, nie einnehmen können; weder eine Schule hinterließ er, noch kann die Kunstgeschichte nachweisen, daß er auf andere selbstständige Meister seines Faches anregend eingewirkt. So steht Hollar, technisch betrachtet doch ein so großer Stecher, in seinem eigensten Können ganz einsam da.

Beilage.

Meister, nach denen Hollar gestochen hat, sammt Angabe der einzelnen Gegenstände.

(Die Nummern sind die aus Parthey's Katalog.)

I. Deutsche.

Heinrich Aldegrever:
  Nachstich der Fortuna (datirt 1626) 457.
Hans Sebald Beham:
  Drei Medaillons in Stein geschnitten 2625.
Heinrich van der Borcht der Sohn (aus Frankenthal in der Pfalz):
  Portrait 1338.
  Portrait seines gleichnamigen Vaters 1364.
  Portrait 1530.
Augustin Braun:
  Hl. drei Könige im Schnee 97.
Friedrich Brentel:
  Diana und Actäon 274.
Franz Cleyn:
  Bilder zu Homer 286 u. folg.
  Bilder zu Vergil 290 u. folg.
  Zierleisten zu Vergil und andern Büchern 2580, 81, 84, 86, 92, 94.

Cleyn, aus Rostock, war 4 Jahre in Rom, wo er den Manierismus der Periode annahm, kam unter Jakob I. nach England, zeichnete viel für Tapeten und Kupferstich. Die Vergilbilder sollen antike Illustrationen aus einem Pariser Codex sein. Cleyn starb 1658 (Füßli der Aeltere, im Lexikon). „Die vielen Blätter zum Homer und Virgil nach Fr. Cleyn gehören in der Anordnung zu den geschmacklosesten und geziertesten Vorstellungen, die man finden kann." Parthey S. IX.

Lucas Cranach:
  Eber 2091.
Albrecht Dürer:
  Ecce homo 102.
  Schmerzensmann 105.
  Christus am Kreuz 106.
  Maria und Kind 2 Mal (Nachstiche nach Kupferstichen, datirt 1625 und 1626), 132, 132 a.
  Hl. Christoph 158.
  Hl. Georg mit dem Drachen 165.
  Hl. Hieronymus 166.
  Dürer's Vater 1389.
  Dürer selbst 1390.
  Katharina Fürlegerin von Nürnberg 1535.
  Dieselbe 1536 (vgl. Parthey Nachtrag S. 653).
  Liegende Hirsche 2 Bl. 2092, 93.
  Liegender und stehender Löwe 2 Bl. 2094, 95.
  Sitzender Hund 2096.
  Verzierungen nach Federzeichnung 9 Bl. 2559—67.
Adam Elzheimer:
  Tobias und Engel (Nachstich nach Goudt) 75.
  Versuchung Christi 98.
  Christus von Engeln bedient 99.
  Enthauptung Johannis (Nachstich nach Goudt) 100.
  Heilung des Lahmen 114.
  Johannes der Evangelist 168.
  Hl. Laurentius 170.
  Mercur und Herse 268.
  Die drei Göttinnen (Venus 2 Mal) 269—271 a.
  Latona und die Bauern 272.
  Ceres und Stellio (Nachstich nach Goudt) 273.
  Zwei Nymphen der Diana 2 Bl. 276, 77 (die Figuren von Pontius gestochen).
  Satyr und zwei Nymphen 278.
  Fünf Satyrn und zwei Nymphen 279.
  Satyr bei dem Bauern 424.

Häuser auf dem Felsen 1221.
Steinbrücke 1222.

J. Flegl:
Zwei Böcke 600.

Vertue pag. 9 giebt den Namen als G. (nicht J.) Flegl an. Wahrscheinlich also Georg Flegel von Olmütz, geb. 1563, lebte in Frankfurt, malte Stillleben und Bildnisse, † 1638. (Nagler, wie immer ohne Angabe seiner Quelle.) Von Georg Flegel, aber ohne Namensbezeichnung, sind zwei Stillleben in der Gallerie zu Augsburg (Nr. 479, 480).

Joseph Heintz:
Hl. Familie (datirt 1627) 133.

Hans Holbein:
Juda und Thamar 67.
David und Goliath 71.
David vor Saul 72.
Der Uriasbrief 73.
Königin von Saba 74.
Kreuzabnahme 109.
Satyrische Passion 16 Bl. (zweifelhaft) 116—31.
Hl. Barbara 176.
Todtentanz 30 Bl. 233—62.
Einzelne Todesbilder 3 Bl. 263—65.
Todtentanz-Alphabet 6 Bl. (zweifelhaft, doch vgl. Parthey Nachtrag S. 632) 266.

Portraits:

Chaloner 1371.
Chambers 1372.
Thomas Cromwell 1386.
Denny 1387.
Edward VI. 1395.
Guildford 1409.
Lady Guildford 1410.
Conrad Gyger, Maler von Zürich? 1410a (Wahrscheinlich eins mit 1547, vgl. Parthey Nachtrag S. 653).
Hans von Zürich 1411.

Heinrich VIII. 1414.
Holbein selbst 1418.
Jane Seymour 1427.
Königin Maria 1465.
Morett 1470.
Surrey 1509.
12 unbekannte Köpfe 1543—54, darunter angeblich
    Anna von Cleve?
    Herzogin von Suffolk?
    Katharina von Arragon?
    Mother Jack.
    Lady Butts.
    Mann mit Gliederkette (Michel de l'Hôpital?).
    Das letztere Portrait (P. 1548, vgl. Nachtrag S. 653) hat Confusion gemacht. Die Platte trägt oben die Beischrift H. Holbein incidit in lignum. Das klingt, als hätte Holbein den Kopf selbst als Form=schneider in den Holzstock geschnitten, und es wäre das also eine zwar späte, aber eine immer zu beachtende Notiz für die Frage, ob Holbein je eigenhändig Form=schneider gewesen. So hat auch Vertue p. 76 den Ausdruck mißverstanden („from a Wooden Print of Holbeins"). Es giebt aber keinen solchen Holz=schnitt nach oder von Holbein, und der Sinn kann also nur sein, daß Holbein den Kopf in Buchs oder ein andres hartes Holz als Reliefmedaillon ge=schnitzt hat. Entsprechend lautet auf dem Selbstportrait Hans Sebald Beham's und dem Portrait seiner Frau (P. 2625) die Unterschrift: „H. S. B. sculpsit in lapide."
Waffenverzierungen 4 Bl. 2596—99.
Verzierte Gefäße 12 Bl. 2626—37.
Johann Hülsmann:
  Alter Mann und Mädchen 1556.
Peter Lely:
    Portrait 1557.

Matthaeus Merian:
: Ansicht bei Augsburg 758.
: Vexirblatt 1241.

Joh. Neuhoff:
: Karte von China 693.

Georg Pencz:
: Portrait 1378.

„Jacobus Ramsler del.":
: Ansicht von Tübingen 895.

Hans Rottenhammer:
: Hl. Familie 135.

Joachim von Sandrart:
: Solfatara bei Puteoli 1122.

Martin Schongauer:
: Frau mit Eichenkranz 1641.
: Frau mit Turban 1642.

Carl Screta:
: Mannskopf 1635.

Martin Zimmermann:
: Mannsportrait 1644.

Gänzlich unbekannter Künstler.

II. Niederländer.

Jan Almeloveen:
: Landschaften (Nachstiche) 626—29.

Jacques d'Arthois:
: 8 Landschaften 1205—12.

Petrus van Avont:
: Hl. Magdalena in 3 Compositionen 178, 179, 182.
: Die Kinderspiele 30 Bl. meist von van Avont (eins von Rubens) 492—521.
: Die vier Elemente 522—25.
: Hirten im Walde 1213.
: Wohl auch das Gegenstück Waldgegend mit Schafherde 1242 (vgl. Parthey Nachtrag S. 644).

G. Bakereel:
Hl. Bruno 157.
Jan van Balen:
Selbstportrait 1356.
(Willem Basse: Hl. Familie 141, vermuthlich von Basse selbst gestochen, vgl. Parthey Nachtrag S. 630).
David Beck:
Königin Christine von Schweden 1373.

„David Beek, né à Arnheim en 1621, fut envoyé en Angleterre dès sa jeunesse, pour se former à l'école de Van Dyck, et devint un de ses meilleurs élèves; il fut choisi pour donner des leçons de dessin au prince de Galles, plus tard Charles II., ainsi qu'à ses frères. (Sehr zweifelhaft; 1641 trennte sich die Königliche Familie, und der spätere Karl II. ging nach Frankreich; sollte ein junger Mann unter 20 Jahr diese Stelle erhalten haben?) Sa rapidité d'exécution etait si grande que Charles Ier lui dit un jour: „Ma foi, Beek, je crois que vous pourriez peindre en poste." Carpenter, Memoires sur A. van Dyck, französisch von Hymans, p. 53, nach Descamps. Heinete kennt von Beck (Beet) noch mehrere Bildnisse. Später war er in Schweden, wo Jeremias Falck zu Stockholm mehrere schwedische Generäle nach ihm stach, die mit dem Namen beider Künstler bezeichnet sind. Die Auffassung dieser Bildnisse zeigt ganz den Schüler des Van Dyck.

Adam Alexius Bierling:
Ansichten von Arundel House 2 Bl. 1034, 35.
Bierling's voller Name kommt vor auf seinen Verlagsartikeln 1543, 1554, 2002. War Kunstverleger in Antwerpen, muß aber auch England besucht haben, um jene beiden Blätter zu zeichnen.
Pieter Boel:
Der todte Hase 2058.
Gerard ter Borcht:
Portrait 1450.
Scheint der berühmte Terburgh. Das Portrait stellt den Caspar

Kinschotius dar, welcher in seiner Vaterstadt Haag 1649 starb; damals war Terburgh 41 Jahr alt.

(H. van der Borcht der Vater, aus Brüssel; die von Hollar unter diesem Namen gestochenen Bildnisse möchten alle von dem gleichnamigen Sohn sein, s. oben Deutsche).

Paul Bril:
Herde am Wasser 1220.

Adriaen Brouwer:
Hl. Franciscus 2 Mal, 163, 164.

Jan Brueghel:
Ansicht von Willebroek bei Mecheln 901.
Landschaften 1214 und folg.

Hollar schreibt correct, obwohl stets abweichend, Brüghel, Brueghel, Bruegel, Brughel (nicht Brenghel).

Pieter Brueghel:
Bauernhochzeit 521.
Bauernschlägerei 599.
Landschaften 1214 und folg.

„W. Cobergher inu." (als Architekt) „P. Merck del." (als Zeichner):
Leihhaus zu Brüssel 835.

„Conzal":
Englisches Portrait 1521.

Wohl sicher Gonzalez Coques, vgl. Parthey Nachtrag S. 653.

J. Danckers, auch Danckert und Dankert geschrieben:
Bilder zum Juvenal 430 und folg.
Portrait 1543.

Abraham van Diepenbeke:
Maria erscheint dem hl. Norbert 226.
Allegorie 458.
Vogelansicht von Monjardin (?) 1092.
Karl II. allegorisch 1444.
Buchtitel 2651.
Todtentanz von 30 Bl. „Abraham a Diepenbeke inv. W. Hollar f. 1651." 4°. Katalog Winckler I. S. 379. Nr. 2286. Fehlt bei Parthey.

XI. Wenceslaus Hollar der Kupferstecher.

Anton van Dyck:
Christus am Kreuz 107.

Portraits:

Graf Arundel 1351.
Derselbe 1353.
Alathea Gräfin Arundel 1354.
Van Dyck selbst 1393.
Elizabeth Harvey 1412.
Inigo Jones 1428.
Junius der Sohn (2 Mal) 1430, 31.
Karl I. 1432.
Karl II. (2 Mal) 1442, 43.
Karl Ludwig von der Pfalz 1447.
Mrs. Killigrew 1449.
Erzbischof Laud 1453.
Mrs. Margaret Lemon 1456.
Herzogin von Lennox 1457.
Bischof Malderus 1463.
Graf von Pembroke 1481.
Graf von Portland 1484.
Elizabeth Shirley 1503.
Strafford 1508.
Die Brüder de Wael 1512.
Henriette Maria? 1537.
Catherine Howard? 1538.
Studien von Händen 4 Bl. 1762—65.
Englische Dame von Abel 1883.
Englisches Frauencostüm für den Winter 1999 (s. die Note bei Parthey).
Dame mit Band als Gürtel 1999a (Parthey Nachtrag S. 657).

Jan van Eyck:
Hl. Thomas a Becket von Canterbury 1370.

Marc Gerraerds (Garrard, Gerardus):
Selbstportrait 1407.

Kirche am Wasser, bezeichnet „Gerardus inu." 1223.

Diese beiden Blätter sind wichtig für die Kunstgeschichte. Michiels Hist. de la peinture flamande VI, 73 u. 99 kennt weder das Geburts- noch das Todesjahr dieses Hofmalers der Königin Elisabeth. Auf dem Selbstportrait, das Gerraerd 1627 malte, zeigt die Unterschrift, daß er erst am 19. Jan. 1635 in London mit 74 Jahren starb, er war also 1561 geboren. (Van Mander läßt ihn schon 1504 todt sein; Nagler kennt das richtige Todesjahr, giebt aber wie immer seine Quelle nicht an.) Die Landschaft 1223, darstellend eine große Kirche am Wasser, mit 3 Figuren, darf man ihm getrost zuschreiben, denn er war auch Landschafts- und Architekturmaler. „In Landtschap was hy seer aerdigh", und man kannte sogar seine Landschaften an einer aparten seltsam gewählten Figur. Van Mander, Schilderboeck fol. 175 a.

Heinrich Goudt:
3 Nachstiche nach ihm s. Elzheimer.

Egbert Heemskerck:
Quäkerversammlung.

Martin Heemskerck:
Männliches Brustbild 1542.

Leo van Heil „Bruxellensis":
Ehrenpforte für Erzherzog Leopold Wilhelm 560.
Vogelansicht der Abtei Tongerloo 894.

Leo van Heil war selbst auch Kupferstecher und hat einen Bauerntanz nach Rubens radirt. Basan p. 116 Nr. 41.

Jan van Hoeck:
Karl II. (2 Mal) 1440 und 1441.

Georg Hoefnaghel:
Plan und Ansicht von Hatwan in Ungarn 903.

N. van der Horst:
Leichenzug des General-Lieutenants Tassis 531.
Wappen 2463.
Bildniß Karl's IV. von Lothringen (2 Mal) 1446, 1555.

A. Maetham:
: Das Bologneserhündchen 2097.

Ohne Zweifel Adriaen Matham, Sohn des Jan und Bruder des Theodor Matham. Er war Kupferstecher und soll auch Maler gewesen sein.

("P. Merck del." s. Cobergher).

Jan Meyssens:
: Hollar's Portrait 1419.
: Andre Bildnisse 1365, 1397, 1399, 1480.

J. van Oost:
: Portrait 1507.

Bonaventura Peeters:
: Ansicht von Lowing? in Irland (Marine) 1090.
: Seegefecht 1217.

J. Peeters:
: Ansicht von Texel 775.
: Ansicht von Rhenen 778.
: Ansicht von Dordrecht 839.
: Landschaft an der Maas 683.
: Ansicht von Tyrus 1173.

Erasmus Quellinus:
: Prunksarg eines Infanten 2 Bl. 557, 58.
: Wappen 2466.

(Saftleven s. Almeloveen).

Rembrant:
: Das nackte Weib 603.
: Frauenportrait 1650.

P. P. Rubens:
: Jünger zu Emaus (2 Mal) 94, 113.
: Kinder mit Tiger 508.
: Selbstportrait 1498.
: Löwen 2098.

Das Bildniß des Paracelsus 1479 ist von Gaywood gestochen, Parthey Nachtrag S. 652.

Egidius Sadeler:
: Büßende Magdalena 181.
: Knabenkopf 1640.

Raphael Sadeler:
: 4 Bl. Copien aus dem Zodiacus Christianus 183—95; vgl. Parthey Nachtrag S. 630.

Cornelis Schut:
: Allegorie auf den Tod des Grafen Arundel 466.
: „   auf den westphälischen Frieden 467.
: Karl II. allegorisch 1445.

Helt Stocade:
: Portrait des della Bella 1360.

David Teniers:
: Bauerntanz 598.
: Jakob II. 1424.

Louis de Vadder:
: Landschaft mit Jäger 1224.

„L. de Vael inv.":
: Haus der Hansa zu Antwerpen 823.
: (Vielleicht von Sebastian Vrancx gezeichnet?)

(Otho Vaenius):
: (Emblemata nova 11 Bl. 446—56).

(Nach Huber-Rost I. wäre diese Folge nach Otho Vänius, was wohl nur Vermuthung ist, weil dieser classisch gebildete Meister für Embleme berühmt war, und nach ihm 3 Sammlungen Embleme gestochen sind. Vgl. Michiels Hist. de la peint. flamande VI p. 367 sq.)

A. van Veen (van der Venne?):
: Selbstportrait 1514.

Jan van de Velde:
: Nachstiche der 4 Jahreszeiten 618—21.
: „   der 12 Monate 630—41.

Lucas Vorsterman:
: Gräfin Arundel 1349.

Sebastian Vrancx:
: Römische Ruinen 12 Bl. 1101—12.

Ebenso 1225.
(Partie in Antwerpen Vertue pag. 26 ist eins mit P. 823.)
Cornelis de Wael:
Marie auf dem Kameel 2336, vgl. Parthey Nachtrag S. 644.
"Jacques van Werden Archier de Corps D. S. M. delin.":
Belagerung von Armentières 559.
Auch wohl die Belagerung von Landrecy 559a, Parthey Nach=
trag S. 635.
Vogelansicht von Merebeke 867.
Jan Wildens:
Landschaft mit Reiter 1226.
Wilde Enten 2151? Vgl. Parthey Nachtrag S. 662 letzte Zeile.

III. Italiener.

Jacopo Bassano:
Ein Esel 2090.
M. Angelo Buonaroti:
Der Christus aus dem Weltgericht (zweifelhaft) 218.
Cagliari (Paolo Veronese):
Esther vor Ahasverus (2 Mal) 76, 77.
Lorenzo di Credi:
Weibliches Brustbild 1533.
Correggio:
Johannes der Täufer 167.
Portrait? 1345.
(Nach Jul. Meyer, Correggio, Nachbildungen Nr. 404, ist der
Täufer Johannes nur ein zweifelhafter Correggio.)
Giorgione:
Portrait des Buffalmacco? oder eines Kaufherrn vom Hause
Fugger? 1367.
Laura des Petrarca? (2 Mal) 1540, 1541.
Giulio Romano:
Gegenstände aus der Mythologie 6 Bl. 280—85.
Zaleukus (nicht Seleucus) 527.

Andrea Mantegna:
  Antikes Opfer 465.
  Abendmahlskelch 2643.
Lodovico Mazzolino (von Ferrara):
  Weiblicher Kopf 1611.
Miniaturen, italienische, einst im Besitz König Richard II. von England (aus der Schule von Siena?) 229.
„Monsignor":
  Weibliche Costümfiguren 3 Bl. 1612—14.
  > Es ist der 1455 zu Verona geborene Francesco Monsignori (richtiger Bonsignori), Schüler des Mantegna, dann im Dienst der Gonzaga zu Mantua. Er bewahrte von den zahlreichen Portraits, welche er malte, Copien in Handzeichnung, die zu Vasari's Zeit seine Erben in Mantua noch besaßen. Von diesen können einige in Arundel's Sammlung gelangt sein, die ja auch Zeichnungen von Mantegna besaß. Vasari im Leben des Fra Giocondo, deutsche Ausgabe III. b. S. 224. Auf der Albertina in Wien waren 1873 zwei lebensgroße Köpfe von ihm ausgestellt.

(„Il Padoano" s. Varotari).
Jacopo Palma:
  Bilder aus der Passion 80, 82.
  Laura des Petrarca? oder Katharina Cornaro? 1455.
Parmeggiano:
  Schlafender Hercules 275.
  Zwei antik drapirte Figuren 601, 602.
  Köpfe mit Helmen 6 Bl. 1616—21.
  Einzelne Köpfe 4 Bl. 1622—25.
Sebastiano del Piombo:
  Vittoria Colonna 1379.
Raffael:
  Hl. Katharina 172.
  Selbstportrait 1486.
Francesco Salviati:
  Der ungläubige Thomas 112.

Tizian:
> Ecce homo (aus Buckingham's Sammlung, jetzt im Belvedere zu Wien) 103.
>
> (Madonna mit Kind 136).

(Schwerlich nach Tizian, und wahrscheinlich von van de Wyngaerde gestochen, s. Parthey Nachtrag S. 629.)
> Lavinia mit Melonen und Schale 1511.
> Portrait des Alboviti (oder della Casa) 1339.
>   „   des Aretino (3 Mal) 1346—48.
>   „   des Daniel Barbaro 1359.

Torrigiano (Bildhauer und Bildgießer):
> Dessen Grabmal Heinrich's VII. in Westminster Abbey 1203.

Perin del Vaga:
> Hl. Familie 134.

Alessandro Varotari, genannt il Padovanino:
> Phantastische Frauenbüste 1615.

Lionardo da Vinci:
> Salvator Mundi (das Bild in Leigh Court?) 217.
>
> Zerrbilder 9 Bl. 1561—69.
>
> Andere Zerrbilder 8 Bl. 1570—77.
>
> Männliche Köpfe 10 Bl. 1578—87.
>
> Dazu: Alter Mann mit fliegendem Haar 1579b, s. Parthey Nachtrag S. 653.
>
> Weiber- und Kinderköpfe 3 Bl. 1588—90.
>
> Je zwei oder mehrere Köpfe auf Einem Blatt 20 Bl. 1591—1610.
>
> Dazu: Zwei Köpfe auf Einem Blatt 1601a, s. Parthey Nachtrag S. 653.
>
> Anatomie 7 Bl. 1768—74.

Federigo Zuccaro:
> Männlicher Kopf 1645.

IV. Franzosen.

Jacques Callot:
> Copien der Bettler 2024—27.

Antonius de la Halle:
: Karthause von Grenoble (2 Ansichten) 1093, 94.

Claude Stella:
: Aus der Passion 2 Bl. 81, 83.

Hubert le Sueur (Bildgießer):
: Reiterstatue Karl's I. zu Charing Croß 1435.

    Die vom Grafen Arundel bestellte Statue in Bronze, welche während der Revolution durch einen Kupferschmied in London erhalten und versteckt wurde. Karl II. ließ sie auf ihren jetzigen Platz bei Trafalgar Square aufstellen. Vgl. Carpenter, Memoires sur A. van Dyck, traduit par Hymans, Antw. 1845, pag. 243 sqq.

V. Engländer.

Francis Barlow:
: Bild zum Juvenal 440.
: Englische Jagden, 12 Bl. und ein Titel, davon 6 Bl. von Hollar 2028—40.
: Jagdhunde (einige aus einer Folge von 11 Bl.) 2041—51.
: Gruppe von Schafen 2052.
: Säugethiere 10 Bl. (eins nach Wildens?) 2144—58.

(Benlowes, Parthey XXI. und 2568, war kein Zeichner, sondern Poet).

J. Felix Biler:
: Portraits 1528.
: Weibliche Costümbilder 4 Bl. 1528, 1529, 1654, 1656.

Edw. Bower:
: Portrait 1295.

W. C.?
: Zierleisten 2579, 2583.

J. B. Caspar:
: Portrait 1417.

Samuel Cooper:
: Idealbildniß (Lucasta) 1532.

John Evelyn:
: Titelkupfer. 459.

Mary Evelyn:
: Buchtitel 2677.
„Ford pinx.":
: Frauenkopf in kleinem Oval, Vertue pag. 72.
D. Gage?:
: Ansicht und Plan von Oxford 1054.
H. Garret:
: Portrait 1506.
J. Glowy?:
: Portrait 1382.
Gowy?:
: Portrait 1358.
: do. 1510.
Th. Johnson:
: Canterbury Cathedral (3 Ansichten) 961—63.
Richard Hall:
: Architekt, zeichnete in Hollar's letzten Jahren viele Ansichten von Städten, Edelhöfen und Grabmälern zu Robert Thoroton's Antiquities of Nottinghamshire (Parthey S. 574), für welche Hollar die Kupfer stach. Dahin gehören, mit Ausnahme von Nr. 982, Kirche von Higham Ferrers, alle die folgenden Nummern:
: Ansicht von Bunny House 958.
: Hulme Pierpont 983.
: Plumptre's Hospital 1051.
: Ossington House 1053.
: Pigot's House 1056.
: Radford bei Worksop 1057.
: Kirche von Southwell 2 Bl. 1062, 63.
: Schloß Waerton 1068.
: Grabmäler zu Thoroton's Werk:
: : Atkinson 2241.
: : Barlow 2247.
: : Butler 2256.
: : Cartwright 2257.
: : Familie Chaworth 4 (oder 5) Bl. 2259—63.
: : " Clifton 4 Bl. 2266—69.

Gräfin Kingston 2310.
Maunsfeild 2318.
Parkins 2323.
Peckham 2324.
Pierpont 2329.
Pigot 2330.
Plumptre 2331.
St. Andrew 2 Bl. 2337, 39.
Scroop 2340.
Staunton 2345.
Tevery 2346, 47.
Familie Willoughby 6 Bl. 2367—72.
Unbekannte Grabmäler 3 Bl. 2380, 82, 84.

„H. Haskins pin.":
Frauenbrustbild 1928.

Sam. Kyrck:
Lichfield Cathedral 990.

Franc. Lovelace:
Buchtitel 2676.

Edw. Marshall (Bildhauer):
Dessen Grabmal Hammond's 2298.

Edw. Mascall:
Ruine von Gisburne 974.

Nicht derselbe wie der Vorige, sondern Kupferstecher und Zeichner in London. Nagler erwähnt von ihm ein Bildniß Cromwell's.

Richard Newcourt:
Ansichten von Gladstone 2 Bl. 975, 76.

„Is. Oliver f."
So ist nach Katalog Winckler I. S. 429 Nr. 2600 eine Vogelansicht von Tanger bezeichnet, vermuthlich das Blatt P. 1202.

Will. Parsons:
Karte einer Baronie in Irland 682.

Francis Place:
Zerrbilder 14 Bl. 1626—39.

Savill?:
Portrait 1497.

R. Strecter:
: Bilder zum Juvenal 429 u. folg.
J. Webb:
: Buchtitel 2649.
Christopher Wren:
: Ansicht von Windsor Castle 1074.

VI. Künstler, deren Vaterland unbekannt.

„Casal p.":
: Mannskopf Vertue pag. 68.

(Keiner der Casale oder Casali der italienischen Schulen scheint es sein zu können.)

Vincentius Castellanus:
: Portrait 1527.

(Völlig unbekannter Meister, vgl. jedoch Füßli's Malerlexikon.)

Von einem „Casteleyn" hat Cornelis van Dalen ein Hirtenpaar gestochen, welches bei Huber-Rost unter van Dalen angeführt wird.

„Ferd: Ferd. fil pinxit":
: Frauenbildniß 1539.

(„Gerardus").
: (Kirche am Wasser 1223. S. Marc Gerraerds.)

Mit dem musterhaften Fleiß, der den Hollar-Katalog der beiden Herren Parthey auszeichnet, haben sie am Schluß des Bandes die Bücher mit Titelblättern oder Kupfern Hollar's, die Jahreszahlen, welche auf seinen Platten vorkommen, und die Kunsthändler, welche seine Verleger waren, genau verzeichnet. Seltsamer Weise fehlt aber dort eine Zusammenstellung der Meister, nach deren Architekturen, plastischen Arbeiten, Gemälden, Handzeichnungen oder Stichen er gearbeitet hat. Gleichwohl ist das für ihn wichtig, denn so mannigfaltige Vorbilder hat überhaupt nie ein andrer Kupferstecher sich gewählt. Auch sind unter jenen Meistern nicht wenige Namen, von denen die Kunstgeschichte nichts oder nur Unsicheres weiß, und es kann immerhin wichtig werden, daß man diese Namen, und welche Gegenstände sie dem Hollar geliefert, in den Verzeichnissen von dessen Stichen rasch aufschlagen könne. Die Kataloge von Vertue, Winckler und Parthey durchgehend, habe ich daher diese nicht mühelose Arbeit übernommen.

Jetzt, wo man aus meinem Verzeichniß mit Einem Blick überschaut, wieviel nach jeder Schule, wie nach jedem einzelnen Meister Hollar gearbeitet, tritt auch gleich in's Licht, daß er keineswegs ohne feinen künstlerischen Sinn war, wie man wohl aus den vielen unbedeutenden und manierirten Compositionen geschlossen hat, die er auf Bestellung stechen mußte. Wo er frei wählen konnte, hat er aus dem, was ihm zu Gebot stand, stets das Feinste getroffen. Seine trotz der böhmischen Herkunft im Grunde doch deutsche Natur führt ihn zunächst mit Vorliebe auf deutsche Meister, denn von diesen sind einige am stärksten vertreten.

Nach Dürer hat er 26, nach Holbein 105, nach Elzheimer 19 Platten gestochen.

Von andern Schulen kommt zahlreich nur noch Van Dyck vor, und das verräth ebenfalls das beste Urtheil. Die vielen Stiche nach Richard Hall fallen nicht in's Gewicht, da diese bestellte Illustrationen zu einem Werke sind, und Hall speciell für Hollar die Monumente zeichnete.

Auch aus den Italienern, die ihm in der Sammlung Arundel und sonst in England zur Verfügung standen, hat er von Gemälden und Zeichnungen lauter Interessantes ausgesucht.

Daß die Niederländer insgesammt die stärkst vertretene Schule bilden, ist natürlich, da sie eine unberechenbar größere Zahl von Malern ausmachen, als die deutsche Schule sich rühmen kann hervorgebracht zu haben.

Stellen wir nun die Namen der Meister zusammen, so ergeben sich uns

XI. Wenceslaus Hollar der Kupferstecher.

    I. Deutsche   24
   II. Niederländer   49
  III. Italiener   21
  IV. Franzosen   4
   V. Engländer   28
 VI. Vaterland unbekannt   3

Gesammtzahl 129 Meister, nach denen Hollar gestochen hat.

Zu diesen muß man aber noch eine sehr große Zahl von Meistern nehmen, deren Namen wir nicht mehr angeben können. Dahin gehören unter andern die Baumeister der zahlreichen Architekturen, die antiken Bildhauer, von denen Hollar Büsten und Figuren stach, die mittelaltrigen und modernen Bildhauer der vielen Grabdenkmäler, und die Maler der Glasfenster, woran sein Werk ja so reich ist. Ebenfalls wissen wir nicht, woher er diejenigen Trachtenbilder in der Aula Veneris genommen, die aus fremden von ihm nie besuchten Ländern herstammen, oder die vielen Illustrationen zu Ogilby's China und andern Reisewerken, oder die merkwürdigen Orte und Städte aus Spanien, Italien und dem Morgenland. Manches der Art, z. B. seine Ansichten von Jerusalem und dem salomonischen Tempel, sein Babylon und Ninive, sind natürlich Phantasie; einiges aber scheint durchaus ächt. So hat er z. B. für sein Blatt mit Persepolis jedenfalls eine Vorlage gehabt, welche am Orte selbst gezeichnet war, denn die bekannten Portalsculpturen von Vierfüßlern mit Menschenköpfen kommen hier bereits vor. Die Zahl all dieser unbekannten Vorbilder möchte leicht der Zahl der bekannten Originale sehr nahe kommen.

Auch das macht Hollar's Werk so lehrreich, daß er Unzähliges und dazu so Mannigfaltiges aus den verschiedensten Gebieten des Lebens, des Reisens und der Kunst uns erhalten hat, wovon die Originale gar nicht mehr existiren. Dieß giebt seinen Sachen neben dem künstlerischen ein sachliches Interesse. Die Geschichte der Glasmalerei in England z. B. wird, da gewiß nur wenige jener Scheiben mehr existiren, auf seine Stiche stark zu fußen haben. Für solche Zwecke ist Hollar's Werk noch eine vielfach verborgene Quelle.

Druckfehler.

Seite	194	Zeile	1	lies	Jahrzehnte.	
„	238	„	11	„	Kamm und Krug.	
„	267	„	4	„	es gab.	
„	337	„	7	„	Gewerb.	
„	385	„	22	„	Talthybius.	
„	413	„	1	„	VIII.	
„	414	„	11	„	IX.	

www.ingramcontent.com/pod-product-compliance
Lightning Source LLC
Chambersburg PA
CBHW051240300426
44114CB00011B/817